Сэтгэлийн Мөн Чанараа Нээхүй

Бурханы сургаалын хамгийн гүний охь болсон
Цагийн хүрдний Очирт зургаан йогийн гүнзгий замд
орох аргууд хийгээд тэдгээрийн тайлбарыг агуулсан

བདེ་གཤེགས་སྙིང་པོའི་འཇུག་རིམ་རྟོགས་ལྡན་གསར་པའི་ཁྲིད་ཆོས།

༄༅།།རབ་ལམ་རྗེའི་རྣལ་འབྱོར་དྲུག་ལ་འཇུག་ཅིང་འཕོས་དོན་དང་བཅས་པ་ཀུན་འདུས་རྒྱལ་བསྟན་ཡང་སྙིང་།

— НЭГДҮГЭЭР БОТЬ —

Гадаад Цагийн хүрдэн

Шар Ханбрүл Жамбал Лодой

དཔར་མཁན་སྤྲུལ་རིན་པོ་ཆེ་འཇམ་དཔལ་བློ་གྲོས།

Dzokden
SAN FRANCISCO, USA

Зохиогч: \Shar Khentrul Jamphel Lodrö \ Шар Ханбрүл Жамбал Лодой
Англи орчуулгыг: Дамбий Жанцэн
Монгол орчуулгыг: Самдангийн Отгонтөгс
Хянан засварласан: Сүхбаатарын Энхтуяа

Анхны Хэвлэл

ISBN Хатуу хавтас 978-1-958229-22-4
ISBN Цаасан хавтас \Монгол хэл дээрх хэвлэл\ 978-1-958229-54-5
ISBN ePub 978-1-958229-23-1
Нэрс: Shar Khentrul Jamphel Lodrö \Шар Ханбрүл Жамбал Лодой\, зохиолч

Хэвлэлийн газар:
Dzokden \Зогдэн\

Энэхүү бүтээлийг дан ганц сайн дурыхнаас бүтсэн ашгийн бус байгууллага болох Зогдэн сангаас эрхлэн гаргалаа. Манай байгууллага Буддын ном сургаалыг нэвтрүүлэхдээ дэлхийн сүсэг бишрэлийн аливаа нэгэн урсгалыг үл онцлон, ялгавар үгүй үнэн уламжлалт үзлийг баримтлахын хажуугаар Барууны соёлд мөн хүртээмжтэй болгох зорилготой. Төвөдийн алслагдмал оронд ховор эрдэнэ мэт хадгалагдан бидний үед уламжлагдаж ирсэн Цагийн хүрдний сургаалыг баримтлагч Жонангийн ёсыг дэлгэрүүлэхэд бид тусгайлан зорьж байгаа билээ.

Дэлгэрэнгүй мэдээлэл авах, үйл ажиллагааны хуваарь, сургалтын материал авах болон хандив өргөхийг хүсвэл бидэнд хандана уу:

Dzokden
3436 Divisadero Street
San Francisco, CA 94123
United States of America

www.dzokden.org
office@dzokden.org

ГАРЧИГ

Шар Ханбрүл Жамбал Лодой

Өмнөх үг

Зогдэнгийн нэрийн өмнөөс энэ номыг бүтээхэд оролцсон бүх хүнд талархал илэрхийлье. Юуны түрүүнд Цагийн хүрдний сургаалыг бидэнд хүргэж авчран далай мэт гүнзгий ухаан, дээдийн тэвчээрийг үзүүлэн байж газарчилсан энгүй сайхан сэтгэлт, бидний хамгаас эрхэм багш Ханбрул Ринбүчи тандаа хязгааргүй ачийг санан байж, ном бүтээх үйлс болон гайхамшигтай замаар аялах ийм их боломжийг олгосонд нь үргэлжид гүнээ баярлаж явахаа илэрхийлье.

Ялангуяа редакцын багийн бүх гишүүдэд өнгөрсөн жилийн туршид уйгагүй зүтгэн ажиллаж энэхүү эцсийн хувилбарыг хэвлэлд бэлтгэсэнд нь талархаж байна. Ванэсса Мэсон, Холли Райли болон Вал Масон нарт гүнээ талархаж байнам. ТБР Хүрээлэнгийхэнд бүгдэд нь тэр дотроо Жулие О Доннэлл танд хөшигний арын ажилд голлох үүргийг гүйцэтгэн бидэнд хэрэгтэй нөхцөлүүдийг бий болгож өгч байсанд нь онцгойлон талархъя. Мөн Цагийн хүрдний сургаалын өөрт буй эх сурвалжуудыг өгөөмөр сэтгэлээр хуваалцсанд нь Эдвард Хэнниг танд гүн талархал илэрхийлж байна.

Бид цөм Ринбүчигийн сургаалыг бүтээл болгохын төлөө чадлынхаа хэрээр зүтгэсэн билээ. Өөрийн хязгаарлагдмал чадвараасаа шалтгаалан алив нэгэн алдаа мадаг гаргасан болбоос өршөөхийг хүсье. Санал сэтгэгдлээ бидэнд ирүүлбэл ихэд баярлана гэдгээ бас хэлмээр байна.

Энэ ном Цагийн хүрдний замд орох хаалгыг тань нээгээсэй гэсэн чин хүсэл надад бий. Энэ ном таны амьдралд тусыг бүтээн таныг болон хамаг амьтныг мөнхийн хувиршгүй амгаланд хүрэхийн шалтгаан болох болтугай.

Ринбүчи багшийн хувьд ч эрүүл энх, урт удаан насалж, Жонангийн урсгалыг цэцэглүүлэх түүний уужим санаа болон Шамбалын алтан эрин биеллээ олох болтугай.

Австрали улсын Белграв, хотноо
Жо Флюмерфелт 2015 оны 10 сард үүнийг бичиглэв.

Орчуулагчийн Зурвас

2018 оны 8 дугаар сард Ханбрул Ринбүчийг АНУ-ын Вашингтон Ди Си орчимд айлчлан ирэхэд нь золоор учирч хадаг барин шавь орсноос хойш харамгүй нигүүлсэх сэтгэлээр буулгасан ван авшгийг нь удаа дараа хүртэж, Очирт хөлгөний сургаалыг дагаснаас хойш гурван жилийн нүүр үзэж байгаа бөгөөд эрдэнийн дээд эрхэм багшдаа хэмжээлшгүй талархаж явдгаа энэхэн зурвасаар дамжуулан илэрхийлж байгаадаа баяртай байна.

Жонан-Шамбалын урсгалын уламжлал атгагчийн хувьд түүний бичсэн энэхүү Цагийн хүрдний сургаалын бүрэн цогцыг элэг нэгт монгол түмэндээ эх хэлнээ буулган толилуулж, буян хишиг саруул билгүүнийг арвижуулах ховор завшаан олсноо ихэд бэлгэшээж баярлаж ханамгүй байнам.

Юуны түрүүнд энэ цувралыг англи хэлнээ буулгасан Жо Флумерфелт \Дамбий Жанцан\ танаа гүн талархал илэрхийлэн, тийм үгүй сэн бол эдгээр нандин бүтээл өнөөдөр ийнхүү биеллээ олохгүй байсан гэдгийг хэлье.

Гар дор хэрэглэх анхааран авлага ховор хилийн чанадад байх үедээ номлол айлдварыг нь онлайнаар тасралтгүй сонсож тусгаж байсны тул Дээрхийн Гэгээн Далай Багш, Нямсамбуу гавж, Гантөмөр шунлайв, Баасансүрэн хамба, багш-орчуулагч С.Түвдэнцэрэн мөн цаашилбал Махамудрын гүрү Доржготов та нарыгаа эрдэнэ мэт эрхэм багшаа хэмээн үзэж үргэлж залбиран мөргөж явдаг юм аа.

Цаашилбал залж чиглүүлэн тусалж ирсэн Клое Брегман, Весна Уоллас, Жадамбын Лхагвадэмчиг, Самдангийн Сугар, Сонинбаярын Хүслэн, Даваагийн Онолмаа нарт болон энэ номыг бүтээхэд тусламж дэмжлэг үзүүлсэн өөр бусад миний мэдэхгүй олон хүн буй болбоос тэр бүгдэд буяны үр нь хүрэлцэх байх аа хэмээн бэлгэшээж, чин сэтгэлийн угаас мэхийн хүндэтгэе.

Энэхүү нандин бүтээлийг судалж, тусган, орчуулсан буяны үрээр хамаг амьтан Шамбалын Алтан Эринийг хамтдаа үзэх болтугай!

Цагийн хүрдний сургаалын уламжлалыг хадгалагч Жонангийн алдарт урсгал мандан бадрах болтугай!

Миний саяын үйлдсэн энэ сайн буяны шимээр өвчин ядуурал, тэмцэл будилаан намжин дарагдаж, Бурханы ариун Ном хийгээд өлзий дэмбэрэлтэй бүхэн орчлон даяар цэцэглэх болтугай!

Дарьганга овогт Самдангий

Мөргөл

Сансар хорвоогийн алив үзэгдэлд уягдалгүй, мянга мянган бэрхшээл саадыг амь үл хайрлах зоригийнхоо хүчээр даван гарч эрх чөлөөнд хүргэгч дээдийн замаар замнагсад, ханьцашгүй билиг оюун хийгээд аугаа их нигүүслээр Бурханы номыг арслангийн архираа мэт үл цуцан номлогчид, мөн түүнчлэн төөрөгдлөөс ангид гүнзгий болоод амгалан нирваанд хүргэх уужим дардан зам дор сөгдөн мөргөмүү.

Үртэс үгүй, хязгаар үгүй, эс хувиран мөнхөд үл тасрах Үнэн номын лагшин хийгээд дотоод биеийг нилэнхүйд нь эзэлсэн анхан ухамсар, тоосноос нарийн хоосон-дүрсний тоо томшгүй үзэгдэлт Төгс Жаргалантын Лагшин, усанд туссан сарны сая сая тусгал адил олон төрлийн амьтанд аврал замыг дахин дахин үзүүлсээр Бурханы хутагт хүрсэн тэдгээр бодгаль болгоныг хэмжээлшигүй бишрэл ба уярлын сэтгэлээр өнөд магтан мөргөмүү.

Гучин-таван Ригдэн хаадаас энэхүү Номыг анх залж авчирсан хоёр Калачакравад болон тэдний язгуур ухамсрын ариун газар, гүнзгий бөгөөд өвөрмөц нууцлаг Шамбал хэмээх дотоод үнэний ариун орон дахь хүүхдүүд Соманада, До Лозова, Лхажэ Гомба, Юмова, Гүмбэнва, Долбуба цаашлаад төлөөд ч барамгүй ачтай, зүйрлэшгүй сүр жавхлант язгуурын лам та нарыгаа үеэс үед сэтгэл зүрхэндээ марталгүй хадгалсаар явах болмуй.

Буян хишгийн доройтол хийгээд харанхуй мунхгийн хар гайгаар Бурханы ном Цастын мэргэдийн нутгаас барууны уулс руу нүүж эхэлжээ. Тиймээс би Очирт зургаан йогийн оньс түлхүүрийг уламжилсан Жонангийн урсгалдаа туйлаас талархаж явдаг билээ.

Эргэх цагийн хатан хаан гэвч зогсохыг мэдэхгүй урагилах тул эртний мэргэдийн сургаалыг зөвхөн өгүүлэх нь үнэлэмж багатай учраас энэхүү мэдээ гантай газарт хур оруулах мэт хамаг амьтны тусыг юутай ч бүтээх нь гарцаагүй юм. Одоо бид бүхэн цөмөөрөө Алтан эриний номтой учрах ирээдүйн үйлийнхээ шалтгааныг үүсгэх цаг нэгэнт иржээ.

Эхлээд өөрийн сэтгэлийг мунхгийн харанхуйгаас цэвэрлэхэд хичээж үйлдээд дараа нь ихэнх хүмүүс дээдийн номыг дагах замдаа алдаа бүү гаргаасай хэмээн би энд өвөрмөц гүнзгий нууцад нэвтрэх Номын үндсэн зарчмыг тодорхой дэлгэрэнгүй тайлбарлан үзүүлэхийг оролдсон билээ.

Гурван Эрдэнийн үнэн хийгээд энэ буяны шим, шүтэн барилдлагын үнэний хүчээр Цаст оргил уулнаа нутаглагчдын шүтээн Бурханы үлэмж ариун ном үндэс сууринаасаа бэхжин тэжээгдээд чадал хүч нь хэзээд эс доройтох болтугай!

Тэр ерөөл бат оршиг!

Шагжаамүни Бурхан Багш

Танилцуулга

"Сэтгэлийн Мөн Чанараа нээхүй" хэмээх ном нь Шагжаамүни Бурхан багшийн сургасан сүсэг бишрэлийн замыг тайлбарлан таниулах зорилгоор бичигдсэн ном билээ. Би бээр Буддын шашны уг үндсийг шимийг нь алдагдуулаагүй хэрнээ илүү ойлгоход амархан байдлаар танилцуулах оролдлого хийсэн маань энэ юм. Тиймээс Сэтгэлийн мөн чанараа нээхүй ном таныг амьдралдаа зорилготой, сэтгэлдээ энэрэлтэй явахад тусалж чадна хэмээн найдаж байнам.

Та үүн шиг Номыг уншихаар сонгож авч байгаа бол зүгээр нэг зохиогчийн үгийг уншихаар аваагүй гэдэг нь ойлгомжтой. Сэтгэлийн мөн чанараа нээхүйгээр дамжуулан та Бурханы сургаалын эгнэшгүй нандин ухаантай холбогдон Бурханы Номыг ухаарч сэхээрсэн өнгөрсөн ба одоо цагийн алдартай бясалгагч нартай танилцана. Эртний урсгал гэдэг энэ Бурханы шашны өвөг дээдсүүд хийгээд тэдгээрийн амьдралын түүх, тайлбар судар бичгүүд, гүнзгий ухамсарлахуйдаа хүрсэн арга зам тэргүүтэн нь бидний бишрэлийг төрүүлэн хөтөч болоход онцгой үүрэгтэй билээ.

Бурханы сургаал нь янз бүрээр зовж шаналсан, сэтгэл дүүрэн бус явдаг төрөл бүрийн хүмүүст зориулагдсан байдаг учраас тэдгээрийг судалснаар бид хүрэх гэж тэмүүлсэн өөр өөр давхаргын янз бүрийн түвшинд хүрэх бололцоотой болно. Хамгийн наад зах нь гэхэд өдөр тутмын амьдралдаа стресс багатай амьдрах, амьдралд ойр аргуудад суралцан утга учиртай аж төрөх буюу цаашилбал гүнзгий түвшиндээ урт удаан үргэлжлэх жинхэнэ аз жаргалыг өөртөө хийгээд бусдад олгож чадах нөхцөлийг бий болгох гайхам чадварыг ухамсарлах болно.

Бурханы бүхий л сургаалын дотроос миний хамгаас илүүтэй холбоотой байдаг систем бол Цагийн хүрдний Дандарын сургаал юм. Миний бодлоор энэ бол нэгэн насанд нь хүнийг гэгээрэлд хүргэж чадах машид уран чадварлаг аргуудыг агуулсан хамгийн гайхамшигтай систем билээ. Ихэнх хүмүүс үүнийг тусгай өвөрмөц бясалгалуудтай холбож ойлгодог ч Цагийн хүрдэн бол үнэн хэрэгтээ сүсэг бишрэлийнхээ аль ч шатанд явагаас хамааралгүй хүн бүгдэд тохирох олон өөр түвшнийг агуулсан бүрэн төгс систем гэж хэлж болно.

ЦАГИЙН ХҮРДНИЙ ЗАМЫН ЕРӨНХИЙ ДҮГНЭЛТ

Калачакра гэдгийг үгчилбэл цаг\кала\ ба хүрд \чакра\ гэсэн утгатай. Энэхүү нэрээр Шагжаамүни Бурханаас уламжилсан онол дадлагын системийг нэрлэх болсноос хойш он цагийн уртад тасралтгүй урсгалаар дамжин уламжилж явсаар өнөөдрийг хүрсэн ажгуу. Цагийн хүрдний систем хүмүүст мэдэрч буй зүйлдээ утга учиртай хандаж өөр бусадтай ч мөн илүүтэй амгалан зохицолт амьдралыг цогцлооход нь туслахад голлон анхаардаг билээ.

Тэгэхээр сүсэг бишрэлийнхээ өөр өөр түвшинд байгаа янз бүрийн бясалгагч нарт ойлгон хүлээн авч чадах хэмжээнд нь тохируулсан сургаал гэдгээрээ Калачкра өвөрмөц онцлогтой. Нэгдмэл байдлын хүрээндээ бид ойр холбоотой юмуу эсвэл шууд хүрэх аль ч замаар урагшлах гүнзгий ухааны эндээс олох болно.

Сэтгэлийн мөн чанараа нээхүйн гол сэдвийн хувьд Цагийн хүрдний системийг бүрэн цогц болгон үзүүлэх нь чухала. Зам урагшлахын хэрээр таны амьдралдаа туулан гарах олон олон давхаргын дагуу алхам бүрд тань Ном таныг газарчлана. Энэхүү өргөн дардан замыг би гурван хэсэгт хуваан үзэж гурван боть ном болгосон нь ном тус бүрдээ нэг тусдаа давхаргыг танилцуулан өргөнөөсөө нарийн руугаа чиглэсэн маягаар явах юм. Тиймээс сургалтын материалыг эхнээс нь дэс дараатай үзэж тус бүр хамаарах дадлагад шаардлагатай суурийг тавин хөгжүүлж явахыг санал болгоё.

Нэгдүгээр Боть
Гадаад цагийн хүрд

Бид өөрсдийн шууд мэдэрч байгаа зүйлсийг судлахаас энэхүү аянаа эхэлнэ. Ялангуяа эглийн ертөнцөд өдөр бүр таарч байгаа эгэл жирийн үзэгдлүүдийг харан шинжилж, илүү утга учиртай тогтвортой амьдралыг авчрах ухааныг хөгжүүлэхэд чиглэсэн энэ шатанд бид үнэний ойлгох туршлагад баттай суурилсан арай илүү амьдралтай аргуудыг анхааралдаа авч үзнэ.

Энэ ном та бидний хуваан эзэгнэж буй энэ гаригийн талаар таныг илүү өргөнөөр бодоход хүргэх туйлын шинэлэг, нотлой санаануудтай танилцуулах юм. Тэдгээр санаанууд Буддын сургаалын үүднээс хорвоо ертөнцийг үзэх үзлийг ойлгохын суурь болон хэлбэржиж улмаар төгс дадлагын гүнзгий системд орохын үндэс болдог билээ.

Тэгэхдээ тэдгээр арга техникүүдийг бишрэн дадуулахын ашиг тусыг амсахын тулд та хувьдаа заавал Буддын сургаалаар дэлхийг харах шаардлагагүй гэдгийг санах хэрэгтэй. Хэрвээ танд аль нэг санаа хүлээн авч чадахааргүй санагдвал сэтгэл зовох хэрэггүй бөгөөд уг санааг эсэргүүцэх гэлгүй зөнд нь орхиод өөр дасгалуудаар туршлага хуримтлуулахыг хичээгээрэй. Яваандаа юмыг яаж мэдэхэв таны санаа аажмаар өөрчлөгдөн хувирч юмс үзэгдлийг үзэх шинэ хэтийн зорилго олж авах ч юм билүү. Ийм маягаар хүний хувийн үзэл бодол хар аяндаа хөгжддөг жамтай билээ.

Эхний энэ боть дотроо гурван бүлэгт хуваагдаж байгаа бөгөөд бүлэг болгон сүсэг бишрэлийн өөр өөр үе шатуудыг төлөөлнө. Сургалтын материалыг судлах олон аргуудыг үүнд хэрэглэж болох ба би хувьдаа үе болгоныг эргэлдүүлэх хэлбэрээр судлаасай хэмээн зөвлөх байна. Эхнийг бүлгийн эхнээс нь дуустал нь уншиж дуусгаад дахин эхнээс нь эхлэхдээ энэ удаад дасгалууд дээр анхаарлаа хандуулж яваарай. Ийнхүү үргэлжлүүлсээр харьцангуй сайн судалж өөрийн болгоо гэж бодсоныхоо дараагаар номын хоёрдугаар бүлэгт шилжээрэй.

Нэгдүгээр бүлэг – Тусгалын орон зайг үүсгэх

Олон хүний хувьд энэ номыг шүүрч авсны учир нь бидний амьдралд өдөр тутамд тохиолдож байдаг элдэ асуудал бэрхшээлийг аятайхан шиг давааад гарчих юмсан гэсэн энгийн нэгэн хүсэл байдаг. Барууныхны хувьд эд зүйлсийн хувьд бусдаас баян тансгийг хэрэглэж байж болох ч аар саархан олон асуудалд хэрхэн хандахаа мэдэхгүй сорилттой тулгарсаар байдаг. Заримдаа ч далайн усанд живэх гээд толгойгоо усны гадаргуу дээр байлгахаар тэмцэлдэж байх мэт санагдах ч үе бидэнд бий.

Тийм тохиолдолд өөрсдийн туршлагыг илүү утга төгөлдөр болгох боломж маш бага олддог. Тиймээс хамгийн эхлээд амьдралаа жаахан тогтворжуулж байгаад илүүтэй амгалан зохицол бүхий сонголтыг хийх боломжтой орон зайг бий болгох хэрэгтэй юм.

Бид үүнийг хоёр үндсэн замаар гүйцэлдүүлж болох бөгөөд тэдгээр нь: *Буддын Сэтгэл судлал* ба *Бясалгалын* дадлагууд билээ. Энэ хоёр нийлээд мэдэрч буй зүйлсээ ажиглан, асуудлаа таньж мэдээд хамгийн бүтээлч замаар түүнд хариу алхам хийх аргуудыг хөгжүүлэхэд бидэнд туслах хэрэгсэл болдог.

Бид сэтгэлээ илүү тогтвортой болгосны дараагаар амьдралдаа тохиолдох элдэв даваа нугачааг амжилттай даван гарах чадвартай болдог. Үүнийг уснаас аврагдаж салан дээр гараад амьсгаа даран амарч байхтай зүйрлэж болно. Толгойгоо усны гадаргуу дээр л байлгахын төлөө хамаг анхаарлаа зарцуулахын оронд бидэнд үнэхээр амин чухал байгаа зүйл дээр анхаарах цаг их байгааг олж харах нь зүйтэй юм.

Хоёрдугаар Бүлэг – Байгаа Байдлаа Тусган Харах

Аяны маань дараагийн алхам бол өөрсдийн одоогийн амьдарч буй үнэн байдал руугаа удаанаар шинжин харах явдал юм. Үнэхээр юу болоод байгааг болон дараа нь гарах үр дагавар нь юу билээ, юуг хамгаас чухалд авч үзэн юуг булингарт үзлээр харж болохгүй билээ, тэр бүхнийг хэр олон зогсож хардаг билээ бид. Удаан үргэлжлэх жинхэнэ аз жаргалыг авчирч чадахааргүй дэмий зүйлст хэт татагдахад хамаг үнэтэй цагаа бид зориулсаар өөрсдөө бүр будилж орхисон байдаг.

Огоорохын Дөрвөн Сэтгэл хэмээгч дөрвөн зүйл сэдэв дээр тогтон шинжилгээ хийснээр бидний үйлдэл болгон сэтгэлд таагүй, гунигтай үр дагавар авчрахад гол үүргийг гүйцэтгэж байдгийг мэдэж авах болно. Ухаарахуйн хүрээгээ өргөтгөн цааш судлаад үзвэл өнөөдөр хийсэн сонголт маань бидний маргаашийг тодорхойлоод байгааг олж харж эхэлнэ. Тэгвэл энэ ухаарал дээрээ үндэслээд бид амьдралдаа хэрхэн хариуцлагатай хандах вэ , олдоод байгаа боломжоо хэрхэн бүрэн хэмжээгээр ашиглаж болох вэ гэдэг мэдрэмжийг хөгжүүлж чадах билээ.

Ихэд гүнзгий бодож тунгаасны эцэст магадгүй бидний санаа зорилго өөрчлөгдөж, жаргал хэмээн санаж явсан бүхэн үнэндээ зовлонгийн үндэс болохыг ойлгож эхэлнэ. Үүнийг ойлгосноор бидний хүсэж байгаа тэр үр нөлөөг бидэнд авчирч чадах аргуудыг олоход анхааралаа чиглүүлж чадана. Энэ нь бидэнд сүсэг бишрэлийн замыг авшиг болгон дадуулах хүслийг хүчтэй төрүүлнэ. Тэгээд ч энэ үйл явцыг бид тэнгэрийн хаяаг салан дээрээсээ дурандаад алсад цайрах арлыг олж харан авралт тэр хуурай газар руу хүчлэн сэлүүрдэхтэй зүйрлэж болох ажээ.

Гуравдугаар Бүлэг – Сонгосон Замдаа Итгэл Төрүүлэх

Амьдралаа өөрчлөх юмсан гэсэн шаргуу хүсэл нь хамгийн дардан замыг олох сорилтыг авчирдаг. Хүн болгон адилгүй өвөрмөц чануудтай учраас хүн бүрд өөр аргууд үйлчилнэ. Хүн өвдөхөд өвчинд нь тохируулан эмчилгээ хийдэгтэй л адил.

Хүн төрөлхтний он удаан жилийн түүхэнд төрөл бүрийн шашны урсгал үүсэн бий болж янз бүрийн сургаал болон аргуудыг хүмүүсийн тусын тулд бүтээсэн байдаг. Сүсэг бишрэлийнхээ хөгжлийн энэ шатанд өөр өөр урсгалын сургаалуудыг өргөнөөр судалж өөрт бишрэл төрүүлж болох замыг хөгжүүлэх нь чухал.

Энэ номд үзүүлсэн Цагийн хүрдний Зам бол Төвөдийн Буддын шашны Жонангийн Урсгалаар уламжилж ирсэн сургаал юм. Энэхүү урсгал Буддын шашны бусад хэлбэртэй хэрхэн холбогддогийг ойлгохын тулд *Бурхан багшийн сургаалуудын үндэс хийгээд тэдгээрийг өөр өөрөөр хэрхэн тайлбарласан* байдгийг ойртон судалбал зохино. Тэгснээр бид дараа дараагийн ботиудад гарах бясалгал дадлагуудыг ойлгох онолын ерөнхий мэдлэгийг олж авах юм.

Энэ номоо дуусгахдаа та цааш энэ замаа үргэлжлүүлэх үү үгүй юу гэдгээ шийдэхэд хангалттай бүхий л мэдээллийг та авсан байх болно. Дараагийн шатны хөгжил рүү орох үед илүү их сорилттой тулгарах учраас үр бүтээлтэй зурашлыг өөртөө бий болгох нь маш чухал. Тийм учраас хийж судалж байгаа зүйлдээ итгэл бишрэлийн сэтгэлээр хандах хэрэгтэй юм. Танд жаахан ч гэсэн итгэл байх юм бол бусад хүмүүсийг эргэлзээгээ хөөхийн тулд цаг алдаж байх хооронд та харин хурдтайгаар урагшилж байх болно. Аль ч тохиолдолд та өөртөө болоод бусдад хуурмаггүй чин сэтгэлээр хандвал зөв чиглэл рүүгээ итгэлтэй алхана шүү.

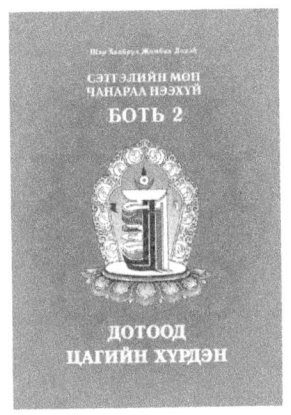

Хоёрдугаар Боть: Дотоод цагийн хурд

Анхаарлаа гадагш чиглүүлснээр бид амьдралдаа тохиолдох зүйлстэй зөв харьцах аргуудыг хөгжүүлж чадна. Амьдралын хүнд хэцүү сорилтот саруул оюунаар хандах арга замыг бид олж илрүүлэх ёстой. Гэвч хэчнээн ухаалаг арга оллоо ч гэсэн сансрын хүлээснээс алдууран зовлонгийн үндсийг тасалж жинхэнэ аз жаргалын хаалгыг нээх бололцоотой, урт удаан үргэлжлэх үр дүнг авчрах өөрчлөлтийг үүсгэн бий болгож хараахан чадахгүй билээ. Тиймээс бид өөрсдийн бодол сэтгэл рүү шууд өнгийн харж байгалиас заяасан үнэн мэдрэмжээ амсаж эхлэх хэрэгтэй юм.

Хоёрдугаар ботиос бид юмс үзэгдлийн хэрхэн оршдог хийгээд үзэгддэгийг олж мэднэ. Бид онолын түвшинд бодож тунгаахын хажуугаар шууд мэдрэх тал руу хамаагүй илүүтэй хэлбийх болно. Юу хэрхэн болдгийг зүгээр мэдээд өнгөрөх биш бодолд дүрслэгдэж буй тэдгээр үзэгдлийг бид шууд тулж мэдрэх чадвараа хөгжүүлэх нь чухал юм. Ойлгож мэдсэн зүйлээ туршлага руу шилжүүлснээрээ бид эдгээр санааг оршин буй ахуйдаа ашиглаж чадах билээ. Өөрчлөлтийн энэ явц *Цагийн хүрдний бэлтгэлийн зэрэг* \нгондо\ хэмээх олон талт дадлагын үр дүнд хийгдэх болно.

Гуравдугаар Боть: Бусад цагийн хүрд

Дотоодын үнэнтэйгээ тулж ажилласнаар бид аажимдаа гадаад ариун бус үзэгдлийг гэгээрлийн ариун үзэгдлүүдээс ялган салгах чадвартай болж эхэлдэг. Дурангийн бохирдсон шилийг цэвэрлэн тунгалаг болгох мэт бид сэтгэл доторх бүдүүн хэлбэрийн бүхий л түйтгэрүүдийг арилгаснаар үнэний хэлтэрхийг ч болтугай харж чадах болно. Энэхүү туйлын мөн чанар маань бүрнээрээ үзэгдэж эхлээгүй байх зуурт тэрхүү анхны жаахан хэлтэрхийд тулгуурлан өргөжүүлж чадах бололцоо бий.

Өмнөх хоёр номд Төвөдийн Буддын шашны бүхий л урсгалуудад нийтлэг байдаг сургаалуудыг бид танилцуулсан бол энэхүү сүүлчийн номд *Цагийн хүрдний Дандарын сургаалд* агуулагддаг өвөрмөц дадлагуудад бид анхаарлаа хандуулах болно. Энэ замд сэтгэл шулуудан орсон чин сүсэгт бясалгагч хүнд эдгээр гүнзгий чадварлаг аргууд нэгэн насандаа гэгээрлийн хутгийг олоход нь хэрэгтэй болгоныг өгөх болно.

ЭНЭ НОМЫН ШИМИЙГ БҮРЭН ХҮРТЭХ НЬ

Хойно гарах материалыг судалж байх зууртаа та хэдэн гол зүйлийг санаандаа хадгалж байх нь тустай билээ. Тиймээс ном уншиж байна уу хичээл сонсож байна уу ялгаагүй Бурханы номыг судалж байгаа хэнд ч болов хамааралтай ерөнхий хэдэн зөвлөгөөг санал болгож байна.

Зөв Сэдэлтэй Байж Суралцах

Бурхан багшийн сургаалыг судлахдаа онцгой анхааралтай хандвал зохино. Эдгээр сургаалаар явж илүүтэй жаргал цэнгэлийг амсана гэдгийг ойлгосон хүнд энэ нь тийм ч хүндрэлтэй асуудал биш юм. Хурц сэргэлэн араншинг хөгжүүлнэ гэдэг цаг хугацаа шаарддаг бөгөөд замдаа учрах бэрхшээл саад болгоныг давахын тулд танд илүү урт хугацааны хичээнгүй зүтгэл мөн шаардагддаг гэлцдэг. Нэгэн сургаалд эдгээр бэрхшээлүүдийг тодотгон *Гурван Савны Гэм* хэмээн нэрлэсэн байдаг нь:

1. **Хөмөрсөн сав** шиг байх хэрэггүй, яагаад гэвэл анхаарал сарнисан юмуу эсвэл сэтгэлээ нээгээгүй байсан цагт юу ч тийшээ нэвтэрч чадахгүй шүү дээ. Тиймээс хүлээн авахад бэлэн нээлттэй сэтгэлээр сонсогтун.

2. **Ёроол нь цоорхой сав** шиг байвал хэчнээн их мэдлэг юүлсэн ч сурсан мэдсэнээ тогтоохгүй дор нь асгаж орхино гэсэн үг.

3. Эцэст нь **хор дүүргэсэн сав** байх хэрэггүй. Бодож тунгаагаагүй санаа сэтгэл, дадал зуршилдаа хэт автсан буруу үзлийн зангинд орохоос зайсхийх хэрэгтэй. Ийм хороор хордсон сэтгэл сонссон зүйлээ мушгиж бодон, Бурханы Номыг шал өөр зүйл мэтээр ойлгоход хүргэдэг талтай билээ.

Хэсэг бүлэг бүрийг уншиж байхдаа хүлээн авахад бэлхэн нээлттэй сэтгэлийг баримтлан, аливаа шүүмжлэлт бодлоос ангид байхыг хичээгээрэй. Одоогоос эхлээд хойшид унших чанаруудыг өөрт байгаа эсэхийг шалгаж яваарай. Сурч мэдэх аргаа сайжруулахад тань урам зориг хэрэгтэй болохын цагт энэхүү энгийн сургаалыг эргэн санаж явагтун.

Тусгалыг Зогсоохуй. Энэ номын хэсэг тус бүрд уншиж судалсан зүйлээ тусган авахад тань зориулсан энгийн дасгалуудыг хавсаргасан.Онолд өөрийгөө хэт автуулахгүй байх нь чухал. Иймээс зари хэсэг хугацааны дара уншилтаа түр зогсоон өөртөө тусгах дасгал дээр төвлөрөх нь мэдлэгээ хувийн туршлагатайгаа холбох дотоод шинжлэлийг хөгжүүлэхэд тустай.

Хэсэг бүлгийн төгсгөлд дасгал ороогүй байсан ч гэсэн гол гол хэсгүүдийг эргэн сөхөж бүрэн ойлгох хүртлээ давтах нь сайн гэдэг. Дараа нь номоо доош тавиад саяын зүйлс амьдралд тань хэрхэн холбогдож байгааг тунгаан бодох хэрэгтэй. Тухайн зарчмууд амьдралын туршлагатай чинь хэрхэн холбогдож байсан жишээнүүдийг эргэн дурсаарай. Судалж байх үед гарч ирсэн асуултуудыг бичиж явах нь бас нэгэн сайн дадал болдог. Тэмдэглэлийн дэвтэр хажуухандаа байлгаж байгаад асуулт гарах болгонд зүгээр бичээд авчих хэрэгтэй. Бүлгээ судалж дуусгаад асуултуудаа хариулагдаж уу үгүй юу гэдгийг нэг шалгачих. Үгүй байвал багштайгаа юмуу өөр нэг сүсэг бишрэл нэгт нөхөртэйгөө хэлэлцэхээр төлөвлөх нь дээр.

Аяны Замдаа Цэнгэлийг Хүртэх нь

Эцэст нь ямар сэдэлтэй байхаас үл хамааран зүрх сэтгэлээ л нээлттэй ба чадсан бол Бурханы Ном танд ямар нэгэн хэмжээгээр тусыг бүтээх нь гарцаагүй юм Эрэл хайгуулын аян хийгдэж хувьсал хөгжлийн , үйл явц явагдаж байгаа гэдгийг ямагт санаж байх хэрэгтэй. Бодол төрж санаа хөгжихөд хугацаа хэрэгтэй болохоор өөртөө тэвчээртэй хандахыг хичээх нь зүйтэй. Сэдэв бүрээр өөрийн хэмжээнд тааруулан ахиж аажуухан урагшлан, хэрэгтэй бол хэчнээн ч удсан болно. Хэдэн бүлэг явчаад буцаж уншсан зүйлээ эргэн харж таны ойлголт өөрчлөгдсөн эсэхийг шалгаарай. Арын бүлэг болгон өмнөх бүлгүүдийн утгыг тодруулж , бас нэгэн утгын давхаргыг хуулан гүнзгий ойлголтыг өгдөг. ө. н Юуны өмнө энэхүү нандин боломжийг олсондоо сэтгэлийн цэнгэл эдлээрэй. Уншсан зүйл тань хуурай, аргуун байх ёсгүй. Харин адал явдалтай сорилт ихтэй аянд яваа л гэж бодох хэрэгтэй. Буддын сургаалд "ирээдүйд хүрэх ухамсарлахуйдаа үрийг нь тарих" гэдэг ойлголт байдаг бөгөөд энэ нь зүгээр л өнөөдөр бид будилж байвч маргааш ойлгохын суурь тавигдана гэдгийг хэлж байгаа үг юм.

"Эхлэн сурагчдын сэтгэлд боломж дүүрэн байдаг
бол мэргэжсэн хүний сэтгэлд маш цөөхөн боломж бий"
--Шунриу Сузуки--

Тусгалын Орон Зай Үүсгэх

Сэтгэлийг Ойлгохуй

Өдөр хэрхэн эхэлсниийг бүр эхнээс нь эргэн санахыг хичээ дээ. Та унтаж байна, аягүй бол ид зүүдэлж байна, тэгснээ гэнэт сэрж орхилоо. Заримдаа та сэрүүн байна гэдгээ яг таг мэдэж байдаг. Цонхоо нарны гэрэл тусаж хара саяхан үзэж байсан зүүдний ертөнц хаа ч алга гэдгийг та тодорхой мэдэрч байна. Гэтэл заримдаа та зүүдэлсээр ч байгаамуу эсвэл сэрүүн байна уу гэдэгтээ нэг л итгэлтэй биш, ойлгоход хэцүү байх үе бас бий.

Яадаг ч байсан сэрүүн төлвийн орчлон эцэст нь дийлж та орноосоо боссоноор өдөр эхэлдэг. Бидний олонх өглөө оройдоо хийж заншсан хэсэг бүлэг үйлдлүүдтэй байдаг. Энэ зуршил олон жилийн турш үргэлжилсэн болохоор бид онгоц автомат жолоодлогоор явж байх мэт ихэнх үйлдлийг өөрөө ч сайн ухаарсан юмгүй гүйцэтгэж дуусгадаг. Шүршүүрт орохыг авч үзвэл бариулыг эргүүлж ус гоожуулах, усан дуслууд тог тог хийн арьсанд хүрэх нь мэдрэгдэж тал тал тийшээ цацрах, шилэн хаалтанд уур үүсгэн цантуулах зэргээр мөч хором бүхэнд бид дуу чимээ, үнэр, амт, хүрэлцэхүйн нийлмэл мэдээллийн тасралтгүй урсгалыг маш баялаг мэдрэмж болгон хүлээн авч байдаг.

Гэвч энэ бүхэн зөвхөн мэдрэмжээр дуусдаг гэж үү? Үсээ шампундаж байхад тань өнөөдрийн тухай бодол сэтгэлд зурсхийн орж ирнэ. Магадгүй өнөөдөр таны хувьд маш чухал өдөр байж болно. Шинэ ажилд орсон анхны өдөр ч юмуу, та сэтгэл нэлээд догдолсон байх бөгөөд шинэ босс шинэ хамт олон ямар байхыг мэдэхгүйдээ эвгүйрхэнэ. Эсвэл баяр хөөртэй ч байж болох. Ямар их зүтгэл гаргасны дүнд үүнд хүрсэн билээ гэж бодно. Энэ бүх бодол дурсамж зэрэг нь бас нэгэн өөр давхаргын мэдрэмж билээ.

Буддын ухаанд энэхүү тасралтгүй үргэлжлэх мэдрэмжийн урсгалыг "сэтгэл" гэж нэрлэдэг. Толь шиг бодолд юу орж ирсэн болгоныг сэтгэл тусгана. Сэтгэл гэдэг усны молекул H_2O гэдэг шиг тодорхой зүйл биш, харин усан дуслууд арьсанд хүрэх тэр хийсвэр мэдрэмж юм. Үүнтэй адилаар гэрлийн долгионууд таны нүд рүү нэвтрэн хүчтэй энерги нүдний тань мэдрэлийн судлын дагууд зугаалан явж байгаа хэрэг биш юм. Тэр байтугай таны харах үйл явцыг идэвхжүүлэгч мэдрэлийн эсүүдийн сүлжээ ч биш юм. Тэгвэл энэ юу юм болоо, халуун шүршүүрийн уур ба цонхоор тусах нарны туяа яг юу болж таарах вэ?

Бид амьдралдаа бие сэтгэл хоёрынхоо алинд илүү анхаарвал зохих бол? "Гадна" байгаа физик бодит зүйлс болон "дотор" байгаа ертөнцийг мэдрэх мэдрэхүй хоёрын аль нь илүү чухал вэ? Зүгээр зурагтаа асаагаад юу рекламдаж байгааг нь харчихад болно. Физик биет байдал маш чухал гэж Барууны нийгэмд олон хүн итгэдэг. Гадаад бодит ахуйг зөвөөр ашиглаж чадвал ямар ч асуудлыг ядах юмгүй шийдчихэж чадна гэсэн итгэл бидэнд байгаад байдаг.

Хэрвээ бид энэ дүгнэлтийг саатан шинжилж үзвэл олон болно. Энэ дэлхий дээр хамгаас үзэсгэлэнтэй юугаар ч эс дутагдах, хүний хүсдэг болгоныг худалдаад авч чадах тийм хүмүүс ч огтоос жаргалгүй байх нь бий. Тэд цөм ордон шиг тансаг байшинд амьдравч уйдсанаасаа болоод үхэхээс наагуур байж сэтгэл хэзээ ч хангалуун биш байх нь бий. Тэгвэл өөр хэн нэгэн хамгийн өрөвдөлтэй нөхцөл байдалд сэтгэл дүүрэн байх нь ч бий. Тэд өмссөнөөсөө өөр хувцасгүй атал сэтгэл өндрөөр барахгүй баяр хөөрөөр бялхан байхыг үгүйсгэх аргагүй.

Алийг нь авах вэ гэсэн сонголтыг танд өгвөл: жаргалаар дүүрэн амьдралыг та сонгох уу зовлонгоор дүүрэнг нь сонгох уу? Бүгд эхнийхийг нь сонгох нь байгалийн хууль. Гадаад орчин ямар байх нь хамаагүй, аз жрагалыг мэдэрч чадвал тэр бидэнтэй хамт байж чадна. Аз жаргал аргал гэдэг бидний сэтгэлд үүсдэг үзэгдэл гэдгийг таньснаар сэтгэл бол хамгаас чухал зүйл мөн юм байна гэдгийг бид аяндаа ойлгож эхэлнэ.

Тийм учраа барууны соёлд сэтгэйин талаар хэчнээн бага мэддэгийг гайхмаар байдаг юм. Аз болоход Буддизм мэтийн эртний ухааннудад *сэтгэлийн шинжлэх ухааныг* эрүүлээр хөгжүүлэхэд маш их хугацааг зарцуулсан байдаг. Энэхүү эхний бүлэгтээ бид *Буддын сэтгэл зүйн* ойлголтоор сэтгэлийн олон талт чанаруудыг задлан харцгаах болно. Тэгснээрээ бид өдөр тутмын амьдралд тохиолддог асуудлуудыг хэрхэн давж гарах аргаа мэдэх болно.

СЭТГЭЛ ГЭЖ ЮУГ ХЭЛЭХ ВЭ?

Эхлээд бид сэтгэл гэж юу болохыг мэдэх гэж хичээх хэрэгтэй. Үүний тулд нийтийн дунд түгээмэл байгаа хэдэн төрлийн буруу ойлголтыг арилгаж цайруулах хэрэгтэй. Хамгийн том буруу ойлголт нь "сэтгэл бол тархи" гэдэг ойлголт юм. Сэтгэлийг бодит зүйл гээд бидний мэдрэмж бол тэрхүү бодит зүйлийн харьят өмч гэж үздэг. Энэ онолдоо тулгуурлаад эрдэмтэд тархины эс, сипапсуудаас мэдрэмж хэрхэн үүсэж байгааг судалсан боловч эсүүдэд өнөөг хүртэл амжилт олоогүй байна.

Тэдний олж тогтоосон зүйл гэвэл тархины цахилгаан үйлдэл ба түүнд тохирсон сэтгэлийн мэдрэмж хоёр хоорондоо маш ойрын *харилцаа холбоотой* болохыг таньж мэдсэн явдал юм. Үүнээс үзэхэд хоёр өөр төрлийн үзэгдэл бие биедээ нөлөөлж болох юм байна гэсэн дүгнэлтийг гаргаж болохоор байна. Өөр хэрнээ холбоотой үзэгдэл.

Зураг 1-1: Бие ба сэтгэлийн хоорондын холбоо

Буддын Сэтгэл Зүй судлалаар сэтгэл бол уг гарлаараа бодит зүйл огт биш юм. Тэгэхээр түүнийг бүтээгч жижиг хэсгүүд ч гэх юм уу түүний орших орон зай, цаг хугацаа зэрэг зүйлс бодит биш. Харин оронд нь тод байх, мэдэж байх гэсэн шинжүүдийг сэтгэл агуулдаг байна. Тод тунгалаг байх гэдгээр бодол сэтгэлд үзэгдэл ургах үндсэн чадварыг хэлж байгаа бөгөөд мэдэж байх гэдгээр эдгээр үзэгдлүүдийг таних сэтгэлийн чадварыг илэрхийлдэг.

Тархин дахь үйлдэл сэтгэлд ургаж буй үзэгдлүүдэд нөлөөлж байгаа боловч тархи бол сэтгэлтэй ижил зүйл гэж хэлэх аргагүй. Үүнтэй адил бодол санаа сэтгэлд ургахад тархинд цахилгаан үйлдэл үүсэхэд нөлөөлж тэгснээр мэдрэлийн шинэ гарц хэлбэржих юмуу эсвэл тодорхой нэгэн үйлдлийг хийх хөшүүрэг болж өгдөг. Энэ нь хоёр урсгалтай зам шиг нэг нэгэндээ харилцан үйлчлэх нөлөөлөл юм. Үүнийг ажиглахын тулд нэг маш энгийн туршилт хийгээд үзэцгээе: номоо хэсэг зуур тавиад баруун гараа өргөж, нь буулгана уу.

Энэхүү хамгийн энгийн үйлдэлд яг юу болж өнгөрсний харцгаая. Номын энэ хуудаснаас огт өөр долгионы гэрэл таны нүдэнд ойж цахилгаан давтамж үүсгэнэ. Тэр давтамж тархинд хүрч тодорхой мэдрэлийн эсүүдэд нөлөөлснөөр номын үсгүүд сэтгэлд ургаж ирнэ. Үсгүүдийг ухамсарласны үндсэн дээр тэрхүү үгүүдийг ойлгоно. Утгыг ойлгосноор нэг хэсэг эсүүдийг галд авалцуулж цахилгаан давтамж үүсгэснээр тэр нь мэдрэлийн системээр дамжин аялж гарт хүрээд булчинг ажиллуулж байна. Тэгснээр гар өргөгдлөө. Хэсэг хугацааны дараа уншсан зүйлийн утгын санамж дахин нэг өөр үйлдэл хийх хөшүүрэг болсноор гар доошиллоо. Энэ бүх үйл явц итгэмээргүй богинохон хугацаанд явагдахад бид тэр дор нь хүлээн авч чадаж байгааг харж байна.

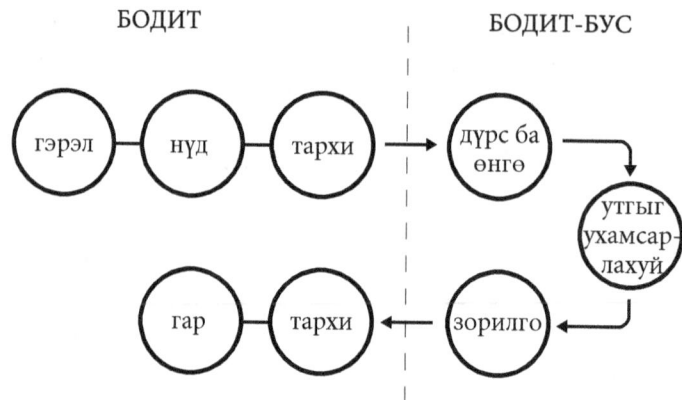

Зураг 1-2: Бие ба сэтгэл хэрхэн харилцан нөлөөлдгийг энгийнээр үзүүлбэл

Бие ба сэтгэлийн хооронд эргэлзээгүй хүчтэй холбоо байсаар байхад Буддистууд сэтгэлийн ерөнхий чадавхийн өчүүхэн хэсгийг л энэ холбоо төлөөлж байгаа юм хэмээн маргалдах нь бий. Бид сэтгэлийг сансар огторгуй тэр чигээрээ гэж үзвэл тархийг нэг жижиг нарны систем гэж үзэж болно. Нарны системийг сайтар ухаж задлаад үзэх юм бол түүний хэлбэр хэмжээ нь биднийг гайхшируулах бөгөөд хаанаас гаралтай юм бол гэж бодоход хүргэнэ. Гэтэл бүр илүү будлиантай нь энэ нь зөвхөн нэг бүхэл оршихуй нэг галактикийн өчүүхэн системийг л хэлж байгаад оршиж байгаа юм. Гэтэл түүнтэй харьцуулахад галактик гэдэг маань угаасаа төсөөллөөс давсан, ганц хэмжээ дамжааныхаа хувьд л гэхэд бидний ойлгох гэсэн бүхий л оролдлогыг үгүй хийж чадахаар тийм агуу зүйл билээ. Огторгуйд юу ч ургалаа гэсэн огторгуй хэвээрээ л байх бөгөөд огторгуйн орон зайгүйгээр тэнд юу ч үүсэх бололцоогүй ажээ.

Сэтгэлийг бодит-бус зүйл гэдгийг зөвшөөрч байгаа бол бодит үзэгдлийн тусламжтайгаар түүнийг олж онож чадахгүй гэдгийг ч бас зөвшөөрөх хэрэгтэй. Бидэнд бүхнийг бодитоор хэмжээд мэдчихэж болно гэсэн нийтлэг ойлголт байдаг шүү дээ. Хэмжигдэхээ хүртэл юмс байхгүйд тооцогдож явдаг. Гэхдээ энэ бол буруу ойлголт юм. Бидний бүтээсэн машин төхөөрөмжөөр нарийн энерги буюу квант талбарт матери энерги болон хувирч байгааг нээсэн ч гэсэн сэтгэлд ургах үзэгдлийг тэд хэзээ ч олж харж чадахгүй юм. Тэдний онож чадсан зүйл юу хэмээвээс энэ бодит ертөнц дэх бодит-бус үзэгдлүүдийн хоорондын нөлөөлөл байсан юм. Үүнээс үзэхэд дахиад л бодит-бус үзэгдлийг онож харах цорын ганц зүйл бол өөр нэгэн бодит-бус үзэгдэл юм - тэр нь сэтгэл өөрөө байж таарна гэдэг дүгнэлтэд биднийг хүргэж байна.

Сиддхарта Гаутама \Шагжаамүни Будда\ тэргүүтэй аугаа бясалгагч – егүзэр, гүн ухаантнуудыг харж байхад сэтгэлийг сэтгэлээр шууд ажиглах оюуны дасгалуудыг хөгжүүлэхэд асар их хувь нэмрийг оруулсан байдаг. Эдгээр арга техникүүдийг удаан хугацаанд дадуулан үйлдсэний үр дүнд сэтгэлдээ төсөөлж байгаа тэрхүү чануудынурган гарах нөхцөлүүдийг бий болгож сурах явдалд өөрсдийгөө дадлагажуулж болдог ажээ. Сэтгэлтэйгээ ийнхүү харьцах болсноор энэ хорвоотой харьцаагаа бүрэн өөрчилж чадсан нь үнэн баримт билээ.

Хэрвээ бид сүүлийн зуун жилийн шинжлэх ухаан технологийн дэвшлийг бодоод үзэх юм бол ертөнцийг үзэх бидний үзэл хамаагүй дээшилсний харж болно. Энэ бүхэн нэгэн шөнийн дотор үүсээгүй. Бодит ертөнцийн нууцыг тайлах гэсэн тоогүй олон хүмүүсийн цаг зав хүч хөдөлмөр насны зүтгэл үүнд шаардагдсан билээ. Түүн шиг аугаа бясалгагч нар сэтгэлийн жинхэнэ мөн чанарыг дэлгэн гаргахын тулд бүхий л амьдралаа зориулцгаажээ. Тэд энэ хорвоогийн бүхий л тав тух, тансаг хэрэглээ, нэр төр эрх нөлөө цөмийг умартан, сэтгэлтэй холбоотой үзэгдлүүдийг ойлгон цаана нь нуугдсан жинхэнэ чанарыг илрүүлэхээр зүтгэсэн бөгөөд дараагийн хэсэгтээ бид тэдгээр мастеруудын юу олж илрүүлсний заримаас суралцах болно.

СЭТГЭЛИЙН ҮРГЭЛЖЛЭЛ

Эдгээр мастеруудын ажигласан эхний зүйл бол хоосноос юу ч ургадаггүй болохыг харсан явдал байв. Мөн юу ч хоосонд уусаад алга болж орхидоггүй ажээ. Бодит биеийн хүчийг бодоод үзвэл хүчээ хуваарилах зарчим гэж л байдаг. Хүч хэзээ ч барагдана, дуусна, эсвэл шинээр үүснэ гэж байдаггүй харин өөрчлөгдөж хувирч хэлбэрээ өөрчилж л болдог ажээ. Үүний адилаар сэтгэл мөн үргэлжилдэг бөгөөд агшин хором бүр дараагийнхаа хормоор үргэлжилсээр тэр нь мөн цаашаа гэх мэт үргэлжилдэг байна.

Хором бүхэнд дараагийн хором урган гарч ирэх явдлыг шууд өдөөдөг нэг хором агуулагддаг. Үүнээс үзэхэд бид сэтгэл хаанаас эхтэй тэр эхлэлийг олох арга байхгүй юм. Юу ч үгүй байдлаас ямар нэгэн юм ургах тийм агшин, хором гэж огт байдаггүй ажээ.

Одоо урсаж байгаа тэрхүү хором маань дараагийн хормын гарах суурь болдог. Ямар мэдрэмж төрөх нь одоогийн нөхцөлөөс шууд шалтгаална. Дараагийн хором өмнөхтэйгөө яг адилхан хэзээ ч байдаггүй байтал сэтгэл хэвээрээ байх тул сэтгэлийн төгсгөлийг мөн бид хэзээч олж тогтоож чадахгүй нь ойлгомжтой байна. Ямар нэгэн зүйл юу ч үгүйд устаж алга болох тийм хором гэж байдаггүй ажээ. Ингээд үзэхээр сэтгэл гэдэг эхлэл ч үгүй төгсгөл ч үгүй харин эцэс төгсгөлгүй хувирлын үйл явц гэж үзэх хэрэгтэй билээ.

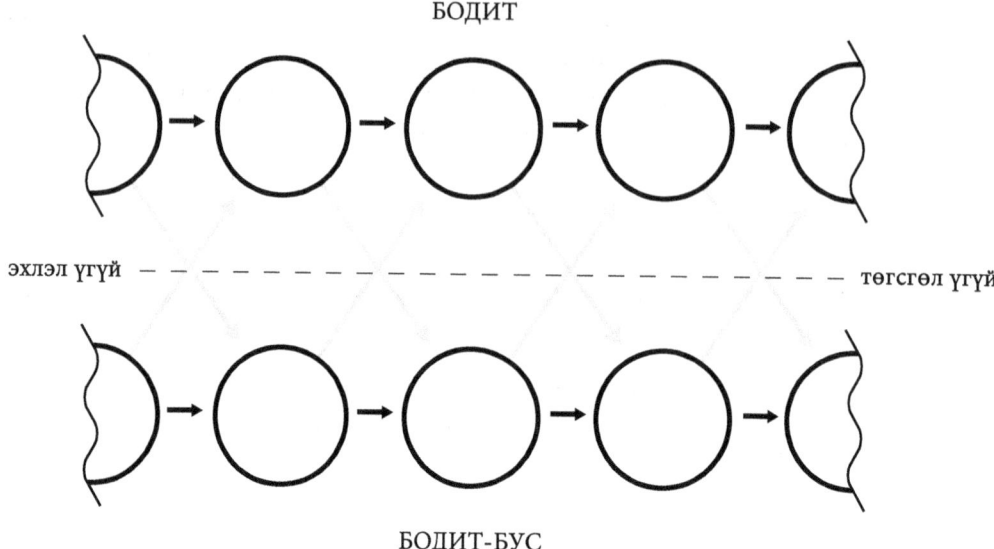

Зураг 1-3: Хором тутамд өөрчлөгдөхүйн дуусашгүй үргэлжлэл

Энэхүү үйл явцыг *Гадаад Цагийн хүрдэн* \Калачакра\ гэж нэрлэдэг. Энэ өгүүлбэрт "хүрд" гэдгээр ухамсрын төгсгөлгүй үргэлжлэх үйл явцыг хэлж байгаа ба энэ нь дугуй хорол мэт эхлэл ч үгүй төгсгөл ч үгүй байдаг. Тэгвэл "цаг" гэдгээр үргэлжлэн зогсолтгүй хөдлөх явцдаа байнгын хувиралд оршиж байдгийг хэлсэн бөгөөд сэтгэл дотор бодит ба бодит-бус үзэгдлийн хоорондын нөлөөллөөс шалтгаалан ургадаг үзэгдлүүд байнга өөрчлөгдөн хувирч байдгийг хэлсэн байна.

Энэ юу нь чухал юм бол? гэж бодож байж болно. Үүнийг ойлгосноор өнгөрсөн одоо ирээдүйн мэдрэмжүүдийг хоорондоо хэрхэн холбогдож байгаа шалтгааныг таньж мэдэх юм. Бидний мэдэрч байгаа зарим зүйл бусдаасаа илүү дээр мэт санагддаг шүү дээ. Таатай мэдрэмжээ бид жаргал гэж нэрлээд түүний эсрэг дургүй таагүй мэдрэмжээ зовлон гэж нэрлэдэг. Юунаас жаргалтай мэдрэмж эсвэл зовлонтой мэдрэмж урган гараад байгааг ойлгочихвол бид түүнд тохируулан аяглаж чадах болно. Сэтгэлээ дадуулах гэдэг бол зүгээр л өөрсдийн оюуны үргэлжлэхүйг хөгжүүлэхдээ зориудаар дуртай хэлбэртээ оруулан хэлбэржүүлж байгаа хэрэг мөн.

Дасгал 1.1 – Цагийн Урвуу Алхам Хийх

- *Нуруу эгц, чимээгүй суугаад сэтгэлээ бүрэн тайван байдал оруулна.*

- *Хаана байгаагаа эхлээд бод. Яаж яваад энд ирчихэв? Ямар үйл явдлууд таныг энд ирэхэд хүргэв? Таны энд ирэхэд хүргэсэн тэр шалтгааныг олонгуутаа юу таныг тэрхүү үйлийг хийхэд хүргэснийг одоо бод. Аажим аажим ухарсаар* болсон явдлуудын гинжин хэлхээг сэтгэлдээ ургуулан босгож өглөө орноосоо боссон үед хүртэл ухраагаад үзэгтүн.

- Одоо өнгөрсөн долоо хоногийг бод. Танд өнгөрсөн долоо хоногт ямар нэгэн сэтгэлд хадагдам үйл явдал тохиолдсон бол тэрийгээ бод. Сэтгэлдээ төрсөн болон биеэр мэдэрсэн мэдрэмжээ аль алиныг нь бод. Замын дагуу хаялсан талхны үйрмэг дагах мэт цааш ухраан явсаар байгтун.

- Одоо бүр түүнээс ч хойшоо ухарч өнгөрсөн жилийн туршид болж өнгөрсөн үйл явдлуудыг бодоорой. Тэр үед болсон үйл явдлын хором бүхэн өнөөдрийн энэ одоогийн мэдэрч буй хормыг тань бий болгоход дэмжлэг болсон гээд бодогтун.

- Одоо энэ насны амьдралаа эргэн бодож хүн болж төрснөө гайхамшигтайгаар мэдэрсэн өөр өөр үеүдийг таньж олоорой. Эдгээр чухал үе таны дараагийн зоригдол шийдвэрээ гаргахад тань хэрхэн нөлөөлснийг эргэн сана.

- Чадахын хэрээр нарийвчлан аль болох ихийг санахыг хичээгээрэй. Тэгээд ядарснаа мэдэрвэл хэсэг зуур нүдээ анин амрах хэрэгтэй.

СЭТГЭЛИЙН НАРИЙСАЛ

Өнгөрсөн цагийн аугаа гүн ухаантнуудын олсон бас нэгэн нээлт бол сэтгэл маш олон нимгэн давхаргатайг илрүүлсэн явдал юм. Давхарга болгон доод давхаргынхаа дээр давхарлан байрласан байх бөгөөд сэтгэлээ хангалттай дадлагажуулсны дараагаар эдгээр давхаргуудыг ялган харж чаддаг.

Энэ санаа гадаад бодит ертөнцийн нарийсалтай нэг талаар маш төстэй билээ. Эхлээд бидний санаж болох хамгийн бүдүүн хэлбэр хатуу цул гадаргуут хөрс, тэгээд шингэн, сүүлдээ хий бодог шүү дээ. Энэ бол хүн болгоны мэдэрч чадах зүйлс юм. Бодит физик биеийн энгийн хуулийг ойлгосноор бид өөр өөр төрлийн матери хэрхэн холилддогийг мэдэж авч болдог.

Бүр нарийн түвшиндээ атом молекулын задаргаа электрон нейтрон протон хүртэл бид бодож болно. Дахин хэлэхэд, хэдэн өөр төрлийн хуулиудыг ойлгосноор бүдүүн хэлбэрийн томоохон өөрчлөлтүүдийг хийж болно. Цахилгаан эрчим хүчийг л гэхэд түүнийг ашиглан бид ямар олон технологийг хөгжүүлж байгаа билээ.

Илүү нарийн квант задаргаа руу орох юм бол энэ түвшинд физик биетийн задрал бүрд огт өөр хууль үйлчилж эхэлдэг. Маш их өөр учраас шинжлэх ухааныхан одоо хүртэл эдгээр давхаргууд хэрхэн нөлөөлж байгааг туршсаар байна. Удахгүй бид үнэхээр гайхалтай үр дүнд хүрэхийг нь харна гэдэгт би огтхон ч эргэлздэггүй.

Бодит биетийн адилаар сэтгэл дотор ч гэсэн гурван гол давхарга байдгийг үзүүлбэл:

1. **Бүдүүн Сэтгэл:** Бүдүүн түвшиндээ бүхий л бодит биетийн нэгэн адилаар бие махбод оюун ухаан хоёр хоорондоо нягт уялдаатай оршдог. Энэ бол мэдрэмжийн хамгийн илэрхий түвшин бөгөөд бидний өөр өөр мэдрэхүйн эрхтэнд шууд мэдрэгддэг. Мөн бидний "эго" буюу хүн энэ л нэг насандаа өөрийгөө гэж үзэх, мэдрэх тэр мэдрэхүй яг энэ түвшинд л тод үзэгддэг байна. Гүнзгий тунгаан бодох болон дотоод шинжлэлийн дүнд бүдүүн сэтгэлийг нарийсган хөгжүүлж болдог.

2. **Нарийн Сэтгэл:** Оюун ухааны эд эстэй зүйрлэж болохоор нарийн сэтгэл нь аливаа нэгэн өөр тохиргоонууд сэтгэлд урган гарах боломцоог олгодог, ойлгож мэдэхийн аргагүй үл ухагдах зүйл бөгөөд энэ түвшинд заавал хүний сэтгэл гэж нэрлэгдэх шаардлагагүй боловч нэгжээд хувь бодгалийн бодол сэтгэл хэмээн нэрлэгддэг байна. Сэтгэлийн энэ нарийн түвшинд бидний төрөл авах явдлууд эцэс төгсгөлгүй дараалан төрж байх боломцоотой байдаг ба нэгжээд амьдрал болгон хүн юмуу адгуус гэх тухайн бодгалийн сэтгэлийн нэг тохиргоо болж явдаг байна. Бид энэ түвшнийг ус шингэн ч биш хатуу ч биш буюу хөлдөх гэсэх хоёрын яг голд байгаа мэтээр авч үзэж болох юм. Нарийн түвшний сэтгэлийн төлвийн тохиргоонд голчлон анхаарч бясалган дадуулах замаар ийм төрлийн сэтгэлийг хөгжүүлж болдог.

3. **Маш Нарийн Сэтгэл:** Маш нарийн сэтгэл бол гэгээн гэрэл, мөн Бурханлаг-чанар, тод гэрэл гэх мэтээр нэрлэгддэг. Үүнд аливаа нэг бодит байдал хэлтэрхий төдий ч үгүй бөгөөд хүн байна уу адгуус байна уу ялгаагүй бүхий л бодгалийн ухамсрын үргэлжлэл энэ төлөвт багтаж байдаг билээ. Маш нарийн сэтгэлийг зөвхөн сэтгэлийн өөрийнх нь тусламжтайгаар олж нээж болох ба бясалгалын гүн нарийн төвлөрөлтөөр түүнд хүрч болдог ажээ. Буддын дандарын сургаалд үзүүлсэн дэвшилтэт түвшний дадлагууд өөрийн маш нарийн сэтгэлээ мэдрэх, хийгээд тунгаан бясалгахад тусгайлан зориулагдсан байдаг.

Түвшин	Бодит	Бодит-бус
Бүдүүн	**Атом ба молекул:** Цул хатуу, Шингэн, Хий	Зургаан мэдрэхүй: дүрс, дуу, амт, үнэр, хүрэлцэхүй, мэдрэлийн үйл \бодол, дурсамж, сэтгэл хөдлөл\
Нарийн	**Атомын задаргаа:** Протон, Нейтрон, Электрон	Үл ухагдах сэтгэлийн урсгал

Маш-Нарийн	**Квант задаргаа:** Лептон, Кварк, Босон	Гэгээн гэрлийн сэтгэл \тунгалаг ухамсар, бурханлаг-чанар\

Хүснэгт 1-1: Бие ба сэтгэлийн нарийслийн давхаргууд

Дээр үзүүлсэн сэтгэлийн өөр өөр давхаргуудыг ухамсар хязгааргүй үргэлжилнэ гэсэн баримттай нэгтгээд харах юм бол амьдрал үүнээс өмнө байсаар байсан үүнээс хойш ч байсаар байх болно гэдэг нь ойлгогдож байна. Төрсөн мөчөөсөө эхлээд нөгчих агшинд хүртлээ бид ерөнхийдөө бүдүүн сэтгэлийн нэг өвөрмөц байгууламжийг л мэдэрсээр өнгөрөөдөг гэж болно. Нас барсны дараагаар бүдүүн сэтгэл уусан арилж харин нарийн сэтгэл л дангаараа үлддэг. Энэхүү нарийн сэтгэлээс шинэ сэтгэл урган гарах болдог бөгөөд үүнийг бид *хойд төрөл* буюу дахин төрөх гэж нэрлэдэг.

МАТЕРИЙН БАЙГУУЛАМЖ

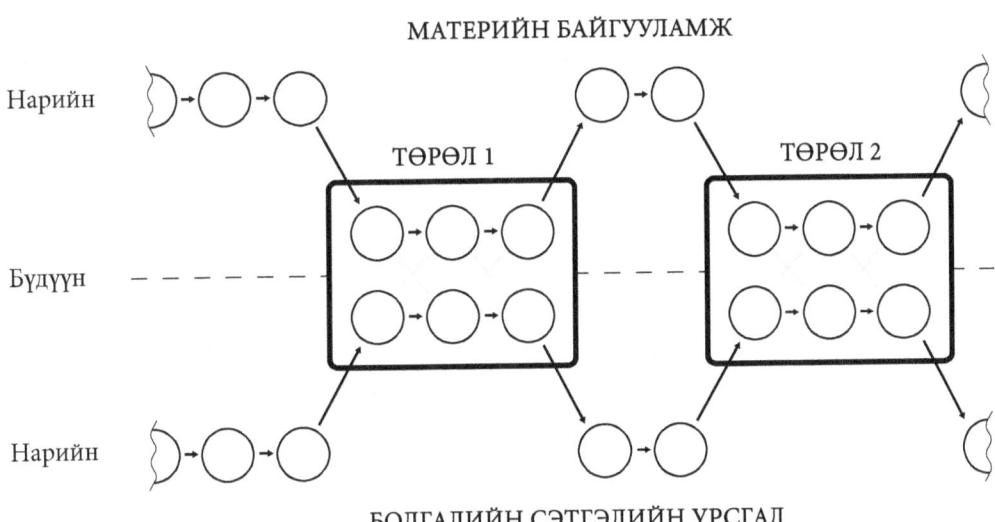

БОДГАЛИЙН СЭТГЭЛИЙН УРСГАЛ

Зураг 1-4: Цаг хугацааны туршид амьдрал хэлбэржих болон уусах явц

Арвин туршлагатай бясалгагч хүн өөрийн нарийн сэтгэлээ хянаж чадсанаар дараагийнхаа бүдүүн сэтгэлийн хэлбэрийг амжилттай сонгож авч чаддаг. Нарийн сэтгэлийн хяналттай болсноор төрөл дамжин явахдаа үргэлжлүүлэн дадуулсаар сэтгэлээ төгөлдөржүүлэхэд хүрдэг байна. Яагаад гэвэл тэд өөрсдийн төрлүүдийн туршид цуглуулсан "судалгаа"-гаа цөмийг нь мартчихдаггүй болохоор сэтгэлийн илүү нарийн түвшин рүүгээ улам бүр нэвтэрсээр байдаг ажээ.

Сэтгэл гэдэг биеэс ангид байдаг зүйл гэсэн хандлагатай эрдэмтэн шинжлэх ухааны мэргэжилтнүүдийн судалгааг ойроос ажиглан харвал бусад шинжлэх ухааны хүрээнд гүнзгий судалгаа хийхэд зоригжуулж болох талтай нь харагддаг.

Хэрвээ сэтгэлийг зөвхөн сэтгэлээр өөрөөр нь л судалж болдог юм бол энэ тал дээр шинжлэх ухааныхан ямар нээлт хийх бол гэдэг дээр мэтгэлцэхэд сонирхолтой байх болов уу гэж санагдана.

СЭТГЭЛИЙН НЭГЭН ЗАГВАР

Сэтгэл хэрхэн явагддаг талаар бид аажим аажмаар ургуулан босгосоор загвар бүтээн гаргаж ирнэ. Энэ загвартаа олон деталь оруулах тусам шийдвэр гаргахад тустай илүү их мэдээллүүд хуримтлагдана. Бид сэтгэлийн хийсвэр талыг судлаагүй гэдгийг санах хэрэгтэй ба тиймээс зүгээр л гарт баригдахгүй тийм нэгэн зүйлийн загварыг бүтээнэ гэсэн үг биш. Харин түүний оронд энэхүү загвараа ашиглаад амьдралдаа үр бүтээлтэй шийдвэр гаргах нь бидний зорилго билээ. Сэтгэлийг судлан шинжилснээр бид зовлонгийнхоо уг үндсийг олж мэдэн түүнээс гарах замыг олох аргыг боловсруулах ёстой.

Буддын сургаалд сэтгэлийг ангилах маш олон төрлийн аргууд бий. Бид тэдгээрийг нэгэн бүхэл зүйл хэмээн үзэж судлах бөгөөд дээр дурдсан ёсоор огт өөр бүрэлдэхүүн хэсгүүдээр нь хувааж үзэх болно. Систем болгон сэтгэлийн хэрхэн ажилладаг талаар өөр өөр талаас нь тодотгон харуулсан байдаг. Тиймээс тэдгээрийг хамтад нь ашигласнаар эдгээр ангилал харин ч сэтгэлд юу болдог талаар бидэнд илүү төгс төгөлдөр зураглалыг харуулах болно.

Дараагийн хэсэгтээ бид бүдүүн ба нарийн сэтгэлтэй холбогдолтой нэг бүлэг ангиллыг авч үзэх бөгөөд маш нарийн сэтгэл зөвхөн өндөр дадлагажсан бясалгагч нарын л мэдрэмжийн хүрээнд үзэгдэх болохоор бид одоогоор тэр талаар ярихгүй, харин сүүлд хэлэлцэхээр хойш нь тавих юм.

Гол ба Хоёрдогч Сэтгэлүүд

Хамгийн ерөнхий хоёр ангиллыг доор үзүүлбэл:

1. Гол Сэтгэлүүд: Энэ бол бидний энгийн хүлээн авах эгэл сэтгэл юм. Бидний *юуг* ухамсарлаж байгаа тэрхүү сэтгэл. Хүлээн авч буй объектынхоо төрлөөс шалтгаалаад өөр өөр гол сэтгэлүүд танигдсан байдаг. Жишээ нь, дүрс ба хэлбэрийг хүлээн авдаг нүдний ухамсарлахуй голлох сэтгэлд тооцогддог. Бүдүүн хэлбэрийн ухамсар байгалиасаа бодит зүйлд түшиглэдэг бол ажиглагчийн хийсвэр мэдрэмжинд чиглэсэн арай илүү нарийн сэтгэлүүд бас байдаг ажээ.

2. Хоёрдогч Сэтгэлүүд: Хоёрдогч сэтгэл нь объекттой өвөрмөц замаар холбогдож гарч ирдэг. Энэ нь бидний *хэрхэн* ухамсарлаж байгаа тэрхүү сэтгэл мөн. Хүлээн авч буй объект хүлээн авч буй субъект хоёрын дунд үүсч байгаа холбооны төрлөөс хамаараад хоёрдогч сэтгэлүүд мөн өөр өөр төрөл байдаг. Жишээ нь, "анхаарал" гэдэг хоёрдогч сэтгэл ямар нэгэн объект сэтгэлд үзэгдэхтэй холбогдож гарч ирдэг байна.

"Гол" ба "хоёрдогч" гэдгийг цаг хугацаатай холбон бодож болохгүй яагаад гэвэл хоёулаа сэтгэлд хоромхон зуурт төрдөг. Гол гэдэг үгээр энд илүүтэй сэтгэлийн суурь шинжийг хэлсэн ажээ. Энэ нь бодит хийсвэр гэсэн бодолгүйгээр хүлээн авах сэтгэл бөгөөд түүнгүйгээр холбоо харилцаа үүсэх үндэс үгүйсэн билээ.

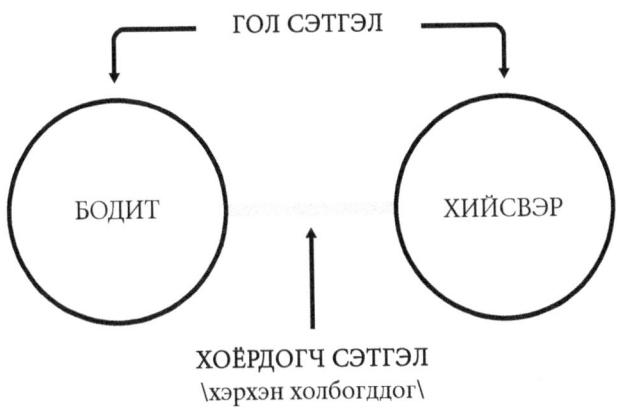

Зураг 1-5: Гол ба хоёрдогч сэтгэлүүд хуваагдмал үзлийг хэрхэн төрүүлэх нь

Эдгээр хоёр ангилал бидэнд өөр өөр задлан шинжлэлийг хийх бололцоог олгож байдаг. Гол сэтгэлийг ойлгосноороо бид сэтгэлийг бүрдүүлэгч үндсэн бүрдлүүдийг мэдэрч чадна. Харин хоёрдогч сэтгэлүүдийг ойлгосноороо тэдгээр бүрдлүүд хоорондоо хэрхэн холбогддогийг мэдэж авдаг байна. Ялангуяа бид зохицол журамтай холбоо үүсэж буй хэлбэрүүдийг болон зохисгүй бөгөөд төвөг учруулдаг холбоо үүсэж буй хэлбэрүүдийг ч мөн адил таньж чадах ажээ.

Ухамсрын найман хэлбэр

Одоо бүдүүн хийгээд нарийн сэтгэлийн түвшинд мэдрэгдэх өөр өөр төрлийн гол сэтгэлүүдийг авч үзье. Сэтгэл гэдгээр бид сэтгэлийн өөр өөр давхаргуудад үзэгддэг өөр өөр төрлийн сэтгэлүүдээс үзэгдэл бүрэлдэн ургахыг ерөнхийдөө хэлдэг гэдгийг санах хэрэгтэй. Ийм тохиолдолд бидний анхааралаа чиглүүлэх тэр сэтгэл бол *ухамсар* юм. Ухамсар гэж гэдгээр бодит хийсвэр хоёрын дунд хуваагдмал байдлаар нөхцөлддөг аливаа нэгэн мэдэмсрийг хэлж байна. Тэрхүү ухамсрын үргэлжлэлээ бид *сэтгэлийн урсгал* гэж нэрлээд байгаа юм. Хүн болгонд өөрийн өвөрмөц зорилго байдаг болохоор тэдний сэтгэлийн урсгал ч түүнийгээ дагаад давтагдашгүй өвөрмөц байдаг. Хэрвээ бид өөрсдийнхөө сэтгэлийн урсгалыг харж чаддаг байсан бол ухамсрын хоёр гол шалгуурыг таньж чадах байсныг доор үзүүлбэл:

Мэдрэхүйн Ухамсар

Мэдрэхүйн ухамсар гэдэг бол физик биетийн мэдрэхүйн аль нэг эрхтэнд шууд уялдаатай ухамсрыг хэлнэ. Жишээ нь, гэрэл аль нэг объект дээр ойгоод нүдний мэдрэх эрхтэнд хүрснээр нүдний ухамсар үүснэ. Мэдээлэл цахилгаан үйлдлийн тодорхой нэгэн шинж маягаар дамжуулагдан дүрс өнгө зэрэг урган гарч ирдэ ажээ.

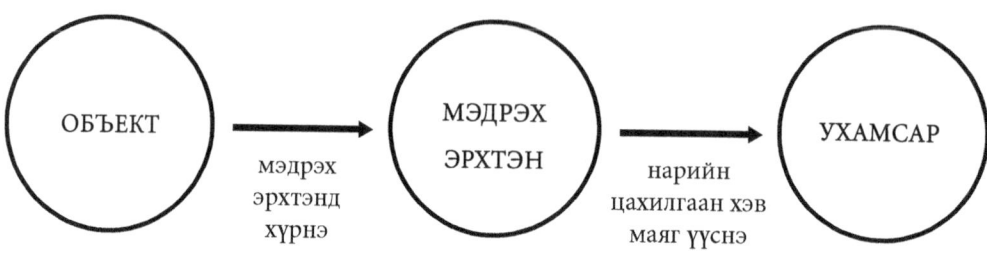

Зураг 1-6: Мэдрэхүйн ухамсрын бүрэлдэхүүн хэсгүүд

Хэрвээ бид мэдрэхүйн эрхтэн болгоны үндсэн хэв шинжийг дэлгэрүүлэн харвал таван мэдрэхүйн ухамсар доорх байдлаар танигдах болно:

Бодит	Эрхтэн	Ухамсар	Мэдрэмж
Гэрлийн долгион	Нүд	Харах	Дүрс ба өнгө
Чичиргээ	Чих	Сонсох	Хэмнэл ба дуу
Химийн бодис	Хамар	Үнэртэх	Үнэр
Химийн бодис	Хэл	Амтлах	Амт
Материйн тохиргоо	Бие	Хүрэлцэх	Хатуу, шингэн, халуун, хөдөлгөөн

Хүснэгт 1-2: Мэдрэхүйн ухамсрын таван төрөл

Эдгээр ухамсрын хэлбэрүүд цөм сэтгэлд шууд хүрэх бөгөөд энэ нь нөхцөл бүрдсэн тохиолдолд мэдрэмж урган гарна гэсэн үг. Тэд бол байгалиасаа бодлын хамааралгүйгээр явагддаг. Мөн тэд маш бүдүүн хэлбэрийн сэтгэлүүд учраас мэдрэх эрхтнүүдийн бодитоор орших явдалд ихээр дулдуйдаж оршдог байна. Мэдрэхүйн эрхтэнг авчихвал түүнд харгалзагч ухамсар сэтгэлд төрөхөө больчихно.

Үүнтэй адилаар мэдрэх эрхтнүүд муудсанаар тухайн мэдрэхүйн ухамсар мөн доройтно. Хараа бүдгэрч, чимээ бүгт, амт сулхан мэт санагдаж ирнэ. Эдгээрийн заримыг технологийн туслалцаатайгаар \харааны шил, сонсголын хэрэгсэл г.м\ зохицуулж болох ба эсвэл мэс хагалбар \нүдний болор зүсэх мэт\ хийж засаж болдог нь үнэн. Энэ бүхэн эцэстээ мэдрэхүйн ухамсруд үнэнийг байнга үнэнээр харуулж чаддаггүй болохыг заан харуулж байдаг билээ. Бид заримдаа үнэний зөвхөн багавтар хэсгийг юмуу нөлөөт шилний цаанаас харах адил хардаг байна.

Оюуны Ухамсар

Сэтгэл аль нэгэн мэдрэхүйн эрхтэнд дулдуйдахгүй учраас түүнийг бид оюуны ухамсар гэж нэрлэнэ. Мэдрэхүйн эрхтний таван ухамсартай адилгүй оюуны ухамсарт хүлээн авсан зүйлээ таних чадвар бий. Жишээ нь, цэцэг байлаа гэж бодоход харааны эрхтэн толь адил өнгө дүрс бүх деталиудыг тусгах боловч юу тусгаж байгаагаа ойлгож чадахгүй. Харааны ухамсар юмсыг зөвхөн харна харин оюуны ухамсар уг объект юу болохыг *мэдэж байдаг*. Энэ бол бодлын загварыг үүсгэх үндсэн ухамсарлахуй бөгөөд мэдрэхүйн ухамсраар хүртсэн хүртээгүй аль ч үзэгдлийг төлөөлж болдог. Хэрвээ бид оюуны ухамсрыг шинжлэн харвал гурван ялгаатай шалгуурт хуваагддагийг таньж болно:

3. **Бүдүүн Оюуны Ухамсар**: Энэ бол бидний тодхон мэдрэх сэтгэл юм. Түүнийг бодол санаанууд, төсөөлөл, мөрөөдөл, сэтгэлийн хөдөлгөөн гэх мэт хийсвэр мэдрэмжүүд бүрдүүлэх ба энэ нь бидний "сэтгэл" гэж үгтэй голдуу хамт оршдог тиймэрхүү төрлийн мэдрэмж билээ. Тархины туслалцаанаас машид их хамаарч оршдог тул хэрвээ тархи гэмтвэл бидний бүдүүн оюуны чадвахи бүрэн хэмжээгээрээ үзэгдэж чадахаа больж тодорхой хэмжээгээр хязгаарлагдмал болдог. Бидний "дурсамж" хэмээн нэрлэдэг мэдрэмжээр бүдүүн оюуны ухамсар өнгөрсөн үеийн мэдрэмжийг сэтгэлд дахин ургуулж дүрслэхийг хэлдэг.

4. **Төөрөгдөлт Ухамсар**: Үнэнийг алдаатай хүлээн авах ухамсрыг төөрөгдөлт ухамсар гэдэг. Ялангуяа бидний өөрийгөө гэх мэдрэмжтэй холбоотой хүлээн авах тэр буруу ухамсрыг ерөнхийдөө хэлнэ. Энэ төрлийн ухамсар голдуу "зовлон" гэж бидний нэрлэдэг сэтгэлийн тэрхүү таагүй байдал хөгжин гарах суурь нь болж өгдөг байна. Зарим зовлон бүдүүн хэлбэртэй байдаг бол зарим нь нарийн хэлбэртэй. Гэхдээ л тэд цөм үнэнийг ухаарах төөрөгдлийн үзлээр мунхарснаас зовлон эдлэх шалтгаан нөхцөлийг бүтээсээр байдаг ажээ.

Төөрөгдсөн ухамсар бүдүүн оюуны ухамсарт бодлууд олшрохын шалтгаан болдог болохоороо таниход маш бэрхтэй байх талтай. Олон бодлууд эргэлдээд байгаа үед аль нь буруу үзлийг дэмжээд байгааг олоход бэрхтэй байдаг. Бясалгалын дадлагын хүчээр сэтгэлээ чадварлагаар тогтоон амрааж байгаад дараа нь эдгээр буруу үзлийг таньж тогтоох боломжтой байдаг. Энэхүү ухамсрын суурь болдог дөрвөн үндсэн буруу үзэл бий.

Эхнийх нь, би-д барих үзэл. Энэ үзэл эго үүсэхийн гол шалтгаан болдог бөгөөд "би" гэсэн салангид нэг биеэ даасан зүйл байгаа гэж итгэхэд хүргэдэг. Хоёр дахь нь, энэ эгонд өөрийгөө "хэрхэн" оршин тогтнох явдлыг нөхцөлдүүлэх тодорхой зам бий гэсэн итгэл. Гуравт, энэ эгог бусаас илтэд илүү үзэх үзэл буюу өөрийг энхрийлэн барих үзэл. Эцэст нь, өөрөө гэдэг бусдаас үл хамаарах бие даасан зүйл буй гэдэгт итгэсэн тэр мунхаг сэтгэл. Төөрөгдсөн ухамсрыг арилгах хүртэл бид энэхүү дөрвөн буруу үзлийн нөлөөн дор оршсоор тэдгээрээс зүй ёсоор урган гарах зовлонг эдлэсээр байх болно. Бохир шилэн аяганд хийсэн ус лугаа бидний язгуурын ариун ухамсар маань төөрөгдөлт үзлээр хязгаарлагдсаар байх болно.

5. **Далд Ухамсар:** Энэ бол суурь ухамсар гэж бидний нэрлэдэг хамгийн нарийн хэлбэрийн оюуны ухамсар \мөн алаявижнана буюу угийн ухамсар гэдэг\ юм. Энэ бол бүхий л ухамсрын суурь бөгөөд бид орчноо, хорвоог хэрхэн ойлгох мэдрэх хийгээд юмс үзэгдлийг мэдрэх ба хүлээн авах, тэр бүү хэл, өөрсдөө өөрсөндөө хэрхэн үзэгдэх зэргийн ухамсар эндээс эхээ авдаг байна. Энэ бол сэтгэлийн уг бөгөөд бусад төрлийн ухамсрууд нөхцөлддөг орон газар болдог билээ. Бидний зуршил болсон бүх ухамсрууд энд хадгалагдаж төрлөөс төрөлд дамжин явдаг нь энэхүү ухамсар чухам мөн ажээ. Түүнийг төвийг сахисан буюу сайн муу гэсэн элдэв бодлоос ангид гэж үздэг. Тэр бол зүгээр л дан ганц ухамсарлах ухамсар билээ. Суурь ухамсрын дотор орших "би" хэмээх буруу ухамсрыг мунхгаар агуулан оршиж энэхүү суурь мэдрэмж нь цаашаа бүдүүн оюуны ухамсрын төрөл бүрийн шинжүүд болон хөгждөг ажгуу.

Далд ухамсрыг далайн хамгийн гүнд орших ёроолтой зүйрлэж болно. Бидний сэтгэлийн хөдөлгөөн бодол санаа зэрэг нь түүний гадаргуу дээрх долгион бөгөөд далайн нэгээхэн хэсэг мөртлөө доод гүндээ нөлөө үзүүлж чаддаггүйтэй адил. Биднийг ухаангүй байх юмуу ухаан алдан унах эсвэл гүнзгий бясалгалд умбасан байх үед бусад бүхий л ухамсрууд энэхүү суурь ухамсарт шингэсэн байдаг ажээ. Бүх зүйл хэзээд үл төгсөх үргэлжлэлдээ эргэн шингэх нь энэ билээ. Төөрөгдөлт ухамсар арилахын цагт суурь ухамсар анхдагч ариун хэлбэрээрээ төгс урган гарч үзэгдэх болно.

Дасгал 1.2 – Бүдүүн Ухамсрыг Таних

- *Сэтгэлээ тогтуун болгохын тулд хэсэг зуур чимээгүй суупа.*
- *Нүдээ хараастай чигээрээ орчноо аажуухан тойруулан ажиглагтун.*

Нүдэнд тусах олон өнгө хэлбэр зэргийг анзаар. Дараа нь нүдээ анин саяын олон өнгө хэлбэр хэрхэн өөрчлөгдөхийг мэдэр. Нүдээ дахин нээж үзэгдлүүд дахиад харагдахыг үзэх болно. Энэ бол таны харааны ухамсар.

- *Нүдээ аниад юу сонсогдохыг чагна. Чимээний тод сул чанарыг мэдэрч яваандаа хэрхэн өөрчлөгдөхийг ажиглаарай. Нэг дуу чимээ өөр нэг чимээнд хэрхэн дарагдах давхарлагдах зэрэг ерөнхий мэдрэмжээ ажиглагтун. Энэ бол таны сонсголын ухамсар билээ.*

- *Өөр өөр үнэрүүдийг үнэртэн хэсэг хугацааг зарцуулагтун. Хоол ч юмуу хамрын үнэрлэхүйд мэдрэгдэх аливаа үнэр. Энэ бол таны үнэрлэхүйн ухамсар мөн.*

- *Мөн түүнчлэн, янз бүрийн хоол амсаад үз. Амтаар нь өөр өөр орцтойг ялгахыг оролд. Хэлэндээ хүрэнгүүт ямар амт мэдрэгдэж байгааг залгисны дараагаар ямар амт мэдрэгдсээр байгааг ажигла. Энэ бол таны амтлахуйн ухамсар.*

- *Алгаараа хатуу гадаргуу дээр даръж үзэгтүн. Уг зүйлийн цул юмуу зөөлөн эсэхийг мэдэр. Дараа нь аягатай уснаас амандаа балгаж шингэн хэрхэн гулгахыг ажигла. Одоо биеийнхээ дагуу алгаараа илж хаа нэгтээ халуун юмуу хөрсөн хэсэг байгаа эсэхийн шалга. Биеийн тань зарим хэсгүүд бусдыгаа бодвол илүү идэвхтэй байхыг анзаар. Амьсгаагаа орж гарах хөдөлгөөнийг анзаарч цээж хэвлий тань агших тэлэхийг мэдэр. Эцэст нь биеийнхээ аль хэсэгт ямар ч мэдрэмж огт төрөхгүй байгаа хайж ологтун. Хоосон орон зайг мэдрэх гэж оролд. Энэ бол таны хүрэлцэхүйн ухамсар билээ.*

- *Одоо чимээгүй суугаад өөрийгөө хаврын сайхан цэцэгт нугад сууж байна гэж төсөөл. Нугын төгсгөлд урт ургасан модот ой сүүдрээ газарт унагажээ. Тэнгэр цэлмэг бөгөөд наран гийнэ. Нарны бүлээн илчийг та арьсан дээрээ мэдэрч байна. Холгүйхэн жижиг нуур байх бөгөөд та загас гадаргуунаас доохонтой сэлж явахыг харна. Энэ зураглал дунд өөрийгөө байгаагаар мэдрэхийг хичээгтүн. Энэ бол таны бүдүүн оюуны ухамсар билээ.*

Нийтдээ найман төрлийн ухамсар байгааг бид үзлээ. Энэ наймаас зургаа нь бүдүүн чанартай бөгөөд түүний тав нь мэдрэхүйн ухамсар байдаг бол нэг нь бүдүүн хэлбэрийн оюуны ухамсар юм. Төөрөгдөл ухамсар нь бүдүүн нарийн ухамсрын холимог байдаг бол далд ухамсар нь дан нарийн хэлбэрийнх гэж тооцогддог ажээ.

Нарийсалт	Төрөл	Ухамсар
Бүдүүн	Мэдрэхүйн	1. Харааны Ухамсар
		2. Сонсголын Ухамсар
		3. Үнэрлэх Ухамсар
		4. Амтлах Ухамсар
		5. Хүрэлцэхүй Ухамсар
	Оюуны	6. Бүдүүн Оюуны Ухамсар
Бүдүүн ба нарийн		7. Төөрөгдөлт Ухамсар
Нарийн		8. Суурь Ухамсар

Хүснэгт 1-3: "Ухамсрын Найман Хэлбэр"-ийг тоймлон үзүүлсэн байдал

Оюуны Ухамсар Хэрхэн Төрдөг тухай

Олон өөр төрлийн ухамсруудыг ялгаж ойлгохын тулд *Таван Бүрдэл Цогц* гэдэг таван хэсэг энгийн загварыг бид ашиглаж болно. Цогц болгон оюуны ухамсар үүсэх дараалсан үйл явцыг үзүүлье. Энэ явц доорх байдлаар явагдана:

6. **Дүрс:** Бидний мэдрэхүйн болон оюуны ухамсарт үзэгдэл хэрхэн ургахаас эхэлдэг бөгөөд тэдгээр үзэгдлүүдийг ерөнхийд нь *нэр дүрс* гэж нэрлэдэг. Хэрвээ бидний бүх эрхтэн ном ёсоороо ажиллаж байгаа гэж үзэх юм бол бид зургаан төрлийн мэдрэхүйгээрээ тэдгээрт тохирсон мэдээллийн урсгалыг хүлээн авч байна гэсэн үг \тав нь биеэр нэг нь оюунаар\ юм. Эдгээр дүрснүүд бидний сэтгэлд бодит хэлбэрийг үүсгэдэг бөгөөд энэ үйл явц байгалиасаа хоромхон зуурт явагдах тул бид сэтгэлд ургасан үзэгдлийг оюуны ухамсрын объект гэж үздэг гэдгээр одоо энэ мэдрэгдэж байгаа ухамсар бол хормын өмнөх оюуны ухамсрыг таньсны үр дүн гэдгийг хэлж байгаа билээ.

7. **Хүртэхүй:** Одоо цагийн оюуны ухамсар нэг үед нэг л мэдээллийг ухаарах чадвартай байдаг. Чичиргээ үүсэхэд харах сонсох мэдрэмж нэгэн зэрэг явагдаж байх мэт бидэнд санагдавч үнэн хэрэгтээ оюуны ухамсар нэгээс нөгөө рүү маш хурдан үсчиж байгаагийн шинж юм. Бидний оюуны ухамсар тодорхой нэгэн үзэгдлийн урсгалыг мэдэх үед сэтгэлд оюун санааны ул мөр үлддэг байна. Энэ ул мөрийг бид *хүртэхүй* гэж нэрлэнэ. Түүний гол үүрэг нь оюуны ухамсарт холбоо харилцаа тогтоох боломж олгосон оюун санааны дүр зургийг сэтгэлд буулгах явдал мөн.

8. **Мэдрэмж:** Оюун санаанд үүссэн дүр зураг дээр үндэслээд сэтгэлд тодорхой нэгэн хариу мэдрэмж үүснэ. Энэхүү хариу мэдрэмж бол объект

\оюуны дүр зураг\ болон түүнийг хүлээн авагч субъект \дүр зургийг ухаарах явдал\-ын хооронд үүссэн хамгийн энгийн харилцаа билээ. Оюун санааны дүр зураг суурь ухамсарт хадгалагдсан аль нэгэн төрлийн зуршилт үйлийн хандлагыг хөндсөнөөр уг объекттой харьцах уу, эс харьцах уу гэсэн шавдуулга гарч ирдэг.

9. **Оюуны хэлбэржилт:** Бодит ба хийсвэр байдлын хооронд нэгэнт харилцаа үүссэний дараагаар тэдгээртэй холбоотой бүхэл бүтэн бүлэг мэдэгдэхүүний хэв маягийн хэлбэржилт урган гарна. Суурь ухамсар үүнд яг л бүхнийг хооронд нь холбосон аварга том сүлжээ адил байж аль нэг үйлийн хандлага хөндөгдөхөд бусад холбооснууд мөн идэвхжиж ирэх шалтгаан болж өгдөг байна. Энэ нь тогтоол усанд чулуу шидэхийн адил бодлын өргөн хүрээг хамран тэлж тухайн объекттой ямар төрлийн харьцааг та тогтоохыг нөхцөлдүүлэх буюу хэлбэржүүлж өгдөг байна. Мөн заримдаа тодорхой нэгэн мэдрэмжийг тойроод түүх үүсгэн байгуулснаа бодлын хучлагаар сэтгэл далдалж орхих нь бас бий.

10. **Ухамсар:** Оюуны хэлбэржилтээр ямар төрлийн түүх тусгагдсанаас шалтгаалаад оюуны ухамсар түүний үр дүн болон төрнө. Хэрвээ түүх төөрөгдөлт ухамсарт тулгуурласан байх юм бол мэдрэмж үнэн байдлаас гажуу маягтай сэтгэлд буна. Буруу үзэл зовлонгийн ёзоор болон үйлчилснээс таагүй мэдрэмж ургадаг. Үүнтэй адилхан мэдрэмж үнэнд нийцтэйгээр сэтгэлд буувал жаргалтай мэдрэмж төрөхийн суурь болдог байна.

Энэ үйл явцыг сайтар ойлгохын тулд бид нэгэн энгийн жишээг ашиглаж болно:

Та өөрийгөө зоогийн газарт сууж байгаагаар төсөөл. Та хоолоо идэж дуусгаад десерт болгон захиалсан том зүсэм шоколадтай бялуугаа хүлээж суутал хэрчим нимбэгтэй бялуу хүрээд ирдгийн байна. Та үйлчлэгч рүү дургүйцэн харж: "Би шоколадтай бялуу захиалсан шүү дээ?" гэж хэлнэ.

Таны сэтгэлд юу болж өнгөрснийг одоо харцгаая. Дүрснээс эхлэх болно. Таны харааны мэдрэмжид дугуй цагаан дүрс, дээр нь шаавтар цэлцэгнүүр бүхий цайвар бор гурвалжин өртжээ. Таны оюуны ухамсар өнгө хэлбэрийг хүлээн авч сэтгэл оюун санааны дүр зураг буулгана. Та ядахад нимбэгтэй бялууд дургүй байж тааараад энэ дүр зургийг жигшсэн байдлаар харна. Одоо оюуны хэлбэржилт эхэллээ. Энэ шоколадтай бялуу биш байна. Энэ бол нимбэгтэй бялуу байна. Би нимбэгтэй бялуунд дургүй. Би шоколад идэх гэсэн болохоос нимбэг биш. Яагаад нимбэгтэйг аваад ирэв ээ? Энэ хүн надад яагаад ийм заваан юм авчирч байгаан бэ? Яагаад надад ийм азгүй явдлууд тохиолддог байнаа? гэх мэтчилэн цааш үргэлжилнэ.

Мэдрэмжийг тойроод бодол урган байгууламж болтлоо өндөрсөж байх зуурт бид хариу үйлдэл мөн үүсгэнэ. Ийнхүү асаж байгаа дөлийг дэвүүрээр сэвэх тусам уур хорслын мэдрэмж улам хүчтэй болж ирнэ. Тэгсээр эцэстээ энэ талаар ямар нэгэн хариу арга хэмжээ авахад хүргэхүйц тийм хүчтэй болж ирэх ба энэ тохиолдолд таны нүүрэнд уур хилэн гэж нэрлэгддэг тэр байдал илэрхий болон хөөрхий үйлчлэгчийг үгээр зад загнаж эхэлнэ.

Гэхдээ бүх тохиолдолд миний дүрсэлсэн шиг ийм сүртэй байдаггүй л дээ. Заримдаа бидний үзүүлэх хариу маш нарийн хэлбэртэй байж болох бөгөөд бодлоороо хучих гэдэг ч мөн нарийн хэлбэрт тооцогдоно. Зарим үед бол бүр дор байх ч бий. Машин барьж явахад юу эс тохиолддог билээ. Тэгэхээр энэ энгийн жишээнээс харахад л бид юмыг хэрхэн хүлээж авна тэр л хэрэг байдлыг ерөнхийдөө ямаршуухан болж өнгөрөхөд шийдвэрлэх үүрэг гүйцэтгэдэг нь харагдаж байна.

ГОЛ ХЭСГҮҮДИЙГ ЭРГЭН СӨХВӨЛ

- Сэтгэл гэдэг бүхий л аз жаргалын эх булаг учраас бидний ойлговол зохих хамгийн чухал үзэгдэл мөн.

- Сэтгэл гэдэг тархи биш. Энэ бол бодит биет зүйл биш бөгөөд түүнд тархитай нягт холбоотой бүдүүн хэлбэрийн талууд байхаас гадна тархитай холбоогүй нарийн хэлбэрийн талууд бас бий.

- Сэтгэл бол эхлэл үгүй төгсгөл ч үгүй мөнхийн үргэлжлэхүй.

- Одоо цагийн сэтгэл өнгөрсөн агшний сэтгэлийн үр дүн бөгөөд ирээдүй цаг бол энэ байгаа агшны үр дүн билээ. Тиймээс сэтгэлээ одоо цагт дадлагажуулснаар ирээдүйгээ хэлбэржүүлж болно.

- Сэтгэл өөр өөр түвшний давхаргуудтай байх бөгөөд тэдгээр нь: бүдүүн, нарийн, маш нарийн сэтгэл билээ.

- Сэтгэлийг гол сэтгэл ба хоёрдогч сэтгэл гэж хувааж үзэж болох бөгөөд гол сэтгэл нь сэтгэлд үзэгдэж буй зүйлийг дүрсэлдэг бол хоёрдогч сэтгэл хэрхэн үзэгдэж буйг дүрсэлдэг байна.

- Гол сэтгэлд найман хэлбэр бий: таван мэдрэхүйн ухамсар, гурван төрлийн оюуны ухамсар гэж ялгана.

- Оюуны ухамсар хэрхэн ургадгийг таван шалгуураар үзүүлж болно: дүрс, хүртэхүй, мэдрэмж, оюуны хэлбэржилт ба ухамсар эдгээр болно.

Саруул Билгүүний Бодьсадва Манзушри

Сэтгэлийн хөнөөлт төлөвтэй харьцах нь

Өмнөх бүлгээс бид сэтгэл бол бидний жаргах зовохын шалтгаан болдог талаар ойлголттой болсон билээ. Бидний гадаад орчин, хүмүүс хийгээд өдөр тутмын амьдралыг маань тойрон хүрээлэгч бүхэн зөвхөн бидний мэдрэмжийг дэмждэг нөхцөлүүд болж өгдөг байна. Илүү бүтээлтэй сайхан амьдаръя гэвэл сэтгэл яг ямар байдлаар оршин тогтнож байдгийг ойлгох зайлшгүй шаардлагатай.

Хүн болгон амьдралдаа уурдай юмуу гунигтай эсвэл бачимдуу байсан үеэ санадаг. Судалгаанаас үзэхэд бидний гол сэтгэлүүд ухамсар хэрхэн ургадгийг ерөнхийд нь ойлгох чадвартай байдаг боловч бид өөрсдөө энэхүү хүсэшгүй байдлынхаа шалтгааныг үргэлж яг таг мэдэж байдаггүй. Эдгээрийн шалтгааныг тодорхой мэдэхийн тулд \тэгснээр эмнэж чадах тул\ бидэнд детальчлан үзүүлсэн илүү нарийн загварууд хэрэгтэй байгаа юм. Доорх зүйлсийг бид загварууд гэж нэрлэж байгаа билээ.

ОЮУНЫ ТАВИН-НЭГЭН ҮЗҮҮЛЭЛТ

Оюуны үзүүлэлт гэдэг бол сэтгэлийг объекттой холбох тусгай зам мөн. Эдгээр өөр өөр төрлийн холбоо оюуны ухамсрын тухайн хоромд мэдрэх мэдрэмжинд нөлөөлж байдаг. Аягатай цай хийхэд ордог өөр өөр найрлагууд л гэсэн үг. Тодорхой найрлагын хэмжээнээс болоод цайны амт өөрчлөгддөг билээ.

Дараагийн хэсэгт Буддын сэтгэл зүйд танигдсан оюуны үзүүлэлттийн зургаан ерөнхий хэв шинжийг танилцуулах болно. Товчхон байхын үүднээс үзүүлэлт болгоныг нарийвчлан хэлэлцэхгүй ба хэрвээ илүү нарийн мэдэх хүсэлтэй бол энэ номын арын хавсралтыг үзээрэй.

1. Нийтлэг оюуны үзүүлэлтүүд

Эхний бүлэг оюуны үзүүлэлтэд юмыг ухаарах тухайн хормын үндсэн бүрдлүүд багтах бөгөөд мэдрэхийн төдийд хором бүрд тэд төрж байдаг тул нийтлэг хэмээн нэрлэж байгаа юм. Эдгээр үзүүлэлтүүд юмыг шууд хүртэх механик явцтай голдуу уялдаатай байж бодол үүсэх суурийг тавьж өгдөг. Таван *нийтлэг үзүүлэлтийг* тодруулбал:

1. **Сэрэл:** Сэрлийн тусламжтайгаар сэтгэлд зургаан мэдрэхүйгээр юмс үзэгдлийг мэдрэхэд зайлшгүй шаардлагатай үндсэн холбоо тогтдог. Мэдрэх ухамсар мэдрэхүйн эрхтнүүдээрээ дамжуулан объектыг мэдрэх үед сэрэл төрнө. Энэ нь хүн болгоны мэдэх бүдүүн хэлбэрийн сэрэл төдийгүй бас бүх мэдрэхүйг хамарсан нарийн сэтгэлийн сэрэл юм. Сэрлийн чанар төрөлхийн бөгөөд ухамсар болгонд адилгүй байж бодит юмс үзэгдэлтэй даруй холбогдож сайн муу дундын аль нэгэн мэдрэмжийг наносекундын хурдтайгаар төрүүлнэ. Бидний ойлгох ёстой гол зүйл юу гэвэл хоромхон зуурын бүхий л мэдрэмжинд ургаж байгаа аль нэг төрлийн ухамсар байнга сэрлийг агуулж байдаг явдал юм.

2. **Ялгамжаа:** Ялгамжаа гэдэг бол бидний сэрлийн хүрээнд ямар нэгэн ер бусын чанар илрэх юмуу нэгэн гайхамшигтай үзэгдэл үүсэхэд түүнийг харьцангуй байдлаар ойлгон зөвшөөрөхийг хэлдэг. Энэ нь түүнд нэр хаяг өгөхийг хэлж байгаа бус харин нэг зүйлийг нөгөөгөөс салгаж ойлгохыг хэлнэ. Жишээ нь, гэрлийг харанхуйгаас ялгах, ширээг цаад ханынаас ялгаж харах зэрэгт үгний хэрэгцээ байдаггүй. Энэ бүхэн хоромхон зуурт явагдах бөгөөд та бүхнийг зоргоороо ойлгодог. Ингэж ялган ойлгохгүйгээр сэтгэл бодит зүйлсийг оюуны цаашдын үйл явцтай холбож чадахгүй байхсан билээ.

3. **Сэдэл:** Энэ бол сэтгэл аль нэгэн үзэгдэлтэй тулгарахад аяараа төрдөг зоригдол буюу үйлийг үйлдэхэд хөтөлдөг ухамсар гэж хэлж болно. Сэдэл байхгүйгээр сэтгэл объект руу анхааралаа чиглүүлэх боломжгүй. Оюуны бүхий л үйл хөдлөл тодорхой нэгэн сэдэлтэй байдаг.

4. **Танихуй:** Энэ бол бидний объекттой хэрхэн холбогдож байгаа байдал юм. Гурван үзүүлэлт нэгдэж байж харьцаа явагдах ба үүнд: ухамсарлаж байх тэр мөч \ямар төрлийн ухамсар байх нь хамаагүй\, объект, мэдрэх эрхтэн гурав багтдаг. Танихуйн үгүйгээр сэтгэл объекттой учирч чадахгүй бөгөөд холбоо тогтох юмуу мэдрэмж төрөх бололцоогүй байдаг. Ухамсарт өртөж буй объект таатай, таагүй ба дундын аль нэгээр хэрхэн танигдахаас шалтгаалан өөр өөр байж жаргалтай, зовлонтой эсвэл төвийг сахисан мэдрэмж төрөхийн үндэс болдог ажээ.

5. **Ухамсарлахуй \Оюуны Харьцаа\:** Оюуны харьцаа гэдэг тодорхой хэмжээгээр ухамсарлан байж объект руу ухамсрын нэвтрэн орох явц юм. Хэчнээн богино байх нь хамаагүй ямар ч ухамсарлахуй тодорхой нэгэн объектод хандаж байж бий болдог. Ухамсарлахуй хамаг амьтны ухамсарт хоромхон зуурт төрж болох бөгөөд түүнгүйгээр сэтгэл зургаан мэдрэхүйд өртсөн аль ч үзэгдэлд тогтон үлдэх боломжгүйгээр барахгүй тогтвортой байдлаа бүрэн алддаг байна.

Эдгээр үзүүлэлтүүдийн аль нэг үгүй бол бодит ба хийсвэр юмс үзэгдлийн хооронд харьцаа холбоо үүсэхгүй билээ. Таван үзүүлэлт тавуулаа байж байх үед \хэр хүчтэй нь хамаагүй\ танд холбоо тогтоох хамгийн наад захын суурь байгаа гэсэн үг бөгөөд оюуны бусад үзүүлэлтүүд урган гарахад энэ нь дэмжлэг болдог байна. Эдгээр нийтлэг үзүүлэлтүүдийг бататгаснаар үүсгэсэн холбоогоо хүчтэй болгож чадна. Холбоо хүчтэй байх тусам таны сэтгэлд хэрэгтэй мэдээллүүд илүүтэй буй болж тэгснээрээ үнэнийг илүү нарийн хүлээж авах боломцоо бий болох ажээ.

Дасгал 2.1- Холбоо Байгуулах

- Чимээгүй суугаад сэтгэлээ тайван байдалд оруулна.

- Ухамсрын аль нэг хэлбэрийг сонгон авч түүндээ төвлөр. Таван мэдрэхүйн аль нэг ч юмуу эсвэл оюуны мэдрэхүй байж болно. Аль нэгэн тусгай мэдрэмжийг сонгон авч задлан шинжлэх сэдвээ болгон ашиглагтун.

- Сонгосон сэдвээ тунгаан бодогтун. Харааны үзэгдэл цэцэг юмуу аяга байж болно. Ямар үзэгдэл байх нь хамаагүй, сэтгэлдээ тухайн үзэгдлийг бий болгоно. Юу үнэхээр үзэгдэхийг тогтоож авагтун. Энэ үзэгдэл бол сэрэл юм.

- Сэрлийн тодотголууд нь юу билээ? Чанар нь юу билээ? Сэтгэл тусгаарлагдахад ямар сэрэл төрж байна, сэрлээ цаад гадаргуунаас салгаж үз. Одоо сэрэл ямар тодхон үзэгдэж байна вэ. Энэ объектын салгалт бол ялгаж харахуй билээ.

- Таны сэтгэл юунд төвлөрсөн байна? Сэрэл дээр төвлөрсөн байна уу эсвэл сэрэл хажуу ирмэг рүү шахагдсан байна уу? Сэтгэлийн энэхүү чиглүүлэлт өөрөө сэдэл билээ.

- За одоо сэрэл сэтгэлд хэрхэн ургаж байна гэдгийг бод. Аль эрхтнээр сэрэл хүлээн авч байна? Объект, мэдрэх эрхтэн, ухамсар гэсэн гурван зүйлийг сэтгэлдээ авчрагтун. Нэг бүрчлэн таньж ав. Жишээ нь, гэрлийн долгио таны объект байж болно, тэгвэл нүд таны мэдрэх эрхтэн ба тэднийг учрихад харааны ухамсарт цэцэг үзэгдэнэ. Энэ гурав хамтдаа харьцааг үүсгэнэ.

- Эцэст нь энэхүү сэрлийн хандлага хир хүчтэй байна? Та сэрэлдээ бүрэн автсан байна уу эсвэл тэр таны сэтгэл дэх нэг жаахан хэсгийг эзэлж байна уу? Энэ хүчийг бид анхаарал гэж нэрлэж байна.

2. Зорилгод чиглэсэн үзүүлэлтүүд

Нийтлэг оюуны үзүүлэлтүүдээс бид зургаан мэдрэхүйд ургаж буй үзэгдлүүдтэй сэтгэл хэрхэн холбоо тогтоож байдаг талаар ойлголттой боллоо. Дараагийн бүлэг үзүүлэлтүүд тэгвэл сэтгэлд юу үзэгдэж байгааг сэтгэл өөрөө мэдэж байх боломжоог олгодог үзүүлэлтүүд юм. Энэхүү мэдлэг тодорхой нэг объектын тэр биш энэ гэж онцлон үзэх хэлбэрийг харуулдаг. Нийтдээ таван төрлийн *Объектод-зорьсон үзүүлэлтүүд* байдаг:

- **Хүсэл тэмүүлэл:** Хэрэг гарах гарахгүйгээс нь үл хамаараад ямар нэгэн зүйлийг олох юмуу эсвэл аль нэг зүйлд хүрэх гэсэн чин хүсэл ба тэмүүлэлд чиглэсэн сэтгэлийг хэлнэ. Сэтгэл уг зүйлийг сонирхсоны улмаас түүнийг улам илүү бүрэн мэдэхийг хүссэнээр хүсэл зориг төрж улмаар үр ашигтай хичээл зүтгэл гаргахын үндэс нь болж өгдөг байна.

- **Итгэл \Бат шийдэл\:** Аль нэгэн объект юмуу субъектэд яг тэр байгаа байдалд нь хөдөлшгүйгээр тогтох сэтгэлийг итгэл гэх бөгөөд энэ бол ийм болохоос тийм биш гэж баттайгаар шийдсэнийх ажээ. Магадгүй таны итгэл үнэн болохыг баталсан баталгаа байж болох юмуу эсвэл тэр үнэн байх бололцоотой баримт, туршлага, үнэн байхаас аргагүй нотолсон утгын тайлбар, тодорхой эх сурвалж зэрэг байснаар итгэл оршдог. Зарим хүн зүгээр тийм байх байлгүй гэсэн "сохор" итгэлтэй байж болох ч аль ч тохиолдолд бодит ба хийсвэр юмс үзэгдлийн аль нэгэнтэй шууд холбоотойгоор л итгэл үүсдэг байна.

- **Дурдал:** Ямар нэг объектод ихэд анхаарснаар сэтгэлдээ хадаж, урт богино хугацаагаар сэтгэлдээ тодхон хадгалсаар байдаг ухамсарлахуйг "оюуны цавуу" гэж нэрлэх нь бий ажээ. Үүнд бидний энэ буй хором ч мөн багтаж байх боломжтой юм. Хүн өөрийн бодол санаа, үйл хөдлөл зорилгодоо анхаарал сэрэмжээ хөгжүүлснээр үүнд хүрч болдог байна.

- **Төвлөрөл:** Хүн анхаарлаа нэгэн объект юмуу шинжилгээ судалгааны зүйлд сатааралгүй бүрэн чиглүүлсэн байхыг төвлөрөл гэнэ. Зүйрлэх юм бол яг л утасны үзүүрийг нямбайхан нарийсгаад зүүний сүвэгчинд сүвлэх гэж байгаа мэт.

- **Билиг оюун:** Энэ бол эргэлзээний эсрэг ерөндөг мөн. Мэдрэхүйд өртсөн объектоо ялгаж шийдвэр гаргах зэрэглэлийг нэмэгдүүлдэг ялгамжаат ухамсар ажээ. Бидний мэдэрч буй харьцангуй үнэний бүхий л үзэгдэл нарийн түвшиндээ мөнх бус юм гэдэг ойлголт бол билиг оюуны нэгэн жишээ юм. Жинхэнэ мэргэн оюун ухаан хүнийг тайван амгаланд хөтөлдөг бөгөөд өөрт болон бусад хэн нэгний хувьд яах нь хамгаас зөв бэ гэдгийг зөнгөөрөө ухаарахад хүргэдэг байна. Энэ бол хүнийг буруу зүйлд хөтлөн оруулдаг зэвсэг бүтээх мэтийн хөнөөлтэй зарим замыг бодвол маш өөр зүйл. Мэдлэг өөрөө дангаараа хөнөөлтэй биш л дээ гэхдээ үнэн билиг оюунд үндэслээгүй бол хөнөөлтэй байж болдог билээ.

Эдгээр оюуны үзүүлэлтүүд хүчтэй байсан цагт тухайн хүний хүлээн авахуйн чадал мөн хүчтэй байдаг. Гарцаагүй итгэлтэйгээр нөхцөл байдалдаа тохируулан та маш үр ашигтай алхам хийж чадна. Харин эдгээр үзүүлэлтүүд сулхан байх тохиолдолд юу болоод байгааг та бүрэн сайн мэдэж чадахгүй ба үүнээс болоод алдаа гаргах магадлал өндөр болох сөрөг нөлөөтэй байдаг.

Дасгал 2.2-Объект гэж Юу болохыг Мэдэх

- Чимээгүй сууж сэтгэлээ тайван байдалд оруулна.

- Ухамсрын аль нэгэн тусгай хэлбэрийг сонгон бод. Таван мэдрэхүйн юмуу оюуны ухамсар аль нь ч байж болно. Аль нэгэн тодорхой мэдрэмжийг судалгаоныхоо объект болгон ашиглахыг хичээгтүн.

- Та уг объектыг хир сонирхолтой гэж үзэж байна? Объект таны анхаарлыг хир татаж байгааг мэдэр. Объекттой харьцах гэсэн таны энэ хүсэл бол хүсэл зориг мөн.

- Таны сэтгэл тэр объектод хир хүчтэй татагдаж байна? Танд үнэхээр зөв зүйлээ оллоо гэсэн бат итгэл байна уу эсвэл эргэлзээ байна уу? Таны мэдэрч буй зүйл илбийн үзэгдэл биш байгаа? Объектын талаар гарцаагүй үнэн гэсэн бодлын хүч нь итгэл билээ.

- Объектын талаарх ойлголт танд хир тогтвортой байна? Түрхэн зуур бодоод өнгөрөх юм шиг байна уу нэг хэсэгтээ сэтгэлдээ хадгалж байхаар байна уу? Сэтгэлийн энэхүү объектоос зуурсан үргэлжилсэн тогтвортой байдал бол ухаарал билээ.

- Таны сэтгэлд анхаарал хир байна? Объектыг нэгэн үзүүрт сэтгэлээр бодож байна уу эсвэл бас өөр олон зүйлд сатаараад байна уу? Таны анхаарал нэг зүйлд бүрэн уусан шингэсэн байна уу эсвэл хуваагдмал оршиж байна уу? Анхаарлаа нэгэн чигт төвлөрүүлэх энэ чадвар бол төвлөрөл билээ.

- Та юу хүлээн авч байгаагаа мэдэж байна уу? Тэр тань ширээ юу, сандал уу, чимээ юу, бодол уу? Төрөл бүрийн чанаруудыг хооронд нь ялгаж яг юу болохыг нь мэдэх чадварыг билиг оюун гэнэ.

3. Ёзоорын Зургаан Түйтгэр

Нийтлэг хийгээд Зорилгод-чиглэсэн үзүүлэлтүүдийг өөрсдөө ажиглана гэхэд амаргүй байж болох талтай бөгөөд тэд үнэндээ сэтгэлд бодол урган гарах сууринаас өөр юу ч биш ажээ. Үлдсэн бүлэг үзүүлэлтүүд нь өөр өөр төрлийн бодлууд бидний объекттой харьцах харьцаанд яаж нөлөөлдгийг илүү ил тодоор харуулах жишээ болох болно.

Сэтгэлийг тавгүй болгодог аль нэгэн оюуны үзүүлэлтийг бид түйтгэр нисваанис гэж нэрлэдэг. Мөн барцад, хилэнц харшлал, түйтгэрт бэрхшээл гэж ч нэрлэх бөгөөд тэдгээр нь биднийг зөв бодож сэтгэх чадвараа алдах, өөрийгөө захирах чадвараа алдахад болон буруу муу шийдвэр гаргахад хүргэдэг бидний тааламжгүй сөрөг сэтгэлийн хөдөлгөөн зэргийг хэлдэг байна. Өөрт хийгээд бусдад зовлон гай таригч сэтгэлийн түйтгэрүүд бидэнд цавуу адил нааладаж орхиод дотоодын сайн чанаруудаа олж харахаас хязгаарлан халхалж байдаг ажээ.

Түйтгэр бол үнэнд нийцэхгүй байдлаар объекттой харьцдаг нэг тусгай зам юм. Тиймээс ч тэд тодорхой хэмжээгээр гаж байдлыг агуулсан байдаг болохоор *Төөрөгдөлт ухамсрын* нэг хэсэг хэмээн тооцогддог. Өөр олон салбарласан түйтгэрүүд байдгийг бид удахгүй үзэх боловч ерөнхийд нь *Зургаан үндсэн түйтгэрт* хураадаг. Үүнд:.

1. **Шунал:** Ухамсарт өртсөн объектын сайн чанараас зуурах сэтгэл.

2. **Хорсол Хилэн:** Ухамсарт өртсөн объектын муу чанараас зуурах сэтгэл.

3. **Мунхаглал:** Үнэний тодорхой нэг шинжийг мэдэхгүй байх сэтгэл.

4. **Буруу Үзэл:** Буруу үзэл бодолд итгэсэн сэтгэл.

5. **Бардам Зан:** Өөрийгөө бусдаас илүү дээгүүр чанарыг эзэмшсэн хэмээн итгэх сэтгэл.

6. **Түйтгэрт Эргэлзээ:** Үнэн мөн чанарт итгэлтэй бус байх сэтгэл.

Эдгээр түйтгэрүүд бол зовлонгийн ёзоор буюу биднийг зовлон эдлэхэд голлох үүргийг гүйцэтгэдэг сэтгэлийн төлвүүд бөгөөд энэ бүлэгт маш тодорхой нарийвчлан тайлбарлах болно.

4. Ойрын Хорин Нисваанис

Үндсэн зургаан түйтгэрийн гурав нь онцгой хүчирхэг байдагт: шунал, хилэн, мунхаг сэтгэл гурав ордог. Энэ гурван төлөв хөнөөлтэй сэтгэлийн оршихуйд өргөн хүрээг эзэлдгийнхээ хувьд *Нисваанисын Гурван Хор* гэж нэрлэгддэг. Сэтгэл дэх салбарласан түйтгэрүүд нийтдээ хорь байдаг нь ойролцоо байдлаараа хуваагдан үндсэн зургаан түйтгэртээ багтаж байдаг ажээ.

Үндсэн Түйтгэр	Оюуны Үзүүлэлт
Хорсол	1. Хилэгнэл
	2. Үзэн Ядалт
	3. Харгислал
	4. Хорлолын сэтгэл
Шунал	5. Харамч
	6. Тачаал
	7. Өөрийг Дөвийлгөх
Хорсол болон шунал хосолсон	8. Атаархал
Мунхаг	9. Нуун Дарагдуулах
	10. Залхуурал
	11. Төвөгшөөх
	12. Сүжиггүй
	13. Мартамхай
	14. Адгуу
Шунал ба Мунхаг хосолсон	15. Зальтай
	16. Хийрхүү
Шунал, Хорсол болон Мунхаг хосолсон	17. Ухамсаргүй
	18. Ичгүүргүй
	19. Бодолгүй
	20. Төвлөрөлгүй

Хүснэгт 2-1: Ойрын Хорин Түйтгэр

5. Буянт сэтгэлийн үзүүлэлтүүд

Түйтгэрүүдтэй адилгүй нь буянт сэтгэлийн үзүүлэлтүүд үнэнийг зөвөөр ойлгосноос салбарлан гардаг байна. Яагаад гэвэл тэд гаж байдлаас ангид учраас түйтгэрт үзүүлэлтийн эсрэг ерөндөг болох чадвартай ажээ. Тэд үзэгдэх үедээ сэтгэлд нийцтэй амирлангуй нөлөөг үзүүлэх хандлагатай байдаг.

Арван-нэгэн *Буянтай сэтгэлийн үзүүлэлтийг* жагсаавал:

1. Бишрэх сэтгэл
2. Ичих сэтгэл
3. Нүглээс айх сэтгэл
4. Шунал-үгүй сэтгэл
5. Хорсол-үгүй сэтгэл
6. Мунхаг-бус сэтгэл

7. Хичээнгүй сэтгэл

8. Уян хатан сэтгэл

9. Ухамсарт сэтгэл

10. Тэгш сэтгэл

11. Үл хорлохуй сэтгэл

6. Оюуны өөрчлөгдөх үзүүлэлтүүд

Сүүлчийн энэ бүлэг үзүүлэлтүүд бол буянтай ч хилэнцтэй ч сэтгэлд тооцогдож болох чанартай бусдад хувирдаг дөрвөн зүйл ажээ. Тэд байгалиасаа төвийг сахисан байдалтай заяасан байх ба бидний сэтгэл ямар байхаас шалтгаалж ерөнхий "амт" нь өөрчлөгддөг байна. Оюуны *өөрчлөгдөх үзүүлэлт* дөрөв бий:

1. Унтах

2. Харамсах

3. Бүдүүн шинжлэл

4. Нарийн шинжлэл

Дээр үзүүлсэн зургаан шалгуу
раас эхний хоёр нь таны хүлээн авч чадах мэдээллийн чанарыг дэмжих хэлбэртэй байдаг бол гурав ба дөрөвдүгээр шалгуур үнэнийг төөрөгдлийн үүднээс хардаг учраас орхивол зохих үзүүлэлтүүд байдаг. Тэгвэл тавдугаар шалгуурын үзүүлэлтүүдийг харин хөгжүүлэн дэмжих хэрэгтэй бөгөөд зургаадугаархыг маш чадварлагаар буянт сэтгэлтэй холбон байж хөгжүүлэх шаардлагатай ажээ.

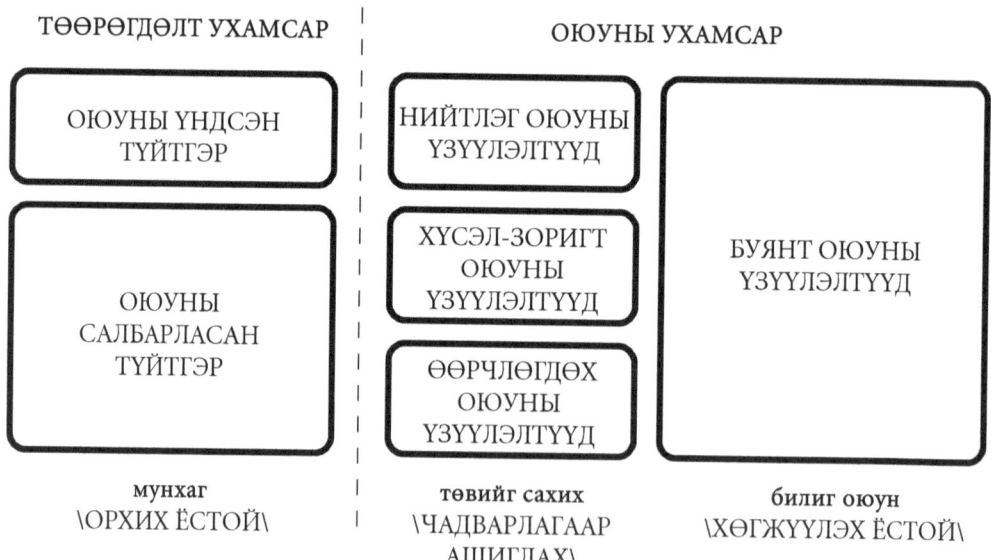

Зураг 2-1: "Тавин-нэгэн оюуны үзүүлэлт"-ийн ерөнхий зураглал

ХҮЧИН ТӨГӨЛДӨР ХҮРТЭХҮЙ БУЙ БОЛГОХ

Сэтгэлийн энэхүү нэлээд нарийвчилсан загвараас харахад бид одоо үнэнийг байнга үнэнээр нь хардаггүй болохыгоо ойлгож эхэллээ. Төөрөгдөл сэтгэл бодит мэдрэлийн эрхтнээр юмуу төөрөгдсөн ухамсраас гаралтай буруу бодол эсвэл энэ хоёрын нэгдлээс үүсэж болно. Энгийнээр хэлэхэд бидний сэтгэлийн хэрхэн хүлээн авч байгаа байдал үнэнтэй барагтай бол нийцдэггүй гэж болно. Ийм ч учраас бидний хүртэж буй үнэн байдал хүчинтэй зөв эсэхийг хэрхэн мэдэх билээ гэдэг маш чухал асуулт гарч ирнэ.

Энэ асуултад хариулахын тулд эхлээд бидний хүртэж чадах хэдэн төрлийн үзэгдлийг таних хэрэгтэй. Ерөнхийдөө гурван төрөл байна:

1. **Илэрхий:** Энэ бол бидний бодит таван мэдрэхүйгээрээ болон оюуны мэдрэхүйгээр хүлээн авдаг эгэлийн үзэгдлийг хэлдэг. Жишээ нь, сандал, сэтгэл хөдлөл, дурсамж юмуу заан гэх мэт.

2. **Нуугдмал:** Шууд хүлээн авахаас халхлагдсан бүхий л үзэгдлийг нуугдмал үзэгдэл гэнэ. Хүний нарийн биеийн хувирал үүний жишээ болж болно. Хэдийгээр секундэд хэдэн мянга дахин өөрчлөгдөж, эсүүд үргэлж хуваагдан олшрох боловч энэхүү өөрчлөлт бидний нүдэнд харагддаггүй. Үүнийг олж харахын тулд бид хараагаа нарийсгах технологийн багажийг ашиглах шаардлага гардаг бөгөөд эсвэл бясалгалын тусламжтайгаар өөрсдийн сэтгэлийг нарийсгах боломжтой. Тэгэхээр нуугдмал үзэгдлүүд төрөлхийн нуугдмал бус харин тодорхой нөхцөл шаардлагыг хангаснаар бидэнд илэрхий үзэгдэж болох хүртлээ нуугдмал байдаг ажээ.

3. **Машид нуугдмал:** Машид нуугдмал үзэгдэл ойлгоход амаргүй шинжээрээ бидний бүдүүн ч нарийн ч сэтгэлд мэдрэгдэх боломжгүй. Түүнийг жишээлэх зүйл олъё гэвэл тогосны өдний бүхий л хэлбэр хээ тийнхүү бүрэлдэх болсон нөхцөл шалтгааныг цөмийг ойлгохтой зүйрлэж болно. Эсвэл хүний хоромхон зуурт мэдрээд өнгөрсөн зовлонтой ба жаргалтай сэтгэгдлийн уг шалтгааныг ойлгох гэж оролдохтой адил билээ.

Бид үзэгдлийн өгөгдсөн шинжүүдийг яг таг мэдсэнээр ямар ч мэдрэмжийн хүчин төгөлдөр хүртэхүйгээ нарийсгаж болно. Дээрх үзэгдлүүд тус бүрийн хүчин төгөлдөр мэдлэгийг хөгжүүлэхийн тулд бид өөрсдийн хүртэхүйн доорх шинжүүдэд түшиглэх хэрэгтэй.

Илт мэдэл

Илт мэдэл гэдэг бол мэдрэхүйн болон оюуны эс төөрөгдсөн ухамсар дээр үндэслэн сэтгэлд үзэгдэх аливаа бүхнийг шууд хүртэхийг хэлнэ. Цэцгийг үнэрээр нь мэддэгтэй үүнийг зүйрлэж болно. Туршлагагүй сэтгэлтний хувьд мэдрэхүйн эрхтэн, бүдүүн оюуны ухамсрынхаа тусламжтайгаар л юмыг шууд хүлээн авах чадвартай байх нь олон. Үүнээс илүү нарийн хэлбэрийн илт мэдэл байх боломжтой боловч бясалгалаар сэтгэлээ дадуулаагүй цагт тэдгээрийн маш хурдтай болж өнгөрөхийг анзаарч чадахгүй.

Бясалгал бидний шууд хүртэх чадварыг дээшлүүлдгийн адилаар бодит технологи ч мөн мэдрэх эрхтний чадварыг нэмэгдүүлэхэд тусалдаг. Шинжлэх ухаанд ердийн хүний мэдрэх эрхтнээр мэдрэх чадваргүй хирээс хэтэрсэн олон үзэгдлийг биднэл үзүүлж харуулах олон арга төхөөрөмж бий. Одон оронд хэрэглэдэг аварга дуран авай хэдэн тэрбум гэрлийн жилээр алслагдсан од гаригийг дуранддаг юмуу эсвэл усны урсгал, ургамлын хөдөлгөөнийг харуулж чаддаг хурдтай зургийн аппарат зэргийг бод л доо.

Энэ бүхэн бол хүчин төгөлдөр хүлээн авахуйн хэлбэрүүд бөгөөд илт мэдэл хүчин төгөлдрийг агуулдаг гэдэг нь гарцаагүй билээ. Хэрвээ энэ нь илт мэдэл юм бол төөрөгдөл машид бага байхаас аргагүй бөгөөд таны сэтгэл болон харагдсан үзэгдэл хоёрын дунд орших зүйл туйлаас бага байх нь аргагүй. Аз болоход бүхий л үзэгдэл тэр бүү хэл нуугдмал, машид нуугдмал үзэгдэл ч илт мэдлээр мэдрэгдэх бүрэн боломжтой байдаг байна. Сэтгэлийг зохих ёсоор дадлагажуулж чадсан тохиолдолд бүхий л төөрөгдөл арилж илт мэдлээс таныг хаацайлж халхлах зүйл үнэндээ огт үгүй болох юм.

Учир Шалтгааны Тайлбар

Үзэгдлийг шууд хүртэх боломжгүй байх тохиолдолд түүнийг шууд бус аргаар мэдэж авахыг бид хичээдэг. Бид бодлоороо өгөгдсөн үзэгдлийг төлөөлсөн загвар гаргах замаар үүнийгээ гүйцэлдүүлдэг. Энэхүү загварын үндсэн дээр бид логикоор бодож тунгаан мэдлэгээ өргөжүүлж болох билээ.

Жишээ нь галыг аваад үзье л дээ. Гал бол маш илэрхий үзэгдэл бөгөөд бид түүнийг шууд мэдрэмжээрээ хүртэж чаддаг. Энэ шууд мэдрэмжээсээ шатахад утаа гардаг юм байна гэх мэтийн төрөл бүрийн чанаруудыг ойлгож авч болно. Ийм хамгийн энгийн загвар дээр үндэслээд тэгвэл утаа харах болгондоо түүнийг үүсгэсэн гал байгаа гэж бодно. Хэдийгээр галыг бид нүдээр хараагүй хэрнээ утаа тэнгэр өөд олгойдон байхыг харвал гал гарч гэж мэддэг.

Шинжлэх ухаан бол иймэрхүү учир шалтгааны тайлбарыг ашиглан янз бүрийн үзэгдлүүдийг тайлбарладаг. Дэлхийн үүслийг бид хаанаас олж мэдсэнээ бодоод үзэгтүн. Хэн нэгэн хүн цагийг ухраан аялж их тэсрэлтийг үзсэн гэж үү? Үгүй, харин эрдэмтэд математик загварыг зохион хөгжүүлснээр шалтгааны давтамж зэрэгт суурилан ажиглалт хийсний дүнд үүнийг тайлбарласан билээ.

Учир шалтгааны тайлбар бидний сэтгэлд нөлөө үзүүлэх чадалтай байхын тулд бид уг шалтгааны урган гарах болсон тэр загварт итгэдэг байх шаардлагатай ажээ. Хийсэн ажиглалтаар өгөгдсөн загварт итгэх итгэл маань өргөжин тэлж шинжлэх ухааны алив туршилтыг хүлээн авдаг. Жишээ нь, эрдэмтэд өгөгдсөн загвартаа үндэслэсэн аль нэгэн таамаг дэвшүүлнэ, дараа нь шууд ажиглалтаар олон туршилтыг явуулна. Ажиглалтуудыг дэвшүүлсэн онолтойгоо харьцуулж онол маань уг загварыг дэмжиж байгаа буюу үл дэмжиж байгааг тодруулдаг. Онол зөвдсөн тохиолдолд хэргийн эзэн загвар маань үнэнийг гарцаагүй төлөөлж байгаа болох ажээ.

Буддизмд мөн ийм зарчмаар үнэнийг олдог. Бидний сэтгэлдээ хадан судалж буй эдгээр загварууд бол өмнөх үеийн аугаа гүн сэтгэгч-бясалгагч нарын ихээхэн эрэл хайгуул туршилтын дүнд бий болсон байдаг. Тэд сэтгэлээ эрчимтэйгээр дадуулан бясалгаж, илт мэдэлд хүрснээр бусдын нүдэнд нуугдмал олон үзэгдлүүдийг шууд ухамсарлах болсон билээ. Дараа нь тэд тэрхүү ажиглалтаа ашиглан бусад хүмүүс тэдэнтэй адилхан дадуулга хийлгүйгээр сэтгэл дэх нуугдмал талуудыг шууд бусаар мэдэж болох тийм загваруудыг бүтээсэн байна. Тэдгээр мэргэдийн сургаалд үзүүлсэн тэр гүнзгий бодож тунгаасан туршилтыг оролдож үзэх хүсэлтэй хэн ч байсан хүсвэл энэ загварыг туршаад үзэж болох билээ.

Засаглалд итгэх итгэл

Кварк гэдэг зүйлийг нүдээр харсан хүн хэд байдаг бол? Бидний олонхын маань хувьд квант физикийн бичил хэсгүүд машид нуугдмал үзэгдэл юм. Бид тэдний юу болох хаа хэрхэн байрладгийг мэдэх ч үгүй билээ. Квантын онолыг дүрсэлсэн загварууд байдгийг бид мэдэх боловч тэр нь үнэхээр ээдрээтэй үл ойлгогдом математикын хэлээр бүтсэн байх тул туршлагагүй нэгэнд тайлагдашгүй оньсого гэсэн үг. Тиймээс түүнийг мэдэх цорын ганц арга бол биднээс илүү үүнийг ойлгодог, биднээс илүү энэ талаар мэдлэгтэй, загварыг ойлгосны үндсэн дээр туршилт явуулж чадах тэдгээр хүмүүсийн хэлж байгаад итгэх явдал юм.

Ийм хүмүүсийг бид "засаглал" гэж нэрлэж байна. Засаглал гэдэг бол тодорхой үзэгдлийн талаар хүчин төгөлдөр мэдлэг эзэмшсэн тийм хүмүүсийг хэлнэ. Ийм хүмүүст итгэл төрж байгаагийн хэд хэдэн шалтгаан нь:

1. **Туршлага:** Дадлага сургалтаа гүйцээн төгсгөж өөрийн хүрээлэндээ мэргэжилтэн гэсэн итгэл хүлээсэн хүмүүс энд багтана. Бид уг хүний эзэмшсэн бодит мэдлэг хийгээд хийсэн туршлагаараа мэдлэгээ бататгасан байдал хоёуланд нь итгэл хүлээлгэдэг. Хорин жил ажилласан туршлагатай эмч дөнгөж анагаах төгссөн эмч хоёрын алинд илүү итгэх вэ гэдгээ бодогтун.

2. **Тогтвортой байдал:** Засаглал дахь хүн бидний ойлгож чадахуйц зүйл дээр зөв зүйтэй байгаагийн гэрч болоод зогсохгүй бид өөрсдөө ойлгож чадахгүй байгаа зүйл дээрээ ч тэднийг зөв л байж таарна гэсэн итгэлтэй

байдаг нь үнэн. Шинжлэх ухааны нийгэмлэг үүний жишээ болж болно. Тэд бидний өдөр тутмын амьдралд ашигтай гарт баригдаж нүдэнд харагдахуйц зүйлсийг бүтээсээр байдаг тул ихэнх хүмүүсийн хувьд "шинжлэх ухааны баримтад" итгэхгүй байх тохиолдол бараг байдаггүй. Энэ бол тэр талаар хамгийн бага юмуу бүр огтоос ойлголтгүй ч хүмүүст ялгаагүй хамаардаг билээ.

3. **Зорилго:** Бид хэн нэгэн хүнд өндөр итгэл хүлээлгэлээ гэхэд тухайн хүний яагаад энэ хэсэг мэдээллийг хуваалцах болсон зорилгоос машид их хамаардаг билний итгэл төрдөг. Мэдээлэл өгч буй хүн үнэхээр итгэл даахуйц юмуу туслах гэсэн чин сэтгэлтэй гэж мэдэх юм бол түүний хэлж байгаад итгэхэд хамаагүй амархан байдаг. Дор хаяж л бид түүний үнэхээр мэдлэгтэйг таних юм бол түүнд намайг хуурах хэрэгцээ алга гэж бодно. Тэгэхээр тэдэнд итгэх итгэхгүй нь биднээс шалтгаалах бөгөөд жишээ нь хоёр өөр хүн танд нэг эмийг хэрэглэхийг зөвлөж гэж бод. Нэг нь эмийн үйлдвэрийн төлөөлөгч шинэхэн гарсан бүтээгдэхүүнээ зарахын тулд нөгөөх нь биохимийн мэргэжилтэй найзтай учраас зөвлөсөн байхад та алинд нь итгэх вэ?

Буддын сургаалыг судалж байхад маш олон үзэгдлийн санааг шууд хүлээн авах боломжгүй байдгийг илрүүлэх болно. Эдгээр санааны зарим нь учир шалтгааны тайлбараар батлагдаж болох боловч та тэдгээр загварт итгэх итгэлийг хөгжүүлж байж л үүнд хүрэх ажээ.

Хэрвээ бид түүхэн Буддагийн \эдгээр загваруудын эх сурвалж болох\ чанаруудыг бодоод үзвэл яагаад түүний сургаал хүчин төгөлдөр мэдээллийн эх сурвалж болдгийг ойлгох болно. Юуны түрүүн, гүнзгий бясалгалын эрчимт дадлагын үеэр түүний сэтгэлд төрсөн илт мэдлийн бүхий л дотоод зөн билгийг харж болно. Зургаан жил гаруй хугацаанд эрж хайж судалсны эцэст эдгээр мэдрэмжүүд урган гарах нөхцөл бүрэлдсэн бөгөөд мөн дөчин жилийн турш үүнийгээ дадлага болгон хэрэгжүүлж баталсан байдаг. Түүнээс хойш Бурханы сургаалыг маш олон хүн туршиж хоёр мянга гаруй жилийн туршид сая сая хүмүүс ашигтай бөгөөд үр бүтээлтэй сургаал болохыг нь баталсаар буй билээ. Эцэст нь хэлэхэд, Бурханы зорилго сэдэл үнэнхүү энэрэл нигүүслийн сэтгэл дээр үндэслэсэн, түүний сургасан болгон зовлонгоос гэтэлгэхэд чиглэсэн байдаг. Ийм учраас Бурхан багшийг жинхэнэ хүчин төгөлдөр итгэл хүлээхүйц засаглал мөн гэж үзэж болно.

Аз болоход Бурхан өөрөө хүртэл сохор бишрэлд итгэдэггүй нэгэн байсан. Оронд нь өөрийн шавь нараа сургаалыг туршиж дадуулан үнэнхүү ашигтай эсэхийг нь өөрсдөө шалгацгаа хэмээн зоригжуулсан билээ. Ерөнхийдөө шинэ соргог санаанд сэтгэл нээлттэй хандаж, тэдгээрийг "онолын ажил" маягтайгаар үзэж байх хэрэгтэй. Тэгснээр цаг хугацааны туршид бид өөрсдийн туршлагаар баталж үнэн гэдэгт итгэх илүү итгэлтэй болж чадна.

Үзэгдэл	Үзэхүйн Төрөл	Холбоо	Баталгаа
Илэрхий	Илт мэдэл	Шууд	Хүчтэй
Нуугдмал	Учир шалтгааны тайлбар	Шууд-бус \бодлоор тунгаасан\	Дундын
Маш нуугдмал	Засаглалд итгэх	Шууд-бус \итгэл\	Сулхан

Хүснэгт 2-2: Үнэнийг мэдэх замууд

ХӨНӨӨЛТ СЭТГЭЛИЙН ТӨЛВҮҮДТЭЙ ХАРЬЦАХ

Буддын сэтгэл зүйг судалснаар бидэнд мэдрэхүй хэрхэн төрж байдаг механизмыг таньж болох ажээ. Өөр өөр төрлийн мэдрэмжийг ойлгох онолын ойлголттой бид хэдийнэ танилцсан бөгөөд тэдгээр мэдрэмжүүд өөр өөр замаар холбогдож байдгийг ойлгосон билээ. Одоо бид мэдлэгээ дадлага болгох цаг ирээд байгаа тул тэдгээр санаануудыг амьдралдаа хэрхэн оруулах вэ, тэгснээр аж байдлаа хэрхэн сайжруулах вэ гэдэгт суралцах хэрэгтэй. Үүний тулд бид зовлонгийн үндэс болдог ёзоорын зургаан түйтгэрийг илүү ойроос харах шаардлагатай болно. Тэдгээрийг таньж мэдсэнээр сүүлд гарах хөнөөл уршгийг нь багасгаж чадах юм.

Ерөнхийдөө бид хилэнцэт сэтгэлийн төрлүүдтэй танилцан тэдгээрийн эсрэг ерөндөгүүдийг мэдэж авах замыг баримтална. Бидний дадлага нэлээд шулуун замаар явах бөгөөд үүнд:

1. Өөрийн мэдрэмжинд ямар түйтгэр ургаж буйг таних
2. Зохих дадлагаар тэдгээр түйтгэрийн ерөндгийг хөгжүүлэх явдал юм.

Энэ үйл явцын дагуу бид муу сэтгэлүүдийн эсрэг хариу цохилт амжилттай хийж явах болно. Тэдгээртэй тэмцэн хүчийг нь ядаж сулруулж чадвал тэд биднийг цаашид хөнөөж чадахаа болих юм. Ингэснээрээ олон ургалч байдалтай нүүр тулах итгэл дүүрэн болж илүү тогтвортой тайван амьдралыг бүрэн мэдэрч чаддаг болох ажээ.

Зовлонгийн үндсэн зургаан түйтгэр хийгээд тэдгээрийн ерөндгүүд

Дадлагынхаа эхэнд та түйтгэр нэг бүрийн талаар тод томруун ойлголттой болж авахад болон тэдгээрийн хүчийг сааруулахад аль ерөндөг ашиглагддаг талаар мэдэж авахад анхаарлаа чиглүүлбэл зохино.

Шунал

Аливаа нэгэн зүйлд хэт дурлан тачаах сэтгэлийг шунал гэнэ. Тухайн объект нь хүн байж болно эсвэл мэдрэмж, аль нэгэн материаллаг эд, тэр бүү хэл санаа ч байж болно. Аль ч байсан ялгаагүй шунал бидний тухайн зүйлийг хүсэн мөрөөдөх сэтгэлийг бадраан тэндээ цоожлогдоход хүргэдэг. Үүнээс үүдээд уг зүйлээр машид цанган гачигдаж байгаагаар мэдрэн тэр бодлоо тавьдаггүй. Шунал бидний үзлийг нарийсгаж улмаар сохроход хүргэдэг чанартай бөгөөд үүний гайгаар бид өөрсдийгөө болон хажууд байгаа хүмүүсээ зовооход хүрдэг.

Шуналын харгайгаар хүнд юугаар ч биелэгдэх нөхцөлгүй мөрөөдлийн ертөнц бүтэх бөгөөд бид объектыг эхлээд жаргалын эх хэмээн эндүүрч зүтгээд дараа нь үгүй болохыг мэдсэнээр зовлонд унадаг. Жишээ нь "янаг хайр"-ыг аваад үзэгтүн. Хүн эхлээд дурлахдаа хүний сайн талуудыг л зөвхөн хардаг. Тиймээс ч түүнийг төгс төгөлдөр хэмээн санаж дэргэд байхад л аз жаргалтай мэт бодно. Тэгсээр хамтдаа байх болдог. Хэсэг хугацаа өнгөрсний дараа нөгөөхийнхөө сул талуудыг бага багаар харж эхэлнэ. Шунал зуурах сэтгэл хүчтэй байх цагт эхлээд сул талууд маш бага хамжээтэй. Гэвч яваандаа дутагдлууд томрон томорсоор тэр хүний ертөнц уул овоо мэт хүндэрсээр эцэстээ дээрээс дарж нурдаг билээ. Тэр хүн ханийнхаа талаар илүүтэй уян хатан сэтгэл баримтлахгүй юм бол тэр холбоо удаан тогтнох бололцоогүй болох билээ. Гэвч уг хүн мөрөөдлөөсөө зууран шунасаар байх юм бол мөрөөдөл үнэн байдал хоёр яагаад ч нийцэхгүйн улмаас салж сарних нь бараг баталгаатай гэж болно.

Шуналын эсрэг ерөндөг бол татагдан зуураад байгаа зүйлийнхээ талаар илүү амьдралд ойрхон үзэл өвөртлөхийг хичээж хэт дэврүүн мөрөөдөлд автахаас зайлсхийх юм. Хөөс хагарахыг хүлээн суухын оронд бүх зүйл мөнх бус гэдгийг санан тэд бүгд байнгын өөрчлөлт дунд оршдогийг санах хэрэгтэй. Татагдаад буй зүйлээ өөр нөхцөл байдалд ямар байхыг бодож үз, байнга энэ хэвээрээ байхгүй гэдгийг сана. Халуун янаг хайрыг дахин жишээ татахад, илүү тогтвортой эрүүл аж төрье гэвэл хамтран амьдрагчийнхаа сул талуудыг сэтгэлдээ тусгаж тэд бол таны тэгтлээ их дурлаад байгаа чанаруудын л нэг хэсэг гэж хүлээж авах хэрэгтэй. Ерөнхийдөө зөвхөн татагдаад байгаа чанаруудаас гадна өөр бусад шинж чанаруудын тухай ойлголтоо өргөжүүлэх тал дээр анхаарч хөгжүүлбэл сайн билээ.

Дасгал 2.3 – Өөрсдийгөө үнэнд нийцүүлэх

- *Чимээгүй сууж сэтгэлээ тайван байдалд оруулна.*

- *Өөрийн сэтгэл татагдаад байгаа нэгэн зүйлийг бодогтун. Түүнээсээ сална гэхэд маш хэцүү мэт санагддаг тэр зүйл тань.*

- *Одоо уг зүйлийн чанаруудыг эргэцүүл. Юунд нь тэгтлээ дурлаад байгаагаасаа эхлээрэй. Энэ бол таны шунаад байгаагийн шалтгаан мөн. Танихыг хичээ.*

- *Одоо тэдгээр чанаруудыг тийм чиг сүрхий биш юм гэж бод. Сул тал дутагдалтай талуудыг нь ол. Ийм биш тийм байсан бол дээр байж гэж бод. Объектын сул талыг хэсэг бодсоныхоо дараагаар одоо танд ямар санагдаж байгааг дахин шалгаарай.*

- *Одоо хэсэг зуур уг зүйлийн таалагддаг чанаруудыг болон дутмаг санагдсан чанаруудыг харьцуулан мэдрэхийг хичээ. Уг зүйлийг бүхлээр нь бод, нэг хэсгийг биш. Энэ хооронд объект хэрхэн өөрчлөгдсөн болохыг харагтун.*

- *Бодлоо зогсоогоод хэдэн минут амраарай.*

Уур хорсол

Уур хилэн, айдас, үзэн ядалт зэрэг нь хорслын шинжүүд мөн. Уур хорслыг шуналын яг эсрэг тал гэж ойлгох хэрэгтэй. Объектын сайн чанаруудаас зуурахын оронд объектын муу талуудаас зуурахыг уур хорсол гэдэг. Шуналын нэгэн адилаар энэ нь мөрөөдлийн ертөнцийг бүтээх боловч энэ удаад уг зүйлийн хэчнээн жигшүүртэй талаар л бодно. Хорслын шинж нь уг зүйлээс татгалзан өөрөөсөө холдуулах явдал юм.

Хэн нэгэн хүн биднийг доромжиллоо гэж юмуу эсвэл биднийг гомдоох үг хэллээ гэж бодъё. Бидний сэтгэл үүний хариу болгон уг хүний талаар түүх босгож ирнэ: "Тэр юунд надад ингэж хандана вэ? Би ямар буруутай юм? Яасан хүнийг гэх сэтгэлгүй амиа хичээсэн нөхөр вэ? Намайг гомдоосон шиг хэн нэгэн чамайг бас гомдоогоосой билээ. Иймэрхүү хүмүүс жаргах ёсгүй". Маш хурднаар уур хилэн, үзэн ядалт сэтгэлд хуран бүрэлдэж улмаар сэтгэл тэр хүний тухай бодлоор бүрэн эзлэгдэнэ. Заримдаа бүр хэтэрч хэдэн жил өнгөрсөн ч тэр хүнийг уучилж чадахгүй занасаар энэ хооронд өөрөө машид зовлонтой байх болно.

Хорслын хамгийн гунигтай тал бол энэ билээ. Уур хорсол, уурыг хадгалж яваа хүндээ л хохиролтой болохоос өөр хэнд ч биш юм. Хорсолд бид ийнхүү эзлэгдэн амьдрах юм бол амгалан гэдэг мэдрэмжийг хэзээ ч үзэж чадахгүй. Хорслын эсрэг ерөндөг бол илүү ойр холбоо тогтоож дотносох явдал. Хэрвээ хорсож байгаа зүйл тань хүн байх юм бол түүнийг жаргалыг хүсдэг зовлонг хүсдэггүй надтай эгээ ижил хүн гэж бодох ёстой. Тэд чамайг гомдоох ширүүн үгийг хэлсэн бол тэд түйтгэрт сэтгэлээр эзлэгдсэн учраас тэр. Ингэж бодож чадах юм бол үүн дээр үндэслээд тэднийг энэрэх сэтгэлийг ч улмаар үүсгэж болно. Дургүйцэн зайлуулах гэхийн оронд тэдэнд үнэн жаргалыг төгс олоосой, тэгснээрээ хүмүүсийг гомдоохоо болиосой гэсэн хүсэл зоригийг өөртөө хөгжүүлэх хэрэгтэй.

Зарим нэгэн үе энэрэх сэтгэл төрүүлэхэд маш хэцүү байх ч бий. Магадгүй таныг гомдоосон хүний хийсэн үйл дэндүү хэрцгий \давтан аллага үйлдэгч\ байснаас тэдэнд энэрэл үзүүлэх ёсгүй ч гэж санагдана. Хүнд энэрэх сэтгэлээр хандана гэдэг тэдний буруу авирыг хаацайлж байгаа хэрэг биш юм. Харин энэ бол та тэднийг өвчтэй зовсон амьтад болохыг ойлгож байгаагийн шинж. Та тэдний энэхүү сэтгэлийн зовлон эрүүл бус байдлаасаа эгнэгт ангижран хагацах болтугай тэгснээрээ ийм жигшүүрт үйл дахин бүү үйлдээсэй гэсэн чин хүслийг өөртөө төрүүлэх ёстой. Хэцүү араншинтай хүмүүстэй харьцахдаа бид багаас эхлэх хэрэгтэй ба аажмаар чадвараа хуралдуулах хэрэгтэй. Бага хэмжээний төвөгтэй зүйлтэй харьцаж сурсныхаа дараагаар бид бусдыг хүндээр хохироогч нэгэнтэй харьцахад хангалттай энэрэхүй сэтгэлийг эзэмшсэн байх болно.

Дасгал 2.4 – Өөрт Хохиролтой Хүмүүсийг Энэрэх

- *Чимээгүй сууж сэтгэлээ тайван байдалд оруулна.*

- *Өөртөө төвөг учруулсан буюу дургүйг тань хүргэсэн нэгнийг бод. Яг юу болж өнгөрсний сэтгэлдээ дахин тодхон ургуулж аль болох олон деталь оруулахыг хичээгтүн. Хэтрүүлэлгүйгээр хорслоо буцалж эхлэх боломжийг олгож хэрхэн мэдрэгдэж байгааг ажигла.*

- *Одоо нөгөө хүн дээрээ анхаарлаа хандуул. Түүнийг яагаад тэгэх болсон гэж бодно? Ингэснээрээ юунд хүрнэ гэж тэр итгэсэн хэрэг вэ? Ингэснээр юу болно гэж та бодож байна?*

- *Нөгөө хүний сэтгэлд өөрийгөө орлуулан бодож үз. Аль нэгэн түйтгэр тэрний сэтгэлд байгаа эсэхийг танüж олж чадахнуу? Чадвал яг юу вэ? Тэдгээр түйтгэр юугаар өдөөгдөж тань руу чиглэхэд хүрсэн бол?*

- *Одоо яг адилхан дүр зургийг ямар ч түйтгэр үгүй тэр хүнтэй байгаагаар төсөөл дөө. Тэр мөн л адилхан өмнөх шигээ авирлах байсан гэж үү? Энэ дүр зураг ямар өөрөөр дүрслэгдэх байсан болоо?*

- *Тэр хүний сэтгэлийн түйтгэр дэх гаж нөлөөг танихыг хичээн, тэр хөнөөлтэй сэтгэлээсээ ангижрах болтугай хэмээн хүсэн залбираарай.*

- *Хэсэг зуур сэтгэлээ амраана.*

Мунхаг \Үнэнийг ухаарах тал дээр

Бид хоёр төрлийн мунхаг сэтгэлийг энд ярина: үнэнийг үл мэдэгч мунхаглал ба буруу үзлийн мунхаглал буюу өөрөөр хэлбэл үйлийн үрэнд мунхарсан сэтгэл ба Чухаг дээд гуравт үл итгэх мунхаглал юм. Үнэнийг үзэх талаар мунхаг байна гэдэг бол үнэн байдал ямар болохыг зүгээр "мэдэхгүй" байхыг хэлнэ. Яагаад гэвэл тэд тухайн зүйлийн талаар мэдлэг байхгүйн улмаас юу болж байгааг ойлгож чадахгүй, ухаалаг-бус шийдвэр гаргадаг.

Үүний нэг жишээ бол үйлийн үрийн шалтгаан нөхцөлийн хуулийг мэдэхгүй байх явдал мөн. Бидний ихэнх маань тодорхой нэгэн үйл тодорхой нэгэн үр дүнд хүргээд байгааг анзаардаггүй учраас эрж байгаа жаргалынхаа яг эсрэг хор уршиг авчрах үйлүүдийг санамсаргүйгээр үйлдчихсэн байдаг.

Түүний ерөндөг бол сургалтын явцад өөрийгөө эдгээртэй танил дотно болгох улмаар өөртөө тусгаж авах явдал мөн. Яг одоо та чухам түүнийг хийж байгаа билээ. Энэ бүлэгт л гэхэд та сэтгэлийн шинжүүдийг мэдэж авч байгаа бөгөөд таны олж буй мэдлэг илүү бүтээлч мэдрэмжинд хүргээсэй гэж хүсэж байна.

Дасгал 2.5 – Сурах Бололцоог Таних

- *Чимээгүй суугаад сэтгэлээ тайван байдалд оруулна.*

- *Өөрийн одоогийн байдлыг бодогтун. Ямар байранд аж төрж байна? Ямар үйлийг идэвхтэй үйлдэж байна, ямар хүмүүстэй учирч байна?*

- *Энэ бүлэгт гарснаас аль нь танд буй асуудал вэ? Амьдралдаа байгаа жишээнүүдийг таньж хэрхэн сайжруулж болохыгоо бод. Өөрийн бүх хүсэл мөрөөдлөө санаж тэдгээрийг биелүүлэхэд юу хийх хэрэгтэй гэж мэдэрч байна?*

- *Дутагдлуудаа даван гарч мөрөөдөлдөө хүрэхэд тань ямар мэдлэг танд дутаж хязгаарлаад байна? Илүүтэй мэдэж судалбал тустай санагдах хэдэн сэдвийг сонгогтун.*

- *Одоо эдгээр сэдвүүдээ хэрхэн судлах талаар бод. Хичээлд сууж болохнуу эсвэл ном худалдаж авахаар байна уу? Энэ сэдвээр яриад өгч чадах хүн байна гэж бодож байна уу? Өөрт олдож болох өөр өөр эх сурвалж бүхий мэдээллийг бодож олоод хөгжүүлэн улам цаашид үргэлжлүүлэн судлагтун.*

Буруу Үзэл

Дараагийн мунхаглал бол буруу үзэл баримтлах мунхаг сэтгэл юм. Энэ удаад бид зүгээр нэг үнэнийг мэдэхгүйдээ биш мэдсээр байж буруу замаар тодорхойлохыг хэлж байна. Энэ нь зориудаар буруу бодохыг хэлж байгаа бөгөөд төрж өссөн соёлын ялгаанаас болоод юмуу мэдэрч байгаа байдлаа буруу тайлбарласнаас буруу үзэлтэй болоход хүрдэг.

Хоёр нийтлэг хэлбэрийн буруу үзэл байдгийн нэг нь юмс үзэгдлийн оршин байхад хэтэрхий их ач холбогдол өгөх \мөнхөд барих гэж нэрлэдэг\, нөгөөх нь хэтэрхий бага ач холбогдол өгөх \үгүйсгэх гэнэ\. Аль аль нь үнэнийг гаж байдлаар ойлгох туйлшралд тооцогдоно. Хэрвээ бид гаж бодолд тулгуурлах юм бол түүн дээр бүтээн босох бүхий л бодол санаанууд мөн гаж болохоос өөр аргагүй. Ингэснээр мэдрэмжээ маш их төөрөгдсөн байдлаар тайлбарлахад биднийг эцэстээ хүргэж жинхэнэ үнэнд хүрэхээс биднийг хазаарлана. Нийтийг хамардаг энэ нөлөөгөөрөө буруу үзэл зовлонгийн ёзоор болдог зургаан түйтгэрийн нэгд зүй ёсоор орж бусад олон зовлон эндээс салбарлан гарах үндэс болдог ажээ.

Дасгал 2.6 – Эс-оршихуйг сорих

- *Чимээгүй суугаад сэтгэлээ тайван байдалд оруулна.*

- *Санаандаа байдаггүй гэдэгт итгэлтэй байдаг нэг зүйлийг юмуу эсвэл бараг л байдаггүй гэж итгэдэг нэгэн зүйлээ бодож ологтун. Хэн нэгэн хүн танд дөхөж ирээд энэ талаар яриа өдлөө гэж бод. Магадгүй бидний сэтгэл эхлэл төгсгөлгүй мөнхийн үргэлжлэхүй бөгөөд дараа дараагийн төрөлдөө дахин төрдөг гэсэн санаа байг. Магадгүй бүх зүйл угтаа өөрөөсөө үүсэлтэй гэсэн санаа байг. Өөрийн сонгосон санаандаа итгэх талдаа байна уу итгэхээргүй талдаа байна уу гэдгээ танихыг хичээ.*

- *Одоо яагаад тэр санаанд итгэхгүй байгааг бод. Тухайн санаа байж болох ба болохгүйн талаар бүхий л баримтуудыг таньж ол.*

- *Дараа нь байраа өөрчлөн саяны эсэргүүцэж байсан санаагаа одоо та баримтлагч бол. Энэ маргаанд юу гэж хариулах вэ? Ямар шалтгааны улмаас хэн нэгэн хүн түүнд итгэх ёстой вэ гэдгийг бод.*

- *Хоёр талаас \соригч ба хамгаалагч\ аль нь илүү хүчирхэг гэж санагдаж байна? Энэ задлан шинжилгээ таны итгэл бишрэлийг чангаруулав уу сулруулав уу? Аль нэг зүйлийг огт оршидоггүй гэдэгт итгэлтэй байсан бол одоо байх боломжтой ч юмуу гэж санагдаж байна уу? Аль зүг рүү сэтгэл чиглэж байгааг мэдрэгтүн.*

- *Сэтгэлээ хэсэг зуур амраана.*

Бардам зан \дээрэнгүй

Энэ нь сэтгэлийн түйтгэр эго-гоо хамгаалах замаар илэрдэг. Хүн болгонд нэг бусдаас ялгарах чанар байдаг. Цаг хугацааны туршид бид тэр чанараасаа баттай зуурах болж түүнийгээ бусдаас илүү гэж үзнэ. Бардам зан бусдаас өөрийгөө салгасан алслагдмал шинжтэй байдаг.

Өөртөө итгэх итгэлийг хөгжүүлэх гэж байгаа тохиолдолд бардам зан ашигтай байж болдог. Асуудал юунд байна гэхээр та ийм бардам зангаа гаргахдаа бусдыг дорд үзэх буюу дээрэлхэх цаашлаад өөрийгөө хэт үнэлэх, сайнд тооцох араншин үзүүлэхэд хүрдэг. Бид энэ туйлшралд хүрээд ирэхээрээ бусдаас суралцахаа больж эхэлдэг. Тиймээс өөрийгөө бусдаас тусгаарлан зайгаа авч эхлэхийн үндсийг үүгээр тавьдаг.

Бардам зангийн эсрэг ерөндөг бол ичих сэтгэлийг илүүтэй хөгжүүлэх явдал. Үүнийг хөгжүүлэхийн тулд өөрийн огт мэдэхгүй маш ээдрээтэй сэдвийг бодож олох хэрэгтэй. Тэгснээрээ өөрийн хязгаарлагдмал гэдгийг таньж мэдэх зорилготой юм. Бусдаас мэдэхгүй юмаа асууж суралцах хүслийг хөгжүүлснээрээ бүхнийг мэддэг мэт аашлах бардам сэтгэлийнхээ яг эсрэг зүгт хөдлөх болно.

Бас нэгэн ашигтай арга бол бусдаас хамаарч болох өөр олон аргыг бодож олох. Бусдын тусыг хүртсэн хүн талархах сэтгэл өвөрлөх болж хүмүүсийн хоорондын харьцаа тэгш гэдгийг ухаарахад тань түлхэц болно.

Дасгал 2.7 – Тусалсан нэгэнд талархах

- Чимээгүй сууж сэтгэлээ тайван байдалд оруулна.

- *Өөрийн хүн гэдгийнхээ хувьд эзэмшсэн хамаг сайн талуудаа бод. Бусдаас таныг ялгаруулдаг ховор өөрмөц талуудаа бодоогтун. Яг аль талаараа та бусдаас илүү байна? Бардам зандаа бадарч дүрэлзэх боломжийг олго. Хэрхэн мэдрэгдэж байна?*

- *Одоо өөрийн сул талуудаа бод. Амьдралдаа тийм чиг амжилттай биш байсан тэр үеэ бод. Таны чаддагүй зүйлд гаргуун нэгнийг бод. Тэдний тэрхүү чанарыг эзэмшсэнд нь сэтгэлдээ таларх. Юу мэдрэгдэж байна?*

- *Эргээд ямар чанараараа ихэд бахархаж явдгаа бод. Эдгээр чанаруд зоргоороо гарч ирж үү эсвэл удаандаа хөгжиж ирэв үү? Тэдгээрийг хөгжихөд хэн танд тусалсан бэ? Таны амьдралын замд тусалсан эцэг эх багш нарыгаа бод. Хэрэгтэй туршлагаа олж авахад суралцахад тань боломцоо олгосон хүмүүсийн талаар бод. Хэрэг болсон үед тэд туслаагүй бол таны амьдрал ямар байх байсан бол доо? Тэдгээр хүмүүст талархах сэтгэлийг төрүүлээрэй.*

- *Анхаарлаа өөрөөсөө холдуулж бусад руу чиглүүлснээр таны бардам сэтгэл өөрчлөгдөж үү гэдгийг ажигла.*
- *Хэсэг зуур бодлоо амраана.*

Түйтгэрт Эргэлзээ

Хүмүүс эргэлзэх сэтгэлийг түйтгэр гэж бараг л боддоггүй. Гэвч энэ бол үнэхээр маш хөнөөлтэй сөрөг сэтгэл билээ. Аливаа нэгэн зүйлд зорьсон хүн тодорхой нэг итгэлтэй байж түүндээ хүрдэг. Хийж буй зүйлдээ эргэлзэх сэтгэлтэй байх нь зориг сулрахад хүргэж замын дундаас буцахад хүргэж болно. Хэрвээ бид үйлийг үйлдэхгүй бол тухайн үйлийн бидэнд авчрах тусыг хүртэж чадахгүй юм. Энэ төрлийн эргэлзээнээс бид зайлсхийх ёстой.

Та бясалгал хийж сурах хүсэлтэй байж гэж бодъё. Тэгээд бясалгалын хичээлүүдэд суун янз бүрийн аргуудад суралцлаа. Хийж гүйцэтгэж байх үедээ төрөх мэдрэмж танд таалагдаж байх боловч үүнд цаг заваа зориулах тал дээр эргэлзэж байж болно. Хийх юм толгойтой үснээс их, танд ер зав гарна гэж үү гэж бодно. Яагаад гэвэл та хийж байгаа юмандаа өөрийгөө зориулах итгэл дутсанаас тэр. Та хааяа л нэг дадлага хийнэ. Туршлага гэдэг хэзээ хүссэн цагтаа цуглуулаад авчихдаг эд биш ээ. Тэгээд ч удалгүй та сонирхол бууран өөр зүйл эрж олохоор хөдөлнө.

Эргэлзээ ийм зарчмаар ажилладаг ажээ. Тэр таны үйл хөдлөлийн хүчийг шимэн сорж сулбайлгаад таныг энэ үү тэр үү хэмээн байнга ойж явахад хүргэнэ. Итгэл байхгүйгээр та замдаа суурьтай байж чадахгүй. Дундаас нь хаяж явсаар танд хийж бүтээсэн юм гэж алга. Энэхүү асуудалтай түйтгэрийн эсрэг ерөндөг бол хийж буй аливаа үйлэндээ цаг заваа зарцуулан итгэлтэй болох боломцоог олгох явдал. Та тэр үйлийн ямар ямар ашигтай талтайг бодох хэрэгтэй. Тэрний дараагаар юунд хүрч болох вэ? гэдгийг төсөөлөн хүчээ улам нэмэн эргэлзээт бодолд тээглэх завгүйгээр зорилгодоо тэмүүлэх хэрэгтэй. Хэрэгтэй зүйлийг гүйцээлгүй орхихын оронд хатуужил бэрхшээлтэй нүүр тулан эхэлсэн зүйлээ дуусгавал зохилтой.

Дасгал 2.8 – Итгэлээ Бэхжүүлэх

- *Чимээгүй суугаад сэтгэлээ тайван байдалд оруулна.*
- *Хувьдаа юу хүсэж явдгаа бодогтун: хийх юмсан гэж байнга боддог хэрнээ хэзээ ч завдаж байгаагүй зүйлээ бод. Магадгүй тэр тань сэтгэлээ*

тогтворжуулан уур уцаараа дарах зорилготой бясалгалын дадлага байг. Тэгэж байгаад цаг гаргаж гүйцэлдүүлнэ дээ гэж боддог тэр зүйл тань байвал сайн, танаас ихээхэн зүтгэл шаардах тийм зүйл байх хэрэгтэй.

- *Хүслээ гүйцээснээр ямар сайн зүйлд хүрэхээ бод. Яагаад энэ үйл танд ашигтай байх тэр шалтгааныг тань. Амьдралд тань ямар нөлөө үзүүлэх вэ?*

- *Одоо энэ хүслээ хөөхгүй бол юу алдаж болохыгоо бод. Ямар асуудлууд тулгарахав? Юу ч хийхгүй байхаар таны одоогийн амьдрал хэрхэн өөрчлөгдөх билээ?*

- *Хүсэлдээ хүрсний дараагаар амьдрал хэрхэн өөрчлөгдсөн байхыг бод. Тэр хүртэл эзэмших тэр их мэдлэгийг төсөөл. Ямар их чадвараа хөгжүүлсэн байх бол? Энэ үзэлдээ тогтон саатаж аль болох удахыг хичээн ирээдүйд мөрөөдөл үнэн болохыг харах чин хүслээ тордоорой.*

Эдгээр бясалгалын дасгалуудыг тогтмол хийснээр түйтгэрт сэтгэл бидний өдөр тутмын амьдралд урган гарах явдлыг сулруулсаар байх болно. Сэтгэлийн эдгээр түйтгэрт байдлуудыг бид маш ихээр дадуулчихсан байдаг учраас арилгахын тулд хугацаа шаардагдана гэдгийг тооцох хэрэгтэй. Дасгалуудыг тогтмол дадуулан тэвчээртэй байж чадах юм бол үр дүнг нь гарцаагүй үзэх болно.

Түйтгэр	Ерөндөг
Шунал	Объектын дутагдалтай талууд болон мөнх бусыг тунгаах
Хорсол	Энэрэл хайрын сэтгэлийг тунгаах
Мунхаг	Ном сургаалуудыг судлах ба тусгах
Буруу Үзэл	Өөрийн үзлийг учир шалтгааны болон туйлын үнэний үүднээс сорьж үзэх
Бардам Зан	Ичих сэтгэлийг хөгжүүлж, харилцан хамаарлыг ухаарах
Түйтгэрт Эргэлзээ	Итгэл бишрэлийг хөгжүүлэх

Хүснэгт 2-3: Ёзоорын Түйтгэрүүд ба тэдгээрийн эсрэг Ерөндгүүд

ГОЛ ХЭСГҮҮДИЙГ ЭРГЭН СӨХВӨЛ

- Оюуны үзүүлэлтүүд бол өгөдсөн бодит ба хийсвэр зүйлүүдийн хоорондын холбоог дүрслэх хоёрдогч сэтгэлүүд мөн.

- Оюуны үзүүлэлтийн таван шалгуурууд байдагт: нийтлэг оюуны үзүүлэлт, зорилгод чиглэсэн оюуны үзүүлэлт, сэтгэлийн үндсэн түйтгэрүүд, сэтгэл дэх салбар түйтгэрүүд, буянт сэтгэлийн үзүүлэлт болон бусдад хувирах үзүүлэлтүүд эдгээр багтана.

- Өөрсдийн мэдрэмждээ ургасан алив байдалд зохицуулан хамгийн бүтээлтэй шийдвэр гаргахын тулд бид хүчин төгөлдөр хүртэхүйд шүтэх хэрэгтэй.

- Мэдрэгдэх боломжтой гурван төрлийн үзэгдэл байдаг нь: илэрхий, нуугдмал ба машид нуугдмал эдгээр болно.

- Хүчин төгөлдөр хүлээн авахуйн гурван хэлбэр байдаг нь: шууд хүртэх, учир шалтгааны тайлбарт итгэх, засаглалд итгэх зам юм. Илэрхий үзэгдлийг бид шууд хүртэж мэдэрч чадна. Нуугдмал үзэгдлийг бид учир шалтгааны тайлбар хийх замаар шууд-бусаар мэдэрч, харин машид нуугдмал үзэгдлийг засаглалд итгэх замаар шууд-бусаар мэдэж болох ажээ.

- Түйтгэртэй тулж ажиллахын тулд эхлээд түйтгэр хэзээ урган гардгийг таних хэрэгтэй. Дотоод сэтгэлийнхээ төлвийг танихын тулд мэдрэмжээ мөн шалгаж үзэж болно. Асуудалтай байгаа хэсгийг илрүүлмэгцээ түүний эсрэг ерөндгийг хөгжүүлэхэд цаг гарган дадуулах хэрэгтэй. Ерөндгүүдийг илүү сайн мэдэх тусмаа түйтгэрт сэтгэлд автахаа больж эхэлдэг.

- Ёзоорын зургаан түйтгэрт: шунал, хорсол, мунхаглал, буруу үзэл, бардам зан ба түйтгэрт эргэлзээ багтдаг.

Хэрхэн бясалгах тухай

Буддын шашны сэтгэл судлал бол өөрсдийн дотоод ертөнцтэй холбогдох илүү нарийн ухамсарлахуйд хүрэхэд хүнд тусалдаг гайхамшигтай зүйл ажээ. Гэхдээ энэ нь бидэнд байдаг тэрхүү сэтгэлийн нандин чанарууд руугаа нэвтрэн орох дотоодын зөн билгийн тал дээр мөн л хязгаарлагдмал билээ. Хэрвээ бидний сэтгэл идэвхгүй, сатаарсан юмуу сэтгэлийн хөдөлгөөнөө хянаж үл-чадах байдалдаа автах юм бол бидний цуглуулахаар зорьсон мэдээлэл машид өнгөцхөн болох юм. Ойлголтын гүнзгий түвшинд нэвтрэх үүднээс задлан шинжлэл хийх өргөн боломцоо олгосон шинэ аргуудад суралцах хэрэгтэй.

Бясалгалаар бид сэтгэл санаагаа ариусган нарийсгаж болдог. Энгийн түвшинд энэ нь тогтвортой тайван амьдралыг бий болгох бөгөөд гүнзгий түвшиндээ ер бусын төвлөрөлтэй хүчирхэг оюуныг хөгжүүлэхэд тусалдаг байна. Буддын сургаалын үүднээс авч үзвэл энэ хоёр талууд нэгдэн нийлж, энэрэл хайрын сэтгэлтэй зэрэгцэн хөгжөөд хорвоогийн элдэв шунал сонирхлоос ангижран салсан цагт хүн өөрийн гэгээрсэн чанараа нээн илрүүлж болдог байна.

Бясалгал бодит биет зүйлтэй бус оюуны ухамсарлахуйтай шууд гардан ажилладаг учраас энэ бүрэн боломжтой юм. Оюуны ухамсарлахуй бусад мэдрэхүйн эрхтэнүүдийн адил физик биеэр хязгаарлагдахгүй болохоор улам бүр хөгжүүлсээр хязгааргүй нарийсгаж болдог байна. Энэ шалтгааны улмаас бясалгалын дадлагаар бид үнэнхүү гайхамшигтай үр дүнд эцэстээ хүрэх боломжтой билээ.

БЯСАЛГАЛ ГЭЖ ЮУ ВЭ?

Сүүлийн хэдэн арван жилд бясалгал дэлхий даяар аажуухан дэлгэрч стресс ядаргаагаа тайлах гэсэн хүмүүс үүнийг ашигтай хэмээн сонирхох болсон юм. Харамсалтай нь бясалгалын гол зорилгыг ихэнх хүмүүс буруу ойлгож үлдсэн хэсэг нь хэтэрхий энгийн зүйл болгон үзэх болжээ. Бясалгал бол зүгээр тайван байдлаар нүдээ анин суухаас хамаагүй илүү чухал зүйл ажгуу. Энэ бол гайхамшигт эрдэнэс болсон чадварлаг арга техникүүдийн барагдашгүй өргөн далай билээ.

Буддын сургаалын үзлээр бясалгал бол *сэтгэлийн шинжлэх ухааны* технологийн үндэс суурь болдог. Үүнийг бясалгагч хүн өөрийн мэдрэмжийнхээ гүн тогтолцоог нягтлан шинжилж туйлын үнэнийхээ талаар үнэт мэдээлэл олж илрүүлэх нарийн мэргэжлийн томруулагч шилтэй зүйрлэж болно. Энэ бол шинжлэх ухаанч хүн янз бүрийн багажны тусламжтайгаар хорвоо дэлхийг шинжлэн судалдгийн адил бясалгалын өөр өөр аргуудаар сэтгэлээ гүнзгий тунгаан шинжлэх үйл явц юм. Ямар хэлбэрийн бясалгал хийж байгаа нь хамаагүй цөмөөрөө өөрийгөө илчлэн илрүүлэх шууд ажиглалт хийх ганцхан зорилготой байдаг байна.

Төвөдөөр бясалгалыг *гом* хэмээн нэрлэх бөгөөд үгчилбэл "дасал болгох" буюу "танил болох" гэсэн утгатай ажээ. Тэгэхээр өөрийн жинхэнэ үнэнийг таньж сурах, дадал болгохыг хэлж байна. Энгийнээр хэлэхэд сэтгэл санаагаараа өөрсдийгөө ойлгох явц гэж бас болно. Бясалгалаар хичээллэсэн хүн өөрийнхөө жинхэнэ хэн болох талаар илүүтэй үнэнээр мэдрэх болж улмаар энэ үзлээ бат тогтвортой болгодог байна. Зүгээр нэг мэдээд авах төдий биш энэ үзлийг өөрийнхөө нэгээхэн хэсэг болгон мэдэрч илүүтэй гүнзгий хайр энэрлийг хөгжүүлэх боломцоог олж авна.

Үндсэн түвшиндээ, оюун санаагаа эрүүл саруул байлгах хэрэгсэл ба амьдралаа түвшин амгалан болгох явдал гэж үзнэ. Жишээ нь бидний биедээ байнга тээн явах болдог зовнил ядаргааг аваад үзье. Зовнил бүхэн тодорхой нэг гадны нөлөөл ба эрүүл-бус бодлуудын урсгалын нэгдлээс үүсдэг. Бидний оюун санаа хийн урсгалыг биеийн аль нэгэн хэсэгт хоригдон цоожлогдоход хүргэх бөгөөд үүнээс болоод таагүй мэдрэмж, байдлыг төрүүлдэг. Бясалгалын тусламжтайгаар эдгээр бодлуудыг тайтгаруулан намжааж ертөнцийг илүү тэнцвэртэй нүдээр харах үзлийг олж авч болдог ажээ. Энэхүү тэнцвэр бидний бие махбодод асар их тайвшралыг олгон хоригдсон хийн судлуудыг чөлөөлөн илүү үр ашигтай тунгалаг сэтгэлээр аливаа үйлийг хийж гүйцэтгэхэд тусалдаг байна.

Стресснээсээ салах хэчнээн сайхан ч гэлээ бясалгалын гол утга нь тэр биш гэдгийг мартаж болохгүй. Буддын шашны үзлийн үүднээс харвал бидний зорилго үргэлж жаргалыг мэдрэх ийм өнгөц давхаргаас цааш халин гарч бясалгалын хүчээр өдөр тутам мэдэрч байгаа мэдрэмжээ үндсээр нь бүрэн өөрчлөх явдал ажээ. Тиймээс бясалгал гэдэг амьдралын хатуу хөтүүгээс авралгах төдийхөн биш харин ч байгаа байдалтай илүү бүрэн дүүрэн хутгалдаж төгс утгаар нь амьдрах зам мөн билээ.

БЯСАЛГАЛЫН ТӨРЛҮҮД

Бясалгалын техникүүдийг өргөн хүрээгээр авч үзэхэд хоёр ерөнхий шалгуурт хуваагддаг нь илэрхий болно:

1. **Тогтоох Бясалгал \шамата\:** Эхний шалгуурт нэгэн үзүүрт төвлөрөл хэмээх машид анхааралтай уян хатан сэтгэлийг хөгжүүлэх зорилготой янз бүрийн техникүүдийн цуглуулга орно. Эдгээр дасгалуудын гол шим нь тодорхой нэгэн объект дээр анхаарлаа бүрэн төвлөрүүлэн сэтгэлээ хүссэний хэрээр удаан тогтоон барих явдал мөн. Объект нь бясалгалынхаа төрлөөс шалтгаалаад янз бүр байж болно. Энэ хэлбэрийн бясалгалыг лазер-адил хурц ухааныг хөгжүүлэхтэй зүйрлэж болох бөгөөд сэтгэлийг машид нягтлан ажиглахад ашиглаж болох ажээ.

   Шамата гэдэг үг \үгчилбэл "амирлан орших" гэсэн үг\ эдгээр техникүүдээр хүрэх үр дүнг мөн дүрсэлсэн гэж болно. Бясалгагч хүнийг энэ дадлагаар амжилттай ахиж эхэлмэгц түүний бүдүүн сэтгэл голлохоо байж хамаагүй нарийн түвшний сэтгэл илрэн гарч ирдэг. Усанд шумбагч давлагаат хэсгийг нэвтлэн далайн гүн рүү ормогц хөдөлгөөнгүй тайван түвшинд хүрч амрахтай үүнийг адилтгаж болно. Тиймээс "Шаматад хүрэх" гэж бидний хэлдэг нь бясалгагчийг язгуур ухамсраа анзаараад тэндээ саатан оршиж байхыг хэлдэг байна. Энэ байдал машид амгалантай хэрнээ мөн машид тод байх шинжийг агуулдаг ажээ.

2. **Шинжлэх Бясалгал \випашяана\:** Хоёр дахь шалгуур бол өгөгдсөн үзэгдлийн мөн чанарыг олж харах чадварыг хөгжүүлэхээр идэвхтэй чармайлт бүхий тодорхой бясалгалын техникүүдийг хэлнэ. Тогтоох бясалгалыг бид нэгэн зүйлийг хүчирхэг томруулагч шилээр харахтай зүйрлэх юм бол шинжлэх бясалгалыг тэр харсан зүйл дээрээ туршилт явуулахтай адилтгаж болно. Ийм бясалгалын хэлбэрийн гол шим нь шууд тулж ажиглах замаар юмс үзэгдлийн үлэмж үзэхүйд хүрэх явдал билээ. Үүнийг цааш нь дэлгэрүүлээд бид бодож тунгаах замаар шууд бусаар ажиглахыг мөн энэ шалгуурт багтааж болно. Тийм ч учраас үүнийг шинжлэх бясалгал гэж нэрлэсэн байдаг ажээ.

Лаа гэж бодох юм бол шаматаг түүний дөл хөдөлгөөнгүй тогтсон байхтай, харин випашяанаг дөлний хурц тодтой зүйрлэж болох ажээ. Гэрэлд юмыг сайтар харья гэвэл лааны дөл тогтвортой мөн хурц байх хэрэгтэй билээ. Үүнтэй адилаар өөрийн төрөлхийн мөн чанарыг танина гэвэл сэтгэлээ тогтвортой болоод хурц байлгах шаардлагатай. Гэхдээ төвлөрөн бясалгах, ажиглан бясалгах энэ хоёр техникийг хоорондо нь салангид авч үзэж болохгүй. Олон багш нар энэ хоёр шалгуурыг саваа модны хоёр үзүүртэй юмуу гарын алганы хоёр талтай зүйрлэдэг. Сэтгэл тогтвортой нэгэн үзүүрт төвлөрөлтэй байх тусам таны ажиглалт илүү хурц байх болно. Дотоодын шинжлэл илүү хурц байх тусам танд сэтгэлээ тогтвортой тайван байлгах илүү амархан болох болно. Сөрөг сэтгэлийн хөдөлгөөнийг бүрэн зайлуулан, сэтгэшгүй ахуйг үүсгэхэд энэхүү хоёр хоёулаа байх зайлшгүй шаардлагатай. Үүнийг *шамата випашяана хоёрын нэгдэл* хэмээн нэрлэнэ.

БЯСАЛГАХ ДАДЛАГЫН ҮНДСЭН БҮТЭЦ

Таны аль техникийг онцлон дадуулж байгаагаас үл хамаараад бүхий л бясалгалын техникүүд ойролцоо бүтэцтэй байдгийг үзүүлбэл:

Зураг 3-1: Жирийн бясалгалын дадлагын бүтэц

Энэхүү үндсэн үйл явцад амьсгалаа ажиглах мэтийн энгийн объектыг ашиглаж болохоос гадна оюун санааны дүрс үүсгэх мэтийн ээдрээтэй зүйлсийг ч объект болгон ашиглаж болдог. Ямар объект сонгосноос үл хамааран сэтгэлээ захирдаг болохын тулд хоёр үндсэн чадварыг бид ашигладаг. Үүнд:

1. **Дурдал:** Энэ бол бидний юу хийх гэж байгаагаа байнга санаж байх чадварыг хэлнэ. Бидний сэтгэл ухамсартай байх тусам объект дээр бүрэн төвлөрч чадна. Энэ бол сатаарахын яг эсрэг зүйл юм. Сэтгэлийг объекттой холбоотой байлгадаг цавуутай үүнийг зүйрлэж болно.

2. **Мэдэмсэр:** Энэ бол сэтгэлд яг одоо юу явагдаж байгааг ухаарах чадварыг хэлнэ. Байгууллагын харуул манаач бүх зүйл хэвийн эсэхийг шалгахын адилаар догдоллоосоо болоод догшроод явчихаагүй, эсвэл тоомжиргүйгээсээ болоод живчихээгүй байгаа гэдгийг "шалгах" үүрэгтэй бөгөөд сэтгэлийн шинж чанар дээр хяналт тавих боломж олгодог ажээ. Энэ нь аливаад ухамсартай байхын шалтгаан болж анхаарлыг тухайн объект дээр буцаан авчрах үндэс болдог байна.

Энэ хоёр чадвар хүчирхэгжихийн хэрээр сэтгэл илүү нарийсаж ирнэ. Сэтгэлийн ийм төлвийг тодорхойлдог тусгай чанаруудгэвэл:

1. **Тайвшрал:** Бясалгалын явцад бие махбод ердийн зуршилт хөвчирсөн байдлаасаа салан уужим тэнүүн тааламжит байдалд орно. Энэ чанар танд анхаарлаа нэгэн зүйлд, хүсэхийн хэрээр удаан төвлөрүүлэн барих үндсийг тавьж өгдөг.

2. **Тогтвор:** Дурдлыг давтан давтан дадуулсны дүнд сэтгэл сонгосон объектдоо шингэн тогтдог болно. Үүнийг "урсах" мэт төлөвт хүрсэнтэй зүйрлэж болох бөгөөд хийж байгаа зүйлдээ саатаралгүйгээр бүрэн төвлөрөхийг хэлнэ.

3. **Тунгалаг Үзэх:** Мэдэмсрийг хөгжүүлсний үр дүнд бид сэтгэлд юу явагдаж байгаа талаар ухамсраа өндөржүүлэн бясалгалын объектын бүр олон нарийвчлалуудыг санан өндөр ялгарлын зурагт үзэх мэт тод тунгалаг дүрслэл үзэх бололцоог олно.

Энэ гурван чанар бол модны үндэс, иш, мөхлөг гурав адил бөгөөд дадлага ахихын хэрээр үндэс газартаа улам гүн оршиж, бат бөх иш ургахын хэрээр мөхлөгийн өнгө хурц тодхон болдог ажгуу.

БЯСАЛГАЛ ХИЙХИЙН ТУС ЭРДЭМ

Бясалгалыг хөгжүүлэхэд голлох хүчин зүйл бол түүнийг тасралтгүй үргэлжлүүлэн хийх явдал бөгөөд цаг хугацааны явцад дээрх чанарууд хуримтлагдаж ирдэг. Эхлээд удаагүй байгаа бясалгагч нарт тохиолддог нэг томоохон сорилт бол дадлагаа тасралтгүй үргэлжлүүлэх сахилга дутагдах явдал мөн. Бид бишрэх сэтгэлээ алдах юмуу залхууралд автаж эхлэх үедээ эрүүл бясалгалын ашигтай бусад талуудыг өөртөө тусгах нь нэн тустай байх талтай. Үүнд:

1. **Ухамсар Нэмэгдэнэ:** Бясалгал хийснээр бид амьдралдаа юу болоод байгаа талаар илүү их ухамсарладаг болно. Ингэснээр бид амьдралдаа улам зөв зүйтэй тайван алхам хийж суран, одоо цагаа ухамсарлахад туслах төдийгүй өөрийн бүхий л мэдрэмжийг холбож ойлгодог болдог. Сэтгэлийн хөдөлгөөн, ёсон бусын атгаг бодол зэрэгт дарамтлуулан явахын оронд зорилгоо алдахгүйгээр амьдралдаа илүү бүрэн дүүрэн оролцдог болно.

2. **Сонголт хийх орон зай гарна:** Бясалгал танд үр бүтээлтэй шийдвэр гаргахад тань туслана. Гадаад орчинд болж буй үйл явдалд та аль болох бага анхаарах тусмаа асуудлууд хэрхэн ургаж гардаг талаар илүү ойлголттой болж ирнэ. Энэ дотоодын шинжлэл танд тэдгээрт хэрхэн зөв зүйтэй хариулах вэ гэдгийг сонгох боломж олгох бөгөөд ингэснээрээ аугаа оюун ухаанлаг, тэвчээртэй, найрсаг байдлыг харилцаа холбоондоо голлуулж чадах болно.

3. **Эрүүл Мэнд Сайжирна:** Бие сэтгэл хоёр салах аргагүйгээр нэгдэн оршдог. Сэтгэл санааны хөнөөлтэй уршиг янз бүрийн таагүй өвчин үүсэхийн суурь болно. Бясалгалын тусламжтайгаар та учир зүйгээ ололцох чадвараа нэмэгдүүлж, ой тогтоолт сайжирч, тархины ажиллах чадварыг илт дээшлүүлж, нойрондоо тогтмолжин, бие амарч тэнхрэхдээ амархан болж, уурлаж бачимдах, сэтгэлээр унах явдал харьцангуйгаар багасаж

зарим тохиолдолд архаг хууч өвчин ч намдах нь бий. Бясалгал шидэт сум биш ч гэлээ биеийн ерөнхий эрүүл мэндэд маш их ашигтай нь батлагдсан ба байнга дадуулагч хүний цусны даралт болон зүрхний цохилт буурч, биеийн эсэргүүцэл илтэд сайжран, зүрхний өвчин, чихрийн шижин, хорт хавдрын үед хүртэл биеийн байдалд маш сайн нөлөөтэй нь хэдийнэ ажиглагдсан баталгаатай баримтууд бий билээ. Шинжлэх ухааны хүрээлэнгийнхийг эрүүл мэнд бясалгал хоёрыг хослуулахын ашиг тусыг судалж байх зуурт бид илүү ашигтай үр дүнг яаралтай үзэх боломжтой санагдана.

4. **Гэгээрэлд хүрэх боломж:** Эцсийн бүлэгт Буддын бясалгагч хүний хувьд бясалгал хийхийн хамгийн дээд тус эрдэм нь гэгээрэлд хүрэх хаалгыг онгойлгож өгдөг явдал билээ. Түүний ачаар бидний оюуны хүлээн авах чадвар нээлттэй болж өөрсдийн туйлын мөн чанараа ажиглах бололцоотой болдог. Бясалгалын тусламжтайгаар бид маш нарийн сэтгэл рүүгээ нэвтрэн орж аугаа чадварынхаа түгжээг тайлж чадах юм.

Хувьдаа ямар зорилго тавьснаас үл шалтгаалаад хэрвээ бясалгалын замд чин сэтгэлээр хөл нэгэнт тавьсан л бол түүний авчрах хувиргалын үйл явцаас та бид гарцаагүй тусыг олох нь дамжиггүй.

БЯСАЛГАЛЫН ДАДЛАГЫГ ЭХЛЭХ

Бясалгал гэж юу болох талаар ерөнхий ойлголттой болсон болохоор одоо бясалгалын дадуулгыг эхлэхэд хүнд юу хэрэгтэй байдаг талаар тодруулъя. Дөнгөж эхэлж байх үедээ хэтэрхий төвөгтэй мэт болгохгүйг хичээх хэрэгтэй. Бясалгал бол үнэндээ маш энгийн үйлдэл юм шүү дээ. Гол нь өөртөө энэ үйлдлээс гарах ашгийг амсах бололцоог олгох нь зүйтэй.

Түүний тулд завгүй амьдралынхаа өдрүүдэд зав чөлөө олж гарган эдгээр арга техникүүдтэй дотно танилцах бололцоог зориуд бий болгох нь чухал. Бид цаг алга гэж хэлэх маш дуртай боловч үнэндээ тэрүүн шиг худлаа зүйл байхгүй. Тийм чиг ашигтай бус олон зүйлд бид цаг зав гаргаад л байдаг биз дээ. Үнэн хэрэгтээ бидний хийж байгаа үйлдлийн ихэнх нь бидэнд эргээд зовлон авчрах тийм үйлүүд байдаг нь нууц биш. Тиймээс шалтаг тоочихоосоо өмнө өдөр тутмынхаа дэглэмийг сайтар шинжин хараад даруйхан бясалгаж эхэлбэл яасан юм бэ гэж санагдана.

Дасгал 3.1 – Цаг Олж Гаргах

- *Чимээгүй суугаад сэтгэлээ тайван байдал оруулна.*
- *Өдөр тутмынхаа дэглэмийг эргэцүүлэн бодогтун. Орноос босохоосоо эхлээд*

унтах хүртлээ ихэнх цагийг юунд зарцуулаад байгаагаа олохыг хичээ. Таны зорилго яг юу юм бэ?

- *Одоо тэдгээр үйлдлүүд тань танд ямар ашигтайг бод. Жишээ нь хоёр цаг зурагт үзсэний ашиг дараа нь юу гарч болохов? Бид иймэрхүү үйлдэлдээ шүүмжлэлтэй хандах гээгүй зүгээр л түүнээс ямар ашиг гарч болохыг бод.*

- *Та өөрийн завгүй шахуу дэглэмээсээ ганцхан өөртэйгөө байж сэтгэлээ хөгжүүлэхэд зориулах арав, арван-тав юмуу эсвэл гучин минут гаргаж чадах уу? Хэрвээ үгүй бол зуршил болсон зүйлсээсээ аль нэгийг нь арай багасгах боломж байна уу? Жишээ нь босдог цагаасаа арван-таван минутын өмнө босох боломж бий юу? Амьдралдаа илүү тэнцвэртэй байдлыг тогтоохын төлөө зүүдлэх цагаасаа жаахныг илүүчлэх хүсэл байх уу? Өөр аль нэг дэглэмээ үл ялиг өөрчилж дадлага хийх цаг гаргаж болох нь уу сайн бодогтун.*

Бясалгалын объектоо сонгох

Өөртөө цаг гаргасан бол анхаарлаа төвлөрүүлэх объект олохоос дадлагаа эхэлнэ. Бид бясалгал хийхдээ ашиглах нэг зүйлийг онцлон авч болохоос гадна мөн өөр олон аргуудаас сонгож болно. Хүний зан араншингаас шалтгаалан бясалгалын объект болж болох юмс түм бумаараа байдаг.

Аль нэг зүйлийг бусдаас илүүд үзэх юмуу хэрэглэж дадсан туршлагадаа түшиглэж эсвэл багшийнхаа зөвлөгөөгөөр объектоо сонгож болно. Сонгосон зүйл тань аль нэг сул талаа даван гарахад чиглэсэн байвал зохилтой. Яагаад гэвэл энэ нь таны хүчийг бэхжүүлж өгдөг. Жишээ нь түргэн ууртай бол хайр энэрлийн сэтгэлийг бясалгавал уурын тань эсрэг ерөндөг болох юм. Та мэдрэмж ихтэй хүн бол бишрэл төрүүлэхүйц зүйл буюу Бурхан багшийн дүрс зэргийг дотроо дүрслэн бясалгаж болно. Бодолд автах дуртай хүнд бол аль нэгэн хэлбэрийн задлан шинжлэх бясалгал сайн тохирно.

Нэгэн үзүүрт төвлөрлийг голлож байх үед төвлөрлөө дээшлэхийн хэрээр илүү нарийн зүйл рүү шилжүүлэн солих аргыг хэрэглэж явна. Эхэндээ амьсгал орж гарах юмуу удаахнаар алхаж байгаа мэтийн хөдөлгөөнт объектод төвлөрөөд яваандаа төвлөрлөө тогтвортой болоод ирсний дараагаар ариун шүтээн маягийн хөдөлгөөнгүй зүйлд эсвэл сэтгэл оюундаа үүсгэсэн дүрслэлдээ төвлөрч бясалгана. Сэтгэлийн нарийн түвшинд хүрэхийн тулд бид оюуны ухамсартайгаа эрт орой хэзээ нэгэн цагт тулж харьцах болно гэдгийг мартаж болохгүй.

Заншил ёсоор бол бясалгалын объектуудыг найман үндсэн шалгуурт хувааж үздэг. Үүнд:

1. **Амьсгалд төвлөрөх бясалгал:** Таны сэтгэл хэтэрхий олон бодолд

дарамтлагдан зовоод байгаа бол \зав чөлөөгүй хүмүүсийн амьдралд мэдээж маш элбэг\ амьсгалаа зөнгөөр нь орж гарах дээр төвлөрвөл бие хийгээд сэтгэл амрахад тусалдаг. Үүнд ая зөнгөөрөө амьсгалах явдал болон амьсгалаа хянах явдал хоёулаа багтдаг. Амьсгалыг бясалгалын объект болгон ашиглах талаар дараагийн бүлэгт дэлгэрэнгүй тайлбарлах болно.

2. **Оюун санааны дүрслэл:** Гэр бүл гарал үүслээрээ Христийн болон бусад шашнаас үүдэлтэй хүмүүсийн хувьд мөргөл юмуу ядам бурхад Есүс, Ариун Мария, Будда гэх мэт бишрэлийн объектуудыг сэтгэлдээ дүрслэн бясалгавал ашигтай байдаг. Мөн эсвэл зүгээр цэцэг, лаа зул гэх мэтийн энгийн зүйлс ч байх боломжтой.

3. **Тарнийн Бясалгал:** Зөн билигтэй хүмүүст хэсэг бүлэг үгсээс бүтсэн тарни мэтийг унших давтах тохирдог бөгөөд өөрийн ямар хүн бэ гэдэгтээ тохируулж аль нэг хэлбэрийг сонгож авч болно. Буддын шашны зарим нэг тарнийн жишээг дор үзүүлбэл:

Бурханы Дүрслэл	Тарни	Хөгжүүлэх чанарууд
Манзушир	УМ А РА ПА ЦА НА ДИ	Билиг Оюун
Жанрайсэг	УМ МА НИ БАД МИ ХУМ	Энэрэнгүй сэтгэл
Очирваань	ХУМ БАЗАР ПАД	Энэрэх сэтгэл, хүч чадал
Манал	ТАЯАТА УМ БИХАНЗЭ БИХАНЗЭ МАХА БИХАНЗЭ РАДЗА САМУДГАТЭ СУХА	Эмнэх
Ногоон Дарь Эх	УМ ДАРИ ДУДАРИ ДҮРИ СУХА	Бэрхшээлийг давах, хүсэл бүтэх

Хүснэгт 3-1: Буддын нийтлэг зарим тарни

4. **Хөдөлгөөнт Бясалгал:** Удаанаар алхах юмуу йогийн дасгал хийх нь сэтгэлээ тайвшруулж төвлөрлөө нэмэгдүүлэх бас нэгэн үр дүнтэй арга болдог. Явангаа бясалгах үедээ та хөлийнхөө хөдөлгөөн тус бүрийг зориуд анхааран амьсгалаа түүнтэй хамтруулан, амьсгал авахад зүүн хөл өргөгдлөө, амьсгалаа гаргалаа баруун хөл гэх мэт. Аажуухан алхалтыг та мөн тарнитай хослуулж болох бөгөөд Тайланд урсгалд хэрэглэдэгчлэн *"буд-дхо"* гэсэн тарнийг давтан алхаж болно. Алхам бүрд нэг удаа чимээгүйхэн давтана.

5. **Хийн Төвүүдийг Бясалгах \чакра\:** Хийн төвүүд бясалгалын нэг объект болж болох боловч Төвөдийн Буддизмд өндөр шатны бясалгагч нар л үүнийг хэрэглэдэг. Эхлэн суралцагч хүн эдгээрийг бясалгах нь бат бөх суурь тавилгүйгээр байшин босгохын үлгэр болох төдийгүй төдийлөн амжилтанд хүрэхгүй нь магадтай юм. Буддын-бус зарим сургуулиуд хүрднүүдийг идэвхжүүлэх маш хүчирхэг аргууд хэрэглэдэг бөгөөд энэ нь зарим төрлийн хүмүүст ашигтай байх нь бий.

6. **Жана \Jhana\ дияан бясалгал:** Бясалгагч хүн шаматад хүрсэнийхээ дараагаар бүр нарийн сэтгэл рүүгээ үргэлжлүүлэн нэвтэрч шингэн уусах үйл явцыг Жана гэдэг. Энэ техникын талаар тодорхой мэдэхийг хүсвэл миний бичсэн *"Бясалгалын уламжлалт аргууд"* номоос уншаарай гэж зөвлөө.

7. **Задлан шинжлэх бясалгал:** Бодож тунгаах явдлыг бясалгалдаа ашиглаж бас болдог. Энэ дадлагад бясалгагч хүн үхэл мөнх бус юмуу эсвэл энэрэл хайр, үйлийн үр зэргээс нэгийг нь сонгон авч түүнийгээ нягтлан тунгаах ба өөр сэдэв рүү халтираад орчихгүй нэг сэдэв дээрээ тогтож бясалгахад анхаарвал зохино. Энэ талаар мөн бид сүүлд тодорхой үзнэ.

8. **Ухамсарлах Бясалгал:** Энэ төрлийн бясалгалд сэтгэлийг өөрийг нь бясалгалын объект болгон ашиглана. Бодол үгүй сэтгэлийн хоосон агаарт төвлөрөн бясалгаж болохоос гадна сэтгэлийг бүрдүүлэгч хэсгүүдийг \бодол, мэдрэмж гэх мэт\ эсвэл хийсвэрээр ухамсарт өөрт нь төвлөрч болно. Хоёулаа зууралт үгүй чөлөөтэй сэтгэлийг хөгжүүлэх нэг ижилхэн зорилготой билээ.

Эдгээрээс эхний таван шалгуур нэгэн үзүүрт төвлөрлийг хөгжүүлэхэд сүүлчийн гурав нь дотоод шинжлэлийг хөгжүүлэхэд чиглэсэн байна. Гэхдээ бүх шалгуурт цөмөөрөнд нь төвлөрөл шинжлэл хоёрыг хөгжүүлэх чадвар бий гэж мөн ярьдаг.

Гол онцлог	Объект	Хувь Хүний Төрөл
Төвлөрөл	Амьсгал	Олон бодолд автамтгай
	Дүрслэл	Бишрэлтэй хүн
	Тарни	Зөн билигтэй хүн
	Хөдөлгөөн	Цуцдаггүй хүн
	Хийн Төвүүд	Төвлөрөлтэй хүн

Шинжлэл	Сэтгэлдээ Шингэх	Туршлагатай бясалгагчид
	Задлан Шинжлэх	Бодож тунгаагчид
	Ухамсарлах	Амгалан тайван хүн

Хүснэгт 3-2: Бясалгалын объектын төрлүүд

Сэтгэл зохилдсон орчин бий болгох

Тарьсан үрээ том мод болгон ургуулах гэвэл машид шимтэй хөрс хийгээд нар ус шаардлагатай нь зайлшгүй. Түүний нэгэн адилаар сэтгэлээ бясалгалд дадуулахын тулд бидэнд дотоод ба гадаад олон хүчин зүйлс хэрэгтэй болно. Хамгийн чухал гэсэн хэдэн зүйлсийг бид одоо ярилцах бөгөөд таны дадлагыг дээд зэргийн үр ашигтай болгохын тулд зайлшгүй хэрэгтэй үндсэн нөхцөлүүдийг танилцуулъя.

Зөв орон байр

Бясалгал хийхэд тохирсон газар бэлтгэх нь тустай. Болж өгвөл чимээ аниргүй, цэвэрхэн, олон хогшил тавилгагүй, тасалдуулах буюу сатаарах юмгүй газар байвал зүгээр. Өөр өөр төрлийн бясалгалд тохирдог тусгай байр гэж мөн байна. Жишээ нь, амгалан ой шугуйд сэтгэл тайвшрал төвлөрлийг хөгжүүлэхэд сайн байдаг бол уужим задгай талбай бүхий газрууд задлан шинжлэл хийхэд илүү тустай байдаг. Дуу чимээ ихтэй, олон зүйлд сэтгэл сатаарсан газар эхлэн бясалгагчдад төвөгтэй хэцүү мэт байх боловч сайн бясалгагч болоод ирэхийн цагт иймэрхүү сорилттой газарт илүү амжилт гаргахад харин ч нэмэртэй байдаг.

Зөв байрлал

Бидний сэтгэл бидний бие махбодод асар их нөлөө үзүүлдгийн адилаар бие махбод ч мөн сэтгэл санаанд ихээхэн нөлөөтэй билээ. Тийм учраас сэтгэл тогтвортой зөв болоход тохиромжтой биеийн байрлал сонгох нь бясалгалд маш чухал. Амьд байсан цагтаа бид энэ биеийн хэргийг гаргах чадварлаг зам олох хэрэгтэй билээ. Бясалгагч хүнийг их далай гатлахыг хүссэн зорчигч хэмээн үзвэл бие махбодыг биднийг тээж нөгөө эрэгт гаргах завьтай зүйрлэж болно. Нөгөө эрэгт гарсан хойно гэхдээ завины хэрэг байхгүй болно.

Бясалгалын явцад бидний бие махбод тааламжтай амар байдалд байх юм бол бид илүү анхаарал төвлөрөлтэй байж чадах бол. Урт хугацааны туршид хөдөлгөөнгүй төвлөрөлтэй бясалгаж чадах эсэх маань бидний байрлалаас шууд шалтгаална. Тиймээс, зөв байрлал эзэмшиж сурахад цаг зарцуулах нь хэрэг болно. Доор үзүүлэх байршлуудыг нийтлэг болоод нийтлэг бус аль ч төрлийн бясалгалд хэрэглэж болно. Үүнд:

1. **Суугаа:** Сууж бясалгахдаа та эгц түшлэгтэй зөөлөвчтэй сандал, бясалгалын зориулалтын сандал юмуу эсвэл шалан дээр зөөлөвч тавьж болно. Хоёр гараа өвөр дээрээ юмуу эсвэл гуян дээрээ тавьж болно. Нуруу сум шиг эгц, эрүүгээ үл ялиг дотогш татсан байдалтай байна.

2. **Хэвтээ:** Сэтгэл алдуураад болохгүй байвал та бас хэвтээ байдлаар бясалгаж болно. Гараа биеийн дагуу байрлуулж алгаа дэлгэсэн байдалтай бясалгана. Гэхдээ таны сэтгэл хурц биш байвал ингэж бүү хийгээрэй. Хурц тод сэтгэлээр бясалгахын тулд баруун талаараа хэвтээд баруун гараа нүүрэн дороо ивж хөлөө хамтад нь өвдгөөрөө ялигүй нугалсан, зүүн гараа биеийн дагуу сунгасан байдалтай бясалгана.

3. **Явж буюу зогсоо байдлаар:** Эгц боловч биеэ сулласан байдалтай гараа биеийн урд аяар нь унжуулж баруун гараа зүүн гартаа атгасан эсвэл ингэх амар биш байвал хуруунуудаа зөрүүлсэн байж болно.

Бирузанагийн долоон-цэгт суудал

Буддын бясалгалд нэгэн тусгай байршил ихэд үр дүнтэйгээрээ батлагдсан байдаг билээ. Бясалгагчийн энэ байршил нь тал болгон хийн гүйдлийн чөлөөтэй урсгалыг хянаж байдгаараа бясалгагчид дээд төвлөрөлт байдалд оршиход нь тусалдаг байна.

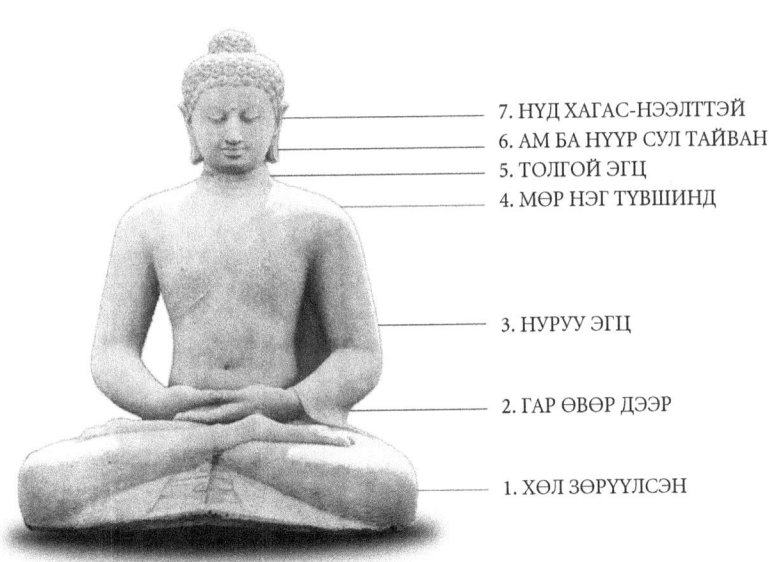

7. НҮД ХАГАС-НЭЭЛТТЭЙ
6. АМ БА НҮҮР СУЛ ТАЙВАН
5. ТОЛГОЙ ЭГЦ
4. МӨР НЭГ ТҮВШИНД

3. НУРУУ ЭГЦ

2. ГАР ӨВӨР ДЭЭР

1. ХӨЛ ЗӨРҮҮЛСЭН

Зураг 3-2: Тогтвортой бясалгалын долоон-цэгт суудал

Энэ байршлыг тодруулан тайлбарлавал:

1. **Хөл \зөрүүлсэн\:** Уг ёсоороо бол очирт завилгаа буюу зүүн тавхай баруун гуян дээр, баруун тавхай зүүн гуян дээр байх нь зохистой. Хэрвээ ингэж суух хэтэрхий хэцүү байвал аль нэгэн байдлаар хөлөө зөрүүлээд суухад

болно. Гэхдээ өгзөг өргөгдөж ташаа урагш хазайсан байх нь илүү тогтвортой байдалд оруулдаг гэж үздэг. Бидний бие махбод орчиндоо туйлаас мэдрэмтгий тул газарт ингэж суух нь таныг дороо байгаа газар дэлхийтэй холбож өгч түүний аугаа эрч хүчийг мэдрэхэд хүргэдэг ажээ. Сайтар завилан суусан байршил бие махбодын гайхамшигт тэнцвэрийг бий болгон арга барил билиг оюун хоёрын нэгдлийг төлөөлж байдаг билээ.

Зохих байршлаар суух ба тухлан суух хоёр адилхан чухал бөгөөд хамгийн сайн суудал таны бясалгалын хөгжилд сайн нөлөө үзүүлэх хэдий ч тухтай суудал таныг юманд үл сатааран, биеэ ядраахгүй сул байлгаж чадахад тусалдаг. Тэгэхээр та сандалд суухаар шийдсэн байлаа гэхэд хөлөө сул өвдөг тэгш өнцөг үүсгэсэн өгзөг сандалд баттай тулсан нуруу эгц байлгахаа мартаж болохгүй.

2. **Гар \өвөр дээр\:** Гараа өвөр дээрээ сул тавьж баруун алгаа зүүн алган дээрээ тавьсан, алга өөдөө харсан байна. Эмэгтэй бясалгагч нарын хувьд зүүн алгаа баруун дээрээ тавибал илүү ашигтай байдаг. Эрхий хуруунууд хоорондоо хүрэлцэн хүйснээс ялигүй доохно байрлана. Гарын байрлал арга билгийн нэгдлийг илэрхийлж байдаг. Та мөрнөөс эхлэн бугуй руу дараа нь алга руу гар сулран амрахыг мэдрэх ба дээд биеийн аль нэг хэсэг чангарал үгүй сул чөлөөтэй болоход энэ нь тусална.

3. **Нуруу \эгц\:** Бие эгц шулуухан байхыг нумын сум буюу эсвэл дээр дээрээс нь давхарлан өрсөн алтан зооснуудтай зүйрлэж болно. Хажуу тийшээ юмуу урагшаа эсвэл хойшоо далийхгүйг хичээх хэрэгтэй. Нуруу эгц байх нь таныг байнга анхаарал сэрэмжтэй байхад туслах төдийгүй дотоод хийн гүйдэлд тань хязгааргүй тустай байх болно. Энэ бол нарийн биеийн энерги бие дотуур чөлөөтэй гүйх бололцоог олгодог чухал зүйл. Дотоод хийнүүд амьсгалтай ойр холбоотой байдаг бөгөөд зарим дээд шатны дадлагад илүү үр дүнтэй ашиглах нь бий. Байрлалаа зөв эзэлсний дараагаар биеэ дээрээс доош хүртэл анзаарч шинжээрэй. Бясалгалын явцад үл мэдэгдэм хөдөлгөөнөөр байршлаа засаж эгц тогтвортой байдалдаа оршин байхыг хичээх хэрэгтэй. Зорилго бол хөдөлгөөнгүй сул чөлөөтэй, сэрэмжтэй удаанаар бясалгаж чадах явдал учраас биеэ чангалсан юмуу дэнжигнэсэн тогтворгүй байх нь танд төвөг учруулж төвлөрөлтөнд садаа болно шүү.

4. **Мөр ба тохой \биеэс арагш жаахан татагдсан байдалтай\:** Мөн гар арагш үл ялиг татагдсан байдалтайгаар дугуйран биеийн хоёр талд тэгш хэмтэй байрлана. Энэ нь уушгины тэлэлт зөв явагдахад тусалж бясалгалын үед амьсгал хөнгөн чөлөөтэй байхад тусалдаг. Тохойнууд биеэс хол байрлавал зохино.

5. **Толгой хүзүү \эрүү ялигүй доошилсон\:** Толгой голлосон бөгөөд эгц урагш чиглэсэн: хэт өлийсөн биш хэт дорогшилсон ч биш байна. Эрүүгээ үл ялиг дотогш татасхийн хамрын үзүүр хүйсний харалдаа байхаар тохируулна. Ингэхдээ урагшаа юмуу хойшоо бөхийхгүй байхыг хичээнэ.

6. **Ам \нүүр сул, хэлний үзүүрээр дээд тагнайд шүргэсэн\:** Уруул ба шүд хэвийн байдалтай оршиж дээд доод шүднүүд хоорондоо хүрэх төдий байна. Нүүр болон эрүүгээ сулхан байлгах нь шүлс ихээр ялгарахаас сэргийлэх ба хэлний үзүүрийг дээд шүдний ард тагнайд хүргэсэн байх нь анхаарал сарнихаас сэргийлэх төдийгүй ам хатах юмуу шүлс урсахаас хамгаална. Сэтгэл нэлээд хөдөлсөн тайвширч чадахгүй байгаа тохиолдолд хэлээ доод шүдний ард байрлуулах нь тайтгарахад тусалдаг билээ.

7. **Нүд \хамрын үзүүрийг ширтэнэ\:** Нүдээ том харах ёсгүй мөн бүрмөсөн аних ч ёсгүй. Хэрэв томоор харсан байдалтай бясалгавал юманд сатаараад болж өгөхгүй ба харин гүйцэд аниж орхивол нойрмоглож эхлэх аюултай. Эхэндээ нүдээ зөөлхөн аниж биеэ суллан тайвшруулахад болох боловч тодорхой хугацааны дараа аяндаа чөлөөтэй биеэ удирдаж чадах болоод нүдээ үл ялиг харж дадуулах хэрэгтэй. Дүрс объект дотроо дүрсэлж байх үед эсвэл сэтгэл тогтворгүй бачимдуу үедээ нүдээ аниж бясалгах нь илүү үр дүнтэй.

Харцаа хааш нь чиглүүлэх талаар өөр аргууд мөн бий. Эхлээд харцаа эгц өмнөө байгаа тийм ч тод биш харахад таатай өнгөнд юмуу цэцэг, Бурханы дүр зэрэг зүйлд тусгаад шууд ширтэх маягаар бясалгаж болно. Эсвэл харцаа буулган хамрын үзүүрийн өмнөх агаар руу ширтэн бясалгах арга байна. Нүднийхээ фокусыг заавал тааруулах гэлгүй зөнгөөрөө хааяа нэг анивчиж болно. Энэ хоёр арга хоёулаа эхлэн суралцагч хүмүүст тохиромжтой. Өөр мөн харцаа дээшээ задгай огторгуй руу чиглүүлэн нүдээ томоор харан бясалгах арга байдаг бөгөөд таны сэтгэл тодорхой түвшинд хүрээд ирэхээр аяндаа раиунаар үзэхүй урган гарч ийм төрлийн бясалгал хийх зөн төрдөг бөлгөө.

Бирузанагийн \Нанбарнанзад Бурханы\ Долоон-цэгт бясалгалын байрлалыг дадуулан үйлдэгч хэн боловч хэчнээн өвдөлттэй байсан ч гэсэн маш ашигтай эрүүл бясалгалын суудал болохыг ухаарах цаг гарцаагүй ирнэ. Гол ашиг нь гэхдээ, яваандаа таны хөгжүүлэх ёстой сэтгэл санааны ахиц юм. Хэрвээ та шаматад хүрэх сэн гэж ноцтой хичээн зүтгэхгүй байгаа бол аль нэгэн өөрт тохитой суудлаар сууж бясалгахад болохгүй зүйлгүй.

Зөв сэдэл

Буддын бясалгагч хүний хувьд зөв сэдэл гэдэг зөв зорилго зөв тэмүүлэлтэй байх зэрэг дотоод сэтгэлийн олон чухал нөхцөлүүдийг хэлдэг. Эдгээр нь сүсэг бишрэлийн хөгжлийн амжилтанд зайлшгүй шаардлагатай чанаруд юм. Дөнгөж бясалгаж сурч байгаа хүмүүсийн хувьд бол зөв сэдэлтэй байх нь бясалгалыг илүү утга учиртай болгоход нөлөөлдөг байна. Дадлагад орохдоо та хувийн түүх үйл явдал зэргээ орхин, ирээдүйд болох буюу өнгөрсөнд болсон үйл явдлуудыг тооцгүй орхих, зөвхөн яг энэ одоо цагийг л элдвийн сатааралгүйгээр байлгахад чиглүүлэх ёстой. Ялангуяа дадлага бясалгалдаа урам зориг хугарах, болимоор санагдах бодлуудыг бүрмөсөн цэглэж бясалгалынхаа үеэр мэдэрч болох "гоё" зүйлүүдээсээ болоод хэтэрхий их баярлаж хөөрөхөөсөө мөн болгоомжлох нь зүйтэй.

Урьдчилсан бэлтгэлийн дадлагууд

Бясалгал эхлэхийн өмнө сэтгэлээ хүлээн авагч нээлттэй байдалд оруулахын тулд урьдчилсан бэлтгэлийн хэдэн дасгалыг хийвэл зохистой. Үүнд:

1. **Муу агаарыг амьсгалаар гадагшлуулах:** Эхний нь Төвөдийн урсгалд заншил болон хийгддэг богино хэмжээний дасгал юм. Энэ нь гурвантаа гүнзгий амьсгал авах гаргах замаар ариун бус зүйлийг хар утаа болгон хамрын самсаагаар хүчлэн нийж гаргах дасгал юм. Энэ нь шунал, хорсол, мунхаг гуравтай хамааралтай нарийн биеийн энергийн хариу үйлдлийн урсгалыг биеэс зайлуулдаг байна. Амьсгаа сэтгэл хоёр ойрын холбоотой учраас энэ дасгал бясалгал эхлүүлэх сайхан эхлэл болох нь гарцаагүй ажээ. Шинжлэх ухааныхан ч мөн гурван удаагийн гүнзгий амьсгалаар парасимпатетик мэдрэлийн системийг өөрчилж бие махбодыг тайвшруулж болдгийг нотолсон байдаг.

2. **Биеэ займчих:** Хоёдугаар бэлтгэл дасгал бол биеэ хоёр тийш хөдөлгөн суудлаа эвтэйхнээр засах явдал юм. Энэ явцад нуруу бөхийгөөгүй зөв байршилтай байгааг шалгаж биеэ суллан бясалгалын байрлалаа эзэлнэ. Энэ бол дадлагын явцад тогтвортой байдлаа удаанаар хадгалахад бэлтгэж байгаа хэрэг билээ.

3. **Гадаад орчны бүхий л байдалд анхаарах:** Одоо өөрийн мэдрэх эрхтнүүд болох амтлах үнэрлэх харах сонсох хүртэхүйн мэдрэмжийг шалгаж үзэгтүн. Зорилго нь бүх анхааллаа яг одоо цагтаа авчрахад байгаа бөгөөд ямар нэгэн үйл явдал түүх үүсгэхгүйгээр зөвхөн одоодоо л анхаарах хэрэгтэй. Зөвхөн энэ л мөч шүү.

Дасгал 3.2 – Амьсгалаа Ажиглах Энгийн Бясалгал

• Урьдчилсан Бэлтгэл:

• Бүх бодлоо орхин эзлэсэн байрлалаа ажиглагтун. Сул чөлөөтэй, идэвхтэй байрлал эзэлсэн байгаа эсэхээ шалга.

• Гурвантаа гүнзгий амьсгаа авч гаргах тоолондоо бүхий л санаа зовнил асуудал зэргээ гадагшиллаа гэж төсөөлөн бод.

• Биеэ хоёр тийш займчин зөв байрлалдаа ороход анхаар.

• Одоо зориудаар өнгөрсөн бүх дурдатгал ирээдүйн төлөвлөгөө зэргээ санамжнаасаа арчин энэхэн мөчөө л ухамсарла. Энэ бол ганцхан танд зориулагдсан бясалгалын дадлагын цаг бөгөөд өөр бусад юу ч одоо хамаагүй.

• Гол Бясалгал:

• Бие махбод ухамсарлах сэтгэлээр дүүрэн, үүл манан толгойноос эхлээд газарт хүртэл биеийг нэлэнхүйдээ бүрхсэн байх мэт. Энэ мөчид биедээ мэдрэгдэх төрөл бүрийн хүрэлцэхүйн мэдрэмжийг анхаарагтун.

• Энэхүү мэдрэмжүүд дотроос орж гарах амьсгалын жигд хэмнэлийг ялган мэдэр. Сэрэл мэдрэмж төрүүлэх гэж юу ч хийх шаардлагагүй аяндаа төрж ирэхийг л таньж мэд.

• Одоо амьсгал орж гарах бүтэн тойрог дээр анхаарлаа тогтоож чадахнуу шалга. Агаар урсан ороход хэрхэн мэдрэгдэж байна. Амьсгал авалт цэгтээ хүрч зогсон амьсгал гаргалтаар солигдоход юу мэдрэгдэж байгааг ажигла. Амьсгаа гарч дуусахад юу мэдрэгдэж байгааг ажигла. Дараагийн амьсгал авалтыг хүлээн байх зуур ямар мэдрэмж төрж буйг ажигла.

• Энэ үйл явцтай танил дотно болтлоо нэлээд давтан ажиглагтун.

• Одоо амьсгал болгоноо бие сэтгэлийн чангаралтыг тайвшруулах бололцоо болгон ашигла. Амьсгаа гарах бүрд биеэ илүүтэй амгалан болж байгаагаар мэдэр. Түүний сацуу одоо цагаа тодорхой ухаарч байх хэрэгтэй.

• Дотоод шинжлэлийн чадвараа ашиглан өөрийгөө бүдэг бадаг байдалд орж уу нойрмоглоод эхэлчихээгүй байгаа гэдгийг шалга. Нойрмоглоод эхэлсэн бол сэргэхийн тулд амьсгал дээрээ илүүтэй төвлөр. Одоо цагтаа байгаа эсэхээ шалгаж буцаад амьсгал дээрээ төвлөр.

• Бясалгалын хугацааг дуустал ийнхүү давтана.

БЯСАЛГАЛЫН ЯВЦАД ТОХИОЛДОХ БЭРХШЭЭЛҮҮД

Бясалгаж сурна гэдэг амаргүй. Ихэнх хүмүүсийн хувьд өөрсдийн сэтгэл рүү ухамсартайгаар харж эхлэхдээ ямар их чимээ шуугиантай юм бэ гэдгийг анх удаагаа мэдэж машид ихээр гайхдаг. Нэгэн зүйлд төвлөрнө гэдэг амархан мэт сонсогдож байвч үнэндээ тийм ч амархан эд биш бөгөөд аливаа нэгэн шинэ зүйл сурахад шаардагддагийн адилаар дадлага сургуулилт мөн энд шаардагдана.

Бясалгал хийхэд нийтлэг тохиолддог бэрхшээлүүдийг мэдэж авснаар та өөрийн дадлагадаа ахиц гаргах боломжтой болно. Энэ мэдлэг танд өөрийн одоогийн байгаа сэтгэлийн түвшнийг мэдэх боломжийг олгон бэрхшээлийг даван гарах тохиромжтой аргыг хэрэглэхэд тусална. Бясалгалын үеэр гарах бэрхшээл бидний өдөр тутмын амьдралд тохиолддог бэрхшээлүүдтэй голдуу адилхан байдаг болохоор жирийн нэг дадлагыг хийж сурснаараа амьдралдаа машид чадварлагаар ашиглаж болох билээ. Бэрхшээлүүдийг ухамсарлах явдал одоогийн байгаа байдалдаа тохирсон илүү амьдралтай шийдвэр гаргахад тусалж бясалгалын тухай байж боломгүй зүйлд дэмий итгэхээс сэргийлж байдаг. Энэ нь яваандаа илүү үр бүтээлтэй зуршил хөгжүүлэхэд туслах ба илүү дэвшилтэт түвшиндээ хүрэхдээ яг ямар шатанд хүрчээд байгаагаа танихад тусалж түүнээс ч цаашаа үргэлжлүүлэхэд түлхэц болдог.

Таван гэм болон найман ерөндөг

Таван гэм хийгээд найман ерөндгөөр бидний бясалгалын замд хөндөлдөн саатуулж буй бэрхшээлүүдийг арилгаж чадна.Тэд бол таны Шаматад хүрэхээр зорин анхаарлын өөр өөр шатуудыг дамжин дэвшиж явах замд хөндөлсөн саатуулж, үйл явцыг удаашруулж, амжилт олоход тань чөдөр тушаа болж байдаг бэрхшээлүүд юм. Эдгээр гэмүүдийг тохирсон ерөндөгний хамтаар мэдэж авснаараа та зөвхөн бясалгалын үедээ ч биш мөн ердийн амьдралдаа ч тэдэнтэй аль болох хурдан амархнаар учраа ололцох боломжтой болно. Таван гэмийг тэдгээрийн ерөндөгтэй үзүүлбэл:

1. Залхуурал

\Ерөндөг нь: тэмүүлэл, бишрэл, хичээнгүй, оюуны уян хатан байдал

Залхуурал гэдэг бол энгийнээр хэлэхэд биднийг шалан дээр тавьсан зөөлөвчин дээр суулгалгүй сэргийлж байдаг сэтгэлийн нэг төлвийг хэлнэ. Тийм учраас бидний бясалгалд голлох бэрхшээл гэж хэлж болно. Энэ бол зүгээр нэг юу ч хийлгүй залхууран суухыг хэлж байгаа биш бөгөөд олон өөр төрхтэйгөөр үзэгддэг. Бид гурван төрлийн залхуурлыг таньж болно:

1. **Сэтгэл хангалуун байх:** Энэ бол огт сонирхохгүй, бишрэн бахдах сэтгэл ч төрөхгүй зүгээр буйдан дээр зурагт харан хэвтэх нь илүү дээр мэт

санагдахыг хэлнэ.

2. **Өөртөө итгэлгүй байх:** Энэ бол өөрийгөө бясалгал хийж чадна гэдэгт итгэхгүй байхыг хэлнэ. Хийлээ ч юунд л хүрэв гэж, би яаж чадаа аж, юун Нэгэн-үзүүрт төвлөрөл байтугай тэрнээс ч наана очиж чадахгүй биз гэсэн мэдрэмж төрөхийг хэлнэ.

3. **Завгүй гэх зуршилтай:** Бас нэгэн маш идэвхтэй залхуурлын хэлбэр бол өөрийгөө хорвоогийн дуусашгүй үйл хэрэгт орооцолдуулан хүлүүлээд сурчихсанаас урган гардаг маш их хуурамч дүртэй залхуурлын хэлбэр билээ. Бид найз нөхөдтэйгөө уулзан шинээр сонин юу болсныг мэдэж эсвэл шинэ гарсан кинонд хоцролгүй явахдаа зав гаргадаг мөртлөө бясалгал хийнэ гэнгүүт гэнэтхэн учиргүй ядарснаа мэдэрдэг нь нууцгүй үнэн билээ.

Бясалгалын дүнд хүрч болох гайхамшигтай чануудад *итгэн бишрэх* сэтгэлийг төрүүлснээр залхуурлыг даван гарч болно. Бясалгалаас гадна өдөр тутмын амьдралдаа тустай чануудыг нь ухаарснаар бид амьдралдаа үүний чухлыг ойлгон зорилго болгон хэрэгжүүлж чадна. Ашиг тусыг нь илүү ойлгох тусам түүнд тэмүүлэх *тэмүүлэл* улам хүчтэй болж тэгснээрээ *хичээл зүтгэлд* урам өгч хөгжүүлдэг байна. Дадлага болгож дасмагцаа бид бие махбодын хийгээд *сэтгэл санааны уян хатан* байдалд хүрч – бие сэтгэлийн өвөрмөц хийгээд тааашаалт байдлыг өөрсөддөө бий болгох юм.

2. Зааварчилгааг мэдэхгүй байх юмуу мартах
\Ерөндөг нь: дурдал\

Сэтгэлдээ сайтар хадаж аваагүйгээс хэрхэн бясалгахаа мэдэхгүй байх явдал байдаг. Бясалгалын объектоо мартаж орхих юмуу эсвэл бясалгалын зааварчилгааг сайн тогтоож аваагүйгээс мартсан байх тохиолдолд энэ хэлбэрийн залхуурал үүсч сэтгэл тэнээд явчихдаг байна. Бясалгалынхаа анхаарлыг өөр зүйлд сольж шилжүүлснээс ялангуяа нэг дадлагын үед олонтаа солисноос бас энэ залхуурал үүснэ.

Ерөндөг нь *мэдэмсрийнхээ* түвшинг нэмэгдүүлснээр объектод тавих анхаарал сарних, зааварчилгааг мартах зэргийн асуудлууд гарахаа болино. Мэдэмсэр гэдгээр зааварчилгааг санах болон бясалгалын объектоо "бүрэн" анхаарахыг аль алиныг хэлж байна. Сэтгэл дүүргэлт хөгжсөний дараагаар *сэрэмжээ* хөгжүүлж эхлэх хэрэгтэй. Энэ нь бясалган буй сэтгэлээ өөрийг нь хянан ийш тийшээ хадуураад явчихаагүй эсэхийг бүр нарийн түвшиндээ хүртэл хянахыг хэлнэ. Явчихсан байлаа гэхэд та хэрэгтэй ерөндгөөр эмчилж болох шүү дээ. Тоглоомд үл оролцох идэвхгүй байдлаар мэдээлэл өгч байдаг тайлбарлагчтай үүнийг зүйрлэж болно.

3. Живэлт ба Догшрол \Ерөндөг нь: сэрэмж\

Бүдүүн Хэлбэрийн Догшрол

Бясалгаж эхэлж байгаа хүмүүсийн хувьд сэтгэл догшрол их явагдана. Санаа сэтгэл юм л бол гадаад ертөнц рүү чиглэчихээд болж өгөхгүй, ойр орчинд болж буй зүйлд хандаад явчихдаг. Эсвэл бодолдоо умбаад бүр тэрнээсээ уламжлаад бодлуудад хадуурч одох нь бий. Өмнөх өдрийн сонссон дуу ч юмуу өнөөдөр болсон явдал байх жишээтэй эсвэл оройн хоолонд юу чанахав гэх мэт бясалгалын бус зүйлүүдийг үргэлжлүүлэн боддог явдал. Төвлөрөл тань хэтэрхий хөвчирсөн, бие хангалттай сул чөлөөтэй биш байгаагаас догшрол үүсдэг. Сатаарсан сэтгэл бясалгаж буй объектоос бүрмөсөн холдон одохыг илрүүлэхэд амархан байдаг. Гэхдээ туршлагагүй хүн мөн л хэдэн минутын турш догширч байж гэнэт хадуураад явчихсанаа мэддэг. Бүдүүн хэлбэрийн догшрол үүл нүүхтэй адилаар олж тогтооход амархан байдаг.

Энэ үеийг эмнэх тийм чиг хэцүү асуудал биш бөгөөд хэдэн янзын оролдлого байж болно. Хэтэрхий хүнд дүрслэлээ багасган бууруулж энгийн зүйлд шилжүүлж болно. Биеийн мэдрэмждээ төвлөрөн биеэ суллахыг оролдох юмуу эсвэл доод шүднийхээ ард хэлний үзүүрийг байрлуулбал тустай байдаг. Сэтгэл догшролыг дарах бас нэгэн арга бол суудлынхаа хажууд хар цэг байгаагаар дүрслэх явдал юм. Та хэрвээ тавтиргүй хөдөлгөөнтэй хүн бол биеийн тамирын дасгал хийснээр биеэ ядрааж сэтгэл тэгснээр хадуурч одох нь багасах тал бий. Хадуурсан бодлыг олж тогтооход цаг орох магадтай ч дадлагаа үргэлжлүүлэн хийснээр түүнийг анзаарах нь илүү амархан болж ирнэ.

Бүдүүн Хэлбэрийн Живэлт

Дүрслэл тод байдлаа алдаж, хэтэрхий таслагдсанаас живэлт үүсэх бөгөөд нойрмоглон дуниартаж бараг унтахад хүрнэ. Тод байдал гэдэг нь бясалгалын объект тод байхаас илүүтэй цэвэрхэн, шинэлэг, хурц өнгөтэй саруул сэтгэлийн төлвийг хэлж байгаа билээ.

Та нүдээ үл ялиг өргөх маягаар объектын тод бүдэг байдлыг өөрчилж болох ба хадны ирмэг дээрээс халин унаж объектоо алдах гэж байгаа мэт нарийн ширийн болгоныг нь сайтар анхааран тогтоох хэрэгтэй. Аль нэгэн буянтай үйлс бишрэлтэй зүйлийг сэргээн бодох юмуу духандаа хоёр нүднийхээ голд цагаан гэрэл туссан байгаагаар дүрслэх нь живэхээс сэргийлэхэд тустай байдаг аргууд юм. Өргөн саруул үзэгдэлтэй өндөрлөг газарт бясалгал хийх юмуу эсвэл сэрүүхэн сэвэлзүүр салхитай газарт бясалгах бас тус болдог. Нүүрээ усаар булхах, гадаа дасгал хийх, хөнгөн хоол идэх зэрэг нь живэхээс сэргийлдэг аргууд юм.

Гэхдээ бас жирийн ядаргааг залхууралтай андуурч болохгүй. Ядарсан бие махбод амралт шаардах нь зүй. Бясалгалаас ер бусын зүйл хүлээхийгээ ядаргаа мэтээр үзэгдэж байгаа биш байгаа гэдгийг өөртөө хяналттай хандах нь илүүц зүйл биш. Та үнэхээр ядарч орхисон байгаа бол ямар ч ерөндөг хэрэглэсэн сэргэхгүй байх боломжтой. Тийм тохиолдолд өөрийгөө хэтэрхий дайчлалгүй биеэ амраах нь зүйтэй.

Нарийн Хэлбэрийн Догшрол

Сэтгэлийн нэг хэсэг объект дээрээ таатай нь аргагүй төвлөрсөөр байх зуурт нөгөө хэсэг нь танд мэдэгдэлгүйгээр хадуураад явчих үед нарийн хэлбэрийн догшрол илэрнэ. Олж тогтооход маш хэцүү бөгөөд сармагчин шиг л хөдөлгөөнтэй тул баригдаж өгөхгүй.

Нарийн хэлбэрийн догшролын ерөндөг болгон маш хүчирхэг чадал ихтэй *мэдэмсэрийг* хөгжүүлэх хэрэгтэй. Мэдлэг оюунаар үүнийг гүйцэлдүүлэх аргагүй бөгөөд харин бясалгал туршлагаар л үүнд хүрч болох билээ. Дахин дахин дадуулснаар таны сэтгэл нарийн хэлбэрийн догшрол үүсэхийг ажиж чадах хэмжээнд яваандаа хүрэх бөгөөд тэр үед догшрол үүссэн даруйд нь ухамсраа объект дээр буцааж авчрах бололцоотой болно.

Нарийн хэлбэрийн живэлт

Нарийн хэлбэрийн живэлт хэмээх дутагдал эхлэн сурагчдад бараг байдаггүй яагаад гэвэл тэд хэтэрхий их догширлын байдалд байдаг. Харин илүү туршлагатай бясалгагч нарын хувьд объект дээрээ тогтвортой байгаад байж чадах болсны дараа илэрдэг. Ийм хэлбэрийн живэлтийн үед нэг юман дээрээ гацан хөшиж, бага сага тод байдал байх хэдий ч эрчим байхгүй болдог. Утга нь объектыг барьж тогтоож байгаа хүч нь маш сулхан байгаа гэсэн үг. Ийм живэлтийг олж илрүүлэхэд ч арилгахад ч ихэд амаргүй. Олон сайн бясалгагч нар энд гацаж цаашаа ахиж чадахгүй болчихдог нь бий. Гэхдээ өөрсдийгөө болоод байна гэж хуурагддаг нь тэдний нийтлэг алдаа юм.

Нарийн хэлбэрийн живэлтийн ерөндөг нь маш хүчтэй хурц тод эрчмийг хөгжүүлэх явдал бөгөөд асар хатуу сахилгатай байж л үүнд хүрдэг. Энэ бол дүрслэн хэлэх юмуу сонсоод ойлгож ухаараар зүйл биш, хийж бясалгаж туршиж чадварлаг бясалгагч нарын чадвараас хамаарах асуудал юм. Өөрийгөө бишрүүлдэг сэдвийг сэтгэлдээ тусгаснаар мөн сэтгэлээ сэргэлэн цовоо болгож болох ба багшдаа баярлаж талархах сэтгэл , сэтгэлээ хөгжүүлэхийн гайхам ашиг тус зэргийг бясалгахад сэтгэл огцом өөрчлөгдөж сэргэдэг.

4. *Ерөндөг багадуулах* \Ерөндөг нь: ерөндөг хэрэглэх\

Догшрол, живэлт, залхуурал зэргийг эмнэх хангалттай ерөндөг хэрэглэхгүй байна гэсэн үг. Та хэтэрхий төвөгшөөснөөсөө юмуу эсвэл хэтэрхий сэтгэл хангалуун байдлаасаа болоод ерөндгөөр эмнэх явдлыг орхигдуулна.

Үүний эсрэг ерөндөг бол *тохирсон ерөндгийг хэрэглэх* явдал мөн. Зарим үед бясалгалаа зогсоон үүгээр түүгээр жаахан алхаж, суниаж сунгалт хийх, нүүрээ шавших цэвэр агаар амьсгалах зэргээр хэсэг зуур байснаад дараа нь үргэлжлүүлж болно. Ингэсний дараа бясалгалаа үргэлжлүүлэхэд илүү хялбар болохыг та мэдрэх болно. Мөн түүнчлэн бясалгалын ач тусыг сэтгэлдээ эргэн бодох нь ашигтайг дахин сануулъя.

5. Ерөндөг Ихдүүлэх \Ерөндөг нь: Тэгш Агуулах сэтгэл\

Ерөндөг шаардлагагүй байхад хэрэглэх юмуу хэтрүүлэн хэрэглэхийг хэлнэ. Жишээ нь живих юмуу догшрох үедээ та зөв оношилж тогтооstorм гэж бодъё, тэгээд эмнэснийхээ дараагаар ерөндгөө үргэлжлүүлэн хэрэглэмээр санагдаж болно. Энэ асуудлын эсрэг ерөндөг бол *тэгш агуулахуй* билээ. Өөрөөр хэлбэл байгаа чигт нь л орхичих хэрэгтэй.

Эдгээр таван гэмийг найман ерөндгийн хамтаар тогтоогоод авчихвал таны бясалгал "онох юмуу алдах" гэсэн асуудалгүй шулуухан замаар байндаа тусах болж илүү эрчтэй хөгжилд хүрснээр та тусыг хүртэх нь зайлшгүй юм.

Гэм	Ерөндөг
1. Залхуурал	1. Тэмүүлэл
	2. Бишрэл
	3. Хичээл зүтгэл
	4. Оюуны уян хатан байдал
2. Мэдэхгүй байх юмуу Мартах	5. Дурдал
3. Живэх ба Догшрох	6. Сэрэмж
4. Ерөндөг Багадах	7. Ерөндөг хэрэглэх
5. Ерөндөг Ихдэх	8. Тэгш Сэтгэл

Хүснэгт 3-3: Таван Гэм ба Найман Ерөндөг

Таван бартаа

Таван гэмний нэгэн адилаар мөн таны бясалгалыг дарамталдаг таван бартаа бий. Гэвч бясалгалынхаа замд таныг ахиц олох тусам тэд суларсаар сүүлдээ арилж алга болоход та сэтгэлийнхээ угийн цэвэр тунгалаг тайван чанарыг илрүүлэх болно.

1. Мэдрэхүйн таашаал

Мэдрэхүйн хүсэл таашаал гэдгээр мэдрэхүйн таван эрхтний шуналыг хэлэх бөгөөд сайхан үзэмж, үнэр, амт, дуу хүрэлцэхүйд татагдан шуsnaснаас энэ үүсдэг.

Бясалгаж байх зууртаа бид бие махбодыг огт тоолгүй байж мэдрэмжээ хувиргах оролдлого хийдэг. Тэгэхээр бид хаа нэгтээ чилэх, өвдөх, хажуу айлын шарж байгаа махны үнэр үнэртэх , дээд айлаас хөгжим дуугарах гэх мэт сатаарлыг хөөх гэж оролдох үед энэ бартаатай тулгардаг.

Энэ бартааг арилгах түлхүүр бол бага багаар орхих явдал юм. Эхлээд мэдрэхүйн эрхтэнд хүртэж байгаа зүйлүүдэд анхааралтай хүлээн авагч байдлаар эсэргүүцэл үзүүлэлгүй хүлээн авч аажимдаа тэдгээрт сатаарах нь багасан багассаар эцэстээ өөрөөсөө "холдуулж" чадах болно.

2. Муу сэтгэл

Бясалгалын үеийн муу сэтгэл гэж аль нэгэн зүйл юмуу хүнд дургүйцсэн байдлаас шалтгаалан сэтгэл сатаарахыг хэлнэ. Энэ нь мөн өөрийн эсрэг чиглэсэн байх боломжтой бөгөөд өөрийн хийсэн гэм буруу, хариуцлагагүй зүйлд гэмшилтэй харамсах сэтгэл байж бас болно.

Энэ бартааг даван түлхүүр бол хайр энэрлийн сэтгэлийг хөгжүүлэх. Бясалгал заримдаа заавал хийх ёстой үйл мэт санагдана, заримдаа мөн сайн нөхөр шигээ бодож хайр талархлаа илэрхийлж болно. Өөртөө сайн хандах нь өөрийн буруугаа мэдэхийн дайтай чухал нөлөө үзүүлж болох бөгөөд уучлах сэтгэлийг төрүүлэн, болсон явдлыг мартаж амьдралаа цааш үргэлжлүүлэх боломжийг олгодог билээ.

3. Нойрмоглох ба бүүдийх

Энэ бартаатай тулгарахад бие хүндэрч сэтгэл бүүдийх бөгөөд ухамсарт байдал багасаж ирэх гэмтэй. Цаашид бясалгаж байгаагаа умартан зүүрмэглэж эхлэхэд ч хүргэж болно.

Үүнийг даван гарах түлхүүр бол юуны түрүүнд сэтгэл дотроо энхийг тогтоож өөрөө өөртэйгөө тэмцэлдэхээ болих явдал. Тэгэхгүй бол сэтгэл тань догшрох живэх хоёрын дунд ээлжлэн савлах болно. Хэрвээ таны сэтгэл тайван байдалтай байгаа бол та бүүдийх тал руугаа нэлээд хазайж магадгүй, тэгвэл сэтгэлээ үл ялиг чангатгах оролдлого хийн, харин хадны ирмэгээр яваа мэт сэтгэл догдолсон байдалтай байгаа бол сэрэмжээ нэмэгдүүлэх хэрэгтэй. Мөн та бясалгал дадуулга хийх болсон сайхан боломжийнхоо талаар юмуу өөр бишрэл төрүүлэм сэдвийг дотроо тусган бодож болно. Үүний дараагаар мөн л ядарсан хэвээрээ байх юм бол амрах нь өлзийтэй болох бөгөөд бясалгалаа дараа нь үргэлжлүүлж болох билээ. Зарим үед нойрмог байх нь гол барцад биш муу сэтгэл биднийг бясалгал хийхэд сонирхолгүй байдалд оруулж магадгүй.

4. Амралтгүй байх

Бидний сэтгэл нэг бодлоос нөгөө рүү, тэрнээсээ дахиад өөр бодол руу шилжсээр нэг хором амсхийх боломжгүй байх нь тогтворгүй хөдөлгөөнтэй сармагчин нэг мөчрөөс нөгөөд дамжин үсчсээр явдгийн адил ажээ.

Үүнийг даван гарахын тулд элдвийг хүлээх ба төлөвлөх гэлгүй тайван чимээгүй байдалтай байгаадаа баярлан талархах дотоодын хөөр баяслыг бий болгох хэрэгтэй. Ингэснээр бясалгалыг ч амгалан чөлөөтэй уур амьсгалтай болгоход тусалдаг.

5. Итгэлтэй бус байдал болон эргэлзээ

Энэ бартаа биднийг бясалгаж байгаа хэрнээ дотоодын хүүрнэлээр өөрөөсөө асуулт асуусаар байх үед үүсдэг. Бид энэ зуурдаа "Би ингэж болох юм болов уу?", "Би юугаа хийгээд байгаан болоо?", "Ямар хэрэгтэй юм бэ?" гэхчилэн өөрөөсөө асуусаар байх нь бий. Эсвэл өөр сэдвээр "Би анхаарлын ямар түвшинд хүрч байгаа бол?", "Миний бясалгал хэр болж байгаа бол?" гэх зэргээр асууж болох бөгөөд эдгээр асуултууд буруу үед тавигдаж байгаагаараа сатаарал болж байгаа юм.

Ийм бартааг даван гарахын тулд бид бясалгал эхлэхийн өмнө тэр талаар ойлголттой болж тодорхой зааварчилгаа авсан байх, удирдаж хөтлөх багш олох зэрэгт цаг гаргасан байх ёстой. Зорилго болоод туршлагын тань хүчээр эргэлзээ арилах бөгөөд бясалгалынхаа тухайд бол бясалгалын дараагаар бодох нь илүү ашигтай.

Бартаа	Ерөндөг
1. Мэдрэхүйн Таашаал	Ухамсрын хүчээр мэдрэмжээ бууруулах
2. Муу Сэтгэл	Хайр энэрлийн сэтгэлийг өөр рүүгээ чиглүүлэх
3. Нойрмоглон бүүдийх байдал	Эсэргүүцэлгүйгээр таних
4. Амралтгүй байх	Дотоод сэтгэлийн баяр талархлыг хөгжүүлэх
5. Итгэлтэй бус, эргэлзээ	Бясалгалын ач тусыг ойлгох

Хүснэгт 3-4: Таван Бартаа

ГОЛ ХЭСГҮҮДИЙГ ЭРГЭН СӨХВӨЛ

- Бясалгал гэдэг бол сэтгэлдээ зөв сайн чанаруудыг дадуулах техникүүд мөн.

- Хоёр үндсэн төрлийн бясалгал байдаг нь: тогтоох бясалгал ба шинжлэх бясалгал. Тогтоох бясалгалыг шамата гэх бөгөөд сэтгэлийн чанарыг сайжруулна. Харин шинжлэх бясалгалыг випашяана гэх ба өөр өөр үзэгдлийн талаар билиг оюуныг хөгжүүлэхэд тусалдаг.

- Энгийн бясалгалын үед бид хоёр чанарыг ашигладаг нь: дурдал ба мэдэмсэр байдаг. Дурдал бидний сэтгэлийг бясалгалын объекттой холбож байдаг бол мэдэмсэрийн тусламжтайгаар бид өөрсдийн сэтгэлээ сатаараагүй гэдгийг хянаж байдаг.

- Бясалгал гурван зөв сайн чанарыг хөгжүүлэхэд тусалдаг нь: чөлөөтэй байх, тогтвортой байх, тод байх. Чөлөөтэй байдлаар бид анхааралаа урт хугацаагаар хянаж чадна. Тогтвортой байдлаар анхааралаа объект дээр тогтвортой барьж харин тод байдлаар бясалгаж буй зүйлийнхээ маш нарийн хэсгүүдийг ажиглах бололцоотой болдог.

- Ерөнхий ухамсарлахуй болон ухаалаг шийдвэр гаргах орон зай, биеийн эрүүл мэнд, сүсэг бишрэлийнхээ чадварыг нэмэгдүүлэх гээд олон ашигтай талууд бясалгалд бий.

- Бясалгалын ашиг шимийг хүртэнэ гэвэл та энгийн дадлага хийхэд зориулан цаг зав гаргах хэрэгтэй.

- Хувь хүнийхээ зан байдалд тохируулан бясалгалын өөр өөр объектуудыг сонгож болно.

- Бясалгалыг амжилттай болгохын тулд тохирсон орон газар, байрлал, зөв сэдэл хэрэгтэй.

- Бясалгалын дадлагад тулгардаг олон бэрхшээлүүд байдаг. Таван гэм, таван бартааг ойлгосноор тэдгээрт тохирох ерөндгүүдийг хэрэглэх чадвартай болж улмаар дадлагынхаа чанарыг дээшлүүлэх болно.

Бясалгалын үе шатууд

Бясалгал гэдэг тодорхой цаг хугацааны туршид хөгждөг үйл явц юм. Энэ бол биднийг сэтгэлээ номхруулахад зориулагдан зориудаар зохиогдсон үйл явц бөгөөд ингэсний дүнд бид илүү бүтээлтэй байдлаар амьдарч чадах ажээ. Бид өөрсдийн сэтгэлийг сүргээсээ тасран байн байн зугатах сахилгагүй хоньтой жишиж болно. Хоньчинг өөр хонинуудтай зууралдан байнга завгүй байгаад байхаар энэ жаахан хонь уулаар тэнэж алга болно. Хоньчин хонио эрэн сурч яваад нэгэнтээ гэрт нь буцааж авчрах боловч хонь оргосоор байх зуршилтай тул хоньчин холдож амжихаас нь өмнө барьж авахаар хянадаг болно. Удаа бүр тайвнаар хонио бүртгэн хурааж хотондоо цуглуулж авчирна. Хоньчин улмаар оргодог жижиг хонийг мэдэх болсон тул түүнийг зугатахыг завдах тэрхэн мөчид нь барьж болиулж чаддаг болно. Эцэст нь хонь оргох зуршлаасаа салан хотондоо бусдын хамтаар найдвартай байх тул түүнийг эрж хайн бэдэрч явах хэрэгцээ цаашид үгүй болно.

Энэ загвартай машид төстэйгөөр мэдэмсэр, дурдал хоёрыг ашиглан бясалгагч хүн сэтгэлээ хянаж зөв тийшээ чиглүүлэхээ зохицуулж сурдаг. Эдгээр чанаруудыг бид илүү хэрэглэх тусам улам хүчтэй болсоор цаг хугацаа өнгөрсний дараагаар бүхий л сатаарлын дунд ч алдагдахааргүй нөхцөлтэй болсон байх болно. Тэгснээрээ юунд сэтгэлээ ашиглах гэсэн тэрүүндээ хамгийн үр бүтээлтэй байдлаар ашиглаж чадах юм.

Олон жилийн гүнзгий судалгааны дүнд өнгөрсөн цагийн аугаа бясалгагч нар дадуулан үйлдэгч нарын даван туулах ёстой болдог тодорхой дараалсан үе шатууд байдгийг таньж илрүүлсэн байна. Тэдний туршлагаараа баталсан энэхүү ойлгомжтой зургийг даган явж өөрсдийнхөө хаана явж байгаг харж чадна. Өөрсдийн хөгжлийн явцыг яг таг тодорхойлох нь дараагийн шатанд тулгарах бэрхшээлийг даван тал дээр анхаарлаа хандуулахад хэчнээн ашигтай байдгийг бид эндээс хардаг.

АМЬСГАЛАА ОБЪЕКТ БОЛГОН АШИГЛАХ

Энэхүү үйл явцыг хэрэгжүүлэхийн тулд хүрэлцэх мэдрэмжээ ашиглан үе шат болгонд амьсгалаа бясалгалын объект болгон явах шаардлагатай байдаг. Байнгын завгүй нөхцөлд ажиллаж амьдардаг, хэтэрхий их бодол бачимдалд өртдөг хүмүүсийн хувьд *амьсгалаа ухамсарлах* дадлага онцгой тустай байдаг бөгөөд сэтгэлийн стрессээ даван гарч мэдрэл барагдахаас хамгаалдаг ажээ. Бурхан Багшийн сургасан бүхий л сургаал дотроос нэг арга машид алдаршсан байдаг.

Энэ бүлэгт судлах дасгалуудыг Теравада урсгалын *Ситапаттхана Сутта* гэдэг судраас татаж оруулсан байгаа. Бурхан багш шамата випашяана хоёрын нэгдлийг үүсгэхийн суурь болгон амьсгалыг хэрхэн ашиглахыг үзүүлэх зорилгоор энэ сургаалыг номлосон байна. Сургаалын эхний хэсэгт амьсгал дээр төвлөрөх \анапанасати\ арван-зургаан замыг танилцуулсан байх ба зам нэг бүр сэтгэлийг машид амгалантай болгохын сацуу мэдэрч байгаа зүйлдээ тодхон ухааралтай байхад зориулагдсан ажээ. Тэдгээрийг хамтад нь ахиц дэвшлийх нь хэмжээгээр таван үе шат болгон хуваадаг:

1. Одоо цагаа ухамсарлах

2. Объект дээр сэтгэлээ талбих

3. Объект дээр сэтгэлээ тогтоох

4. Сэтгэлийг хөглөх

5. Сэтгэлийг нэгтгэх

Эдгээр үе шатуудыг нарийн тодорхой тайлбарлах учраас одоогоор эхний хоёр шатыг сэтгэл тайвшруулахад онцгой ач холбогдолтой гэдгийг хэлэхэд хангалттай байх. Гуравдугаар шат төвлөрөл тогтворжсоны дүнд гарч ирдэг дурдлыг хөгжүүлэхийг онцгойлдог бол дөрөвдүгээр ба тавдугаар шат өмнөх бий болгосон тайвшрал тогтвортой байдал дээрээ үндэслээд анхаарлыг машид хурц тод болгоход тусалдаг байна.

Шатуудын ахиц хар цагаан өнгөний адил илт ялгаатай биш билээ. Нэг дадлагын үеэр та өөр өөр шатуудад хүрч мэдэх юм. Зарим өдөрт та нэгдүгээр шатыг л зөвхөн мэдэрч байтал өөр өдөр гуравдугаар шатыг үзэх жишээтэй. Тэгэхээр бид өөрсдийн одоогийн хүчин чадлыг олон удаагийн бясалгалын дүнд олсон тодорхой хугацаанд хуримтлуулсан дундаж мэдрэмжээр яг таг хэмжих нь нэн чухал. Энэ хооронд аль нэг шатыг байнга үзээд байгаа бол та тэр шатанд "хүрчихсэн" гэж бодож болно. Гэхдээ эдгээр шатуудаас эд зүйлд шунадаг ишгээ хэт их зуураад байх юм бол дадлага бясалгалын тань замд олон саад бэрхшээл учруулах болно гэдгийг бодож явах хэрэгтэй. Аливаа нэг зүйлийг болно гэж хүлээх ашиггүй бодлыг орхиод тайван тэвчээртэй байдлаа хадгалан бясалгавал хамгаас зөв болно.

Төвөдийн урсгалд эдгээр таван үе шатуудыг анхаарлын есөн төлвийн суурь болгож үздэг. Энэ сургаалыг Энэтхэгийн агуу эрдэмтэн Камалашила гэдэг лам Майдар Бурханы сургаалыг номлож байх үедээ анх танилцуулсан гэдэг. Анхаарлын есөн төлвийг үзүүлбэл:

1. Сэтгэлээ объект дээр талбих
2. Үргэлжлүүлэн талбих
3. Нөхөн талбих
4. Ойрхон талбих
5. Сэтгэлийг номхруулах
6. Сэтгэлийг амирлуулах
7. Сэтгэлийг бүрэн амирлуулах
8. Нэгэн-үзүүрт төвлөрөл
9. Тэгш агуулахуй

Өмнөх таван шат нь сэтгэлийн чанарын хөгжлийг харуулахад чиглэж байсан бол энэ анхаарлын есөн төлөв болгонд тулгарах бэрхшээлүүд дээр голлон анхаарсанаараа ялгаатай билээ.

ТАВАН ҮЕ ШАТ БА АНХААРЛЫН ЕСӨН ТӨЛӨВ

Энэ үйл явцыг илүү нарийн мэдэхийн тулд бид хоёр системийг хооронд нь нэгтгэж үзүүлэх болно. Үе шат болгонд тэдний харьцаа анхаарлын төлөвтэй холбоотойгоор доорх байдлаар харагдана:

Бясалгалын Үе Шат	Анхаарлын Төлөв	Онцлог
1. Одоо цагаа ухаарах		Тайвшрал
2. Объект дээр сэтгэлээ талбих	1. Сэтгэлээ талбих	
	2. Үргэлжлүүлэн талбих	
3. Сэтгэлээ объект дээр тогтоох	3. Нөхөн талбих	Дурдал
	4. Ойрхон талбих	
	5. Номхруулах	
4. Сэтгэлийг хөглөх	6. Аирлуулах	Сэрэмж
	7. Бүрэн амирлуулах	
5. Сэтгэлээ нэгтгэх	8. Нэгэн-үзүүрт төвлөрөл	
	9. Тэгш агуулахуй	

Хүснэгт 4-1: Таван үе шат ба Анхаарлын Есөн Төлөв

Үе шат 1 – Одоо цагаа ухамсарлах

Бидний олонх маань мэдрэхүйн эрчимт бөмбөгдөлтөн доор хийх хэрэгтэй зүйлийн дуусашгүй үргэлжлэх урсгалд галзуурсан мэт дээш доош нааш цааш шидэгдэн амьдарч яваа билээ. Тийм ч учраас анх бясалгал хийх гээд суухад ганцхан зүйлээр бүх сэтгэлээ бүрэн эзэмдүүлнэ гэдэг машид хэцүүтэй санагдах нь гайхам хэрэг биш. Тиймээс эхний шатанд хүрэхийн тулд сэтгэл санаандаа хүлээн авагчийн хүрээ бий болгож байж бясалгалын объекттой тулж харьцаж чадна.

Бясалгал хийх газраа хэчнээн сайн шилж сонголоо ч гэсэн биднийг сатааруулах зүйл үргэлжид байдаг нь гашуун үнэн билээ. Ядаж л холоос нохой хуцах дуу сонсогдож ч мэднэ. Энэ дуу танд гинжин хэлхээ мэт үргэлжилсэн бодлыг төрүүлэх нь, "Нээрээ нохойндоо хоол худалдаж авах юм байна. Нохой маань зүгээр байгаа? Нохойгоо санаж байна шүү. Хурдхан харах юмсан" гэх мэт. Ийнхүү өөрсдөө ч анзааралгүйгээр бодлын хууч хөөрөлтөнд автаж орхих нь энүүхэнд.

Орчин тойрны сатаарлыг багасгахын тулд бид иймэрхүү нөхцөлийг хүлээн авах байдалд сэтгэлээ дадуулах хэрэгтэй. Гадаад хөдөлгөөнд хариу үзүүлэхийн оронд зүгээр дотроо тэмдэглэж аваад орхичих, түүнд хөлөглөн нисэх хэрэггүй. Амьсгалаа ашиглан биеэ сулруулан байж ухамсраа байнга яг одоо энэ хоромдоо ганцхан өөртэйгөө хамт байлгавал зохино.

Дасгал 4.1 – Одоо Цагтаа Тайван Орших

- *Тохиромжтой байршил эзэлж урьдчилсан бэлтгэл дасгалыг гүйцэтгэнэ. Гурвантаа гүнзгий амьсгаа аван биеэ суллана. Биеэ зөөлхөн займчин байрлалаа засна. Өнгөрсөн цагийн дурсамж ирээдүйн төлөвлөгөө зэргээ мартаж сэтгэлээ энэ хоромд авчрагтун.*

- *Толгойнхоо хамгийн орой хэсгийг ухамсарла. Амьсгал гаргахдаа тэр хэсгийнхээ бүх энергийг зайлуулаа гэж төсөөлнө. Бүрэн тайвширна.*

- *Одоо анхаарлаа доош гүйлгэн нүүрний хэсэгт авчирна. Энэ хэсгийн мэдрэхүйг ажигла. Тэгээд амьсгал гарангаа нүүрээ бүрэн суллана.*

- *Аажуухан доошлох болгондоо цэг бүрд хэсэг байзнан булчингаа сулруулсаар явна. Тэр хэсэгтээ мэдрэмж төрөхийг ажиглан амьсгалын хамтаар биеийн хөвчрөлтийг гадагшлуулна.*

- *Энэ явцад тайван бөгөөд анхаарлаа тод байлган, ухамсраа хийж буй зүйлдээ төвлөрүүлэн юу мэдрэгдэнэ түүндээ хандаж явагтун.*

- *Биеэ бүрэн шалгаж дуусмагцаа төрөх мэдрэмжийг хүлээн хэсэг амрагтун. Тэгээд юу мэдрэгдэхийг зүгээр ажигла.*

Үе шат 2 – Бясалгалын Объект дээр Сэтгэлээ Талбих

"...хадан дээр хүрхрээний ус буух адил"

Одоо цагаа ухамсарлах дурдлаа эхлээд хөгжүүлснээр та тайвширсан бие ухамсарт сэтгэл хоёр хамтдаа оршиж болдгийг илрүүлэх болно. Гэвч илүү шууд хэлбэрийн төвлөрлийг хөгжүүлэхийн тулд анхаарлаа нарийсган нэг объект дээр тусгах хэрэгтэй, энэ нь жишээ нь таны амьсгал байж болно. Та магадгүй нэгдүгээр үеийг алгасан биеэ суллан одоо цагтаа ухамсраа авчралгүй шууд хоёрдугаар үед шилжихээр шийдсэн бол таны бие сэтгэл хоёр хөвчирсөн байдалтай байж энэ дадлагад орох бололцоог хаах болно.

Сатипаттхана Сутта судрын эхний шад шүлэг бясалгалыг эхлэх хамгийн үр дүнтэй зам бол амьсгалаа мэдрэгдэхийг зөвхөн ажиглах явдал хэмээсэн байдаг нь:

Богино амьсгалыг анзааран байж амьсгал авна,

Богино амьсгалыг анзааран байж амьсгал гаргана.

Урт амьсгалыг анзааран байж амьсгал авна,

Урт амьсгалыг анзааран байж амьсгал гаргана.

гэжээ. Энэ шатны бясалгалын гол түлхүүр бол сэтгэлийн тэнцвэрт байдлыг ямагт сахих явдал бөгөөд танд тохиолдох хамгийн том бэрхшээл бол амьсгалаа хянах гэсэн таны оролдлого мөн. Дээрх заавар тэгэхээр амьсгалыг аяар нь орж гарахын чухлыг үзүүлсэн ба тэгэх тусам хянах гэсэн оролдлого босож ирдэг байна. Хянах гэсэн алив оролдлогыг зөнд нь орхин амьсгаагаа зүгээр хаа хүрээд зогсох нь вэ гэдгийг ажиглан тайван байдлаа хадгалан үлдэх хэрэгтэй. Анхаарлаа амьсгалын урт богино дээр төвлөрүүлэх нь таны сэрэмжийг нэмэгдүүлдэг билээ.

Сайтар тайвшрахын тулд амьсгалаа бүх биеэрээ мэдрэх нь ашигтай бөгөөд хэвлий цээж хамрын самсаа зэрэгтээ төвлөрөх нь энгийн үзэгдэл гэж тооцогддог. Бүх биеэ "амьсгалж" байгааг мэдэрч чадвал таны амьсгаа илүү нарийсч хөнгөрнө. Энэ мэдрэмж бол дотоод хийн мэдрэмж бөгөөд заримдаа энергийн урсгал биеэр аялан явах мэт санагддаг. Таны нарийн амьсгал биеийн хэсэг тус бүрээр тойрон эргэлдэж бүхий л бие тань давалгаа адил амьсгал авч амьсгал гаргаж буйг төсөөлөн бодоорой. Хэлнийхээ үзүүрийг доод шүдний ард байрлуулж амьсгал гаргалтыг удаашруулах нь биеийг суллахад нөлөө үзүүлдэг тал бий.

Дасгал 4.2 – Амьсгалаа ухамсарлан биеэ суллах

- *Бясалгалын тохиромжтой суудлаа эзэлж урьдчилсан бэлтгэлийн дасгалуудыг гүйцэтгэнэ.*

- *Биеийн дээрээс доош хурдхан шалгалт явуулж бүх биеийн булчинг суллана.*

- *Бүх бие сул тайван байгаагаар ухамсарла.*

- *Орж гарах амьсгалаар мэдрэгдэх хүрэлцэхүйн сэрлийг анзаар. Цээж юмуу гэдэс сунах агших буюу хамрын самсаагаар агаар орж гарахыг мөн анзаар. Юу байх нь хамаагүй таны амьсгалж байгааг л илэрхийлсэн аль нэгэн мэдрэмжийг ологтун.*

- *Оюун санааны төвийг сахисан ажиглагч бологтун. Тэгээд удах тусам нэмэгдэж байгаа мэдрэмжийг ажигла. Ялангуяа амьсгал орж гарахын хоорондын зайг анхааралдаа ав. Хэзээ урт хэзээ богино болсныг оюундаа тэмдэглэж ав.*

- *Сэтгэл элдэв бодлоор дүүрсэн байх тохиолдолд та амьсгалаа тоолох маш өөрмөц бодлыг үүсгэх хэрэгтэй. Амьсгал авч дуусгаад "нэг" гэж тоолно. Тэгээд амьсгал хэрхэн гадагшилахыг мэдэр. Дахиад дараагийн амьсгал орох үед "хоёр" гэж тоолоод гарахыг анзаарна. Энэ үйл явцыг арав хүртэл тоолоод дараа нь ухрааж нэг хүртэл тоолно.*

- *Сэтгэл тайвширсан тохиолдолд тоолохоо зогсоогоод ажиглалтдаа эргэн орж хоёр амьсгалын хоорондын зайд анхаарлаа хандуулна.*

- *Энэ бясалгалын төгсгөлд хүрмэгцээ бүх бодлоо орхин одоо цагтаа саатан амраарай.*

Амьсгалын бясалгалын энэ үе шат Төвөдийн Бясалгалын системийн есөн төлвийн эхний хоёртой яг тэнцдэг. Анхаарах зүйл нь бясалгалын зааврыг сайн ойлгож бие сэтгэлээ суллан тайвшуулах явдал мөн. Эхний хоёр анхаарлын төлвүүд:

1. **Бясалгалын объект дээр сэтгэл талбих:** Эхний үед объект дээр сэтгэлээ тогтооно гэдэг ихэд амаргүй байдаг. Яагаад гэвэл анхаарал төвлөрөл эхэндээ ихээхэн хязгаарлагдмал байдаг болохоор богинохон хугацаанд л тогтоож чадна. Бясалгаж эхэлсэн эхний мөчид таны сэтгэл бясалгалын өмнөх үеийнхээс ч илүү дэнсэлсэн мэт санагдаж, бодол улам ч ихсэх шиг болно. Гэвч энэ бол та ердийн байдаг сэтгэлээ одоо л нэг анзаарч эхэлж байгаа нь тэр юм. Эхний үед энэ бол маш том үр дүн мөн.

Эхний энэ шатанд ямар объект сонгосон болон бясалгалын аргуудын талаар багшийн зааварчилгааг сайн ойлгож авсны хүчээр хүрдэг билээ. Та сэтгэлээ тухайн объект дээр аваачин дор хаяж нэг хоёр секунд байлгахыг оролдох хэрэгтэй. Таны сонгосон объект амьсгал байвал эхний оролдлогоор энэ шатанд хүрч магад, эсвэл илүү будилмаар дүрслэл байх юм бол хэдэн долоо хоногийн дараа ч хүрч мэднэ.

2. **Үргэлжлүүлэн Талбих:** Энэ шатанд сатаарал төвлөрлөөс ямагт урт байдаг. Гэхдээ объект дээр тогтох хугацаа илүү тогтмол болж ирнэ. Сэтгэл илүү тогтвортой болж заримдаа нэгээс таван минут хүртэл хугацаагаар анхаарал сарнихгүй байж чадах болдог. Хүүрнэлт бодлууд ч мөн багассан нь мэдрэгдэнэ. Тусган санахын хүчээр энэ шатанд хүрдэг. Та объект дээр анхаарлаа тогтоож чаддаг болох хэдий ч зааварчилгааг дахин дахин сэргээн бясалгалдаа тусгаж байх нь чухал.

Энэ хоёр анхаарлын төлвүүд сэтгэл объект хоёрыг хооронд нь холбохыг зорьдог ба анхааралтай байх шаардлагатай. Энэ шатанд таны давж гарах ёстой гол дутагдлууд бол *залхуурал* болон *объектоо мартах* явдал юм.

Энэ шатанд бодлын хөдөлгөөнийг хадан дээр асаран буух хүрхрээний устай зүйрлэсэн байна. Бидний бодлууд олширч байгааг үүгээр илэрхийлсэн юм биш харин анх удаагаа хэчнээн олон бодлууд эргэлдэж байдгийг анзаарсныг илтгэж байгаа ажээ.

Анхаарлын төлөв	Гол дутагдал	Хүч	хөдөлгөөн
1. Сэтгэл талбих	Залхуурал	Сонсох	Хүрхрээний ус буух
2. Үргэлжлэн талбих	Объектоо мартах	Тусгах	

Хүснэгт 4-2: Сэтгэлээ объект дээр талбих

Үе шат 3 – Сэтгэлээ бясалгалын объект дээр тогтоох

"Гол хавцлаар урсан гарахын адил"

Өмнөх шатанд та амьсгал дээр үргэлжлүүлэн төвлөрч байгаагаа мэдэрч эхэлсэн ба амьсгалын урт богино байгаа дээр анхаарлаа чиглүүлэх буюу амьсгалаа тоолж биеэ улам тайвшруулж чадах болсон. Энэ аргыг нэлээд тогтвортой болгож авсны дараагаар та анхаарлаа амьсгалын урсгал дээр чиглүүлэн зөнгөөр нь орхиж, бясалгах хугацаагаа дуустал тэр янзаар байх хэрэгтэй. Таны сэтгэл амьсгалд улам бүр уусан орж амьсгал авч эхлэхийн эхлээс төгсгөл хүртэл, тэгснээ хоорондын зай, тэгээд амьсгал гаргалтын эхлэхээс төгсөх хүртэл анзаардаг болно. Ийм замаар бие махбод бүрэн тайвширч суларсан байх бөгөөд байнгын ухамсарлах байдал, түүнийг дагалдсан сэрэмж зэргийг хөгжүүлж эхэлнэ. Сударт өгүүлснээр бол:

\амьсгалын \ Бүх биеэ ухамсарлан байж амьсгал авна,

\амьсгалын\ Бүх биеэ ухамсарлан байж амьсгал гаргана.

Энэ заавар уг нь амьсгалын урт богиныг хэлсэн боловч зарим хүмүүс үүнийг амьсгал бүх биеэр урсахыг ухамсарлах гэж тайлбарласан байдаг. Өмнөх шатны адилаар та амьсгал зөнгөөрөө орж гарах дээр анхаарах хэрэгтэй бөгөөд илүү тайвшрах хэрэгцээ байвал биеийн доод хэсэгт буюу гэдсэн дээрээ төвлөрүүлбэл ашигтай байдаг. Сэрэмжээ нэмэгдүүлэх шаардлагатай бол дээд хэсэгт буюу хамрынхаа үзүүрт төвлөрөх хэрэгтэй. Үүний сацуу гэхдээ амьсгал бүх биеэр хэрхэн урсаж байгаа тал дээр мөн давхар анхаарч байвал зохино.

Энэ шатны хүрэх зорилго бол амьсгалдаа уусан орж гадны үнэр чимээ үзэгдэл тэр байтугай бие махбод тавгүйрхэх байдалд хүртэл сатаарахгүй болох явдал мөн. Ялангуяа таны бие алжаасан байх үед энэ маш сайнаар нөлөөлдөг. Сэтгэлээ бүрхэг болгохын оронд дурдал сэрэмжээ ашиглаж анхаарлаа сайжруулан амьсгалын хором болгоныг тодхон ухамсарлах хэрэгтэй.

Дасгал 4.3 – Тогтвортой байдлын тулд амьсгалдаа төвлөрөх

- Бясалгалын тохиромжтой байрлал эзлэн урьчилсан бэлтгэлийн дасгалуудыг гүйцэтгэнэ. Биеэ хурдан шалгаж сэтгэлээ бүрэн тайван байдалд оруулна.

- Анхаарлаа хэвлийдээ төвлөрүүлэн амьсгаатай уялдаатай сэрэл мэдрэмжийг анзаар

- Нэг амьсгал авах хугацаанд амьсгалын эргэлт хэрхэн хөгжихийг ажигла. Эхлээд амьсгал авах үеийн эхлэлийг тэмдэглээд ав. Биед амьсгал анх үүсэхэд хэрхэн мэдрэгдэж байна?

- Дараа нь дунд хэсгийг мэдэр. Амьсгал цэгтээ хүрч зогсоход, тэндээсээ гадагш чиглэхэд юу мэдрэгдэж байна?

- Эцэст нь төгсгөлийг тэмдэглэж ав. Амьсгалаа хүчлэх гэлгүй зөнгөөрөө гарч дуусахад юу мэдрэгдэж байна?

- Энэ эргэлтийн үе бүхэнтэй танил болсныхоо дараагаар амьсгал гарч дуусаад шинэ амьсгал эхлэхэд юу мэдрэгдэж байгааг анзаар.

- Орж гарах тасралтгүй урсгалыг анзаар. Тайван мөртлөө анхаарал дүүрэн сэтгэлээр нэг бүхэл эргэлтийг ажигла.

- Бясалгал төгсөх ойртоход бүх зүтгэлээ зогсоон одоо цагтаа оршин амраарай.

Дурдал ойр агуулахуйд чиглэсэн дээрх үе шаттай тохирдог анхаарлын төлвүүдийг үзүүлбэл:

3. **Нөхөн талбих:** Энэ шатанд та өөрийн төвлөрөлд нөлөөлөх алив сатаарлыг анзаарах болж дурдлын хүчээр холдсон сэтгэлээ аль болох хурдхан буцааж авчрах чадварыг хөгжүүлдэг нь яг л хувцасны цоорхой дээр нөхөөс тавихын адил ажээ. Ийм замаар төвлөрлөө дахин голдрилд нь оруулан сатааралгүйгээр таваас арван минут байж чадаж болдог. Та одоо өөрийгөө илүү ухамсарлах болж бясалгах хугацаагаа дуустал аль нэг зүйл дээр төвлөрлөө хадгалан байж чадахуйц жинхэнэ бясалгалд хүрэх замдаа ахиц гаргалаа гэсэн үг. Гуравдугаар шатанд хүрнэ гэдэг бол маш том амжилт бөгөөд өдөр тутмынхаа амьдралд сэтгэлээ захирах тал дээр их өөрчлөлт гаргах чадвартай болно.

4. **Ойрхон Талбих:** Энэ үед таны анхаарал нэлээд хүчтэй болох ба объект дээрээс сэтгэл хэзээ ч бүрэн алдуурахгүй болж бүдүүн хэлбэрийн догшрол бэрхшээл байхаа болино. Сэтгэл аливаа юмсын өргөн хүрээг хамрахаас ангижран анхаарал бүр илүү нарийсаж ирэх болно. Гэвч хэдийгээр та объектыг сэтгэлдээ удаанаар байрлуулж чадаж байх боловч хурц тунгалаг үзэгдэх тал дээр ахиц гаргах шаардлагатай ба мөн нарийн хэлбэрийн догшролттой тэмцэх хэрэгтэй болно. Энэ бол таны сэтгэлийн нэг хэсэг тэнээд явчихсан байхад та бас анхаарлаа бүрэн алдчихаагүй байхыг хэлнэ. Дөрөвдүгээр төлөвт дурдлын хүч нэмэгдэж объект дээрээс анхаарал алдуурсан дор нь амархан эргүүлээд авчирч чадах хэмжээнд хүрсэн байна. Гэхдээ тогтвортой байдлыг олж авахын төлөөнөө тайван байдлаа алдаж орхихгүй байхад анхаарвал зохилтой. Нарийн хэлбэрийн догшролтой тэмцэх тусгай арга танд хэрэг болж мэдэх ба сэтгэлээ тайвшруулж хэлнийхээ үзүүрийг доод шүдний ард авaaчих зэргийн аргуудыг хэрэглэх хэрэгтэй.

5. **Сэтгэлийг номхруулах:** Бид одоо бүдүүн хэлбэрийн догшрол ба живэлтийг давах чадвартай болсон ба бидний дурдал хийгээд мэдэмсэр чангарсан байгаа. Энэ төлөв дэх гол бэрхшээл бол нарийн хэлбэрийн живэлт бөгөөд сэтгэл гадны объектоос хэтэрхий холдон салснаас үүсдэг байна. Гаднаа тайван тогтвортой мэт баг өмсдөг болохоор нь нарийн хэлбэрийн живэлтийг танихад маш бэрхтэй билээ. Тиймээс нэлээд их сахилга болон зүтгэлээр үүнийг давж гарч чадна. Энэ бэрхшээлийг даван гарахын тулд сэрэмжээ өндөржүүлэн ухамсраа чангаруулах хэрэгтэй. Хэлэхэд амархан боловч дооро тогтвортой суурь байхгүй бол хэрэгжүүлэхэд амаргүй бөгөөд заримдаа тэнцвэрээ бариулах нилээн уран жолоодлого шаардагддаг билээ. Энэ шатанд бидэнд итгэл бишрэлээ дээш нь шинэ

хүчээр сэлбэж улам илүү урам зориг нэмэх ашигтай байдаг, жишээ нь шаматад хүрэхийн гайхамшгийг юмуу Бурхан Багшийн сургаалыг бодож бясалгах нь зохилтой. Ингэснээр бясалгалын объектыг жижигрүүлэх мөртлөө хурцалж чадна. Одоо бид хэлнийхээ үзүүрийг дээд шүдний ард байрлуулах нь зөв болов уу.

Энэ шатанд хүсээгүй бодол ургаж гарах нь хэвээр байх боловч хүрхрээний ус шиг ихээр арай биш харин уулын хавцлаар таатайхан урсах гол мэт байх ажээ. Дадлагад харшлах хандлага үл ялиг байх боловч махрал шамдлын үр дүн хамаагүй илтэд үзэгдэх болно.

Анхаарлын төлөв	Гол дутагдал	Хүч	хөдөлгөөн
3. Нөхөн Талбих	Бүдүүн Догшрол	Дурдал	Хавцлаар хурдтай урсах гол мэт
4. Ойрхон Талбих	Бүдүүн Живэлт	Дурдал	
5. Номхруулах	Нарийн Живэлт	Сэрэмж	

Хүснэгт 4-3: Бясалгалын объект дээр сэтгэлээ тогтоох

Үе Шат 4 – Сэтгэлийн хөглөл

"Гол хөндийг даган удаахнаар урсах адил"

Өндөр сахилгын хүчээр амьсгалаа цаг ямагт ухамсарлах болсон тул одоо амьсгалаа намсган амирлуулах хэрэгтэй. Хэрвээ та энэ шат руу хэтэрхий хурднаар харайж орох юм бол тун ч удалгүй живэх нойрмоглохын зангинд унаж мэднэ. Тийм болохоор өмнөх шатаа төгс болсон эсэхэд баттай итгэн, намсгах гэж оролдохоосоо өмнө бүтэн амьсгалаа барьж тогтоох хэрэгтэй ба үүнийг номхруулахын өмнө эмнэг морийг барьж тогтоохтой зүйрлэж болно.

Сутта сударт зааварчилгаа ийнхүү өгөгджээ:

\амьсгалын \ Биеэ амирлуулан байж амьсгал авна,

\амьсгалын\ Биеэ амирлуулан байж амьсгал гаргана.

Бид өмнөх шатуудад хүрэхийн тулд сэтгэлийн хүчээ түлхүү хэрэглэсэн тул энд бэрхшээл гарч магадгүй юм. Одоо бидэнд юу хэрэгтэй гэвэл маш зөөлнөөр эвтэйхэн салах явдал мөн. Энэ нь маш чадварлаг тэнцвэр хадгалах үйлдэл байх ба биеэ сул чөлөөтэй байлгах тал дээр онцгой анхаарал тавих ёстой.

Суттад үргэлжлүүлэн хэлэхдээ:

Хөөр баярыг ухааран байж амьсгал авч,

Хөөр баярыг ухааран байж амьсгал гаргана.

Аз жаргалаа ухааран байж амьсгал авч,

Аз жаргалаа ухааран байж амьсгал гаргана.

Үгээр баяр хөөр ба аз жаргалыг \пали хэлээр пити ба сукха\ мэдрэхийг чухалчилан харуулсан бөгөөд зүүн зүгт тэнгэрийн хаянаа урган гарах нарны алтан цацраг мэт амьсгал амирлан гарахыг хэлжээ. Одоо та анхааралд бүрнээ туслах болсон "үзэсгэлэнт амьсгал" гэдгийг хөгжүүлэх нь энэ бөгөөд дотоод хүүрнэлийн ялигүй ул мөр л тэнд үлдэх болно. Түүнийг та амжилттай арилгаж орхимогц арвин их баяр цэнгэлийг амсан сэтгэл машид төвлөрөлтэй болсноо мэдэрнэ.

Дасгал 4.4 – Тунгалаг харж бясалгахын тулд амьсгалдаа төвлөрөх

- *Бясалгахад тохиромжтой байрлал эзлэн урьдчилсан бэлтгэлийн дасгалуудыг хийж гүйцэтгэнэ. Биеэ хурдхан шалгаж дуусгаад сэтгэлээ тайван мөртлөө анхааралтай байдалд оруулна.*

- *Анхаарлаа дээд уруулны дээр хамрын нүхний доохно авчирна. Хөнгөн чимчигнэн амьсгал орж гарч байгаа нь мэдрэгдэнэ. Бусад бүх сэрэл мэдрэмж гандан бүдгэрч цаана хоцорно. Энэхүү бяцхан оршихуйдаа тайван амрахад бүх сонирхлоо зориулагтун.*

- *Амьсгалах тоолондоо сэрэл урсахыг болгоомжтойгоор ялга. Тэрхүү сэрэл юу ч хийгээгүй байхад аяараа ургаж байгааг тань. Идэвхгүй ажиглагчийн сэтгэл гаргах аргыг өөрийн болгон цэцэрлэгийн сандал дээр шувуудыг ажин тоомжиргүй суух хөгшин хүний байдлаар ханд.*

- *Энэхүү ажиглалтын байдалдаа амьсгалаа ямар нэгэн байдлаар хянах гэлгүй, бясалгалын объектноосоо сатааралгүйгээр тайван амар.*

- *Амьсгал илүү нарийн болоод ирмэгц сэрэл мэдрэхэд амаргүй болж ирнэ. Танд сэрэл "үүсгэх" гэж юу ч хийх шаардлагагүй гэдгийг анхаар. Зүгээр сэтгэлээ тэр зоргоор нь орхиод харин объектоо илүү эрчимтэй харахыг хичээх хэрэгтэй. Амьсгалын урсгалд өөрийгөө бүрэн уусгах боломцоог олго.*

- *Бясалгал дуусахын үед бүхий л зүтгэлээ орхиод одоо цагтаа оршин хэсэг амрагтун.*

Одоо та дараагийн шат руу алхахад болохоор боллоо. Түүнийг Суттад өгүүлэхдээ:

Сэтгэлээ ухамсарлан байж амьсгал авч,

Сэтгэлээ ухамсарлан байж амьсгал гаргана

гэжээ. Энэ шатанд таны амьсгал мэдэгдэхүйц нарийсч бараг алга болсон шиг санагдан оронд нь илүү нарийн *сурмаг шинж* \нимитта\ гэгч гарч ирнэ.

Амьсгалыг мэдрэх бодит сэрэл, хүрэлцэх мэдрэмж зэрэг одоо хаагдаж амьсгалыг та цэвэр оюуны объект болохыг мэдэрч, ямар нэг цагаан гэрэл юмуу цэнхэр сувд эсвэл цууралтын мэдрэмжийн аль нэгийг үзэх болно. Бүтэн саран үүлсийн цаанаас цухуйх мэт таван мэдрэхүйн ертөнц уусан алга болж сэтгэлийг тодхон олж харах болно. Энэ нарийн объект одоо таны бясалгалын объект болон хувирч таныг илүү дээд шатанд дагуулан хүргэнэ.

Сурмаг шинж гэдэг яг л ичимхий амьтан шиг таныг үнэхээр сул чөлөөтэй хөдөлгөөнгүй болсон үед л гарч үзэгдэнэ. Тэр мөн харанхуй өрөөнд байхдаа дуртай бөгөөд та ч мөн харанхуйд нүдээ дасгасан хойноо дүрс харж чаддагтай адил юм. Ийм маягаар сурмаг шинж сэтгэлийн хэлбэр дүрсгүй хоосноос урган гардаг билээ.

Дараагийн хоёр шад таныг сурмаг шинжинд анхааран байх зуурт гарч ирж болох сэтгэл хөөрөл юмуу живэлтийн нарийн хэлбэрийн үед яах ёстойг бидэнд хэлж өгч:

Сэтгэлийг баярлуулан байж амьсгал авч,
Сэтгэлийг баярлуулан байж амьсгал гаргана
Сэтгэлдээ төвлөрөн байж амьсгал авч,
Сэтгэлдээ төвлөрөн байж амьсгал гаргана гэжээ.

Таны сэтгэл оюуны хүч сул байгаагаас шалтгаалан сурмаг шинж бүдэг толбо төдий үзэгдэж магад. Үүний эсрэг ерөндөг бол бясалгалдаа илүү баяр баясгалан авчирснаар энэхүү оюуны нарийн объектыг илүү бүрнээр мэдэрч чадна. Та тэр сурмаг шинжийн төв хэсэгт анхаарлаа голлон чиглүүлж, анхаарлаа хурцлах буюу өмнөх шат руугаа буцаж үзэсгэлэнт амьсгал дээрээ төвлөрч болно. Мөн түүнчлэн хайр энэрлийн сэтгэл мэтийн буянтай үйлийн ашиг тусыг сэргээн санаж өөрийн сэтгэлийн баяр хөөрийг нэмэгдүүлж бас болно.

Нөгөө талаар сурмаг шинж тогтворгүй байх юм бол та бүр илүү төвлөрөлтэй хөдөлгөөнгүй байхыгаа хичээвэл зохино. Үзэж байгаа дүрсээ тогтвортой байлгах төдий биш "үзэгч" хүн, дүрсийг "харж" буй сэтгэл бас тогтвортой байх ёстой билээ. Сурмаг шинжийг анх гарч ирэхэд үл таних хүнтэй анх учирсан мэт та айх юмуу баярлаж магадгүй. Танихгүй хүнтэй байсаар хэсэг хугацааны дараа таньж эхэлдэг шиг энэ гоёмсог шинжийг үзэж дасан сэтгэл тавирч эхлэх болно.

Энэ шатны амьсгалын бясалгалтай анхаарлын хоёр төлөв тохирдог нь:

6. **Сэтгэлийг амирлуулах:** Нарийн хэлбэрийн живэлт өмнөх шатны дурдал мэдэмсэр болон бишрэлийн хүчээр арилах боловч үлдэгдэл бас л жаахан байх болно. Одоо харин нарийн хэлбэрийн хөөр баяр үүсч эхэлсний аюулыг дарах шаардлагатай болно. Зургаадугаар төлвийн үед дурдал нэлээд эрчимжиж ирэх бөгөөд сатааралгүй анхаарлын тусламжтайгаар илүү

сайн чанартай болж ирнэ. Төгс сэрэмж гэж нэрлэдэг хүчтэй мэдрэхүй энэ үед хөгжиж эхэлнэ. Үүний тусламжтайгаар нарийн сэтгэлийн хөөрөлтэй нүүр тулах бололцоотой болох хэдий ч бас бүрэн арилгаж дийлэхгүй. Анхаарлын чанар гэвч цэвэрхэн тод сонсогдох радио суваг шиг болж гадны алив нэгэн шуугиан, дуу чимээний оролцооноос ангид байх болно. Энэ түвшинд бясалгалын дадлагад саадтай зүйл танд огт гарахгүй болох ба та нэг удаадаа цаг буюу түүнээс ч удаанаар бясалгалж чадах болно.

7. **Сэтгэлийг бүрэн амирлуулах**: Зоригдол хийгээд бишрэлийнхээ ачаар төгс сэрэмжэ улам цаашид хөгжин, нарийн хэлбэрийн живэх сэтгэлийн үлдсэн ул мөрүүдийг арилгаж, нарийн сэтгэлийн догшрол бүрэн алга болно. Та энэ хоёр нарийн хэлбэрийн бэрхшээлийг үүссэн даруйд нь хичээл зүтгэлийнхээ хүчээр зайлуулж байж чадах болно. Ийм маягаар живэлт үүсэх шинжтэй болмогц анхаарлаа жаахан нэмэгдүүлээд, хөөрөл үүсэх шинжтэй болмогц нь жаахан сулруулаад байх хэрэгтэй. Анхаарлын тэнцвэргүй байдлыг дор нь танинж болгоомжтой тохируулснаар амархан засагдах боломжтой.

Анхаарлын төлөв	Гол дутагдал	Хүч	хөдөлгөөн
6. Амирлуулах	Нарийн Хөөрөл	Сэрэмж	Гол хөндийг даган тайван урсахын адил
7. Бүрэн амирлуулах	Ерөндөг багадах	Зүтгэл	

Хүснэгт 4-4: Сэтгэлийг Хөглөх

Үе Шат 5 – Сэтгэлийг нэгтгэх

"Давалгаанд үл хөндөгдөх далай адил".

Амьсгалдаа анхаарах бясалгалын дадлага одоо тогтмол хийгээд гоёмсог тэрхүү оюуны сурмаг шинжийг ухамсарлахад бүрэн шилжиж, живэлт хийгээд хөөрлийн бараг бүх ул мөрийг арилган чадаад таны бясалгал одоо аяараа хөнгөн явагдаж байх болно. Та өөрийн мэдрэмжиндээ төгс итгэлтэй болоод объектод сэтгэлээ бүрнээ уусгаад сурмаг шинжний этгээд гоо сайхан таны анхаарлыг таны туслалацаагүйгээр ямагт татаж байх тул аливаа хяналтууд бүрэн зогсоно. Та анхаарлаа төв рүү нь чиглүүлэх юмуу эсвэл гэрэл томорсоор таныг дуутуйлан авах энэхүү аянд үнэхээр тааламжтайгаар оролцох болно.

Ичимхий амьтны жишээг дахин хэрэглэхэд, тэр таныг хөдөлгөөнгүй тайван байх үед тань л ойртон ирдэг байсан бол одоо таны хөдөлгөөнгүй байдал тогтворжихын хэрээр тэр амьтан илүү материаллаг болж ирнэ. Эхлээд зүгээр жирийн амьтан гарч үзэгдэж байсан бол одоо маш сонин гайхамшигтай амьтан болон хувирч үзэгдэнэ. Үүнтэй адилаар сурмаг шинж илүү цаашлан гарч ирж үзэгдсэнээр таныг илүү гүнзгий түвшний бясалгал руу аваачина. Ялангуяа, *ихэр шинж* \патибхага нимитта\ хэмээн нэрлэгддэг нарийн сэтгэлийн шинж үзэгдэх нь сурмаг шинжнээс задран гарав уу гэлтэй. Энэ нь өмнөхөөс хамаагүй илүү ариун шинж бөгөөд түүнд өнгө болон дүрс үгүй билээ. Энэ шинжний гарч үзэгдэх явдал өөрөө таныг шаматад хүрснийг илтгэж байна.

Энэ дүрслэл Амирлан оршихуйд шууд хүргэдэг сүүлчийн хоёр анхаарын төлөвтэй дүйцэж байдаг. Үүнд:

8. **Нэгэн-үзүүрт төвлөрөл:** Энэ төлөвт хүрээд та объект дээрээ хүссэний хэрээр удаан байж чаддаг нэгэн-үзүүрт төвлөрөл хэмээх зөнгөөрөө ургах сэтгэлийг хөгжүүлнэ. Бясалгал эхлэхэд нэг жаахан зүтгэл хэрэг болно тэгээд л түүнээс хойш ямар нэгэн сатаарал юмуу зүтгэл гаргах хэрэггүйгээр урсгалаараа явагдах болно. Нарийн хэлбэрийн живэлт догшрол хоёр өчүүхэн тэдий зүтгэлээр арилах болно. Энэ наймдугаар төлөвт сатааралгүй төвлөрөлд хүрэх бөгөөд таны анхаарал объект дээрээс салахгүй үргэлжлүүлэн тэндээ уусан байдалтай байх болно. Энэ бол өмнөх шатнуудаас онцгойлон ялгагдах тал нь бөгөөд та одоо анхаарлын өндөр төвлөрөлтэйгөөр гурван цаг гаруй байж чадах болж таны сэтгэл давалгаанд үл хөндөгдөх далай адил тогтвортой байж чадах ажээ.

9. **Тэгш агуулахуй:** Есдүгээр төлөвт хүрэхэд танд бясалгалд орохд ч тэндээ оршиход ч ямар нэгэн төвөг гарахгүй. Сэтгэл өөрийн дураар объект дээрээ ая зоргоороо байх болно. Энэ төлөвт бясалгалдаа бүрэн дасал болох явдал болон бясалгалд ая зөнгөөрөө орох болсны хүчээр хүрдэг байна. Сэтгэл одоо бүрэн номхорч бясалгалын туршид нарийн хэлбэрийн живэлт ба догшрол ургах ямар ч нөхцөл үгүй болно. Одоо өөгүй тэгш төвлөрөөд дөрөв ба түүнээс дээш цаг бясалгаж чадах болдог. Гэхдээ хэрэв та бясалгал дадлагаа үүгээр төгсгөөд орхичихвол живэлт догшрол хоёр хэзээ ч гүйцэд арилж байгаагүй мэт буцаад ирж мэднэ гэдгийг анхаараарай.

Анхаарлын төлөв	Гол дутагдал	Хүч	хөдөлгөөн
8. Нэгэн-үзүүрт Сэтгэл	Ерөндөг Ихдэх	Зүтгэл	Давалгаанд үл хөдлөх далай
9. Тэгш Агуулахуй	байхгүй	Дасгах	

Хүснэгт 4-5: Сэтгэлээ Нэгтгэх

АМИРЛАН ОРШИХУЙД ХҮРСНИЙ ТЭМДЭГ

Шаматад хүрэх цагт таны бие махбодод үндсэн өөрчлөлт орж гэрнээсээ сугаран нисэх эрвээхэй адил болно. Таны сэтгэл одоо хүсэлт ертөнцийн орны хүрээнээс халин гарч дүрст ертөнцийн орныг үзэх боломжтой болно. Энэ бол бодит мэдрэмжийн орныг хувиргасан ухамсрын нарийн хэмжигдэхүүн юм.

Энэ хувирал богинохон хугацаанд явагдах тусгай мэдрэмжээр тодорхойлогддог. Эхлээд, хүчирхэг салхи таны зулайн хүрдэнгээр нэвтрэн орж биеэр тань тархахад таны бие машид амгалантай амьд энергиэр дүүргэгдэх мэт болно. Таны бие сэтгэл одоо ямар нэгэн өвөрмөц уян хатан байдлаар тоноглогдсон мэт болж бие махбод бодит оршихуйн хүлээснээс ангижирсан мэт чөлөөтэй баясгалантай болохыг мэдэрнэ. Сэтгэл аяндаа хэмжээлэх аргагүй цэнгэлд умбах болно. Та шив шинэхнээр өөрийгөө мэдэрч оюуны чадавхи илтэд нэмэгдэх бөгөөд таны сэтгэл салхинд үл ганхах тосон зул мэт хурц хийгээд тунгалаг байх болно.

Шаматад хүрчих юм бол та энэ байдалд хүссэн үедээ орох боломжтой ба тэндээ хэчнээн ч удаанаар саатан оршиж болно. Таны нувьд хоол, унд, нойр гэх мэтийн энгийн хэрэгцээ хүртэл үгүй болно. Бясалгалын үеэр таны анхаарал бодит биеийн мэдрэмж, хүүрнэл бодол, оюун санааны дүрслэл мэтээс бүрэн таслагддаг, гэхдээ та хэсэг хугацааны дараагаар бясалгалаасаа өөрийгөө гаргаж чадна. Гэвчүйтгэрт бэрхшээлүүд бүрэн арилаагүй байх тул сэтгэлийн хүчтэй хөдлөл зарим нэг онцгой нөхцөл байдалд илрэх нь бий. Хэрвээ нөгөө талаар та Буддын замыг сонгосон бол энэ түвшний ухамсарлахуйд өөрийн бурханлаг-чанараа илрүүлэн гаргах багаж болгон Шаматаг ашиглаж болно. Тэгсний дүнд бүхий л түйтгэрт муу сэтгэл, сэтгэлийн хөдөлгөөнүүд бүрэн арилж цаашдаа гэгээрэлд хүргэх замд таныг хөтлөх боломжтой.

ДӨРВӨН ДУРДАЛ

Амьсгалдаа төвлөрөх бясалгалыг зохих ёсоор нь дадуулсан бясалгагчийн сэтгэл одоо дотоодын шинжлэл хийхэд ашиглах сайтар хөглөсөн хөгжмийн зэмсэг мэт болсон байна. Сатипаттхана Сутта судрын арын хэсэгт өөрийн туйлын мөн чанар руу өнгийн шинжлэхэд ашиглах дөрвөн дадлагыг дүрсэлсэн байдаг. Энэ дөрвөн дадлага *Ухамсарлахуйн дөрвөн дурдал* хэмээн нэрлэгдэж випашяана бясалгалын үндэс ёзоорыг төлөөлдөг ажээ.

1. **Биеийн дурдал:** Үүнд, амьсгалаа мэдрэх, амьсгалын урт ба богиныг анзаарч байх, амьсгал биеэр гүйж байгааг ухаарах болон энэ нь бүх биеийг тайвшруулахыг анзаарах багтдаг. Мөн биеийн байрлалаа ухамсарлах бөгөөд та явж, сууж, хэвтэж аль маягаар бясалгаж байгаагаа мэдэж байдгийг хэлж байна. Энэ нь мөн хоол идэж, ууж эсвэл ялгадас ялгаруулж юмуу юм ярьж эсвэл дуугүй байгаагаа мэдэж байхыг хэлнэ. Эцэст нь, өөрийн биеийг бүтээж буй махбодуудыг ухамсарлах ба бие махбодынхоо

тааламжгүй шинж, мөнх бус, хэзээ ч үхэх магадгүй гэдгийгээ мөн ухамсарлаж байдаг бүхэн энэ бүлэгт багтдаг.

2. **Мэдрэмжийн дурдал:** Энэ бол таны жаргалтай байна уу, өвдөж зовж байна уу эсвэл төвийг сахисан байдалтай байна уу гэдгээ мэдэж байхыг хэлнэ. Энэ бүх мэдрэмж мэдрэхүйн эрхтнүүдээр дамжих юмуу эсвэл дурсамж, бодол, сэтгэгдэл зэрэг нь оюуны ухамсраар дамжин мэдрэгдэнэ. Илүү нарийн хэлбэрийн мэдрэмж мөн таны сэтгэлийг амгалан болсон үед гарч ирж болох бөгөөд тэдгээрт хөнгөн хэлбэрийн төвөгшөөсөн, эгдүүцсэн юмуу сэтгэл хангалуун байдал зэргийн мэдрэмж багтдаг.

3. **Сэтгэлийн төлвийн дурдал:** Үүнд юу орох вэ гэвэл шуналтай сэтгэл бол шуналтай сэтгэл юм, шуналгүй сэтгэл бол шуналгүй сэтгэл юм гэж мэдэж байх орно. Үүнтэй адилаар та уур хилэн, мунхаглал, төвлөрөл ба сатаарал гарч ирж байгааг ухаардаг, бас эдгээрийн байхгүй байгааг ч мэддэг тэр сэтгэлийг хэлж байгаа юм. Та мөн сэтгэлээ чөлөөлөгдсөн байна уу, үгүй юу гэдгийг ч анзаарч байхыг хэлнэ.

4. **Юмс үзэгдлийн дурдал:** Энэ бол таны сэтгэл дотроо байгаа бүхнийг юмуу эсвэл бүхий л юмс үзэгдлийг ухамсарлаж байхыг хэлнэ. Үүнд мэдрэхүйн объектын дурдал мөн багтах ба дуу, дүрс, үнэр, амт, хүрэлцэхүй хийгээд оюуны ухамсарын объект болох дурсамж ба бодол цөм орно. Түүнчлэн юмс үзэгдлийн мөнх бус хэврэг байдал, өөрийн эрхгүй ирэх зовлон \ хянах аргагүй\, өөрийн мөн чанарын үгүйсгэл зэрэг ч үүнд хамрагдана.

Эдгээр хэлбэрийн дурдал цөмөөрөө бясалгагчийн анхаарал талбиж буй объектноос шалтгаалан ялгагдана. Ойртон шинжилбэл бясалгагч хүн энэ бүх үзэгдлийг хэрхэн ургаж байна, хэрхэн оршиж байна, хэрхэн алга болж байна гэдгийг таних боломжтой байдаг. Эдгээр үзэгдлийн мөнх бус хувирах чанартайг мэдсэнээр бясалгагч хүн бүлэг тус бүрийн үндэс ёзоор дотооддоо хэрхэн ургаж байна, гадааддаа хэрхэн ургаж байна, дотоод болон гадааддаа хэрхэн ургаж байна гэдгийг тунгаан бодож эхэлдэг. Энэ арга эдгээр мэдрэмжийг тойрон хөгжиж буй бидний барилдлагуудын төрлийг тодруулдаг.

ШАМАТАД ХҮРЭХ ЗАМЫН ДҮГНЭЛТ

Төвөдийн урсгалд анхаарлын есөн төлөв хэрхэн дэвшн дээшилж буйг заан, сармагчин, лам зэргээр төлөөлүүл5н зургаар дүрсэлдэг уламжлалтай. Зургийн гол түлхүүрийг тайлбарлан үзүүлбэл:

Бэлэгдэл	Утга
Лам	бясалгагч
галын дөл	зүтгэл махрал

Амирлан Оршихуйд Хүрэх Есөн Шат

заан	сэтгэл
сармагчин	сатаарал, сацрал
туулай	нарийн хэлбэрийн живэлт\бүүдийх
хар өнгө	түйтгэрлэгдсэн сэтгэл
цагаан өнгө	таван хороос ангижирсан сэтгэл

Хүснэгт 4-6: Доорх зурганд багтсан бэлэгдлийн тайлбар

Эхлээд хар сармагчин зааныг бүрэн хянаж байгаагаар бидний сэтгэл сатааралд хэрхэн аяндаа автаж байдгийг харуулж байна. Лам сэтгэлээ хянаж байх гэж машид ихээр махран зүтгэж байгааг галын дөлөөр дүрслэн ихээхэн хичээл шаардлагатайг бидэнд ойлгуулж байна. Эсэргүүцэлтэй тулгаравч лам яваандаа зааныг захирч эхлэн буй нь асар хатуу сахилгатай байж сэтгэл живэлтийг даван гарах хэрэгтэйг үзүүлжээ. Заан жаахан цагаарч эхэлсэн нь бясалгалын хичээл дадлагаар бүдүүн хэлбэрийн живэлтийг аажуухнаар арилгаж эхэлснийг бэлэгдэж байна. Энэ цэгт хүрэхэд гэвч нэгэн жижигхэн хар туулай зааны нуруун дээр гараад ирсэн байгаа нь нарийн хэлбэрийн живэлтийг харуулсан байна. Бясалгагч хичээнгүйлэн дадлагаа үргэлжлүүлснээр дараагийн шатанд хүрэхэд сармагчин зааныг хянах чадалгүй болно. Байнга биш ч гэлээ догшролт ба живэлтийн аль аль нь байсаар байх тул сармагчинг хааяа хааяа сатааруулах гэж оролдсоор байх болно.

Сармагчин улам улам томоожсоор байх тусам лам зааныг улам илүүтэй хянах болж заан улмаар бүрэн цагаарна. Тэгсээр сармагчинд заанд нөлөөлөх өчүүхэн ч хяналт үлдэхгүй болж сэтгэл бүрэн номхорно. Одоо бид өөрсдийн сэтгэлийн хөдөлгөөн зэргийг бүрэн хянах болж түүнд автахаасаа өнгөрчээ. Үүнийг дуулгавартай болсон зааны дэргэд бясалган суугаа ламаар үзүүлсэн байна. Энэ шатнаас цаашаа лам зааны дээр мордоод бясалган байгааг бид үзэх ба бүр цаашилбал хоёр солонго ламын зүрхнээс урган гарч увдис хүчийг эзэмшсэнийг илтгэн, тогтоох бясалгалыг төгөлдөржүүлснийг илтгэж байна. Бид нэгэн үзүүрт төвлөрлөөр одоо үлэмж үзэхүйг хөгжүүлэх чадвартай болно. Ямар урсгалын замыг сонгохоос шалтгаалаад бид гэгээрэлд хүртлээ шинжлэлийн өөр өөр шатуудыг дамжин явах болно.

Теравада урсгалын дагуу авч үзвэл амьсгалаа ашиглан шаматад хүрэх нь таныг жанад хүрэхийн эхлэлийг тавьж байгаа ажээ. Жана гэдэг нь үлэмж үзэхүйд шууд хүргэдэг илүүтэй гайхам хүчирхэг төвлөрөл билээ. Амьсгал дээрээ төвлөрөх энэ замыг Будда дүгнэн хэлэхдээ "энэ нэгэн зүйлийг тордон хөгжүүлснээр дөрвөн зүйлийг бид биелүүлж болно" гэсэн байдаг нь –*Дөрвөн дурдал ойр агуулахуй* ажээ. "Энэ дөрвөн зүйлийг тордон хөгжүүлснээр бид долоон зүйлийг гүйцэлдүүлж чадмуй" гэсэн нь – *Гэгээрэлд хүрэх долоон үзүүлэлт*: ухамсарлахуй, шинжлэл, хүч энерги, баясал хөөр, түвшин амгалан, төвлөрөл ба тэгш агуулахуй эдгээрийг хэлжээ. "Эдгээр долоог тордон хөгжүүлснээр хоёр зүйлийг гүйцэлдүүлмүй" гэсэн нь – үнэн мэдлэг ба эрх чөлөөг хэлсэн ажгуу.

ГОЛ ХЭСГҮҮДИЙГ ЭРГЭН СӨХВӨЛ

- Теравада урсгалд таван үе шатыг дамжин ахисаар Шаматад хүрэхийг үзүүлсэн нь: одоо цагтаа орших, бясалгалын объект дээр сэтгэлээ талбих, объект дээр сэтгэлээ тогтоох, сэтгэлээ хөглөх ба сэтгэлээ нэгтгэх эдгээр билээ.

- Төвөдийн урсгалд анхаарлыг есөн төлвөөр үзүүлсэн байдаг нь бараг ойролцоо шатууд бөгөөд үүнд: сэтгэлээ объект дээр талбих, үргэлжлүүлэн талбих, нөхөн талбих, ойрхон талбих, сэтгэлийг номхруулах, сэтгэлийг амирлуулах, тийн амирлуулах, нэгэн-үзүүрт төвлөрөл ба тэгш агуулахуй эдгээр билээ.

- Эхний хоёр шатанд биеэ суллан тайвшруулах тал дээр анхаарч гуравдугаар шатанд ухамсарлахуй харин дөрөв, тавдугаар шатанд сэрэмж дээрээ голлон анхаарах хэрэгтэй.

- Амьсгал дээр төвлөрөх замаар амьсгалаар үүсэх хүрэлцэхүйн бүхий л сэрлийг бүрэн зогсоож үүний оронд сурмаг шинж хэмээх маш нарийн сэтгэлийн оюуны объект гарч ирнэ. Энэ нь цаашдаа бүр нарийн объект болох ихэр шинжийг авчрах болно.

- Таныг Шаматад хүрэхэд таны бие үндсээрээ өөрчлөгдөнө. Бие хийгээд сэтгэлийн тодорхойлох аргагүй хэмжээний уян хатан байдлыг бүтээснээр сэтгэлээ хүч гаргалгүй хүссэн зүйлдээ бүрэн төвлөрүүлж чадна.

- Сэтгэлийг бүрэн тайтгаруулснаар та Ухамсарлахуйн пөрвөн дурдал хэмээх дадлагад орох бололцоотой болно. Тэгснээрээ өөрийн мөн чанарыг ухамсарлах дотоодын шинжлэлийн үлэмж үзэхүйг хөгжүүлнэ.

Одоогийн байдлаа тусган шинжихүй

Бурханы номыг дадуулан үйлдэх нь

Эхний бүлгийн хэд хэдэн хэсэгт бид сэтгэл зүйн хэрэгслийн талаар нэлээд сайн судалсан болохоор таныг одоо амьдралын олон даваа нугачаанд бүдрэхээргүй болсон гэж бодож байна. Дараа нь бясалгалын гүнзгий тунгаах хэрэгслээр бид тэдгээр даваа нугачааг сэтгэлдээ багасгах сайн чануруудыг үүсгэн тордох үндсэн аргуудтай танилцсан. Хамтад нь нийлүүлэн хэрэглэвэл өөрсдийн туйлын чанарыг жинхэнэ утгаар нь туршиж эхлэх тогтвортой сурь тавигдана.

Ингэх нь юунд хэрэгтэй билээ? гэж та асууж магадгүй. Илүү гүнзгий нэвтрэхэд биднийг түлхэх хөшүүрэг юу байх бол? Хариулт нь бид жаргалыг хүсэж, зовлонг хүсэхгүй байна. Маш энгийн хариулт байгаа биз. Үнэнээ хэлэх юм бол бидний хийж буй бүхий л үйлийн дор нуугдан биднийг цаг үргэлж аливаа нэгэн үйлд татагдах буюу түлхэгдэхэд хөшүүрэг болж байдаг зүйл бол энэ л энгийн зорилго юм.

Бид цөм жаргалыг эрж хайх мөртлөө жинхэнэ жаргал гэж юу болохыг мэддэг хүн маш цөөхөн. Тийм учраас эхлээд энэ үгээр юуг илэрхийлэх талаар ойлголттой болох хэрэгтэй. Буддын гүн ухаанд бид хжаргалын оёр төрлийн түвшинг тодорхойлдог:

1. **Хорвоогийн жаргал:** Бидний гадаад ертөнцтэй харьцах харьцаанаас үндэслэн гарч байгаа жаргалыг энэ хэлбэрт оруулна. Сайхан дүрс харах, сайхан хоол амсах, анхилуун үнэр үнэртэх зэрэгт бидний сэтгэл мэдрэмж ургаснаар бид тэдгээр үзэгдэлд хариу болгон "жаргал" хэмээн нэрлэдэг. Тэд гарч ирж үзэгдэх нь гадаад ертөнцөөс шууд шалтгаалж байгаа болохоор хорвоогийн жаргал гэж нэрлэдэг ажээ.

2. **Жинхэнэ жаргал:** Энэ хэлбэрийн жаргал бол таны сэтгэлээс гадуурх юунд ч эс оршино. Тэр таны сэтгэл дэх дотоод шинж чанараас аяндаа урган гарч байдаг. Та тэрхүү туйлын шинжинд тохируулан амьдрах болсон үед л жаргал гарч ирж мэдрэгдэх болно. Хорвоогийн жаргал гэдэг гадаад ертөнцөөс ямар нэгэн зүйл *авахын* нэр байдаг бол жинхэнэ жаргал гэдэг энэ хорвоод ямар нэгэн зүйлийг *авчрахад* оршдог байна.

Бид үнэхээр удаан үргэлжлэх жинхэнэ жаргалыг эрэх мөртлөө түүнийг энэ хорвоогоос хайгаад байхаар будлиан үүсээд байгаа билээ. Хорвоогийн жаргал гадаад биет бодит юмнаас хамааралтай байдаг бөгөөд түрхэн зуур л үргэлжлэх шинж чанартай байдаг. Тухайн объект алга болоход юмуу эсвэл тэр зүйлд дасал болоод ирэхийн үед л тэр жаргал ч гандан бүдгэрч төгсдөг. Харамсалтай нь бид жинхэнэ жаргалыг буруу газраа хайгаад байгаа билээ. Хаднаас ус гаргах гэж оролдохын адил хорвоод бидэнд хүсээд байгаа тэр урт удаан жаргалыг өгөх хүч бололцоо үгүй билээ.

Эцсийн эцэст энэ бол сэтгэл ханахын тухай асуудал юм. Сэтгэлийн тээр гүнд л "ямар нэгэн юм дутагдаад" байх мэт санагддаггүй гэж үү. Ямар нөхцөл байдалд юу ч болж байлаа гэсэн ялгаагүй юу ч юм бэ дутуу байх мэт нэг л биш болоод байдаггүй гэж үү? Суурь түвшиндээ бол бид сэтгэл үл ханахын тасалдалгүй үргэлжлэл дор амьдардаггүй билүү? Энэ бүхнээс үзэхэд ямар нэг зүйл хийх хэрэгтэй бус уу гэсэн асуулт зүй ёсоор гарч ирнэ. Бид энэ түр зуурын үнэнийг ингээд хүлээн аваад байхаас өөр арга байхгүй гэж үү? Эсвэл бидэнд амьдралдаа өөрчлөлт хийн урт удаан үргэлжлэх сэтгэлийн ханамжийг мэдрэх боломж бий юу?

Бурхан Багшийн сургаал ёсоор бол бидний бүхий л сэтгэл хангалуун бус байдал хийгээд тэдгээрийн шалтгааныг үгүй хийж болдог ажээ. Бурханы номыг анхааран гарын авлага болгосны дүнд жаргалд хүрэх зам бий. Дарма гэдэг санскрит үг олон янзын утгыг агуулдаг. Энд бид дарма гэдгээр бүхий л юмс үзэгдлийг хамруулан хэлж байна. Дарма гэдэг ямар нэгэн зүйл тодорхой нэгэн үр дүн гаргахын шалтгааныг бүтээхийг хэлдэг. *Хорвоогийн Дарма* гэдгээр хорвоогийн жаргалыг бүтээхийг харин *Ариун Дарма* гэдгээр жинхэнэ жаргалыг бүтээхийг нэрлэдэг байна. Бид Бурханы номыгдадуулан үйлдэхдээ *Ариун Дарма*-гаас эшлэл авдаг билээ.

Ариун Дарма бол яг л толь гэсэн үг. Энэ нь бидний мэдрэмжид тусгагдаж ухамсрыг хөгжүүлэн дараагийн ургах мэдрэмж болон үзэгдэх ажээ. Энэ нь биднийг өөрсдийн хийж буй үйл, аашилж аяглаж байгаа байдал руугаа ноцтой удаанаар сайтар шинжин харж өөрсдөөсөө хэцүүхэн асуултуудыг асуухад сорьж байдаг. Хэрвээ бид тэдгээр асуултуудад хариулж чадаж байвал өөрсдийн алдаанаас суралцах, туйлын үнэний жаргал руу хөтлөх өөрчлөлтийг амьдралдаа хэрэгжүүлж болох юм.

ХОРВООГИЙН НАЙМАН ЯВДАЛ

Биднийг хорвоогийн ба ариун номыг харьцуулан ярьж байх зуурт "хорвоогийн" гэсэн тодотголтой л бол бүх зүйл муу, "ариун" гэсэн бол бүгд сайн гэсэн үзэл амархан төрөх болно. Ингэснээрээ бид өдөр тутмынхаа амьдралыг үнэхээр гутрам өөдрөг-бус нүдээр харахад ч хүрч мэднэ. Бидний амьдарч байгаа хорвоо бол бидний үнэнийг мэдэрч байгаа байдал юм гэдэг л хамгаас чухал. Энэхүү үнэн байдалтайгаа бид хэрхэн үр ашигтай эрүүл замаар холбогдож болохыг ойлгох хэрэгтэй. Гаж төсөөллийн дунд амьдарснаас буруу үзлээ тайчин хаяад амьдралд ойрхон зорилгод хүрэх гэж оролдох хэрэгтэй юм.

Үүний тулд бид хорвоогийн номыг дөрвөн хос үзэгдлээр шинжлэх болно. Эдгээр *Хорвоогийн найман явдал* гэдэгт бидний авах сан гэж хүсдэг дөрвөн зүйл болон ямар ч үнээр хамаагүй зайлуулах гэж хүсдэг дөрвөн зүйл багтдаг. Эдгээр өөр өөр туйлууд руу татагч түйтгэрийн ёзоор нь шунал болохыг бид удахгүй үзэх болно. Бид тэдгээрийн аль нэгийг авах гэж шунана, мөн авахгүй юмсан гэж шунана. Шуналын их багаас хамаараад төдий хэрийн зовлонг эдэлнэ. Энэ дөрвөн сэдвийг судалж хандлагыг нь тусган авснаар бид шунан татагдах сэтгэлээ багасгаж чадах юм.

Анхаарал	Шунал	Хорсол
1. Эд хөрөнгө	Олох	Эс олох
2. Мэдрэмж	Таалах	Эс Таалах
3. Эрх мэдэл	Үнэлэгдэх	Үл тоогдох
4. Өөрийн үнэлэмж	Магтаал	Шүүмжлэл

Хүснэгт 5-1: Хорвоогийн Найман Явдал

Олох ба эс олох

Эхний хос үзэгдлийг аваад үзэхэд г эд хөрөнгөтэй холбоотой адаад харьцаа байх бөгөөд олох гэдэг нь илүү жаргал авчирна гэж үзсэний улмаас илүү их эд хөрөнгө олох гэсэн тэмүүлэлд хөтөлдөг. Энэ үзлийн ерөнхий шинж нь "их байх тусмаа сайн" гэж нийтээрээ ойлгоно. Мөнгө аль болох их, байшин аль болох том, илүү сайн машин, гоё ганган хувцас байхад ямар нэгэн байдлаар жаргаад явчихна гэж боддог явдал. Тэгэхээр эс олох гэдэг нь үүний яг эсрэг ойлголт бөгөөд бидэнд зайлшгүй хэрэгтэй гэж үзсэн эд хөрөнгөө үгүй болчих вий гэдгээс сэтгэлийнхээ мухраас үхтэл айна. Олох тал нь ханаж цадахаа мэдэхгүй ховдог шунал байдаг бол алдах гэдэг нь галзуурахаас нааүур бачимдал бөгөөд байгаа юмнаасаа таашаал авах боломжгүй болгоход хүргэнэ.

Эд хөрөнгөний шунал ихтэй хүний амьдрал мөнгөө нэмэгдүүлэхэд зориулагдан үүний дунд эд хөрөнгө нь томрон тэлдэг байна. Бидний энэ нийгэм эдийн засаг, худалдагч худалдан авагчийн урлагт хэчнээн их онцгой анхаарч байдгаас бид үүнийг бэлхнээ харж болно.

Дасгал 5.1 – Материаллаг Хөрөнгө

- *Тайван байдалд байраа эзлэн амьсгалдаа төвлөрөн сэтгэлээ төвийг сахисан байдал оруулна.*

- *Өөрт байгаа хамгийн үнэтэй хэдэн зүйлсээ сана. Нэгийг нь сонгон авч тэр зүйлийг анх авах болсон үедээ буцаж очигтун. Тэр үед юу гэж бодож байсан бэ? Тэр бодлоо одоо ямар санагдаж байгаатайгаа харьцуулаад үз дээ. Мэдрэмж тань ер өөрчлөгдөж үү? Тэр үеийнх шигээ зүрх цохилон сэтгэл ханах мэдрэмж мөн л төрсөөр байна уу?*

- *Одоо тэр зүйлийг авахад зориулсан бүхнээ бод. Ямар хүч хөдөлмөр орсон болон түүнийгээ хадгалж байх гэж ямар чармайлт гаргасан зэргийг бод. Төлсөн даатгал, засвар, уг зүйлийг муудахаас сэргийлэн хэвээр хадгалах гэсэн оролдлогодоо ерөнхийдөө хир ихийг зарцуулав?*

- *Одоо амьдралынхаа туршид эзэмших болсон бусад бүх өөр өөр зүйлсийг сэтгэлдээ бод. Тэдгээрийг сольж шинэчлэх хүртэл хир удаан тэссэн байна? Хадгалж үлдсэн зүйлүүд тань эвдрэх юмуу эсвэл хэн нэгэн хүн хулгайлчихвал танд ямар санагдах юм шиг байна?*

- *Цаг хугацааны уртад таны эд юмсдаа хандах хандлага хэрхэн өөрчлөгдсөнийг мэдрэхийг хичээ. Тэдгээр зүйлсийг авах сан гэсэн хүсэл таны сэтгэлийг бүрэн эзэмдсэн байсан үеийг тэгэж бодогдож байгаагүй үетэй харьцуул. Таны мэдрэмжинд ямар нэгэн өөрчлөлт гарч уу?*

- *Эдгээр асуултыг өөртөө тавьж байх зуурт өөр ухамсар сэтгэлд тань ургаж болзошгүй юм. Хэрвээ тэгэх юм бол бясалгалаа түр завсарлан юм гэдэг ийм байдаг шүү гэсэн итгэлд ухамсраа зүгээр хэсэг амраагтун.*

Таалах ба эс таалах

Дараагийн хос үзүүлэлт бидний мэдрэхүйн эрхтнээр мэдрэгдэх мэдрэмжинд хамаарч байна. Дээрх дөрвөн хос үзүүлэлтнээс хамгийн хурдан мэдрэгддэг нь энэ билээ. Нэг талаас бид бүхий л мэдрэмжнээсээ таашаалыг хүртэж байх сонирхолтой байдаг бол нөгөө талаас алив нэгэн өвчин, эвгүй мэдрэмжийг өөрөөсөө зайлуулах гэж хүсдэг. Хүн болгонд аль нь таатай аль нь таагүй байгаа нь ялгаатай. Юмс үзэгдэл бүхэн дотроо бидэнд таатай таагүй хоёрын аль нэгнийг авчрах чадварыг агуулсан байдгийг санаж явах хэрэгтэй. Гэвч үнэн хэрэгтээ энэ хоёр зөвхөн сэтгэл дотор л оршдог ажээ.

Мэдрэхийг хүссэн зүйлдээ шунах сэтгэл хүчтэй байснаас бид өөр өөр төрлийн "жаргалыг хайх" талаар хэтэрхий автах нь олонтой. Энэ нь аль нэгэн төрлийн хоол юмуу бодис \архи, тамхи\ зэрэгт донтох, сексын янз бүрийн мөрөөдлөөр сэтгэлээ хангах, шинэ соргог гайхамшигтай болгоныг мэдэрч үзэх гэсэн олон талуудтай байж болдог. Яагаад гэвэл эдгээр бүх мэдрэмжүүд байгалиасаа түр зуурын учир зөвхөн түрхэн зуурын л жаргалыг амсуулдаг байна.

Дасгал 5.2 – Мэдрэхүйн эрхтний мэдрэмжүүд

- *Тайван байдалд шилжин, амьсгалдаа төвлөрснөөр сэтгэлээ төвийг сахисан төлөвт оруулна.*

- *Өөрийн дуртай хоолноос нэгийг бодогтун. Тэр хоол ямар чанараараа таны дуртай хоол болсныг бод. Идэхэд ямар байдгийг бод. Хоолыг үнэхээр амтлах, зүгээр амт нь ямар байдгийг бодох хоёрын хооронд ялгаа байна уу? Хоолны сайхан амт зүгээр нэг дурсамж болон хувирахаас өмнө хэчнээн хугацаа өнгөрдгийг сана.*

- *Тэр хоолыг бэлтгэхэд ордог хугацааг одоо бод. Хоол ямар амттай нь хэр чухал вэ? Ийм хоол хийх гэж ямар их зүтгэл та гаргасан бэ? Хоолыг хийхээр бэлтгэсэн төдийхөн биш мөн уг хоолыг хийхэд шаардлагатай материалыг цуглуулсан болон хоолыг хийж сурахад шаардагдсан зүтгэл, цаг зав зэргийг мөн үүнд нэмээд үз.*

- *Одоо өдрийн туршид мэдрэхгүй юмсан гэж хичээсэн тэдгээр олон жижиг таагүй мэдрэмжүүдийг сэтгэлдээ бод. Өөрийгөө сайхан эд зүйлсээр хүрээлүүлээд муухай зүйлсийг харахгүй юмсан гэсэн хүсэл, муухай үнэр үнэртэхгүй гэсэндээ сүрчиг цацах зэргээр ямар их хичээдгээ бодоод үз. Таагүй өр эмтлэм байдлаас өөрсдийгөө хэрхэн янз бүрээр хамгаалах гэж оролддогоо сана.*

- *Өөрсдийгөө хамгаалах гэж хэчнээн чармайлаа ч гэсэн хүсээгүй зүйлтэйгээ яалт ч үгүй учирдгийг бод. Саяхны тохиолдсон зүйлийг эргэн сана. Тэдгээр мэдрэмжид та хэрхэн хандсан? Таны сэтгэлд гүн ба гүехэн аль нэгэн мөрөө үлдээсэн байна уу?*

- *Ямар ухамсар ургана түүндээ саатан амраарай.*

Үнэлэгдэх ба үл тоогдох

Гуравдугаар хос үзүүлэлт нь бид өөрсдийн бусдад ямархуу нөлөө үзүүлж буй чанарт анхаарахтай холбоотой. Үнэлэгдэх гэдгээр бид өөрсдийгөө бусад хүмүүст хүндлүүлэн, сайн сайхнаар бодуулах гэсэн мөрөөдлийг хэлдэг. Энэ бол хийж буй үйл хөдлөл, бусдад зориулан өөрчилж буй зан авир зэрэгтээ тавих ерөнхий анхаарал юм. Хэрэв хэн нэгэн машид алдаршин танигдаж ирвэл түүний бусдад үзүүлэх нөлөө асар их болно. Түүний нэгэн адилаар хэн нэгэн бусдад үнэхээр үл тоогдоход түүний бусдад нөлөөлөх нөлөө огтхон ч хүчгүй болдог.

Энэхүү хүчтэй байх болон хүчгүй байх хоёр мөн шуналын шинжүүд байх боломжтой юм. Энэ шунал хүчтэй байх тусмаа бусдад таалагдах гэсэн байнгын шаналгаа, ялангуяа ашигтай эрх мэдэл өндөр байр сууринд очиж бусдыг хянадаг болох нь байнгын хэрэгцээ болон хувирна. Нэр төртэй хүмүүс, улс төрчид, томоохон бизнесс хүмүүсийг харж байхад энэ хэлбэрийн шунал илтэд үзэгддэг билээ.

Дасгал 5.3 – Нөлөө

- *Тохиромжтой байрлал эзлээд амьсгалдаа төвлөрөх дадлагаар сэтгэлээ тайван байдалд оруулна.*

- *Одоогийн байдлаар өөрийн холбоотой байгаа хэд хэдэн төрлийн хүмүүсийг бодогтун. Тэдэнтэй өөрийгөө ямар харьцаатай байдаг гэж бодож байна? Та тэдгээр хүмүүстэй эн чацуу юу, эсвэл бусдыг бодвол илүү ойрхон холбоотой юу? Ойр холбоотой эсэх нь таны тэдгээр хүмүүст үзүүлэх нөлөөнд хэрхэн нөлөөлдөг болохыг бодогтун.*

- *Энэхүү ойр дотно байдал хэрхэн бий болсныг бод. Юунаас болоод эдгээр хүмүүс үл таних хүмүүс биш болоод найз нөхөд, гэр бүл болчихов оо? Энэ холбоо харилцааг тогтооход зарцуулсан хүч энергээ бодож үзэгтүн.*

- *Одоо энэ холбоо таны хувьд хир чухал вэ гэдгийг бод. Эдгээр хүмүүсийг амьдралдаа байлгах нь маш чухал хэрэг мөн үү. Таны найз нөхөд цөмөөрөө таныг орхиод явчихлаа гэж бодвол та юу хийх вэ? Танд ямар санагдах вэ? Тийм юм битгий болоосой гэсэндээ гаргасан бүхий л зүтгэлээ эргэн нэг бодоод үзээрэй.*

- *Өнгөрсөн амьдралаа эргэн харж өөр өөр үеүдэд өөр өөр хүмүүс гарч ирж байсныг сана. Тэдний амьдралд өөрийн үзүүлсэн болон одоо үзүүлж буй өөрийн нөлөө зэргийг харьцуулаад хар. Өнгөрсөн үеийн холбооноос одоогийн тань амьдралд юу үлдсэн байна?*

• *Ямар ухамсар ургана түүндээ саатан амраарай.*

Магтаал ба шүүмжлэл

Сүүлчийн хос шалгуур бол бидний хувь хүн болсныхоо хувьд үнэлгээ тогтоолгох явдалд хамаарна. Энэ нь бидний "би" гэсэн сэтгэлд нягт холбогдсон бөгөөд бусад хүмүүс тэр би-тэй хэрхэн харьцаж байгааг илэрхийлнэ. Хэрвээ хүмүүс бидний эзэмшсэн сайн чанарыг юмуу хийсэн бүтээсэн зүйлийг шагшин магтвал бид өөрсдийгөө үнэхээр хэрэгтэй хүнээр тооцон машид сэтгэл хангалуун жаргалтай болно. Эсрэгээр хэрвээ хэн нэгэн бидний аль нэг чанарыг юмуу үйл хөдөлийг шүүмжилвэл бидний өөрийгөө гэх сэтгэл багасаад ирдэг байна.

Хүмүүс өөрсдийгөө хэрэгтэй хүнээр бодох тал дээр хэтэрхий шунамхайраад эхлэхээр магтаал хүртэх л гэсэндээ хүмүүсийн тааллыг хангахад анхаараад эхэлдэг. Энэ бол тэдний бусдад үзүүлэх нөлөөтэй огтхон ч хамааралгүй зүгээр нэгэн үйлийг хэн нэгний талархлыг төрүүлэхээр үйлдэж хариуд нь магтаал хүндлэл хүртэх түрхэн зуурын мэдрэмж л байдаг. Энэ бол эго-гоо л хүчирхэгжүүлж байвал юу ч хийхээс буцахгүй ханахыг мэдэхгүй цангаа бөгөөд мөн түүнчлэн тэрхүү эго руу нь хэн нэгэн дайралт хийх вий гэсэн түүнээс ч дутахааргүй хүчтэй эмзэглэл мөн байнга төрдөг.

Дасгал 5.4 – Өөрийн үнэлэмж

• *Тохиромжтой байрлал сонгоод амьсгал дээр төвлөрөх дадлагаар сэтгэлээ тайван байдалд оруулна.*

• *Өөрийнхөө хамгийн сайн чанаруудыг бодож ол.*

• *Хэн нэгэн хүн таныг бусдын дэргэд магтаж байсан тэр үеийг сана даа. Ямар санагдаж байсан бэ?*

• *Одоо хэн нэгэн хүн өөрийг тань илтээр шүүмжилсэн үеийг сана. Ямар санагдаж байсан? Та энэ шүүмжлэлд хэрхэн хариулсан бэ?*

• *Одоо өөрийн амьдралын өөр өөр үеүдийг бод. Жаахан хүүхэд байхдаа магтаал ба шүүмжлэлд хэрхэн ханддаг байснаа сана. Дараа нь дунд сургуулийн сурагч байхдаа хэрхэн ханддаг байсан? Залуу хүн болон өсөөд одоогийн байгаа насандаа хүртэл хэрхэн өөрчлөгдсөн бэ? Өөрийгөө гэх сэтгэл энэ хооронд нэмэгдсэн шиг санагдаж байвал чухам ямар холбоо таныг магтаал шүүмжлэлд ингэж хандах болгосон байна?*

- *Ямар ухамсар ургана түүндээ саатаад амраарай.*

Эцэст нь дүгнэн хэлэхэд эдгээр Хорвоогийн найман дарма-нд бид амьдралаа жолоодуулан, өөрсдийн хүслээ гүйцээж, айдсаа зайлуулах гэсэн эцэс төгсгөлгүй оролдлого дунд хутгалдсаар өнгөрдөг. Ийм амьдрал ойр тойрныхонтойгоо, гадаад орчинтойгоо, өөрийн би хэмээх сэтгэлтэйгээс хүртэл байнгын тулаанд орж байх шиг санагдана. Энэ амьдрал бол байнгын бачимдал, зовнил, гачигдал зэргээр дүүрэн юм шиг санагдаж, ялангуяа мөрөөдсөн зүйл үл биелэх үед бид ямар их гунигладаг билээ.

Гэхдээ хорвоогийн эдгээр явдлыг ойлгохдоо өөрсдийн чадварт бахдах, сайхан хоолонд дурлах, хэрэггүй юмуу таагүй явдал өвчин зэргийг хүсэхгүй байх нь буруу гэсэн үг огт биш гэдийг бодох ёстой. Эдгээр талуудад бид хэр хэмжээгээр хамааралтай байна гэдгээ ухамсарласнаар өөрсдийн зорилго чиглэлийг өөрчлөх боломж гарч ирнэ. Өөрсдийн татагдах болон татгалзах сэтгэлээ арай жаахан багасган "сулруулж" тайвшрах хэрэгтэй. Аль нэгэн зүйлийг эзэмших нь сайхан ч гэлээ дандаа хэрэглэгдээд байдаггүй шүү дээ, түүнчлэн, хийсэн болгондоо заавал магтаал хүртэх хэрэг бий гэж үү гэдгийг таньж мэдвэл аливаа зүйлийг байхгүй бол дургүйцэх сэтгэлээ багасгах, байгаа зүйлдээ илүү тэвчээртэйгээр хандаж чадах сэтгэлээ хөгжүүлэхэд туслах юм.

Заримдаа хорвоогийн найман явдлыг хүлээн авах бидний мэдрэмж ихэд хязгаарлагдмал байх ба зөвхөн нэг л талаас харах нь бий. Бусад боломжуудыг харах тал дээр бид алдаа гаргасны уршиг мөн гарна. Жишээ нь, энэ гэр бүл төгс аз жаргалтай байхын тулд шинэ "мөрөөдлийн байшин" хэрэгтэй, бид уртасгасан цагаар ажилж байна, хангалттай мөнгө хийж байгаа гэж хүмүүс боддог. Хайртай хүмүүстэйгээ хангалттай цаг өнгөрөөх боломж гаргахгүй бол энэ нь зовлон болон хувирдаг. Олохын хажуугаар алдаж байдаг болохоор бидний хүссэн зүйл ямар үнээр олдох билээ гэдгийг асуух нь ашигтай санагдана. Бид өндөр хүндлэл хүлээж болох боловч түүний үнэ цэнэ нь бидний эрх чөлөө байж болно, эсвэл асар их хөрөнгө хогшил оллоо гэхэд хамаг эрч хүчээ алдсан байхыг үгүйсгэхгүй. Бидэнд дуртай юмаа золиослох хэрэг алга, мөн бусад хүмүүс бидний талаар юу гэж бодох нь хамаа алга гэдэгт итгэдэг мэт өөрсдийгөө хуурах ч хэрэг алга. Хэрвээ бид хорвоогийн энэ найман явдал л бидний амьдралыг хэрхэн жолоодож байдгийг мэдээд тэдгээрийг сайтар гүнзгийрүүлэн судлах юм бол хос шалгуур болгонд тохирсон тэнцвэрийг гарцаагүй олж илрүүлэх тэгш сэтгэлтэй амьдарч болох сон.

НОМЫГ ДАДЛАГА БОЛГОХ

Бидний гол араа бол эдгээр найман явдлаас зуурахаа болих явдал юм. Тэд бол гүнзгий суулгагдчихсан зуршлаас өөр юу ч биш билээ. Харамсалтай нь эдгээр зуршил бидний амьдралд асар хөнөөлтэй нөлөөг үзүүлээд байгаад хэргийн учир байна. Тиймээс тэднийг сөрөн довтлохын тулд бид жинтэй зүтгэл гаргах хэрэгтэй болно. Зүтгэлийн энэ үйл явцыгаа бид "Дармаг дадлага болгох" гэж нэрлэдэг.

Дээрх *Хорвоогийн найман явдлыг* тайлбарлан хэлэлцэх үйлдэл маань энэ үйл явцын нэгэн жишээ юм. Тэдгээрийг нэг бүрчлэн авч хэлэлцэх зууртаа бид тэр сэдвээр ухамсрыг хөгжүүлэх алхам хийсэн гэсэн үг. Энэ алхмын үр дүнд та тодорхой зүйлийг мэдэж авч найман төрлийн үзэгдэлд шунах хандлагаа ямар нэгэн хэмжээгээр багасгах боломжийг олж авч байна.

Бид мэдлэгийг олж аваад түүнийгээ өөрсдийн амьдралд хэрэгжүүлж эхлэх үед дадлага болдог. Олж авсан мэдлэгээ амьдралдаа хэрэглэж чадахгүй юм бол шинэ зуршил тогтоож чадахгүй болно. Мэдээлэл зөвхөн оюуны мэдлэг болон үлдэж бидний мэдрэмжинд нөлөө үзүүлж чадахгүй гэсэн үг. Ямар ч асуудал гараагүй байх үед энэ нь зүгээр боловч асуудал ургахын цагт бид нөгөө хуучин зуршил руугаа хурднаар гулсан орж нөгөө л алдаануудаа дахин дахин давтаж хийсээр байх болно. Тиймээс, сургаалыг судлаад хэрэгжүүлэхгүй юм бол удаан хугацааны ашиг гарна гэж найдах хэрэггүй шүү.

Номыг авшиг болгон дадуулахын гол шалтгаан нь өөрсдийн сэтгэлийг номхруулан цаашдаа илүү ашигтай зүйл болгон хувиргах явдал юм. Энэ үйл явц хэсэг ширийг боловсруулахтай машид адилхан байдаг. Яг одоогоор бидний сэтгэл элдээгүй хатуу хуурай шир шиг л байгаа. Тэр бидний өсөж төрсөн соёл, гадаад ертөнцийн хүчтэй нөлөөнөөс ингэтлээ хатууран дарайсан бөгөөд тэр онцлог нь юмс үнэн хэрэгтээ ямар байгааг хатууруулан харуулж, яг энэ эсвэл яг тэр гэсэн үзэлд цоожилж орхидог. Бидний дотоод анхаарал машид хязгаарлагдмал байдгийн нэг жишээ бол бидний эго, өөрийг энхрийлэн барих сэтгэл, хоёрдогч үзлийн бүхий л шунал зууралтууд зэрэгтээ дарамтлуулан амьдардаг явдал билээ. Энэ бүх нөхцөлүүд бидний сэтгэлийг хатууруулан хуурайшуулж наранд хатаж гандсан хэсэг арьс шиг л болгон хувиргажээ. Хэрвээ бид энэ арьсыг нугалах гэж оролдох юм бол тэгтлээ хатуурсан болохоор хугарч ч мэднэ. Үүнтэй адилаар бидний сэтгэл явцуу туйлширмал байх тусмаа дасан зохицох хийгээд нугалж тахийлгах аливаа оролдлогод үл автахаар болдог ажээ. Номыг дадуулан үйлдсэнээр бид сэтгэлээ илүү уян хатан болгон зөөлрүүлж чадна.

Сэтгэлийг эдгээр шалгууруудаар хөгжүүлснээр бид өдөр тутамд тохиолдох ихээхэн хэмжээний асуудлуудыг зохицуулах боломжтой болно. Хамт ажилладаг нэг нөхөр хийсэн зүйлд тань ихэд шүүмжлэлтэй хандах гэх мэт асуудал гарч болно.

Үүнд хатуу зэвүүн үгээр хариулах юмуу эсвэл дургүйцлээ дотроо хадгалан явахын оронд \аль аль нь хэцүү байдлыг үүсгэнэ шүү дээ\ уян хатан байдлаар тусган авч өөр талаас нь бодож үзэхийг хичээх хэрэгтэй. Нөхөр маань өнөөдөр жаахан бухимдуу байж таараад уураа гаргах юмаа олж ядаж дээ гэх юмуу, түүний хэлсэнд үнэний хувь бий шүү гэх, эсвэл маргаад байх зүйл биш шүү дээ гээд өнгөрчих нь дээр. Номыг авшиг болгон дадуулж сэтгэлээ номхруулах нь хариу өрвөлзөхөөс дээрээр шүүмжлэлд хариулах тал дээр бидэнд тусалдаг билээ. Ингэснээр бид , бидний хийсэн үйл үр дагавар авчирна гэдгийг ямагт ухамсарлаж, яг ямар үр дүн гарахын урьдчилан хэлж чадахгүй ч гэлээ ухаалаг хариу сонгож олохыг бодох нь зайлшгүй. Энэ нь мөн үүнээс ч илүү бэрх нөхцөлд амьдралаа хөнгөвчлөхөд бидэнд туслана.

Ерөнхийдөө дадлагыг хоёр төрөлд хуваа ж үзнэ:

1. **Албан ёсны дадлага:** Энэ нь тарни унших, мөргөл үйлдэх, зөөлөвч дээр суун бясалгах гэх мэтийн сүсэг бишрэлийн тусгай дадлагад оролцохыг хэлнэ. Эдгээр дадлага сүсэг бишрэлийн чанаруудыг тордон хөгжүүлэх зорилгоор хийгдэж байгаа нь илт байна.

2. **Ердийн дадлага:** Албан ёсны бус ердийн дадлагад сүсэг бишрэлтэй ямар ч холбоогүй үйлүүд багтдаг. Өдөр болгон бидний хийх болдог хорвоогийн элдвийн үйл мөн энэ бүлэгт багтах бөгөөд үүгээр хүн албан ёсны дадлагаар олж авсан ухамсраа амьдрал дээр хэрэгжүүлдэг.

Энэ хоёр төрлийн дадлага сэтгэлээ номхруулахад хоёулаа чухал. Өдөр бүр тодорхой цагийг албан ёсны дадлагад зориулаад үлдсэн цагт ердийн дадлагад оролцож байвал сайн. Ингэснээр таны өдөр тутмын амьдрал сэтгэлээ хүмүүжүүлэх байнгын боломж болон хувирна.

Мэдлэг олох ба ойлгож авах талаар бид түрүүн ярьсан. Хэрвээ бид сэтгэлийн хүчтэй хөдлөлд автаж буйгаа мэдвэл тэндээ түр зогсоод өөрсдийн ямар санаатайг шинжилж бодох, эсвэл ямар санаатайгаа шалгаж үзээд хэцүү үед хариу алхам хийхээсээ өмнө ямар үр дагавар сүүлд гарахыг шинжилж байх юм бол өөрсдийгөө сургаалын утгыг ойлгосон гэж үзэж болно. Номын мэдлэгийг авч өдөр тутмын амьдралдаа хэрэглэснээр үгний ойлголтоос даван гарч утганд нэвтэрч чадлаа гэсэн үг. Сүсэг бишрэлийн дадлага чухам үүнд л зориулагддаг. Энэ нь таны энгийн өдөр тутмын амьдралтай холбогдолгүй байх юм бол харин ашиг түүнээс гарахгүй гэсэн үг.

Номыг дадуулан үйлдэх явдлыг бид хайр, энэрэл, баяр хөөр, тэгш сэтгэл зэрэг гайхамшигтай чанаруудыг болон түүнээс ч илүүтэй аугаа билгүүнийг тордон бойжуулахад сэтгэлээ бэлтгэж байна гэсэн үг гэж ойлгох хэрэгтэй. Зэрлэг өвснөөс өөр юм ургах аргагүй газрыг санаандаа төсөөлөөд үз дээ. Маш их хөдөлмөр, сахилга баттай ажилласнаар тариаланч хүн бүх хад чулууг тэндээс нүүн зайлуулж, зэрлэгүүдийг үндсээр нь зулгаан арилгаад хөрсийг эргүүлэн органик тэжээлээр бордож эрүүл өвс халиурсан баян хангай болгон хувиргаад арвин ургац хурааж болдог. Сүсэг бишрэлийн дадлагагүйгээр бидний сэтгэл үржил шимгүй газар л гэсэн үг. Тэнд шунал хүсэл, өөрийн биеийг энхрийлэн барих сэтгэл гэсэн зэрлэгүүд л ургажээ. Номыг бид авшиг болгон дадуулж эхлэмэгц "зэрлэг зулгаах" ажил өрнүүлж, сэтгэлийг үржил шим дүүрэн, сайн сайхан чанарууд урган цэцэглэх боломцоо бүхий талбар болгон хувиргах юм.

Сэтгэлээ номхруулж бэлтгэх эхний үед бясалгал хийнэ гэдэг боломжгүй хэцүү зүйл шиг санагдаж болно. Сэтгэл рүүгээ анх өнгийж хараад та тэнд хэчнээн эмх замбараагүй, нэг зүйлээ дахин дахин давтсан бодолтой байдгийгаа үзвэл лав их гайхна даа.Ийм замаар бидний үйл хөдлөлийн жолоог атгадаг бодлуудын шинжийг бид улам илүү ухаарч эхлэмэгцээ *Хорвоогийн найман явдал* ямар их нөлөөтэй болохыг ойлгох болно. Бидний дотор агуулагддаг шунал, хорсол зэргийн үлдэгдлүүд заримдаа гутармаар сэтгэл төрүүлэхэд илрүүлсэн "зэрлэгийнхээ" хэмжээгээр зулгааж хаях хүсэл бидэнд төрж болно. Тиймээс өөрсөндөө тэвчээртэй хандаж сэтгэлээ хөгжүүлэхэд цаг хугацаа гаргаарай.

Шантрахгүй л байвал хэдэн жилийн дараа эргэн хараад хийсэн өөрчлөлтдөө үнэхээр гайхах болно.

ШИНЖЛЭХ БЯСАЛГАЛААР ДОТООД УХАМСРЫГ ХӨГЖҮҮЛЭХ

Өмнөх бүлгүүдэд тодорхой нэгэн сэдвээр бодож тунгаах дасгалыг бид зөндөө хийсэн билээ. Бясалгалын тухай бүлэгт үзсэний дагуу энэ нь *шинжлэх бясалгал* гэж нэрлэгддэг бясалгалын нэг төрөл билээ. Энэ техникийн гол зорилго нь илүүтэй ауаа билиг оюуныг хөгжүүлэх явдал юм. Ерөнхийдөө билиг оюуны гурван түвшинг таньж болно:

1. **Сонсох билиг оюун:** Энэ бол тодорхой нэгэн өгөгдсөн сэдвийг судлах явцад үүсдэг дотоод оюуны ухамсрыг төлөөлдөг. Энэ төрлийн билиг оюуны үр дүнд уг сургаалыг цэвэр тодоор ойлгох чадвар хөгждөг. Та өөр өөр сэдвийг ялган таньж тэднийг хэрхэн танилцуулагдаж байгааг таниж чадна.

2. **Тусгах билиг оюун:** Дараагийн хэлбэр таны хүлээн авсан сургаалаа идэвхтэйгээр бодож тунгаан утгыг нь санах үед ургадаг дотоод ухамсрыг харуулна. Асуулт асуух замаар аль нэг эргэлзээ байвал арилган уг зүйлийг баттай тод ойлгох чадварын хөгжүүлэхийг хэлнэ.

3. **Бясалгах билиг оюун:** Сүүлчийн хэлбэр, өөрийн ойлгоснос шууд туршлага болгон хувиргах үед урган гардаг илт мэдэлтэй холбоотойгоороо үүснэ. Нэгэн зүйл дээр давтан давтан бясалгаснаар улам танил дотно болж ирнэ.

Энэ дотно байдал тань танд тодорхой нэгэн сэтгэлийн төлвийг мэдрүүлэх бөгөөд үүний тулд танд бодлын төсөөлөл шаардлагагүй болно.

Энэ гурван түвшнөөс зөвхөн бясалгалын оюун ухаан л гүнзгий дагтаршсан буруу үзэлтэй тулах чадалтай байдаг бөгөөд энэ түвшинд л бид ажигласан үзэгдлээ жинхэнээр нь шууд мэдрэх дотоод шинжлэлийн илт мэдлийг олж авч чадна. Бас билиг оюун урган гарахад шаардлагатай нөхцөл байдлыг бий болгодгийн хувьд нөгөө хоёр түвшинг хэрэггүй зүйл хэмээн үзэж болохгүй. Суралцахгүйгээр юу ч танд тусгагдахгүй. Тусгалгүйгээр ямар ч ойлголт бий болохгүй. Ойлголтгүйгээр утгыг мэдрэх үндэс байхгүй.

Ийм шалтгаанаар Номыг дадуулан үйлдэх явдлын томоохон хэсэг нь урт удаан үргэлжлэх аз жаргалд биднийг ойртуулах өөр өөр сэдвүүдийг судалж тусган авахад цаг хугацаа зарцуулахыг шаарддаг.

Энэ зорилгод хэрэглэх бидний гол зэвсэг бол шинжлэх бясалгал билээ. Энэхүү хүчирхэг техникийг сайтар ашиглаж сурахын тулд үндсэн үйл явцыг доорх товч зураглалаар үзүүлье:

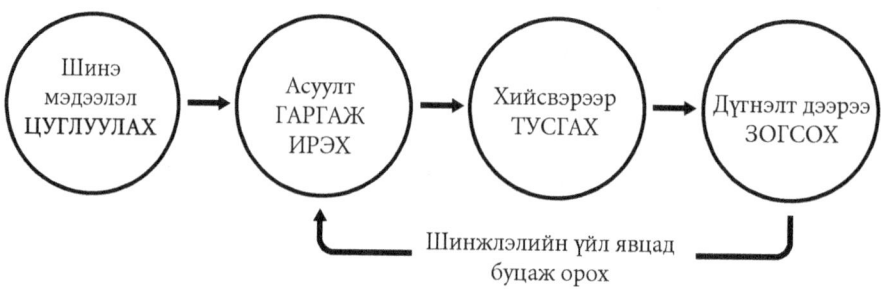

Хүснэгт 5-1: Шинжлэх Бясалгалын Үйл Явц

1. **Мэдээлэл цуглуулах:** Шинжлэх бясалгалд орох эхний алхам бол судалгааны явцад шинэ мэдээлэл цуглуулах явдал юм. Ном унших, хичээл сонсох ямар ч хэлбэрээр байж болно. Өөртөө гол нь ажиллах материал өгөх хэрэгтэй.

2. **Асуулт гаргах:** Дараа нь цуглуулсан мэдээлэлтэйгээ холбоотойгоор асуултууд гаргана. Та материалыг задлан шинжилж хэд хадан бүлэг өгүүлбэр болгоод дараа нь тэднийг асуулт болгон хувиргаж түүн дээрээ дүгнэлт хийнэ.

3. **Агуулгыг нь тусган бодох:** Сэтгэлээ төвийг сахьсан байдалд оруулаад анхаарлаа асуултуудын нэгэнд чиглүүлнэ. Таны хүлээн авсан сургаалын хүрээнд энэ асуулт таны амьдралтай хэрхэн холбогдож байгааг олохыг оролдоно. Хариулт юу өгүүлж байгааг бодоод та өөр асуултууд олж гаргаж ч мэднэ. Шалтгааныг тодруулах тэдгээр шугамуудыг дагаж явсаар хаа хүрэхийг нь үзэх хэрэгтэй. Энэ загвараар үргэлжлүүлэн аль болох олон өөр өнцгөөс нэг сэдвийг боловсруулах хэрэгтэй.

4. **Дүгнэлт дээрээ саатах:** Хэсэг хугацаагаар бүхнийг дахин эргэцүүлэн бодоод анхны асуултынхаа хариултыг зөв эсэхэд улам илүүтэй итгэлтэй болж ирнэ. Тэр итгэл тань хүчтэй байвал та шинжлэлээ зогсоогоод "энэ ийм байх нь" гэсэн дүгнэлт дээрээ зогсон амарна.

5. **Задлан шинжлэл ба зогсолтыг ээлжлэх:** Таны итгэлтэй мэдрэмж сулраад ирсэн тохиолдолд судалгааны явц руугаа буцаж очин дахин задлан шинжилгээгээ давтах юмуу эсвэл өөр асуулт дээр ажиллаж эхэлнэ. Таны итгэл өмнөх шигээ хүчтэй болж төгсвөл мөн тэндээ хүрээд зогсож ийнхүү шинжлэх амрах хоёрыг солбин дадуулснаар өөрийн ойлголтыг улам гүнзгийрүүлэн нарийсгаж чадна.

Шинжлэх ба амрах бясалгалыг хэрхэн ээлжлэх талаар Жамгон Контрул *Мэдлэгийн Сан* номдоо ашигтай зааврыг оруулсан байдгийг эш татвал:

Хэрвээ эрчимтэй бясалгаснаар амрах чадвар багасвал

Амрах бясалгалыг илүү хийж хөдөлгөөнгүй байдлыг нэмэгдүүл,

Удаан амарсны улмаас шинжлэхээ больвол

Шинжлэх бясалгалыг хийж сэтгэлийн саруулыг бататга гэсэн байдаг.

Тиймээс шинжлэх бясалгалын явцад сэтгэл догшрох үзэгдэл илэрвэл сэтгэлээ амрааж тогтоох бясалгал дээр төвлөрнө. Нөгөө талаас тогтоох бясалгал тань таныг живэхэд хүргэх гээд байвал тархиа сэргээхийн тулд шинжлэх бясалгалд орох хэрэгтэй. Цаашлаад шинжлэх амрах бясалгалыг ээлжлээд сурчихвал итгэлтэй байдалд хүрэхийн тулд их шинжлэл шаардагдахааргүй тийм түвшинд хүрч очих болно. Ийм замаар таныг дөнгөж эхэлж байгаа үед шинжлэх бясалгал илүү хэрэгтэй байдаг бол цаг хугацаа өнгөрсний дараагаар тогтоох бясалгал илүүтэй шаардагдах төлөв рүү шилждэг байна.

ОГООРЛЫН ДӨРВӨН СЭТГЭЛ

Дараагийн дөрвөн хэсэгт бид *огоорлын сэтгэл* хэмээх шинж чанарыг хэрхэн үүсгэх сэдвээр ярилцах болно. Энэ чанар бол аль ч сүсэг бишрэлийн замд орохын үндэс болдог зайлшгүй хөгжүүлэх ёстой зүйлсийн нэг мөн. Тиймээс түүний учир утгыг ойлгохын тулд цагаа зарцуулах нь дэмий хэрэг биш юм.

Огоорох сэтгэлийн хамгийн энгийн хэлбэр бол "нүүр буруулах" юм. Амьдралдаа байгаа аль нэгэн зүйлийг өөрт хөнөөлтэй гэж мэдвэл шууд нүүр буруулан эргэх ёстой. Түүний сацуу өөр зүйлийн зүгт ч мөн хандах явдал бий. Тэгэхээр огоорол гэдэг маань анхаарлаа хөнөөлтэй зүгээс эргүүлж ашигтай зүгт шилжүүлэхийг хэлдэг.

Огоорлын дөрвөн сэтгэл гэдэг дөрвөн сэдвийг бид судалж үзэх бөгөөд тэдгээр нь шуналдаа хөтлөгдөн хорвоогийн найман явдалд жолоодуулан амьдрахаас сэргийлэн Бурханы Номыг авшиг болгон дадуулж сэтгэлээ номхруулан захирах зүг рүү чиглүүлэхэд тусгайлан зориулагдсан байдаг. Үүнийг одоогийн буй нөхцөл байдлыг ойлгуулах буюу тэдгээр нөхцөл байдалд ямар боломцоо боломж агуулагдан байна гэдгийг ойлгуулах замаар гүйцэтгэдэг.

Хорвоогийн найман явдалд хэт туйлшрах нь бидний сэтгэлийг мөн явцууруулж мэдэх ба тэд биднийг юу чухал, юу чухал биш гэсэн өвөрмөц туйлширмал үзэлд итгэх зуршилтай болгож орхино. Тэгвэл Огоорлын дөрвөн сэтгэл бидэнд үзэл бодлоо нээж илүү өргөн хүрээгээр харж ойлгоход тусалдаг. Эдгээр нь жинхэнэ өөрчлөлтөнд хүрч болох боломцоо ямар байгаа түүхийг бидэнд хүүрнэнэ. Эхний үед энэ бүхэн залхуурлаас болоод дарагдаж хуучин муу зуршилдаа буцаж орох нь амархан байдгийг санаж байх хэрэгтэй.

Огоорлын сэтгэл мөн зовлонгоос гэтлэх гэсэн нэгэн биеийн гэгээрлийн сэтгэлийг хэлж болно. Хорвоогоос уйсах сэтгэл анх төрөөд дараа нь цаашдын явцдаа хамаг амьтныг бодох сэтгэл болон өргөждөг билээ. Бид өөрсдөө зовлонгоос хагацах юмсан гэсэн чин сэтгэл үгүйгээр бусдыг зовлонгоос гэтэлгэх боломцоо үнэндээ байхгүй юм. Тиймээс сайтар тордож өсгөвөл огоорлын сэтгэл маш хүчирхэг сүсэг бишрэлийн хэрэгсэл болж болох билээ.

Заншил ёсоор бол дөрвөн сэдвийг тодорхой дараалаар танилцуулах ёстой. Эхлээд эрдэнэт хүний биеийг олж төрөхийн эрхэм нандин байдлыг, дараа нь амьдрал мөнх бус, тэгээд орчлонгийн хүлээсэнд эргэлдэн зовох ёс, эцэст нь үйлийн үрийн нөхцөл шалтгааны хуулийг танилцуулдаг заншилтай. Эртний Энэтхэг Төвөдийн сонсогчид Буддын шашны үзлийн талаар тодорхой ойлголттой хүмүүс байсан учраас ийм дараалаар явах хэрэгтэй байсныг би ойлгож байна, гэвч манай барууны шавь нарт энэ нь хэрэгцээгүй олон бэрхшээлийг үүсгэж болзошгүй юм гэж үзсэний үндсэн дээр би баруныханд хичээл заахдаа байрлалыг нь үл ялиг өөрчлөн ертөнцийг үзэх үзлийг эхлээд таниулж суурь бий болгоод түүнийхээ дараа нь бусад хандлагуудыг тайлбарлах нь ашигтай юм гэсэн дүгнэлтэнд хүрсэн билээ. Миний хувилбарыг ерөнхийд нь харуулбал:

1. **Уг шалтгаан ба үр дагаврын хууль:** Бид эхлээд Карма гэж бидний нэрлэдэг ухамсрын үргэжлэл, байгалийн шалтгааны хуулийг ойлгох явдлыг хөгжүүлнэ. Үндсэн зарчим нь бидний юу мэдрэх нь бие, хэл, сэтгэл гурвын үйлдлээр дамжин хэлбэрээ олж байдгийг ойлгох явдал мөн. Бид энэ зарчмыг сайн ойлгох тусмаа буянтай-бус үйлдлээс нүүрээ буруулан буянтай зан үйлд илүү оролцох огоорлын сэтгэлийг хөгжүүлж чадах юм.

2. **Сансрын хүлээсэнд эргэлдэн зовох:** Кармаг ойлгосноороо бид өөрсдийн үйлийн эрхээр дахин төрөл авч сансрын эргэлтэнд үргэлжлүүлэн эргэлдсээр байдаг энэ загварыг таньж мэднэ. Энэ загвар дээрээ үндэслээд бид яагаад таагүй зүйлтэй учраад байдаг тухайд анхаарах болно. Бид бүдүүн, нарийн, маш нарийн бүхий л түвшинд нь энэ үзэгдлийг бүхлээр нь

харж үзэх бөгөөд ингэснээр сансрын хүлээснээс ангижирч эрх чөлөөтэй болохыг хүссэн магад гарахын сэтгэлийг төрүүлж хөгжүүлнэ.

3. **Эрдэнэт хүний биеийг олох:** Зовлонгоос ангижрах сэтгэлтэйгээр бид хүссэндээ хүрэх чадварыг олж хөгжүүлнэ. Үүний тулд эрхэм нандин энэ хүний биеийг олохын тулд ямар гайхамшигтай олон төрлийн нөхцөлүүд бүрдэж байж бүтдэгийг нягтлан тунгаана. Ийм замаар зөвхөн энэ насны амьдралынхаа төлөө ажиллаж зүтгэж явахын оронд цаашдын ирээдүйд ашигтай сайн төрлийг олохын төлөө зүтгэнэ гэсэн үг.

4. **Үхэл ба мөнх-бус:** Сүүлчийн сэдэв хорвоогийн найман явдалд хүчтэй дассан сэтгэлээ даван гарах тал дээр анхаарна. Бидний дасаж сурсан зан маань аливаа нэгэн зөв өөрчлөлтөнд садаа болсон, эсрэг хүч болон үйлчлэх нь гарцаагүй юм. Тийм учраас хорвоогийн дармагаас зуурах сэтгэлээ огоорон Бурханы Номыг нэн яаралтай авшиг болгож эхлэх хэрэгтэй. Үүнийгээ бид үхэл мөнх бусыг ялангуяа сансрын эргэлтэнд хүлэгдэн зовохын учрыг бясалган тунгаах аргаар гүйцэтгэнэ. Энэ сэдэв тэгэхээр бидэнд залхуурал, хойрго зангаа хойш тавин номыг анхааран авшиг болгох сэтгэлийг хөгжүүлэхэд туслах юм.

Ихэнх хүмүүст эдгээр сэдвүүд онцгой сорилттой байдгийн учир бол тэдний дассан шинжлэх ухаанч материаллаг загвараас машид өөрөөр юмс үзэгдэлийг тайлбарладагт байдаг. Ийм шалтгаанаар эдгээр бүх санаануудын талаар нээлттэй сэтгэлээр хандаж аргачиллын замаар тэдэнтэй харьцах нь чухал. Бурхан Багшийн сургаал болгондоо үзүүлсэн загварууд юмс үзэгдлийг ажиглан тунгаасны арвин их сангаас шууд мэдрэмжиндээ үндэслэн гаргаж авсан загварууд гэдгийг санах хэрэгтэй. Энэ эрэл хайгуулыг мянга мянган түүний залгамжлагч үргэлжлүүлэн, дараа дараагаараа тунгаан бясалгаж туршин нотолсоор ирсэн юм. Тийм болохоор хэчнээн харь газрын өвөрмөц санаа мэт санагдлаа ч гэсэн эдгээр үзэгдлийг өөрийнхөөрөө задлан шинжлэх чадвар танд бий болохоор туршлагыг мөн адилхан давтан шалгахад хичээл зүтгэлээ зориулахад болохгүй явдалгүй. Тэгэхээр санаа болгоныг онолын сэдэв мэтээр хүлээн авч бидэнд итгүүлэх гэж оролдоод байгаа тэр үнэнийг та өөрөө илрүүлэх хэрэгтэй. Тэгвэл хэзээ нэгэн цагт загвар боломжийн мэт санагдаад ирэх үед та аяндаа цаашаа судлан гүнзгийрүүлээд эхлэх нь дамжиггүй.

Сэдэв	Огоорох зүйл	Юунд анхаарах
1. Үйлийн үрийн шалтгаан ба үр дагавар	Нүгэл	Буян
2. Сансарт эргэлдэн зовох шинж	Сансарт орших	Зовлонгоос салах
3. Эрдэнэт хүний биеийг олох	Хорвоогийн 8 Явдал	Номыг дадуулах
4. Үхэл ба Мөнх-бус	Залхуурал, хойш тавих	Идэвхтэй оролцоо

Хүснэгт 5-2: Огоорлын Дөрвөн Сэтгэл

ГОЛ ХЭСГҮҮДИЙГ ЭРГЭН СӨХВӨЛ

- Хоёр төрлийн жаргал байдаг нь: гадаад орчинд үндэслэсэн хорвоогийн жаргал, бидний сэтгэлийн төрөлхийн чанарт үндэслэсэн жинхэнэ жаргал хоёр юм. Бид жинхэнэ аз жаргалыг хүсэн мөрөөдөх боловч хорвоогийн жаргалд анхаараад байдаг нь бидний сэтгэл хангалуун бус байдалд хүргэдэг.

- Дарма гэдэг бол тодорхой үр дагаврыг үүсгэх нөхцөл болдог аливаа үзэгдлийг хэлнэ. Хорвоогийн дарманд хорвоогийн жаргалыг үүсгэх чадвар байдаг бол ариун дарманд үнэн жаргалыг бий болгох чадвар байдаг ажээ.

- Хорвоогийн найман явдалд: авахын шунал ба алдахын хорсол, таашаалд шунах ба тааламжгүйд шаналах, нэр хүндэд шунах ба үл тоогдсондоо гутрах, магтаалд шунах ба шүүмжлэлд хорсох сэтгэлүүд ордог.

- Номыг дадуулан үйлдэнэ гэдэг нь сэтгэл доторх муу сэтгэлийн түйтгэрүүдийг зайлуулахад хичээн зүтгэхийг хэлнэ. Энэ үйл явцын дүнд сэтгэл амирлан номхордог тул илүү ашигтай зүйлд түүнийг зориулж болохоор болно.

- Хоёр төрлийн дадлага байдаг нь: албан ёсны ба ердийн дадлага юм. Номыг амьдралдаа хэрэгжүүлэхэд тань хоёулаа хэрэгтэй.

- Билиг оюуныг хөгжүүлэхийн тулд шинжлэх бясалгалыг ашиглах хэрэгтэй. Гурван төрлийн билиг оюун байдагт: сонсох оюун, тусгах оюун, бясалгах оюун юм. Та билиг оюунаа хурцатгахын тулд шинжлэх бясалгал тогтоох бясалгал хоёрыг ээлжлэн солбиж хийх хэрэгтэй.

- Огоорол гэдэг бол дутагдалт гэмийг ухааран тэдгээр талууд руу нуруугаа харуулан уйслыг төрүүлэх сэтгэл юм.

- Огоорлын дөрвөн сэтгэл өөрсдийн сэтгэлийг хөнөөлтэй зуршлуудаас холдуулан Номыг дадуулан үйлдэх мэтийн үр бүтээлтэй хэвшлүүдийг бий болгохын тулд бодож тунгаан задлан шинжилбэл зохих дөрвөн сэдэв билээ. Тэдгээр нь: үйлийн үрийн шалтгаан ба үр дагаврын хууль, сансрын хүлээсэнд эргэлдэн зовох ёс, эрдэнэт хүний биеийг олохын ховор нандин чанар, үхэл мөнх-бус байдал эдгээр билээ.

Үйлийн үрийн шалтгаан ба үр дагаврын хууль

Өөрийн эргэн тойрноо ажиглаад нэг хар даа. Элдвийн объектуудаар хүрээлүүлсэн байгаа биз? Том жижиг, бөөрөнхий хавтгай гээд л янз бүр. Зарим нь аяндаа үүсэж бий болсон байхад зарим нь хүний гараар машины тусламжтайгаар хийгдсэн байх. Хаанаас энэ олон зүйлс гараад ирсийн бол оо? Яагаад яг энэ үед тантай цуг байх болсон бол?

Хэрвээ бид хийж байгаа зүйлээ орхиод энэ тухай бодож эхлэх юм бол энэ бүх объект бүхэл бүтэн бүлэг маш олон төрлийн нөхцөлүүд нэгдэн нийлсний үрээр эцэст нь таны өмнө үзэгдэж байгаа нь энэ гэдгийг мэдэх болно. Модон ширээг жишээнд аваад үзье:

Хаа нэгтээ ширээ хийх санаатай нэг хүн байжээ. Тэр хуудас цаас авч харандаагаар таталбар хийн ширээ ямар байхыг дүрсэлнэ. Зохиосон загвартаа сэтгэл хангалуун болмогцоо гадагш гарч хэсэг мод хадаас зэргийг авчирна. Тэгээд модыг мужааныхаа газарт авч очоод хөрөөдөж өөлөн засаж загвартайгаа адилхан болгоно. Бүх хэсгүүд бэлэн болмогц хооронд нь хадаж дуусгана. Олон цагийн хөдөлмөрийн үрээр ширээ ингэж бэлэн болно.

Буддизмын үзлээр бол бүхий л юмс үзэгдэл шалтгаан ба нөхцөлөөр бүтдэг. Юу ч үгүйгээс юу ч үүсэхгүй, тэгэхээр бүх юм аль нэг зүйлээс хамааран бүтэж тэр нь уг зүйлийн урьдатгал шалтгаан болдог ажээ. Шалтгаан болгон нөхцөл бүрдэх үед аль нэгэн үр дагаварт хүргэдэг. Бид энэ зарчмыг *Байгалийн шалтгааны хууль* гэнэ. Энэхүү дүрслэлээс бид хоёр төрлийн шалтгааныг таньж болно:

1. **Голлох шалтгаан:** Энэ бол үр дагавар ургуулж буй тэр гол зүйл нь юм. Энэ нь тодорхой олон янзын нөхцөлүүдээр хувирч үр дагаврыг бий болгодог. Бидний ширээний жишээн дээр яривал ширээний гол шалтгаан нь мод. Цэцэгний хувьд гол шалтгаан нь суулгасан үр юм.

2. **Туслах нөхцөлүүд:** Энэ бол тодорхой нэгэн үр дүн гарахад шаардлагатай өөр өөр нөхцөл байдлуудыг хэлнэ. Ширээний жишээн дээр түүнийг зохиосон хүн, загвар зурагдсан цаас, хэлбэр гаргахад хэрэглэсэн багаж хөрөө гэх мэтийн бусад туслах зүйлс ширээг үнэн болгоход нөлөөлжээ.

Голлох шалтгаан цорын ганц байдаг бол туслах нөхцөлүүд тоолшгүй олон байх ажээ. Ширээ хийхэд хэрэглэсэн алх хаанаас хэрхэн үүссэнийг л бодоод үзээрэй. Эсвэл цаас хаанаас гарч ирсэн билээ? Ширээ хийе гэдэг санааг анх гаргасан тэр хүний бүх нөхцөлүүдийг дурдаа ч үгүй байхад тэр шүү. Энэ гайхамшигтай олон төрлийн нөхцөлүүд үйлийн үрийн хуулийг судлах явдлыг нэлээд ээдрээтэй болгодог нь үнэн билээ.

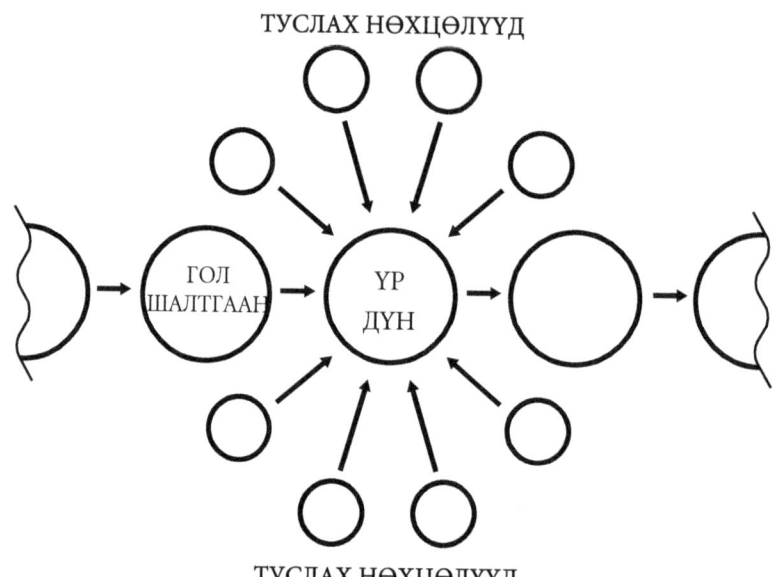

Зураг 6-1: Голлох шалтгаан ба Туслах Нөхцөлүүд

Орчин цагийн шинжлэх ухаан бидэнд физик биет ертөнц сүүлийн хэдэн сая жил хэрхэн хөгжиж ирснийг нотлон үзүүлсэн нь шалтгаан нөхцөлийг ойлгох явдалд ихээхэн тустай байдаг. Гэвч энэ бол үнэний зөвхөн нэг талыг харуулна. Өмнөх бүлгүүдэд бидний ярилцсан сэдвүүдийг санаж байгаа бол буддын шашны үзлээр сэтгэл гэдэг бодит үзэгдэл биш бөгөөд тийм хэрнээ мөн л шалтгаан нөхцөлүүдээр хэлбэржиж байдаг зүйл юм. Энэ холбоог дүрсэлсэн загварыг бид *Үйлийн үрийн шалтгаан ба үр дагаврын хууль* хэмээн нэрлэдэг.

Карма гэж санскрит үг "үйл хөдлөл" гэсэн утгатай. Энэ үгийг бие хэл ба сэтгэлийн үйлдлийн дүнд үүссэн үр дагаварт тусгайлан зориулж хэрэглэдэг. Үйл хөдлөл өөрөө тодорхой тодорхой сэдлээр хийгдсэн зан байдлаар танигддаг. Тэгэхээр сэдэл өөрөө оюуны үзүүлэлтүүдийн нэг учраас \2-р хэсгийг үз\ бүхий л үйл хөдлөл сэтгэлээс анх гаралтай болох нь харагдаж байна.

Учрыг тодруулахын тулд энгийн жишээ авъя:

Та цангаж байгаагаа мэдэрч эхэллээ гэж бод. Цангаагаа тайлах хүсэл аажмаар нэмэгдсээр эцэстээ босож гал тогоо ороод аяганд ус хийж автал улам хүчтэй болжээ. Та усыг хэдэнтээ гүдхийтэл залгилан уухад цангасан сэтгэл замхран алга болно.

Хэрвээ бид үйлийн үрийн шалтгаан үр дагаврын хуулиар харвал цангаа сэтгэлд үүсчээ. Энэ мэдрэмж яваандаа усанд шунах сэтгэлд эзэмдүүлэн тэр нь улам өсөн нэмэгдэнэ. Шунал улам ихэссээр ямар нэгэн юм хийхгүй бол болохгүй хэмжээнд хүрнэ. Тэгээд аяга ус уух санаа төржээ. Энэ санаа тодорхой дараалсан мэдрэлийн эсүүдийг асааснаар тэдгээр нь гал тогоо руу явах гэх мэтийн хэд хэдэн биеийн үйл хөдөлгөөнийг хийхэд хүргэнэ. Аяганд ус хийж залгисний дараагаар ус биеийг чийглэсний дүнд тэдний хоорондын зохицол өөрчлөгдөж илүү олон мэдрэлийн эсийг асаахын шалтгаан болж цангаж байсан мэдрэмж улмаар арилна. Мэдрэмж арилахтай зэрэг шунал мөн цуг арилна.

Бидний эрж хайж байгаа үр дагавар бол цангахын зовлонгоос ангижрах явдал. Сэтгэлд бодол төрөхийн гол шалтгаан бол сэтгэл дэх ухамсрын тасралтгүй урсгал бөгөөд зөвхөн сэтгэл л төрөх боломжийг сэтгэлд олгож чадна. Бие махбодтой холбоотой бусад бүх үзэгдлүүд дээрх жишээн дээр туслах нөхцөлүүд болж сэтгэлд ямар мэдрэмж төрөхөд нөлөөлж байдаг.

Үүнтэй адилаар биед чийгшил өгч буй үр дагавар нь H2O гэсэн бодисыг системд таниулж өгч буйгаас үүсчээ. Энэхүү химийн урвал явагдахад сэтгэл туслах нөхцөл болон үйлчилж харин гол шалтгаан нь усны физик молекулууд болж байна. Физик, физик-бус хоёрыг хооронд нь холихгүй байх нь маш чухал. Тэд нэг нэгэндээ нөлөөлөх чадвартай л болохоос нэг нь нөгөө рүүгээ хувирч байсан түүх хэзээ ч байгаагүй юм.

Үйлийн үрийн тухайн нэгэн мэдрэмжинд үзүүлсэн бүхий л нөлөөг ойлгоно гэдэг хирээс хэтэрсэн буюу таашгүй гэмээр тийм үзэгдлүүд билээ. Тэр нь хамаг амьтны сэтгэл хэмжигдэнэ гэхэд хэтэрхий төвөгтэй асуудлууд болох ажээ. Аз болоход Бурхан Багш бясалган төвлөрөлтийн хүчээр шалтгааны давтамжийн маш өргөн хүрээг ажиглаж чадсан ба карма хэрхэн ажилладаг тухай хамгийн энгийн хэлбэрүүдийг таньж гаргасан байдаг. Энэ бүлэгтээ бид тэдгээр хэлбэрүүдийг судалж үйлийн үр хэрхэн өвөрмөц байдлаар боловсорч бидний мэдрэмжийн чанарт нөлөөлж байдгийг ойлгох болно.

ҮЙЛИЙН ҮР БА СЭТГЭЛИЙН УРСГАЛ

Дээрх жишээнд сэдэл хэрхэн сэтгэлийн хувиргалтанд хүргэдгийг үзүүлсэн боловч яагаад цангах болсон хийгээд ус уух шунал яагаад оргилсон талаар бидэнд тийм ч ихийг хэлж өгөөгүй билээ. Өөр өөр үзэгдэлд бид хэрхэн хариу үзүүлдэг тухай ойлгохын тулд сэтгэлийн урсгал хэрхэн дадал зуршил болдог талаар эхлээд мэдэх хэрэгтэй.

Бие хэл ба сэтгэлээр ямар нэгэн үйлийг хийх үедээ аль нэгэн зуршлыг бататгаж байдаг. Бидний авсан жишээнд цангааг усаар тайлах нь бүдүүн хэлбэрийн зуршил юм. Нарийн түвшиндээ цангасан мэдрэмжинд үзүүлэх хариу урвал нь шунал байдаг. Байнга ингэж хариу урвал үзүүлсээр байгаад ирээдүйд адилхан хариу урвал үзүүлэх боломжийг ихэсгэж байдаг. Энэхүү дадал зуршил болсон хандлагыг бид *үйлийн үр* гэж нэрлэдэг.

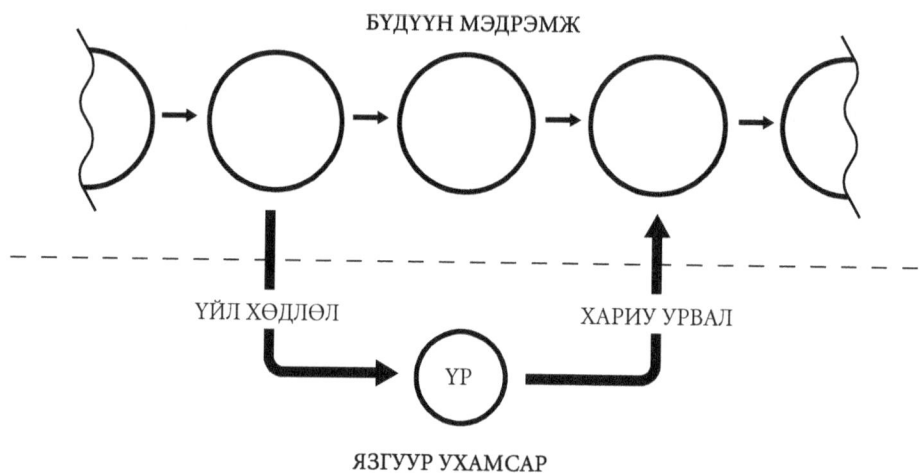

Зураг 6-2: Үйл хөдлөл сэтгэлд хэрхэн дадал болдог байдал

Нэгэн өдрийн дотор бид үйл хөдлөл, хариу урвал зэрэгт тасралтгүй оролцож байдаг. Сэтгэлд үзэгдэл ургахад бид түүнд хариу үзүүллээ, сэтгэлд үр суулгагдлаа. Нэг замаар олон удаа яваад байхаар тэр зам улам л тодроод байдгийн адил оюун мэдрэлийн зам машид их баталгааждаг. Ганц ялгаа нь, сэтгэл гэдэг физик биет үзэгдэл биш учраас аяндаа хатаж агшина, ширгэнэ гэсэн зүйл байдаггүй. Үр таригдсан л бол "боловсрох" хугацаагаа болтол нь сэтгэлд мэдрэмж хэлбэрээр хадгалагдсаар л байх юмуу эсвэл хариу ямар нэг хүч хэрэглэснээс хүч нь сулрах бололцоотой. Энэ хоёр өөрчлөлтийн талаар бид сүүлд ярилцах болно.

Одоогийн байдлаар бидний сэтгэлд өдөр цаг хором тутамд үйлдэгдэж буй дадал зуршлуудын маш их хадгаламж агуулагдаж байдгийг ойлгох нь чухал. Эдгээр дадал зуршлууд язгуурын ухамсарт \1-р бүлгээс үз\ хадгалагдаад мэдрэмж төрөх тэр нөхцөлийг хүлээж байдаг.

Дараагийн жишээг сонрхож үзье:

Олон хүн ашиг орлого олж амжилтанд хүрэх хүсэлтэйгээр шинэ бизнесс эхэлдэг. Түүний зэрэгцээгээр тэд хөрөнгө оруулалт хийгээд зээллэгийн оноогоо алдчихгүй гэж бас мөрөөдөнө. Гэтэл олон цагийн туршид хийсэн зах зээлийн судалгаа, бизнесс төлөвлөлт зэргээс үл хамаараад тэдний *бизнесс нуралтанд оржээ. Ямар ч алдаагүй бүгдийг хийсэн хэрнээ амжилт олж чадсангүй. Тэр үед өөр хэсэг хүмүүс мөн адил хүсэлтэйгээр бизнесс эхэлж тийм ч их зүтгэл гаргаагүй байж амжилт гарган ихээхэн олз олов гэнэ. Хоёр адилхан дүр байдал хоёр маш ялгаатай үр дүнг авчирч байна.*

Яагаад нэг нь амжилт олж нөгөөх нь дампуурав гэж асуух юм бол маш олон төрлийн туслах нөхцөлүүдийг таньж мэдэх хэрэгтэй болно. Эдийн засаг муу байна, бүтээгдэхүүний борлуулалтаас боллоо энэ тэр гээд есөн шидийн зүйлийг гаргаж ирж болох хэдий ч тэд цөм хоёрдогч нөхцөлүүд юм. Тиймээ, тэд ч мөн үр дагавар авчирна гэхдээ гол шалтгаан нь үйлийн үр боловсорч байгаа хэрэг юм.

Үүнийг ойлгохын тулд энэ хоёр тохиолдол хоёулаа хүнд хамааралтай болохыг бодох ёстой. Үйлийн үрийн төлвөөс харахад нэг хүн нь баярлаж нөгөөх нь баларсан байна. Хоёр үйл явдлын үр дүнд гарсан үйлийн үрийн үр дагавар энэ. Энэ мэдрэмжүүд тухайн хоёр хүний тус бүрийн хийсэн бүхэл бүтэн бүлэг дараалсан үйл хөдлөл, сонголт зэргээс шалтгаалан ургасан байна. Ямар сонголт хийх нь тэдний сэтгэлийн урсгал дахь үйлийн үрийн байнгын боловсролтон дээр үндэслэнэ. Энэ нь тэдний юунд хэрхэн хандсан, үйл хэргийг хэрхэн зохион байгуулсан хэрхэн замнаж өнөөдрийн өдрийг хүрсэн зэрэг маш олон зүйл байж болох бөгөөд бүтээгдэхүүний чанар муу гэдэг нь дампуурлын нэг шалтгаан байж болох ч гэлээ яагаад бүтээгдэхүүн анхнаасаа муу гарав гэдэг дахиад тодорхой бүтээгдэхүүн тодорхой замаар бүтсэнээр танигдана. Иймэрхүү задлан шинжилгээ хийх юм бол бид буцаад сэтгэл рүүгээ хүрч очих болно.

Сэтгэл өөрөө төгсгөлгүй үргэлжлэл болохоор бидний бүх мэдрэмж ганц энэ насандаа учирсан мэдрэмжүүдтэй холбоотой байх шалтгаан алга. Зарим хүний хувьд үүнийг хүлээж авахад их амаргүй байдаг. Яагаад гэвэл бид хэзээ хийснээ огт санахгүй байгаа зүйлийнхээ хариуг амсах хэрэгтэй болдог. Хэзээ хийснээ санахгүй байгаа нь өөрөө түүний нөлөөлөлд өртөхгүй гэсэн үг биш юм.

Бид урьд насны үйл хэрхэн нөлөөлж буйг хүүхдүүдийн төрөлхийн чадвараас харж болно. Энэ бол өмнөх төрлийн үйлийн үр тэдний одоо юу мэдрэх, ямар сонголт хийх зэргийг хэлбэржүүлж байгаа хэрэг юм. Томчуудын дугуй унах байдлаас ч үүнийг харж болно. Хэчнээн жил дугуй унаагүй байсан мөртлөө өмнө нь суулгасан сэтгэлийн үрийг хэрэглэн чадвараа маш хурднаар сэргээж чаддаг. Үүнийг бид "зөн" юмуу "эвсэл" гэж нэрлэдэг билээ.

Үүнтэй адилаар төрөлхийн авьяас, онцгой чадавхи зэрэг нь олон олон төрлүүдийн өмнө тарьсан үр боловсорч байхыг үгүйсгэхгүй. Эдгээр чадвар нь урьд хэзээ ч тийм зүйлсийг хийж үзээгүй явсан хүмүүсийн хувьд харьцуулахад хоёр дахь унаган чанар нь болж үзэгдэх жишээтэй. Мөн гоц ухаант хүүхдүүдийг ойлгох энгийн тайлбар энэ бөгөөд маш бага насандаа ер бусын гайхамшигтай авьяас үзүүлдэг нь тэд зүгээр л урьд насандаа сурч мэдсэн зүйлээ энэ насандаа үргэлжлүүлж байгаа хэрэг билээ. Энэ нь мөн өөр өөр хүмүүс яагаад нэгэн насандаа маш өөр өөр чадвартай байж болдгийг тайлбарлаж өгч байгаа юм.

Үргэлжлүүлэн төрөл авах тухай

Хинду, Жэйнизм зэрэг олон шашны урсгал тэр бүү хэл зарим хэлбэрийн Христын урсгал хүртэл төрөл үргэлжлэх боломжтой гэдэгт итгэдэг. 2500 гаруй жилийн туршид олон гайхамшигтай буддист бясалгагч нар энэ санааг дэлгэрүүлэн судалж хүчирхэг бясалгалын аргуудыг хэрэглэн шинжилсэн билээ. Тэд өөрсдийн туршлагад шууд тулгуурлан хүний ухамсар үнэхээр үргэлжилдэг бөгөөд үйлийн үрийн барилдлага холбоосоор нөхцөлддөг гэдгийг илрүүлжээ. Энэхүү шууд мэдрэмж дээр тулгуурлан Буддын олон том судрууд бичигдсэн байдаг нь логик систем, эх сурвалжийн мянга мянган сонголтыг бидэнд олгодог.

Үлгэрийн далай хэмээх судар Бурхан Багшийн урьдын олон төрлүүдийн түүхийг өгүүлсэн. Тэр өөрийн сургаалыг сонсогч хүмүүст ялангуяа хүүхдүүдэд тустай байх үүднээс тэдгээр түүхийг илэн далангүй хүүрнэсэн байдаг. Жишээ татвал:

Будда Энэтхэгт хунтайж болон төрөхийнхөө урд ариун явдалтайгаараа алдаршсан нэгэн Бярманы гэр бүлд төрөөд аугаа эрдэмтэн-багш болсныгоо эргэн дурссан байдаг. Тэгээд тэндээсээ аглаг ойд шилжин суухыг эрхэмд үзэн эд хөрөнгө тансаг амьдралаас татгалзан хатуу дэглэм баримтлагчийн амьдралаар амьдрахаар шийдсэн байна. Тэнд тэрбээр зулзагалаад удаагүй туйлдаж өлссөндөө бамбарнуудаа идэхэд ч бэлэн болсон байсан өлөгчин бартай учирчээ. Тэгээд хаанаас ч хоол олох аргагүйд хязгааргүй энэрэх сэтгэл төрөн өөрийн биеийг өлсгөлөн баранд өргөсөн гэдэг.

Төвөдийн Буддын ёсонд бид урьд насны ул мөрийн баримт олдсон тохиолдолд тулкус \багш юмуу гэгээрсэн бодгалийн хувилгаан\ гэж тодруулдаг бөгөөд жишээ нь 14-р Далай Лам юм. Тэдгээрийг тусгай шалгуураар шалган, урьд төрөлдөө хэрэглэж байсан эд зүйлсийг таниулах, зарим нэг буддын ном сургаалыг айхтар сайн мэдэж байх зэргээс шалтгаалан тодруулдаг байна. Тэдний ихэнх нь мөн өмнөх насандаа тохиолдсон онцгой үйл явдлуудыг санадаг ба Далай Лам юмуу Кармапа гэх зэрэг томоохон хойд дүрүүд мөн ирээдүйн төрлөө ч урьдчилан хэлж чадах ажээ.

Урьд төрлөө санах үзэгдэл түүхийн бичиг сурвалжинд байх төдийгүй орчин цагийн нийгэмд ч ажиглаж болохоор болжээ. Урьд насандаа хийж байсан үзэж байсан зүйлээ санах, урьдын эцэг эх гэр орноо санах, энэ насандаа хэзээ ч учирч яваагүй хэрнээ гэр бүлийн гишүүдээ танилаа гэсэн мянга мянган хүмүүс байдаг. Түүгээр зогсохгүй энд тэнд нуусан хадгалсан үнэт зүйлсийг санаж олж таньж гаргаж ирэх, тодорхой болсон явдлуудыг сэргээн санах,санасан зүйлс нь одоо амьд байгаа хүмүүсээр батлагдах зэрэг явдлууд гардаг.

Энэ нь бидний судлах гол асуудал биш ч гэлээ энэ талаар цуглуулсан материалд үндэслэгдэн хэд хэдэн ном хүртэл гарсан байдаг нь таатай хэрэг бөгөөд жишээ нь Др. Иан Стивенсон өмнөх амьдралаа санасан гэх 2000 гаруй хүүхдийн тохиолдлыг дүрслэн *Ер бусын тохиолдуудад хийсэн парапсихлогийн судалгаа* номоо бичсэн байдаг.

Энэтхэгийн алдартай буддын мастер Бававивекагаас: "Хүнийг одоогийн энэ төрлөө авахын өмнө үхэж үзсэн гэдгийг яаж мэдэх юм бэ?" гэж асуухад:

Яагаад гэвэл зарим хүмүүс урьд насаа санадаг байх боломжтой гэсэн энгийн хариултыг хэлсэн байдаг. Цааш үргэлжлүүлэхэд, бид дахин төрөл аван үргэлжлэх хандлагатай юм гэдэг ойлголтыг толгойдоо оруулан энэ нь бидний үнэнийг илүү өргөнөөр мэдрэх явдлын хөгжилд голлох үүрэг гүйцэтгэх юм байна гэдгийг санах нь чухал юм. Зарим хүнд энэ нь утга төгөлдөр ойлгомжтой, дасахад амархан байдаг бол зарим хүмүүсийн хувьд цорын ганц л амьдарна гэж бодож дассан байдгаас энэ санааг хүлээн авна гэдэг сорилт мэт санагдаж магадгүй.

Шаардлагатай чадварыг хөгжүүлчихвэл хэн хүссэн хүн урьдын амьдралаа эргэн санаж болдог гэдгийг санах нь чухал. Энэ нь таны сайн дураар зүтгэх хүсэлтэй юу үгүй юу гэдгээс л шалтгаална. Тэр хүртэл сохор итгэлээр итгэ гэж хэлж байгаа юм биш. Зүгээр л сэтгэлээ нээлттэй байлгаж, бүхий л боломжийг илрүүлэхийн тулд тунгаан ухамсарлах чадвараа ашиглахыг сануулан хэлж байгаа билээ. Хэрвээ тэгэж чадвал энэ үзэлд итгэсний ашиг тус нэн их болохыг та удахгүй өөрөө олж үзэх болно.

ҮЙЛИЙН ҮРИЙН ДӨРВӨН ХУУЛЬ

Бурхан Багшийн хийсэн ажиглалтыг дүгнэж үзэх юм бол цаг хугацааны явцад тодорхой үйлийн үрийг боловсрохад тусалдаг хэд хэдэн хэлбэр байгааг таньж болно. Илүүтэй нарийн түвшинд нь таних хэрэгтэй байгаа боловч эдгээр дөрвөн цэгээр үйлийн үрийг өдөр тутмынхаа амьдралд ойлгож байхад туслах үндсэн хүрээг бид татаж болох юм.

1. Гарцаа байхгүй үр дүн

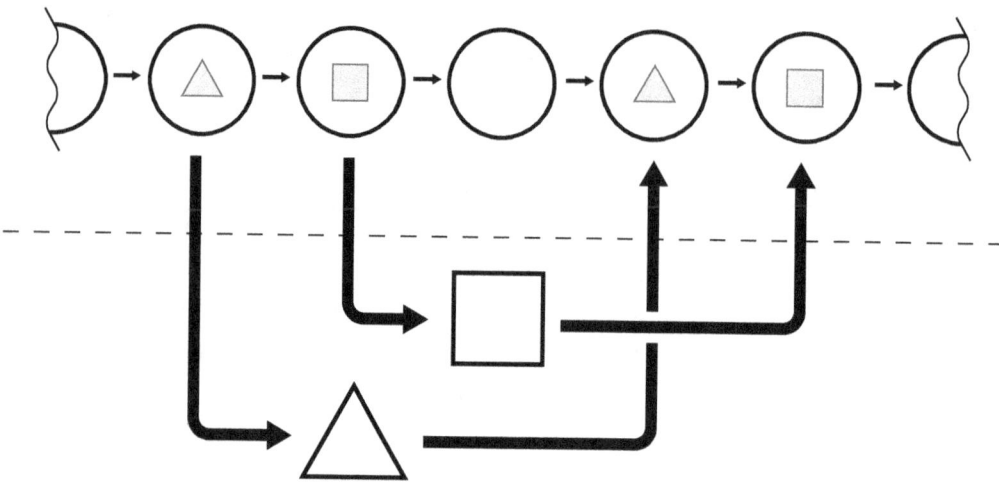

Зураг 6-3: Шалтгаан болгон ойролцоо үр дагавартай

Алимны үр тарих юм бол алим л авахаас биш жүрж авахгүй. Түүний адилаар тодорхой нэгэн үйлийн үр тодорхой нэгэн боловсролтыг амсуулна. Тиймээс хэрвээ түйтгэрт сэтгэлээр үйлдсэн үйл бол үр нь яах аргагүй зовлон байх болно. Буянтай сэтгэлээр таригдсан үр жаргал амсуулах нь гарцаагүй юм.

2. Үр дагавар байгаа л бол шалтгаан заавал бий

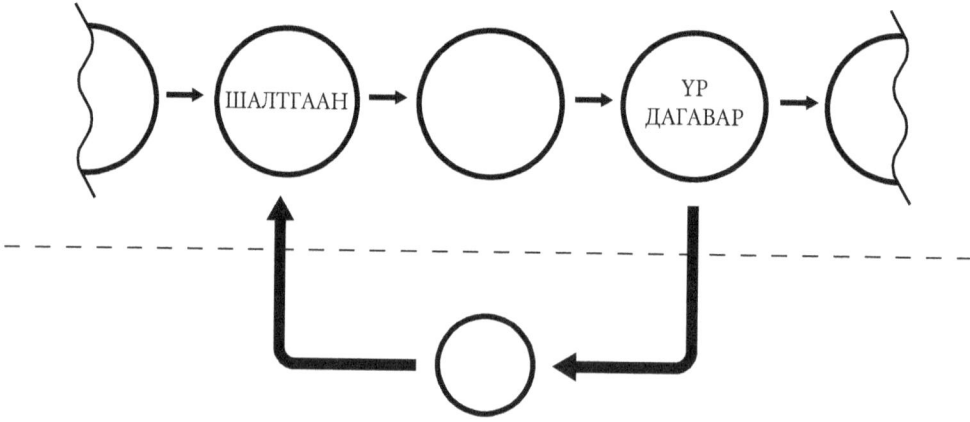

Зураг 6-4: Үр Дагавар болгонд тохирох шалтгаан

Юу ч үгүйгээс юу ч үүсэхгүй болохоор шалтгааныг нь тариагүй бол үр дүнгий нь амсана гэж байхгүй. Үйлийн үрийн хууль гэдгийг ямар нэгэн шийтгэл ба шагналын систем гэж бүү санаарай. Буддын шашинд таны үйлээр хар данс хөтлөөд, жаргах зовохыг тань шийдээд сууж байдаг дээд төрөлтөн гэж ойлголт үгүй. Хариуцлага тан дээр байгаа бөгөөд таны хийж буй үйлдэл өөрөө таны юу амсахыг шийдэж байдаг ажээ. Тиймээс та шалтгааныг нь бүтээсэн л бол түүний үр дагаврыг заавал амсана.

Үүний нэг гайхам жишээ бол Нью Үоркын Худалдааны төвийн наян-нэгдүгээр давхраас 9 сарын 11-ний дайралтын үеэр үсрээд хөлөө хугалснаас өөр гэмтэлгүй газардсан хүн байдаг. Буддын гүн ухааны үүднээс тайлбарлавал тэр хүн ийм байдлаар нас барах шалтгаан үгүй байжээ.

3. Шалтгаан байхад үр боловсрох нь зайлшгүй

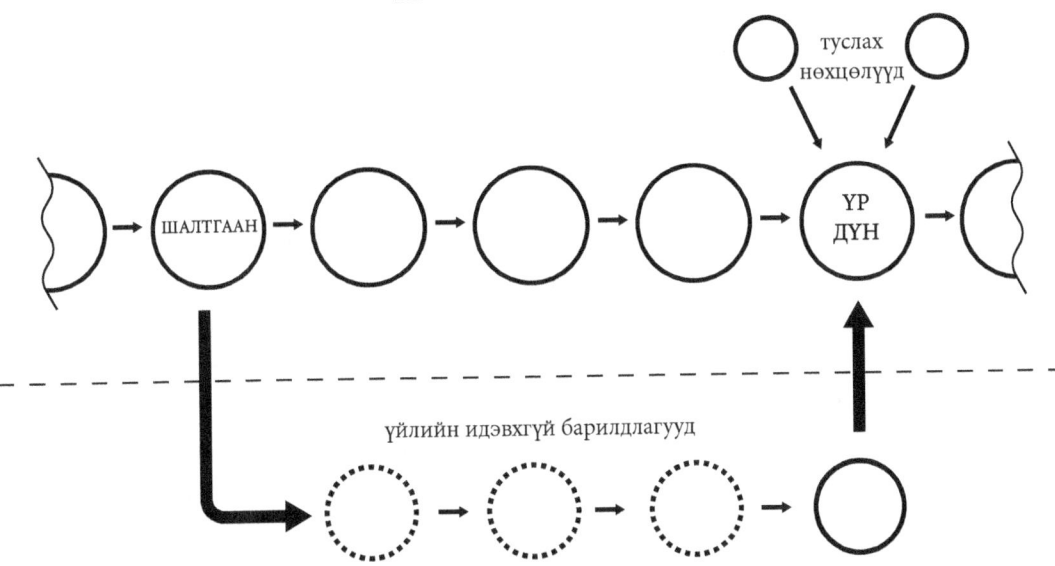

Зураг 6-5: Шалтгаан болгон үр дагаварт хүргэнэ.

Юу ч үгүйгээс үр дүн гардаггүйтэй адил шалтгаан нэгэнт үүсгэсэн бол цаг хугацааны туршид тэр нь зүгээр алга болоод өгнө гэж байхгүй. Бодит-бус зүйлсийн адилаар үйлийн үрийн барилдлагууд аяндаа элэгдэнэ хорогдоно гэж үгүй билээ. Хэчнээн ч удсан байлаа гэсэн нөхцөлүүд бүрдэж ирэхийн цагт үр боловсорч таардаг. Тэр мөчийг хүртэл тэдгээр холбооснууд идэвхгүй унтаа байдлаар бидний сэтгэлийн урсгалд хадгалагдан оршдог.

Тодорхой нэгэн үр дүнг үзэхээс зайлсхийх цорын ганц арга бол тэрхүү хүсэшгүй үр дүнгийн эсрэг үйлчлэх ерөндгийг хэрэглэх явдал юм. Зарим нэгэн үйлийн холбооснуудын хүчийг сулруулах тэр үйл явцыг бид "ариусгал" гэж нэрлэдэг. Энэ талаар бид Боть 2-т тодорхой ярилцах болно.

4. Карма үрждэг

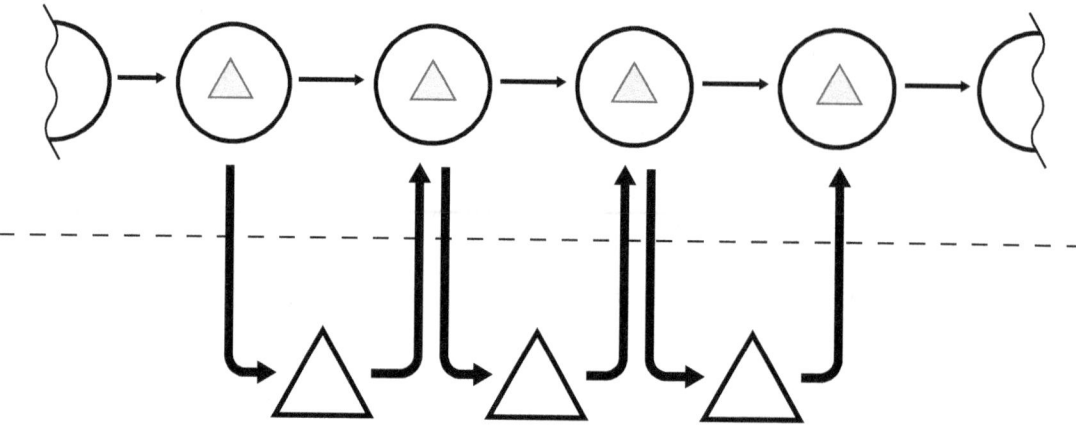

Зураг 6-6: Зуршил болсон хандлагууд өөрсдөө олширдог.

Бид бие, хэл, сэтгэлээр үйл хөдлөл хийх болгондоо зуршил болсон хандлагадаа хүч нэмсээр байдаг. Хүч нэмээд байх тусам тэр зуршил улам илүү нөлөөтэй болох чадвартай болно. Энэ нь буцаж татагдах гогцоо адилаар биднийг уургалан нөгөө зуршилт үйлийг бүр илүүтэй үйлдэхэд хүргэж байдаг.

Боловсрох хүртлээ ямар ч үйл алга болж алдагддаггүй гээд бодохоор хамгийн өчүүхэн үйл ч яваандаа өсөж олширдог байх боломжтой. Тэгэхээр бүхий л үйл хөдөлгөөн хамаатай гэж ойлгож хандах хэрэгтэй. Өчүүхэн үл мэдэгдэм үйл ч гэсэн маш том үр дүн авчирч мэдэхээр болдог нь бяцхан үр аварга мод болон ургадгийн адил ажгуу.

Дасгал 6.1 – Үйлийн үрийн механизм

- *Тохиромжтой байрлалд амьсгалдаа төвлөрөх бясалгалаар сэтгэлээ тайван байдалд оруулна.*

- *Өнөөдөр болсон явдлуудыг аажуухнаар нэг бүрчлэн сана. Хийсэн, хэлсэн, бодсон болгоноо санаандаа багтаахыг хичээ. Эдгээр үйл хөдлөл болгоныг хийхдээ ямар санаатай байсныгаа бод. Таны сэтгэл түйтгэрлэгдсэн байж уу? Үйлийн үр гарцаагүй гэдгийг санан таны үйлдлүүд ерөнхий ямар үр дагавар авчрахыг бод. Та жаргалын шалтгааныг бүтээж үү? Эсвэл зовлонгийн шалтгааныг бүтээж үү?*

- *Одоо тодорхой хэмжээний жаргалыг мэдэрч байсан үеэ санагтун. Тэр мэдрэмжийнхээ деталь болгоныг санаандаа аль болох тодоор ургуулахыг хичээ. Энэ мэдрэмж хаанаас гарч ирсэн бол оо? Тэр мэдрэмжийг амсахад тусалсан зарим нөхцөлүүд юу байв? Тэр мэдрэмжийг амсахдаа таны сэтгэл ямар байдалтай байв?*

• *Үүний адилаар одоо амьдралынхаа хэцүү хүнд үеийг гутарч будилж туулсан үеэ сана. Хэн нэгнийг үүндээ буруутгах гэлгүйгээр ямар ямар нөхцөлүүд хамтдаа нийлэн тэр мэдрэмжийг амсуулсан болохыг бод. Өөр хүн юмуу, юмс тэр мэдрэмжийг үүсгэсэн байж болох ч зовлон хаанаас гарч ирэв? Карма хэрхэн нөлөөтэйг мэдсэний дараа таны үзэл хир өөрчлөгдсөн байна?*

• *Амьдралаа эргээд харахад таны сэтгэл шунал хорсолдоо автагдах үе олон байж уу? Хэр их даваа нугачаа байсан байна? Тухай болгонд үйлийн холбоо үүсч байсан гэхээр тэд аяндаа устаж алга болохгүй болохоор ямар хандлага гарч ирэхээр байна?*

• *Одоо өөрийн үйлдэл бусдад хэрхэн нөлөөдгийг бод. Амьдралдаа тохиолдсон хэдэн жишээг сонгож аваад тэр гинжин хэлхээг даган хөөж тэдгээр явдлууд хэрхэн тохиолдсон болохыг сэргээн бод. Жаахан үйл цагийн явцад хэрхэн арвиждагийг сана. Нэг жижиг шийдэл маш том үр дүнд хүргэсэн жишээг амьдралаасаа татаж гаргаж ирж чадах уу?*

• *Ямар ухамсар ургана түүндээ сааатаад амар.*

ҮЙЛИЙН ҮРИЙГ ОЙЛГОХ ЗАМУУД

Үйлийн үрийн гол цөм нь бидний хором хоромдоо мэдрэх мэдрэмжээр нөхцөлддөг гэж үзвэл түүний бидний амьдралд үзүүлдэг өргөн хүрээний нөлөөллийг ойлгоход амаргүй. Тийм учраас Үйлийн үрийн хуулийн зохих талуудыг анхааралдаа авч тусад нь салгаж авч үзээрэй. Буддизмд үйлийн үрийг ангилах төрөл бүрийн аргууд байдаг. Тэдгээр ангиллыг судалснаар бид тэдний ямаршуухан үүрэг гүйцэтгэдгийг ойлгохын сацуу хийсвэр утгынх нь ээдрээтэйд хөл алдахаас зайлсхийж чадна.

Хувь хүн болон хүмүүсийн нийтлэг карма

Хүмүүсийн оролцож байгаа үйл хөдлөлүүдийг харж байхад зарим нь хүний дотоод сэтгэлд \бодол, сэтгэлийн хөдөлгөөн гэх мэт\ явагдаж байхад зарим нь гадаад бодит ертөнцтэй \бидний хэлж хийж байгаа бүхэн\ холбоотой байх нь ажиглагддаг. Сэтгэл дотор үйлдэгдэж буй карма хувийнх байдаг бол бие хэлээр үйлдэгдэж буй карма нийтийнх байх тул нэгээс илүү олон хүнийг хамарч нөлөөлөх чадвартай байдаг.

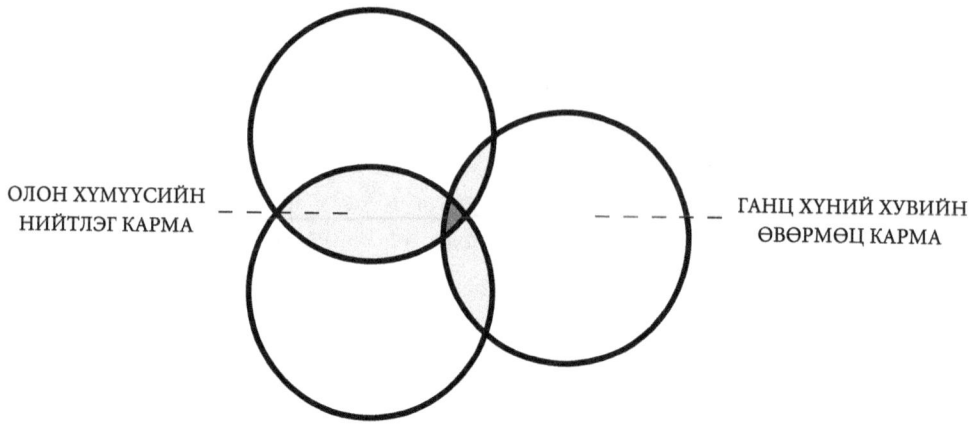

ОЛОН ХҮМҮҮСИЙН НИЙТЛЭГ КАРМА — — — — — — — — ГАНЦ ХҮНИЙ ХУВИЙН ӨВӨРМӨЦ КАРМА

Зураг 6-7: Олон хувь хүнийгхамарсан мэдрэмжийн ерөнхий зураглал

Бидний үйл хөдлөлийн нөлөөллийн цар хэмжээг харахад хоёр төрлийн үйлийн үр байдгийг таньж болно. Үүнд:

1. Нийтлэг үйлийн үр

Олон хувь хүний хуваан амсаж буй үйлийн үрийг нийтлэг үйлийн үр гэнэ. Энэ нь үндсэндээ хүмүүсийн хооронд харилцан үүрэг юмуу уялдаа холбоо үүсгэж ямар нэгэн хэмжээгээр ойролцоо мэдрэмжийг амсуулдаг. Жишээ нь, бид цөм Дэлхий хэмээх ертөнц дээр хүн болон төрөх нийтлэг үйлийн үрийг хуваан эдэлж байна. Бид ойролцоо бие хаа, ойролцоо мэдрэх эрхтэн, ойролцоо ухамсрыг төрүүлэх чадвартай гэсэн үг. Энэхүү ойролцоо байдал биднийг нэг нэгэнтэйгээ харилцан ойлголцоход хүргэдэг. Делфиныг аваад үзэхэд тэдэнд энэ Дэлхий дээр бидэнтэй хамт амьдрах нийтлэг үйлийн үр байгаа хэрнээ хүн болж төрөх тавилан заяасангүй. Тэдний мэдэрч байгаа зүйлс бидний хээс машид их ялгаатай учраас харилцахад төвөгтэй \боломжгүй биш шүү\ болгож байгаа юм.

Нийтлэг үйлийн үр өөр өөр хэмжигдэхүүнээр үйлчилнэ. Энэ нь ертөнц даяар байж болно, эрхэс даяар байж болно, эсвэл орон нутгийн чанартай байж ч мөн болно. Жишээ нь, дэлхийн олон улс үндэстэн, отог овгийхнийг аваад үзвэл тэд цөм нийтлэг нэгэн кармаг эдэлж байна. Хэдийгээр бид цөмөөрөө хүн байлаа ч гэсэн тухайн орон, улс дүүрэгтээ илүү холбоотой байдаг. Нэг улс дотор гэхэд л нэг хотод болон гудамжинд амьдардаг хүмүүсийн хооронд төдий чинээ олон нийтлэг үйлийн үр байдаг билээ.

Хүмүүсийн хоорондын үүрэг уялдаа зэрэг нь зөвхөн газар зүйн байрлалаар бус мөн шашин шүтлэг, итгэл бишрэлийнхээ талаас барилдлагатай байдаг. Нэг төрлийн сургаалыг авшиг болгон дадуулдаг хүмүүсийг бодоод үзэгтүн. Тэдний ертөнцийг үзэх үзэл хоорондоо ойролцоо. Тийм учраас маш олон барууны хүмүүс Буддын шашин гэж юу байдгийг огт мэдэхгүй оронд төрж өссөн хэрнээ Буддизмыг сонирхон судлах болсон нь үүний нэг жишээ мөн.

Нэг хүн нөгөөтэйгөө харьцах тоолондоо нийтлэг үйлийн үр үүсгэж байдаг. Хуваан амсах мэдрэмжээрээ тэд өөрсдийн сэтгэл дотор ойролцоо үрийг суулгаж байдаг гэсэн үг. Мэдрэмжээ хуваалцах тусмаа сэтгэлийн урсгалд хадгалагдах үйлийн барилдлага ойролцоо хөгжлөөр хөгждөг. Ингэснээрээ бид өөр өөр нөхцөл байдалд ойролцоо байдлаар хариу урвал үзүүлэх, ойролцоо шийдвэр гаргаснаар ойролцоо үйлдэлд оролцох шалтгаан болж өгдөг ажээ.

2. Ганц хувь хүний үйлийн үр

Бидний тус тусын үйлийн үр бусад хүмүүсийхтэй машид ихээр төстэй байх хэрнээ хэзээ ч яг адилхан байдаггүй ажээ. Бидний биеийн болоод үг хэлний үйлдэл бидний бүх үйл хөдлөлийн зөвхөн нэг хэсэг байдгаас тэр билээ. Бидний үйлийн үрийн ихээхэн хэсэг нь бидний төрөл бүрийн хэлбэр бүхий бодол буюу хийсвэр мэдрэхүйгээр үүсгэгддэг. Эдгээр урвалууд хувь хүний дотоодод хамааралтай учраас өөрийн гэсэн өвөрмөц хэв маяг бүхий үйлийн хандлагыг үүсгэдэг ажээ.

Ийм учраас нэг өндөгний ихрүүд нэг ижил газар өсөж торних мөртлөө огт өөр зан чанар, чадвар чадамжтай болдог. Энэ нь мөн яагаад зарим хүмүүс урт удаан жаргалтай амьдрах тавилантай атал зарим хүмүүс золгүй явдалд өртөж цагаасаа өмнө зуурдаар нас бардгийн учрыг тайлбарладаг. Бидний ген дэх тодорхой нэгэн шинжээс гаралтай физик биеийн шинж ямар олон төрөл байж болохыг л бодоод үзэгтүн. Энэ бүхэн хувь хүний үйлийн үрийн жишээнүүд юм.

Дасгал 6.2 – Хувааж Амсах Мэдрэмж

- *Тохиромжтой байрлалд орж, амьсгалдаа төвлөрөх бясалгалаар сэтгэлээ тайван байдалд оруулна.*

- *Амьдралдаа тохиолдсон тодхон дурсагдах үйл явдлыг сана даа. Энэ үйл явдалд нэлээд хэдэн хүн оролцсон байх хэрэгтэй. Зориуд тэнд болсон явдлыг тэр байдлаар нь сэтгэлдээ тодхон ургуулахын тулд яаралгүй бүхнийг эргэн санахыг оролд.*

- *Одоо өөрийн мэдэрсэн зүйлийн аль нэг талтай адилхан зүйл мэдэрсэн хүнийг ойр хавиасаа олох гээд үзэгтүн. Мэдрэмжийн өөр талуудыг таних нэг арга бол өөр өөр ухамсрын төрлүүдийн талаар бодох явдал байж болно. Энэ үйл явдалд оролцсон хүмүүсийн хоорондын төстэй шинж ямар их хүчтэй болохыг бод. Төстэй байдлыг ерөнхийд нь бус жижиг сажиг юман дээр ч мөн анхааран бод. Энэ бүлэг хүмүүсийн хооронд буй өөр өөр холбооснуудыг ч мөн танихыг хичээ.*

- *Одоо тухайн мэдрэмжийн чухам аль тал нь танд этгээд санагдсаныг бод. Хүмүүсийн итгэл бишрэл, хувийн түүх намтар юмуу сэтгэл хөдлөлөөр хүлээн авч буй зэрэг төрөл бүрийн зүйлсийн талаар бод. Аль нь нийтлэг аль нь хувийн шинжтэй болохыг ялгахыг хичээ.*

- *Ямар ухамсар ургана түүндээ саатаад амар.*

Сэдлийн эрчимд үндэслэгдсэн карма

Энэтхэгийн эрдэмтэн Асангагийн бичсэн *"Голлох суурь"* хэмээх сударт үйлийн үрийн талаар өгүүлснийг авч үзвэл үйлийн үрийг хэлбэржихэд сэдэл хамгийн гол үүргийг гүйцэтгэдэг ажээ.

Сэдлийн оролцоо хир байгаагаас шалтгаалаад зарим үйлүүд сэтгэлд маш гүнзгий ул мөрөө үлдээдэг.

Гүнзгий ул мөрийг бид "хүнд", сулхан ул мөрийг "хөнгөн" гэж нэрлэж болно. Хүнд үйлийн үрийн эрчим ямар байнаас хамаарч үр дагавар ч мөн түүнтэй тэгш хэмтэй байдаг байна. Түүнчлэн хөнгөн хэлбэрийн үйлийн үрийн үр дагавар мөн хүч багатай байдаг ажээ.

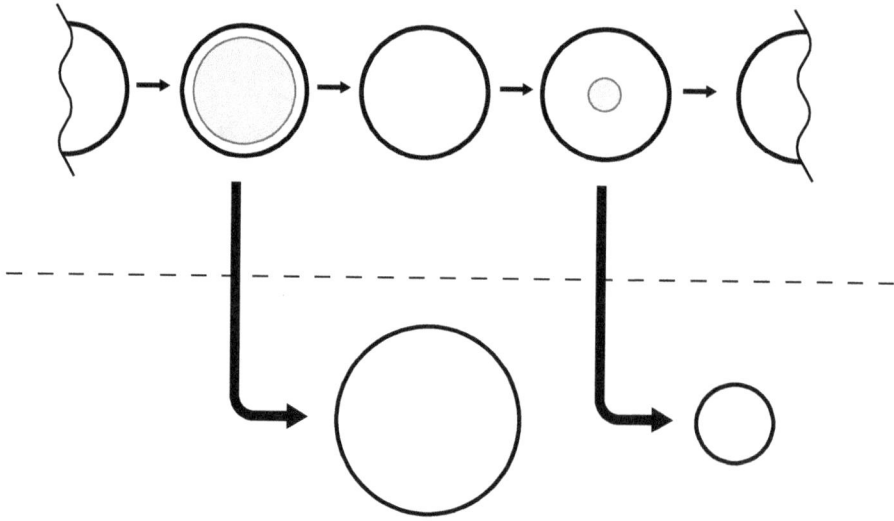

Зураг 6-8: Хүний сэдлийн хүч үйлийн үрийн ул мөрийн хэмжээг тодорхойлдог нь

Сэдэл оюуны нэг үзүүлэлт учраас сэдэл бий болгохын тулд биеэр болон хэл амаар заавал үйл хөдлөл хийсэн байх шаардлагагүй. Ийм тохиолдолд бүрэн төгс биш үйл болно. Үйлийн үр төгс хураагдахад бидний бие ба хэлээр аливаа үйл үйлдэгдсэн байх ёстой. Энэ хоёр шинж чанарыг нэгтгэж үзвэл дөрвөн төрлийн үйлийн үрийг таних боломжтой.

1. Сулхан сэдэлтэй хураагаагүй үйл

Ямар нэгэн зүйлд агшны төдийн төрөх сэдэл юмуу сэтгэлийн эрчиндээ автсан хариу урвалыг сулхан сэдэл гэж нэрлэж болно. Энэ нь тэгтлээ их бодож төлөвлөөгүйгээр хийгдсэн гэсэн үг. Мөн хийх үү болих уу гэсэн ихээхэн эргэлзээтэйгээр хийгдсэн үйл сулхан сэдэлтэй байдаг. Эргэлзээ таны жинхэнэ үйлийг хураах сэдлийг хүчтэй болохоос нь хазаарладаг. Ийм сэдэл сэтгэлд ул мөрөө үлдээх хэдий боловч ганц дангаараа ямар нэгэн үрийг боловсруулна гэхэд хэтэрхий хөнгөн байдаг тул сулхан сэдэлтэй муу үйлийн үрийг гэмшин наманчлах сэтгэлээр арилгахад амархан байдаг.

2. Сулхан сэдэлтэй мөртлөө хураасан үйл

Яаруу сандруу, сайн бодож тунгаагаагүй үйл хөнгөвтөр үйлийн үрийг авчирна. Яагаад гэвэл ийм үйл тодорхой зорилготой хийгдсэн үйл шиг их хүчийг агуулаагүй байна. Биеэр юмуу ам хэлээрээ бодолгүй түргэн хийгдсэн үйл гэвч санаанд зурсхийгээд өнгөрөхийг бодвол сэтгэлд гүнзгий ул мөр үлдээдэг байна.

Ийм үйлийн үрийн жишээ бол тийм чиг тодорхой бус зүүдэндээ хийсэн үйл юмуу хэн нэгнийг санамсаргүйгээр хохироосон, хийе гэж санаагүй байж үйлдсэн үйл юм. Яг энэ үйлийг хийе гэсэн сэтгэл нэг их оролцоогүй байх тул үйлийн үр дагавар хөнгөн байж зохих хэмжээний гэмшлийн хүчийг хэрэглэн ариусгаснаар арилгаж болдог байна.

3. Хүчтэй сэдэлтэй хэрнээ хураагаагүй үйл

Сэдэл хүчтэй байх тусмаа сэтгэлд үүсэх үйлийн үрийн холбоос хүнд байдаг. Хүчтэй сэдлийн жишээ бол хүн хэн нэгнийг алах санаа өвөрлөх юм. Энэ талаар удаан бодох тусам сэтгэлд улам гүнзгий ул мөр үлддэг. Гэвч хэчнээн их бодсон байлаа чгэсэн үйл хэрэг болгох боломцоо гараагүй учраас үйлийн үр хүн алсны дайтай хүнд байх боломжгүй гэсэн үг.

4. Хүчтэй сэдэлтэйгээр хураасан үйл

Сэдэл нь ч хүчтэй бөгөөд үйл хэрэг болгочихсон үйлийг хүчтэй сэдэлтэйгээр төгс бүтсэн үйл гэнэ. Бид цаг гарган маш хүчтэй сэдлийг бий болгоныхоо дараагаар түүндээ үндэслэн үйл хэрэг болгосон карма үүнд багтана. Ийм төрлийн бүх үйл жинхэнэ утгаараа жаргалын юмуу зовлонгийн үрийг тарих нь гарцаагүй билээ.

Дасгал 6.3 – Сэдлийн Төрлүүд

- *Тохиромжтой байрлал сонгоод амьсгалдаа төвлөрөх бясалгалаар сэтгэлээ тайван байдалд оруулна.*

- *Нэгэн өдрийн турш ямар олон санамсаргүй бодлууд толгойд орж ирснийг эргэн сана. Сэтгэлдээ ямар төрлийн дүр зургийг төсөөлж байснаа бод. Таны бодлууд буянтай бодол байж уу? Бодлуудынхаа ерөнхий хэв загварыг сана. Эдгээр бодлууд сэтгэлд тань ул мөрөө үлдээх болно гэдгийг ухааран муу сэтгэлээр өдөөгдсөн бол түүндээ гэмших сэтгэлийг төрүүлэн сэтгэл дотроо юу болоод байгааг цэгцлэхийг оролд.*

- *За одоо яаруу бодлогогүй алхам хийсэн үеэ эргэн сана. Уурандаа ч юмуу хэн нэгнийг гомдоосноо сана. Санамсаргүйгээр хэн нэгэнд муу юм хийсэн байж ч магад. Юу байх нь хамаагүй сэтгэлдээ дахин ургуулж бод. Ийм юм болсонд харамсан гэмшиж ирээдүйд бодолтой байхыг ухамсарлах хэрэгтэй.*

- *Аль нэг зүйлийг хийх юмсан гэж өчнөөн удаа бодож байсан хэрнээ хэзээ ч ажил хэрэг болгож байгаагүй талаар бод. Хэн нэгэнд сайн гэдгээ хэлмээр санагдаж байсан ч хэзээ ч зүрхлээгүй ичимхийрсээр өдий хүрснээ сана. Хэн нэгнийг яв гэж хэлмээр байсан боловч хэлж чадаагүй өдий хүрсэн байж болно. Хэрвээ санаа тань ашигтай зүйлд чиглэсэн байвал ирээдүйд түүнийгээ хэрэгжүүлэх сэтгэлээ хөгжүүл. Хэрвээ хөнөөлтэй бодол байх юм бол түүнийгээ бусдад хортой гэдгийг ухаарч тийн бодож явсандаа гэмшин тэгэж л болохгүй юм шүү гэсэн хатуу бодлыг бясалга.*

- *Эцэст нь нэг зүйлийг сайтар бодож төлөвлөөд ажил хэрэг болгож гүйцээснээ сана. Магадгүй өөртөө сорилттой зорилго тавиад хичээл зүтгэл гарган гүйцэтгэсэн байг. Эсвэл хэн нэгнээс өшөө авах зорилго тавиад түүндээ хүрсэн байг. Тэгвэл түрүүчийнх шигээ ашигтай үйлдэлдээ даган баясаж хортой үйлдэлдээ гэмших сэтгэлийг төрүүл. Бусдыг ирээдүйд дахин хэзээ ч хорлохгүй гэдэг хатуу шийдвэрийг гарга.*

- *Ямар ухамсар төрнө түүндээ саатаад амар.*

Асар хүчтэй үр дагаварт хүргэдэг карма

Хэчнээн хүчтэй үр дагаварт хүргэх нь шалтгааны хүчтэй сулаас уялдаж гарна. Шалтгаан хүчтэй байх тусмаа бүр илүү хүчтэй үр дагаврыг авчирна.

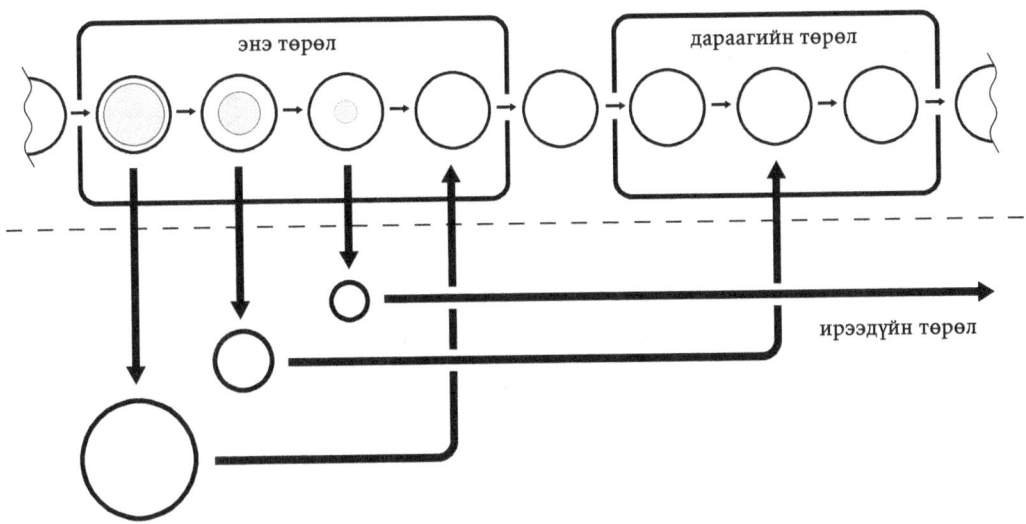

Зураг 6-9: Хүнд карма хурдан боловсордог нь

Үйлийн үрийн өөр өөр эрчмээс урган гарсан үр дагавруудын төрлүүдийг харахад гурван өөр цэгт биднийг хүргэж байгаа нь илэрхий болдог. Үүнд:

1. Энэ насандаа амсах үр дагавар

Маш хүчтэй сэдэл болон хүчирхэг объектод чиглэсэн үйл хөдлөл хоёрын нэгдлийн дүнд гарсан үр дагаврыг энэ насандаа амсах бололцоотой. Хүчирхэг объект гэдэг таны амьдралд ихээхэн тусыг авчирсан нэгэн буюу сүсэг бишрэлийн багш, хариу үл нэхэх хайр энэрлийг зориулсан эцэг эх гэх мэт хүмүүс юм. Тантай учирсан бусад бүх хүмүүсээс эдгээр нь хамгаас илүү нөлөө үзүүлсэн байдаг. Тиймээс тэдэнтэй холбоотой ямар л үйл хийнэ таны сэтгэлд асар гүнзгий ул мөрийг үлдээдэг байна. Асар их зовлонг үзэж буй хүмүүс мөн хүчирхэг объектод тооцогдож болох бөгөөд амь биеэ үл хайрлах их нигүүсэхүй сэтгэл бүхий машид хүчирхэг сэдлийг бидэнд төрүүлэх суурь болдгоос тэр ажээ.

2. Дараагийн төрөлдөө амсах үр дагавар

Зарим үйл маш хүчтэй байж сэтгэлд гүнзгий ул мөрөө үлдээснээр хүн дараагийнхаа төрлийг авахад нь уг ул мөр давамгайлснаар шууд амсах хэмжээнд хүрдэг ажээ. Эдгээр үйлийн хүч маш хүчирхэг бөгөөд хөнөөлтэй сэдлээр өдөөгдөн хүчирхэг объект руу чиглэсэн байвал дараа төрөлдөө үрийг нь шууд амсахад хүрдэг байна.

Буддын гүн ухаанд эдгээр хөнөөлтэй үйл хөдлөлийг *Таван хүнд нүгэл* хэмээн нэрлэдэг. Үүнд:

1. Аавыгаа алах
2. Ээжийгээ алах
3. Гүнзгий ухамсарлахуйд хүрсэн нэгнийг алах
4. Гэгээрсэн бодгалиас цус гаргах
5. Сүсэг бишрэлийн нийгэмлэгийн дунд маргаан тарих

Эдгээр үйл хөдлөлийн аль нэгэнд оролцох нь жинхэнэ жаргалд хүргэх замд хөтлөх чадвартай нэгнийг хөнөөсөн буюу хагаралдуулан салгасан гэсэн утгаараа машид хүнд ул мөрийг сэтгэлд үлдээдэг билээ. Ийм нүгэл үйлдэгчид жаргалыг эрж олохын оронд яг эсрэгээр машид их зовлонгийн үрийг тарьдаг ажээ.

3. Ирээдүйн төрлүүддээ амсах үр дагавар

Ихэнх тохиолдолд энэ насандаа хийсэн үйлийн үрийг ирэх хойчийн төрлүүддээ эдлэх болдог. Карма өгөршиж хувхайрна гэж байдаггүй болохоор хэчнээн ч удсан байсан хамаагүй нөхцөл бүрдэхийн цагт гарцаагүй боловсордог. Тийм учраас энэ насандаа бидний амсаж буй жаргал зовлон энэ насны үйлийн үр гэж бодож болохгүй. Энэ насандаа хийж буй бидний үйл өмнөх үйлийн үрийн боловсролтонд нөхцөл болон үйлчилдэг ч гэлээ яг жинхэнэ үйл нь үнэн хэрэгтээ өмнөх төрлүүддээ үйлдсэн үйл хөдлөлүүд байдаг байна.

Зарим хүмүүс маш их сайхан сэтгэлтэй мөртлөө зовлонтой амьдрал эдэлж байдгийн учир энэ ажээ. Тэд ажил хөдөлмөртөө амжилт бүтээл муутай юмуу өвчин зовлонд нэрвэгдэх зэргээр зовлон эдэлдэг нь тэдний буян ихгүйн шинж биш бөгөөд өнгөрсөн амьдралынхаа л муу үйлийн үрийн үлдэгдлийг эдэлж буй нь энэ билээ. Ийм хүмүүсийн буяны хүч тэдгээр муу үйлийн үрүүдийг эхэлж эдлүүлэх буюу багасгаж өгсний дараагаар хураасан буяныхаа далай их үрийг эдэлж эхэлдэг билээ.

Нөгөө талаас зарим хүн маш бага энэрэх сэтгэлтэй, голдуу хүнд муу юм хийж явдаг мөртлөө амьдралдаа азтай түр зуурын аз жаргалыг эдлэх нь бас бий. Энэ тохиолдолд тэд өнгөрсөн төрлүүддээ үйлдсэн буянтай үйлийн үрийн үлдэгдлийг эдэлж байгаа хэрэг бөгөөд түүнийгээ эдлээд дуусахын цагт хуримтлуулсан нүглийнх үр нь боловсорч зовлонгоо эдэлж эхлэх нь зайлшгүй хэрэг ажээ.

Дасгал 6.4 – Үйл хөдлөлийн Эрчим

- *Тохиромжтой байрлал эзлээд амьсгалдаа төвлөрөх бясалгалаар сэтгэлээ*

тайван байдалд оруулна.

- *Хамгаас илүү холбоотой байдаг хүмүүсээ сэтгэлдээ ургуул. Тэгээд тэдгээр хүмүүсийн нөлөөг бодогтун. Тэдний нэгний хэлсэн үг бусад хүний хэлсэн үгнээс илүү танд нөлөөтэй байж чадах уу? Үүнтэй адилаар энэ хүнтэй холбоотой хийсэн зүйл бусад хүнтэй холбоотой хийснээс илүү дурсамжтай санагдах уу? Энэ хүний өөрт тань хэчнээн чухал хүн болохыг бодогтун.*

- *Одоо энэ хүнд тустай нэг зүйлийг хийвэл танд ямар хүртээлтэйг бод. Энэ хүнд тодорхой хэмжээний жаргал таашаал бэлэглэх нь танд ямар санагдах вэ?*

- *Эсрэгээр нь бодож үз. Энэ хүнд муу зүйл хийвэл таны сэтгэл ямар байх бол? Хэрвээ таны хийсэн үйлийн тэд таны амьдралд үлдэхээр болбол ямар вэ? Хэрвээ та санаатайгаар хэн нэгнийг амиа алдахад хүргэвэл таны сэтгэлд ямар шарх үлдэх вэ?*

- *Одоо өнгөрүүлсэн амьдралаа эргэн ухрааж хийсэн үйлдлүүд тэдгээрээс амссан мэдрэмж зэргүүдээ харьцуулаад үз. Заримдаа хэчнээн сайхан сэтгэлээр хийсэн ч байсан хариуд нь зовлон ирж байсан байжуу? Заримдаа мөн таны сэтгэл хөнөөлтэй бодлуудаар дүүрэн байсаар атал бүх юм тийм чиг муугаар эргэсэнгүй тохиолдол байсан биз? Тухайн үедээ сэтгэлд таатай сайхан байлаа ч гэсэн сүүлд ямар үр дагавар танд авчрах бол?*

- *Ямар ухамсар төрнө түүндээ сааатаад амар.*

Нөгчих Үеийн Карма

Насан туршдаа бид тухайн нөхцөл байдлын дагуу боловсрох үйлийн үрийн хандлагуудын тасралтгүй урсгалыг амсаж өнгөрүүлдэг байна. Үүний сацуу бид тэдгээр мэдрэмжүүдийн хариуд шинэ үйлийн барилдлагуудыг мөн зогсоо чөлөөгүй бүтээнэ. Аз болоход хүн гэж нэрлэгдэх болсон та бидэнд бодож сэтгэх оюун ухаан заяасны ачаар сонголт хийх замаар сэдлээ хэлбэржүүлэх боломжтой байдаг ажээ.

Энэ насны амьдрал төгсөх нөхцөл бүрдэх үед бие махбод бидний ухамсарт цаашдаа дэмжлэг үзүүлж чадахаа болих тул сэтгэлийн бүдүүн төлөв уусахыг бид үзэх болно. Юмс үзэгдэлд хариу нөлөө үзүүлэх чадвар маань ч мөн энд багтана. Нөгчих цагт мэдрэмжийн байнгын урсгал мөн уусан замхарч энэ ба өнгөрсөн төрлүүддээ хэлбэржүүлсэн тоолшгүй олон дадал зуршлуудаар арчигдах болно.

"Эдгээр зуршлууд маань намайг хаашаа аваачих бол?" гэсэн асуулт танд төрнө. Үүний дараагаар ямар амьдрал залгах бол? Хариулт нь таны нөгчих үедээ ямар зуршлыг идэвхжүүлсэн байснаас шалтгаалах болно.

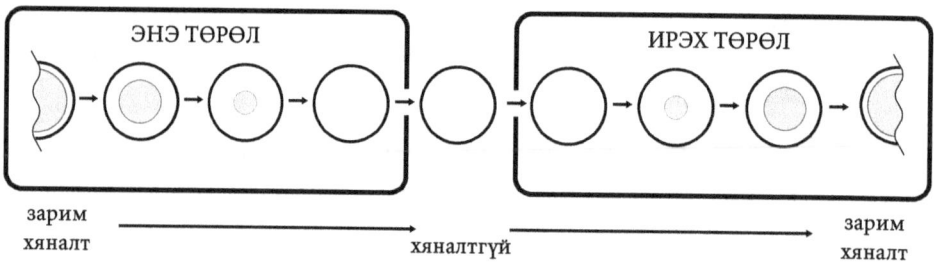

Зураг 6-10: Үхэл ойртон ирэхэд бидний ухамсар уусаж зуршлууд удирдах зарчим

Карма боловсрох дараалал

Бидний бүдүүн хэлбэрийн бодолт сэтгэл уусах мөчийг хүртэл бид ухамсраа тодорхой нэгэн объект дээр чиглүүлэх чадвартайгаа байдаг. Аль нэг объект дээр илүү төвлөрөх тусам тэр зүйлтэй холбоотой үйлийн үрийг боловсрох чадварыг нь тордон нэмэгдүүлдэг. Тэдгээр карма боловсрох үедээ ухамсрын дараалсан үеүдийг хянаж тэр нь цаашаа бидний дараагийн авах төрлийг хянадаг байна. Энэ чухал үед бид ухамсраа алдаж орхисон байвал бидний сэтгэл дараах дараалаар үйлийн үрээ даган өөрийн хяналтгүй явах болно:

1. Сэтгэлийн ямар төлөвт \буянтай юмуу нүгэлтэй\ байгаагаас үл шалтгаалан сэтгэл хүчтэй сэдлээр эзэмдэгдсэн байвал тэр сэдэлд шууд хамааралтай карма түрүүлж боловсорно.

2. Тэгэж чадахгүй бол, бидний сэтгэлийн аль нэг төлөвтэй холбоотой хэд хэдэн үйлийн барилдлага байвал бүтээхэд хамгийн урт хугацааг шаардсан тэр үйлийн ерөөл юмуу эсвэл бидний хамгийн хүчтэй дадуулж байсан тэр үйлийн барилдлага түрүүлж боловсорно.

3. Тэгэж чадахгүй бол, \хамгийн аугаа үр дагаврыг тээгч\ хамгийн хүнд карма түрүүлж боловсорно.

4. Тэгэж чадахгүй бол, дөнгөж саяхан бий болгосон карма түрүүлж боловсорно.

5. Тэгэж чадахгүй бол, хамгийн хүчтэй сэдлээр төгс үйлдэгдсэн карма түрүүлж боловсорно.

6. Тэгэж чадахгүй бол, хамгийн хүчирхэг объектод \дээр тайлбарласан буй\ чиглэсэн карма түрүүлж боловсорно.

7. Тэгэж чадахгүй бол, хамгийн хүчтэй буянт үйлийн сэдлээ зориулж байсан тийм карма түрүүлж боловсорно.

8. Хэрвээ дээрх үзүүлэлтүүд цөм тэнцүү хэмжээтэй байх юмуу нөгчих үеийн бидний сэтгэлийн төлөв хүч султай байх юм бол нөгчих үеийн сэтгэлийн төлөвтэй хамгийн ойролцоо холбогдсон өмнөх үйлийн үрүүдээс хамаарч аль нь боловсрох шийдэгдэнэ.

Бидний харж байгаагаар энэ үйл явц үйлийн үрийн хэчнээн ээдрээтэйг харуулаад зогсохгүй түүний олон өвөрмөц талууд хийгээд дотоод шим шүүсийг нь харуулж байгаа хэрэг билээ. Карма боловсроход бидний ухамсар хийгээд сэдлийн хэчнээн их чухал нөлөө үзүүлж чаддаг болохыг энд онцлон тэмдэглэе.

Тусгагч болон гүйцээгч карма

Ерөнхийдөө ирээдүйн төрлийг хэрхэн хэлбэржүүлдэгтэй холбоотойгоор нь үйлийн үрийн хоёр гол шалгуурыг дурдаж болно:

1. **Тусгагч карма:** Энэ бол нөгчих үед боловсроход хангалттай хүчтэй болсон, сэтгэлийг тодорхой нэгэн дүрс ба мэдрэмжийн хэлбэр рүү түлхэх чадал бүхий аль ч кармаг хэлнэ. Жишээ нь, хэрэв бидний сэтгэл нас барах мөчдөө үзэн ядалт, уур хилэн юмуу айдаст автсан байлаа гэхэд сэтгэлийн энэ төлөв маань биднийг асар их зовлон тарчилгаа эдлэх тийм төрөл авахад түлхэх тийм нэгэн тодорхой кармаг боловсрохын шалтгаан болж өгдөг байна. Үүнтэй адилаар амгалан энхийн сэтгэл, бусдын төлөө амь үл хайрлах сэтгэлээр дүүрэн байх нь тэгвэл огт өөр мэдрэмжийг бий болгох маш өөр кармаг боловсрох шалтгаан болдог ажээ.

2. **Гүйцээгч карма:** Тусгагч карма мэдрэмжийн ерөнхий хэлбэрийг тусгаж өгдөг бол гүйцээгч карма тэр мэдрэмжийн тодорхой талуудыг бүрдүүлж өгдөг байна. Таны одоогийн төрөл аваад буй хүний бие махбодыг жишээнд авч болно. Хүний биеийг олно гэдэг өөрөө тусгагч карма билээ. Таны биеийн өнгө, хэлбэр, хэмжээ зэрэг нь гүйцээгч карма мөн.

Бидний өнгөрсөн, одоо ба ирээдүйн төрлүүд *тоолшгүй олон* үйлийн үрүүдийн боловсролт юм гэдгийг ойлгох нь чухал. Нэг карма таны ямар бие авахад нөлөөлж байдаг бол тоогүй олон өөр бусад кармануд мөн тусгай талуудыг нэмэхэд нөлөөлж байдаг байна. Тийм учраас бид энэ дэлхийд маш олон төрлийн хүмүүстэй учирдаг билээ.

Дасгал 6.5 – Амьдрал нүдний өмнө зурсхийн өнгөрөх үе

• *Тохиромжтой байрлал эзлээд амьсгалдаа төвлөрөх бясалгалаар сэтгэлээ*

тайван байдалд оруулна.

- *Өөрийгөө эмнэлгийн орон дээр сууж байна гэж төсөөл. Таны бие улам суларсаар удаан амьд яваxгүй гэдгээ мэдэж байна.*

- *Хэрвээ танд өөрөө сонгох боломж байвал сүүлчийнхээ хормыг ямар байгаасай гэж бодож байна? Тэр үед ямар сэтгэлийг дэмжин тордох ёстой вэ? Юуны тухай бодвол сэтгэл хамгаас амгалантай байх бол?*

- *Одоо өнгөрүүлсэн амьдралаа эргэн харж ямар сэтгэлийн төлөв хамгаас илүүтэй дадал зуршил болсныг сана. Өөрийн ааш авирыг хянах гэж олигтой хичээхгүй байхдаа хэрхэн аашилдгаа бод. Голдуу бачимдуу байдаг уу, дэлбэрэхэд бэлэн байдаг уу? Ердийн үедээ түргэн ууртай юу, бухимдуу байдаг уу? Ямар зантай гэж хүмүүст хэлэгддэг вэ?*

- *Одоо амьдралынхаа нэгэн гол шийдвэрлэх үеийг сана. Хүний сэтгэлд айхтар гүнзгий ул мөр үлдээдэг тийм үйл явдлыг сонго. Тэр үйл явдал таны амьдралд хэрхэн нөлөөлсөн бэ?*

- *Өмнөө тавьдаг байсан зорилгоо сана. Түүндээ зориулан оруулсан хүч энергээ бод. Эдгээр зорилго таны шийдвэрийг хэрхэн хэлбэржүүлсэн талаар бод.*

- *Амьдралд тань ихээхэн нөлөө үзүүлсэн хүмүүсийн талаар бодогтун \ багш, эцэг эх\. Тэдэнтэйгээ холбоотой өөрийн үйлдлийг сана. Та нарын холбоо ямар байсан гэж дүгнэх вэ?*

- *Энэ насны амьдралдаа хийсэн хамгийн утга учиртай, буянтай үйл тань юу вэ? Таны үйл хөдлөл хажуу ойрынхонд тань ямар тустай байсан?*

- *Ямар ухамсар ургана түүндээ саатаад амар.*

Үр дагаврын төрөлд үндэслэсэн карма

Тусгагч ба гүйцээгч карманы хүчээр бид аль нэгэн хэлбэрийн төрлийг авдаг. Бие сэтгэл хоёр хамтдаа нийлэн хамаг амьтныг хамарсан өргөн хэмжээний үзэгдлийн үзэгдэхийн суурь болдог. Үйлийн үрээр үүсгэгддэг өөр өөр төрлийн мэдрэмжүүдийг харахад тодорхой хэв маяг ажиглагддаг:

1. Шалтгаанд зохилдох үр

Аливаа нэгэн үйлийг хийхдээ сүүлд гарах үр дагавар нь бидний энэ үүсгэн буй шалтгаантай ойролцоо байх болно гэдэгт та итгэлтэй байж болно. Жишээ нь, худлаа хэлэхийн гарал нь хуурамч сэтгэл. Тиймээс түүний үр дагавар нь хэн нэгэнд хуурагдах явдал. Үүнтэй адилаар хулгай хийхийн гарал нь хэн нэгэн хүнийг сайхан зүйл мэдрүүлэхээс нь салгах. Ингэснээр өөрт хэрэгтэй байгаа юмаа олж авч чадахгүйд хүрэх үрийг амсана.

Шалтгаантайгаа адилхан үр дүн амсах явдалд нэмж хэлэхэд, аливаа нэгэн үйлд дадаж хэвших явдал уламжлан даамжрах боломжтой. Ингээд бодохоор үйлийн үрийн холбоос бүхэн үүнтэй төстэй өөр нэгэн үйлийн холбоосыг бий болгож байдаг байна. Хэрвээ та хулгай хийж хүний өгөөгүйг авсан бол тэр нь цаашдаа ч улам илүүтэй хулгай хийх зуршилтай болоход хүргэж байдаг гэж ойлгож болно. Иймээс бидний карма бидний юу амсахыг хэлбэржүүлээд зогсохгүй бидний сэтгэлийг цаашид үргэлжлүүлэн нөхцөлдүүлж байдаг.

2. Орон газар зохилдох үр

Буддын үзлийн үүднээс авч үзвэл бодит ба бодит-бус ертөнц нэг нэгэндээ байнга нөлөөлж оршдог. Бид физик биет ертөнцийг өөрсдийн биесээс салангид тусдаа зүйл байгаа мэтээр үзээд хэвшчихсэн байдаг. Тэгвэл Буддын сургаал бидний сэтгэл бидний хаа төрж амьдрахыг шийддэг гэдгийг нотолдог. Бидний өөрсдийн байдлаас шалтгаалж үйлийн үрийн боловсролт бидний орчин тойрноо хэрхэн хүлээж авах явдлыг өөрчилж байдаг.

Жишээ нь, өнгөрсөн төрлүүддээ амьтны амь ихээр хороож байсан нэгний амьдрах газар нь хэзээ ч баяр баясгалангүй, аминд халтай байх. Хэрвээ маш их хулгай хийдэг байсан бол тэдний амьдрах орчин нүцгэн хоосон, хүссэн зүйлээ хэзээ ч олж авахгүй байх. Хэрвээ байнга худлаа ярьдаг, хууран мэхэлдэг хүн байсан бол хатуу харш орчинд итгэл хүлээхээргүй хуурамч хүмүүсээр хүрээлүүлэн амьдрах тавиланг эдлэхэд хүрдэг.

3. Тодорхой-бус тоотой үр дүн

Хүмүүс үйлийн үрийн боловсролтыг нэг л үр нэг л янзаар боловсрох юм шиг энгийнээр боддог. Гэвч тэр тийм биш билээ. Нэг модноос хэчнээн жимс боловсорч гардаг билээ гэж бодогтун. Үүний адилаар зарим үйл маш хүчирхэг байх тул цаг хугацааны туршид олон үр дагавар авчрах чадвартай байдаг. Тухайн үйлийн холбоосны хүч нь яваандаа суларч таран алга болж болох хэдий ч тэр хүртлээ үр боловсруулан таны мэдрэмжинд нөлөөлсөөр байх бололцоотой..

Энэ зарчим мөн олон жижиг үйлийн үрүүдэд хамааралтай. Зарим тохиолдолд карма ганцаараа бие даан боловсрох чадалгүй байх ч бий. Гэвч тэр өөр төрлийн кармануудтай нэгдэн нийлж дундаас нь үр дагавар боловсрон гарахад хүрдэг. Тийм учраас хэчнээн бага нь хамаагүй аливаа зүйлд маш болгоомжтой хандах хэрэгтэй юм. Жижиг зүйлс цугларсаар маш том үр дагаварт хүргэж болдог билээ.

Дасгал 6.6 – Үйлийн лайгаа эдлэх

- *Тохиромжтой байрлал эзэлж амьсгалдаа төвлөрөх бясалгалаар сэтгэлээ тайван байдалд оруулна.*

- *Амьдралдаа тохиолдсон гол томоохон үйл явдлыг бодогтун. Дээшээ гарч байсан болон доошоо унаж байсан аль алийг нь бод. Тэр тоолонд карма боловсорч байсан гэдгийг сана.*

- *Эхлээд, тухайн үйл явдлын хийсвэр мэдрэмжийг сана. Та тэр үед юу мэдэрсэн бэ? Тэр мэдрэмжийн шинж чанар нь ямар байв? Жишээ нь, гарз гарсан уу, будлиан үүссэн үү эсвэл бүх юм зохилдоод ирэх шиг болсон уу? Өөрийн мэдрэмжийн ерөнхий хэв маягийг илэрхийлэх үг олохыг хичээ.*

- *Одоо тэр хэв маягтай ямар төрлийн үйлдлүүд уялдаж байсныг бод. Жишээ нь, их гарз гарсан бол юунаас шалтгаалсныг сана. Ямар үйлийн эрхээр ийм гарз гарсан байх вэ?*

- *Юунаас үүдсэн шалтгааныг таньсан бол одоо хир нь та тэрхүү шалтгааныг тарих үйлийг үйлдсээр байгаа эсэхээ шалга. Энэ үйлд дадал зуршил хир хүчтэй тогтсоныг таньж мэд.*

- *Одоо энэ үйлдээ тохируулан өөрийн байгаа орчин байдлыг харьцуулж үз. Бусдыг гомдоож байсан үйлийн холбоосыг жишээ нь та таньж илрүүллээ гэхэд ямар сэтгэлээр үүнийг үйлдсэн байхав? Та тайван амар амьдарч чадаж байна уу эсвэл байнгын бачимдал, бухимдал юмуу биеэ өмөөрсөн байдалтай амьдраад байна уу? Таны сэтгэлийн төлөв таны ямар нөхцөлд амьдран суух мэдрэмжийг хэрхэн өөрчлөв?*

- *Ямар ухамсар ургана түүндээ сааатаад амар.*

ЁС ЗҮЙТЭЙ АМЬДРАЛЫН УЛ СУУРЬ БИЙ БОЛГОХ

Үйлийн үрийн хуулийг судлах явцад бидний үйл хөдлөл ба мэдрэмжийн хоорондын харилцан хамаарлыг бид сайтар ойлгоно. Өөр өөр зан авир ямар нөлөөтэйг ойлгосноор аль нь бидний зорилгод зохистой аль нь саадтай болохыг таньж чадна. Энэ нь Буддын үзэл санааны ёс зүйн системийг ойлгохын үндэс юм.

Өөр өөр төрлийн үйл хөдлөл гэхээр бид Гурван үүдээр дамжин үйлдэгддэг үйл хөдлөлүүдийн талаар ярилцах бөгөөд үүнд:

1. **Бие:** Энэ нь гадаад орчинтой биеэрээ дамжуулан харьцсан биеийн бүх хөдөлгөөнийг хэлнэ. Биеэр дамжуулан өөр бусад хүмүүстэй юмуу эсвэл амьгүй эд зүйлстэй харьцах харьцаа энд багтана.

2. **Хэл:** Хүмүүсийн хоорондын үг хэлээр харилцах бүхий л үйл энд багтана. Үүний тулд үг хэл гаргаж буй авиатайгаа холбоотой ямар нэгэн ойлголтыг илэрхийлж байхыг хэлнэ.

3. **Сэтгэл:** Сэдлээс тань шалтгаалаад сэтгэлд ургах бодлуудыг энд багтаах бөгөөд хүн хүслээрээ бодол ургуулах нь үйл хөдлөлд аяндаа тооцогддог байна.

Энэ гурваас хамгийн чухалд тооцогддог нь үйлийн сэдэл хэлбэрждэгээрээ сэтгэл гэж үздэг. Түйтгэрт төлвөөр нөхцөлдсөн сэдэлтэйгээр үйлдэгдсэн үйлийг *нүгэл* гэж нэрлэдэг. Үүний адилаар буянтай сэтгэлээр нөхцөлдсөн сэдлээр үйлдэгдсэн үйлийг *буян* гэж нэрлэнэ. Бид энд буян гэж ертөнцийг үзэх үзлээр зөв ба буруу гэж тооцогддог зүйлийг хэлээгүй юм. Харин сэтгэлийн төлөв үнэн байдлаас хир их холдсон, бүрзгэр булингартай үзэгдэж байгаагийн илэрхийлэл юм. Сэтгэл үнэнтэй жаахан ч гэсэн давхцаж үзэгдэж байх юм бол буян, үгүй бол нүгэл гэж нэрлэдэг. Бүх зүйл бидний үнэнийг *үнэн* гэж хир ойрхон мэдэрч байгаатай байнга холбоотой. Энэ талаар илүүтэй мэдэхийг хүсвэл энэ номын Хоёрдугаар Хэсэгт гарсан оюуны үзүүлэлтүүдийг дахин сөхөж харахыг зөвлөө.

Бидний бие, хэл, сэтгэлээр үйлдсэн үйл, үйлийн тодорхой үр дагавартай тохирч байдгийг мэдэх үедээ бид өөрсдийн жаргах ба зовохын хариуцлага өөр дээрээ байгаа юм гэдгийг ухааран буянтай алхмуудыг хийж эхлэх боломцоог олж авна. Дээрээс нь, бидэнд тохиолдож буй азгүй явдлууд цөм урьд насны үйлийн үр юм гэдгийг ойлгон илүү нээлттэйгээр хүлээн авч цаашид муу кармаг боловсрохгүй байлгах, тэдгээрийн шалтгаан болдог дадал зуршлыг үгүй хийх талаар бодох чадвартай болно. Тэгээд өөрсдийн алхам болгоны хэв маягийг өөрчлөн сайн сайхан ирээдүйг бүтээхийн төлөө буяныг хураан хуримтлуулан өсгөж эхлэх юм.

Буддын сургаалаар бол буян гэж буянтай үйлсийг хэлсэн бус буянтай үйлсийг хийснээр буянг бий болгодог явдлыг хэлсэн ажээ. Буянтай үйл болгон үйлийн үрийн сайн холбооснуудыг үүсгэн жаргалтай мэдрэмж үүсгэх чадалтай. Бид ийм үйлийг дадал болгон хэвшүүлэхийгээ "буян" гэж нэрлэдэг. Зөв дадлыг хэвшүүлэхэд ихээхэн цаг зарцуулагддаг. Гэтэл бид муу үйлийн үр хуримтлуулахдаа машид сурамгай болж зуршсан болохоор номын тавиур дээрх тоос шиг ихээр хураадаг.

Бурханы Номыг дадуулан сэтгэлээ захирахад бид амьдралдаа тохиолдох асар олон байр байдалд тохируулан аашилж авирлах ухамсраа нэмэгдүүлдэг. Хэрвээ бид буянтай үйлийг үйлдэхээр сонговол сэтгэлийн урсгалдаа асар их буяныг үүсгэн хураах үрийг тарих болно. Буян өсөхийн хэрээр бид бид илүү буянтай үйлсэд оролцон зуршлаа улмаар бататгаж авна. Ийнхүү дадан зурших тусам сэтгэлд илүү их буянтай чанаруудаар аяараа урган цэцэглэнэ.

Буяныг үйлдэх гэж оролдох нь бидний урьд юу үйлдэж байсан хийгээд буруу үйлдэлдээ гэмших зэрэгтэй огтын холбоогүй юм. Ашигтай санаа юу ашиггүй санаа юу гэдэг дээр илүү итгэлтэй болох л гол анхаарах зүйл мөн. Үйлийн үрийн шалтгаан ба үр дагаврын хуулийг ойлгосноороо амьдралдаа ёс зүйтэй хандах үндэс тавигдан урт, богино хугацааны буруу үйлдлүүд зовлонгоос өөр юу ч авчрахгүй гэдгийг ухаарна. Цаг хугацаа өнгөрч туршлага гүнзгийрэхийн хэрээр байгалийн хуулинд итгэх бидний итгэл улам өснө.

Энэ үйл явцад тус дэм болох үүднээс Бурхан Багш хийж буй үйлдэлдээ ухамсартай хандах маш энгийн хүрээг татаж бидэнд таниулсан билээ. Бие, хэл ба сэтгэлээр үйлдэхээс зайлсхийх арван гол үйл байдаг бөгөөд тордон өсгөвөл зохих мөн арван цагаан үйл байдаг ажээ.

Арван хар нүглийг үйлдэхээс зайлсхийх

Эхлээд бид орхивол зохих үйлдлүүдийг төлөөлсөн хэсгийг танилцуулах ба нүгэлтэй муу үйлдэл тоолшгүй олон боловч ихэнх нь эдгээр арваас салбарлан гардаг ажээ. Үүнд:

1. **Алах:** Аль нэгэн амьтны амийг таслахыг хэлсэн бөгөөд гол утга нь түүний амьд байх нөхцөлийг арилгаж байгаад орших ажээ. Өөрөөр хэлбэл хоорондоо барилдсан бие ба сэтгэлийг хүчээр салгахыг хэлж байгаа юм. Энэ нүглийг үйлдсэн хүн амьд явж амьдрах нөхцөлөө алдахын шалтгааныг үйлдэх бөгөөд их хүнд өвчин тусах буюу зовлонг ихээр эдлэнэ.

2. **Хулгай:** Өөрийн-бус зүйлийг авахыг хулгай гэнэ. Гол үндэс нь хэн нэгнийг амьдрах эх сурвалжаас нь салгаж байгаад оршиж байна. Энэ нүглийг хийснийхээ дүнд хоол, хүнс, орон байр, эд хөрөнгө гэх мэтийн амьдрах эх сурвалжийг үл олох болно. Та хэзээ ч хангалуун байж чадахгүй улам ихийг олохыг хичээн зовох нөхцөлийг бий болгоно.

3. **Буруу хурьцал:** Хэн нэгнийг хохироох замаар эр эмийн явдалд орохыг хэлнэ. Энэ бол хоёр хүний хоорондын маш ойр дотно эмзэгхэн харьцааг зөрчиж байгаа хэрэг. Энэ нүглийн утга нь итгэл алдсан хөнөөлтэй харьцаа юм. Ийм нүгэл хийсэн хүн холбоо харилцаа тогтоох амаргүй байх юмуу итгэлгүй хань нөхөртэй учрах тавиланг эдэлнэ.

4. **Худал үг:** Хэн нэгнийг мэхлэх сэдэлтэйгээр зориуд худал үг ярихыг хэлнэ. Энэ нүглийн утга нь заль бөгөөд хэн нэгэнд итгэхээ болихын шалтгааныг бий болгоно. Таны дуулсан болгон худал юмуу будлиантай байх тавилантай.

5. **Хов үг:** Хүмүүсийг хооронд нь салгах зорилготойгоор хэлсэн үгээр энэ үйл үйлдэгдэнэ. Гол утга нь үл зохицол, эв найрамдалгүй болгож байгаа явдал юм. Ийм нүглийг хийсний уршигаар хүмүүсийг байнга салгахыг хичээж хүмүүстэй харьцахад машид хэцүү байх болно. Эсвэл өөрийн талаар байнга муу үг ярьдаг хүмүүсээр хүрээлүүлэн амьдрах болно.

6. **Ширүүн үг:** Ам хэлээр бусдыг доромжлон гомдооно гэсэн үг. Хараал хэлэх, дээрэнгүй үг, ёжлох болон уртай дүгнэлт хэлэх зэрэг үүнд багтана. Гол утга нь ам хэлээр дамжуулан сэтгэл санааны зовлонд хүнийг оруулдаг явдал. Энэ нүглийг хийсний уршигаар маш их муу үгийг хүмүүсээс сонсож зовохын тавиланг эдэлнэ.

7. **Чалчаа Үг:** Энэ бол шунал хорсол гэх мэт түйтгэрт бодолдоо үндэслэн хэрэгцээгүй дэмий үг ярихыг хэлнэ. Бүх төрлийн хов жив, учир зорилгогүй хууч хөөрөлт цөм энд багтана. Энэ үйлдэл ямар ч утга учиргүй байж амьдралд хэрэгцээгүй олон дэмий үгс сонсохын тавиланг эдэлнэ.

8. **Хорлохуй сэтгэл:** Түйтгэрт сэтгэлээр аль нэг юманд санаархахыг хэлнэ. Ерөнхийдөө шуналд үндэслэсэн атгаг хүсэл юм. Гол утга нь сэтгэл хангалуун-бус байдал бөгөөд үүний үр дүнд бусдын юманд байнга атаархаж байх тавиланг эдэлнэ.

9. **Хомхой сэтгэл:** Хэн нэгнийг хохироох юмсан гэж бодохыг хэлнэ. Хэн нэгэн хүнд зовлонг хүсэх явдал бөгөөд гол утга нь хорсол үзэн ядалт, харин үр дүнд нь байнга бусдыг хардаж, сэрдэж, намайг яачих бол гэсэн айдастай амьдрах тавиланг эдэлнэ.

10. **Мунхрал \буруу үзэл\:** Үнэнтэй үл нийцэх үзлийг хөгжүүлэх ба баримтлах. Гол утга нь төөрөгдөл бөгөөд үр дагавар нь бүхий л юманд будилж, үнэн зүйлд мунхагаар хандах тавилан эдэлнэ.

Гурван үүдээр үйлдэгдэх эдгээр үйл хөдлөлийг холбоод үзэх юм бол эхний гурав нь биеэр, дараагийн дөрөв нь хэлээр, сүүлчийн гурав нь сэтгэлээр үйлдэгдэж байна. Бие ба хэлээр үйлдэх нүгэл холбогдох эрчмийнхээ бууралтаар дараалсан байгаа бол сэтгэлээр үйлдэх гурван нүгэл нөлөөллийнхөө өсөлтөөр дараалсан байна. Эдгээр үйлдлүүдийг үйлдэхээс ухамсартайгаар зайлсхийх нь асар их хэмжээний муу үйлийн үрийг үүсгэхээс сэргийлэх төдийгүй урьд хэдийнэ үүсгэсэн муу үйлийн зуршлуудынхаа эсрэг тулах эерэг хүчийг нэмэгдүүлэх сайн талтай.

Арван цагаан буяныг тордон нэмэгдүүлэх

Арван хар нүглийг орхих нь муу зуршлуудын хүчийг сулруулах нь үнэн боловч энэ нь хангалттай биш. Буянаа нэмэгдүүлэхийн тулд бид буяны үйлд идэвхийлэн оролцох замаар сайн үйлийн холбооснуудыг үүсгэн үржүүлэх хэрэгтэй. Дараагийн арван зүйл таны хийвэл зохих буянтай үйлүүд юм. Үүнд:

1. **Амь аврах:** Өөрийн замыг гажуудуулан байж бусдын амийг аврах идэвхтэй үйлийг хэлнэ. Амь амьдралын үнэ цэнийг ойлгосны үндсэн дээр бусдад аль болох урт амьд явах нөхцөлийг үүсгэн бий болгож буй хэрэг юм. Үүнд хамаг амьтныг аюулын хөлөөс зайлуулах, гадагш гарахаар тэмүүлж буй ялааг цонхны шил мөргөж үхэхээс зайлуулах гэх мэт. Энэ буяны ачаар та урт удаан эрүүл саруул амьдрах тавиланг эдэлнэ.

2. **Өглөг:** Бусдад өөрийн эд зүйлсийг өгснөөр тэдэнд хэрэгцээт юмаар үл дутах нөхцөлийг бий болгож өгдөг. Энэ буяныхаа шимээр та өөрт хэрэгтэй бүх эх сурвалжийг олж авахын нөхцөлийг мөн бий болгоно.

3. **Ёс зүй:** Энэ бол нүглийг тэвчиж буяныг үйлдэхийн төлөө хичээн зүтгэх явдал мөн. Энэ буяны үрээр та бусдын нүдэнд зохистой сайн харагдаж бусадтай харьцах таны харьцаа найрсаг таатай байх болно.

4. **Үнэнийг хэлэх:** Үнэнийг байнга хэлснээр та хүмүүсийн итгэлийг хүлээх нөхцөлийг бий болгоно. Таны үг жинтэй, учир утгатай байж хүмүүс таныг сонсон үзлийг тань дэмжих болно.

5. **Бусдыг эвлэрүүлэх:** Муудалцсан хүмүүсийг хооронд нь эвлэрүүлэх нь эв нэгдэл, зохицол найрамдлыг авчирч байгаа учраас таны өөрийн харилцаа холбоо ч мөн эвцэлтэй байхын шалтгааныг үүсгэнэ.

6. **Сайхан үг:** Бусдыг зоригжуулж сайхан үг хэлэх нь мөн тийм хандлагыг бусдаас хүлээж авахын нөхцөл болдог. Хүмүүс тантай эелдэг хүндэтгэлтэй харьцах болно.

7. **Утга төгөлдөр үг:** Зорилго тэмүүлэлтэй үгийг ярьж хэлэх нь таны амьдралд маш ашигтай бөгөөд хэрэгтэй зүйлс олж дуулах шалтгааныг бүтээх юм. Энэ нь сүсэг бишрэлийн сургаал юмуу сэтгэлд эерэг нөлөөг үзүүлэх бусад ашигтай мэдээллүүд байж болно.

8. **Хангалуун байдал:** Ямар ч нөхцөлд байгаа байдалдаа сэтгэл хангалуун байж сурснаар өөрийн дотоодын баялаг эх сурвалжийг нээн илрүүлэх нөхцөлийг бий болгодог. Ингэсэн цагт танд өөр юу ч хэрэггүй болохыг ойлгож сэтгэлийн машид их амгаланг эдлэх болно.

9. **Сайхан сэтгэл:** Бусдыг жаргалтай сайхан байгаасай гэсэн сэтгэлийг өөртөө төрүүлэх, бусдыг бүү зовоосой гэсэн хүслийг бодох энэ сэтгэл таныг

бусдад ашигтай зүйл хийхэд хөтөлж хариу үр дүнд нь та ихэд хүндлэгдэн, бусдаас өгөөмөр их энэрэнгүй сэтгэлийг хүлээн авахын шалтгаан болдог.

10. **Зөв үзэл:** Мэдлэг оюунаа хөгжүүлэхийн төлөө хичээх нь цэвэр тунгалаг хүчирхэг сэтгэлтэй болохын шалтгааныг бий болгож сэтгэл тань ямар ч төрлийн мунхаглалыг даван гарч жинхэнэ жаргалыг амсах туйлын замд эцэстээ орох болно.

Ёс зүйн хүмүүжлийн үндсэн дадлага бол энэ хорин зүйлийг байнга санан мөрдөж, өдөр тутмынхаа амьдралд хэвшил болгох юм. Ерөнхийдөө биеэр үйлдэх үйлдлээсээ эхэлбэл хялбар байх бөгөөд яагаад гэвэл биеийн үйлдлүүд анзаарахад илэрхий, хянахад дөхөмтэй байдаг байна. Та бүгдийг нь юмуу аль нэгийг нь онцлон авч анхаарч бас болно. Өглөө сэрээд өөрийн зайлсхийвэл зохих нэгэн үйлдлийг өөртөө сануулан тордвол зохих араншингуудыг мөн адил сануулах хэрэгтэй. Дараа нь өдрийн турш хийж байгаа зүйлдээ анхаарал сэрэмжтэй байхыг хичээж аль нэгэн буянтай-бус үйлийг үйлдсэн бол тэрийгээ анзаарч боломжтой бол зогсоох хэрэгтэй. Үүний адилаар ямар нэгэн сайн үйлийг үйлдэх бололцоо гарч ирэх юм бол тэр боломжийг ашиглан үйлдэх хэрэгтэй. Эдгээр үйлдлүүдтэй ихэд танил дотно болоод ирэхийн цагт өөр бусад зүйлүүдийг гүйцээн нэмж хорин оноогоо өөрийн зан араншиндаа дасал болгон цөмийг нь авах хүртлээ аажуухнаар хичээн оролдох хэрэгтэй.

Үүд	Нүгэл	Буян
Бие	Алах	Амь Аврах
	Хулгай	Өглөг
	Буруу Хурьцал	Ёс зүй
Хэл	Худал Үг	Үнэн Үг
	Хов Үг	Эвлэрүүлэх Үг
	Ширүүн Үг	Сайхан Үг
	Чалчаа Үг	Утга Төгөлдөр Үг
Сэтгэл	Хорлохуй	Хангалуун Байдал
	Хомхой Сэтгэл	Сайхан Сэтгэл
	Мунхрал	Зөв Үзэл

Хүснэгт 6-1: Бие, хэл, сэтгэлээр үйлдэх буянтай болон нүгэлтэй үйлдлүүд

Ёс Зүйг хөгжүүлэхийн зорилго нь бүтээлч зуршлыг бий болгох явдал гэдгийг сана. Одоогийн байгаа муу зуршлууд таны сэтгэлийг давамгайлаад байгаа бол өөрийгөө бүү зэмлэн зовоогоорой. Анзаарч мэднэ гэдэг өөрөө маш чухал анхны алхам болно шүү дээ. Тиймч зөв бус араншин гаргалаа шүү гэдгээ таньж мэдэж байвал ирээдүйд түүнээс зайлсхийхийг оролдохын эхлэл болно. Ийм замаар одоогийн байгаа буруу муу зуршлуудаа сулруулан багасгаж дадлага бясалгалдаа амжилт гаргах илүү боломжийг өөртөө олгох хэрэгтэй.

ГОЛ ХЭСГҮҮДИЙГ ЭРГЭН СӨХВӨЛ

- Үйлийн үрийн хоёр төрлийн шалтгаан байдаг нь: гол шалтгаан ба туслах шалтгаан. Гол шалтгаан нь үр дагавар болон хувирдаг бол туслах шалтгаанууд энэ хувиргалтанд туслах хүчин болдог.

- Үйлийн үрийн хууль бидний үйл хөдлөл ба мэдрэмжийн хоорондын шалтгааны холбоог дүрслэхэд чиглэдэг. Үйл хөдлөл бодит ертөнцөд өөрчлөлт хийж чадах учраас бид сэтгэл дотроо өөрчлөлт хийхэд голлон анхаарах ёстой.

- Үйл хөдлөл сэдэлд үндэслэдэг ба сэдлүүд нь язгуурын ухамсарт үйлийн үр хэмээн нэрлэгддэг зуршил болсон үйлийн хандлагуудыг үлдээдэг.

- Үйлийн үр боловсроход бид жаргал юмуу зовлонг амсдаг.

- Үйлийн үрийн дөрвөн хууль бий:\1\ гарцаагүй үр дагавар, \2\ үр дагавар байгаа бол шалтгаан заавал бий, \3\ шалтгаан байгаа бол үр дагавар гарцаагүй, \4\ карма үрждэг.

- Үйл хөдлөлд оролцсон хүмүүсийн хоорондын харилцан хамааралд үндэслэн үйлийн үрийн боловролтын цар хүрээ тодорно. Үүнээс болж нийтлэг болон хувь хүний үйлийн үрийн нэгдэл бий болно.

- Үйлийн үрийн эрчим нь сэдлийн хүч болон үйлийн төгс үйл болсон эсэхийн нэгдлээр зохицуулагдана.

- Үр дагаврын аугаа байдал үйлийн төрөл хийгээд үйлийн объектын шинжинд үндэслэгдэнэ. Маш хүчтэй карма нэг насанд боловсрох бөгөөд бусад кармануудыг ирэх төрлүүдэд боловсроно.

- Нөгчих үеэр боловсорсон үйлийн үр дараагийн авах төрлийн ерөнхий хэлбэрийг тодорхойлно. Үүнийг тусгагч карма гэнэ. Дараагийн төрөлд янз бүрийн талуудыг хэрбэржүүлж өгдөг кармануудыг гүйцээгч карма гэнэ.

- Үйлийн үр болгон өөр өөр үр дагавар амсуулна: шалтгаанд зохилдох үр, тийн боловсролын үр, амсал зохилдох үр эдгээр билээ.

- Буддын ёс зүйн үндсэн хүрээнд бие хэл сэтгэл гурван үүдээр үйлдэгдэх үйлийг анхааран ухамсарлах сэтгэлийг хөгжүүлэх явдал хамаардаг.

- Ямар нэгэн түйтгэрт автаагүй сэтгэлээр үйлдсэн үйлийг буян, түйтгэрт сэтгэлээр үйлдсэн үйлийг нүгэл гэнэ. Дадлага бясалгал хийхийн гол зорилго бол арван хар нүглийг цээрлэж арван цагаан буяныг дэлгэрүүлэх явдал мөн.

Сансрын хүрд

Сансрын хүлээсэнд эргэлдэн зовохуйн учир

Үйлийн үрийн хууль та бидэнд, бидний сэтгэл үйл хөдлөөр хэрхэн нөхцөлдөж байдаг талаар дэлгэрэнгүй загварыг гаргаж өгсөн бөгөөд яагаад бид өгөгдсөн тавиланг амсах учиртайг тайлбарласан үндсэн механизм юм. Үйл бидний сэтгэлд байнгын үзэгдэл ургах түлш болохын хажуугаар тэдгээр үзэгдлүүдтэй тодорхой нэгэн төрлийн барилдлага үүсгэх мотор болдог.

Аль нэгэн өгөгдсөн үзэгдэлтэй сэтгэл хэрхэн холбогдож болохыг бодож үзэхэд хоёр үндсэн холбоо байна.

1. **Мунхаг сэтгэл:** Юмс үзэгдэл төөрөгдөл болон буруу төсөө ухамсарт үндэслэн үзэгдэхийг мунхаг сэтгэлийн үзэгдэл гэнэ.

2. **Билиг оюун:** Үнэнийг таних шижир ухамсарт *үнэн* гэж танигдах үзэгдлийг бид билиг оюунаас ургасан үзэгдэл гэнэ.

Мунхаг сэтгэл мэт төөрөгдлөөс үндэслэн гарсан аливаа үзэгдлүүд шууд ба шууд бусаар зовлонг авчирдаг нь тодорхой юм. Тиймээс аливаа зовлонг үгүй хийе гэж бодвол орчлонг төөрөгдлийн нүдээр харахаа зогсоох хэрэгтэй.

Энэ бүлэгт бид мунхагийн харгайгаар үүсэн бий болох арвин их үр дагаварыг нарийвчлан судлана. Ялангуяа сансарт эргэлдэн \самсара\ оршихуйн мөн чанарыг дэлгэрэнгүй тайлбарлах юм. Сансарт оршино гэдгээр бид явж хүрэх газрыг хэлээгүй харин ертөнцтэй хэрхэн холбогддог тэр хэв маягийг хэлж байгаа билээ. Энэ нэгэн хэв маяг мунхаг сэтгэлд үндэслэгдсэн байдаг учраас хамаг амьтан хотол олнооро сэтгэл жаргалангүй байдгийн хариуцлагад энэхүү оршихуйн мөн чанар өөрөө буруутай байдаг ажгуу. Энэ системийн идэвхтэй нэгдэл хэсгүүдийг судалснаар эцэсгүй эргэлдэн зовох хүлээснээс алдууран чөлөөлөгдөх стратегийн төлөвлөгөө боловсруулан саруул оюунд тулгуурласан амьдралыг жолоодох хаалгыг нээж чадах юм.

Сансарт хүлэгдэн орших зовлонг танин ухаарсныгаа уг шалтгаан үр дагаврын хуультай хамтруулан авч үзэх юм бол энэ янзаараа ингээд зовлонг эдэлсээр байх шаардлагагүй болох өөрчлөлтүүдийг хийж болох юм байна гэдгийг олж харах нь гарцаагүй. Үүнд үндэслээд биднийг зовлонгоос хөтөлж гаргах замыг олохын төлөө тэмүүлэн залбирах сэтгэлээ хөгжүүлэх хэрэгтэй бөгөөд энэхүү хүсэл тэмүүлэл маань орчлонгоос уйсах сэтгэлийг төрүүлснээр чөлөөлөгдөнө гэдэгтээ бүрэн итгэлтэй болоход туслах хүчирхэг хөшүүрэг болдогбилээ.

ҮЙЛИЙН ЛАЙГААР БИД ХЭРХЭН САНСАРТ ХҮЛЭГДДЭГ ТУХАЙ

Эхний алхам бол сансарт хэрхэн хүлэгддэг шалтгаан бүхий тэр холбоосыг таних явдал мөн. Үүнийг өргөн хүрээгээр ойлгосны дүнд бид энэхүү системийн өөр өөр төрлийн мэдрэмжийг үүсгэдэг бүтээлч хүчин чадлыг улмаар таних болно. Мөн түүнчлэн энэ систем дэх янз бүрийн үзэгдлүүдийг судлах эх сурвалжийг олох юм.

Үүнийг гүйцэтгэх арга нь *Арван-хоёр шүтэн барилдлагыг* судлах явдал билээ. Энэ сургаалыг анх Бурхан Багш, *Будаа үрслүүлэх судартаа* номлосон байдаг:

> *Энэ буй учраас тэр гарсан болой. Тэр ургасан учраас тэдгээр бусад үзэгдлүүд ургамуй. Мунхагийн улмаас үйлийн хэлбэржилт, үйлийн хэлбэржилт ургасан тул тийн мэдэл ургамуй, түүнээс цааш ч мөн түүнчлэн ургамуй. Тийм замаар нэр ба дүрс, зургаан мэдрэхүйн үндэс хийгээд хүрэлцэхүй, сэрэхүй, шунахуй, зуурахуй, бий болохуй ба төрөхүй бүр цаашлаад өтлөхүй, өвдөхүй ба үхэх буй. Зовлон, гаслан, энэлэл, шаналал гутрал дараа нь ургах нь үнэн болой. Энэ бүхнээс ихээхэн хэмжээний аугаа зовлон ургамуй...Түүн лугаа, мунхаглалаас үүссэн үйлийн хэлбэржилт зогсмогц цааш зогсмуй, доошилсоор уг ёзоортоо хүрч төгссөнөөр төрөх ба өтлөх түүнчлэн үхэл зогсмуй, шаналал гаслан гэхчилэнгийн аугаа их зовлон цөмөөр мөн адил зогсмуй. Тиймээс энэ мэт болой.*

Энгийнээр хэлбэл, бидний энэ амьдралдаа хийгээд ирээдүйд олох бие сэтгэл маань мунхаглалын нөлөөн дор бие, хэл ба сэтгэлээрээ тасралтгүй үйлдсээр байх тэр үйл нисваанисаас шалтгаалдаг ажээ. Үүний хүчээр бид энэ сансрын эргэлтэнд дахин дахин төрөл аван эргэлдсээр байгаа бөгөөд тийм ч учраас түүний нөхцөлдөх байдлын бүрэн мэдэл дор захирагдаж явдаг юм.

Арванхоёр шүтэн барилдлага

Арван-хоёр шүтэн барилдлага уламжлал ёсоор бол *Сансрын Хүрдэн* хэмээх зурганд бүрэн дүрслэгдсэн байдаг. Гадаад цагираг хүрээгээр арван-хоёр шүтэн барилдлагыг төлөөлүүлж дотоод цагирагаар хамаг амьтны авдаг төрлүүдийг харуулжээ. Голын цагирагт гурван хорыг \шунал тачаал, хорсол хилэн ба мунхаг\ тахиа, могой, гахай гурваар төлөөлүүлэн дахин дахин төрөл аван эргэлдэхэд биднийг хүргэдгийг үзүүлсэн байна.

Эхний долоон барилдлагаар үйлийн тодорхой үр дагавар гаргах шинэ барилдлага үүсгэж байгааг харуулсан ба сүүлчийн таван барилдлага тэдгээр барилдлагууд хэрхэн боловсорч гүйцэдгийг харуулсан байна. Энэ хоёр бүлэг тус бүр аль нь шалтгаан аль нь үр дүн гэдгээрээ хуваагддагийг доор үзүүлбэл:

Төрөл	Холбоо	Барилдлага
Тусгал	Шалтгаан	1. Мунхаг
		2. Үйл
		3. Ухамсар
	Үр дагавар	4. Нэр ба Дүрс
		5. Зургаан Мэдрэхүй
		6. Хүрэлцэхүй
		7. Сэрэхүй
Боловсролт	Шалтгаан	8. Хүсэл шунал
		9. Зуурах
		10. Сансарт төрөл авах
	Үр дагавар	11. Төрөх
		12. Өтлөх ба Үхэх

Хүснэгт 7-1: Арван-Хоёр Шүтэн Барилдлагын Хуваагдал

Тусгагч шалтгаанууд

1. **Язгуурын мунхаг сэтгэл:** Бусад бүхий л барилдлагаануудын үндэс болсон 12 барилдлагын эхний язгуурын мунхаг сэтгэлийг Амьдралын хүрд хэмээх зурагт *таяг тулсан сохор хүнээр* үзүүлжээ. Үнэн байдлыг харах чадваргүйн улмаас бид бүхий л юмс үзэгдлийг мөнх мэт тусгана. Бид үнэхээр оршсон би гэж байдаг хэмээн төөрөлдөж эд хөрөнгө эзэмшсэнээр жинхэнэ жаргалтай учирна гэж эндүүрэн амьдардаг байна. Энэхүү төөрөгдлийн улмаас бидний энэ сансар хорвоо урган бий болсон билээ. Энэ төөрөгдөлт сэтгэл бидний бүх зовлон, сэтгэлийн хөдөлгөөн зэргийн үндэс суурь нь болдог. Мунхаг сэтгэлийг үндэс ёзоор гэж нэрлэж байгаа ба бусад бүх түйтгэрт сэтгэлүүд цөм энэ мунхаг сэтгэлээс салаалан гардаг байна.

2. **Үйлийн хэлбэржилт:** Шүтэн барилдлагын хоёр дахь хэсэгт *шаварчин шавар ваар хийн хүрд эргүүлж суугааг* харуулсан байна. Мунхагийн харгайгаар бид хорвоо ертөнц яг энэ харагдаж байгаа шигээ л байгаа

гэсэн итгэлдээ үндэслээд элдэв төрлийн үйл хөдлөлд оролцож байдгийг үүгээр илэрхийлжээ. Жишээ нь, бидний сэтгэл үзэн ядалтанд автахаараа хүний зөвхөн муу сөрөг талуудыг л олж хардаг байна. Энэ буруу төсөө үзэл маань тухайн зүйлийн эсрэг хортой зүйл хийхэд биднийг хүргэж хийсэн хөдөлгөөн болгон маань язгуур ухамсарт хадгалагдан үлддэг байна. Тэдгээр ул мөрүүд хураан хуримтлагдсаар ирээдүйд хэвшил болсон хариу урвал болон мэдрэгдэж үйлийн барилдлага үүсгэх энэ үйл явцыг бид *үйлийн хэлбэржилт* хэмээн нэрлэж байгаа юм.

3. **Ухамсар:** Мунхагаас болоод \эхний барилдлага\ бид үйл хөдлөл хийх замаар өөрсдийн ухамсрын үргэлжлэлд ирээдүйд үр дүн боловсруулах чадвартай \хоёр дахь барилдлага\ үрийг суулгасаар байдаг. Энэхүү нөхцөлдсөн ухамсар маань дараагийн төрлийг тусгах чадвартай *түлхэгч ухамсар* гэгчийг тээж явдаг бөгөөд дараагийн төрлийг авах бүх нөхцөлүүд бүрдмэгц *түлхэгч үр дагаврын ухамсар* гэдэг үр дүнг гаргахад хүрдэг байна. Энэ бүх нэрс язгуур ухамсрын өөр өөр түвшингүүдэд үзэгдэх байдлыг төлөөлж байдаг билээ. Энэ нь төрлөөс төрөлд дамжин үргэлжилдэг тэр л ухамсар хэвээрээ учраас *нэг мөчрөөс нөгөөд дамжин жимс түүн яваа сармагчингаар* үүнийг дүрсэлсэн байна.

Дасгал 7.1 – Түйтгэрлэгдсэний нөлөө

- *Тохиромжтой байрлал ээлж амьсгалдаа төвлөрөх бясалгалаар сэтгэлээ тайван байдалд оруулна.*

- *Уур хорсолдоо автсан байсан үеэ эргэн сана. Тэр үед болсон явдлыг аль болох тодорхой дахин ургуулахыг хичээ. Хорсол хилэн таны аашилж аяглахад хэрхэн нөлөөлж байсныг сана. Ямар санаа ургаж байсан бэ? Ямар үгнүүд уурандаа хэлж байсан бэ? Бие махбодын ямар үйлдлүүдийг уурандаа үзүүлсэн байна? Кармаг ойлгосны үндсэн дээр тэр үед ямар үйлийн холбоонууд үүсгэснээ эргэн бод. Энэ үйл хөдлөлийн шинж чанар ирээдүйд ямар үр дүн авчирна гэж бодож байна?*

- *Одоо түрүүчийн адилаар энэ удаад шуналыг оролцуулан бод. Гурван үүднээс \бие,хэл, сэтгэл\ ямар үйл хөдлөл гарч сэтгэлийн урсгалд тань ямар үйлийн барилдлагууд үүсгэсэн болохыг тань. Тэдгээр барилдлагууд ирээдүйд зовлон амсуулж чадах бололцоотойг ойлго.*

- *Гурав дахь удаагаа энэ дасгалыг гэхдээ мунхаг сэтгэлд автсан байсан үеэ оролцуулан давт. Жишээ нь, юу болсныг сайн мэдээгүй байж хүн гомдоохоор үг хэлснээ эргэн сана. Буруу үзэлд тулгуурласан санаандаа хөтлөгдөн бусдыг буруу ойлгон хэчнээн олон тэнэг үйлдэл хийснээ бод. Эдгээр үйлдлийн авчрах үр дүнг сайтар тунгаан бодоогтун.*

- *Ямар ухамсар ургана түүндээ саатаад амар.*

Тусгагч үр дүн

4. **Нэр ба Дүрс:** Ухамсрын үргэлжлэлд тээгдэн яваа үйлийн үр бидний ухамсрыг шинэ төрөлд оруулан тусгана. Хүний төрлийг авахад гурван бүрдэл цогц хамтрах хэрэгтэй болдог нь: ухамсрын урсгал, эхийн өндөгөн эс, эцгийн үр юм. Буддын сургаалаар бол энэ мөчид үр тогтдог байна. Энэ нь сэтгэл \нэр\ бие \дүрс\ хоёр нэгдэн нийлэх тэр үе. Энэ хоёрын нэгдлийг *бие-сэтгэлийн бүрдэл цогц* хэмээн нэрлэх нь олонтой. Тодорхой бүрдэл цогцууд нэгдэн нийлэх нь ямар төрлийн карма тэнд тусгагдсанаас шалтгаалдаг. Ямар хэлбэр дүрс болон нарийн бие хөгжих эсэх нь одоо маш олон янз байж болно. Хүн ба амьтны хувьд бие махбод маш бүдүүн байгалиасаа хатуу цул байхад хүн-бусын амьтдын бие маш нарийн зүүд-адил шинжтэй байдаг. Дүрсний бүрдэл цогцгүй амьтад хүртэл байх бөгөөд цэвэр оюуны амьтад гэж оршино. Энд барилдлагыг *хоёр хүн завьтай гол гаталж* байгаагаар харуулжээ.

5. **Зургаан Мэдрэхүйн Үүд \Суурь гэж мөн нэрлэдэг\:** Үр тогтох хором өнгөрмөгц төрлөөсөө шалтгаалан байж бие-сэтгэлийн бүрдэл цогцууд хөгжилд орж эхэлнэ. Хүний хувьд авч үзвэл ердийн байдлаар мэдрэхүйн зургаан эрхтний оролцоо голлоно: нүд, чих, хамар, хэл, төв мэдрэлийн систем ба тархи. Эдгээр эрхтнүүд бүдүүн хэлбэрийн үндсэн мэдрэхүй ургахын үндэс болдог. Бүх амьтанд зургаан мэдрэхүй хөгждөггүй. Жишээ нь, заримдаа хүн хүртэл харах ба сонсох чадваргүй төрдөг билээ. Энэ бол тухайн хувь хүний тодорхой үйлийн үрийн биелэл байдаг. Энэ барилдлага зургаан онгорхойтой байшингаар \таван *хагархай цонх ба хаалттай хаалга*\ дүрсэлсэн нь таван мэдрэхүй ба оюуны мэдрэхүйг илэрхийлжээ.

6. **Хүрэлцэхүй:** Бүх эрхтнүүд бүрэн хөгжсөний дараагаар тодорхой зүйлсийг хүлээн авах чадвар бий болно. Жишээ нь, хүний ураг өсөхөд үндсэн мэдрэлийн систем хөгжихөөс гадна сэрэл хүрэлцэхүй мөн хөгжинө. Харааны эрхтэн хөгжиж гүйцмэгцээ эхийн умайн харанхуй байдлыг мэдэрч эхэлдэг. Хүрэлцэхүй гэж гэдгээр гурван тал зэрэг уулзалдахыг хэлэх бөгөөд: объект, мэдрэх эрхтэн, ухамсар гурав билээ. Тэдний нэгдлээр хүлээн авахуйн үндсэн механизм бий болж улмаар бидний бусад

бүх мэдрэмжийн үндэс энэ болдог Үүнийг сансрын хүрдний зурагт *эр эм хоёр тэврэлдэн секс үйлдэж* байгаагаар харуулжээ.

7. **Сэрэхүй:** Хүлээн авах чадварын тусламжтайгаар сэтгэл бодит ба хийсвэр үзэгдлүүдийг бий болгон мөн тэр хоёрын хоорондын холбоог ч бий болгоно. Хамгийн үндсэн түвшиндээ энэ холбоо таатай юмуу таагүй эсвэл дундын гэсэн сэрлүүдийг үүсгэнэ. Энэ бол үйлийн үр сэрэл маягаар боловсорч буй хэрэг мөн. Үүнийг зураг дээр *нүдэндээ сум зоолгосон хүнээр* бэлэгдэн үзүүлжээ.

Дасгал 7.2 – Өөр Дүрс ба өөр мэдрэмжүүд

- *Тохиромжтой байрлал эзлээд амьсгалдаа төвлөрөх бясалгалаар сэтгэлээ тайван байдалд оруулна.*

- *Энэ ертөнц дээр байдаг өөр өөр төрлийн хүн хийгээд амьтдыг санаандаа оруулагтун. Буддын сургаал ёсоор тэд цөм сэтгэл эзэмшсэн байдаг. Тэр үнэн бол юугаараа чухам ялгаатай байна?*

- *Эдгээр амьтдын хэрхэн төрөх болсныг сана. Төрөхөөсөө өмнө тэд хэрхэн өөр өөрөөр хөгждөгийг бод. Өөр өөр төрлийн амьтдыг тус тусад нь авч үз.*

- *Бид цөм мэдрэхүйн өөр эрхтнүүдийг хөгжүүлдгийг бод. Жишээ нь, нохой гэхэд үнэрлэх, сарьсан багваахай гэхэд сонсох эрхтэн илүү хөгжсөн байдаг. Хүмүүсийн дунд хүртэл зарим хүн бусдаас илүү мэдрэмтгий болж хөгждөг билээ.*

- *Эдгээр өөр өөр эрхтнүүд бидний ертөнцийг харах үзэлд ямар замаар нөлөөлдөг вэ? Аль нэг мэдрэх эрхтэн үгүйгээр та өөрийгөө төсөөлж чадах уу? Дельфин юмуу бүргэд шиг мэдрэмжтэй байсан бол ямар байх байсан бол? Шоргоолжны тархи хүний тархитай харьцуулахад ямар ялгаатай бол?*

- *Одоо өөр өөр мэдрэмжүүдийг төрүүлэх чадварыг бод. Сэтгэлд таатай мэдрэмж төрүүлдэг объектуудын жишээг таньж ол. Үүний адилаар таагүй мэдрэмж төрүүлдэг зүйлсийн жишээг хайж ологтун. Амьтанд ч мөн мэдрэх чадвар байдгийг олж тодруул. Жишээ нь, нохой тааладаг таалдаггүй юу байна?*

- *Ямар ухамсар ургана түүндээ сааатаад амар.*

Боловсрох Шалтгаанууд

8. **Хүсэл шунал \үйлдэлд оролцох\:** Мэдрэх эрхтэнд объект өртөхөд ухамсар төрнө. Бодит мэдрэхүй хийсвэр мэдрэмжийг бий болгоно. Мэдрэмж дээр үндэслээд сэтгэл тухайн зүйлд шунан тачаах юмуу түүнээс холдон зайлах гэсэн хүсэлд автана. Эсвэл аль нь ч биш төвийг сахих хүсэл төрж болно. Энэхүү үндсэн холбоо биднийг тухайн зүйл рүү тэмүүлэх юмуу, тухайн зүйлээс зугатах гэх мэт аль нэгэн үйлд хөтөлдөг. Үүнийг *архи ууж байгаа хүнээр* төлөөлүүлсэн байна.

9. **Зуурахуй \өөрийн болгож авах\:** Хүсэн цангах мэдрэмжийн хариуд бидний сэтгэл бодол үүсгэх замаар тухайн объекттой тодорхой холбоог үүсгэнэ. Сэтгэлд төрсөн бодлыг ашиглан тааламжтай зүйлд хүсэн тачаах юмуу тааламжгүй зүйлээс татгалзах гэсэн бидний үндсэн зорилго сэдлийг хэлбэржүүлж өгсөн түүхийг сэтгэл хүүрнэнэ. Сэтгэлийг ийнхүү түүх хүүрнэн байх тэр агшинд шинэ үйлийн зуршилт хандлага урьдын дадал зуршлуудын аль нэгийг хүч оруулан сэргээснээр ирээдүйд мөн тийммэрхүү тавилан эдлэх шалтгааныг бий болгодог. Ерөнхийд нь хэлэхэд дөрвөн төрлийн зуурал байдаг нь: мэдрэхүйн таашаалаас зуурах, буруу үзлээс зуурах, зан үйлээс зуурах, би-д барин зуурах эдгээр юм. Үүнийг зураг дээр жимс түүж яваа хүнээр дүрсэлсэн байна.

10. **Бий болохуй \сансарт төрөл авах\:** Зуурал ихсэх тусам тодорхой үйлийн хэв маягууд хүчтэй болно. Нөгчих үйл явцад бүдүүн ухамсар уусахад сэтгэл аль нэгэн цувраа бодлуудад цоожлогдоно. Эдгээр санаанд агуулагдах зууралтат туйлширлын улмаас аль нэгэн тусгай үйлийн барилдлаганы хүч нэмэгдсэнээр сэтгэлийг бүрэн давамгайлахуйц хэмжээнд хүрнэ. Ийм маягаар үр соёолж хүч орон, ухамсрыг дараагийн төрөл рүү түлхэх чадвар бүхий болно. Энэ нэгэн үйлийн үрийн боловсролт таны дараагийн төрлийн шалтгаан болж байгаа тул жирэмсэн эмэгтэйгээр төлөөлүүлэн харуулжээ.

Дасгал 7.3 – Зуурах Сэтгэл

- *Тохиромжтой байрлал эзлээд амьсгалдаа төвлөрөх бясалгалаар сэтгэлээ тайван байдалд оруулна.*

- *Таатай юмуу таагүй аль нэгэн мэдрэмжийг мэдэрсэн туршлагаа сэтгэлдээ ургуул. Тэр үед юу болсныг аль болох тодорхой дүрслэхийг хичээ.*

- *Өөрийн хэрхэн хандсаныг сэтгэлдээ ажигла. Мэдрэмж төрөх үед та яасан? Тухайн зүйлээс зайлсхийсэн үү улам илүү сонирхсон уу?*

- *Одоо мэдрэмж төрсний дараа юу болсныг сана. Ямар шалгууруудад та илүү анхаарах болсон бэ? Таны сэдэл ямар хэлбэрийг олсон? Сэтгэлдээ юу хийхээр төлөвлөсөн бэ?*

- *Энэ үйл явцаас ямар үр дагавар гарсан бэ? Энэ бүхэн санаанд үлдэж хоцорсон уу эсвэл хандлага хүчтэй болсноор ямар нэг үг хэлсэн буюу үйлдэл хийхэд хүрсэн үү? Нүүрний хувирал мэтийн өнгөц мэдрэмжээр өнгөрсөн үү, эсвэл дуу авиа гаргасан уу? Эсвэл үүнээс илүү ноцтойгоор үг холбон өгүүлбэр бүтээх юмуу бие махбодоор объекттой ямарваа харьцаанд орсон байж ч болох юм.*

- *Өөр жишээ ашиглан хүсэл шуналд хүч нэмэн үйл хөдлөл хийхэд хүргэдэг зуурах сэтгэлийг мэдэр.*

- *Ямар ухамсар ургана түүндээ саатаад амар.*

Боловсролтын Үр Дүнгүүд

11. **Төрөх:** Нөгчих үед боловсорсон үйлийн үрээс шалтгаалж бид их бууны амнаас буудагдсан сургуулийн сум адил дараагийн төрөл рүү шидэгдэнэ. Сонголт хийх ямар ч эрхгүйгээр хандсан зүг рүү нь түлхэгдэн шинээр төрөл авч бие-сэтгэлийн шинэ бүрдэлд орон, язгуурын ухамсарлахуй дахь үйлийн зуршил хандлагаар дахин нөхцөлдөгдөх болно. Эдгээр бүрдэл цогцуудад үндэслэн үйлийн үрийн боловсролоор бид дахин шинэ амьдралд өөрийн эрхгүй холбогдоод явчихна. Эцэс төгсгөлгүй эргэлдэх хүрдэнд хянах аргагүй нөхцөлд аливаа мэдрэмж болгоныг үргэлжлүүлэн мэдэрсээр байдгийг *хүүхэд төрүүлж буй эмэгтэйгээр* төлөөлүүлэн үзүүлжээ.

12. **Өтлөх ба Үхэх:** Орчлонд хүлэгдэн буй өөр өөр мэдрэмжүүдийг болгоомжтой харвал үйлийн үрээр нөхцөлдсөн амьдрал бүр ёзоороосоо зовлонгийн мөн чанартайг ойлгох болно. Зарим үед түр зуурын жаргалыг бид амсдаг ч гэлээ тэр хэзээ ч удаан үргэлжилдэггүй билээ. Байнгын хөгжил өөрчлөлтөөс хамаарч амьдрал цаг үргэлж өөрчлөгдөж байдаг. Төрсөн тэр мөчөөсөө эхлээд бид өтөлж байдаг. Өтөлж байх зуурт

төрөл бүрийн өвчин эмгэгт нэрвэгдэнэ. Өвчлөлтөөс болоод бидний бие цаашид удаан амьдрах боломжгүй болно. Үхлийн үеэр дахин шинэ төрөл рүү түлхэгдэнэ. Эргэлт ийнхүү үргэлжилсээр байх болно. Сүүлчийн барилдлагыг *нуруундаа багц мод үүрсэн хөгшин хүн үхэл өөд зүглэн явж байгаагаар* дүрсэлсэн нь үйлийн үрийн ачааг бид ийнхүү үүрсээр явдгийг үзүүлжээ.

Дасгал 7.4 – Төрөл Авахуйн Мөн Чанар

- *Тохиромжтой байрлал эзлээд амьсгалдаа төвлөрөх бясалгалаар сэтгэлээ тайван байдалд оруулна.*

- *Төрсөн төрлөө бодож үз. Та төрөхөө өөрөө шийдсэн үү? Аав ээжийгээ өөрөө сонгосон уу? Хэзээ хаана төрөхийгөө та сонгосон уу? Одоо байгаа яг энэ биеийг авна гэж та шийдсэн билүү? Энэ үйл явцад ямар сонголт танд байв? Өөрийн амьдралаа хэзээ өөрөө сонгодог болж эхлэх вэ?*

- *Өөрийн бие махбодоос шалтгаалан ямаршуухан мэдрэмж амсахад хүрч байв? Эрэгтэй хүний бие эмэгтэй хүний биеийг авч төрөхийн ялгаа юу байна? Хэлбэр дүрс өнгө арьс гэсэн бүрэн томруун байдлаар биеэ хараад үзэгтүн.*

- *Одоо энэ бие цаг хугацааны туршид хэрхэн өөрчлөгдсөнийг бодоод үз. Хүүхэд байснаа бодоод, дунд сургуульд байсан, залуу насаа бод. Одоо байгаа насаа бод. Тодорхой үе шатуудад ямаршуухан мэдрэмж амсаж байв?*

- *Урган цэцэглэх болон ялзарч муудах, эрүүл болон өвчтэй байхын ялгааг сана. Ерөнхийдөө таны бие өсөж хөгжиж байна уу муудаж доройтож байна уу? Муудаж байгаа бол дараагийн үр дагавар нь юу вэ? Хэрхэн төгсөх бол? Амьд байхаа больтлоо илжирч муудна гэж яахыг хэлэх вэ?*

- *Одоо энэ эргэлтийг дахин дахин давтан төсөөл. Энэ бүхэн таныг хүссэн хүсээгүй болох зүйлс. Энэ бүхнийг залхталаа мэдэр, дахин дахин давтсаар нэгэн төрлийн уйдалтыг хөгжүүл.*

- *Ямар ухамсар ургана түүндээ саатаад амар.*

Энэ дараалыг буцаагаад хөөх юм бол бүх барилдлагууд хоорондоо уялдаа хамааралтай болохыг ойлгох болно. Аль нэг нь үгүйгээр нөгөөдүүл нь байх боломжгүй. Тийм учраас хэрвээ бид өтлөх ба үхэхийн зовлонг үзэхийг хүсэхгүй байгаа бол өөрийн хяналтгүй төрөх явдлыг зогсоох хэрэгтэй. Үүний тулд үхлийн үеэр боловсордог үйлийн үрийн боловсролтыг зогсоох хэрэгтэй ба энэ нь түүний хүчийг атган буй зууралтыг тавиулах хэрэгтэй гэсэн үг юм. Зууралтыг тавиулахын тулд бид хүсэх ба үл-хүсэх гэсэн шуналыг таслан зогсоох ёстой. Мэдрэмж байхгүй бол шунал ургах үндэс үгүй, тэгэхээр бодит ба хийсвэр хоёрын хооронд хүрэлцэхүй байхгүй бол сэрэл төрөхгүй. Мэдрэхүйд өртсөн объектыг мэдрэх эрхтнүүд үгүй бол хүрэлцэхүй үүсэхгүй. Бие сэтгэл хоёр нэгдэхгүй бол мэдрэмжүүд урган гарах бололцоогүй. Нөхцөлдсөн ухамсаргүйгээр бүрдэл цогцууд хэлбэржихгүй бөгөөд тэр нь түйтгэрт автсан сэдэл бүхий бидний үйл хөдлөлөөр сэтгэлд ул мөрөө үлдээсэн үйлийн барилдлагуудад шүтэн оршдог. Түйтгэрт сэдлийн ёзоор нь мунхаг сэтгэл болохоор мунхгийг арилгаснаар зовлон авчрагч дээрх барилдлагуудын аль нь ч урган гарах боломжгүй ажээ.

Арван хоёр шүтэн барилдлага үйлийн түйтгэрт үндэслэгдэн зовлон хэрхэн бий болдог дотоод үзэгдлийг дүрслэхийн хажуугаар бид юмс үзэгдлийн гадаад харилцан шүтэлцээний зарчмын шалтгаан нөхцөлийг мөн таньж мэдэх хэрэгтэй. Бодит зүйлс цаг хугацааны туршид өөрчлөгдөн элэгдэхийг бид харж ажигладаг бөгөөд тарьсан үр соёолон нахиалж цэцэг жимс дэлгэрэн ургадаг. Энэ бүхэн дараагийн үйл явцын голлох шалтгаан болдог нь: ширээний гол шалтгаан нь мод гэдэгтэй ижил ажээ. Аливаа хөгжилд зургаан нөхцөл тусалдаг нь: шороо, ус, гал, хий, огторгуй ба цаг билээ. Шороо тогтворжилтыг, ус нэгдлийг, гал хатуужин төлөвшихийг, хий тэлэн томрохыг, огторгуй оршихуйг харин цаг хугацаа өөрчлөлтийг дэмжиж байдаг байна. Амьд амьтны үйл хөдлөл мөн туслах нөхцөлд орох бөгөөд ширээг хийх санаатай мужаан, эсвэл цэцэгний үрийг тараагч зөгий гэх мэт.

Тиймээс, дотоод гадаад үзэгдлийн ургах явц тэдгээрийн нөхцөл шалтгаан зэрэг нь хамтдаа бүрэлдсэнээс хамаарч явагддаг. Эдгээр үзүүлэлтүүд цөм бүрдэхийн цагт үзэгдэл ургаж, эдгээр нөхцөл шалтгаан үзэгдэхээ болиход үзэгдэл мөн өнгөрч оддог ажээ. Энэ бол шүтэн барилдлагын хууль мөн. Төрөл тэргүүлшгүй цагаас авахуулаад энэ хүрдний эргэлтийг бүтээгч эзэн тэнгэр юмуу хэн нэгэн бие хүн гэж байсангүй билээ. Утга нь, "Би ийм үр дагавар гаргана" хэмээн шалтгаан бодлыг агуулдаггүй, "Би түүнээс үүссэн юм" хэмээн үр дагавар бодлыг агуулдаггүй, тэгсэн хэрнээ тэд цөм уг үрийн шүтэн барилдлагаас урган гардаг байна. Үүнийг ухаарснаар бид бүхий л юмс үзэгдлийг зөвхөн харилцан хамаарлын дунд үзэгдэх үзэгдэл юм гэдгийг ойлгох болно.

Арван-хоёр шүтэн барилдлагын үйл явц үүсэх явагдах төгсөх нь голдуу гурван цагийг хамарч дүрслэгдэх бөгөөд энэхүү үйл явцыг бид мөн хоёр цагийг дамнуулан үзэх ч бололцоотой билээ. Хамгийн ер бусын тохиолдолд нэгэн насанд үзэх боломж байдаг байна. Өнгөрсөн цагийн шалтгаанууд, мунхаглал ба үйлийн хэлбэржилт одоо цагийн ухамсрыг ургуулна. Одоо цагт, дараагийн найман барилдлага цугтаа үзэгдэн төрөл авах үйлийн үр боловсроход үүнийг бид хоёр дахь амьдрал гэж нэрлэдэг. Эндээс, төрөх үйл явцад сансрын зовлонг дахин эдлээд өтлөх ба үхэхийг гурав дахь амьдрал хэмээн бид нэрлэнэ.

Бид ийнхүү арван-хоёр шүтэн барилдлагааны тоолшгүй олон эргэлтэнд мөнхөд орооцолдон байхад үнэндээ бидний үйл хөдөлгөөн бүхэнд арван-хоёр шүтэн барилдлага цөм үзэгддэг байна. Биднийг үхэх тоолонд нэг бүтэн эргэлт гүйцэж тэгсэн хэрнээ хором бүхэнд шинэ үйлийн үрийг тасралтгүй тариалж байдаг байна. Ийм маягаар биднийг ямар нэгэн арга хэмжээ авахгүй л юм бол сансрын хүрдний эргэлт хэзээ ч үл төгсдөг ажгуу.

ЗОВЛОНГИЙН МӨН ЧАНАРЫГ ОЙЛГОХ

Сансрын хүрднээс гарах хүслийн бидэнд төрүүлэх хөшүүрэг юу байж болох вэ? Арван-хоёр шүтэн барилдлагыг ойлгосноор бүх зүйл мунхгаас гаралтайг харж байна, гэхдээ ттүүнийг арилгаж яах юм бэ? Та магадгүй энэ байгаа амьдралдаа дуртай байж болно шүү дээ. Түүнээс гадна мунхгийг арилгах саруул оюуныг хөгжүүлнэ гэдэг бөөн хичээл зүтгэл, хар төвөг гэж бодож болноо доо.

Эдгээр асуултууд бол бидний аяллынхаа чухал хэсэгт хүрээд өөрсдөөсөө асуух ёстой эгзэгтэй асуултууд билээ. Бид олигтой шалтгаан олохгүй бол цаашид хөгжин ахих хөшүүрэг олоход маш бэрхтэй байх болно. Тиймээс энэ асуултад аль талаас нь дөхвөл дээр бол?

Гол түлхүүр нь байдлыг илүү өргөн хүрээгээр харахад байгаа юм. Та өөрийгөө амарч байна, далайн эрэг дээр коконатны шүүс сорон бодох санах юмгүй амгалан сууж байна гэж төсөөл. Одоо энэ бол сүүлийн арван-таван жилд анх удаагаа амралт авч байгаа гэж бод. Үргэлж завгүй байсаар байгаад амрах бололцоо гарч байсангүй. Эцэст нь, долоо хоногийн сүүлээр ашгүй чөлөө олдож гурав хоногийг өөртөө зориулах боллоо. Харамсалтай нь амралт удаан үргэлжлэхгүй болохоор ажилдаа буцаж орох хэрэгтэй болно. Дахиад амрах бололцоо олдтол хир удахыг хэн мэдлээ. Арван-таван жил цус хөлс, нулимсаа баран байж ажилласны хариуд гурав хоног ясаа амраах гэж.

Одоо та энэ чөлөөндөө ажлын тухай бодлыг ор тас мартлаа гэж бод. Та амралтандаа бүрэн анхаарлаа тавьж амьдрал байнга ийм сайхан байх юм гэсэн мөрөөдлөөр өөрийгөө баясган байна. Гэвч таныг энэ мөрөөдөлдөө хэчнээн өөрийгөө итгүүлж чадлаа ч гэсэн үнэн байдалтай нүүр тулах цаг нь ирж түүнээс бултан зайлах аргагүй болно.

Яг одоо та амралтанд байгаа юм. Энэ амьдралд олон сайхан зүйл байгааг үгүйсгэхгүй. Мэдээж найз нөхөд гэр бүлийхэнтэйгээ цагийг хамтдаа өнгөрүүлнэ гэдэг азтай байлгүй яахав, түүнчлэн таван мэдрэхүйн ямар их таашаал амсаж байна гэдгийг хэлээд хэрэггүй. Гэвч энэ бүхэн түр зуурых юм шүү дээ. Эрт орой хэзээ нэгэн цагт дуусна. Дуусахын цагт танд дараагийн болох зүйлд бэлдсэн төлөвлөсөн юм байна уу?

Одоогийн байгаа байдлаасаа давж гаран цаад талыг харахын тулд сансрын хүлээсэн дэх амьдралд маш олон төрлийн зовлон байгааг олж таниулах сургаалыг Буддизм номлодог. Энэ сургаал амьдралын сайн сайхныг үгүйсгэж байгаа хэрэг биш зөвхөн үнэнийг олж харах байдлаасаа шалтгаалаад бид хэтэрхий олон асуудалтай тулгарах болдгийг л онцлон тэмдэглэж байгаа юм.

Бидний амьдрал зовлонтой гэдгийг хүлээн зөвшөөрснөөрөө түүнд автан захирагдахын оронд зовлонгоо багасгах анхны алхмыг хийж эхэлдэг. Өнгөрснөө эргэн хараад сансрын хүлээсэн дэх байдлыг ухаарах ухаарлаа нэмснээр зовлонгийн бүдүүн хэлбэрээс илүү нарийн шинжүүд рүү нь шилжүүлэн харж чадах магадлалтай. Зовлон өөрөө бидний хийсэн үйлийн шалтгаан нөхцөлөөс урган гардаг гэдгийг ойлгон хөгжүүлснээр тэр нь бидний сэдэл сэтгэл, санаа бодол зэрэгт үндэслэж байдгийг мэдэн бие, хэл, сэтгэлээр үйлдэх үйлэндээ илүү болгоомжтой байх ёстой. Тэгснээр хэлэх, хийх, сэтгэх бүхэндээ өөрчлөлт хийх чадалтай болж муу үйлийн үрийн барилдлага үүсгэдэг түйтгэрт сэтгэлүүдтэй тэмцэх боломжтой болно. Ийм гүнзгий тунгаалтын явцад Бурханы Номыг авшиг болгон дадуулах нь зовлонг бүрэн арилгах зүг рүү аажуухнаар эргэх бололцоог бидэнд олгодог юм.

Амьдралдаа илүү идэвхтэй хандах нь зовлонг ойлгон зөвхөн зөв болоод сайн чануудыг л өөртөө хөгжүүлэхэд бидэнд тусална. Зовлонгийн гол шалтгааныг олж таниагүйгээс бидний ихэнх маань хэрэгцээгүй зовлонг өөрсөндөө улам өдөөн, сансарт эргэлдүүлэх үйлийг өөрөө ч мэдэлгүй үйлдсээр байдаг. Ингээд бодохоор өөрсдийгөө болон бусдыг үнэхүү өрөвдөж энэрмээр сэтгэл эрхгүй төрж тэнэг үйлдлийх нь хариуд шүүмжлэн муушаах гэж яарахаа болино. Үйлийнхээ эрхэнд амьдарч яваа тэд шалтгаан үр дагаврын талаар гадарлаа ч үгүй үйлдсэн үйл нь үр дагавар авчирна гэж мэдэх ч үгүй яваа нь тэр. Нэмж хэлэхэд, бид зовлон эдэлж буй тоо томшгүй олон амьтны \тэд биднээс магадгүй хамаагүй илүүтэй зовлонг эдэлж байж болох\ нэг нь л юм гэдгээ мэдэхээр хөөрөн сагсалзахаа зогсож даруу төлөв байдалд шилжин, өөрийг энхрийлэн барих сэтгэлээ багасгах болох бий. Үнэндээ бусдын зовлонг ухаарах нь биднийг ганц өөрийн зовлонд сатаарахаас хамгаалдаг ашигтай талтай бөгөөд аль болох буяныг хурааж сайн үйлийн үр үүсгэх бололцоог бий болгодог .

Зовлонгийн гурван түвшин

Зовлон гэдэг зүйлийн талаар ярихад Будда "дукха" гэдэг үгийг байнга хэрэглэдэг.

Дукхаг "сэтгэл үл ханах", ядаргаа", "хангалуун бус" гэх мэт олон янзаар орчуулах нь бий. Ерөнхий санаа нь аливаа үзэгдэл хүссэнийг маань бидэнд өгөхгүй байхыг хэлнэ. Буддын сургаалд бид жинхэнэ жаргалыг хүсэх мөртлөө байнгын сэтгэл хангалуун бус түр зуурын жаргалын тасралтгүй урсгалаас өөр юу ч үл амсана гэсэн бий. Өргөн хүрээгээр авч үзвэл бид *Гурван түвшний зовлонг* таньж болно:

1. Зовлонгийн зовлон

Энэ гурван түвшний зовлон дотроос зовлонгийн зовлон бол жинхэнэ бидний амсдаг зовлонг хэлнэ. Бие махбодын бүх өвчин, оюун санааны стресс, сэтгэл шаналах зэрэг бүгд үүнд багтдаг. Бие махбодын зовлонд өлсөх, цангах, халууцах даарах, гэмтэл хугарал зэргийн бүхий л зовлон багтана. Оюун санааны зовлонд уйтгар, гуниг, будлих, давчдах, ганцаардах, сэтгэлээр унах ба цөхрөх цөм орно.

Энэ бол хүн болгоны мэддэг, мэдэрдэг бүдүүн хэлбэрийн зовлонг хэлдэг. Бүдүүн хэлбэрийн зовлонг амархан арилгаж болно гэж бид дандаа боддог. "Аятайхан л ажил олчихвол сэтгэлээр унах хэрэггүй болох гээд байна", "Гайгүйхэн нөхөр олоод авбал ингэтлээ ганцаардахгүй сэн" гэх мэт. Буддын сургаал ёсоор энэ бол гол шалтгааныг тоолгүй туслах шалтгааныг нь арилган түр зуур л аргалж байгаа хэрэг юм. Жинхэнэ шалтгаан руу нь хандахгүй байгаа \үйлийн үрийн хандлага\ болохоор үр дүн ч мөн түр зуурын байх болно.

2. Урвахын зовлон

Дараагийн нэг хэлбэрийн зовлон бол "хорвоогийн жаргал", "таашаал" хэмээн бидний нэрлэдэг сэтгэл үл ханах байдлыг хэлнэ. Олон шалтгаан хүчин зүйлүүдээс бүрдсэн иймэрхүү нэгдмэл үзэгдлүүд байгалиасаа хувирах чанартай байдаг. Нэгдмэл үзэгдлүүд хувиралгүй удаанаар үргэлжилсэн тохиолдол гэж байдаггүй. Бүх юм төгс төгөлдөр гэж бидний бодонгуут яах ийхийн зуургүй өөрчлөгдчихсөн байдаг болохоор түүнд найдах хэрэг байхгүй.

Бид аливаа нэгэн жаргал амсаад түүнийгээ үргэлжилнэ гэж л боддог, гэтэл урвахын зовлон цаана нь нуугдсан байхыг хардаггүй. Нэг байрлалд удаан суувал бидний хөл чилнэ, өвдөнө, тиймээс нааш цааш хөдөлгөн тохь тух олох гэж оролдоно. Жаргалтай байх гэсэн эдгээр оролдлого маань богино хугацаанд л сайхан байдлыг авчирдаг. Шоколадыг аваад үзье л дээ. Түүнийг жинхэнэ жаргалыг авчирдаг гэж үзвэл идэх тусам л жаргаад баймаар шүү дээ. Гэвч их идэхэд юу болдог билээ? Пологтож таарнаа даа. Тэгэхээр танд жаргал авчирч байсан шоколад ийнхүү зовлон болон хувирч орхилоо.

Энэ шалгуурын зовлон бүх зүйл мөнх гэдэг алдаатай итгэлээс үүдэлтэй бөгөөд энэ нь харин яг эсрэгээр бүх зүйл мөнх-бус гэдгийг баталж байдаг. Бид ямар нэгэн байдлаар нэг өдөр, сар, жил ч жаргалтай байх боломжтой ба дараа нь юмсын өөрчлөгдөн хувирах хуулийн дагуу өөрчлөлт гарснаар гутарч гуних цөхрөх ч байдалд хүрдэг. Одоогийн байгаа жаргалаасаа зуурч тэр хэвээр нь байлгах гэж оролдохын оронд ухаалаг хүн бол юуг ч хүлээн авахад бэлэн, сэтгэлээ жаргалаас татгалзахад ч бэлэн байлгах мэдрэмжээ хөгжүүлэн, таатай байдал удахгүй таах аргагүй юмуу таагүй байдалтай болж мэднэ гэсэн бэлтгэлтэй байвал зохино. Бид шунал зууралтаа багасган бүх юм өөрчлөгдөнө гэдгийг ухаарвал таагүй золгүй явдал тохиолдсон ч байгалийн хуулийг мэддэгийн хувьд хохирол багатай өнгөрөх болно.

3. Түгээмэл хуран үйлдэхийн зовлон

Хамгийн суурь түвшний зовлон бол хуран үйлдэхийн зовлон билээ. Бид үйлийн үрийн эрхээр сансрын хүрдэнд байсаар байсан цагт зовлонг байнга эдэлнэ. Энэ тохиолдолд бид төрөхийн зовлон, өвдөх, өтлөх ба үхэхийн зовлонгоос мултрах аргагүй. Төрөл тэргүүлшгүй цагаас эхлүүлээд бид энэ үйл явцыг үргэлжлүүлэн эдэлсээр ирсэн бөгөөд үзээгүй зовлон байхгүй нь төсөөлөх аргагүй гэдэг. Хүн болгон урьд насандаа эцэс төгсгөлгүй хүнд хатуу тавиланг эдэлж энэ зовлонт орчлонд эргэлдсээр ирсэн билээ. Бидний бүрдэл цогцууд түйтгэртлэгдсээр байгаа үед буюу бидний хүлээн авахуй бинимхийлэх үзэл, өөрийг энхрийлэн барих үзэлд үндэслэгдсэн байгаа цагт уг ёзоороосоо зовлонгийн чанартай энэ тавиланд хөлбөрсөөр л байх нь гарцаа байхгүй юм.

Бид өөрсдийн жаргалтай тохилог амьдралын нөхцөл нь эд баялаг, хөрөнгө мөнгө, нэр хүнд, албан тушаал гэж бодоод зуршчихсан байдаг боловч энэ бүхэн зөвхөн түр зуурынх гэж хэзээ ч боддоггүй. Шалтгааны улмаас объект ургана, түүнийг дэмжигч нөхцөлүүд цаашид үгүй болоход юмс өөрчлөгдөнө, үүний араас зовлон яах аргагүй дагалдан гарч ирдэг байна. Хуран үйлдэхийн зовлон сансрын хүлээсэнд орших үйл явц хийгээд түйтгэрт бие сэтгэлийн цогцуудад агуулагдан оршдог ажээ.

Сайн харах юм бол зовлон, сэтгэл үл ханах байдал бидний амьдралын бүх хэлбэрт аль нэгэн замаар юмуу өөр хэлбэрээр үзэгдэхийг ажиглаж болно. Бүр бүх талаар хангалуун сайхан амьдралтай \хайртай гэр бүл, нөхөр хань, ажил, санхүүгийн боломж гээд\ байлаа ч гэсэн бидний оролцож байгаа үйлдэл болгон зовлонг авчрах харилцан хамааралтай гээд бод доо. Бидний идэж байгаа хоол жишээ нь хүн бусын авирлалаар амьтны амийг хөнөөн байж олдсон байх. Бидний өмсөж буй хувцас гэхэд үйлдвэрлэлийн явцад олон хортой бодисуудыг хэрэглэснээр бүтсэн байх. Энэ бүхэн хамаг амьтныг хамарсан бидний зовлонгийн гинжинд холбогдолтойг л үзүүлж байгаа юм.

Энэ түвшний зовлон зайлах аргагүй зовлон байдаг бөгөөд хэрвээ бид мөн чанарыг нь ойлгон гол эх үүсвэрийг алга болгохоос наана салах арга үнэндээ үгүй билээ. Хэрвээ бид өөрсдийн мөн чанарыг ойлгон ариун-бус таван бүрдэл цогцыг уусган үгүй хийж чадах юм бол үйлийн үрийн эрхэнд байж сансрын хүлээсэнд эргэлдэн зовох шалтгаан нөхцөлийн хуулинаас үүрд хагацаж чадах сан билээ.

Энэ гурван түвшний зовлон сансрын хүрдний хэв маягийн хүрээн дэх амьтай болгоны амьдралд аль нэг хэлбэрээр үйлчилж байдаг. Хувь хүний үйлийн үрээс шалтгаалан энэ гурав өөр өөр хувилбараар нэгдэн үзэгдэж ч болдог. Зарим хүмүүст амьдрал зовлон гунигаар дүүрэн байхад зарим хүнд таашаал илүү байх нь бий. Таашаал илүүтэй эдэлдэг хүмүүсийн амьдралд шунал голдуу зонхилсон дотоод сэтгэлийн зовлон их байдаг байна.

Зовлонгийн төрөл	Жишээ	Гол шалтгаан
Зовлонгийн Зовлон	Бүх төрлийн биеэр эдлэх зовлон, оюуны болон сэтгэл санааны зовлон багтана	Хорсол хилэн
Урвахын Зовлон	Гадаад нөхцөлөөс шалтгаалсан бүх хорвоогийн таашаал багтана	Шунал
Хуран үйлдэхийн Зовлон	Сансарт хүлэгдэх системт нөхцөлдөлт	Мунхаг

Хүснэгт 7-2: Сансрын гурван зовлон

Энэтхэгийн агуу мастер Чандрагирди сансарт хүлэгдэн орших ёсыг худаг руу дээш доош хөдлөх хувинтай зүйрлэх дуртай байжээ. Хувин олсоор хүлээстэй байдгийн адил хамаг амьтан муу үйлийн үр болон сөрөг сэтгэлийн хөдөлгөөнд салшгүй холбогдсон байдаг байна. Дээш доош удирдагдан явдаг хувингийн хөдөлгөөнтэй адил мунхагаар түйтгэрлэгдсэн амьтны номхроогүй сэтгэлээр сансрын оршихуй жолоодуулан оршдог ажээ. Хувин худгийн дагуу дээш доош дахин дахин явж байдаг бол сансар оршихуйн аугаа худагт амьтан бүхэн зогсолтгүй тэнэн явж, тун чиг удалгүй зовлонгоор солигддог түрхэн зуурын жаргалыг олохоор ихээхэн хүч гаргаж байдаг байна. Хувин өөрийнхөө хөдөлгөөнийг тодорхойлохгүй бөгөөд энэ нь хүний амьдрал зурсан зургаараа шийдэгдэхийн нэгэн адил. Эцэст нь хувин худгийн ханданд цохигдон дээш доош хөдлөхөд хамаг амьтан эцэс төгсгөлгүй зовлон шаналалд нэрвэгдэж ямар ч хяналтгүйгээр зовлонгийн зовлон, урвахын зовлонг тасралтгүй эдэлдэг ажгуу.

Зургаан зүйл амьтны хувь хувийн зовлон

Хэрвээ бид сансрын хүлээсэнд эргэлдэн зовогсдын мэдрэгдэх боломжтой оршихуйг бүрэн цар хүрээгээр нь харах юм бол хэд хэдэн зүйл амьдралын ерөнхий хэв маягийг таньж болно. Бид эдгээр хэв маягийг *мэдрэмжийн төрөл зүйл* гэж нэрлэнэ. Төрөл болгон давамгайлсан оюуны түйтгэрийнхээ шалгуураар тодорхой оршихуйн хэлбэр үүсгэн, мөн мэдрэгдэх төрлөөрөө дахин тэр төрлөө авахад хүрч болох чанартай байна. Нийт *Зургаан Зүйл Төрлийг* бид нэрлэж болно:

Шалгуур	Төрөл	Шалтгаан	Давамгайлах мэдрэмж
Доод Төрөл	1. Там	Үзэн ядалт, хорсол	Өвдөх, тарчлах
	2. Бирд	Шунах, зуурах, харамлах	Өлсөх, цангах
	3. Адгуус	Мунхаг ба мулгуу	Айдас, хяналтгүй
Дээд Төрөл	4. Хүн	Хүсэл тачаал	Янз бүр
	5. Асур	Атаа, өрсөлдөөн	Байнгын тэмцэл
	6. Тэнгэр	Бахархал, сэтгэл хангалуун	Хорвоогийн бүх жаргал

Хүснэгт 7-3: Мэдрэмжийн төрөл зүйлүүд

Эдгээр зургаан төрөл зүйлээс эхний гурав нь өөр өөр үзэгдлийн зовлон эдэлдгээрээ *доод гурван төрөл* гэж нэрлэгдэнэ. Үүнээс ялгаатайгаар сүүлчийн гурван төрөл хорвоогийн жаргалыг эдлэх өөр өөр хэмжээнээсээ шалтгаалан *дээд гурван төрөл* хэмээн нэрлэгдэнэ.

Төрөл зүйл тус бүр бусад төрлүүдээ бодвол бүдүүн, нарийн түвшингээрээ өөр байдаг. Хамгийн бүдүүн хэлбэрийн төрлүүд бол хүн ба адгуусны төрөл. Тэд бие махбодын хувьд мэдрэгдэх байдлаараа адилхан тул энэ түвшний амьтан хүнийг бид шууд мэдрэх боломцоотой. Цаашлах юм бол аль аль туйл руугаа зургаан зүйл амьтан улам бүр мэдрэгдэхэд бэрх болон нарийсч ирнэ. Ихэнх хүмүүсийн хувьд там, бирд, асур, тэнгэрийн төрлийн амьтдыг мэдрэх ба хүлээн авах боломцоогүй байдаг. Эдгээр төрлүүдийг тэнд төрж юмуу эсвэл бясалгалын нэлээд гүнзгий түвшинд хүрснээр л зөвхөн мэдэрч болдог.

Одоо бид зүйл тус бүрийг нарийн тодруулан судлах бөгөөд зүйл болгонд ямар зүйлийн амьтад оршдог, ямар зовлон эдлэдэг, түүнийг амсахгүйн тулд ямар замыг баримтлах зэргийг мэдэж авах болно. Тэдгээрийн зарим дүрслэл хүлээн авахад бэрх санагдаж мэдэх боловч бүтээлч талаараа сэтгэлд хязгаар үгүй гэдгийг дандаа санаж байх ёстой юм.

Энэ талаар тунгаан бодох нэг арга бол өөрөөсөө таны зүүдэнд хязгаар хориг бий билүү? гэж асууx хэрэгтэй. Зүүдэндээ төсөөлж чадах л юм бол тэр болгоныг харж болдог шүү дээ. Зүүд бүх жаргал цэнгэлийг амсуулж чадах гайхамшигтай эд. Эсвэл байж боломгүй санагдам зовлон зүдгүүрээр дүүрэн байж болно. Зүүднээсээ сэрэхгүй бол юу болохыг бодоод үз л дээ. Таны бүтээсэн зүүдний ертөнц таны үнэн оршихуй болчихвол яахав?

Бид заримдаа өөрсдийн байгаа энэ байдалдаа хэтэрхий зуурч гацчихаад ингээд л болоо гэж бодох нь бий. Бид үнэний өчүүхэн жаахан хэсгийг харж байгаагаа мэдэхгүй хязгаар тавьж сэтгэлээ нээхгүй байсаар давчуухан болгочихдог. Эдгээр төрөл зүйлийн амьтдыг мэдэж авснаар өөрсдийн мэдрэмжийн хүрээг томоор тэлэх юм. Хараа өргөсөх тусам амьдралд илүү ойр харилцаа тогтоож чадна.

Там

Тамын амьтад гэж муу үйлийн үрийг хязгааргүй ихээр хураасан амьтад юм. Тэдний сэтгэл үзэн ядалт, хорсол хилэн, хорон санаа, хар сэжиг зэргээр эрчимтэй түйтгэрлэгдсэн байх тул тэдний үүсгэсэн оршихуй мөн тийм зовлон тарчилгаагаар дүүрэн байдаг. Хар дарсан зүүдэнд л үзэгдэж болох энэ аюумшигт орчин тэсэх аргагүй өвдөлт амсуулахад зориулагдсан бөгөөд энд төрсөн амьтны эдлэх ганц л тавилан тэр ажээ. Тиймээс муу үйлийн үрээ барагдаж дуустал энэ мэтээр зогсоо чөлөөгүй тарчилж өнгөрөөнө. Зовлон тарчилгаа мөнх юм шиг санагдах хэдий ч эрт орой нэгэн цагт төгсдөг ба түүний дараагаар л дээшээ төрөл ахих боломжийг нэг олж авдаг байна. Амьтныг тарчлаах хэмжээлшгүй олон арга байдаг хэдий ч сургаалд заасанаар тамын амьтдын эдэлдэг бүх зовлонг төлөөлүүлэн ерөнхийд нь арваннайман давхаргын тамыг үзүүлдэг байна.

Найман халуун там

Эдгээр найман там нэг нь нөгөөгийнхөө дээрээс давхарлан өндөр барилга маягтай байрлах ба хамгийн "хөнгөн" там нь дээрээ хамгийн "хүнд" там хамгийн доор байна. Энэ там агшин хором бүхнийг наран дээр хөлөөрөө зогсох мэт халуун галаар төөнөж байдаг хэмээн дүрсэлсэн байдаг. Тамын давхарга болгонд халууны хэмжээ амсуулах зовлонгийн хэмжээгээр нэмэгдсээр байдаг. Хамгийн доод тамд галваас галвын туршид чөлөөгүй өвдөлт зовлонг тасралтгүй эдлэх ёстой байнам. Халуун тамуудыг доор жагсаавал:

1. **Дахин эдгэрүүлэгч там:** Энд төрсөн амьтад урьдын муу үйлийн эрхээр бие биенээ хүчээр хядан цавчилдаж аймшигт үхлээр үхэн үхтлээ тарчилна. Тэгээд цөм үхмэгц "Дахин эдгэр!" гэсэн үг сонсогдоход тэд тэр дороо дахин амьд болж үхэн үхтлээ алалцан тулалдах болно. Өвдөлт шаналал тасралтгүй амсуулдаг бусад тамуудыг бодвол түрхэн зуурч болтугай үхэх бололцоотой байдгаараа өршөөнгүй ажээ.

2. **Хар шугамын там:** Энэ тамын амьтдыг улайссан төмөр хар шугаман дээр хэвтүүлж байгаад халуун төмрөөр тасдан огтчино. Тэгээд хэсэг хэсэг болмогцоо тэр даруй буцаж нэгдээд дахин тасдуулсаар ийн үргэлжлэх нь мөнх мэт санагдмуй.

3. **Хураан тараагч там:** Энэ тамд төрөгсдийг сая саяар нь хөндийн дайтай том төмөр ууранд хийж байгаад тамын сахиул мангасууд аварга том алхаар галав галвын турш нүдэн балбамуй.

4. **Охьлогч там:** Энэ тамд төрөгсөд хаалга цонхгүй улайсгасан төмөр байшин дотор жигнэгдэн хашгирч орилон хэзээ ч тэндээс гарахгүй мэт санагдан мах нь шалбарч яснаасаа салахад галын дөл авалцан шатмуй.

5. **Их охьлогч там:** Энэ давхрын тамд тамын олон сахиулууд тэнд төрөгсдийг дотор ба гадна хана нь улайссан халуун төмрөөр хийгдсэн хайрцагны гол руу шидэж байгаад алх нүдүүр болон бусад зэвсгээр тасралтгүй нүдэж байх болой.

6. **Буцалсан халуун там:** Энэ тамд унагсад асар том төмөр тогоонд хайлсан төмөр дунд чанагдана. Гадаргуу дээр тэднийг үзэгдэхийн төдийд сахиулууд төмөр дэгээгээр дэгээдэн гаргаж тархийг нь алхаар цөм цохих ажээ. Заримдаа тэд үүнд ухаанаа алдах нь түрхэн зуур өвчнөө үл мэдрэхийн жаргалд тооцогдон бусад цагт галав галвын туршид ийн зовох ажгуу.

7. **Машид халуун там:** Энэ тамд унагсад улайссан халуун төмөр байшингийн дотор хашигдаад бөгс болон хөлийн өсгийгөөр гурван салаа аварга улайсгасан төмөр сэрээгээр сэрээдүүлэхэд зулай болон хоёр мөрөөр нь сэрээний үзүүрүүд нэвт гарах ажээ. Энэ дүрслэхийн аргагүй зовлон хэмжээлшгүй урт хугацааны туршид үргэлжилэх болой.

8. **Амралтгүй очирт халуун там:** Энэ тамд эдлэх зовлонг өөр хаана ч үзэх аргагүй хамгаас тарчилгаатай учраас ийнхүү нэрлэжээ. Энэ тамд таван хүнд нүглийг өш хонзонгоор үйлдэгсэд болон сүсэг бишрэлийн багштайгаа тангараг тасрагч нар төрдөг байна. Үүнээс өөр ямар ч нүгэл энэ тамд төрөхөөр хүчирхэг байдаггүй ажээ. Энэ тамд улаан төмөр өрөөнд өгүүлэхийн аргагүй зовлонг эдлэн хаая сонсогдох ёололт л ганц амьдын шинжийг илтгэх болой.

Ойр Орчмын Тамууд

Халуун тамуудад байх үйлийн лайгаа эдэлж дуусгасан амьтдад зориулсан ойр орчмын төрөл бүрийн тамууд бий. Тэндхийн там болгон тамд унагсдыг явуулж гатлуулах тусгай замтай бөгөөд түүгээр явж үлдсэн муу үйлийн үрүүдийг ариусган дуусгадаг байна. Тэдгээрийн дотор багтдаг нь:

1. **Халуун нурамт гуу:** Амралтгүй халуун тамд нүглийнхээ ихэнхийг арилгаж тарчилсны дараах нүгэлт амьтад холхон зайтай сүүдэртэй суваг шиг газар харагдахад баярлан тийшээ зүглэмэгцээ халуун нурамт гуунд живэн орж арьс мах нь шалзран түлэгдэх болой.

2. **Үхээрийн хар тосны балчиг:** Сувгаас чөлөөлөгдмөгцөө тэд гол байхыг олж харна. Аймшигтай халуун галд хэдэн галавын туршид шарагдан зовсон амьтан ус хараад баярлан гүйж хүрнэ. Тэнд гэвч ус биш үмхий самхай ханхалсан үхдэлүүдээр дүүрсэн балчиг байж тааран тэнд унаж живэхдээ төмөр хошуутай өтнүүдэд ясандаа тултал идүүлэх болой.

3. **Тонгоргоны ир дээш нь харуулан өрсөн нуга:** Үхээрийн балчигаас

арайхийн мултарсан амьтад сайхан ногоон өвс ургасан тал үзээд хөөрөн тэнд хүрвээс өвсний оронд тонгорогоны ирийг дээш харуулан өрсөн байх ажгуу. Гишгэх тоолондоо иртэй хутганд хөлөө тасчуулан бүлүүлэх болой.

4. **Илдэт навчин ой:** Нугыг гатлаад тэд зэрлэг араатнууд араас хөөх мэт чимээ гарахыг сонсоно. Тэртээд ой үзэгдсэнд тийшээ очиж нуугдахаар хөдөлцгөөх аж. Гэвч тэнд хүрээд модны мөчрүүд илд сэлэм мэт хурц бөгөөд биеийг нэвт сүлбэн жадлахыг дахин дахин амсах болой.

5. **Салмали модот толгод:** Өргөсөн тангаргаа зөрчин, эр эмийн явдалд ёс журамгүй хандсан нүгэлтнүүд өөрсдийн хуучин амрагуудын даллан дуудахыг үзэцгээнэ. Ууланд гарч модонд авиран хайртдаа хүрч очихыг завдахад хамаг бие нь харин өргөсөнд сийчүүлж огтлогдоно. Зорьсон газраа ийнхүү хүрэхэд амраг хүмүүс нь тэнд үгүй бөгөөд оронд нь харин хэрээнд нүдээ ухуулмуй.

6. **Буцлагч Гол:** Эцэст нь гайхам сайхан голд тулж очино. Аймшигт халуун тамд дахин буцаж очихоос үхтлээ айсан тэдгээр амьтад голоор сэлж нөгөө эрэгт гарахыг л хүснэ. Тэгээд буцалсан усанд ормогцоо шалзран түлэгдэж мах яснаасаа салахын зовлонг ханатлаа эдэлнэ. Арай гэж тэднийг эрэгт хүрэхэд сахиулууд буцааж гол руу шидэн байнам.

Найман Хүйтэн Там

Хүйтэн тамууд харанхуй мөсөн орчинд яс шархирам хүйтэн салхитай газар оршино. Энд төрөгсөд нүцгэн ганцаараа төрөх бөгөөд тэдний эдлэх зовлонг хэлж үл гүйцэх болой. Хүйтэн тамд багтах нь:

1. Цэврүү гүйлгэгч там
2. Цэврүү дэлбэрэгч там
3. Шүд зуурагч там
4. Хага ташигч там
5. Гол хөлдөөгч там
6. Бадамлянхуа дэлгэрэх мэт хөлдөөгч там
7. Их Бадамлянхуа дэлгэрэх мэт хөлдөөгч там
8. Дэлбэ хөлдөөгч там

Эдгээр тамын нэрс тэнд үзэх амь тэмцүүлсэн янз болгоны тарчилгааг дүрслэх болой. Зовлон улам улмаар хүндрэн явсаар хамгийн хүнд зовлонг Дэлбэ хөлдөөгч тамд эдлэмүй. Энд тамын зовлон эдлэгч амьтны бие махбод дотор нь гадагш эргэн яс нь хүртэл үзэгдэнэ. Хэчнээн ч хүйтэн боллоо гэсэн үйл лайгаа эдэлж дуусах хүртэл зовлон өчүүхэн ч үл багасдаг болой.

Зуурдын Там

Зуурдын там ямар ч газар байж болох ба эдлэх зовлон төсөөлөлд багтаж байвал ямар ч байх боломжтой. Жишээ нь, амьтад мөсөнд хавчуулагдан няцлагдах, мөсөн дотор хөлдөөгдөх юмуу шүүр, хаалга, олс зэргийн юмсын завсарт хавчуулагдан зовох гэх мэт байж болох бүхий л газруудад зуурдын там орших ажээ.

Дасгал 7.5 – Тамын Зовлонг Эдлэх

- *Тохиромжтой байрлал эзлээд амьсгалдаа төвлөрөх бясалгалаар сэтгэлээ тайван байдалд оруулна.*

- *Нүдээ нээгээд ямар нэгэн аймшигт газарт байгаагаар өөрийгөө төсөөл. Тамын орнуудаас аль нэгийг нь сонгож аваад өөрийгөө машид их зовлонг эдэлж байгаагаар төсөөл.*

- *Нарийн дүрслэл гаргахад цаг зав бүү хайрла. Орчин тойрноо дүрслэхээс эхлэн өөрийн эргэн тойрныг зураглан гарга. Асар халуун гал юмуу шүд ташим хүйтнийг мэдэрч байна гэж бод. Гэрэлгүй харанхуй талбай муухай эвгүй махир төмөр мэтийг санаандаа дүрсэл. Бүхий л мэдрэмжээ ашиглан аль болох үнэмшилтэй мэдрэхийг хичээ.*

- *Одоо дахиад гэхдээ гол дүр нь өөр нэгэн байхаар төсөөл. Тэднийг аль болох ихээр айлгахыг хичээн өөрт хамгийн айдас төрүүлдэг зүйлсээ бодож ологтун.*

- *Одоо тэдгээр амьтад таныг өгүүлшгүй ихээр тамлаж байна гэж бод. Тэсвэрлэшгүй санагдах өвдөлтөөс гадна айдас сэжигтэйгээр оюуны тамлагааг хором тутамдаа мэдрэхийг хичээ.*

- *Тамлалт дахин дахин явагдаж галав галваар үргэлжилнэ. Хэзээ ч дуусахгүй мэт үргэлжилсэн өвдөлт шаналалыг эдэлж байна. Үүнийгээ маш хүчтэй болгон өсгөж уур хорсол эцэстээ тулахыг мэдэр.*

- *Аймшиг санаанд бүдгэрэн арилж ийм зүйлийг хэзээ ч мэдэрч байгаагүй мэт ухамсраа амраа. Ийм мэдрэмжийг амсуулах өш хонзон хорсол хилэн өөрлөхгүй байх хатуу шийдвэрийг гаргаж түүнийгээ тордон хөгжүүлээрэй.*

Бирд \Өлсгөлөн сүнс

Өөрийг энхрийлэх сэтгэл хүчтэй баримтлах болон шунал, тачаал, хармын сэтгэл, өглөг үл өгөх зэрэг үйлийн лайгаар бирдийн зүйлд төрөл аван төрдөг ажээ. Ерөнхийдөө хоёр төрлийн бирд байдаг нь:

Олноо& Амьдардаг Бирд

Эдгээр амьтад ойролцоо оршихуйн төрөл мэдрэхүйц нийтлэг үйлийн үрээр энэ төрлийг авдаг байна. Дотор нь гурав ангилж болно:

1. **Гадаад бэрхшээлээс болж зовогсод:** Тэд бол байнгын өлсгөлөн цангаагаа тайлахыг хүсэн зовогч сүнснүүд юм. Тэдний оршин буй газар нь тэдний хэрэгцээг хэзээ ч хангах боломжгүй тийм нөхцөл байдаг. Тэд бүх амьдралаа хоол унд амласан зэрэглээ хөөн явсаар үрдэг боловч эцэстээ хоосон байсныг нь мэдэж авдаг. Тиймээс мөнхийн сэтгэл ханамжгүй байдлаар явж амьдралаа барах болно.

2. **Дотоод Бэрхшээлээс болж зовогсод:** Эдгээр сүнснүүдийн ам нь зүүний сүвэгчнээс томгүй. Тэд арай гэж аманд багтах жаахан хоол олохоор хялгас шиг нарийхан хоолойгоор давуулах хэрэгтэй болно. Хэдийгээр ёроолгүй сав шиг өлсгөлөнгөө дартлаа их идлээ гэхэд тэдний ходоод хоолыг шингээхээсээ өмнө гал өрдсөн мэт шатааж дуусгана. Тиймээс тэдний биеийн хэлбэр галбир нь өөрөө тэдгээр амьтдын цангааг хэзээ ч тайлагдахааргүй заядаг байна.

3. **Тусгай бэрхшээлээс болж зовогсод:** Эдгээр сүнснүүд өөр өөр эрчимтэй урган гарах зовлонг төрөл бүрээр амсах тавилантай байдаг байна. Жишээ нь, заримынх нь биен дотор олон жижиг хорхой амьдрах бөгөөд биеийг нь нүхлэн цоолж зовооно. Тэдгээрийн төрөл бүрийн зовлонгийн нийтлэг нэгэн тал нь хүссэнээ хэзээ ч авахгүй, юм бүхэн бэрхшээл болон хувирдаг явдал ажээ.

Агаараар Хэсэгч Бэрд

Энэ ангилалд төрөл бүрийн сүнс, хий үзэгдэл, хорвоогийн ядмууд багтах ба тэд төөрөгдөл айдаст оршсоор насаа бардаг байна. Тэд байнгын тарчилгаан дор амьдрах тавилантай бөгөөд бусад бүхий л сүнсний нэгэн адил нөлөөтэй шил мэт буруу үзэхүйгээр хорвоог харж ихэд түйтгэрлэгдсэн сэтгэлтэй байдаг ажээ. Халуун тэдний хувьд хүйтэн мэт санагдан, жаргал нь зовлон болон мэдрэгддэг жамтай байна.

Дасгал 7.6 – Бирдийн зовлон эдлэх

- *Тохиромжтой байрлал эзлээд амьсгалдаа төвлөрөх бясалгалаар сэтгэлээ*

тайван байдалд оруулна.

- *Маш хоосон эзгүй газарт өөрийгөө байна гэж бод. Энэ орчны бүхий л байдлыг зочломтгой-бус хатуу хөтүү тавгүйгээр төсөөл. Хуурай хатуу ширүүн.*

- *Одоо сүүлчийн удаа хэзээ юм идэж уусныг бод. Таны бие тэжээлийн дутагдалд бүрэн орж сульдаж гүйцжээ. Арьс ясан дээр тохогдон хүрсэн газар болгон хөндүүр оргино.*

- *Хоол унд үргэлж хайж явах ямар байна? Үргэлж хүсэх боловч олдохгүй байх ямар байна? Тэсэхийн аргагүй өлсөж цанган байх суух газраа олж ядна гэж төсөөл. Таны ойр орчинд байгаа болгон адилхан тийм зовлон эдэлж байна. Жаахан хоол олдлоо гэхэд адилхан өлссөн тоогүй олон амьтнаас хамгаалан тэмцэх хэрэгтэй болно гэж бод.*

- *Одоо өөрийн биеийг бэрхшээл болон хувирснаар төсөөл. Хоол идэх гэж хэчнээн зүтгэл гаргавaa. Арайхийн идсэн боловч дараа нь өвдөхийг мэдэрч өлөө дарж ч чадсангүй. Амандаа хоол хийх гэж оролдоод оролдоод чадсангүй гэж төсөөл. Яасан хэцүү санагдана вэ?*

- *Найдваргүй гутармаар байдал зовлон сэтгэлд мэдрэгдэхийг төсөөл. Энэ мэдрэмжийг баримтлан байж үүнээс ангижрах юмсан гэсэн хүслийг хүчтэйгээр төрүүл. Энэ бүхэн зууран тачаах сэтгэл харамч хахир зангаас үүдэлтэйг танин ямар ч аргаар хамаагүй ийм хөнөөлтэй сэтгэлийг өөртөө дахин төрүүлэхгүйг хичээ.*

Адгуус

Адгуусны зүйлд төрөл аван төрөхийн голлох шалтгаан бол мунхаг сэтгэл бөгөөд идэх, унтах болон энгэр зөрүүлэх таашаал гэх мэтийн зөнгөөрөө төрөх хүсэлдээ хөтлөгдөн түүндээ хэтэрхий анхаарснаас болдог ажээ. Эдгээрт хэт автан өөр зорилгогүй болсноор сэтгэл "мулгуу" байдалд ороход хүрч хөгжин дэвжихээ зогсдог байна. Хоёр төрлийн адгуус амьтан байдаг нь: усны гүнд амьдардаг амьтад ба хуурай газарт тархан амьдардаг амьтад билээ.

1. **Далайн усанд амьдардаг амьтад:** Агуу том далай тэнгис бидний санаанд багташгүй олон төрлийн амьтдаар дүүрэн байдаг. Тэдгээр амьтад бусдын дайралтанд өртөх, идүүлэх, мөшгүүлэх хийгээд өөр бусад амьтны амьдрах орон болгон биеэ ашиглуулах зэргийн түмэн зүйлийн зовлонг эдэлдэг

байна. Тэд энэ байдлаа ухаарах чадваргүй мунхаг байдалтай оршин далайн харанхуй гүнд амьдралаа дуустал зовлонгоо тэвчсээр өнгөрүүлдэг байна.

2. **Хуурай газарт тархан амьдардаг амьтад:** Адгуус голдуу хүнд ашиглагдан зовж амьдардаг. Хүн адгуусыг мэдрэмжтэй амьтан гэж бодохоосоо илүү эд зүйл мэт үзнэ. Тэдгээр амьтад агнуулж алагдах хийгээд боолчлогдох, туршилт судалгааны зорилгоор баригдаж хоригдох зэргээр ашиглагддаг. Зэрлэг амьтад өөр хэсэг амьтадтай туладах, хоолоо булаацалдах, амьдралын төлөө тэмцэл, үр зулзгаа хамгаалах аюулгүй байдлаа сэргийлэх гээд есөн шидийн зовлонг эдэлж амьдарна. Тэд мөн өлсөх цангахын зовлонг үзнэ. Гэрийн тэжээмэл амьтад эзэн сайхан сэтгэлтэй бол арай дээр амьдрах боловч мөн л хүний эзэмшлийнх хэвээр байдаг.

Бид адгуусны зовлон, амсдаг тавилан зэргийг сайтар тунгаан бодож араатан шиг авирлан зөн билгийн хүслээ сохроор мугуйдлан дагахаас сэргийлэх сэтгэлээ хөгжүүлэх нь чухал. Мөн амьтныг тарчлаахаас машид болгоомжлон зайлсхийх \хорхой шавьж мөн багтана\ хэрэгтэй ба тэдгээрийг чөлөөлөгдөн гэгээрээсэй хэмээн залбирч бясалгалдаа багтааж байх хэрэгтэй. Бид өөрсдийн хийсэн буяныг ч мөн тэдгээр амьтдын зовлонгоос гэтэлгэхийн төлөөнөө зориулж байх хэрэгтэй билээ.

Дасгал 7.7 – Адгуусны зовлонг эдлэх

- *Тохиромжтой байрлал эзлээд амьсгалдаа төвлөрөх бясалгалаар сэтгэлээ тайван байдалд оруулна.*

- *Энэ дэлхий дээр оршдог олон төрлийн адгуус далайд амьдардаг амьтдаас эхлээд санаандаа цөмийг ургуул. Тэдний өдөр тутмын амьдрал ямар байхыг бодоод үзэгтүн. Тэд ямар сорилттой тулгардаг бол? Тэдэнд амарч суух зав ер гардаг болов уу? Эсвэл байнгын заналхийлэл дор амиа хамгаалан идүүлэхээс сэргэмжилж явдаг болов уу?*

- *Хуурай газарт байдаг амьтдыг дараа нь бод. Зэрлэг араатнуудаас эхэл. Дахиад тэднийг ямар амьдрал хөөдөг бол гэдгийг бод. Өөрийгөө тэдний оронд тавиад үз. Айдас хүйдэс, учиргүй айн сандрах байдлыг дотроо төсөөл.*

- *Эцэст нь хүний маллагаан дор оршдог амьтдыг бод. Сая сая тахиа, гахай зэрэг хоолондоо хэрэглэдэг амьтдыг бод. Ямар хахир амьдралыг тэд туулдаг бол? Тэдний мэдрэмжийг өөр дээрээ мэдрэхийг хичээ.*

• *Аливаа нэгэн хяналт үгүй байхын ямрыг мэдрэхийг хичээн хэн нэгний эд зүйл төдийгүй өөрийнхөө зөн билэгт хариулагч байж, сонголт дураараа хийх ямар ч боломжгүй байдалд оршихын ямрыг бод. Ийм тавилан эдлэхийн шалтгаан нь зуршил болсон мунхаг сэтгэл бөгөөд зөн билэгтээ хөтлөгдөн хийх бодолгүй үйлдлүүдийн үр дагавар энэ гэдгийг сана. Мулгуу мугуйдын туйлд хүргэсэн байдалд орохгүй юмсан гэсэн хүслийг хүчтэйгээр төрүүлэн илүүтэй аугаа билгүүн, саруул ухааныг нэмэгдүүлэх сэтгэлээ тордон хөгжүүлээрэй.*

Хүний төрөл

Доод гурван төрөл эрчимтэй зовлон эдлүүлдгээрээ ялгардаг бол дээд гурван төрлийг та жаргалтай тааламжтай гэж бодож байх магадтай. Гэвч дээд гурван төрөлд ч мөн удаан үргэлжлэх үнэн жаргалан үгүйд хэргийн учир оршино.

Зөвхөн сайн үйлийн үрээр л хүний төрлийг авах боломжтой ба бусад зургаан зүйл амьтнаас хамгийн ашигтай бөгөөд ховор тохиодог \дараагийн бүлэгт илүү судална\ төрөл бол хүний энэ төрөл юм. Гэсэн хэрнээ хүн төрөлхтөн бие махбодын хийгээд оюун санааны төрөл бүрийн зовлонг эдлэн оршимуй. Доод төрлүүдийн адил зовлон зогсоо чөлөөгүй эдэлдэггүй, завсарт нь түр ч гэсэн байгаа байдлаа бодон тунгаах бололцоо гардгаараа онцлогтой ажээ. Хүний эдэлдэг зовлонг ерөнхийд нь доор тусгайлан үзүүлснээр ойлгож болно:

Хүний зовлонгийн дөрвөн том далай

Хүний эдэлдэг зовлонгийн эхний бүлэгт хүн гэдэг төрөл авснаар байгалийн жамаар эдлэх тавилантай зовлонгууд багтдаг. Эдгээр зовлонгууд бидний төрсөн цагаас үхэх хүртэл үргэлж хамт байдаг ажээ. Хүний эдэлдэг дөрвөн аугаа зовлонгийн далай бол:

1. **Төрөхийн зовлон:** Эхийн хэвлийд байхаас л эхлээд бид төрөл бүрийн зовлонг амсаж эхэлдэг байна. Ээжийг ийш тийш хөдлөхөд бид тал тал тийшээ шидэгдэнэ. Түүнийг хэвтэхэд бид дарагдахыг мэдэрнэ, хоол идсэнийг нь дараагаар шахагдана, халуун зүйл идвэл шатам халууцана, хүйтэн юм уувал хөлдөх мэт даарна. Хэрвээ бид энэ бүх зовлонг эргэн санадаг сан бол хэзээ ч төрөхгүй байх юмсан гэсэн хүсэл эрхгүй төрөх байсан. Азаар мунхагаасаа болон төрөх үеийнхээ хүндрэлээс болоод бид үүнийг санадаггүй билээ. Эхийн умайнаас хавчигдаж шахагдан өвдөж арай гэж гараад гадаад ертөнцийн бүр илүү хахир орчинд орж очино.

Тэр мөчөөс эхлээд мэдрэх эрхтний мэдрэмж давамгайлсан ертөнцийн зовлонг эдэлж эхэлдэг. Төрөхийн буян эдэлсний үрээр одоо хүссэн ч хүсээгүй ч зовлонгийн далайд живэх нь энэ ажгуу.

2. **Өтлөхийн зовлон:** Төрсний дараагаар бид чадал хүчээ нэмэгдүүлэн өсөж төлжин илүү амьдралыг олж байна хэмээн эндүүрэн төөрөлддөг. Үнэн хэрэгтээ гэвч хором мөч өнгөрөх бүрд бидний амьдрал богиносож байдаг. Бид өтөлж байна гэж бодохгүйгээр амьдарч эхэлдэг. Бясалгаж эрүүлээр сэтгэх оюуны дутагдлаасаа болоод бид зогсолтгүй үхэл рүү хөдөлж байгаагаа мэддэггүй билээ. Хамгийн чадварлаг мэс засалч ч биднийг буцааж залуужуулж чадахгүй. Харагдах байдлыг маань түр зуур өөрчилж л чадна. Өтлөөд ирэхийн цагт бие махбод суларч, хүч чадал доройтон, мэдрэх эрхтнүүд муудах болно. Өтлөхийн зовлон зайлшгүй бөгөөд хэчнээн ч хичээгээд нэмэргүй. Бие доройтоод ирэхээр зовлон хамаагүй илүү ихсэж доод төрлүүдээс ч нэг их ялгаатай биш болно.

3. **Өвдөхийн зовлон:** Бие хөгшрөхийн хэрээр түүний тэнцвэртэй байдлууд аяндаа алдагдаж ирнэ. Үүнийг бид "өвчин" гэж нэрлэдэг ба тэд биднийг хэзээ ч дайрахыг хэлж мэдэхгүй билээ. Ихэнхдээ бид эрүүл мэнддээ тийм их анхаарал тавьдаггүй. Яг сүрхий өвдөөд ирэхээрээ хүн гэдэг хэчнээн хэврэг амьтан болохыг гэнэт таньж шоконд ордог. Зарим нэг шинж тэмдгүүдийг бид зайлуулан хэсэг гайгүй явж чадах боловч өвчинд үнэндээ баригдаж дуусдаг билээ. Нас явах тусам бие амьдралд тустай байдгаа больж улам илүү өвчинд баригдахад хүргэдэг байна.

4. **Үхэхийн зовлон:** Бидний бие махбод бүрэн доройтож өвчин давамгайлсны улмаас бидний бие сэтгэл хоёр салах шалтгаан бий болно. Энэ үйл явцыг бид "үхэл" хэмээн нэрлэдэг. Энэ нь өөрийн биеийг аажуухнаар унтрахыг харахаар маш зовлонтой байдлаар явагдаж болно эсвэл юугаа ч мэдэхгүй үл мэдэгдэх байдал руу шидэгдэж орхих ч боломжтой. Энэ мөчид бидэнд ургах айдас үнэхээр айж сүрдмээр. Зарим хүний хувьд энэ нь богинохон хугацаатай явагддаг \осол аваар гэх мэт гэнэтийн үхэл\ бол зарим хүний хувьд урт удаан хугацаагаар бие махбод болон сэтгэл санааны асар олон зовлонг эдэлж байж явагдаж дуусдаг байна. Үхэл ойртоод ирэхийн цагт хүн өнгөрсөн амьдралаа эргэн тусгах нь олонтой. Тэд хийсэн зүйлдээ хүчтэй харамсах сэтгэл төрөх юмуу ирээдүйд авчирч болох үр дагавраас айж сүрдэх сэтгэлийг төрүүлдэг байна. Дараа төрөл байдаг гэдэгт итгэдэггүй хүмүүсийн хувьд устаж үгүй болно гэж бодохоос айдас хүйдэс төрдөг бөгөөд үүний дүнд сөрөг муу үйлийн үр боловсрохад хүрдэг байна.

Дасгал 7.8 – Хүний зовлонг эдлэх

- Тохиромжтой байрлал эзлээд амьсгалаа төвлөрөх бясалгалаар сэтгэлээ тайван байдалд оруулна.

- Өөрийгөө эхийн хэвлийд байна гэж бод. Энэ орчныг хэсэг зуур төсөөлөн бодоогтун. Ямаршуу байх бол? Төрөх мэдрэмжийг одоо бод. Нарийхан хоолойгоор шахагдан гарах ямар болохыг ойлгохыг хичээ. Яасан ойлгомжгүй байх бол? Бүх төрлийн үл таних дуу чимээ өнгө үзэгдэл, мэдрэмж бүхий орчинд орж очихыг төсөөл. Энэ бүх сонин мэдрэмж яасан будилмаар байх бол.

- Одоо төрснөөс эхлээд үхэхийг хүртэлх амьдралын үеүдийг туулагтун. Хүүхэд байх цагт ямар ямар сорилттой тулгарч болдгийг бод. Тэгээд хагас том хүн, том хүн, хөгшин хүн болно. Үе шат болгонд тулгарч болох асуудлуудыг тань. Ялангуяа үе шат болгонд бие махбодтойгоо хэрхэн харьцдаг талаар бод.

- Өөрийгөө өвчтэй байгаагаар төсөөл. Бие эрүүл биш байх ямар байна? Жирийн ядаргаанаас авахуулаад амь насанд халтай хүртэл өвдөж үзсэн өвчнүүдээ бод. Тусаж үзсэн бүх өвчнүүдээ нэг бүрчлэн сана.

- Одоо үхлээ хүлээгээд хэвтэж байна гэж төсөөл. Гэр бүл найз нөхөд тань тойрон байцгаана. Та үхнэ гэдгээ мэдэж юу ч тусгүйг ойлгосон байна. Таны сэтгэл ямар байдалтай байна? Юунаас хамгийн их айж байна? Яавал сэтгэл тайвширмаар юм шиг байна?

- Сэтгэл хангалуун-бус байдал аяндаа ургахыг үл саатуулан тэр бүх зовлонгийн хохирогч болсноо мэдэр. Энэ мэдрэмждээ саатаад амар.

Хүний эдэлдэг бусад дөрвөн зовлон

Дараагийн бүлэг зовлон бидний амьдралын донсолгоот мөн чанартай холбоотойгоор олон бэрхшээлтэй асуудлуудтай тулгарах болдгийг үзүүлэх болно. Ийм төрлийн зовлонгууд бидэнд байнга төвөг учруулж сэтгэл хангалуун-бус байдал ургах нөхцөлийг бүрдүүлдэг байна.

1. **Дайсантай учрахын зовлон:** Хөнөөлт дайсан юмуу өөрийн эсрэг нэгэнтэйгээ учрахыг хэн ч хүсдэггүй. Гэвч хэрвээ бид ёс зүйг сайтар сахиж чадалгүй эд хөрөнгө, нэр алдар хүссэн шуналт сэтгэлдээ хөтлөгдсөн

тохиолдолд өрсөлдөгч яахын аргагүй гарч ирнэ. Тийм үед үнэхээр тайван амгалан сэтгэлтэй байх маш хэцүү. Бидний эдлэх зовлонгийн хэмжээ энэ үед бидний хураасан хөрөнгөний хэмжээ болон алдар хүндийн хэмжээтэй эн тэнцүү байх бөгөөд эсрэг дайснаас үүнийгээ хамгаалах хэрэгтэй гэж бид бодох болно. Тиймээс бид тайван амьдрахын чухлыг, эд хөрөнгө албан тушаалын шуналгүй амьдрахын чухлыг тусган бясалгавал машид зүйтэй билээ.

2. **Хайртай хүнээсээ хагацахын зовлон:** Хорвоо дээр амьдарч байхдаа бид төрөл бүрийн хүмүүст заримдаа амьтанд хүртэл ихэд ойртон татагдах болдог. Хэн ч мөнх амьдрахгүй болохоор бид хэзээ нэгэн цагт хайртай нэгнээ алдаж үхэл хагацалд учирна. Цаашлах юм бол бид хайртай хүмүүстэйгээ байнга ойр байна гэсэн баталгаа бас байдаггүй. Найз нөхөд гэр орныхон маань хайртай л гэдэг, гэхдээ тийм чиг тус дэм болоод байх нь байдаггүй, заримдаа бүр харин ч эсэргүүн байх нь ч бий. Бие биенээ үзэн ядаж салдаг эхнэр нөхөр хоёрыг аваад үзэхэд л нэгэн цагт хэчнээн хайр дурлалд умбаж байлаа, гэтэл одоо дайсагналцаж байна. Ямар ч сайхан хосууд салахыг тэр гэхэв, тэрэн дотроо үхэл бол хүн болгоны хувьд хамгийн туйлын хагацуулагч хүч мөн билээ.

3. **Хүссэнээ үл авахын зовлон:** Жаргах хүсэл ба хүссэн болгоноо авах сонирхолтой байдаг нь хүний мөн чанар билээ. Энэ хүсэл маань хүртэл аливаа нэгэн бэрхшээл тулгарахад хүслээ биелүүлж чадахгүй байхын зовлонг эдлэхэд биднийг хүргэдэг ажээ. Хүсэл биеллээ ч гэсэн дахиад илүүг хүсэх зэргээр бид хэзээ ч сэтгэл бүрэн ханадаггүй мөн чанартай. Тийм учраас Дармаг дадуулан үйлдэхийн ач тусыг бясалган хорвоогийн найман дарма гэх мэтийн сансарт дурлан татагдах явдлаа багасгахын оролдох хэрэгтэй билээ. Эцсийн бүлэгт бидний хүсээд байгаа зүйлс урт удаан үнэн жаргалыг бидэнд өгөхгүй гэдгийг бид ойлгох болно.

4. **Хүсээгүйг авахын зовлон:** Таагүй, хүсээгүй зүйлээсээ зайлсхийх хүсэл байвч амьдралынхаа туршид бид чухам л тийм зүйл тохиолдохгүй байхын төлөө юу ч хийхээс буцахгүй байлаа ч зайлшгүй учрах болдог. Энэ бол амьдралд хамгийн нийтлэг тохиолддог асуудал юм. Бидний амсаж байгаа болгон өнгөрсөн цагийн үйлийн үр шүү гэж ойлгоогүйгээс зовлонг зайлуулах гээд зовлонгийн шалтгааныг улам үйлдэж байдаг нь хүн та бид нар билээ. Үүнтэй адилаар жаргал хүндэтгэлийг бид хүсэх мөртлөө жаргалын шалтгааныг бүтээхээ байнга мартдаг байна.

Аз хийморьт бид үргэлж найдаж болохгүй. Харин оронд нь амьдралын олон таатай явдалд талархах сэтгэлийг төрүүлэн, ялангуяа боломжийн сайхан оронд төрж өсөх, эрүүл сайхан бие эрхтэн цөм бүрэн байгаадаа баярлавал зохино. Эдгээр нөхцөлүүд бидэнд Бурханы Номыг авшиг болгон дадуулж урт удаан жаргалтай сайхнаар амьдрах боломцоог хангаж өгнө. Үүний зэрэгцээгээр энэ бүхэн цөм өглөг хийгээд өөр олон сайн үйлийн буян болохыг ухаарах хэрэгтэй. Иймэрхүү ухаарал эргээд жаргалтай ирээдүйг өөрсөндөө бий болгоход тусалж азгүй явдал бага тохиолдохын шалтгаан болж үр дүнд нь эдлэх байсан зовлонгийн хэмжээг бууруулж эхлэх болно.

Бидний зовох хэмжээ ч мөн бидний оюун санааны хандлагаас шалтгаалдаг. Хэрвээ бид уян хатан, тэвчээртэй байдлаар буянтай бодлыг бодож заншвал амьдралыг илүү ойлгож танин, тулгарсан сорилтыг итгэлтэйгээр хүлээн авах боломжтой болно. Тиймээс иймэрхүү төрлийн зовлонг багасгахад туслах ухааныг өөрсөддөө хөгжүүлэх хэрэгтэй.

Дүгнэн хэлэхэд, бид хүссэн болгоноо авч чадахгүй, хүсээгүй болгоноо зайлуулж чадахгүй, энэ бол самсара хорвоогийн мөн чанар. Тиймээс үүнийг ойлгон хандлагаа өөрчилж буянтай үйлийн үр бүтээх буян хишгээ арвижуулан нэмэгдүүлж шунал хүсэлдээ хөтлөгдөн амьдрахаас аль болох татгалзах хэрэгтэй байна.

Дасгал 7.9 – Хүний Эдэлдэг Бусад Зовлон

- *Тохиромжтой байрлал эзлээд амьсгалдаа төвлөрөх бясалгалаар сэтгэлээ тайван байдалд оруулна.*

- *Хэн нэгэн хүн таны замд саад болсон тийм үйл явдлыг санаандаа ургуул. Тэд гарцаагүй төвөг танд учруулж, ямар нэгэн аргаар танд хор хүргэх гэж оролдсон ч байг. Эдгээр хүмүүс таны амьдралд хэрхэн орж ирснийг дахин дахин бод. Бодох тусам уур хүрдгийг сана.*

- *Одоо хайртай хүнээсээ хагацаж байсан үеэ санагтун. Урьд нь холбоотой байсан хүмүүсээ маш ойр дотно байгаад одоо холдон одсоныг бод. Эдгээр нөхөрлөл холбоо салж сарних болсон өөр өөр нөхцөл байдлуудыг эргэн сана. Найзалж явсан бүх хүмүүсээ, тэдэнтэй хир удаан хамт байсантайгаа жагсаагаад бод. Хагацахын цагт татагдан санах сэтгэл хир их байсныг мэдэр.*

- *Амьдралдаа хүсдэг бүх юмаа бүртгэ. Очих гэсэн газар уулзах гэсэн хүмүүс, бүтэхгүй байгаа нөхцөл байдал зэргийг бод. Нэг зүйлийг ихэд хүсээд хүслээ биелүүлж чадахгүй байх ямар байна?*

- *Одоо хүсээгүй зүйлсээ тэртэй тэргүй тохиолдсоныг бод. Өвчин туссан ч юмуу ямар нэгэн золгүй явдал тохиолдсон үеэ сана. Өдөр болгон тохиолддог асуудлаа бод, таны амьдралыг байнга хүндрүүлж байдаг жижиг зүйлс юу байна? Таны амьдралын шийдвэрлэх үе хэзээ байв, юу болохыг мэдэхгүй зовж шаналахад ямар байсан бэ?*

- *Сэтгэл хангалуун-бус байдал аяндаа ургахыг бүү саатуулагтун. Иймэрхүү зовлонгоос ангижрах юмсан гэсэн хүслийг төрүүл. Хүсэх шунах зэргийн таагүй үр дагаварт хүргэдэг сэтгэлийг төрүүлэхгүй байхыг хичээ.*

Асур

Асур Тэнгэр гэдэг бол атаа жөтөө, өрсөлдөөн, сэтгэл үл ханах явдалд бүрэн эзэмдүүлсэн маш хүчирхэг бодгалиуд юм. Тэдний амьдрах орчин тоогүй их баялаг хийгээд таашаал зэргээр дүүрэн байх боловч тэнгэрийн оронтой харьцуулах юм бол тэд хамаагүй хөнгөмсөг бөгөөд тэдний зовлон төгсөнө гэж байдаггүй. Тэнгэр төрөлтнүүдийн эзэмшилд атаархан эзэмшихийг хүсэх сэтгэл нь тэднийг байнгын дайн өдөөхөд хүргэж хүссэнээ авах хүсэлдээ хөтлөгдөн тэнгэрүүдийн эсрэг хөдөлнө. Тэнгэрүүд гэвч бүр илүү хүчирхэг учраас Асурууд үргэлж ялагдал хүлээн тийнхүү хүслээ хэзээ ч биелүүлж чаддаггү.

Байнгын тэмцэл дунд орших ийм төрөлд төрсөн амьтанд амрах заяа олдохгүй гэнэ. Энд эс төрөхийг хүсвэл атаа жөтөөт сэтгэлээсээ салах хэрэгтэй. Оронд нь энэрч хайрлах сэтгэлийг төрүүлж бусдын бэрхшээл зовлонг зүрхнийхээ угаас өрөвдөх хэрэгтэй.

Дасгал 7.10 – Асур Тэнгэрийн Зовлонг Эдлэх

- *Тохиромжтой байрлал эзлээд амьсгалдаа төвлөрөх бясалгалаар сэтгэлээ тайван байдалд оруул.*

- *Голын хажууд оршдог хотод төрж гэж өөрийгөө бод. Танд хоол, хувцас, нөхөд сэлт хэрэгтэй бүхэн цөм байна.*

- *Гэвч голын цаад талд бас нэгэн маш үзэсгэлэнтэй хот оршино. Тэндхийн бүх зүйл таны аж төрж байгаагаас илүү том хийгээд чанартай. Та өдөр бүр голын эрэг дээр суугаад нөгөө эргийн хүмүүсийн цэнгэн жаргаж байгааг харна. Өдөр бүр та тэдний эзэмшиж буй болгоныг авах сан хэмээн хүснэ. Атаархах сэтгэл дүүрэн ирэхийг мэдэр.*

- *Одоо атаархал дийлдэхээ больтлоо өслөө гэж төсөөл. Та ганцаараа*

*ч биш, танай хотынхон зэргэлдээ хотынхны эзэмшиж буй бүхнийг
эзэмших хүчтэй хүслээр оргилон байцгаана.*

- *Та өөрийгөө дайн өдөөхөөр явлаа гэж бод. Энэ бол хүслээ гүйцээх цорын
ганц зам гэж бод. Өөрөөсөө илүү том, илүү хүчтэй дайсантай үзэлцээд
хүлээх харгислал, хохирлын хэмжээг бодогтун. Дайрах болгонд тань тэд
таныг няцаана, шоглоно, хүссэн болгоныг тань хясна. Үзэн ядалт хорсол
буцалж эхэллээ гэж төсөөл.*

- *Энэ төрлийн оршихуй атаа жөтөөт хүсэл шуналаас үүдэлтэй болохыг
тань. Хөнөөлтэй ийм сэтгэлийг төрүүлэхгүй юмсан гэж бодон, байгаа
зүйлдээ сэтгэл ханах дотоод сэтгэлийн хангалуун байдлыг төрүүл.*

Тэнгэрийн төрлүүд

Буддын сургаалд зааснаар "тэнгэр" гэдэг нэрээр зовлон үздэггүй, таашаал
эдэлдэг нэлээд нарийн хэлбэрийн амьтныг дүрсэлдэг билээ. Эдгээр тэнгэрүүд
гэгээрээгүй болохоороо орчлонд хүлээстэй оршин төсөөлөхийн эрхгүй урт
насыг насалмуй. Тэд мөн л шалтгаан ба нөхцөлийн эрхэнд орших тул мөнх-бус.
Тэдний нас хэчнээн урт ч гэлээ нэг өдөр дуусах ба аль нэгэн өөр төрөлд төрөх
болно. Тэд дахин өөр өөр хувьтай зовлонгуудыг амсан, цаашид мөн үргэлжлэх
зовлонгийн үрүүдийн тарьсаар байх болно.

Тэнгэрийн төрлийн орнуудыг хэлэлцэх үед нарийсалтийнхаа хэмжээгээр
гурван түвшинд хуваагддаг болох нь илэрхий болно:

1. **Хүсэлт тэнгэрийн орон:** Эдгээр тэнгэрүүд бусад таван зүйл амьтны
   ертөнцийн адил бодит хэмжээснүүдэд багтаж оршино. Тэгэхдээ тэдний
   биес хүн ба адгуусыг бодвол илүү нарийн мөртлөө бусад төрлийн
   амьтантай харилцаж чадах байдалтай байдаг байна. Тэдний амьдралыг
   дүрслэх юм бол зовлон огт үзэхгүй харин таашаалыг эрчимтэй эдлэх
   нягууртай байдаг ажээ.

2. **Дүрст тэнгэрийн орон:** Энэхүү оюун санааны мэдрэмж давамгайлсан
   оршихуй бүхий маш нарийн хэлбэрийн бие хүчирхэг бясалгалын явцад л
   бий болох боломжтой. Бясалгалд уусан шингэх явцад мэдрэгддэг учраас
   энэ орныг хүсэлт тэнгэрийн ертөнцөөс шууд үзэх боломжгүй. Тэдний
   амьдралыг нэлээд нарийн хэлбэрийн амгаланд таашаалд умбасан,
   сэтгэшгүй ахуйн тодхон үзэгдэх оршихуйн гэж дүрслэж болох ажээ.

3. **Дүрсгүй тэнгэрийн орон:** Сэтгэл онцгой төвлөрөхийн хүчээр нарийн
   хэлбэрийн бүх үзэгдлийг хувирган цэвэр оюуны санааны оршихуй

болгон тэндээ саатаж болдог ажээ. Тэдний амьдрал дүрс-үгүй амгаланд умбан эрин галвын турш бусад хамаг амьтанд огт мэдрэгдэх аргагүйгээр оршдог байна.

Тэнгэрүүд зовлонгийн зовлон эдлэхгүй боловч урвахын зовлон болон хуран үйлдэхийн зовлонг эдэлдэг. Ялангуяа бид дээрх гурван төрлийн тэнгэрийн орныхны амсдаг зовлонг доор үзүүлбэл:

Хүсэлт тэнгэрийн зургаан орон

Хүсэлт тэнгэрийн орон нийт зургаан өөр давхаргаас бүрдэнэ. Давхарга болгон дээшлэхдээ доодохоо бодвол илүү нарийн илүү хүчирхэг болж өөр өөр тэнгэрийн нийгэмлэгүүд зэрэг дэв өндөрсөх маягаар бүтсэн байдаг. Эдгээр орнуудын аль нэгэнд төрөл авахыг хүсвэл маш их хэмжээний буян хийх хэрэгтэй. Эдгээр тэнгэрүүд маш эрүүл, саруул бие бялдартай, баян чинээлэг аз жаргалтайгаар урт насыг элээдэг байна. Үхэх хүртлээ тэд бүдүүн хэлбэрийн зовлон хэзээ ч үзэхгүй боловч урвахын зовлон хийгээд хуран үйлдэхийн зовлонгоос мултрах аргагүй ажээ. Тийм учраас тэдэнд бурханы номыг дадуулан үйлдэх шалтгаан бараг байдаггүй байна. Цаг хором болгон жаргалтай байх бөгөөд тэд энэ жаргалдаа бүрэн ташуурсан байх тул үхэл ойртон ирэхийг мэдэхгүй, түүнд бэлтгэх ямар ч бодолгүй өнгөрөөдөг байна. Энэ орны тэнгэрүүд үхэхийн цагт их зовлон амсаж бараг л зарим нэг тамын зовлонг үзэх мэт тийм их өвдөлт тарчилгаа үзэн бас тэдний үхэх явц удаан хүндээр үргэлжилдэг байна. Тэд далдыг харах чадлаараа нөгчих үед дараагийн төрөх газраа олж харах ба саяын энэ амьдралдаа хамаг сайн үйлийн үрээ бараад дууссан тул доод төрөлд төрөхөөс өөр ямар ч аргагүй болсноо ойлгон ихэд харамсан халаглах сэтгэлд автдаг байна.

Дүрст тэнгэрийн орны арвандолоон давхарга

Хүсэлт тэнгэрүүдийг бодвол дүрст тэнгэрийн орны тэнгэрүүд илүү нарийн сэтгэлийн оршихуйд орших боловч дүрсгүй тэнгэрийн орныг бодвол дүрс, өнгө, үнэр, амт, дуу ба хүрэлцэхүйн зарим элементүүдтэй төрдөг ажээ. Дүрст тэнгэрийн арван-долоон орны нэгэнд төрөхийн тулд ганцхан буян их хураах хангалтгүй. Тэд багаар бодоход Шаматад хүрч сэтгэлээ бүрэн тогтворжуулсан байх шаардлагатай. Тэдний энэ үйлийн үр өөрчлөгдөшгүй тогтсон байх бөгөөд боловсролтоо эдэлж дууах хүртэл үл өөрчлөгдөнө. Арван-долоон төрлийн дүрст тэнгэрийн орон нэг оргил давхарга ба арван-зургаан нэлээд нарийн хэлбэрийн орноос бүрдэнэ. Арван-зургаан орон дөрөв дөрвөөр сэтгэлийн дөрвөн хэлбэрийн өөр өөр түвшинг илэрхийлэх нь жана хэмээх нэгэн үзүүрт төвлөрлийн бясалгалд уусах хэлбэрийг төлөөлдөг байна. Энэ арван-зургаан орны амьтад аль нэгэн түвшний жана бясалгалд эрин галвын туршид шингэн оршиж чадна.

Тэд хуран үйлдэхийн зовлонгоос бултах аргагүй бөгөөд үл өөрчлөгдөх карма нь тэднийг үрэгдэн дуусах хүртлээ энэхүү Амирлан оршихуйн төлөвт байлгасны дараа нь тэдэнд сэтгэлийн хөдөлгөөн төрснөөр бусад аль үйлийн үрийн ямар ул мөр ургаснаасаа шалтгаалан зургаан зүйл амьтны нэгэнд төрөл авдаг байна.

Энд зарим нэгэн өөр зураглал мөн байж болох бөгөөд зарим амьтан гэгээрэлд цаашдаа хүрэх зорилготойгоор тодорхой нэгэн дадлагыг дадуулахын тулд тэнд төрөл авах нь бий. Дүрст тэнгэрийн орныхны оюун санаа ашигтай бясалгалыг хөгжүүлэхэд машид их зохимжтой чанарыг агуулсан байх тул гэгээрэлд хүрэх бололцоо уг нь тэдэнд байдаг. Гэхдээ хүн байхдаа Амирлан оршихуйд хүрсэн хүн эндээсээ гэгээрэлд шууд зорих нь дүрст юмуу дүрсгүй тэнгэрийн оронд төрснөөс илүү ашигтай зам байдаг байна.

Дүрсгүй тэнгэрийн орны дөрвөн давхрага

Дүрст тэнгэрийн орны адилаар Дүрсгүй тэнгэрийн оронд төрөхийн тулд хамгийн багаар бодоход Амирлан Оршихуйн төлөвт хүрсэн байх ёстой. Мөн дүрст тэнгэрийн орны адил сэтгэлийн дөрвөн төрлийн оршихуйтай буюу бясалган уусахуйг төлөөлсөн дөрвөн давхаргатай ба үүнийг дүрсгүй жана гэж нэрлэнэ. Дүрсгүй тэнгэрийн оронд төрнө гэдэг ямарваа нэгэн байдлаар объект субъект гэж салгаж хүлээн авах хоёрдмол үзэл байхгүйгээр барахгүй таван мэдрэхүйн эрхтэн огт байхгүй. Тийм учраас тэдгээр орныг дүрсгүй тэнгэрийн орон гэж нэрлэдэг байна. Тэдэнд ямар ч мэдрэмж байхгүй боловч дүрсгүй тэнгэрийн орныхон сэтгэлийн нарийн түвшний зарим талуудын хүлээн авагчтай байж болдог байна.

1. Эхний давхаргын амьтад огторгуйг мэдэрнэ.

2. Хоёр дахь түвшний амьтад илүү нарийн хүлээн авагчтай байх ба сэтгэлийг мэдэрнэ, огторгуйг мэдрэх хүлээн авагч үгүй.

3. Гуравдугаар түвшингийн амьтад хоосныг мэдэрнэ, сэтгэлийг мэдрэхгүй.

4. Дөрөвдүгээр түвшинд амьтад хэтэрхий нарийн түвшинд орших тул хоосныг ч үл мэдэрнэ.

Дүрсгүй тэнгэрийн орны амьтны сэтгэл барьцгүй хэт нарийн болохоор түйтгэрт сэтгэлийн үрийг арилгах суурь болно гэхэд хэтэрхий сулхан байдаг. Дүрсгүй тэнгэрийн орны дөрвөн давхаргын амьтад цөм Шаматад хүрсэн байх боловч дотоод шинжлэлийн ямар ч хэмжээнд хүрээгүй байдаг. Гэгээрэлд хүрэхэд шаардлагатай сэтгэлийн төлөвт орж чадахгүй учраас Бодьсадва хүмүүс дүрсгүй тэнгэрийн оронд төрөхөөс зайлсхийж байдаг нь ийм учиртай ажээ.

Дасгал 7.11 – Тэнгэрийн зовлон эдлэх

- *Тохиромжтой байрлал эзлээд амьсгалдаа төвлөрөх бясалгалаар сэтгэлээ тайван байдалд оруулна.*

- *Тансаг баян газарт өөрийгөө байгаагаар төсөөл. Та уйдах, сэтгэл үл ханах явдалгүйгээр хүссэнээ эдлэх боломжтой байна. Бүхий л насандаа зүгээр л хүслээ хэлэхэд бүх зүйл биелсэн байх болно. Ийм тансаг сайхныг мэдрэхэд хэсэг хугацааг зарцуул.*

- *Одоо энэ байдлаа мянга мянган жил үргэлжилнэ гээд бод. Гэтэл нэг өдөр энэ бүх баялаг,цэнгэл таашаалыг танаас булаагаад авчихъя. Анхилуун үнэрт биеэс тань хөлс хир ханхална. Алтлаг шаргал гөлгөр тунгалаг арьс тань бүрсийж гандаад иржээ. Үзэсгэлэн төгөлдөр хүмүүс таныг хүрээлэн жаргаадаг байсан бол одоо харанхуй зэлүүд газарт ганцаараа байна. Бүхнээ алдахад ямар мэдрэмж төрөхийг ойлгох гээд үзэгтүн. Энэ бол хүсэлт тэнгэрийн орны тэнгэрүүдийн эдэлдэг зовлон.*

- *Одоо амгалан мансууралд умбуулах чадалтай хүчирхэг үрэл залгичихлаа гэж бод. Ийм байдалдаа тэрбумаар тоологдох жилийг өнгөрөөнө. Дараа нь эмийн чанар бууран үйлчилгээ дуусахад та зүүдний жаргалаас хагацсан мэт гэнэт сэрэн орчлонгийн бохир хүлээсэнд дахиад л эргэлдэн байгаагаа мэдэрнэ. Энэ бол дүрст тэнгэрийн орны тэнгэрүүдийн эдэлдэг зовлон.*

- *Одоо өөрийгөө ухаан алдсан байна гэж бод. Сэтгэл таг хөлдсөн мэт хязгааргүй урсах амгалант оршихуй. Ямар нэгэн хөдөлгөөн зэрэг юу ч үгүй. Дараа нь үл мэдэгдэм байдлаар урсгал гэнэт тасрахад та хатуу үнэнийг дахин мэдэрч, буянаа барж дууссаны хойно одоо доод төрлүүдэд төрөхийн аймшигт тавиланг дахин эдэлнэ. Энэ бол дүрсгүй тэнгэрийн орны тэнгэрүүдийн эдлэх зовлон.*

- *Дээрх хэлбэрийн оршихуйнууд цөм зовлонг түр зуур зогсоох болдгийг таньж иймэрхүү торонд орж орхихгүй юмсан гэсэн чин хүслийг өөртөө төрүүл. Бахархал хийгээд залхууран хойш тавих сэтгэлийг хөсөр орхин оронд нь энэрэл хайр саруул оюунаар жолоодуулсан буянт сэтгэлийг тордон хөгжүүлэхэд анхаарах хэрэгтэй.*

Бидний харж байгаагаар эдгээр зургаан зүйл төрлийн алинд ч төрсөн бид аливаа нэгэн зовлонг эдэлж л төгсөх нь. Доод төрлүүдэд төрвөл таны эдлэх зовлон их, чөлөө завгүй байх учраас буян хийх бололцоо олохгүй бэрхшээл хатуужлыг л үргэлж амсах болно. Дээд төрлүүдэд төрлөө ч үйлийн үрийн нөхцөл шалтгааны хуулинаас салаагүй байгаа цагт сэтгэл хангалуун-бус байдлыг амсах нь зайлшгүй юм.

Гурван Зүйл Орон	Зургаан Зүйл Орон	Оршихуйн Төрөл
Хүсэлт ертөнцийн орнууд	1. Тамын төрөл	**Тамын амьтад:**
		1. Халуун там
		2. Хүйтэн там
		3. Ойр орчмын там
		4. Зуурдын там
	2. Бирдийн төрөл	**Өлсгөлөн сүнснүүд:**
		1. Олуулаа амьдрах
		2. Агаарт амьдрах
	3. Адгуусны төрөл	Адгуус амьтад:
		1. Далайн гүнд амьдрах
		2. Газарт тархан амьдрах
	4. Хүний ертөнц	Хүмүүс
	5. Асур тэнгэрийн орон	Хагас тэнгэрүүд
	6. Тэнгэрийн орон	**Хүсэлт тэнгэрүүд:**
		1. Дөрвөн их хаад
		2. Гучин-гурван тэнгэр
		3. Тэмцлээс хагацсан
		4. Тушида тэнгэр
		5. Хувилахад баясгалант
		6. Бусдын хувилгааны эрхэнд үйлдэгч
Дүрст тэнгэрийн орон		**Дүрст тэнгэрүүд:**
		1. Нэгдүгээр тогтворжил
		2. Хоёрдугаар тогтворжил
		3. Гуравдугаар тогтворжил
		4. Дөрөвдүгээр тогтворжил
		5. Ариун оронууд
Дүрсгүй тэнгэрийн орон		**Дүрсгүй тэнгэрүүд:**
		1. Хязгааргүй огторгүйн орон
		2. Хязгааргүй ухамсрын орон
		3. Огт Хоосон орон
		4. Байгаа ч биш байхгүй ч биш орон

Хүснэгт 7-4: Сансрын хүрдний оршихуйг бүрэн хэмжээгээр үзүүлбэл

ГОЛ ХЭСГҮҮДИЙГ ЭРГЭН СӨХВӨЛ

- Сансрын эргэлт арван-хоёр шүтэн барилдлагаанд уялдаж ургадаг нь: мунхаг сэтгэл, үйлийн хэлбэржилт, ухамсар, нэр ба дүрс, зургаан мэдрэхүйн үүд, хүрэлцэх, сэрэл, шунах, зуурах, төрөл авах, төрөх, өтлөх хийгээд үхэх эдгээр болно.

- Гурван түвшний зовлон байдагт: зовлонгийн зовлон, урвахын зовлон, хуран үйлдэхийн зовлон багтана.

- Оршихуйн зургаан зүйл амьтан байдаг нь: там \үзэн ядалт\, бирд \ шунал\, адгуус \мунхаг\, хүн \хүсэл\, асур \атаа жөтөө\, тэнгэр \ бардамнал\.

- Арван-найман там уламжлал ёсоор байдаг нь: найман халуун там,ойр орчмын там, найман хүйтэн там, зуурдын там билээ.

- Бирдийн төрлийг учрах бэрхшээлээр нь: гадаад бэрхшээлт бирд, дотоод бэрхшээлт бирд, тусгай бэрхшээлт бирд гэж ангилна.

- Адгуусны төрлийг оршдог газраар нь: далайн гүнд ба газар дээр амьдрах гэж ялгадаг. Газар дээр амьдардаг амьтдыг зэрлэг ба хүний эрхэнд амьдрагчид гэж ангилна.

- Хүний ертөнц эдэлдэг зовлонгоороо: зовлонгийн дөрвөн далай \ төрөх,өтлөх, өвдөх, үхэх\, хүний бусад зовлон гэж хуваагдана.

- Асурууд хэзээ ч сэтгэл ханадаггүй бусдын юманд шунан тэмцэлдэж амьдардаг.

- Тэнгэрийн орныхон дотроо гурван оронд хуваагдах нь: хүсэлт тэнгэрийн орон, дүрст тэнгэрийн орон, дүрсгүй тэнгэрийн орон юм.

Ханбрул Ринбүчи Төвөд дэх төрсөн нутгийнхаа толгод дээр бясалгаж буй нь

Эрдэнэт хүний биеийг олохын хэрэг тус

Бид сансрын оршихуйг судлах явцдаа хорвоо ертөнц маш олон өөр хэмжээсээр үзэгдэн оршиж байдаг талаар нэлээд өргөн мэдлэгтэй боллоо. Хорвоо ертөнц өөрөө бүхий л хэлбэр хэмжээний амьтдыг дотроо агуулан орших бөгөөд хүн болж төрсөн та бид тэдгээр олон амьтдын нэг л төрөл зүйл нь юм. Энэхүү чадавхи бүхий өргөн цар хүрээг бүрэн хэмжээнд нь зураглан гаргаснаар бид өөрсдийн ямаршуу нөхцөлд оршин буйдаа анхаарч хандах боломжтой болно.

Зургаан зүйл амьтны дотроос хамгийн дундаж хэлбэрийн амьдралтай нь бидний энэ - хүний ертөнц юм. Хүний ертөнц хэтэрхий зовлонтой ч биш хэтэрхий жаргалтай ч биш байдгаараа өвөрмөц. Үндсэндээ бүхий л боломжтой төрөл зүйлийн голд орших таатай ч, таагүй ч эсвэл дундыг барьсан өргөн мэдрэмжийг эдлэн түүндээ бүрэн дарамтлуулах юмуу уусаж орхихгүйгээр орших боломжтой газар. Эдгээр мэдрэмжүүд тэдгээрийн мөн чанарыг тусган буй нэгний анхааралд өртөхөөр илэрхий байдлаар гарч ирэх хийгээд арилж одох ажээ. Ийм орчинд юмс үзэгдлийг шинжлэн судалж тэгснээрээ илүүтэй саруул оюуны мэдлэгийг хөгжүүлэх боломж дүүрэн.. Өөр аль ч зүйлийн амьтанд ийм боломж байдаггүй \ бид удахгүй тодруулах болно\ гэдгээрээ онцлог юм.

Сэтгэлээ идэвхийлэн хөгжүүлэх чадвар маань хүний төрлийг машид чухал оршихуйн хэлбэр болгодог талаар Бурханы Номд заасан байдаг. Чин үнэнийг хэлэхэд хүсвэл зорилго болгондоо хүрэх бололцоо бидэнд бий. Энэ хоромд хүртэл бидэнд сонголт хийх боломж байна. Жаргалын шалтгааныг бүтээх үү зовлонгийн шалтгааныг бүтээх үү гэдгээ сонгох боломжтой. Цагаа юунд ашиглах вэ гэдэг та бидний дурын хэрэг билээ.

Одоо бидний судлах номлол хүний амьдралын хоёр оньсон түлхүүр болсон талыг шинжлэн харуулахад зориулагдсан нь:

1. Амьдрал бидэнд гайхамшигтай нандин боломж олгож байгаа

2. Ийм боломжтой учрах нь ховор.

Энэ хоёр чанарыг хослуулан ухаарч чадвал Бурханы Дармаг авшиг болгон дадуулах хүчтэй хөшүүрэг болон үйлчилж байгаад талархах сэтгэл танд төрөх болно. Бололцоогоо дэмий үрэхийн оронд хором мөч болгоныг дээд зэргээр ашиглахыг хичээн тэгснээрээ эгэл жирийн хүний амьдралыг *"эрдэнэт хүний амьдрал"* болгон хувиргаж болно. Эрдэнэт хүний бие гэдэг гэгээрэлд хүрэх гарааны төгс төгөлдөр тавцан гэдэг нь гарцаагүй үнэн билээ.

ЭРДЭНЭТ ХҮНИЙ ТӨРЛИЙН ШАЛГУУРУУД

Эхлээд бид юугаараа хүний төрөл бусад зүйлүүдээс илүү эрхэм нандин болохыг ялган харуулах хэрэгтэй. Заншил ёсоор бол бид үүнийг найман муу шалгуураас ангид чөлөөтэй бөгөөд арван сайн шалгуураар хангагдан төрсөн байдгийг судлах замаар гүйцэтгэнэ. Энэхүү арван-найман шалгуур туслах нөхцөлүүдийг тодруулж өгдөг ба тэдгээрийг чадварлаг ашиглаж чадсанаар урт удаан мөнхийн амгаланд хүрэх боломжтой билээ.

Зүгээр нэг хүн болж төрснөөр бидний амьдрал эрдэнэт хүний амьдрал байж чаддаггүй байна. Амьдрал эрхэм нандин болох эсэх та бидний хийх сонголтоос л чухам шалтгаалдаг билээ. Харамсалтай нь бодлогогүй амьдардаг хүмүүс цөөн биш бөгөөд өөрт хийгээд бусдад хор хүргэх муу үйлийн үрийн шалтгааныг тасралтгүй бүтээх нь ирээдүйн зовлонг бидэнд гарцаагүй авчирдаг ажээ. Дараагийн шалгуурудыг уншиж судалсны дараагаар бидэнд юу заяасан, юу үл заяасан талаар тунгаан бодож дутуу нөхцөлүүдийг эрж олох нь хамгаас чухал юм шүү.

Найман чөлөө

Бурханы Номыг дадуулан үйлдэх явдлыг боломжгүй болгодог найман зүйлээс ангид чөлөөтэй байх тухай бид эхэлж судална. Тэднийг "эрх чөлөө" гэж нэрлэдэгийн учир нь тэдгээрийг үгүй байсан цагт бидэнд сүсэг бишрэлийн хөгжлөө ахиулах боломж олдог учраас тэр ажээ. Эхний дөрвөн чөлөө бол хүн-бус байдлыг олж төрснөөр дадлага бясалгал хийх ямар ч бололцоо гарахгүй байсантай уялдаатай. Үүнд:

1. **Тамд төрөөгүй:** Тамын амьтад халуун ба хүйтэн хийгээд өөр олон төрлийн тамд чөлөө завгүй зовлон эдэлж байдгийг бид судалсан. Тэдний энэ тасралтгүй үргэлжлэх өвдөлт зовлонг бодоод үзэхэд тэдэнд Бурханы Номыг дадуулан оролдох өчүүхэн ч бололцоо үгүй нь илэрхий юм. Муу үйлийн лайгаа эдлэх тэдгээр амьтад сөхөө авах завгүй тарчлах нь сайхан сэдэл төрүүлэх ч аргагүй байдаг байна.

2. **Бирдэд төрөөгүй:** Бирдийн төрөл авснаар Номыг дадуулан үйлдэх ямар ч боломж мөн гарахгүй байх байсан. Тэд эцэс төгсгөлгүй өлсөж цангахын зовлонгоо эдлэн хоол унд олдоосой гэж хүсэхээс өөрөөр нэг хором ч дадлага бясалгал бодох сөхөө тэдэнд олдохгүй.

3.   **Адгуусанд төрөөгүй:** Адгуусны сэтгэл зуршилт хандлагынхаа нааш цааш хариу урвалаар байнга жолоодогдон явах тул тийм сэтгэл өөрийн дураар сонголт хийх бололцоогүй гагцхүү төрөлхийн зөн билигтээ хөтлөгдөн байдаг. Гүнзгий шигдсэн мунхаг сэтгэл нь тэдний нүдийг халхлах учир номыг сонслоо ч ухааран утгыг ойлгох чадвар байхгүй болохоор Номыг сурч бясалгах боломж тэдэнд огт байхгүй.

4.   **Урт-настай тэнгэр болж төрөөгүй:** Тэнгэрүүдийн амьдрал зовлонгүй бөгөөд хэтэрхий тансаг, таашаалтай байдгаас тэдэнд үнэний туйлын шимийг ойлгох хэрэгцээ маш бага. Сансарт хүлэгдсэн байгаагаа ухаарахгүй сохор амьдрал нь тэнгэрүүдийг Номыг эрж олох хийгээд анхааран авшиг болгох цаашлаад дадуулан үйлдэхээс хазаарлан хааж байдаг байна. Бясалгалд гүнзгий уусан орсон тэнгэрүүдийн хувьд сэтгэлийн хэтэрхий нарийн түвшинд хүрсэн байдгаас шалтгаан нөхцөлийг тусгаж авах чадвар байхгүй, тэр маягаараа сайн буянаа барагдан дуустал оршоод буянаа барж дуусмагц доод төрлүүдийн аль нэгэнд төрөл авдаг ажээ.

Дасгал 8.1 – Номыг дадуулах боломжгүй байхаас чөлөөтэй

*   *Тохиромжтой байрлал эзлээд амьсгалдаа төвлөрөх бясалгалаар сэтгэлээ тайван байдалд оруулна.*

*   *Бие махбодоор амссан бодит өвдөлт юмуу хатуужил үзсэн тохиолдлоо сана. Одоо наад мэдрэмжээ мянга дахин өсгөж тамын зовлонг эдэлж байна гэж бод. Тийм нөхцөлд таны сэтгэлд юу бодогдох вэ? Таны сэтгэл ямар чөлөөгүй байх бол? Тийм нөхцөлд завилж суугаад бясалгаж чадна гэж бодож байна уу?*

*   *Хэлэн дээрээ юм тавилгүй удсан байлаа гэж бод. Өлсгөлөн таны сэтгэлийг хэрхэн эзэгнэх бол? Хоёр гурав ч хоног юм идсэнгүй. Тийм нөхцөлд сэтгэл хэрхэн тогтох билээ? Бирдэд төрсөн амьтан зуун жилээр үмх хоол дусал ус олохгүй зовдог гэдгийг бод. Тийм байдалд Дармаг хэрхэн дадуулах боломжтой билээ?*

*   *Маш их айж сандарсан байсан үеэ санагтун. Та нэг зүйлд машид их санаа зовнин аль болох зайлсхийх сэн гэж бодно. Өөрийн амьдралыг цаг үргэлж ийм айдастайгаар өнгөрөөнө гэж бод доо. Анхаарал сэрэмжээ хоромхон зуур сулруулахад л алуулж мэднэ. Тийм адгуусны сэтгэлийг мэдрэхийг*

хичээ. Түүнд бясалган дадуулахад шаардлагатай орон зай байна уу?

- *Бүх насаараа сайхан амьдарлаа гэж бод. Сайхан холбоо харилцаатай, мөнгө төгрөг элбэг хангалуун, эргэн тойрон аятайхан хүмүүсээр хүрээлүүлжээ. Бүх юм төгс төгөлдөр. Танд энэ байдлаа өөрчлөх ямар хэрэг байна? Жаргал гэж боддог мэдрэмжээ мянга дахин өсгөн цаг үргэлж таашаал цэнгэлийг эдэлж байна гэж төсөөл. Таныг дадлага бясалгал руу түлхэх хөшүүрэг юу байж болохов?*

- *Дээрх төрлүүдийг тус тусад нь тунгаан бодоод та өөрийгөө эдгээрээс ангид чөлөөтэй төрснөө мэдэр. Мэдрэмж наанатай цаанатай байх нь мэдээж, гэвч тэдний хоорондо ядаж завсар байгаа билээ. Энэхүү азтай мэдрэмж сэтгэл дүүргэхийг үл саатуулан төрсөн ухамсартаа саатан амар.*

Дараагийн дөрвөн нөхцөл хүн болж төрсөн хэрнээ Номыг дадуулах бололцоогүй байдаг хүмүүст хамааралтай:

5. **Бурханы сургаал номлогдоогүй үед төрөөгүй:** Буддын сургаалаар бол манай гариг эрхэс гэрэл давамгайлсан юмуу харанхуй давамгайлсан үеүдийг туулан өнгөрдөг жамтай аж. Гэрэл гэдгээр ном сургаал номлогдсон үе, номын багш үзэгдэх \гэгээрсэн бодгаль\ үеийг хэлнэ. Сургаал номлогдоогүй тийм үеийг дадлага болгох сургаал үгүй тул харанхуй галав гэж нэрлэгддэг байна.

6. **Сургаал хүрч очоогүй хол зэлүүд газарт төрөөгүй:** Ертөнцөд бурханы сургаал номлогдсон байсан ч хүрэх боломжгүй алслагдмал газар, Номын нийгэмлэг, бишрэл төрүүлэх зүйл огт үгүй газарт төрөх бас боломжтой. Тийм газарт номыг дадуулан үйлдэх бололцоо бараг үгүй. Нутаг орны байдал, зан заншил соёл иргэншил хэтэрхий давамгайлсан газар нутагт жинхэнэ жаргалыг олж болох тухай санааг ч олж дуулна гэдэг бололцоогүй байх нь бий.

7. **Сургаалыг ойлгож ухаарах чадваргүй төрөөгүй:** Бурханы Ном элбэг тархсан газарт төрсөн байлаа ч түүний цаад утгыг ухаарч ойлгох оюуны чадавхигүй байж болно. Оюун ухаан машид хязгаарлагдмал байж болно, эсвэл мэдрэхүйн эрхтэн дутуу хөгжсөнөөр нандин сургаалыг бүрэн дүүрэн ухамсарлахад саад болж бас болно. Эдгээр бэрхшээлүүд засаж залруулж боломгүй биш хэдийч бидний даван гарах ёстой саад бэрхшээлийн давхраг нэмэгдүүлж байгаа билээ.

8. **Буруу үзэл баримтлаагүй:** Бидэнд ном сургаалыг ойлгож чадах эрхтэн

бүрэн сайн боловч бид алдаатай үзэл баримталсныхаа улмаас Бурханы Номыг дадуулах бололцоогүй болдог. Энэхүү буруу итгэл маань бидний эцэг эхээр дамжуулах юмуу орчин нийгмээр дамжигдан бидэнд дарамт үзүүлж үнэнийг олж харахаас сааруулж байх боломжтой. Буруу үзэл хүнд номлогдсоноор тухайн хүний үнэнийг хүлээж авах чадварыг хазаарлаад зогсохгүй бүхий л давуу талыг нь хязгаарлах аюултай.

Дасгал 8.2 – Дадлага хийх чадваргүй байхаас чөлөөлөгдөх

- *Тохиромжтой байрлал эзлээд амьсгалдаа төвлөрөх бясалгалаар сэтгэлээ тайван байдалд оруулна.*

- *Өнгөрсөн цагийн цэцэн мэргэдийг сана. Тэд байгаагүй бол ертөнц ямар байх байсныг төсөөл. Энэ бүх сургаал хэзээ ч номлогдоогүй бол нандин ухаан хэзээ ч дэлгэрэхгүй байсан. Дэлхийд Дарма огт байхгүй үед бясалгал дадлага хэрхэн хийх билээ?*

- *Одоо өөрийгөө дэлхийн бусад хэсгээс таслагдсан эзгүй арал дээр байна гэж бод. Сургаал хэдийгээр номлогдсон эрин байсан ч танд түүнийг мэдэх бололцоо байхгүй. Хэзээ ч олж дуулаагүй юмаа хэрхэн дадуулах билээ? Хэн нэгэн хүн бидэнд зааж номлохгүй л юм бол бид хаанаас сурах билээ?*

- *Одоо та бичигдсэн үгсийг уншиж, хэлсэн үгийг сонсох бололцоогүй байдалтай байна гэж өөрийгөө төсөөл. Саяын сонссон үгний утгыг ойлгохгүй бол яахав? Утга учир нь танаас халхлагдчихаад байхад та түүнээс хэрхэн ашиг олох билээ? Таны өсөж төрсөн орчин бэрхшээлийг даван гарахад тань тусалж чадахгүй бол яана?*

- *Сүсэг бишрэлийн хөгжлийг огтхон ч үнэлдэггүй соёл дунд төрсөн бол яах вэ? Дармаг дадуулан үйлдэхэд ямар үзэл хаалт босгоод байна? Ашигтай замд орохоос биднийг сэргийлэн буй өөр өөр үзлүүдийн талаар бод.*

- *Эдгээр нөхцөлүүдийн аль нэг таны амьдралд байна уу шалга. Хэрвээ та дөрвүүлэнгээс нь чөлөөтэй байх юм бол сэтгэл амрахыг мэдэрч түүндээ сааtaaд амрагтун.*

Арван учрал

Амьдралдаа ямар нөхцөлүүдээс ангид чөлөөтэй байгааг мэдсэнийхээ дараагаар одоо бид ямар завшаанууд тохиолдсоныг бүртгэх болно. Та бидний амьдрал эдгээр арван учрал байснаар Номыг дадуулан үйлдэхэд хэрэгтэй болгон бүрдлээ гэсэн үг. Бурханы Номыг авшиг болгон дадуулснаар бид зовлонгоос эгнэгт хагацаж жаргалыг олох шалтгааныг бүтээх болно. Тиймээс эдгээр арав цөм бидэнд байгаа бол энэ нь машид ихээр даган баясахын шалтгаан болох ёстой. Хэрэв аль нэг нь заяагаагүй байвал олж авахын тулд чадах бүхнээ гүйцээх хэрэгтэй. Арван учралыг бид хоёр бүлэгт хувааж үзнэ. Үүнд:

Хувь хүний таван учрал

Эхний бүлэг дадлага бясалгалын суурь болсон хувь хүний өөрийн үйлийн үрээс шалтгаалах нөхцөлүүд байдаг нь:

1. **Хүн болж төрсөн:** Бусад олон зүйл амьтан байдгийг бид судалсан билээ. Үүнээс зөвхөн хүний төрлийг олж төрснөөрөө зөв тэнцвэртэй нөхцөлд аж төрөн, сүсэглэн бишрэх гэгээрлийн замд орох боломжтой билээ.

2. **Шашин ном дэлгэрсэн төв нутаг оронд төрсөн:** "Төв" нутаг гэдгээр уламжлал ёсоор бол Бурхан багшийн сургаал бүрэн \ялангуяа лам хуврагийн ёс\ дэлгэрсэн газар оронг нэрлэдэг бөгөөд бусад шашны урсгалуудыг хамруулан авч үзэх юм бол эртний уламжлалт \буддын юмуу бусад\ сургаал дэлгэрсэн аль ч газрыг хэлж болох ажээ. Олон жилийн турш Төвөд улс шашин дэлгэрээгүй хилийн улс гэж тооцогддог байсан бол Буддын шашны хэд хэдэн томоохон нөлөө бүхий хаад төрснөөр Буддын шашин дэлгэрэн цэцэглэсэн төв нутаг болон хувирсан билээ.

3. **Эрхтэн бүтэн төрсөн:** Бурханы номыг дадуулан үйлдэхэд таних болон мэдрэх эрхтэн бүрэн биш байх нь саадтай. Бурханы шашны төлөөлөгчийг олж харах, сургаалыг сонсох юмуу унших боломжгүй төрсөн бол бишрэн бахдах сэтгэл төрүүлэхэд бэрх учраас азгүй нэгэн хэмээн тооцогддог байна. Сургаалыг судлах тусгахад амаргүй гэж үздэг болохоор бүх эрхтэн бүрэн байна гэдэг ихээхэн завшаант хэрэг хэмээн үзэх хэрэгтэй.

4. **Амьдралын хэв загвар будлиангүй:** Бурханы Номтой харшлах буянгүй муу үйлийг үйлдэж амьдрахыг будлиантай хэв загвараар амьдарч байна гэж тооцно. Үүнд тодорхой андгай тангараа зөрчсөн хүнд үйлийг үйлдэх, Номыг орхих, завсаргүй таван нүгэл болон хүчирхийлэл хийхгүй байх аргагүй хэв загварын амжиргаа хөөх зэрэг багтдаг. Ийм загварын амьдрал дунд төрөөгүй ч сүүлд ийм зам руу хальтрахад амархан байдаг.

5. **Номд бишрэлтэй төрсөн:** Эцэст нь Номын уламжлал сургаалд итгэл бишрэлтэй байх \Бурхан Багшийн номлол гэх мэт\ явдал их завшаан мөн. Бишрэл байхгүй бол дадлага болгох хандлага алга гэсэн үг. Гүнзгий тунгаан бясалгах замаар итгэл бишрэлийн сэтгэлийг хөгжүүлбэл бид үнэн

Номын хөлгөний замд үнэнхүү нийцэх нь гарцаагүй юм. Энэ утгаараа дээрх таван учралын хамгийн том нь энэ гэж болно.

Дасгал 8.3 – Таны хувийн чадамж

- *Тохиромжтой байрлал эзлээд амьсгалдаа төвлөрөх бясалгалаар сэтгэлээ тайван байдалд оруулна.*

- *Эхлээд мэдээж хүн болж төрснийгөө бод. Хүний бие хүний сэтгэлийг эзэгнэн төржээ би. Хүн байхын шалгууруудыг бодож ямар ашигтайг сана. Ялангуяа, хөнөөлтэй хийгээд ашигтай үйл хөдлөлүүдийн ялгааг харж чадах чадвартайгаа анхаар.*

- *Одоо биеэр оршин байгаа газраа бод. Амьдарч буй газрын тань шалгуурууд юу байна? Эртний сургаалтай учрах боломж байна уу, эсвэл ном судар олдох, хот тосгоныхоо нийгэмлэгт зочлох боломж байгаа эсэх? Мэдээлэл олдохоор юмуу? Олдож байгаа бол та төвлөрсөн газарт байгаа юм байна. Ийм газарт амьдрахын ашиг тусыг дахин бод.*

- *Одоо мэдрэх эрхтний чанараа шалгаад үз. Ном сургаалыг бүрэн хүлээж авах бүх талуудыг эзэмшсэн байна уу? Янз бүрээр түүнтэй харьцах боломж бүрдэж үү?*

- *Хувийн амжиргаагаа бодож үз. Сүсэг бишрэлд харшлах зүйл байна уу? Өдөр тутмынхаа ажлын хувааръыт нүгэл үйлдэхгүй байх бололцоо хир байна? Таны хувийн амьдралд ямар сэтгэл зонхилж байна? Өөрийн голлох араншин зуршил зэргүүдийг бод. Буруу муу талууд байвал өөрчлөх арга байх уу?*

- *Сүсэг бишрэлийн чухлыг та одоо олж харж байна уу? Сэтгэлээ хөгжүүлсний ашиг юу болохыг мэдэх үү? Хувийн хайр, энэрэл , билиг оюуныг хөгжүүлэх сонирхол танд бий юу? Сүсэг бишрэл таны амьдралд хир чухал вэ?*

- *Завшаант учрал танд тохиосон эсэхийг болгоомжтой тусгаад дадлага бясалгал хийхэд шаардагдах болгон бүрдсэн байхыг тань. Баясан бахархах сэтгэлийг төрүүлэн түүндээ сааатаад амар.*

Нөхцөл байдлаас шалтгаалах таван учрал

Хоёр дахь бүлэг учралууд бол төрсөн он цаг, газар орон зэрэг нийтлэг үйлийн үрээс шалтгаалан орчин нөхцөл дадлага бясалгалд хийхэд хир тохиромжтой заяасныг тодруулах нөхцөлүүд юм. Шалтгаалах таван учралд:

6. **Гэгээрсэн бодгаль орчлонд үзэгдсэн:** Өнгөрсөн түүхийг эргэн сөхөх юм бол бид олон гэгээрсэн бодгалиуд орчлонд үзэгдсэн эрин үед амьдарч байна. Тэдгээр бодгалиуд ер бусын гайхам ухаан билиг, зааж сургах чадвараараа биднийг ивээн гийгүүлсэн билээ.

7. **Тэд сургаалаа номлосон:** Хэчнээн гэгээрсэн бодгаль энэ орчлонд үзэгдсэн ч тэдгээрийн сургаалыг хүртэх тавилантай гэсэн бататлгаа байхгүй. Азаар Бурхан Багш, Есүс зэрэг цэцэн ухаантнуудын цаг үед сургаалаа айлдана уу гэж хүсэх хүмүүс төрсөн байжээ. Тэдний айлдсан сургаалын ачаар гайхамшигт дадлага бясалгалд орох энэ бололцоо бидэнд олдсон байна.

8. **Тэдний сургаал энэ ертөнцөд үлдсэн:** Буддын одон орны сургаалын дагуу бид доройтлын таван үед амьдарч байгаа билээ. Бидний амьдрал богиносон, итгэл ба сэтгэлийн хөдөлгөөн багасаж амьтанд туслахад бэрхтэй тийм цөвүүн цаг ирээд байна. Энэ бүхнийг үл харгалзан сургаал номлол үргэлжилсээр, судар номын дамжуулга залгамжилсаар, бясалгагч нарын сэтгэл гүнзгий ухамсарлахуйдаа хүрсээр байгаа билээ. Бид Бурхан Багшийн үед төрөөд хажууд нь байх тавилангүй ч түүнийг сургаалыг хүртэх тавилан бидэнд заяажээ.

9. **Соёлоо болгосон буюу хүлээн зөвшөөрөгдсөн:** Сургаал өнөөдрийг хүрч бидэнд ирсэн төдийгүй түүний ач тусыг олон газарт хүлээн зөвшөөрч үнэлэн хүндлэх болсон явдал юм. Ихэнх гол газруудад төр захиргаа шашин шүтлэгийн эрх чөлөө ноёрхох болсон нь хүмүүст сүсэг бишрэлээ дадуулан хөгжүүлэх өөр өөр шашны нийгэмлэгүүд нэг нэгэндээ туслах бололцоо элбэг болсон билээ.

10. **Сүсэг бишрэлийн багштай учирсан явдал:** Шашин ном дэлгэрсэн газарт амьдрах завшаан тохиосон байлаа ч мөн амьд мэнд багшаар хичээл заалгах бололцоо олдсон нь асар их завшаан гэдгийг бид таних хэрэгтэй. Ийм багшаар бид замчлуулан байж сургаал номыг бүрэн ухаарснаар сэтгэлийн урсгалдаа уг сургаалыг амилуулж чаддаг ажээ.

Дасгал 8.4 – Таны Одоогийн Боломж

- *Тохиромжтой байрлал эзлээд амьсгалдаа төвлөрөх бясалгалаар сэтгэлээ тайван байдалд оруулна.*

- *Энэ орчлон дээр буй болсон гүн ухааны сургаал, шашны төрлүүдийг санаандаа ургуул. Эдгээр урсгалуудыг даган дадлага болгосноор тэрбумаар тоологдох хүмүүс тусыг олоод байгаа талаар бод. Уг сургаалыг анх үндэслэсэн хүн энэ орчлонд төрөөгүй бол энэ бүгд боломжгүй зүйл байх байсныг бод. Тийм нэгэн энэ дэлхийд төрсөнд талархах сэтгэлээ бадрахыг мэдэрч азна.*

- *Аугаа цэцэн мэргэд мэдлэгээ бидэнтэй хэзээ ч хуваалцаагүй бол яах байсныг бод. Тэд бидэнд номлолоо айлдаагүй сэн бол бид ач тусыг хэзээ ч хүртэхгүй байх сан. Гүнзгий талархах сэтгэлээ бадарч ирэхийг мэдрэн мэргэн ухаанаа бидэнтэй хуваалцсан тэдний энэрэлт сайхан сэтгэлийг бодон баяс.*

- *Тэдгээр сургаалууд бидэнд энэ цагт хүрэлцэн ирэх болсон замуудыг бод. Алдарт бясалгагч эрдэмтэн мэргэдийн эдгээр сургаалыг амилуулахын тулд амь амьдралаа зориулсныг бод. Нандин сургаалыг хадгалан өвлүүлэхийн тулд гаргасан тэдний гайхамшигт зүтгэлийг бодон бахархах сэтгэлээ бадраан хөгжүүл.*

- *Таны амьдарч буй нийгэм дэх шашны үзлийн зүг хандах хандлагыг бод. Дармаг дадуулан үйлдэхтэй холбогдсон эрх чөлөөгөө бодож үз. Ийм эрх чөлөө хаагдмал газарт амьдарч байсан бол ямар байх байсан? Амьдрагч нийгэм түмний зүгээс үзүүлж байгаа дэмжлэг, хүлээцтэй байдалд талархах сэтгэлээ чөлөөтэй бадрах бололцоог олго.*

- *Амьдралдаа дайралдсан төрөл бүрийн багш нараа санаандаа ургуул. Тэдний сэтгэлд тань үлдээсэн ул мөрийг тань. Хүн болон төлөвшихөд тань тэдний хэрхэн тусалсныг бод. Тэдгээр хүмүүстэй учирсанаа хэчнээн азтай болохыг мэдэр.*

- *Чөлөө учрал цөм бүрдсэн гайхамшгийг тусга. Ямар их завшаан бэ хэмээн эрчимтэй баяр хөөр ундрахыг мэдэрч хөгжүүлэн түүндээ саатаад амар.*

Бүлэг	Шалгуур	Шинж чанар
Найман Чөлөө	Хүн-бус байхаас ангид	1. Тамд төрөх
		2. Бирдэд төрөх
		3. Адгуусанд төрөх
		4. Урт настай тэнгэр болон төрөх
	Хүн ёсоор чөлөөтэй	5. Сургаал номлогдоогүй үед төрөх
		6. Алслагдмал нутагт төрөх
		7. Эрхтэн ба оюун дутуу төрөх
		8. Буруу үзэлтэй төрөх
Арван Учрал	Хувь хүнээс хамаарах	1. Хүн болж төрөх
		2. Шашин дэлгэрсэн газарт төрөх
		3. Эрхтэн бүрэн төрөх
		4. Будлиангүй хэв загвартай амжиргаа
		5. Дармаг бишрэх сэтгэлтэй байх
	Нөхцөл байдлаас хамаарах	6. Гэгээрсэн бодгаль орчлонд мэндэлсэн
		7. Тэр бодгаль ном айлдсан явдал
		8. Түүний сургаал хадгалагдан ирсэн
		9. Соёл болгон хүлээн зөвшөөрөгдсөн
		10. Багштай учирсан явдал

Хүснэгт 8-1: Эрдэнэт Хүний Төрлийн азтай шинжүүд

ХҮНИЙ ТӨРӨЛ АВАХЫН ХОВОР НАНДИН УЧИР

Амьдралдаа ямар завшаант нөхцөл олдсоныг таньж авсны дараагаар тэдгээрийн олдохын ховор нандинг мөн таних ёстой. Тэгсэн цагтаа л жинхэнэ хүчин чадлыг үнэлэх болно. Үүний тулд бид доорх сэдвүүдийг тунгаан бодох хэрэгтэй:

Хүний төрөл олох шалтгаанууд

Хүн болж төрөх гайхам хэцүү болох талаар баримжаатай болохын тулд ямаршуухан шалтгаан ба нөхцөл бий болгосноор энэ нандин төрлийг олдгийг бодож үзэх шаардлагатай. Үүнд:

1. **Ёс зүйг баримтлах:** Хүний эрдэнэ мэт биеийг олон төрөх гол шалтгаан бол ёс суртахууны сайн чанаруудыг урьд төрлүүддээ даган мөрдөж ирсэн байх явдал мөн. Тодорхой цаг хугацаанд дор хаяж нэг төрлийн андгайг зөрчилгүй сахиж ирсэн байх ёстой. Буддын сургаалд бид найман сахилын

тухай хэлэлцдэг нь: амьтны амь хөнөөх, хулгай хийх, буруу хурьцал, худал хэлэх, ухаан санаа бүдгэрүүлэх согтууруулах ундаа хэрэглэх, цаггүй хооллох, дуулах бүжих, өөрийн биеийг энхрийлэх болон өндөр суудалд залрах эдгээрийг тэвчин сахих ёстой. Ёс суртахууны хамгийн үндсэн сахил нь *Арван цагаан буяны үйлдэх \зургаадугаар хэсэг*юм.

2. **Буян хишиг нэн ихээр хураах:** Та хүн болж төрөхийн тулд далай их буяныг урьд төрлүүддээ хураасан байх хэрэгтэй. Үүнд өглөг, тэвчээр болон сахилга хичээл зэргийн үйлүүд багтдаг.

3. **Ерөөл залбирал:** Дан ганц буян бас хангалтгүй бөгөөд үүнд туслах бусад нөхцөлүүдийг бий болгох шаардлагатай. Үүнд эрдэнэт сайн хүний төрлийг олох болтугай хэмээн чин сэтгэлээс залбирч мөргөх, буянаа зориулан ерөөл өргөх зэрэг үйлдлүүд орно.

Дээрх шалгууруудын аль нэг үгүйгээр эрдэнэт хүний биеийг олох аргагүй ажээ.

Дасгал 8.5 – Шалтгаан бий болгох хэцүү

• *Тохиромжтой байрлал эзлээд амьсгалдаа төвлөрөх бясалгалаар сэтгэлээ тайван байдалд оруулна.*

• *Ёс зүйг зүгээр сахих болон сахих андгай тавиад сахих хоёрын ялгаа юу вэ? Ийм сахилыг сахихад ямар зүтгэл шаардлагатай вэ? Та ямар сахил сахидаг вэ? Ийм сахилыг сахих явдал хүмүүст хир элбэг билээ?*

• *Ямар төрлийн үйлийг та дадуулан зуршил болгосон бэ? Буян нүгэл хоёрын алийг үйлдэхэд хялбар бол? Буянтай сайн үйлийг хийхэд яагаад зүтгэл шаардагддаг вэ? Бидний нийгэм буяныг дэмждэг үү нүглийг өөшүүлдэг үү? Хоёрдмол ийм үзэл таны бясалгах чадварт яаж нөлөөлөх бол?*

• *Ирээдүйн төрөлдөө та хэр шаргуу зорьж байгаа вэ? Хүний нандин төрлийг олохын үнэ цэнийг ойлгож байна уу? Ойлгож мэдсэн бол сайн төрлийг олохын шалтгааныг бий болгоход өдрийнхөө хэдэн хувийг зарцуулж байна? Өөрийн амьдралыг тэр зүгт чиглүүлэх чин хүслээ тогмол бататгаж байхад юу нь хэцүү санагдана?*

• *Эрдэнэт хүний биеийг олчихлоо гэж бодъё. Урьд насандаа та гайхам зүтгэл гаргаж буяныг далай ихээр үйлдэн ёс суртахууныг дээдлэн сахисны үр гэсэн үг. Таны өмнөх төрлийн хүн олдсон хамаг цагаа буян хураахад зориулж явжээ. Тэр мөн ирэх төрөлдөө сайн хүний төрлийг авах болтугай хэмээн чин сэтгэлээс залбиран мөргөж үйлдсэн буянаа үүнд зориулан даатгаж явжээ. Таныг амьдралаа үрэн таран хийж, тэр хүний үйлдсэн бүхий л буяныг цонхоор шидэж орхихыг мэдвэл тэр яах бол?*

- *Энэ насаа хурууны салаагаар урсгаж орхихгүй юмсан гэсэн үнэн хүслийг хүчтэй төрүүлээд түүндээ саатан амар.*

Эрдэнэт хүний төрлийг олохын ховрыг үзүүлсэн жишээнүүд

Бурханы сургаалд эрдэнэт хүний төрлийг олохын ховор хэцүүг зураглан үзүүлсэн хэд хэдэн жишээ байдгийг ашигладаг заншилтай:

1. **Сохор мэлхийн жишээ:** Голдоо нүхтэй модны хэлтэрхий их далайн гадаргуу дээр хөвж явна гэж төсөөл. Давалгааны эрхээр хаашаа л бол хаашаа шидэгдэн хэзээ ч нэг газартаа байхын тавилан үгүй. Энэ үед далайн ёроолд нэгэн сохор мэлхий амьдардаг байжээ. Хураасан буян ихгүйн эрхээр тэр мэлхий далайн газаргуу дээр зуун жилд ганц л удаа цухуйж гарах тавиланг эдэлдэг байна.

   Түүнийг толгойгоо цухуйлгах тэрхэн агшинд нөгөө модны хэлтэрхий яг тэнд байж таараад толгойгоо голын нүхэнд шургуулах бололцоо үнэндээ байхгүйтэй адилхан билээ. Хэрвээ мэлхий ядаж сохор биш байсан бол модыг нүдээр эрж олох буюу харах боломжтой байж байдал огт өөрөөр эргэх сэн. Гэтэл түүнгүйгээр тийм боломж тохионо гэдэг сайн буяны үр гайхамшигтайгаар боловсорсны үр дүн байж таарна.

   Хөлгүй их далайгаар мунхагийн харанхуйд үндэслэгдсэн сансрын хүрдний оршихуйг илэрхийлжээ. Сохор мэлхийгээр тэнд хүлэгдсэн амьтдын нэгийг төлөөлүүлж, далайн ёроол доод муу заяаны зовлонг хир удаан эдлэхийг илэрхийлэн, гадаргуу руу аялах бололцоо олдох тэрхэн зуур дээд төрөлд өнгөрүүлэх цагийг илэрхийлсэн байна. Модны хэлтэрхий хүний ховор төрөл олдож болохыг үзүүлсэн нь энэ ажгуу.

2. **Юнгар будааны үрээр үзүүлсэн жишээ:** Мөн өөр нэгэн зураглалыг толилуулдаг нь: аяга дүүрэн юнгар будааны үр байлаа гэж төсөөлөгтүн. Түүнд байгаа будааны тоо тоолшгүй олон бөгөөд мөн маш олон төрлийнх байна. Аяганд байгаа будааны ширхэг хүний нандин төрлийг илэрхийлнэ. Өөр тийшээ харж байгаад таамгаар тодорхой нэгэн үрийг тэндээс сонгож олох хэчнээн хувийн баталгаатайг бодоод үз.

Энэ хоёр жишээ хоёулаа итгэхийн аргагүй их хэмжээний сайн буяны үрээр л хүний төрлийг яг таг зөвөөр буй болгон авч болдгийг үзүүлж байгаа юм. Үүнийг мэдсэнийхээ дараагаар олдсон энэхэн завшааныг ашиглая гэж бодохгүй юм бол хэчнээн тэнэг хэрэг болох билээ.

Зургаан зүйл амьтны тоог харьцуулан үзүүлбэл

Хүний төрлийг олох хэчнээн ховор нандин болохыг үзүүлэх бас нэгэн жишээ бол хүний тоог бусад төрөл зүйлийн орны амьтадтай харьцуулан харуулах явдал юм. Хэрвээ бид зургаан зүйл амьтны нийт хэмжээг тусгахаа болих юм бол тэдгээрийн тоо үнэхээр тоолох аргагүй их гэдгийг ойлгох болно. Зүйл болгон сэтгэлийн тодорхой төлвүүдэд үүсгэгддэг болохыг бид судалж мэдсэн болохоор тэдгээр зүйлүүдэд төрөл авсан амьтдын тоо тухайн сэтгэлийн төлвүүдийн нийтлэг байдалтай шууд хамааралтай болохыг ойлгох болно.

Ерөнхийдөө буяны үрээр дээд гурван төрөл болох хүн, асур, тэнгэрийн төрлийг авдаг, нүглийн үрээр доод гурван төрөл буюу адгуус, бирд, тамын амьтны төрлийг авдаг. Тэгэхээр бид буян нүгэл хоёрын аль нь илүү нийтлэг вэ гэж бодвол нүглийн зуршил болгон дадсан нь маш хүчтэй байдаг байна. Тиймээс ихэнх амьтан доод төрлүүдэд төрөх нь гарцаагүй юм. Үүний шилдэг жишээ болох доод төрөлтний тоог далайн ёроолын элсний тоогоор, дээд төрөлтний тоог хумсны толион дээрх тоосны тоогоор баримжаалан үзүүлсэн байдаг.

Үүнийг баримжаална гэвэл хүний тоог амьтны тоотой харьцуулах гээд үзье л дээ. Аль нь олон бэ? Хүн бид энэ ертөнцөд 7 тэрбум орчим. Тэгвэл шоргоолж л гэхэд хэд байгаа бол? Шувуу хэд байгаа бол? Загас хэчнээн олон байгаа билээ? Далайд хөвөн яваа бичил биетнүүдийг сана. Хамаагүй олон амьтан хүн гэхээсээ амьтан болон төрөх заяатай гэдэг нь хурдхан ойлгогдоод ирнэ. Түүний дээр энэ бол зөвхөн нарны аймгийн ганц ертөнц дээр амьдарч буй амьтдын тоо билээ. Гариг эрхэс галатикийн хэмжээнд авч үзвэл хэмжих аргагүй их тоо гарч ирэх нь сэтгэж баршгүй юм.

Бидний нүдэнд үзэгддэггүй амьтдыг бодоод үзэгтүн. Огторгуй тэр чигээрээ аль нэгэн төрлийн амьтнаар дүүрэн байдаг гэж ярьдаг. Буддын сургаалаар бирдийн тоо амьтнаас давуу гээд бодохоор хүн болон төрөх хэчнээн бага хувьтай болох нь ойлгогдоно.

Дээд төрөл авах гэдэг угаасаа машид бэрхтэй байх хэрнээ сансраас чөлөөлөгдөхөд шаардлагатай бүх сайн нөхцөлүүд бүрдсэн байдгаараа хүний төрөл мөн л хамгийн ховор нандин төрөлд гарцаагүй тооцогдоно. Юу гэсэн үг вэ гэвэл бид Бурханы Ном номлогдон ойлгогдсон газар,эрин цагт төрөх завшааныг эдэлж байгаа ба эдгээр нөхцөлүүдийн аль нэг л алга байхад таны амьдрал таны хэчнээн ухаалаг, мэдлэгтэй, чадвартайгаас үл хамараад тийм чиг эрдэнэ мэт нандин хэмээн тооцогдохоо болих ажгуу.

Бид энэ ертөнц дээрх хүний тоо хамгийн энгийн бүтэцтэйгээс хамгийн дэвшилтэт хөгжилтэйг нь хүртэл бусад амьтдын тоотой харьцуулахад хир их байдгийг мэдэж авлаа. Одоо хүн болон төрөгсдийн дотроос Бурхан Багшийн сургаалыг таньж дуулж ойлгон дадуулах боломцоотой газарт төрсөн нэгний азтай буянтайг тунгаан болгооно уу та. Ийм их азтайгаа мэдрэх хүн л гэхэд хэчнээн цөөхөн байдгийг санагтун.

ХҮН БОЛОН ТӨРӨХИЙН ДЭЭД ЗАЯА

Хүний биеийг олж төрөхийн ховор нандинг судлах зууртаа бид найман чөлөө арван учрал тэр болгонд бас бүрдсэн байдаггүйг олж мэдсэн билээ. Тэгэхээр "Одоо би энэ олдсон боломжоо хэрхэн ашиглах вэ?" гэсэн асуулт зүй ёсоор гарч ирнэ. Буддын сургаалаар эрдэнэт хүний амьдралыг зохистойгоор ашиглах гурван үндсэн зам байдаг ажээ:

1. **Гарцаагүй дээд төрөл авах:** Таны хийх ёстой эхний зүйл бол гурван муу заяанд унахгүй гарцаагүй дээд төрлийг авах нэгэн шалтгааныг үйлдэх явдал мөн. Тэнгэр хүний төрлийг авахын төлөө зүтгэснээс дахиад хүний төрлийг авсан нь хамаагүй дээр гэж Буддын ёсонд сургадаг. Яагаад гэвэл хүн болох нь илүүтэй сүсэг бишрэлийн хөгжлөө ахиулах хангалттай нөхцөлүүдээр хангагдсан байдаг ажээ. Тийм учраас нэг амьдралаас нөгөө рүү төрөл дамжин шилдэг сайн чануудаа хөгжүүлсээр явах хэрэгтэй.

2. **Зовлонгооос ангижрах:** Сансрын хүлээснээс салах хүслийг хүчтэй мэдэрсэн нэгний хувьд мунхагийн харанхуйг арилгах ерөндөг болон үйлчилдэг чанарыг хөгжүүлэхэд энэхэн насаа зориулах хэрэгтэй юм. Мунхаг сэтгэлийг арилгаснаар та арван-хоёр шүтэн барилдлагын гинжийг таслан дахин хяналтгүйгээр төрөл авах боломцоог хааж чадна. Тэгэж чадвал зовлонгоос гэтэлж мөнхийн амгаланг олох бөгөөд үүнийг нирваан дүрийг олох гэж нэрлэдэг заншилтай.

3. **Төгс гэгээрэлд хүрэх:** Эцэст нь зөвхөн өөрийн нэгэн биеийн жаргалд хүрээд түүгээр сэтгэл үл ханагч нэгний хувьд хамаг амьтанд тусыг үзүүлэхийн тулд бүхий л оргилын оройд гарах төгс гэгээрлийн хутагт зүтгэж болох билээ. Ингэснээрээ зовлон амсуулагч бүдүүн хэлбэрийн бэрхшээлүүдийг арилгаад зогсохгүй нарийн сэтгэлийн түйтгэрүүдийг арилган хамаг амьтны тусын тулд хязгааргүй хувилан үзэгдэж чадах явдалд энэхэн насаа зориулдаг билээ.

Эдгээрээс аль замыг сонгох нь таны одоогийн байгаа хөгжлийн түвшингээс шууд шалтгаална. Дээгүүр зорилго сонгох юм бол доогуур зорилгыг ч хамтад нь бүтээнэ гэдгийг санаж байвал тустай. Тиймээс та төгс гэгээрэлд зориглон амьдралаа түүнд зориулбал энэ зууртаа нэгэн биеийн гэгээрэл хийгээд дээд төрөлд төрөхийн ашгийг мөн хамтад нь олно гэсэн үг юм. Санах ёстой гол зүйл гэвэл одоогийн байгаа амьдралаа давж харахыг хичээн илүү өргөн хүрээг хамруулахыг байнга зорих ёстой. Хэрвээ бид жинхэнэ аз жаргалыг олох үйлсээ умартан зөвхөн энэ наснныхаа амьдралыг л бодож яваад үхэх юм бол олон төрлийн турш хичээнгүйлэн зүтгэж бүтээсэн болгоноо алдах болно.

Дасгал 8.6 – Гол Асуултууд

- *Тохиромжтой байрлал эзлээд амьсгалдаа төвлөрөх бясалгалаар сэтгэлээ тайван байдалд оруулна.*

- *Өдөртөө хийдэг хэдэн янзын үйлээ санаандаа ургуул. Зуршил болсон үйлдлийг тань. Түүнд зориулж хэчнээн их зүтгэл гаргадаг вэ?*

- *Одоо тэдгээр үйлийг үйлдсэний хариуд гарах ашгийг бод. Энэ насанд тань ашигтай үйлдлүүд байна уу дараа төрөлд ашигтай үйлүүд байна уу? Сүсэг бишрэлийн тэмүүлэл хорвоогийн амьдралын тэмүүлэл хоёрын аль нь таны цагийг илүү эзэлж байна? Цагаа хэрхэн тэнцвэртэй зарцуулдгийг мэдрэхийг хичээ.*

- *Цагаа юунд зарцуулж болох байсныг одоо бод. Танд урт удаан жаргалыг авчирч чадах тийм дадал зуршил бий юу? Танд зовлон авчирахад хүргэдэг ямар зуршлууд байна? Тэдгээр зуршил болсон үйлийг багасгахын төлөө та юу хийж чадах вэ?*

- *Өөрийн зорилгыг жаахан ч гэсэн өөрчилчихвөл түүнээс гарч болох ашгийг бодоод үз. Танд болон таны ойр тойрныхонд ямар тустай байх вэ? Ирээдүйн амьдралд тань ямар тустай байх вэ?*

- *Энгийн хэдэн зүйлийг өөрчлөхөд таны сүсэг бишрэлийн хувийн зорилго машид ихээр хөгжих явдлыг амьдралдаа нэмж болохыг таньж мэд.*

ДАРМАГ ДАДУУЛАН ҮЙЛДЭХЭД ТОХИОЛДДОГ БЭРХШЭЭЛҮҮД

Одоогийн энэ байгаа нөхцөл байдалдаа талархах сэтгэлийг төрүүлэн байж Дармаг дадуулан үйлдэхэд олдсон энэ бүх бололцооны ихэнх хэсгийг зориулах тэмүүлэлтэй болох хэрэгтэй. Эдгээр нөхцөл хэзээ ч өөрчлөгдчихөж мэднэ гэдгийг анзаарч байх ёстой. Дараахь хоёр бүлэг бэрхшээлүүд бол таны Номыг дадуулан үйлдэх үйл хэрэгт саад болж байдаг нөхцөлүүд юм. Тиймээс сансрын хүлээсийг тэтгэж байдаг, таны зорилгыг баллаж мэдэх тэдгээр муу зуршил дадлуудаас аль болох зайлсхийх нь чухал.

Түр зуурын найман нөхцөл

Мөн төвөг учруулагч найман нөхцөл гэж нэрлэгддэг эдгээр сэдвийг Төвөдийн аугаа мастер Ригзин Жигмэ Линпа анх сургасан байна. Түүний анхны айлдсан сургаал цаашид дэлгэрэнгүй болон хувирсныг доор үзүүлбэл:

1. Таван хорыг хүчтэй агуулсан хүмүүс \шунал, уур хилэн, мунхаг, бардамнал, атаархал\ Дармаг дадуулан үйлдэж чадахгүй. Тэдэнд хэдийгээр тэгэх хүсэл байвч муу сэтгэлүүд хэтэрхий давамгайлсан байх тул эхлээд сэтгэлийн түйтгэрүүдээ арилгавал зохино.

2. Оюуны хөгжил дутуу хүмүүст Дармаг дадуулан үйлдэх боломж байлаа ч гэсэн утгыг нь ойлгох чадвар үгүй учраас зохих ёсоор үйлдэж чадахгүй. Тиймээс суралцах, бясалгах тусгах замаар оюунаа эхлээд хурцлах хэрэгтэй.

3. "Сүсэг бишрэлийн худалч нөхөр" болох төөрөгдөлт үзлийг номлон буруу замаар дагуулагч багшийн шавь нар ариун Номыг суралцлаа ч дадуулан үйлдэх замдаа ахиц олж чадахгүй. Тиймээс сүсэг бишрэлийн багшаа ямагт сайтар шинжин үнэн мөнийг ялгаж ойлгох нь чухал.

4. Юмыг хойш нь тавьдаг зуршилтай залхуу хүмүүс Дармаг жинхэнэ утгаар нь хэзээ ч дадуулан үйлдэж чадахгүй. Яагаад гэвэл тэд сургалтын шаардлага хангах тал дээр дутгадалтай байх болно. Тийм хүмүүс үргэлж: "За үүнийг дараа болъё" гэж бодсоор тэр дараа нь хэзээ ч хийж амждаггүй. Тэгэхээр залхуурлын эсрэг ерөндгийг хэрэглэх нь чухал.

5. Урьдын олон төрлүүддээ хурааж хуримтлуулсан нүгэл барцдын ихийн харгайгаар хүмүүс Дармаг дадуулан үйлдэхэд хэрэгтэй чанаруудыг хөгжүүлэх маш хэцүү гэж боддог. Тэд хэтэртлээ зузаарсан муу үйлийн үрүүддээ дарамтлуулж орхиод ахиц гарахгүй байна гэж төөрөгддөг. Энэ бүхэн өөрийнх нь үйлийн үр гэдгийг тэд мартдаг. Ийм хүмүүс нүглээ ариусгах дадлагыг аль болох их хийвэл зохино.

6. Орчлонгийн элдэв үйлийг зорилгоо болгосон юмуу эсвэл Бурханы сургаалыг дадуулан үйлдэхэд садаа бологч зөрчих аргагүй журам сахил баримтлагчид хүссэн ч Номыг авшиг болгон үйлдэж чадахгүй. Тийм учраас хорвоог огоорох сэтгэлийг бясалган сансрын хүлээснээс салах хүслээ хөгжүүлбэл зохино.

7. Зарим хүмүүс одоо яг энэ насанд тохиолдоод байгаа бэрхшээл зовлонгоос айж авралгдах гэсэн зорилгоор Номыг шүтдэг. Тэд бүр лам хувцас өмсөн

сүм хийдэд шавилан суух нь жинхэнэ сайн бясалгагч шиг харагдавч тэд үнэн хэрэгтээ амжилт олохгүй, яагаад гэвэл тэдний сэдэл чин үнэн биш. Тиймээс, өөрийн сэдэл санаагаа чин үнэн байлгахад анхаарч амьдралынхаа зорилгыг утга төгөлдөр байлгавал зохино.

8. Зарим хүмүүс гаднаа Бурханы Номыг дадуулан үйлдэгч мэт харагдавч тэдний дотоод сэтгэл хорвоогийн явдалд хэт сонирхолтой, нэр хүнд албан тушаалд дуртай байдаг. Тийм хүмүүс жинхэнэ Номын замд ороход хэтэрхий хол гажуудсан гэсэн үг. Тиймээс тэд *Хорвоогийн найман дарма* болон *Огоорлын дөрвөн сэтгэлийг* дэлгэрэнгүй судалж бясалгавал зохистой.

Найман зохисгүй хандлага

Эдгээр нь Дармаг дадуулан үйлдэх явдлаас хүнийг холдуулах зохимжгүй үйлийн барилдлага гэж тооцогддог. Үүнд:

1. Зарим хүмүүс гэр орон, эд баялаг, бизнесс зэрэгтээ хэтэрхий автсан байдаг учраас Дармаг дадуулан үйлдэж чадахгүй. Тэд үүнийг болгох юмсан хэмээн мөрөөдлөө ч хорвоогийн явдалдаа баригдаад цаг зав гаргаж чаддаггүй тийм хүмүүс амьдралынхаа зорилгыг утга төгөлдөр зүйлд чиглүүлбэл зохино.

2. Зарим хүмүүс хар амиа хичээсэн, өөрийгөө өмгөөлж хамгаалсан зан араншинтай байдгаас доромжлолыг хүлээн тэсэх, зан чанараа дээшлүүлэх тухай боддог ч үгүй. Хэдийгээр тэдэнд шашны сайн нийгэмлэг юмуу сайн багштай учрах ховор завшаан тохиосон байлаа ч гэсэн өөрчлөгдөж чаддаггүй, тийм хүмүүс сэтгэлээ онгойлгон бусдаас суралцахад шамдах нь зохистой.

3. Хорвоогийн муу дутагдалтай талуудыг болон доод төрлүүдэд төрхийн зовлонтойг хэчнээн олон зааж сургасан байсан ч жинхэнэ мөн чанарыг ойлгох чадваргүй хүмүүс байдаг. Тэдэнд Бурханы Номыг дадуулан үйлдэж сансрын хүрднээс өөрсдийгөө чөлөөлөх тэмүүлэл үгүй. Тийм хүмүүс *Огоорлын дөрвөн сэтгэлийг* дахин дахин тунгаан бясалгах хэрэгтэй.

4. Сүсэг бишрэлийн багш хийгээд түүний сургаалд үл итгэгч нарт Номын хаалгыг онгойлгох түлхүүр үгүй. Тиймээс, цаг заваа гарган байж итгэл бишрэлийг авчрагч Номын хүчинд итгэх итгэлээ хөгжүүлэх хэрэгтэй.

5. Зарим хүмүүс бие, хэл, сэтгэлээрээ зохисгүй үйлдэл хийхдээ дуртай байх нь бий. Үгээ, хөдөлгөөнөө, бодлоо хянахаа доройтуулсан ийм хүмүүс номноос татгалзсантай ижилээр Дармаг дадуулан үйлдэж чадахгүй. Тиймээс хийж буй үйлдээ ухамсартай хандаж дараа үр дагавар нь боловсорно шүү гэдгийг ямагт санах хэрэгтэй.

6. Зарим хүмүүс буян хураах, ном сургаал үзэхийн чухалд ач холбогдол огт өгдөггүй болохоор Дармаг тэд хэзээ ч дадуулан үйлдэж чадахгүй. Тэдэнд ном үз гэх нохойд өвс идүүлэх гэж оролдохтой агаар нэгэн байдаг. Тиймээс *Үйлийнүрийн шалтгаан ба үр дагаврын хуулийг* судлахад анхаарлаа тавибал зохилтой.

7. Буддын дадлагад орсон хэрнээ тангараг сахилаа зөрчин, ёс суртахууны зохисгүй алхам хийгчид болоод түүндээ гэмшин халаглах сэтгэл үл төрүүлэгч нар доод төрөлд төрөх заяатай. Тэгснээр Дармаг дадуулан үйлдэх бололцоог үл олох болно. Тиймээс, амьдралдаа аливаа нэг ёс зүйн журам баримтлахаар шийдсэн бол түүнийгээ ямар ч үед чанд сахиж явах нь чухал.

8. Дэвшилтэт шатны бясалгагч хүн ариун тангаргаа доройтуулан, номын багш, нөхөр, ах дүүс сэлтдээ тавьсан журмаа зөрчөөд чин үнэн гэмшил үгүй сэтгэлийг агуулбаас зөвхөн ганц өөрт төдийгүй шашны нийгэмлэг дэх бусдадаа ч доройтлыг авчрах болно. Тийм учраас, сахил тангаргадаа үнэнч байж ноцтойд авч үзэн ариунаар сахих хэрэгтэй.

Бололцооныхоо ихэнхийг ашиглах арга

Яг одоо, энэ мөчид та жинхэнэ ариун Номтой учран золгох адислалыг хүртээд байна. Дараагийн алхам ямар байхыг та шийднэ. Ийм боломж гарч байхад нүүр буруулбал та эрдэнэт хүний биеийг олсон заяагаа дэмий үрэн, буян хишгээ арвижуулах сүсэг бишрэлийн замаас татгалзсан хэрэг болно. Тийм учраас мэргэн шийдвэр гаргаж, хүн болж төрсөнийхөө нандин ховрыг сэхээрч, ийм боломж руу нуруугаа харуулах муу нүглийг бүү үйлдэгтүн.

Аугаа мэргэн Мял Богдын хэлсэнчилэн:

Ашиглаж чадвал энэ бие эрх чөлөөнд хүргэх завь
Ашиглаж чадахгүй бол энэ бие сансарт хүлэх зангуу
Сайн болоод муу хоёрын аль алинд тавих бооцоо энэ бие билээ гэжээ.

Тийм учраас одоо утга учиртай амьдралд хөл тавих сүсэг бишрэлийн ариун замыг даган явах үйлсэд хичээл зүтгэлээ зориулан, ирэх төрөлдөө Бурханы Номыг дадуулан үйлдэж өөрийн хийгээд бусдын тусыг бүтээхийн төлөөнө хураасан буянаа зориулан мөргөх цаг ирээд байна.

Энэ тухай *Бодьсадвын явдал орохуй* номд өгүүлснээр:

Чөлөө учралт хүний биеийг олоод
Буяныг дадуулалгүй алдах болбоос
Үүнээс тэнэг явдал юу байх билээ
Өөрийгөө илүү яаж залилах вэ?

ГОЛ ХЭСГҮҮДИЙГ ЭРГЭН СӨХВӨЛ

- Одоогийн байгаа байдлын тухайд бидэнд хоёр чухал чанар заяасныг таних хэрэгтэй нь: машид эрхэм чөлөө учралыг олсон явдал, энэ боломж маш ховор тохиолддогийг ойлгох явдал билээ.

- Эрдэнэт хүний төрлийг арван-найман нөхцөлөөр тодруулдаг нь: найман чөлөө ба арван учрал билээ. Чөлөө гэдгээр саадтай нөхцөлүүдийн үгүйг, учрал гэдгээр ашиг тустай нөхцөлүүдийн буйг төлөөлүүлдэг.

- Найман чөлөөг хоёр бүлэг болгон үздэгт: хүн-бус төлвийн дөрөв буюу эсвэл хэт зовлонтой эсвэл хэт жаргалтай байхаас чөлөөтэй, хүн болж төрсний дөрөв буюу Номыг дадуулахад шууд саад болдог хүний амьдрал дахь нөхцөлүүд эдгээр билээ.

- Арван учралыг хоёр бүлэгт хуваан үздэгт: Номыг дадуулан үйлдэхэд машид тохиромжтой хувь хүний завшаант таван нөхцөл ба тодорхой цаг үе газарт төрснөөрөө ашигтай, хүмүүсийн нийтлэг завшаант таван нөхцөл эдгээр болно.

- Ийм тавиланг олох шалтгааныг үүсгэх хэрэгтэйг бясалгах замаар эрдэнэ мэт ховор төрлийг олсондоо талархах сэтгэлийг хөгжүүлж болно. Буддын сургаалд эрдэнэт хүний биеийг олохын ховрыг хэд хэдэн жишээгээр зураглан үзүүлсэн байдаг. Мөн хүний тоог бусад амьтны тоотой харьцуулан шинжилсэн байдаг.

- Өөрсөндөө байгаа чадавхиа танихын тулд нэгэнт олдсон сайхан завшаан дээр суурилан гурван янзаар ашиглаж болох нь: дээд төрөлд зүтгэх, нэгэн биеийн чөлөөнд хүрэх, төгс гэгээрлийн хутгийг олох эдгээр билээ.

- Хүний дадлага бясалгалаа хийх чадварыг бууруулдаг хэд хэдэн бэрхшээл гарч ирж болдог. Эдгээр бол түр зуурын найман нөхцөл болон арилгавал зохих найман зохисгүй хандлага билээ.

Үхэл ба мөнх-бусыг тусгахуй

Бурханы Номыг анхааран авшиг болгох явдал танаас өөрийн дадаж зуршсан урсгалаа буюу амьдран аж төрж буй нийгэмдээ ерөнхийдөө хамгийн гол чухал гэж үзэгддэг бүхнийг байнга сөрж явахыг шаардаж байдаг. Хувь тавилангаас танд санал болгон буй нандин чадварыг таньснаар хамгийн чухал зүйл юу вэ гэдэг талаар таны үзэл өөрчлөгдөх боловч олны саналтай энэ нь байнга таарч байдаггүй ажээ.

Олон оронд сургуульд орох, ажилд орох, хайр дурлалд умбах, гэр бүл болох, ажлаа хийн явсаар тэтгэвэртээ гарах ба үхэх гэсэн амьдраын хэв маяг бий. Дэлхий даяар энэ л хэв маяг дахин дахин давтагдан үргэлжилнэ. Үнэндээ энэ хэв маягт буруу гэх юу байхав гэж санагдавч өмнөх бүлгүүдэд үзэж судалсан ёсоор энэ хэтийн төлөв хязгаарлагдмал бөгөөд зөвхөн энэ насанд л хамааралтай юм.

Тиймээс бид Номын зүг сэтгэлээ эргүүлэх үед хар багаасаа хамт өссөн хорвоогийн явдал хийгээд дөнгөж саяхан хөгжиж эхэлсэн сүсэг бишрэлийн сэтгэл хоёрыг тохируулан эвцэлдүүлэх үйл явц өрнөдөг. Эхэндээ хоёр этгээдийн дунд дайн гарах мэт санагдан дадал зуршил маань сурсан ёсоор давтагдах гэж зүтгэнэ. Дадсан зуршилдаа ялагдаж төгсөх нь элбэг. Сатаарах зүйл эргэн тойрон дүүрэн байх тул бид цаг зав олдохгүй байна хэмээн шалтаг тооцих аргаа олж ядна. Бид өөрсөндөө яг одоо тэгнэ гэхэд хэцүү байна, энэ эниийг дуусгачихвал, эниийг л гүйцээчихвэл болох гээд байна тэрний дараа л дадлагаа эхэлье гэж хэлнэ. Дадлага бясалгал хийхэд шаардлагатай гэсэн түмэн зүйлийн нөхцөл шаардлагыг бий болгон өмнөө дэвшүүлнэ. Тэр тоолонд одоо эхлэх хэрэгтэй байгаа дадлагаа ирээдүйд болгон хойшлуулна.

Ном таны амьдралыг машид ихээр өөрчилж чадах боловч та хэрэв түүнийг учирч ч магадгүй юмуу учрахгүй ч байж магадгүй мөрөөдлийн ертөнц болгон төсөөлөх нь танд сайныг авчрахгүй. Үнэхээр түүний ашгийг амсана гэвэл яг энэ мөчид авчрах хэрэгтэй. Үүний тулд юмыг хойш тавьдаг муу зуршлаа даран сөнөөж яг одоо яаралтай эхлэх хэрэгтэй байгааг ухааран урсгал сөрөн сэлэх сэтгэлийн хүчийг өөртөө олох ёстой. Үхэл ба мөнх-бусыг бясалгаснаар энэ хүчийг бид олж авах болно.

Мэддэг ч бай мэддэггүй ч бай бидэнд цаг байнга хангалттай бий гэж бодож бид заншсан байдаг. Бидний төрж өссөн соёл амьдралаа өөр замаар төлөвлөхөд маань ихээхэн тустай болж байгаа нь үнэн ч гэлээ тэдгээр төлөвлөгөө болгоноо биелэхийг үзнэ гэж танд итгүүлдэг. Энэ үзлийг бид шинжлэн судлах хэрэгтэй. Бидэнд цаг бий гэсэн үзэлдээ итгээд бид хамгийн чухал зүйлээ хойш тавьж бидний хүссэн үр дүнг авчрах ч юмуу үгүй ч юмуу мэдэгдэхгүй түр зуурын үйл хэрэгт оролцох болдог. Бид ямарваа нэгэн хэв маягийг баримтлан аливаа нэгэн зүйлд хүрэхийн төлөөнөө бүх амьдралаа зориулах боловч тэдгээрийнхээ үр дүнг хэзээ ч үзэж чаддаггүй билээ. Ийм маягаар амьдрал нүдний өмнө жирэлзээд өнгөрөхөд өөрөө ч мэдэхийн амжаагүй эрдэнэт хүний төрлөө үрэн таран хийчихсэн байдаг байна.

Зарим хүний хувьд үхлийн тухай бодол аймшигтай муу ёрын байж болно. Барууныхны хувьд энэ тухай бодохоос айх талтай байдаг. Магадгүй үхээд тэр чигтээ үгүй болно гэдэг үзэлтэй холбоотой байж болох ба үхнэ гэдэг тэдний хувьд устаж алга болохтой адил билээ. Ийм хүмүүсийн хувьд үхэл бол бүхний төгсгөл учраас аль болох зайлсхийвэл дээр гэж бодох нь аргагүй. Бидний соёл залуу, гоё сайхан хэвээр үлдэхийн үнэ цэнийг ихэд дэмжин үхлийг энэхүү тоосгон хананыхаа ард нууж орхиж болох юм шиг л боддог.

Буддын сургаал ёсоор бол дээрх үзэл ашиггүй зүйл. Үйлийн үр хийгээд сансрын эргэлтийг ойлгосноор бид үхэл бол төгсгөл биш зүгээр хувирал гэдгийг ойлгох болно. Тийм болохоор үхлээс айж зэвүүцэхийн оронд харин өөрсдийн сүсэг бишрэлийн хөгжлөө ер бусын замаар хөгжүүлэхэд үхлийг ашиглаж болох сайхан завшаан мэтээр үзэх ёстой. Үхэл ба мөнх-бусыг ухаарснаар бид энэ амьдралаас шунан зуурах сэтгэлээ багасган, үлдсэн амьдралаа юунд зориулж хэрхэн өнгөрүүлэх вэ гэдэг илүү бодит замыг эрж эхлэх болно. Хамгийн чухал нь гэхдээ үхэл бидэнд амьдралын богинохныг болон алдах цаг хором ганц ч байхгүй шүү гэдгийг сануулж байдаг. Тийм шалтгааны улмаас бидний зорилго сэтгэлд гал өдөөж урагш түлхэх, тулгарах бэрхшээлүүдийг даван гарах хүч чадлыг бидэнд өгөх үхлийг цаг үргэлж санаж явах хэрэгтэй.

МӨНХ-БУС БАЙДЛЫН БҮДҮҮН БА НАРИЙН ХЭЛБЭРҮҮД

Бидний гадаад мөн чанар бол мөнх-бус байдал буюу хором хоромдоо зогсолтгүй өөрчлөгдөж байдаг чанар билээ. Энэ яагаад ийм байдаг гэвэл энэ түвшинд бидний мэдэрч байгаа бүхэн *нөхцөлдсөн үзэгдлүүд* учраас ажээ. Шалтгаан ба нөхцөлүүд нэгдсэнээс хамааралтайгаар ургаж байгаа гэдэг билээ.

1. **Бүдүүн хэлбэрийн мөнх-бус байдал:** Маш илэрхий түвшиндээ бид үзэгдэл хэрхэн ургаж, тэндээ саатан оршиж дараа нь үгүй болж байдгийг харж

байдаг. Жишээ нь, бид төрнө, тэгээд өтөлнө эцэст нь үхнэ. Үүнтэй адилаар үр нахиална, том мод болон ургана, жимслэнэ, эцэст нь үхэж үмхрэн газартаа шингэнэ. Энэ үйл явц тодорхой үргэлжилсэн цаг хугацааны туршид явагдах ба бид өмнөхтэй харьцуулж харахаасаа наана үүнийг ажигладаггүй явдаг байна. Одоогийн байгаа зургаа багынхаа зурагтай харьцуулаад хар л даа. Энэхүү илэрхий үйл явцыг *бүдүүн хэлбэрийн мөнх-бус байдал* гэнэ.

2. **Нарийн хэлбэрийн мөнх-бус байдал:** Гүнзгий түвшиндээ бид *нарийн хэлбэрийн мөнх-бус байдал* буюу үндсэн механизм илүү илэрхий өөрчлөлтөнд орохыг хэлнэ. Энэ өөрчлөлт хоромхон зуурт болж өнгөрдөггүй бөгөөд залуухан байснаа гэнэт хөгширч орхидоггүйтэй адил билээ. Маш жижиг өөрчлөлт бичил хором тутамд тасралтгүй урсах байдлаар явагдана. Хором бүр ургахдаа өөрийн зогсолтын шалтгааныг тээж ирдэг. Учир нь хором өөрөө хормын төдийд л орших болохоор өөрийн оронд дараагийн хором ургах боломжийг бий болгодог байна. Тэр шинэ хором нь гэхдээ арай жаахан өөр бүлэг нөхцөлүүдээр үүсгэгдэн маш нарийн төрлийн үр дүнт үзэгдлийг ургахад хөтөлдөг байна.

Энгийн нүдэнд бол бүх юм хэвээрээ л байх мэт санагдах болно. Харин үнэн хэрэгтээ гүнзгий түвшиндээ бүх зүйл өөрчлөгдсөн байдаг. Цаг хугацаа өнгөрөх тусам жижиг өөрчлөлтүүд хуримтлагдсаар илэрхий ажиглагдам хувирал болсон байдаг. Бид зөвхөн илэрхий өөрчлөлтийг л хүлээн авах бололцоотой учраас юмс үзэгдэл цаг хугацааны явцад өөрчлөгдөж дээ л гэж боддог байна. Бид тэдгээрийг хормын өмнө байсантайгаа "ижил" байна гэж боддог нь мөнх гэсэн шинж тэмдэг болон мэдрэгдэж байгаа бөгөөд бидний төөрөгдөл чухам энэ билээ. Бид бодолдоо тэдгээр үзэгдлийг өөрчлөлтийн ижил үргэлжлэл гэж нэрлэж болох хэдий ч өмнөх хормоос энэ хоромд юу ч үлдэж хоцордоггүй, тэд хоорондоо маш адилхан байж л болох харин хэзээ ч ижил байна гэж үгүй ажгуу.

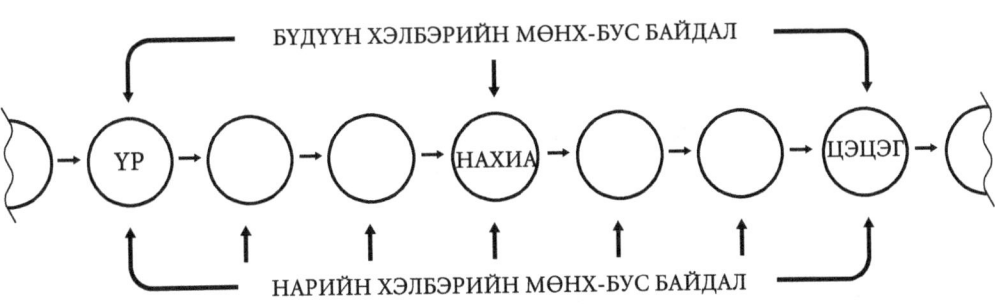

Зураг 9-1: Цаг хугацааны явцад бүдүүн ба нарийн хэлбэрийн мөнх-бус байдал

Үүнийг үзүүлэх нэг сайхан жишээ бол голын урсгалыг бодох явдал. Голын ус хэчнээн хурдтай урсаж байгааг бид зөндөө хардаг. Хэрэв тодорхой нэг цэгт харцаа тогтоогоод ажиглах юм бол тэр цэгийг дамжин өнгөрөх ус байнга өөрчлөгдөхийг ажих болно. Гол тэр чигтээ тогтож гацах тийм хором гэж хэзээ ч үгүй. Хэрвээ бид маргааш нь хүрч очоод харах юм бол нөгөө хэсгийн ус түрүү өдрийхөөс огт өөр байхыг ажиглана. Гол тогтмол тасралтгүй урсгалаар урссаар байгаа нь энэ. Бид өөрчлөлтүүдийн цуглуулга бол "гол" гэж нэрлэж болох боловч тэр нэрэнд оногдох тогтсон нэг зүйл үнэндээ үгүй ажгуу. "Нэг голын усанд хоёр ордоггүй" гэж хэлдэг.

Нарийн хэлбэрийн өөрчлөлтийг шинжлэх бясалгалын өндөр түвшинд хүрсэн бясалгагч л ажиглаж чадна. Тогтоох бясалгалын явцад сэтгэл хоромхон зуурт урсан өнгөрөх өөрчлөлтийг өлгөн авч чадахаар тийм хэмжээнд хүрдэг байна. Ийм түвшинд хүрсэн хүн үнэний шинж чанарыг шууд шинжилж чадах бөгөөд үүний дүнд гадаад ертөнцтэй харьцах аргаа маш ихээр өөрчилж чадна. Тийм түвшинд хүрээгүй бидний хувьд бодож тунгаах байдлаар шууд бус шинжлэлд найдахаас өөр замгүй билээ.

БҮДҮҮН ХЭЛБЭРИЙН МӨНХ-БУС БАЙДЛЫН ДОЛООН ТУНГААЛТ

Хэдийгээр бид нарийн биеийн мөнх-бус байдлыг шууд үзэх боломжгүй ч гэлээ бүдүүн хэлбэрийн мөнх-бус байдлыг ойлгож байна гэдэг эд зүйл, холбоо сүлбээ гэх мэтийн хорвоогийн үйлд татагдан зуурах сэтгэлээс салахад маш их тустай билээ. Иймэрхүү зүйлүүд удаан үргэлжлэх аз жаргалд хүргэнэ гэж бодон зуурах нь зовлон хийгээд хангалуун бус байхын эх үндэс болдог. Тиймээс бүдүүн хэлбэрийн мөнх-бусыг сайтар тунгаан бясалгаж бидний амьдралд ямар нөлөө үзүүлж байгааг тусгах нь чухал. Төвөдийн Буддын Нинтиг хэмээн алдартай урсгалын сургаалын дагуу бүдүүн хэлбэрийн мөнх-бус байдлыг тунгаасан долоон зүйл байдгийг бид одоо нэг бүрчлэн тодруулах болно.

1. Гадаад ертөнц дэх хөгжил

Байгал ертөнцийн байнгын хувирлыг харах явдал мөнх-бусыг ойлгоход хамгаас хялбар дөхөмтэй байдаг. Бид бүхий л төрлийн хувирлыг эндээс харж болдог нь дөрвөн улирал солигдох, далайн татлага хийгээд түрэлт, цаг агаарын хэв маягийн өөрчлөлт зэрэг өдөр тутмын үзэгдлээр тодорхойлогдоно. Энэ бүхэн гариг эрхэс, өөр нарны систем дэх гариг эрхэсийн харилцан нөлөөллөөр явагдаж байгаа бөгөөд тэр нь эргээд өөр галактикийн гариг эрхэсийн хөдөлгөөнтэй холбоотойгоор явагддаг байна. Бүх зүйл сансар огторгуйн ийн бужих мэт хөдөлгөөн дунд эцэс төгсгөлгүй өөрчлөгдөн хувирч байх ажгуу.

Энэ өргөн ертөнц тэгвэл хэрхэн хэлбэрээ олсон байхав? Хэнээс ингэж асууж байгаагаас тань хариулт нь шалтгаалах болно. Зарим хүмүүс бүхнийг бүтээгч эзний ивээлээр ертөнц бүтсэн гэх. Зарим хүмүүс юу ч үгүй хоосноос бий болсон гэх. Шинжлэх ухаантнуудаас асуух юм бол өөр өөр бодолтой байх боловч ихэнх нь нэгэн супер нягтрал бүхий матери хүчтэй дэлбэрэн "их тэсрэлт" гэгчийг эхлүүлснээс үүсэлтэй гэж хариулна. Буддын сургаал ёсоор энэ онол буруу биш боловч бүрэн төгс биш хагас дутуу тайлбарласан гэж үздэг ажээ. Тэдний орхисон зүйл нь тэр нэгэн бүхэл матери анх яагаад гарч ирсэн тухай тайлбар юм.

Бие махбод оюун санаа хоёрын хоорондын харилцан нөлөөллөөр Буддын сургаал ертөнцийг хамаг амьтны үйлийн үрийн нийтлэг хандлага огторгуйд хурснаас эхэлсэн гэж тайлбарладаг. Хүн ба адгуус мэтийн ийм бүдүүн амьтад буй гэх биет үндэс үгүй байх үед цэвэр оюуны амьтад болох дүрст болон дүрсгүй тэнгэрийн орны тэнгэрүүд байсан гэж үздэг. Тэдний үйлийн үрээр энерги хуримтлагдан хурдсаж их тэсрэлтэнд хүргэсэн байна.

Сансар огторгуйн үүссэн эхэн үеүдэд янз бүрийн амьтад үзэгдэх болсон нь хамаг амьтны илүүтэй бүдүүн хэлбэрийн төрөл авахын нөхцөлүүдийг бий болгосон гэдэг. Тэгэхээр хамгийн анхны хүмүүс бол тэнгэрийн орны амьтдын үйлийн үрийн боловсролтын санамсаргүй үр дүн байсан ба тэд бидэнтэй төстэй биеийг тээж ирсэн нь ойлгомжтой юм. Гэхдээ тэд одоогийн биднийг бодвол хамаагүй нарийн цэвэр энергээр бүтсэн бие махбодыг эзэмшдэг байжээ.

Тэд бие махбодтой болмогцоо сэтгэлдээ ургасан сэрэлүүдэд хариу урвал үзүүлж эхэлсэн. Тэд биднийг бодвол өмчлөх үзэлд автаагүйн улмаас олдсон болгоноо нэг нэгэнтэйгээ хуваадаг байснаас гадна зөвхөн нэг нэг рүүгээ харах нь л секс хийсний дайтай бүрэн таашаал өгөхөд хангалттай байдаг байжээ. Цаг хугацааны туршид гэвч шунал тачаал улам бүр өсөн нэмэгдсэнээс үнэн байдал илүү бүдүүн цул хэлбэрт шилжих болсон гэдэг. Цааш үргэлжлээд тэд таашаал хүртэхийн тулд илүү зүтгэл гаргах шаардлагатай болж урьд зөвхөн харах хангалттай байсан бол одоо инээмсэглэх хэрэгтэй болж улмаар бие махбодоор хавьтах хэрэгцээ гарч ирсэн байна.

Шунал хүсэл өсөхийн хэрээр тэдний оршихуй илүү бодит цул бүдүүн болсоор байв. Одод хэлбэржиж эхлэн тойрог замын гаригууд үүсч ирэв. Тэдний бүтэц цулжих тусмаа илүүтэй салангид бие даасан мэт мэдрэгдэх болсон ба хүмүүсийн хувьд өөр өөр объектод хандах өмчлөх сэтгэлийг төрүүлэх болоод тэдгээр эд зүйлсийг эзэмшихийн төлөөнөө муу нүглийг үйлдэж эхэлсэн. Энэ байдалд үндэслэсэн үл зохилдох байдал нийгмийн дотор урган гарчээ. Хоорондын будлианаас зайлсхийхийн тулд тэдэнд нийтийг хамарсан хууль дүрэм гаргах хэрэгтэй болж нэгнийгээ удирдагчаар сонгон түүндээ захирагдах болсон байна. Хууль зөрчсөн хүмүүс шийтгэл хүлээх журам эндээс гарчээ.

Зарим төрлийн сэтгэлийн түйтгэрүүд илүү хүчтэй болж ирснээс өөр төрлийн амьтад хэлбэржиж эхэлсэн байна. Эхэндээ цөөхөн хэдэн амьтан байсан боловч удалгүй энэ нь ихэссэн бөгөөд тэд цөм мунхаг сэтгэл, хорсол хилэн, шунал сэтгэлээр дүүрэн байсан гэнэ. Ийм сэтгэлийн төлвүүд тэднийг бирд, тамын төрөл аван төрөхөд хүргэснээр зургаан зүйл амьтад үүссэн ажгуу.

Хүний сэтгэл машид ихээр доройтох болсны улмаас амьтантай дэндүү адилхан хэлбэрийг олж автлаа тийм бүдүүн хэмжээнд хүрсэн байдаг. Хүний хөгжил гэдэг хүний үйлийн үрийн мянга мянган жил дамжсан боловсролт байдаг. Нэн эртний өвөг дээдсээн бодвол гадаад төрх байдлаараа бид хамаагүй илүүтэй хөгжсөн мэт харагдавч тэдний сэтгэлийн ариун чанартай харьцуулах юм бол өмнөх хэлбэрийн оршихуйгаа ноцтой хэмжээгээр дорийтуулсан нь харамсалтай.

Хөгжлийн энэ үйл явц уруудалтын үеийг төлөөлдөг. Огторгуйн эргэлтийн үүднээс авч үзэх юм бол энэ нь нэг л хэсэг үүсгэл ба усталтын үргэлжилсэн үйл явц билээ. Одоогийн энэ ертөнц илүү цаашаа дорийтсоор байх юм бол хэлбэрээ алдан задарч эхлэхэд хүрэх бөгөөд олон амьтад бясалгалд гүнзгий уусан ордог болох үед тэд дүрст болон дүрсгүй тэнгэрийн орноо төрөл авах болж, харин муу үйлийн үрийг хэтэртлээ хуримтлуулсан бусдын хувьд өөр нарны системийн гаригт төрөл аван нэг үгээр хэлбэл энэ нэгэн бодит ертөнцийг хоосролд оруулах үр дагаварт хүргэнэ. Нийтлэг үйлийн үрийн дэмжлэггүйгээр энэ дэлхийн атмосфер нуран унаж, нар тэлэн томорсноор хорвоо ертөнц тэр чигээрээ дүрэлзсэн галд автан галав юүлнэ.

Энэхүү нарны томролтын эхний давалгаа жимс боловсруулдаг бүх моднуудыг ой ширэнгэний хамтаар шатааж дуусгана. Дараагийн давалгаагаар урсгал ус горхи, тогтмол нуур зэрэг хатаж гурав ба дөрөвдүгээр давалгаагаар их гол нуурууд ширгэн ууршина. Тавдугаар үе шатанд ихэнх том далайнууд өөр өөр хэмжээгээр ширгэж үлдсэн ус нь хөлийн мөрийг ч дүүргэхээргүй болтлоо агшина. Харин зургаадугаар давалгааны үед нарны дэлбэрэлт явагдаж бүх дэлхий цасан мөст уулсынхаа хамтаар дүрэлзэн шатах болно. Долоо дахь томролтын үеэр энэ дэлхий дээрх хамгийн нарийн охь шим ч хүртэл бодит ертөнц байсан гэх эцсийн ул мөрийн хамтаар дөлөнд уусан алга болно.

Бодит бүдүүн ертөнц мөхөхөд галын энерги илүү нарийн хэлбэрийн амьтдыг залгин үүний дотор: эхлээд бирд, дараа нь тамын амьтад эцэст нь зарим хэлбэрийн тэнгэрийн орон устана. Энэ шатанд үлдэх амьтан гэвэл хүсэлт ертөнцийг хувиргаж чадсан нэгэн, дүрст болон дүрсгүй тэнгэрийн орны авралд багтсан тийм бодгалууд байх болой.

Дүрст тэнгэрийн орны мөхлийн шалтгаан нь тэдний сэтгэлийн нарийн төлөвтөө байх чадваргүй болон задлан шинжлэх чадвар дутагдах явдлаас болох бөгөөд дүрст тэнгэрийн орны эхний түвшин хүртэл үүнд багтах ажээ. Энэ сэтгэлийн төлөв гал-адил энергитэй байдгаараа онцлог боловч нарны долоон томролтын сөнөөгч галанд харин ч илүү мэдрэмтгий байх болно. Хоёр дахь түвшний дүрст тэнгэрийн оронд үүлэн шуурга хэлбэржин хүчит их бороо орох үед бүх зүйл хоёрдугаар шатны дүрст тэнгэрүүдийн хамтаар давс усанд уусах мэт задарна. Энэ нь мөн л адил хоёрдугаар дүрст тэнгэрийн амьтдын сэтгэлийн нарийн төлөвт саатан орших чадваргүйгээс болон хорвоогийн жаргал цэнгэлээс татгалзах тэнхээгүй байснаас болдог байна. Энэ сэтгэлийн төлвийхөн ус-адил энергитэй байдаг ч усанд автан мөхөхөөс энэ нь тэднийг аварч чаддаггүй ажгуу.

Усны долоон сөнөөлтийн дараагаар бүхнийг хамарсан их хар салхи ертөнцийн сууринаас урган босоход салхинд туугдах тоосны адилаар гуравдугаар дүрст тэнгэрийн орны тэнгэрүүд бүрмөсөн хийсэн арилна. Энэ нь тэдний бясалгалын тогтворжилтондоо сэтгэлийн нарийн төлөвт орших чадваргүйгээс болон гуравдугаар дүрст тэнгэрийн орны амьтдын тэгш сэтгэлийг баримтлан орших чадвар дутагдсанаас болдог ажээ. Сэтгэлийн энэ түвшний төлөв хий-мэт энергитэй байх шинж чанартай болохоор их салхинд харин ч мэдрэмтгийгээр өртөн сөнөнө.

Энэ үйл явцын төгсгөлд үлдэх юм гэвэл хоосон огторгуй болон дүрсгүй тэнгэрийн орны амьтад билээ. Тэд сэтгэлийн хэтэрхий нарийн төлөвт үйлийн үрээ барагдаж дуустал орших тавилантай бөгөөд түүний дараагаар энэ бүхэн дахиад шинээр эхнээсээ эхэлнэ. Ийм замаар хамаг амьтан хувь хүнийхээ хувьд ч нийтийн хэмжээндээ ч байнга хувиран өөрчлөгдөж байдаг бөлгөө.

Дасгал 9.1 – Гадаад орчны мөнх-бус байдал

- *Тохиромжтой байрлал эзлээд амьсгалдаа төвлөрөх бясалгалаар сэтгэлээ тайван байдалд оруулна.*

- *Байгал орчноо эргэцүүлэн харагтун. Өнгөрсөн жилээс хойш юу өөрчлөгдсөнийг танихыг хичээ. Жишээ нь, өөр өөр улирлыг илэрхийлдэг шинжүүдийг сана. Энэ шинжүүд дэлхий даяар адилхан явагддаг уу эсвэл өөрөөр мэдрэгддэг үү? Улирал яагаад өөрчлөгддөг вэ? Энэ төрлийн мэдрэмжийн бодит хийгээд үйлийн үрийн шалтгаануудыг аль алийг бодож ол.*

- *Одоо дэлхий дээр ямар төрлийн газар зүйн байрлал хэв маяг байдгийг сана. Тэнд амьдардаг өөр өөр амьтан өөр амьдралын хэлбэрт хэрхэн тусалж дэмжиэгийг бод. Орчин ба хүний хоорондын харьцааг, бие биедээ хэрхэн нөлөөтэйг бод. Амьтан орчиндоо зохилдож байхад түүний үр дүнд юу гарах вэ? Мөн түүнчлэн амьтан орчиндоо зохицолдохгүй байвал юу болох вэ?*

- *Одоо үзлээ өргөжүүлэн бидний орчны чухам аль тал ойр орчмынхоо бие махбодоос нөлөөтэй оршидог замуудыг бод. Жишээ нь, Сар Дэлхийд ямар нөлөөтэй? Энэ нөлөөг бид ямар шинжээр таньдаг вэ? Жилийн турш Нар хэрхэн өөрчлөгддөгийг бод. Одны хөдөлгөөн манай дэлхийд ямар нөлөөтэй вэ?*

- *Энэ дэлхийг хөгжил өөрчлөлтөнд хүргэж байдаг шалтгаан хийгээд нөхцөлүүдийн хоорондын уялдаа холбоог сана. Байгалиасаа мөнх-бус чанартайг нь таньж тэр ухамсартаа саатаад амар.*

2. Хорвоогийн амьтны мөнх-бус байдал

Дээдийн диваажин Агнэстын орноос доод тамын ёроолд хүртэл аль ч амьтан үхлээс мултрахгүй. *Тайтгарлын захидал*-д өгүүлснээр:

Дэлхий хийгээд диваажингуудад
Үхэхгүй амьтан бий гэж үү?
Ийм юм боллоо гэж дуулж байсан уу?
Ингэж болно гэж төсөөлж бас үзсэн үү?

Бүхий л төрөл зүйлийн амьтад төрчөөд үхээгүй байх тохиолдол нэгээхэн ч үгүй ажээ. Үхэл бол гарцаагүй ирэх бөгөөд бидний амьдарч буй цаг үе хэзээ үхэл ирэх нь үл мэдэгдэх тийм цаг үе билээ. Бид аль өдөр, хэдэн цагт, ямар маягаар нөгчихөө мэдэхгүй ба үхээд хаана очихоо ч мөн мэдэхгүй. Үхэл бидний амьсгал авах амьсгал гаргах хоёрын хоорондл явагдах бөгөөд энэ нь хэзээ ч байж мэднэ. *Зориуд хэлэх үгсийн цуглуулга*-нд өгүүлэхдээ:

Маргааш хүртэл амьд байна гэдэгтээ хэн итгэлтэй байх билээ?
Одоо энэ мөчид ч түүнд бэлэн байх хэрэгтэй.
Эрлэгийн Эзний элч нар
Чиний найз нөхөд гэж үү?
Нагаржуна мөн хэлэхдээ:
Мянган өвчний салхинд амьдрал унтрах нь
Урсгал усны хөөснөөс ч хэврэгхэн буюу,
Унтахад авах ба гаргах амьсгал болгонд \үхэл бий
Тэгээд амьд сэрдэг юутай гайхалтай!

Нэг өдөр бид үхнэ гэдгээ мэдэх хэрнээ ерөнхийдөө бид энэ талаар ярьдаг ч үгүй тусган тунгаадаг ч үгүй. Бид байнга өөрсдийн ирээдүйн төлөөнөө санаа тавин мөнх амьдрах юм шиг л аашилна. Жаргалтай амьдралд хүрэх гэж бид үхэл гэнэт нүүрлэх хүртэл эцэж цуцталаа ажилладаг. Энэ цагт бидэнд туслах юм юу ч үгүй – эрх мэдэл, эд хөрөнгө, эрдэм мэдлэг, эрүүл мэнд, гоо үзэсгэлэн аль нь тус үгүй. Үйлийн үрийн амьд байх хүчний хугацаа дуусахад дэлхийн хамгийн хүчирхэг арми ч биднийг хамгаалж чадахгүй, эрүүл мэндийн Бурхан хийгээд өөр бусад мянган бурхад биеэрээ морилж ирээд ч үхлийг хойшлуулж чадахгүй билээ. Үхэл ирэхийн цагт бидний арьс гандаж, нүд гөлийж, толгой ба мөчнүүд сулбайж үйлийн үрийн бүрэн захиргаан дор бид нааш цааш шидэгдэн байж дараагийн төрлийг авахаар явна.

3. Аугаа жолоодогчийн мөнх-бус байдал

Зарим тэнгэр, раш нар эрин галав дамжихаар удаан амьдардаг боловч хэзээ нэгэн цагт үхлийг мөн үзнэ. Амьтныг захирагч Брахма, Индра, Вишну, Ишвара хийгээд бусад аугаа тэнгэрүүд үйлийн үрээс ангижраагүй тул үхэх тавилантай. Түүхийн явцад Жулиус Цезарь, Аугаа Александр, Чингис Хаан, Наполеон гээд олон хүчирхэг жанжин болон хаадууд, нөлөө бүхий удирдагчид төрсөн бөгөөд тэд аугаа хэргийг бүтээж алдар хүнд гавьяа шагналын дээдийг хүртэж явсан ч бусдын адил үхэлд сөхөрсөн, ингэхдээ хорвоогийн жаргал цэнгэл, сүр хүчнээсээ өчүүхнийг ч авч явж чадаагүй юм.

Төвөдийн түүх бол мөнх-бусын төгс жишээ болно. Төвөд өнгөрсөн мянга мянган жилийн туршид өнгө дэвшилээр дүүрэн амьдралыг тээж яван ялангуяа аугаа Бодьсадвын хувилгаан Нятри Цэнпогийн үеэс цэцэглэж явсан түүхтэй. Нийт дөчин-дөрвөн хааны хаанчлалыг үзэн өнгөрүүлж, олон хаант улсууд олон хууль цааз зэрэгцэн оршдог үе байсан. Хятад, Монгол, зарим хэсэг нь Энэтхэг, Бурма гэх зэрэг улсуудын мэдэлд байсан үе бий гэвч бултах аргагүй өөрчлөлт хувирлын үнэн нүүрээр одоо тэр цог жавхаат үе ард хоцорч дурсамж болон үлдсэн билээ. Төвөдийн ард түмэн одоогийн байдлаар улс төрийн эрх мэдлээ алдаад, тэр бүү хэл соёлын танигдах байдлаа ч алдахад хүрээд байна. Төвөдийн урьдын сүр жавхлан ардын сэтгэлд зүүдэлсэн мэт санагдан байдал огт эсрэгээр эргээд байгаа билээ. Дэлхийн түүхэнд иймэрхүү явдал тоогүй олон удаа давтагдсаар байгаа билээ.

Ийм зүйлүүдийг сайтар тунгаан бодох нь өөрчлөгдөшгүй мөнх гэж бодон зуурахын утгагүйг ойлгоход тустай. Эд материал, холбоо сүлбээ, албан тушаал зэрэг орчлонгийн юмст татагдан зуурах шунал арвин байх тусмаа бидний амсах зовлон алдах хохирол илүү их байх болно.

4. Гэгээрсэн бодгалиудын мөнх-бус байдал

Орчлон хорвоо дахь сүсэг бишрэлийн ертөнцийн аугаа бодгалууд болох Есүс Христ, Авраам, Мухамед болон Кришна нараас үлдсэн юм гэвэл тэдний түүх намтар юм. Энэ эрин галавт дөрвөн Будда хэдийнэ заларсан ба тэд цөм сансрын хүрднээс ангижирсан Шарвага, Архадуудын олон олон шавийг төрүүлсэн билээ. Одоо бидэнд үлдсэн зүйл гэвэл хамгийн сүүлчийн Будда – Шагжаамуни Бурхан Багшийн л сургаалууд байна.

Энэтхэгт Шагжаамүни Бурханы үгс таван-зуун Архадаар биеллээ олсон тэр цагаас хойш *Номын Хоёр Дээдэс \Нагаржуна, Асанга\, Зургаан Чимэг, Наян-нэгэн Шидтэн \Махасиддха* гэх мэтийн тоогүй олон аугаа бясалгагч эрдэмтэд төрөн гарчээ. Тэд бүхий л махбодууд хийгээд байж болох бүх замуудыг төгөлдөржүүлэн эзэмшиж хүрч болох бүхий л увдис шид, хүч чадварыг туйлд нь хүргэсэн ажгуу. Гэвч одоо бидэнд тэдний хэрхэн амьдарч явсан түүх үлгэр домог болон үлдсэнээс өөр зүйл алга. Төвөдөд л гэхэд Бадмасамбава, Шидтэн Банчэн Даваа Гомбо гэх мэт гэгээрлийн увдис шидийг төгс эзэмшсэн ер бусын шидтэнгүүд олон төрсөн. Төвөдийн Буддын шашны бүхий л урсгалууд цэцэглэн хөгжиж хамаг амьтныг чөлөөнд хүргэх чадалтай Цагийн хүрдний ёс тэнд төгс боловсорсон билээ.

Дэлхий даяар гэгээрсэн бодгалууд хаа сайгүй төрсөн боловч тэд цөм мөнх-бусыг нотлон харуулж одохыг сонгосны тул бидэнд өнөөдөр тэдний хүрсэн өндөрлөг, туулсан замналын талаарх түүхнээс өөр юм үлдсэнгүй.

Тэдгээр олон гайхамшигт бодгалиуд үлгэр домог үлдээгээд одсон атал үйлийн үрийн салхинд хийсэн яваа бидэн шигүүд хэрхэн чөлөөнд хүрэх найдвар өвөрлөх билээ? Үүнийг санаандаа тусган авч өөрийн мөнх-бус шинжийг дахин бодож итгэвэл зохино.

Дасгал 9.2 – Хамаг амьтны мөнх-бус байдал

- *Тохиромжтой байрлал эзлээд амьсгалдаа төвлөрөх бясалгалаар сэтгэлээ тайван байдалд оруулна.*

- *Таны амьдралд насан өөд болсон хүн болгоныг эргэн сана. Одоо таны мэдэхгүй нөгцсөн хүмүүсийг бодож үз. Өдөрт хэчнээн хүн нас бардгийг зүгээр таамаглах гэж оролд.*

- *Одоо бодлоо өргөжүүлэн бүх амьтныг хамруулахыг бод. Байгалийн жамаар болон осол эсвэл бусдад алагдах замаар хэчнээн амьтан өдөрт үхэж байгаа бол?*

- *Түүхийг эргүүлэн тунгааж хамгийн алдартай хүмүүсийн өнгөрч талийсныг бод. Тэд одоо хаа байна? Үхлээс мултарсан хүн таны мэдэхээр байна уу? Улс төрийн их эрх мэдэл атгагчид болон хөрөнгө чинээ хязгааргүй их хүмүүс үхлийг зайлуулж чадсан билүү?*

- *Дэлхийд амьдарч байсан гүн ухаантнууд цэцэн мэргэдийг сана. Тэдгээрээс одоо юу үлдэж хоцорсон байна? Тэдний араас төрсөн мэргэдийг сана. Тэдний хэн нэгэн аврагдаж үлдсэн билүү?*

- *Хамаг амьтны нэгэн цагт үхэх тавилантайг таньж тэрхүү ухамсартаа саатан амар.*

5. Мөнх-бусыг үзүүлэхийн өөр бусад жишээнүүд

Дөрвөн улирал солигдохоос эхлээд төрийн удирдагч нарын дэвшин сонгогдох, татан буулгагдах хүртэл цөм мөнх-бусын жишээнүүд юм. Хөгшрөлт ч мөн үүнийг байнга мэдрүүлж байдаг. Зуун жилийн өмнөх бидний эцэг өвгөд гэр бүл ажил төрлөө гүйцэтгэн явсан, тэд одоо хаа байна? Хүн бидний холбоо харилцаа ч мөн өөрчлөгдөх боломцоотой эд. Хайр дурлал учирна, хагацана. Хуучин найзууд холдон одно, шинэ нөхөд залган ирнэ. Аз жаргалтай гэр бүл зохиогоод мөнхөд хамтдаа сайхан амьдарна гэж бодогдовч хэн нэгэн нь насан өөд болох үед хорвоогийн мөнх-бусыг дахиад л амсах болно. Тиймээс юу ч баталгаатай биш ээ.

Одоо бидний үеийн алдартай хүмүүсээс зуун жилийн дараа хэн үлдэж хоцрох бол? Тэдэнд бүх юм хангалттай байх шиг санагдана. Бусад хүмүүс тэдэн шиг амьдрах, тэдэнд байгаа юмыг эзэмшихсэн гэж бодон мөрөөдөх хэдий ч зуун жил болох уу, үгүй юу тэд цөм талийж одоод хаачсан нь үл мэдэгдэнэ. Магадгүй үйлдсэн муу үйлийнхээ эрхээр тамын орноор хэсэн явах ч болох эсвэл гайгүй орчлонгийн амжилтаараа олигтой буяны үрийг боловсруулан баян хүний гэрийн гадаах модонд үүрээ засах боломжтой шувуу болон жиргэх ч магад.

Хорвоогийн мөнх-бусыг илүү өргөн хүрээгээр гүнзгийрүүлэн ойлгохын тулд нэгэн мянганы туршид амьдрал өгсөх уруудах, гандах цэцэглэхийг ажиглан тунгаахад л хангалттай. Эрт дээр цагт энэ галвын эхэн үед, Буддын сургаалын дагуу авч үзвэл, хүн гэдэг амьтад өөрсдийн биеэс ялгарах гэрлээр гэрлийн хэрэгцээгээ бүрэн хангаж байсан гэдэг. Нар ба сар мэтийн гадаад хүчин зүйл тэдгээр амьтныг дулаацуулахад хэрэгтэй байгаагүй гэдэг. Тэд өөрсдийн зоргоор цаг хугацаа орон зайн хүрээнд аялан явах боломцоотой бөгөөд одоогийн байгаа бидний дундаж өндөртэй харьцуулахад ойролцоогоор зургаа дахин өндөр байсан гэлцдэг.

Тэдгээр бодгалиуд орчин ахуйдаа амгалан зохицлыг мандуулан диваажин мэт тансаглал дунд тэнгэрийн жаргалд умбадаг байжээ. Мөнх-бус байдлын хуулиар үл зохицол тэдгээр хүмүүсийн сэтгэлд ёзоорлон байршиж буруу шүүмжлэл, сөрөг сэтгэлийн хөдөлгөөн гаргахын золионд өөрсдөө унахад хүрсэнээр өнөөдрийн хүн төрөлхтний хэмжээнд хүртлээ доройтон буурсан байна.

Энэхүү Бурханы Номын доройтлын үе цаашаа ч үргэлжлэн хэдэн зуун жилийн дараагаар Дарма энэ ертөнцөд арчигдан алга болох үед хүмүүс дайны хөлд үрэгдэн халдварт өвчнөөр үй олноороо үхэцгээнэ. Тэр үеийн хүн тохойн чинээ биетэй \3 футын өндөртэй\ арав хүрэхгүй настай болох ажээ. Майдар Бурханы хувилгаан тэр цагт үзэгдэн ирж үрэгдэлгүй тэсэж үлдсэн хүмүүст гэгээрлийн замд саадтай буруу зан байдлаасаа салах замыг зааж хөтөлнө хэмээн ярилцдаг. Майдар Бурханы адислал зааварчилгааны хүчээр хүмүүс сэхээрэлд хүрэн дээшилж эхлэх болно. Тэд дахиад амьдрал арав байсан бол хорин жил үргэлжилдэг улмаар дээшилсээр наян мянган жил амьдардаг болох хүртлээ өсөж хөгжих ажээ. Майдар Эзэн тэр цагт биеэр морилон ирж Бурхан Багшийн дүрээр үзэгдэн Номын Хүрдийг эргүүлэх болно.

Ийнхүү өгсөх доройтохын эргэлт арван-найм давтсаны дараагаар Хэмжээлшгүй Ерөөлт Бурхан бидэнд ирж үзэгдээд энэхүү Сайн Цагийн Мянган Бурхад цөм нэгдэх хүртэл амьдрах болно. Эцэст нь энэ сайн эрин ч мөн төгсөх тавилантай болохоор мөнх-бусаас юу ч үл гэтлэх болой.

6. Үхэл

Дээрх жишээнүүд бидэнд амьдралынхаа бүхий л талуудын мөнх-бус байдлыг ойлгох ойлголтоо хөгжүүлэхэд тусалдаг билээ. Гэвч харамсалтай нь зарим хүмүүс ямар нэгэн байдлаар энэ журмаас ангид гэж өөрсдийгөө бодоцгоодог. Өглөө сэрээд тэр өдөртөө мэнд эргэж ирнэ л гэж боддог. Алс ирээдүйн төлөвлөгөө зохион сүүлд ашгаа авах цаг ирнэ хэмээн баясана. Өөрийг үхэхгүй гэж бодох энэхүү гүнзгий шигдсэн зуурах сэтгэлийг арилгахын тулд бид өөрсдийн үхлийн үнэн бодитойг тогтмол бодон бясалгах хэрэгтэй.

Үхэл бол гарцаагүй

Амьдралд үхлээс өөр гарцаагүй, баталгаатай зүйл гэж үгүй. Амьтай ч бай, амьгүй ч бай, ургасан аливаа үзэгдэл болгон устаж алга болохоос зайлахгүй. Энэ ертөнц даяар мөнх юм гэж үнэндээ нэг ч байдаггүй, цөм өөрчлөгдөнө.

Бидний хооллож хувцаслаж, арчилж тордож байгаа энэ энхрий бие маань үхлийн мөчид бүхнээ орхин одох буй. Үхлийн дараа зөвхөн сэтгэл ганцаараа дараагийн үе шатуудаар аялан явах болно. Энэ тохиолдолд бидэнд найз нөхөд холбоо сүлбээ гэж байхгүй. Цорын ганц аврал бол бидний бусдын төлөөнөө амь хайргүй зүтгэсэн болон хар амиа хичээсэн алин болох үйлийн үрийн хуримтлал л болж хоцордог байна. Үйлийн үр бол биднийг хаашаа л явна ямагт дагаж явдаг ганц зүйл юм.

Бидний амьдрал дээш доош чиглэсэн зогсоо чөлөөгүй урсгалаар дүүрэн байх ба нэг ч байдал цаг хугацаанаас хамааралгүй байна гэж үгүй. Бидний хяналтнаас гадуур зүйлс тоогүй олон. Тийм учраас шунан зуурах сэтгэлээ сулруулан хайр энэрэл болон бусад сайн чанаруудыг тордох хэрэгтэй байна. Ингэснээр та аяндаа Номд анхаарлаа чиглүүлэх болно. Хэрвээ бид гэгээрлийн төлөө чин үнэн сэтгэлээр зүтгэнэ гэвэл үхэл мөнх-бусыг бясалган хорвоогийн үйлсэд чиглүүлсэн хүсэл зоригоо биднийг чөлөөлөх замд хөтлөх сургаал хийгээд багшийг шүтэхэд чиглүүлбэл зохистой.

Бидний мөрөн дээгүүр ямагт өнгийн байх үхлийн гарцаагүйд итгэснээр бид олдсон энэ эрдэнэт хүмүний амьдралаа байгаа дээр нь дээдийн зорилгоор ашиглахад хором бүхнээ зориулах хэрэгтэй. Хөгшрөөд ирэхээр бидэнд эрх чөлөөнд хүрэх, түүнийг хүсэн мөрөөдөхөд шаардлагатай эрхтэн үгүй болж ч мэдэх тул залхууран хойш тавилгүй зүтгэх хэрэгтэй. Бүү хойшлуулаарай! Бүх зүйл өөрчлөгдөж мэднэ шүү, тиймээс өөрт хийгээд бусад туйлын тусыг бүтээх замд орох шийдвэрээ хойшлуулснаас үүдэх хойчийн уршгийг тунгаан бодооч гэх байнам. Бурханы Номыг дадуулан үйлдэж өөрийн нандин үнэнээ илчлэн гаргах цаг та бидний өмнө ирээд байна!

Дасгал 9.3 – Юу ч мөнх биш

- *Тохиромжтой байрлал эзлээд амьсгалдаа төвлөрөх бясалгалаар сэтгэлээ тайван байдалд оруулна.*

- *Цагийг ухраан харж амьдралынхаа өөр өөр үеүдэд өөртөө ойрхон байсан хүмүүсийг бодож үз. Тэдний хэд нь одоо хир амьд байна? Найз нөхөд, сэтгэл татагдан дурлаж явсан хүмүүсээ бод. Энэ бүх холбоо харилцаа цагийн уртад хэрхэн өөрчлөгдсөнийг сана.*

- *Одоо амьдралынхаа өөр өөр үеүдэд өөрийгөө ямар хүн байснаа сана. Тэр цагт юу сонирхдог байсан? Дуртай дургүй юмс тань энэ хооронд хэрхэн өөрчлөгдөв? Саяхан юу хийх дуртай байснаа сана , одоо дургүй болчихоод байгаагаа сана. Тэр үед ямар хүн байсан одоо ямар байна, харьцуулахад хэр төстэй байна?*

- *Биедээ гарсан өөрчлөлтийг бод. Өөр өөр цаг үеүдэд өөр харагддаг байснаа, өөрөөр мэдэрдэг байснаа сана. Бие махбодын хувьд хэрхэн өөрчлөгдсөн байна? Одоогийн бие махбод тань урьдынхаас юугаа хадгалж үлдсэн байна?*

- *Та бусад хүмүүсээс юугаараа ялгаатай вэ? Та өөрийгөө үхэхгүй байх нэг сайн шалтгааныг олж чадах уу? Өөрийгөө мөнх биш гэдэгтээ итгэсэн*

бол таны амьдрал эрт орой хэзээ нэгэн цагт дуусна гэдэг энэ итгэлдээ
саатаад амар.

Үхэл ирэх цаг тодорхой биш

Төрсөн даруйд биднийг үхэл мөшгөн дагаж эхэлдэг бөгөөд хором мөч бүхэн биднийг түүнд ойртуулан байдаг. Хэзээ учрах өдөр цагийг болон шалтгааныг нь мэдэх арга огт байхгүй. Энэ орчлонд амьдралыг дэмждэг зүйл даач цөөхөн бөгөөд амь насанд халтай нь дэндүү олон. Аугаа мастер Аръяадэвагийн онцлон тэмдэглэснээр:

Үхлийн шалтгаан тоогүй олон
Амьдын шалтгаан даач цөөхөн
Тэр заримдаа үхэх шалтгаан болон хувирч ч мэднэ.

Үхэлд хүргэх маш их эрсдэл оршин байдаг нь автын осол, цус харвах, түймэр, үер гэх мэт. Бидэнд тустай зарим хоол эм зэрэг нь заримдаа биднийг алах хор болох ч тохиолдол байдаг. Идэж байгаа хоолондоо хахаж болно, эмнээс хордлого өгч болно, амьсгаа боогдож болно. Үүний адилаар нэр хүнд эд хөрөнгөний төлөө хүсэл хүнийг балрахад хүргэх юмуу эсвэл олон хүний аминд хүрсэн дайн ч болон хувирах нь бий.

Эдгээр үхлийн шалтгаануудын аль нь бидэнд тусахыг хэзээ ч мэдэхгүй. Зарим нь эхийнхээ умайд өнгөрөхөд зарим нь ядуу тарчиг газарт төрөөд бага жаахан цагтаа эмнэлгийн тусламж авч дөнгөлгүй нөгчинө. Ярьж, хооллож, ажиллаж, аялж яваад гэнэт нас барах хүмүүс байхад урт удаан хугацаагаар зовлон эдэлж өтөлж хөгшрөн удаахнаар одох нь бий. Зарим нь амьдралдаа гутарч шаналахын эрхэнд өөрийн амийг егүүтгэх нь ч бас байдаг. Энэхүү үнэхээрийн мэдэх аргагүй байдлыг бодоод үзэхэд үхэл биднийг гэнэт дайрахгүйн баталгаа алга. Маргааш гэхэд бид амьтны юмуу бирдийн биетэй төрөхийг хэн ч мэдэхгүй. Үхэл урьдчилан харах аргагүй хэзээ ч биднийг ниргэж болох билээ.

Дасгал 9.4 – Өдөр болгоныг сүүлчийн өдрөө гэж бодох

- *Тохиромжтой байрлал эзлээд амьсгалдаа төвлөрөх бясалгалаар сэтгэлээ тайван байдалд оруулна.*

- *Амьдрал болгон ганц л үйлийн үрээр тусгагддаг болохоор бид цөм эцсээ хүртэл амьдрах тавилантай. Эрт орой хэзээ нэгэн цагт бидний амьдралыг тэтгэгч хүч шавхагдаж дуусна. Секунд бүхэнд бид үхэл рүүгээ нэг секундээр ойртож байна гэсэн үг. Өдөр болгон хийдэг төрөл бүрийн үйлдлүүдээ сана. Тэдгээрийг үйлдэж байхдаа үхэл рүү тийм хэмжээгээр дөхлөө гэж бод. Нумнаас харвасан сум мэт төсгөл хурдтай ойртсоор байна. Цаг өршөөлгүйгээр урагшилсаар байгааг мэдэр.*

- *Одоо хүмүүсийн үхдэг олон замыг бод. Амьдрал зогсох хүртэл бие махбод ямар ихээр хохирол үзэх хэрэгтэй бол? Юунаас энэ хохирол үүдсэн байхав? Эргэн тойронд байгаа олон зүйлийн юмсыг ажиглан хэрхэн таны үхлийн шалтгаан болж болохыг тунгаа.*

- *Бид биеэ хамгаалахаар найдаж байдаг зүйлсийг сана. Тэдгээр зүйлс биднийг алж дөнгөхөөр байна уу? Биеийг тэтгэгч хоол хүнс амьсгал бөглөж болноо доо, тэгвэл бид амьсгаа бөгтөрч бие барах болно. Өөр иймэрхүү жишээг бодож ологтун.*

- *Одоо хорин-дөрвөн цагийн дотор би үхэхгүй гэсэн баталгааг өөртөө олохыг хичээгтүн. Ирээдүйд юу болохыг та урьдчилан харж чадах уу? Эргэн тойрны зүйлс таны үхлийн шалтгаан болох боломжтой атал юунд ингэтлээ итгэлтэй байна? Осол аваараар санамсаргүй байгаад нөгцсөн хүмүүсийн талаар бодогтун.*

- *Үхэл гарцаагүй бөгөөд хэзээ ч ирж магадгүй гэдгийг танин хором бүхнийг алдалгүй ашиглахыг хичээ. Энэхүү ухамсартаа сааатаад амар.*

7. Мөнх-бусыг цаг үргэлж таних

Долоо дахь буюу бүдүүн хэлбэрийн мөнх-бус байдлын эцсийн тунгаалт бол цаг мөч бүхэнд, нөхцөл байдал болгонд нэгэн үзүүрт сэтгэлээр үхлийг бодож байх нь ашигтай гэсэн үзэл юм. Орондоо хэвтэж байна уу, ажлаа хийж байна уу, эсвэл найзуудтайгаа кофе уугаад сууж байна уу хэзээ хэзээгүй үхэж магадгүй гэсэн бодлоос хэзээ ч салж болохгүй. Үхлийг байнга таньж байхын тулд Гаадамбын Гэвш нарын адил цаг үргэлж ухамсарлаж байх хэрэгтэй бөгөөд тэд шөнөдөө гал түлсэн ул мөрөө бүрэн арилгаж аягаа хөмрөн тавьдаг байсан нь маргааш гал асаах юмуу хоол идэх хэрэгцээ гарахгүй байж магад гэснийх ажээ.

Үхэл хэзээ ирэх нь мэдэгдэхгүй байгаа учраас яаралтай Номыг дадуулан үйлдэж эхлэх шаардлага гараад байгаа юм. Энэ нь биднийг хорвоогийн үйлээс аль болохоор сэтгэлээ холдуулан үхэл мөнх-бусыг бясалган хором болгоны эрхэм нандин гэдгийг ухаарч явахад шавдуулж байна.

Мөнх-бусын тухай бодолдоо зоригжин учирсан тохиол болгоныг баяр талархал, ариунаар үзэх үзэл, доромжлол гутамшгийг тэвчин дараа төлөв байдлаар тусган авахыг хичээх ёстой. Ингэснээр бид гүнзгий төвлөрөл, сэтгэл бясалгалаа нэмэгдүүлэн, унтаж байх үедээ хүртэл мунхагаас үүдэлтэй хар дарсан зүүдийг хөөн зайлуулж, үхлийг ухамсарлан байх чадварыг хөгжүүлж чадна.

Хайртай хүмүүс, найз нөхөд , ахан дүүс тань цөм мөнх-биш гэдгийг санан ганцаараа байснаар чөлөөлөлтөнд хүрэх хүслээ бадраана. Нэр төр эрх мэдэл мөнх-бишийг санан үргэлж доод тушаалыг эзлэн амьдар. Үг яриа мөнх-бишийг санан залбирал тарни уншиж бишрэлээ төрүүл. Санаа бодол бүхэн мөнх-бишийн адилаар чөлөөлөлтөнд хүрэх итгэл тэмүүлэл ч мөнх-бусын тул сайн шинжүүдийг байнга хөгжүүлэн тангараг сахилаа ариунаар сахигтун.

Заримдаа хүмүүс өөрсдийн бясалгалын туршлагадаа бахархан баясах хэдий ч тэр ч мөн мөнх-бус билээ. Туйлын үнэнд бүхнийг уусгахын төлөөнөө хичээл зүтгэлээр бясалгасугай. Үхэх ба төрөхийн эргэлт зогсох тэр үед бид жинхэнэ ёсоор үхэлдээ бэлтгэх хэрэгтэй болно. Үнэн хэрэгтээ бид үхлийг чөлөөлөлтөнд хүрэх сайхан боломж гэж хүлээн авах ёстой. Нэгэн үзүүрт сэтгэлээр үхэл мөнх-бусыг бясалгаснаар энэ шатанд хүрч очих тэр л цагт үхлийн аюул арилах боломжтой.

Төвөдийн мэргэн Мял Богдын дуулснаар:

Үхлээс айж би ууланд гарав
Нөгчих цаг хэзээ ирэхийг үл мэдэх тул хичээн бясалгав
Тэгээд үхэл үгүй хувирал үгүй сэтгэлийн мөн чанарыг илрүүлэв
Үхлээс айх аюулын цаана ийнхүү гарав гэжээ.

Бурханы Номыг дагагчдын хувьд бясалгалын бүхий л сэдвүүд дотроос үхэл мөнх-бусыг бясалгах явдал амин чухалд тооцогддог.

Бурхан Багшийн хэлснээр:

Мөнх-бусыг цуцалтгүй бясалгах нь бүх бурхадад тахил өргөхтэй тэнцэнэ
Мөнх-бусыг цуцалтгүй бясалгах нь бүх бурхадын авралыг олохтой тэнцэнэ
Мөнх-бусыг цуцалтгүй бясалгах нь бүх бурхадаар газарчуулахтай тэнцэнэ
Мөнх-бусыг цуцалтгүй бясалгах нь хамаг бурхадын адистидыг хүртсэнтэй
тэнцэх болой гэсэн байна.

Сүсэг бишрэлийн шат болгонд энэ тунгаалтын чухал болохыг Бадампа Санжэ тайлбарлахдаа:

Эхлээд, мөнх-бус таныг Бурханы Номд итгэхэд хүргэж,
Дараа нь, таныг хичээл зүтгэлээр гуядаж,
Эцэст нь, гэрэлт Номын лагшинд таныг хүргэмүй гэсэн байдаг.

Мөнх-бус байдлыг гүнзгий тунгаан бодож зүрхэндээ ойрхон тусгаж явснаар энэ насны амьдралдаа ч бид ихийг олж болох билээ. Түүнчлэн бүхий л юмс үзэгдлийн мөнх-бус чанартайд чин сэтгэлээс итгээгүйгээр Номын утгаанд нэвтэрч үнэндээ чадахгүй бөгөөд үхлийг төвлөрөн бясалгах нь Дармаг дадуулан үйлдэх замын хаалгыг онгойлгож өгөх билээ.

Төвөдийн Цан аймгийн Жомо Хараг ууланд бясалгалд суухаар явсан Хараг Гомчун гэдэг гэвш ламын жишээ байдаг нь:

Түүний суух агуйн орцон дээр хувцас дэгээдэх өргөстэй бут байхыг хараад Гэвш Гомчун тайрч хаядаг юм билүү гэж эхэндээ боджээ. Тэрбээр, "Би агуйн дотор үхэж мэднэ. Амьд гарч ирнэ гэдгээ баттай хэлж чадахгүй билээ. Үүнийг анхаарснаас бясалгалдаа анхаарвал дээр" хэмээн бодсон аж. Түүнийг агуйгаас гарч ирэхэд нөгөө өргөс дахиад төвөг удав. Гэвч энэ удаад тэр мөн, "Би дахиад дотогш орохгүй ч байж мэднэ" гэж бодоод болив. Ийм янзаар олон жил өнгөрсөөр тэр эцэст нь бясалгалаа төгөлдөржүүлж чадсан байна. Түүнийг сүүлчийн удаа агуйгаас гарахад өргөст бут мөн л тайрагдалгүй бүтнээр хоцорсон гэдэг.

Дасгал 9.5 – Цүнхээ Баглах нь

- *Тохиромжтой байрлал эзлээд амьсгалдаа төвлөрөх бясалгалаар сэтгэлээ тайван байдалд оруулна.*

- *Өөрийгөө үхлийн ирмэгт тулаад хэвтэж байна гэж бод. Амьдралын эцсийн мөчид өөрийгөө бэлтгэн байхдаа үнэний энэ хувирлыг бодон тунгаа. Эд хөрөнгөө яах билээ гэж өөрөөсөө асууснаар эхэл. Тэднээсээ заримыг нь авч явж чадах уу? Үхсэний дараа тэдгээрээс ямар ашиг олох билээ? Эдгээр зүйлд татагдах шуналт сэтгэл тань дараа төрөлд ямар гай тарихыг бод.*

- *Одоо холбоо харилцаагаа юу болох бол гэж бод. Таны найз нөхөд ах дүүсээс хамт явах хүн байна уу? Тэдэндээ хоргодон татагдах юунд хэрэгтэй гэж?*

- *Одоо өөрийн суурь ухамсрыг бод. Төрөл тэргүүлшгүй цагаас эхлүүлээд хураасан байж болох бүхий л үйлийн барилдлагуудыг сана. Тэд цөм үхсэний дараа арилж одно гэж үү? Арилна гэж бодож байгаа бол ямар шалтгаанаар тэр вэ? Арилахгүй гэж бодож байгаа бол таны сэтгэлд нөгчсөний тань дараагаар тэд хэрхэн нөлөөлөх бол?*

- *Нөгчсөний дараа үргэлжлэх цорын ганц зүйл бол сэтгэлийн урсгал ба түүний үйлийн нөхцөлдөлт. Энэ насандаа хийх хамгийн чухал зүйл бол аль болох их эерэг хандлагууд үүсгэх явдал мөн. Ийм учраас, залхууралд чөлөө гаргалгүй Номыг аль болох ихээр дадуулан үйлдэх хэрэгтэй. Ухамсартаа саатан амар.*

ГОЛ ХЭСГҮҮДИЙГ ЭРГЭН СӨХВӨЛ

- Үхэл ба мөнх-бусыг тусгах нь залхуурлыг дарах сайн зэвсэг болох бөгөөд дадлага хийхэд шамдуулах ашигтай.

- Хоёр төрлийн мөнх-бус байдал байдаг нь: бүдүүн ба нарийн хэлбэрийнх. Бүдүүн хэлбэрийн мөнх-бус байдалд бидэнд илэрхий мэдрэгдэх зүйлс орох бөгөөд нарийн хэлбэр гэж хором хоромд үндэслэн явагдах байнгын өөрчлөлтийн урсгалыг хэлнэ.

- Сав ертөнц гадаад орчин ба тэнд амьдардаг амьтдын сэтгэлийн хоорондын харилцан хамаарлаар тэжээгдэн мөнх-бус байдлаар дүүрэн оршдог. Хорвоо ертөнц өсөх ба мөхөхийн эцэс төгсгөлгүй үйл явцаар эргэлдэн хөгжих мөн чанартай байдаг.

- Үхэл бол нөхцөлдсөн бүх үзэгдлийн нэг үндсэн хэсэг. Хамаг амьтны аль нэг зүйл үйлийн үрээр нөхцөлдсөн байдаг болохоор тэр ч мөн мөнх-бус. Энэ хорвоод төрсөн болгон нэгэн цагт үхнэ. Таны хэчнээн хүчтэй алдартай байх хамаагүй. Гэгээрсэн бодгалиуд хүртэл мөнх-бусыг үзүүлэх болно.

- Өөрийн үхэшгүйн тухайд хоёр зүйлийг ухаарвал зохино: эхнийх нь та яах аргагүй үхэх болно, хоёр дахь нь хэзээ үхэхээ та мэдэх аргагүй.

- Өөртөө мөнх-бусыг байнга сануулж байснаар та цагаа жижиг зүйлд үрэхгүй байхад анхаарч эхэлнэ. Ингэснээр та Номд анхаарлаа байнга хандуулж чадах болно.

Аглаг ойд алхан яваа лам хүн

Итгэл бишрэлийн замд орохуй

Сүсэг бишрэлийн замыг сонгох

Огоорлын Дөрвөн Сэтгэл гэдэг бидний сэтгэлийг Бурханы Номд хандуулахаар зориулагдан үүссэн дөрвөн сэдэв билээ. Тэдгээр нь бидний одоогийн байгаа байдлыг тодотгон харуулж сэтгэл хэрхэн зовлонгийн үндэс болдгийг бидэнд таниулж өгдөг. Үүн дээр үндэслээд зуршил болсон бодлоо сохроор дагахгүй байх боломж байгааг олж харан одоо байгаа хэвээрээ үргэлжлүүлэх үү эсвэл энэ байдлаа өөрчлөх үү гэдэг сонголт байгааг олж хардаг байна.

Сүсэг бишрэлийн замд хөл тавихаар шийдэх нь эхний сайн алхам болно. Энэ бол таны сэтгэлийн зүг чигийг заах луужингийн үүргийг гүйцэтгэн зорилго руу тань таныг хөтлөх болно. Харамсалтай нь, явах чигээ зөвхөн тогтоох бас хангалттай биш. Тиймээс та тэр зүгт зурайх сүсэг бишрэлийн замаар хөл тавин алхам хийх хэрэгтэй болдог.

Бидний өмнө дурдсанаар олон төрлийн өөр сургаал байж болно. Зарим нь таныг амьдралдаа их амжилт гаргахад тусалдаг бол зарим нь сэтгэлийнхээ түйтгэрийг багасгахад нэмэр болдог байна. Нөгөө зарим нь мунхаг сэтгэлээ бага ч болсон арилгахад тусалж өөрийн туйлын үнэнээ илрүүлэхэд тусалж өгдөг байна. Хэдийгээр бид номыг дадуулан үйлдмээр байгаа боловч алийг нь авлага болгон ямар дараалалтайгаар явахаа байнга мэдэж байдаггүй.

Энэхүү үл ойлгогдох явдлыг үгүй хийхийн тулд дэлхийн шилдэг мэргэдүүд бидэнд зураглал гарган үлдээсэн байдаг. Эдгээр зураглалууд бол цаг хугацаанаас үл шалтгаалах их мэргэн оюун хийгээд тусгайлан нарийсгасан замуудыг агуулсан бөгөөд сэтгэл хангалуун-бус байдлаар дүүрэн амьдралаас жинхэнэ амгаланд шилжихэд бидэнд туслах газрын зураг болдог билээ. Тэд бол бидний амьдралыг хувиргах гол түлхүүр мөн.

ЗАМУУДЫН ТӨРЛҮҮД

Тийм бол "Бүх замууд адилхан гэж үү?" гэж бид одоо асууна. Үүнд үгүй гэж хариулах байна. Зам болгон тодорхой шалтгаан ба нөхцөлөөр үүсгэгддэг ч гэлээ тэдний хэлбэр адилхан байх албагүй. Тэдгээр замуудын зарим ялгааг доор харуулахыг зорилоо.

Цар хүрээнд нь үндэслэсэн замууд

Замын цар хүрээ гэдгээр бид аль нэг замын гаргаж болох үр дүнгийн чадварыг буюу өөрөөр хэлбэл тэдгээрийн чадварын дээд хэмжээг хэлж байгаа билээ. Зарим замууд угаасаа бусдыгаа бодвол анхаарах үзэгдлийнхээ төрлүүдээр хязгаарлагдмал чанартай байдаг. Цар хүрээг тусгах байдлаар нь тэднийг хоёр том шалгуурт хувааж үзнэ:

1. **Энгийн замууд:** Энгийн зам гэдэг хүний бүдүүн түвшний мэдрэмжийг хувиргах үр дүнд хүргэхийн тулд гаргасан харьцангуй үнэний оюун ухаануудад хамааралтай зам юм. Ийм замын нэг жишээ болгон, дөрвөн жилийн бүрэн бус дунд боловсролоо эхэллээ гэж бод. Ийм боловсролыг эхлэхдээ та тодорхой нэгэн талаар мэдлэг дутуу байдаг гэж болно. Дөрвөн жилийн эцэст харин өөрийн мэргэжлийн талбартаа зохих ёсны мэдлэг эзэмшин шаардлага хангасан боловсон хүчин болон хувирсан байх болно. Ийм зам танд жинхэнэ удаан үргэлжлэх жаргалыг авчирч чадахгүй боловч хорвоогийн түр зуурын жаргалыг авчрах нөхцөлийг бий болгоход тусалж чадна. Харамсалтай нь, энэ мэдлэг уг сууринаасаа туйлын бус шинж чанартай тул энэ насны амьдралын туршид л зөвхөн ашиг авчрахаас яг үхээд дараагийн төрөл авах уусалтын үед ихээхэн хохиролтой гэж хэлж болно.

2. **Сүсэг бишрэлийн зам:** Туйлын үнэнтэй холбоотой оюун ухааныг хөгжүүлэхэд анхаардаг замыг сүсэг бишрэлийн зам гэнэ. Ийм билиг ухааны хүчээр хүний сэтгэл ариусч үнэн жаргаланд хүргэх нөхцөл шалтгааныг үүсгэж чаддаг. Сэтгэл хэр хэмжээгээр ариусах нь сонгосон замаас шалтгаална. Яагаад гэвэл ийм замууд бясалгагч хүнийг үнэнтэй ихэд ойрхон аваачих тул энгийн замыг бодвол гүнзгий түвшний хувиргалтыг бий болгоход үйлчилдэг. Тэдгээрийн үүсгэх өөрчлөлт үнэхээр урт хугацааны шинж чанартай байх тул нөгчих үеийн мэдрэмжийн үргэлжлэлийг анхаарч үзэх боломжтой байдаг.

Бидний зорилго бол урт удаан үргэлжлэх жинхэнэ аз жаргалыг олох явдал болохоор бид сүсэг бишрэлийн замд илүү голлон анхаарах болно. Энгийн замуудад анхаарал тавих нь сүсэг бишрэлийн дадлагад хэрэгтэй нөхцөлүүдийг бүрдүүлж өгөхөд тустай учраас бүр хэрэгсэхгүй орхиж бас болохгүй гэж хэлдэг. Түүний оронд зүгээр тэдгээр замуудын хязгаартайг танмж гол анхааралаа бидний хайж буй туйлын үр дагаварыг авчрах тийм замууд руу чиглүүлэх хэрэгтэй байна.

Сэдэлд үндэслэсэн замууд

Сүсэг бишрэлийн замын шалгууруудад бясалгагч нарын баримталж буй сэдэлд үндэслэсэн хэд хэдэн ялгаатай талууд байдаг. Эдгээр сэдлүүд аль нэг зам тухайн хүний сэтгэлд тодорхой үр дагавар үүсгэх хир чадвартайг тогтоох үүргийг гүйцэтгэдэг байна. Ерөнхийд нь хэлэхэд бид гурван төрлийн сэдлийг авч үзэж болно:

1. **Дараа төрлөө дээшлүүлэх хүсэл:** Ийм зорилготой хүмүүс дараагийнхаа шууд залгах төрлийг одоо байгаагаасаа дээшлүүлэх сэдэл баримталдаг ба буянтай үйлд оролдцох замаар диваажинд төрөх гэсэн хүсэл дээр ерөнхийдөө суурилсан байдаг байна.

2. **Өөрийн эдэлж буй зовлонгийн шалтгааныг арилгах хүсэл:** Энэ сэдэлтэй хүмүүс сансрын зовлонгоос ангижрах замыг хайж байгаа хүмүүс юм. Ерөнхийдөө энэ зам зовлонгийн шалтгааныг ухаарах билиг оюуныг хөгжүүлэхэд голлон чиглэдэг бөгөөд ийм сэдэлд үндэслэсэн өөр өөр замууд өөр өөр аргаар чөлөөлөлтөнд хүргэхэд хөтөлдөг байна.

3. **Өөрийг болоод бусдыг зовлонгоос гэтэлгэх хүсэл:** Сүүлчийн энэ сэдлийг баримталсан хүмүүс өөрийн биеийг төдийгүй мөн бусдыг адилхан сансрын зовлонгоос гэтэлгэх аргыг хайсан хүмүүс байдаг. Ийм бусдын төлөө амь бие үл хайрлах сэтгэл маш цөөн байдагтай адилхан тэдэнд тохирох зам олон биш байдаг. Энэ зам юмс үзэгдлийн харилцан хамаарлыг ойлгоход үндэслэгдэн хамаг амьтныг энэрэх сэтгэлээр тэжээгдсэн байдаг. Тиймээс ийм замыг төгс гэгээрэлд хүргэх зам гэж нэрлэдэг.

Буддын сургаалаар эхний сэдэлд хамаарах замууд маш хязгаарлагдмал бол сүүлчийнх хамгийн их өргөн хүрээг хамардаг гэж үздэг байна. Азаар сэдэл гэдэг байнгын хадаастай зүйл биш учраас цагийн явцад түүнийг өөрчилж болдог. Тодорхой нэгэн зорилготой бясалгагч хүрч болох хэмжээнд хүртэл явах боловч тэд зам зуураа илүү өргөн хүрээг хамарсан сэдлийг хөгжүүлэн баримтлах бүрэн боломжтой бөгөөд тэгснээр илүү их чадварыг олох бололцоог олж авах юм. Ийм маягаар бид амьдралынхаа туршид одоо баримталж буй сүсэг бишрэлийнхээ хэрэгцээг хангах олон өөр замыг сонгон явах магадтай.

Цар хүрээ	Сэдэл	Жишээ
Энгийн зам	Энэ насны тус	* Их сургуулийн боловсрол * Тусгай мэргэжил эзэмших
Сүсэг бишрэлийн	Дараа төрлийн тус	* гадаад итгэл бишрэлийн систем \хинду, иуд, христ, лал\
	Нэгэн биеийн тус	* дотоод итгэл бишрэлийн систем \жайн, буддизм, таоизм гэх мэт\
	Төгс гэгээрэл	

Хүснэгт 10-1: Сэдэлд үндэслэсэн замууд

Үнэнд үндэслэсэн замууд

Хувь бясалгагчийн баримталж буй замын сэдэл хийгээд чадварын цар хүрээний хязгаар бясалгагчийн өөрийнх нь чадварыг хязгаарлаж байдаг ба уг зам ямар чадвартайгаа ухаарах бололцоотой эсэхийг илэрхийлдэггүй байна. Сүсэг бишрэлийн аль нэг замд найдахын учир нь билиг оюуныг ашигтайгаар бий болгох явдал билээ. Уг зам бидэнд энэ боломжийг олгохгүй юм бол тэр замыг дагах утгагүй хэрэг. Тийм учраас замын ашигтай ашиггүйг тодруулахын тулд хоёр шалгуураар таньж болно:

1. **Үнэн Замууд:** Саруул оюун ухааныг хөгжүүлдэг нь нотлогдсон аргуудад үндэслэсэн бөгөөд тухайн мэдлэгийн гол хэсэг нь билиг оюунаас урган гарсан аливаа зам энэ бүлэгт багтдаг. Ийм замууд өөрсдийн бий болгодог хэмээн амлаж буй үр дүнгээ авчрах бүрэн чадвартай байдгаараа үнэн гэж тооцогддог байна.

2. **Хуурамч Замууд:** Тухайн мэдлэгийн гол хэсэг мунхагаас гаралтай юмуу төөрөгдмөл үзэлд суурилсан байснаас улам илүүтэй мунхаг сэтгэлийг үүсгэхэд хүргэдэг замууд энэ бүлэгт багтдаг. Ийм замууд анх үнэн зам байж гарч ирээд явцын дунд аливааг буруугаар тайлбарласнаас болоод сургаалыг төөрөгдөлд оруулж чадварыг нь хязгаарлахад хүргэдэг байна.

Замыг жинхэнэ үү хуурамч уу гэдгийг ялгах амаргүй. Тэгэхээр бидэнд үүнийг салгаж ойлгоход туслах хүчин төгөлдөр хүлээн авахуйн ойлголтоо ашиглах нь чухал. Хоёрдугаар бүлэгт судалснаа эргэн дурсвал юмыг таних гурван зам байдаг:

3. **Давуу эрх мэдэлтэнд итгэх:** Бид сүсэг бишрэлийн замаа голдуу найдвартай хэн нэгэн, найз нөхөд, гэр бүл, нийгэмд нөлөөтэй хүнд итгэх замаар эхэлж тэдний санал болгосон замыг дагах болдог. Энэ нь уг замыг үнэн зам гэж бодоход хангалттай байж болох боловч бид түүнийг шалган нотлох өөрсдийн хувийн шалгуурыг мөн хөгжүүлбэл зохино.

4. **Учир шалтгааныг тунгаах:** Гол сургаалыг судалж шинжлэх замаар бид тэр замыг дагах уу дагахгүй юу гэдгээ сонгож болно. Энэ тал дээр бид маш их сониуч байвал зохино. Хэлсэн сургасныг нь асууж шалгаан хүссэн үр дүндээ хүргэж чадах эсэхийг сайтар тодруулах хэрэгтэй. Хэрвээ зам үнэн байвал үнэний үнэн төрхтэй нийцсэн билиг оюунд үндэслэгдсэн болох нь шинжилгээний явцад батлагдан гарч ирэх ёстой.

5. **Илт мэдэл:** Бодлоор тунгаан бодоход суурилан ядаж оролдоод үзэж болох юм гэсэн хангалттай итгэлтэй болно. Тийм их итгэл төрөхгүй байвал дор хаяж ашиг тусыг нь таньж авч мэднэ. Эсвэл уг замын аргуудыг дадлага болгох замаар сургаалыг шууд мэдэрч эхлэн, өөрийн туршлага дээр үндэслэн байж үнэн мөнийг нь тогтооно.

Дасгал 10.1 – Сүсэг бишрэлийн зам үнэн эсэхийг таних

- *Тохиромжтой суудал эзлээд амьсгалдаа төвлөрөх бясалгалаар сэтгэлээ тайван байдалд оруулна.*

- *Энгийн болон сүсэг бишрэлийн замуудыг хооронд нь ялгахаас эхэл. Зарим нэг амьдралд хэрэгтэй гэж бодсон мэдлэг буюу чадварын жишээнүүд бодож ол. Одоо хүмүүсийн мэдлэг боловсрол олж авдаг өөр өөр замуудыг сана. Тэд бол энгийн замууд билээ.*

- *Үүний адилаар зовлонг арилгахын тулд ямар төрлийн мэдлэг хэрэгтэй тухай бод. Ямар замууд ийм үр дүнд хүргэнэ гэж бодож байна? Та тэдгээрийг энгийн замуудаас хэрхэн ялгаж байна? Энгийн замуудад байхгүй юу тэдэнд байна? Тэр бол сүсэг бишрэлийн зам билээ.*

- *Одоо та ямар ямар сүсэг бишрэлийн замууд мэддэгээ бод. Эдгээр замын эцсийн зорилго юу вэ? Бясалгагч нар юунд хүрэхийн тулд эдгээр замаар замнадаг вэ? Тэдний хүрэх зорилго юу вэ? Гурван төрлийн сэдлийн аль нэгэнд тохирох жишээ олохыг бод. Нэгэн насандаа бясалгагч хүн өөр өөр сэдэлтэй байж болно гэж бодож байна уу? Жишээ таньж гарга.*

- *Таньсан сүсэг бишрэлийн замаа ашиглаад үнэн байна уу, хуурамч байна уу гэдгийг ялга. Замын гол сургаал болон төөрөгдөл үзлийн хоорондын ялгааг тодруулахыг хичээ. Төөрөгдөл юунд хүргэж болохыг тань.*

Зам үнэн ба хуурамч болохыг тогтоосны дараагаар шинэ сорилт танд тулгарах болно. Дэлхий дээрх сүсэг бишрэлийн үнэн замуудаас аль нь таны хэрэгцээнд илүү таарах бол? Энэ асуултад хариулахын тулд тухайн замын ерөнхий тохиргоог таних итгэл бишрэлийг хөгжүүл.

Энэ үйл явц санал болгож буй олон ургалч итгэл бишрэлийн системийн үр ашгийг зөв таних таны чадвараас шалтгаална. Маш олон төрлийн хэтийн төлөвтэй танил болох замаар боломжтой хувилбаруудыг өргөн хүрээгээр хөгжүүл. Дараа нь тэдгээр хувилбаруудыг харьцуулах замаар тэдний юунд онцгойлон анхаардгийг шинжиж мэд.

Энэ явцдаа танд ямар нэгэн санаа төрөх нь зайлшгүй. Аль нэгэнд сонирхол төрөн улам сайн мэдэж авмаар санагдаж болно. Энэ нь таны тухайн замтай урьдын ерөөл барилдлагатай байсны шинж тэмдэг буюу сайны шинж болох бөгөөд өөрийн зөн билиг хүчтэй байгаа дээр үндэслэн тэрхүү замд илүү гүнзгий орох шийдэл төрнө.

Ийм задлан шинжлэл хийснээр таны сонгосон зам утга учиртай шүтлэг, зөн билиг хоёрын нэгдлээр илүү хүчтэй болж, дадлага бясалгалдаа итгэлтэй орох хөшүүрэг болно. Итгэл үгүйгээр аль нэг урсгалыг дагана гэдэг боломжгүй асуудал. Иймэрхүү нэг урсгалаас нөгөө рүү харайн орох хольж хутгасан аргыг хэрэглэх нь алингаар нь ч хол явж гавихгүй болоход таныг хүргэж болзошгүй. Ийм маягийн зам яваандаа дадлага бясалгалд тань төөрөгдөл шургалан орох боломжийг нэмэгдүүлэх бөгөөд дагаж яваа замын тань авчрах байсан ашгийг багасгаж болох аюултайг санаж явахад илүүдэхгүй билээ.

РИМЭ ҮЗЛИЙГ БИЙ БОЛГОХ

Төвөдөд бид "римэ" гэдэг үгийг сэтгэлийн "ялгаваргүй хандах" үзлийг тодорхойлоход хэрэглэдэг. Энэ бол хүмүүсийн олон ургалч замуудын дунд өөрийн хувийн хөгжилдөө тустайгаар өөр үзэл баримталдаг хүмүүстэй ихэд зохицох эвслийг бий болгон, нэг нэгэндээ туслан хандах өвөрмөц хандлагыг илэрхийлнэ. Үүнийг бид *Римэ ухаан* гэж нэрлэдэг.

Бидниг анх сүсэг бишрэлийн замаа эхлэхэд Римэ ухаан зөв зам сонгоход тусална. Дараа нь, өөрийн сонгосон замдаа ахиц гаргаад ирэхийн үед тохиолдсон бэрхшээлүүдийг даван туулахад мөн тусалж чадна. Эцэст нь, илүү дэвшилтэт шатанд ороход, эргэн тойрны янз бүрийн нөхцөл байдалд амархан дасахад хэрэгтэй сэтгэлийн уян хатан байдлаа хөгжүүлж өөрт хийгээд бусдад тусыг бүтээх бололцоог олгох юм. Тэгэхээр Римэ ухаан эхэн, дунд, төгсгөл аль алинд адилхан тустай билээ. Энэ хандлагыг бид цаашид хөгжүүлж болохуйц дөрвөн өөр чанарт хуваан үзэж болно. Чанараа бататгах тусам тэр нь дараагийн чанарыг урган гарахын нөхцөл болно. Иймээс Римэ ухаан гэдэг үрийг нь суулгачихад гоёмсог үзэсгэлэнт дэлбээгээр нүд баясган ургадаг цэцэг адил билээ.

Тэсвэр

Бидний хөгжүүлэх эхний чанар бол нэг нэгнээ харилцан хүндэтгэх явдалд суурилан хөгждөг аливаа юмыг тэсвэрлэн даах чадвар юм. Тэсвэр үгүй сэтгэл өөр бодолтой хүмүүсийг хүчтэй эсэргүүцэх хандлагатай байдаг. Энэ бол хүний юманд итгэлтэй байх талыг айхтар барин туйлшруулах сэтгэл бөгөөд өөр үзэлтэй тулгарахаараа сүрдэх байдалтай болдгоос тэр ажээ. Бусадтай илүү утга учиртай байдлаар харилцаж сурахын тулд аливаа итгэлээс хүчлэн зуурах зууралтаа бид сулруулах хэрэгтэй.

Хүнийг хүндлэх сэтгэлийг нэмэгдүүлснээр бид тэсвэрт суралцдаг. Хүндлэл гэдэг маань тухайн хүний хэдийгээр санаа нийлэхгүй байсан ч, бүр илтэд буруу ташаа бодоод байгаа нь илэрхий байвч харилцаж чадахыг хэлдэг. Иймэрхүү тэсвэрийг хөгжүүлэх түлхүүр бол бодлын үнэ цэнийг тухайн бодлыг агуулан буй хүний үнэ цэнээс салгаж үзэх явдал. Санаа бодол болгоны цаана зорилго, айдас юмуу эсвэл найдвар нуугдан байдаг. Цаад сэдлийг нь бид таньж чадвал зовлонгоос ангижран жаргалтай учрахын төлөө байдгийг нь олж үзэх болно. Эцсийн бүлэгт бид цөм нэгэн зүйлийг хүсэж байгаа зөвхөн тийш хөтлөх өөр замуудаар л яв_ билээ. Бие биенээ хүндэтгэх явдал хүмүүсийг нэгтгэх үндэс болж тийм энгийн нэгэн сэдлээр хүмүүстэй холбогдож чадвал яриа хөөрөө амжилттай өрнөхийн суурийг тавьж чаддаг билээ.

Дасгал 10.2 – Хүндэтгэх Сэтгэлийн Суурь

- *Тохиромжтой байрлал эзлээд амьсгалдаа төвлөрөх бясалгалаар сэтгэлээ тайван байдалд оруулна.*

- *Өөрийн санаа хэзээ ч нийлдэггүй үзлийн талаар бод. Ямар нэгэн хорсол хилэн төрж байна уу? Хэрвээ хэтэрхий их уур оволзож байгаа бол өөр сэдэв дээр ажиллагтун.*

- *Бясалгах сэдвээ олсон бол тэр үзлийг баримтлагч хүнийг санаандаа авчир. Түүнийг өөрийн үзлээ баримталсан санаа хэллээ гэж бод.*

- *Танд ямар ч сэтгэл төрсөн, азнаж нөгөө хүний хэлсэн санааг тунгаа. Тэд яагаад тэгэж бодож байгаа юм бол гэж бод. Хэдийгээр тэдний бодол буруу гэдгийг мэдэвч юунаас болоод тийм бодолтой болсон бол гэж бод. Яагаад,яагаад,яагаад? Хамгийн суурийн үндсэн шалтгааныг ухаж олохыг хичээ.*

- *Одоо тэр шалтгаан танд буй шалтгаантай ижил байна уу шалга. Таны хүсэж байгаатай ижил байж болно доо? Мөн тийм санаагаар үйл хөдлөл хийхэд хүрч байсан үеэ бод.*

- *Илүү хүчтэй сэдэлтэй учраад энэ хүнийг үзэх таны үзэл өөрчлөгдөхийг ажив уу? Одоо та тэр хүнийг өөрөөр авч үзэж байгаа бол түүний үзлийг мөн өөрөөр авч үзэж байна уу?*

- *Ямар ухамсар ургана түүндээ саа타ад амар.*

Хүлээцтэй Байдал

Тэсвэр таныг нөгөө хүнтэйгээ энгийн харилцаа тогтоох боломжтой болгодог тул түүндээ үндэслээд ярилцаж хэлэлцэн сэтгэлээ онгойлгох боломжтой болно. Бүхий л төрлийн яриа санаа бодлыг дамжуулах болон тэдгээр санааг хүлээн авах явдлаас бүтдэг. Бидний гол зорилго бол шинэ мэдээлэл авах явдал учраас хүлээн авах чадвараа ихээхэн тордож хөгжүүлбэл зохино.

Хүлээцтэй байхын үндсэн утга нь сэтгэлдээ шинэ санаа оруулах орон зайг бий болгох явдал ажээ. Бидний санаа сэтгэл дүүрэн байх юм бол шинэ зүйлд зориулах орон зай байхгүй учраас шинээр юу ч мэдэж авах бололцоогүй болно. Аз болоход сэтгэл хязгааргүй шинж чанартай учраас хэчнээн л бол хэчнээн мэдээллийг бид авч чадах ажээ. Сэтгэлийнхээ хүлээн авах энэ хязгааргүй чадварт хязгаар тогтоодог ганц зүйл байдаг нь бидний зуурах сэтгэл юм. Бид өөрийн бодолдоо хайрцаглагдчихаад улам цулжуулан гадагш тэлэн томрохоос сэргийлж байдаг дутагдалтай.

Энэ хандлагын эсрэг сөрөндөг бол даруу төлөв байж, үл зуурах сэтгэлийг хөгжүүлэх явдал мөн. Даруу төлөв зан бол бахдал бардамналын яг эсрэг зан чанар тул бүхнийг мэддэг мэт аашлах хэрэггүй. Тиймээс тодорхой нөхцөл байдлаас урган гарсан нөхцөлүүдийн онцлог чанарыг тунгаан бодох хэрэгтэй. Бид тухайн нөхцөөс урган гарсан сургамжийг танъж суралцсанаараа тухайн харилцаанд илүү нээлттэй оролцоход амар байх болно.

Энэ зуурт хэлэхэд зууралтгүй сэтгэл өөрөө бачим нарийхан үзлийн эсрэг ерөндөг болдог бөгөөд мэдэмсрээ нэмэгдүүлэх дадлага юмуу эсвэл одоо цагаа ухамсарлах бясалгалаар үүнийг хөгжүүлдэг Аль нь ч байсан ялгаагүй дадлагын гол шим нь юу болж байгааг зүгээр ажиглах явдал байдаг бөгөөд аливаад хэтэрхий шүүмжлэлтэй хандах юмуу дотоод хүүрнэл бодолдоо хэт автахгүй байх хэрэгтэй шүү.

Дасгал 10.3 – Бусдад Сэтгэлээ Нээх

- *Тохиромжтой байрлал эзлээд амьсгалдаа төвлөрөх бясалгалаар сэтгэлээ тайван байдалд оруулна.*

- *Танаас өөр бодол баримталдаг хүнийг санаандаа ол. Түүнтэй ярина гэхээс уур оволзуулсан хэн ч байж болно. Түүнийг гудамжинд таараад яриа өдөхөөр ойртож ирлээ гэж бод. Ямар мэдрэмж төрж байгааг мэдэр. Та хоёрын хооронд саад байна уу? Сонсоход татгалзах юу байна? Сэтгэлээ хаалттай байгааг мэдрэхийг хичээ.*

- *Энэ явдал болж байгаа одоо цагтаа анхаарал төвлөрөхийг бод. Энэ хүнтэй учрахад яг энд одоо юу болохыг хар. Та нарын хооронд урьд болсон түүхийг таг мартаад энэ мөчийг л анхаар. Мөн цаашид энэ яриа юунд хүргэх бол гэдгийг ч бүү бод. Таны мэдрэмжийн энэ нь хэр өөрчилж байна?*

- *За одоо ойртон ирж байгаа зүйлийг хар. Хүн байна. Мөн л нэгэн өвөрмөц хүсэл зорилготой нэгэн. Бас их сонин мэдрэмжтэй хүн. Бусадтай адилгүй нэг тийм төрлийн хүн. Түүнтэй адилхан үзэл бодолтой хүн амьдралд нэг ч байхгүй. Тийм хүн ирээд тантай ярилцах гэж байна. Тэр танд ямар нэгэн зүйл сургаж болноо доо? Баримт мэдээллийнх нь биш ерөнхийдөө танд энэ хүнээс суралцах боломж юу байна вэ гэж бод, мөн та хувь хүнийхээ хувьд өөр өөр зүйлүүдэд хэрхэн хариу үзүүлдгээ бод. Энэ дүр зургийг дахин дахин давтаж уулзалтаас ашиг гаргаж авах аргуудыг анхаар.*

- *Ямар ухамсар ургана түүндээ саатаад амар.*

Сониуч Зан

Одоо өөрийгөө бусдад нээлттэй болгож эхэлсний дараагаар амьдрал танд улам илүүг санал болгож, сурсан зүйлийнхээ үр нөлөөг аяндаа амсаж эхэлнэ. Сэтгэлд шинэ санаанууд төрөх үед шинэ санаа хуучин байсан санаануудтай авцалдах эв найрамдлын үйл явц явагдаж эхэлдэг.

Одоо танд сонголт гарч ирнэ. Таны хуучин санаанаас огт дээрдэх юмгүй байх тохиолдолд та шинэ санааг хэрэгсэхгүй орхихоор шийдэж болно. Эсвэл шинэ мэдээллийн юу хэлэх гээд байгааг мэдэх сэн хэмээн улайран зүтгэж болно. Энэ нь таныг илүү эрүүл нээлттэй сэтгэлд хөтөлж болох юм. Хэрвээ та сүүлчийнхийг нь сонгох юм бол сониуч зангаа хөгжүүлэх хэрэгтэй шүү.

Сониуч зан гэдэг аливааг ойлгохыг хүсэх, хэрэгт дуртай байх чанар юм. Мөн нөгөө талаар сониуч зан бол итгэлтэй бус зүйлд үзүүлэх хариу урвал. Сониуч сэтгэл хоёр өөр санаатай таарахаараа аль нь илүү учир утгатай байна гэж бодож эхэлдэг. Үүнээс болоод бид элдэв асуулт асууж хариулт авч болно. Хариултнаас шинэ санаанууд олж авах ба тэдгээр нь бидний ойлголтонд гараад байсан цоорхойг бөглөж өгснөөр итгэлгүй байдал арилж , улмаар алга болдог байна.

Тийм сэтгэлийг тордохын тулд бидэнд ойлголтынхоо цангааг тайлах шаардлага тулгарна. Бид сэтгэлийнхээ идэвхгүй тал буюу юмыг хойш тавьдаг чанараа дарах хэрэгтэй. Үүний тулд боломж болгоныг оролдож, эвлүүлдэг тоглоомны олдохгүй байсан хэсгүүдийг нөхөж тавих мэт энэ бүхэндээ бид сэтгэл ихэд таашаалтай хандаж амьдралын элдэв сорилттой хөгжилтэйгөөр тулах нь зөв. Ийнхүү сониуч зан маань аливааг сургадгаараа гайхам ачтай билээ.

Дасгал 10.4 – Амьдралын Гайхамшиг

- *Тохиромжтой байрлал эзлээд амьсгалдаа төвлөрөх бясалгалаар сэтгэлээ тайван байдалд оруулна.*

- *Гайхамшигтай эрдэнэсийн хайгуулд гарах адал явдалд оролцлоо гэж бод. Таны замд юу тохиолдохыг та огт мэдэхгүй. Сүрдмээр ч юм шиг бахадмаар ч юм шиг ийм сонин сэтгэл төрөх боломжийг олго.*

- *Одоо өдөр болгон хийдэг төрөл бүрийн үйлүүдээ бод. Тэгээд аль нэг зураглалыг сонго. Жишээ нь, хүүхэдтэйгээ тоглох ч юмуу ажилдаа очихоор жолоо барьж явна гэж бод. Энэ мэдрэмжинд өөр нэг таамаг нуугдаж байна гэж бод. Эрдэнэс олоход хэрэгтэй санаа өгөх баримт. Цагаан сараар бэлэг цуглуулах гэж байгаа мэт юу байх бол гэхээс соньхон. Жижиг сажиг бүхнийг давтан бодож бүр олон олон давхраагаар бод.*

- *Одоо өөр хэв маяг сонгон бодож маш том эвлүүлдэг зурагны хэсгүүдийг нийлүүлж сууна гэж бод. Ямар зураг гарч ирэх болоо? Энэ зураглал байгаа нөхцөл байдлын шинжийн талаар танд юу хэлж өгч байна?*

- *Ажиглалтынхаа тусгалын чигийг бод. Ямар асуулт эндээс ургаж байна? Асуулт болгоныг талхны үртэс гэж үзэн эрдэнэсийн санг олох ойртоод л байна гэж бод. Эдгээр асуултуудын хариуг яаж олох вэ?*

- *Нууцыг тайлах хүслээ бадраан талхны үйрмэгийг даган явсаар эрдэнэсийг илрүүлэгтүн. Энэ ухамсартаа саатаад амар.*

Уян хатан байдал

Түрүүчийн гурван чанар болох тэсвэр, хүлээцтэй байдал ба сониуч зан гурав хамтдаа мэдээллийг олох хүчирхэг мотор болдог ажээ. Эдгээр чанаруудыг цөмийг эзэмшсэн хүн хөвсгөр пролонтой ихэд төстэй болдог. Тэд чадаж байх үедээ аль болох ихийг шингээж ойлголтоо тодруулж авах ба тэдний үзэл маш хүчтэй бөгөөд өргөн хүрээтэй байдаг.

Ийм үзэл бясалгагч хүнд маш ховор боломжийг олгодог ажээ. Ижилхэн асуудалд олон ургалчаар хандаж сурах тусам түүний сэтгэл улам уян хатан байдлыг үзүүлж эхэлдэг. Тухайн нөхцөл байдалд тохирох ямар санаа байж болохыг та одоо илхэн харж эхэлнэ. Тэдгээр нөхцөлүүд урган үзэгдэхийн цагт өөрт хийгээд бусдад тустай аргаар хэрхэн хариулахаа та мэднэ. Ийм маягийн уян хатан чанар хором тутамд болж байгаа зүйлийг тодхон хүлээн авах ухамсарлахуйгаас урган гардаг. Ийм ялгамжаат ухамсрыг хэрхэн хөгжүүлэх вэ гэвэл маш олон төрлийн нөхцөл байдалд сэтгэлийг маш олон өөр өнцгөөс харуулж дадуулах хэрэгтэй. Ингэснээр ганц юмнаас зуурах сэтгэлийг сулруулж элдэв хувилбаруудад хөнгөн хувирах чадвартай уян хатан чанарыг өөртөө бий болгож чадна.

Дасгал 10.5 – Зорилгоо Өөрчлөх

- *Тохиромжтой байрлал эзлээд амьсгалдаа төвлөрөх бясалгалаар сэтгэлээ тайван байдалд оруулна.*

- *Олон хүнтэй харьцах хэрэгтэй болсон саяхны нэг үйл явдлаа бод.*

Болсон явдлыг сэтгэлдээ ургуулан бодож чадахаар тийм нэг үйл явдлыг сонгоорой. Санаандаа аль болох тод ургуулахыг хичээ.

- *Одоо уг үйл явдлыг өөр үзлийн үүднээс харахыг хичээ.Эхлээд өөрийн мэдрэмжийн дагуу зураглан босго. Тэгээд сэтгэлд ургасан бодол болон хийсвэр мэдрэмж хоёулангий нь мэдрэхийг хичээ.*

- *Одоо өөр гуравдагч хүний үзлийн өмнөөс үйл явдлыг бодож үзэгтүн. Бүгдийг дараалаар нь дахин тунгаа. Нөгөө хоёр хүн хэрхэн хандахыг ажигла. Тэд яах бол? Өөр үйл хөдлөлүүд хэрхэн холбогдож байна?*

- *Одоо өөр хүний үзлээр харахыг бод. Түрүүчийн ажигласан өөр өөр үйл хөдлөлүүдийг хийх болсон сэдэл бүхий сэтгэлийг мэдрэхийг хичээ.*

- *Энэ үйл явдлыг ажигласан өөрийн ажиглалтдаа үндэслээд харилцан үйлдлийг хэрхэн нэмэгдүүлж болох байсныг бод. Та хэлсэн үгээ арай өөрөөр хэлэх арга байсан уу? Аль нэг үйл хөдлөлийг хийхгүй байж болох байсан уу? Өөр юу хийсэн бол ашигтайгаар дуусах байсан бол? Өөрийн мэдлэгт аль болох ихээр тулгуурлан энэ үйл явдлаас танд олгож буй боломжийг бүрэн ашиглахыг хичээ.*

- *Сүүлчийн алхмыг олон удаа давтан хийж ашигтайгаар төгсөж болох байсан өөр өөр зураглалуудыг сана. Сонголт үргэлж байдаг шүү дээ. Тухайн үеийн бүх боломжийг сана.*

Ялгаваргүй сэтгэлээр хандана гэхээр бүх замуудыг адилхан гэж үзэхийг хэлсэн үг биш юм. Үзэл болгонд өөрийн амт чанар, хүч чадал бий болохоор олон ургалч байдлаас гарч болох шимийг амсах ухамсраа хөгжүүлбэл зохино. Бидний зорилго бол хоорондын ялгааг тод ялган харж, хамаг амьтныг өөр өөр замаар жаргаланд хүргэх чадвартайн хувьд тэднийг ижилхэн хүндэтгэх явдал.

Эдгээр замыг эмтэй зүйрлэж болно. Бид одоогоор мунхаг сэтгэл, шунал, хилэнгээр өвчилсөн учраас бидэнд тусламж хэрэгтэй. Хорвоогийн алдарт багш нарыг бид эмч нар хэмээн бодъя. Тэд бидний "өвчний" шинж тэмдгийг оношлож, зовлонг багасгах эм буюу хүн бүрд тохирсон аргуудыг олж сургана. Тухайлбал, эмч ижилхэн шинж тэмдэгтэй хоёр өвчтөнтэй уулзлаа гэхэд тэдгээрийн аль алины хэрэгцээнд нийцсэн эмийг өгөхөөс, толгой өвдсөн хүнд ходоодны эм өгөхгүй билээ. Тэр толгойны эмийг дэлхийн шилдэг эм гээд бусад эмийг ашиггүй зүйл хэмээн үзэхгүй нь лавтай. Харин эм болгонд өөрийн гэсэн ашиг тус бий, тодорхой нөхцөлд тэд цөм хэрэгтэй гэж бодоорой. Ийм хандлагыг сүсэг бишрэлийнхээ замд хөгжүүлэх нь маш чухал билээ.

Бидний зайлсхийх гээд байгаа ялгаварт үзэл бол өөрийн зуурсан үзлээ бусдынхаас илүү дээгүүр хэмээн бодох сэтгэлээс нягт уяатай. Ийм хандлага

227

бидний бардам занг тэжээх шатахуун болон үйлчилж бусад хүмүүстэй харшилдуулахад хүргэнэ. Өөр үзэл бодлыг эсэргүү дайсан гэж үзэхийнхээ оронд өвөрмөц шинжүүд бүхий эко систем дэх олон өөр итгэл үнэмшлийн дотор харьяалагдах нэгэн ховор нөхцөл байдал гэж авч үзэх хэрэгтэй.

Ийм замаар бид сүсэг бишрэлийн өөр өөр системд хүндэтгэлтэй хандахын зэрэгцээгээр өөрийн бишрэлийг ч улам илүү хөгжүүлэхийг хичээх ёстой. Тэгвэл та тэдгээрийг хоорондоо огт зөрчилддөггүй болохыг ойлгох болно. Бид нэг замыг өөрийн дадлага бясалгалын төв болгоод бусад урсгалын санаануудаас чадварлагаар тусган авч үнэнийг үзэх илүүтэй эрүүл ойлголтыг хөгжүүлж болох юм. Энэ нь бидний өөрсдийн таалдаг замдаа илүү гүнзгий орохад туслаад зогсохгүй бусад үзлийг ч мөн хорвоог хэрхэн хардгийг нь ойлгох боломцоог олгоно. Энэ холбоо биднийг ганцаараа тусгаарлагдан оршоогүй юм шүү гэдэг баримтыг ноцтой бодохын үндэс болж өгөх юм. Сайн ч бай муу ч бай бид цөм энэ гариг дээр төрөх нийтлэг үйлийн үрийг эдэлж байгаа болохоор өөр хоорондоо зохицолтой байх замуудыг олоход бидний ашиг сонирхол оршдог билээ. Дээрх чанаруудыг хөгжүүлэх нь үүнд хүрэх гайхамшигт зам мөн.

Дасгал 10.6 – Дэлхий дээрх итгэл бишрэлийн Системүүд

- *Тохиромжтой байрлал эзлээд амьсгалдаа төвлөрөх бясалгалаар сэтгэлээ тайван байдалд оруулна.*

- *Яаралгүйхэн сүсэг бишрэлийн аль нэг системийг санаандаа бод \ буддизмаас өөр\. Тэрхүү шашны систем хөгжсөн эх сурвалжийг судлахаас эхэл. Тэр шашныг хөгжихөд нөлөөлсөн гол үйл явдал юу байв? Газар зүйн болон улс төрийн нөлөөлөл уг шашинд хэрхэн нөлөөлснийг сана.*

- *Одоо өөрийн судалж буй шашны системийн үзлийг тодруулсан итгэл бишрэлийн уг суурийг хар. Энэ итгэл бишрэл хэрхэн бүтсэн байна? Энэ шашинд ямар сэдвийг илүү анхааран судладаг вэ? Тэдгээрийн тухай мэдэх нь энэ системд яагаад чухал вэ?*

- *Тэдний үзэлд үндэслээд хэрэглэдэг төрөл бүрийн аргыг нь судал. Тэдгээр дадлагууд бясалгагчдад яма чанаруудыг үүсгэн бий болгодог талаар бод. Ямар хувирал явагддаг вэ?*

- *Эцэст нь, уг системийн дотор орших олон ургалч санаануудыг бод. Энэ шашны үндсэн итгэл буюу нийтлэг дадлагуудыг тайлбарладаг өөр өөр замуудыг эрж ол. Бясалгагчид өөрсдийгөө юуг үндэслэн бүлэгт хувааж үздэг вэ? Энэ ангилалын цаана буй сэдлийг олж илрүүл. Итгэл бишрэлийн системд орсноор танд ямар ашиг гарч болох вэ?*

- *Уншсан зүйлдээ үндэслээд системийн гол дүр зургийг хэрхэн мэдэрч буйгаа сана. Энэ дүр зураг танд хир чухал вэ? Өөрийн зүгээс ямар төрлийн холбоог мэдэрч байна?*

АЛЬ НЭГЭН ЖИНХЭНЭ УРСГАЛЫГ ШҮТЭН ДАГАХЫН АЧ ХОЛБОГДОЛ

Шашин шүтлэгийн зам мөрийн тухай ойлголтоо өргөжүүлж эхэлсний дараагаар бид төрөл бүрийн олон ургалч санаанууд хийгээд дадлагуудын дунд умбаад явчихна. Эхлээд та аль нь илүү "сэтгэл татам" байгаагаас шалтгаалаад дадлагаа сонгож мэднэ. Ингэснээр эндээс жаахныг тэндээс жаахныг тасдах маягтай гар хийцийн систем өөртөө бий болгоно. Ийм замыг дагаасай гэж би зөвлөмөөргүй байгаагаа дараагийн шалтгаануудаар тодруулъя.

Нэгдүгээрт, өөрт таалагддаг замыг сонгох нь хэзээ ч өөрийгөө сорилтонд оруулахгүй байх сайхан арга билээ. Та одоогийн энэ байгаа сэтгэлийн байдлаа дэмжсэн зүйлийг л дадуулан үйлдэх юм бол таны мэдлэг чадвар тэр хэмжээндээ үлдэж хоцорхоос өөр аргагүй. Номыг дадуулан үйлдэнэ гэдэг нь сэтгэлээ номхруулан, муу зуршлуудаасаа салж алдаан дээрээсээ суралцах явдал гэдгийг санах хэрэгтэй. Тиймээ, заримдаа энэ нь тухгүй байдлыг мэдрүүлж таагүй санагдах боловч эм ёсоороо үйлчилж байгаагийн шинж чухам энэ билээ.

Хоёрт, барууны нийгэмд хувь хүний талаар хүнд ойлголттой байдаг. Бид өөрсөндөө юу хэрэгтэйг мэдэж байна гэж хатуу итгэж зуршсан хандлага голдуу үзэгддэг. Энэ нь тэднийг үргэлж "зөв" байдаг гэсэн дүгнэлтэнд хүргэх бөгөөд одоо бидний судлан буй сүсэг бишрэлийн хөгжлийн сургаалд маань энэ үзэл асуудал үүсгэх уршигтай юм. Бид энэ орчлонтой холбоотой тэр сэтгэхүйн замыг даван гарахаар зорьж байгаа болохоор биднээс өмнө энэ замаар замнаж амжилтанд хүрсэн тэдгээр гэгээнтнүүдийн мэргэн ухааныг дагах ёстой. Тэдний билиг ухааны энэхүү тасалдаа нь үгүй хэлхээг бид урсгал гэж нэрлэдэг. Хэрвээ бид өөрсдийн бүтээсэн "гар хийцийн" системээ дагах юм бол тэрхүү нандин урсгалыг үл хэрэгсэн өөрсдийн будлиу санаа сэтгэлд найдах болох юм. Энэ нь эмийг архитай холихоор шийдсэн өвчтөнтэй адил болох бөгөөд эмчийн зааврыг зөрчиж байгаа явдал болох билээ. Ийм явдал зөвхөн зовлонг л авчрах болно.

Гуравт, бид цөм олохыг хүсэхээс алдахыг хүсэхгүй. Энэ дэлхий дээр байгаа олон төрлийн шашны сургаалуудад хадгалагдсан ухаан олон мянган жилийн туршид хүнийг хувиргалтанд хүргэх хамгийн үр нөлөөтэй, хохирол багатай аргуудыг олж хөгжүүлж иржээ. Тэдгээрийн нэгдсэн мэдлэгийн бүрэлдэхүүн үнэхээр гайхамшигтай юм. Хэрвээ бид тэдгээр оюун ухааны цуглуулгыг үл хэрэгсвэл залуурын жолоог шинээр зохион бүтээх оролдлого хийж байгаатай адил болно. Таныг ийнхүү оролдохоос зогсоох зүйл үгүй ч гэлээ энэ бол асар их хэмжээгээр цаг үрсэн хэрэг юм. Тэгээд ч бидэнд гарздаад байх цаг тийм чиг их байхгүй бөгөөд энэ амьдрал маань итгэхийн аргагүй нандин эд мөртлөө даанч хэврэг гэдгийг санах хэрэгтэй. Гэрэл шиг гялалзаад л унтрахын төдийд барагдаж дуусах тул сүсэг бишрэлийн замдаа аль болох хурдан ахиц олох замыг сонгоход тустай багаж зэвсэг болгоныг ашиглах хэрэгтэй.

Эртний уламжлалт жинхэнэ урсгалтай холбогдох нь үүнийг гүйцэтгэх сайхан арга мөн. Яагаад гэвэл бидний дагах энэ замын байгууламж хэдийнэ засагдаад тавигдчихсан болохоор тааж таамаглаад байх явдалгүй. Тиймээс бид сурч мэдсэнээ дадлага болгон хувиргахад анхааран сэтгэлээ номхруулж хүмүүжүүлэхэд зорих ёстой. Энэ замаар урьд хүмүүс явж өнгөрсөн учраас дайралдаж болох саад бэрхшээлүүдийг даван гарах хамгийн ашигтай аргуудыг олоход туслах тэдний билигт оюунд шүтэн найдах ёстой. Бид мөн сэтгэлийнхээ аль тал дээр илүү анхаарч ажиллах хэрэгтэйг тодхон таньж авах болно. Байгаа байдлаа зүгээр нэг хянан ажиглахын оронд өтөг шивхэнд зоригтойгоор хутгалдан орж эдгэрэх явцыг нэн түргэн эхлүүлбэл зохих байнам.

ЦАГИЙН ХҮРДНИЙ СУРГААЛЫГ АНХААРАН АВШИГ БОЛГОХ

Бидний судалж таних зам бол *Төвөдийн Буддын шашны Жонан-Шамбалын урсгалын* дагуу явах *Цагийн Хүрдний Зам* билээ. Энэхүү ер бусын гайхамшигт урсгал 2500 гаруй жилийн турш бясалгагч нарын сүсэг бишрэлийн замчин байж, ухамсарлахуйн гүнзгий түвшинд хүрсэн хүмүүсийн тасралтгүй хэлхээг бий болгосоор ирсэн билээ.

Энэ номын Хоёр ба Гуравдугаар Ботид бид урсгалын талаар тодорхой нарийн судлан, хүнийг гэгээрэлд хүргэх өвөрмөц гүнзгий ухаан, дадлага бясалгалын аргуудыг үзэх болно. Үүнээс өмнө гэвч дэлхийн бүх мэргэн ухааны урсгалуудын будилмаар ээдрээ дотор энэ замыг заасан сургаалын талаар ойлголттой болж авах шаардлагатай.

Ийм шалтгааны улмаас дараагийн хэсэгтээ бид Буддын шашны талаар еронхий ойлголтыг өгч гол гурван замыг танилцуулах болно. Буддизмыг ийм олон талаас харснаараа Цагийн хүрдэн чухам аль хэсэгт багтаж байдаг талаар та илүү эрүүл ойлголттой болох юм.

ГОЛ ХЭСГҮҮДИЙГ ЭРГЭН СӨХВӨЛ

- Зам гэдэг бол хүссэн чанараа бий болгохын тулд хэрэглэх тодорхой дараалал бүхий дадлагуудыг хэлнэ.

- Цар хүрээгээрээ хоёр төрлийн зам бий: хорвоогийн жаргалд хүргэх мэдлэг чадвар олж авах энгийн зам, жинхэнэ жаргалыг бий болгох сүсэг бишрэлийн зам.

- Сүсэг бишрэлийн зам бясалгагч хүний сэдлийн ялгаагаар: ирэх төрлөө дээшлүүлэх зорилготой хүмүүс, өөрт учирсан зовлонгийн шалтгааныг арилгах гэсэн хүмүүс, өөрийн болоод бусдын зовлонгийн шалтгааныг арилгахын төлөө зоригч хүмүүс гэж ангилагдана.

- Сүсэг бишрэлийн замууд амласан үр дүндээ хүргэж чадах байнгын бололцоотой байвал жинхэнэ зам, хүссэн үр дүнд хүргэхэд саадтай төөрөгдөл үзэлд үндэслэсэн байвал хуурамч зам гэнэ.

- Бид замуудын үнэн зөв эсэхийг хүчин төгөлдөр хүлээн авахуйд үндэслэн шүүнэ. Эхлээд эрх мэдэл бүхий хүмүүст итгэх замаар, дараа нь сургаалын хүчин чадалд итгэх итгэлийг хөгжүүлэх замаар эцэст нь сургаалыг дадлага болгон шууд мэдрэх замаар эрсэн зүйлээ олоход туслах зам мөн эсэхийг таних болно.

- Сүсэг бишрэлийн зам сонгоно гэдэг тусгайлан танд аль нь хамгийн ихээр тохирохыг олно гэсэн үг. Үүний тулд танд ямар ямар боломж байгааг судлах замаар сонголтоо хийнэ.

- Олон ургалч үзэлтэй эвсгээр хамтран ажиллах чадварыг хөгжүүлэх ухааныг Римэ Ухаан гэнэ. Дөрвөн чанарыг тордсоноор энэ ухааныг бүрдүүлнэ: тэсвэр, хүлээц, сониуч зан, уян хатан сэтгэл.

- Үл ялгаварлах үзлийг хөгжүүлснээр өөр өөр үзлүүдийн хоорондын ялгааг тод олж харан тэр болгоны хүмүүст ашигтай өвөрмөц талуудыг ойлгож авах болно.

- Түр зуурын болон туйлын зорилгодоо хүрэхийн тулд хэрэгтэй чанаруудыг хөгжүүлэхийн төлөө жинхэнэ уламжлалт урсгалыг даган шүтэх зайлшгүй хэрэгтэй.

Бурханы гэгээрсэн газарт барьсан Махабоди Суврага. Энэтхэгийн Бодьгаяа хот

Буддын гүн ухааны Танилцуулга

"Буддизм" гэдэг үг уг урсгалыг цэвэр шашны систем гэж үзэх байр суурьтай зарим талаар зөрчилддөг. Бидний мэдэх ёсоор Бурхан Багш шавь нарынхаа хэрэгцээнд тааруулан олон төрлийн сургаал номлосон байдаг. Эдгээр сургаалын зарим хэсэг итгэл бишрэлд голлон анхаарч байдгаараа шашинлаг гэж үзэгдэвч энэ номын эхэнд бидний үзсэнээр зарим сургаал нь сэтгэлийн шинжлэх ухаан гэж хэлж болохоор эрүүл ойлголтыг хөгжүүлэх зорилготой тунгаан судлахуйн сэтгэл зүй, арга зүйн деталиудыг хадгалсан байдаг бол өөр бусад сургаал нь машид гүн ухааны чанартай болохоор учир шалтгааны болон мэдлэгийн онолыг өргөн ашигласан байдаг. Буддын сургаал тэгэхээр шашинлаг шинжийг агуулсан боловч бид үүнийг Жүүд-Христын хэрэглэдэг тэр утгаар шашин хэмээн нэрлэж болохгүй билээ.

Илүү тодорхой хэлбэл Бурхан Багшийн айлдсан сургаалыг "Будда-Дарма" гэж нэрлэдэг. Үгчилсэн орчуулгаар энэ нь "Бурханы сургаал" гэсэн үг бөгөөд ийм маягаар Есүсийн сургаалыг Христын сургаал, Мухамедын сургаалыг Муслимын сургаал гэх мэтчилэн нэрлэдэг. Барууны хэлэнд "изм" гэдэг төгсгөлөөр аль нэг гүн ухааны урсгалыг дүрсэлдэг болохоор аль болох энгийн байх үүднээс бид Буддизм гэдэг үгийг цаашид үргэлжлүүлэн хэрэглэх болно. Гэвч энэ нь үнэн хэрэгтээ изм биш Будда-Дармаг хэлж байгааг мартаж болохгүй.

Төвөд хэлэнд бурханы номыг дагагчдыг "нанпа" буюу дотоодыхон гэсэн утгатай үгээр нэрлэдэг. Энэ нь үнэн хэрэгтээ хүний үнэн жаргаланд хүрэхийн тулд дотоод ертөнц рүүгээ эргэснийг илэрхийлдэг ажээ. Аз жаргалыг гадаад ертөнцөөс эрж хайхын оронд тэр хүмүүс сэтгэлийн дотоод гүнээс жаргал ургадгийг таньж мэдсэн байдаг. Ийм учраас сэтгэлээ захирахын тулд Будда Дармаг судлаж шүтэж байна.

Энэ номдоо бид, сэтгэл ямар зарчмаар ажилладаг тухай болон түүнийг дадлагажуулан утга төгөлдөр амьдралаар амьдрах дотоод шинжлэлийг хэрхэн хөгжүүлэх талаар Бурханы сургаалын нийтэд илүү хамааралтай талуудад түшиглэн үзүүлэхийг оролдсон билээ. Буддын сургаалын ерөнхий дүр зургийг бид нэлээд судалсан бөгөөд гадны хүний нүдээр голлож үзүүлэхдээ аль нэгэн урсгал системийг дадал болгох шаардлагагүйгээр ямар амжилтанд хүрч болохыг үзүүлэхийг хичээж байна.

Гэвч цаашид бидний энэ сургаалтай холбогдсон холбоо нэлээд өөрчлөгдөж эхлэхийг та ажих болно. Бурхан багшийн үнэнийг хэрхэн ойлгодог байсны талаар үргэлжлүүлэн сурах тусам та энэ материалыг илүү гүнзгий ухаарч эхэлнэ. Цэвэр оюун санаагаар энэ сэдвийг ойлгох төдий биш сэтгэл ихэд уяран шүтэх болсноор сургаал замналд илүү өргөн гүнзгий нэвтрэх замыг эрж эхэлнэ.

Дараагийн хэсэгт Буддын сургаалын гарал үүсэл гэж тооцогддог өргөн цар хүрээг хамарсан мэдлэгийг детальчлан үзүүлэх ба үүгээр танд өөр өөр сургаалууд хүмүүст хэрхэн өөр өөрөөр тус болдог, хоорондоо хэрхэн холбогддог талаар ойлгуулах зорилготой юм. Бясалгагч нарт дадлага бясалгалд орох тал бүрийн бололцоог олгодог маш олон ургалч талууд Буддын сургаалд байдгийг та харсан. Илүү томоор харахын тулд түүнийг өөрийн гол шүтлэгийн системээ болгох чин хүсэл тэмүүллээр та өөрийгөө сайтар зэвсэглэсэн байвал зохино.

БУРХАН БАГШИЙН АМЬДРАЛ

Бидний таньж мэддэг болсон Буддизмын түүх энэхүү сургаалыг үндэслэгч, энэ азтай эриний түүхэн Будда болох Шагжаамүни Бурханы түүхээс эхэлдэг. Буддын сургаал энэ дэлхий дээр одоо цагт байгаагийн үнэн шалтгаан нь энэхүү аугаа багш үзэгдсэнтэй холбоотой. Түүний алхмыг даган явах нь хүний амьдралын утга учрыг харуулах ховор боломж болох билээ.

Үйл явдал болсон он сарын талаар түүхчдийн мэтгэлцээн зөрөлдөөн байх боловч түүхэн Буддаг гурван мянган жилийн өмнө Лумбини Цэцэрлэгт \ одоогийн Непаль\ төрсөн гэдэгт олон хүн итгэлтэй байдаг. Түүний эх Хатан хаан Маха Маяа хүүхдээ төрүүлэхээр эцэг өвгөдийнхөө шарилыг тавьсан Колия руу явж байсан ажээ. Тэр замдаа амрахаар цэцэрлэгт жаахан саатсанд сала модны доор төрөхөөр өвдөж эхэлсэн гэдэг. Тэр өдөр маш бэлэг дэмбэрэлтэй бүтэн сартай шөнө байсан ажээ.

Машид баярлаж хөөрсөн түүний эцэг Хаан Шуддходана хүү төрснийг тэмдэглэн заншил ёсоор нэр хайрлажээ. Баярт оролцсон хэдэн мэргэн хүн хүүг шинжиж үзээд хэд хэдэн бэлэгтэй шинж тэмдгийг олж илрүүлсэний нэг нь маш тусгай хүн төрж, бусдыг удирдах их хүн болон өснө, хамаг хаадын аугаа нь байх болно гэсэн шинжүүд ажээ. Мөн сүсэг бишрэлийн зам сонгох юм бол тэр туйлын гэгээрэлд хүрч Будда \сэрсэн нэгэн\ болох болно гэсэн байна. Хүүд Сиддхарта буюу "хүслээн гүйцээгч" хэмээх нэрийг хайрлажээ.

Залуу хунтайж эрдэм номд багаасаа суралцан, хичээл болгонд хамт сурагчдаасаа өндөр амжилт үзүүлэх болов. Ямар ч сэдэв байлаа гэсэн хунтайж Сиддхарта үргэлж хамгаас хурдан, хүчтэй, ухаантай сэргэлэн байдаг байлаа.

Шагжаамуний Бурхан Багшийн амьдралын түүхэн чухал үйл явдлууд

Оюуны чадавхиараа багшаасаа гүн хүндлэл хүлээсэн бол сэтгэл зөөлөн бусдад асралтай байдлаараа түүнийг мэддэг болгоны хайрыг татах болсон гэдэг.

Сиддхартаг маш олон төрлийн авьяасаа үзүүлж эхлэхэд Хаан эцэг олон мэргэдийн зөгнөн хэлсэн үнэн болохвий хэмээн айж эхлэв. Мэргэд түүнд хэрвээ Сиддхарта зовлон үзэх юм бол яахын аргагүй шашны замыг хөөх болно гэж хэлсэн болохоор ширээ залгамжлах цорын ганц хүүгээ алдахгүйн тулд хунтайжийг төрөл бүрийн таашаал төрүүлэх зүйлсээр тойруулан хүрээлүүлэх болов. Тэрбээр Сиддхартад зориулан хэд хэдэн ордныг бариулж алив нэгэн зовлон үзэхээс сэргийлэн хязгаарлаж гарав. Энэ бүх баян тансаг амьдралын хэв маягийг үл харгалзан хунтайж илтэд сэтгэл хангалуун бус байдалтай байх болжээ.

Сэтгэлийг нь сэргээхийн тулд хаан хүүгээ гэрлүүлэхээр шийдэв. Тэгээд улс даяар хамгийн үзэсгэлэнтэй охидыг сонгон авчирч үзүүлсэнд тэдний дотор Яшодхара хэмээх залуу охин байсан ажээ. Сиддхарта түүний гоо үзэсгэлэнд бишрэн сүй тавьснаар удалгүй тэд гэрлэлээ.

Эцэстээ ордон түүнд шорон мэт санагдах болсонд хавь ойрын тосгодоор явж үзье хэмээн эцгээсээ гуйх болов. Эцэг нэлээд эргэлзсэнээ эцэст нь зөвшөөрлөө. Ордноос гараад хунтайж хөгшин хүн анх удаа харж аянганд ниргүүлэх мэт болов. Хөгшрөх гэж юу болохыг хэзээ ч үзээгүй тэрбээр хүн болгон ингэх тавилантай гэж дуулаад мэл гайхаж хоцорчээ. Тэгээд хөгшрөхгүй байх аргагүй гэдэг бодолд сэтгэл гонсойсоор эргэж ирэв.

Дахиад гадагш гаръя гэж эцгээсээ гуйсанд татгалзаад нэмэр болохгүй гэж мэдсэн эцэг зөвшөөрлөө. Хунтайж Сиддхарта энэ удаад хотоор нэлээд явахдаа өвчтэй хүн үзээд гайхширан зогтусахад хүрэв. Хүн ингэж зовж болдог гэж тэр зүүдлээ ч үгүй явжээ. Хэн ч үүнээс мултарч чадахгүй гэж дуулаад бүр илүү их сэтгэлээр унав.

Хүүгээ өөрчлөгдөж буйг харсан ч гэсэн хаан татгалзаж дөнгөсөнгүй дахин гарах гэсэн хүсэлтийг зөвшөөрлөө. Тосгоны гудамжаар алхан яваад тэр чандарлах газар руу үхсэн хүн зөөж яваа оршуулгын ёслолтой дайралдлаа. Түүний сониуч зан хөдөлснөөр даган явж нөгөө хүнийг галд шатаахыг үзэв гэнэ. Тэгээд хүмүүс яагаад ийм зүйл хийж байгааг болон нөгөө хүн яагаад хөдлөхгүй байгааг гайхаад олсонгүй. Туслагч руугаа хандан тайлбарлаж өгөхийг хүссэнээр үхлийн тухай анх ийнхүү мэдэж авав. Бүрэн гансарсан хунтайж ордондоо буцаж ирээд саяын үзсэн зүйлээ тунгаан бодов. Ингээд үр дүнд нь зовлонг таслан зогсоох аугаа хүсэл оргилон иржээ.

Дөрөв дэх удаагийн аялалынхаа үед Сиддхарта цэцэрлэгт алхан яваад жанч нөмөрсөн хүн замын хажууд суухыг үзэв. Тэр хүн маш жаргалтай харагдсанд Сиддхарта түүний хэн болохыг лавлав. Хунтайжийн туслах түүнд энэ бол хорвоог огоорох сэтгэлд умбаад нэгэн насны амьдралаа зовлонг гэтэлгэн амгалан жаргаланд хүрэхэд зориулан, арга чарга хайж яваа даянч байна гэж тайлбарлав. Үүнийг сонсоод хунтайж өөрийнх нь хүсэж байгаа зүйл яг энэ болохыг ойлгосон боловч хэрэв ордонд амьдарсаар байх юм бол түүнд бүх юм дутуу дундгүй болохоор хүслээ биелүүлэх нөхцөл гарахгүй гэж бодов. Ингээд өөрийн тансаг амьдралыг бүгдийг орхин асуултынхаа хариултыг эрж олоод дайралдсан бүхэнтэйгээ хуваалцах хатуу шийдэлд хүрэв гэнэ.

Удалгүй тэр хааны амьдралаа орхин ордноос шөнөөр морьтой гарч оргов. Хүчтэй зорилгоор жигүүрлэсэн тэрбээр хайртай эхнэр, дөнгөж мэндлээд удаагүй хүүхдээ, гэр орон, найз нөхдийн хамтаар орхин одлоо. Нэр төр хаан ширээ, түүнийг дагалдсан дээд зиндааны амьдралыг бүрэн огоорч нэгэн үзүүрт сэтгэлээр чөлөөлөлтөнд хүрэхэд анхаарлаа чиглүүлж, үсээ хусан хувцасны тамтаг нөмрөөд хатуу журамт тэнүүлчний амьдралаар амьдрахаар болов. Удсан ч үгүй түүнийг Шагжаамүни буюу "Шагжаа Омгийн Сэцэн" хэмээн дуудах болов.

Зовлонг үгүй хийхээр сэтгэл бүрэн шулуудсан Сиддхарта газар дээрх хамгийн алдартай бясалгагч нар болох Алара Калама, Уддака Рамапутта нараас суралцлаа. Тэдний удирдлаган дор хурдтай ахиц гарган тэдний хүрсэн түвшинд удалгүй хүрээд бүр цаашаа даван гарч бясалгалын дээдэд хүрэв. Хэчнээн гүнзгий бясалгалд орлоо ч түүний сэтгэл ханасангүй.

Тэгээд хэт хатуу сахилтны ёсонд орж өөрийгөө тарчилгах замыг барих болов. Өөр таван хатуу журамт бясалгагчдын хамтаар Наранжана голын эргийн дагуу зургаан жил эрчимтэй бясалгал хийн алга дүүргэм хоолоор өдрийг баран явжээ. Түүний бие турж эцэн тартагтаа тулахад тэр буруу зам дагаснаа ухаарсан байна. Бие ба сэтгэл хоёр нэгэн цул зүйл болохоор салгаж бодох аргагүй юм тэгэхээр биеэ зовооно гэдэг сэтгэлээ захирахад муугаар нөлөөлнө гэж ойлгов.

Бүрэн туйлдалд орсон түүнд гэнэт Сужата хэмээх нэртэй Брахмины залуу охин аяга дүүрэн сүүтэй чихэрлэг будааг өргөл болгов. Түүнийг идсэнд Сиддхартагийн бие дороо тэнхрэн арьс нь гөлгөр шаргал өнгөөр туярав. Бясалгалын үр дүн нэлээд ахисныг дор нь ажигласан тэрбээр сэтгэл нь илүү тод бөгөөд тайван болсныг мэдрэв. Журмаа зөрчсөнд нь буруутгасан нөгөө тав түүнийг орхин холдож одлоо.

Гучин-гурван насандаа хунтайж Сиддхарта Хойд Энэтхэгийн Бодигаяад аялан очиж Бодь модны доор төгс гэгээрэлд хүртлээ тэндээс босохгүй хэмээн тангараг тавиад суужээ. Тэнд тэр нарийн сэтгэлийн бүхий л түйтгэрүүд болоод сөрөг энергүүдтэй тулгарахад тэдгээрийн сүрдүүлэг уруу таталтанд автагдгүй тэвчээртэй үлдэж чадав. Газар дэлхийгээр гэрчээ хийн байж сэтгэлийн хамаг бугийг дарж чадлаа.

Өглөөний нарнаар Сиддхарта хамгийн нарийн түвшний мэдэгдэхүүний түйтгэрийг ялан гарч төгс гэгээрлийн хутгийг олов. Үнэнийг халхлах мунхгийг ялан гарч мянга мянган амьдралын туршид хоригдон байсан шоронгоос нэгэнтээ мултрах шиг санагдсан ажгуу. Мунхаг сэтгэлийг дэмжиж, сар оддыг халхалсан үүлс мэт асан төөрөгдлийн эцэс төгсгөлгүй урсгалыг ийнхүү зогсоон уусгаж чадлаа. Орчлон хорвоогийн бүх зүйл харилцан хамаарлаар оршдгийг тэр тодхон харж үнэнийг бодит ба хийсвэр хэмээн хуваалж төөрөгдүүлэн харснаас болоод зовлон ирдгийг ойлгожээ. Энэ алдаатай ойлголт биднийг шунал, уур хилэн мэтийн тоогүй олон хөнөөлтэй үйлдэлд даллан дуудаж улам илүү зовлонг амсуулж байжээ. Үүнээс гадна тэр амьтан бүлгоны гэгээрэх боломжтойг олж харсан байна. Энэ үеэс эхлээд түүнийг Бурхан Будда буюу Сэрсэн Нэгэн хэмээн нэрлэх болсон гэдэг.

Өөрийн ухамсарлахуйн нандин хийгээд гүнзгий чанарыг гаргаж үзүүлэхээр шийдэж ядан яг долоон долоо хоног болсны дараа аугаа тэнгэрүүд болох Брахма, Индра нарын хүсэлтийн дагуу Номын Хүрдийг эргүүлэн шинэ эриний сургаалыг ийнхүү бидэнд номложээ.

Олон хоногийн дараа Будда Бугын цэцэрлэгт нөгөө таван хатуу сахилт бясалгагч нөхөдтэйгөө дайралдсанд хатуу журамтны замыг орхисон хэмээн зэмлэхээр уулзаад биеэс нь цацрах их гэрлийг үзэн бишрэч анхных нь шавь нар болцгоосон гэдэг. Будда Номын Эхний Хүрдийг эргүүлж *Дөрвөн үнэний сургаалыг* номлосонд түүний удирдлаган дор шавь нар нь гурван сарын дотор Архадууд болон хувирцгаав. Мөн маш их олон тооны "үл үзэгдэх" амьтад энэ сургаалыг айлдахад байлцаж дорхноо тусыг хүртэж байсан гэлцдэг. Ийнхүү анх удаагаа Чухаг дээд гурав: Бурхан \багш\, Ном \сургаал\, Хувраг \чуулган\ гэдэг ойлголт хорвоод танилцуулагджээ.

Насан өөд болох хүртлээ Бурхан Багш дөчин-таван зуны бясалгал удирдан явуулж, Номын Хүрдийг тоогүй олонтаа эргүүлэн харьцангуй хийгээд туйлын үнэний аль алийг дэлгэрүүлэн номлохдоо дагалдагдсынхаа хэрэгцээ хэмжээнд тааруулан айлдаж байжээ. Тэрээр сургаалуудаа ахлах шавь болох Шарипутра, Модгаляана хийгээд олон тооны лам, гэлэнмаа болон энгийн хүмүүс, Бодьсадва, хүн-бусын амьтдад номлосон ажгуу. Түүний сургаалууд ямагт мөнх-бус байдлыг харуулж байсан ба түүний үнэн уйсал огоорол дагалдагч нарын дунд чинхүү бишрэлийг төрүүлж байсан гэдэг.

Алдар хүндтэй лам хүний ёсоор Шагжаамүни Хойд Энэтхэгийн олон бололцоотой газруud болох Ражагриха, Тас цогцолсон Оргил Уулс, Вайшали зэрэг газруудад номлолоо айлдсан бөгөөд ер бусын чадвараа ашиглан хүн-бус амьтад болох тэнгэр, лус, сүнснүүдэд зориулан ариун орнуудаар номлолоо мөн айлдаж байлаа. Мөн илүү дээд түвшинд хүрсэн шавь нартаа зориулан өөр өөр төрлийн ариун дүрүүдээр үзэгдэж байв. Жишээ нь, Өмнөд Энэтхэгийн Амарвати гэдэг газар Хаан Сучандрад Цагийн хүрдний сургаалаа Дүйнхор ядам бурханы дүрээр айлдсан гэдэг.

Наян насны сүүдэр зооглохдоо Бурхан Багш Кушинагар хэмээх хотод хоёр сала модны хооронд баруун талаараа хэвтэж сүүлчийн удаа биеэрээ номлол айлдсаныхаа дараагаар нирваан дүрийг үзүүлсэн гэдэг.

Нэг талаас авч үзвэл бид Бурхан Багш амьдралдаа дадлага бясалгалаа чинадад нь хүргэж төгс гэгээрлийг олсон жирийн нэгэн эр хүн мэт үзэгдэвч энэ бол зөвхөн түүний түүхийг тайлбарласан нэг л тайлбар төдий юм. Өөр талаас авч үзвэл Сиддхарта гэдэг хэдийнэ гэгээрчихсэн Бурхан хүний дүрээр бидэнд үзэгдэхээр Тушида тэнгэрийн ариун орноос ирсэн гэж үздэг. Бидний түүхэн Будда Шагжаамүни гэж үздэг хүн муу сэтгэлээ хэрхэн ялан гарч зовлонг зогсоох Номыг заахын тулд үзэгдсэн гэж үзэж болно. Үнэн хэрэгтээ гэвч, Бурханд хөгшрөх, өвдөх, үхэх, үйлийн үрээр дахин төрөл авах явдал үгүй билээ. Тиймээс тэр зүгээр зүүдэнд үзэгдэх мэт байдлаар ирээд зүүд мэт Номыг зүүдний ертөнцөд номлосон юм. Бидэнд бүгдэд маань энэ үнэн - гэгээрсэн чанар бий билээ. Өөрсдийн энэ нандин үнэнээ задлах хүртэл Бурхан Багш бидний амьдралд ердийн хийгээд ер бусын маш олон янзын байдлаар байн байн үзэгдсээр байх нь гарцаагүй.

НОМЫН ХҮРДИЙГ ГУРВАНТАА ЭРГҮҮЛСЭН НЬ

Бурхан Багшийн амьдралынхаа туршид номлосон бүх сургаалуудаас хэдэн удаагийн давтагдсан дүр зургийг ажиглаж болно. Тэрбээр аль нэг сургаалын гүнд нэвтрэхэд хүн болгон бэлэн биш байгааг ажиглан таньсны улмаас шавь нарынхаа чадал чансаанд тааруулах маяг дээр үндэслэн тэдгээр номлолыг айлдсан байдаг. Санааг хүлээн авахад бэлэн биш байгаа хүмүүсийг дэмий будлиулахын оронд тэдний үнэнийг харахад саад болж буй сэтгэл доторх бэрхшээлүүдийг арилгах замыг сургахаар сонгосон ажээ.

Энэ талаас нь ав>аад үзвэл бид түүний сургаалыг ахиц дэвшлийн гурван шатанд хуваан үзэж болох бөгөөд тэд цөм бясалгагч хүнд бүдүүнээс эхлээд нарийн руугаа хүртэлх бүхий л бэрхшээлүүдийг арилгасаар өөрийн ариун үнэнийг эцэстээ илрүүлэхэд зориулагдсан ажээ. Эдгээр үе шатуудыг *Гурвантаа эргүүлсэн номын хүрдэн* гэж нэрлэдэг. Үүнийг сэдэв байдлаар нь шаталж ангилсан болохоос номлосон он сараар шатлаагүй гэдгийг ойлгох хэрэгтэй. Түүний Эхний Номын хүрдний маш алдартай сэдэв л гэхэд насан өөд болохынх нь өмнө айлдагдаж байсан байх жишээтэй. Бидний ойлгох ёстой чухал асуудал бол эргүүлсэн хүрд болгоны сэдэв шавийн сэтгэлийн түйтгэрүүдийг арилгахад тустай замуудыг үзүүлэхэд чиглэж байсан гэдэг баримт юм. Гурван номын хүрдэнг үзүүлбэл:

1. Нэгдүгээр **номын хүрдэн** шалтгаан ба үр дагаврын сэдвийг тойрсон асуудлууд ялангуяа зовлон хэрхэн ургадаг болон түүнээс хэрхэн ангижирч

болохтой холбогдсон сургаалууд энд багтдаг. Энэ хүрдний хамгийн үндсэн сургаал бол Энэтхэгийн Сарнат хотод айлдсан *Дөрвөн үнэний сургаал* билээ. Шалтгаан ба үр дагаврын ойлголтыг хөгжүүлснээр бясалгагч хүн зовлонгийн шалтгааныг орхин жинхэнэ жаргалд хүргэх шалтгааныг бий болгох ажээ. Энэ сургаал бидний сэтгэлийг Ном руу чиглүүлж өгөн туйлын мөн чанар руугаа гүнзгий нэвтэрч орохын тулд буян хишгээ нэмэдлүүлэхэд тусалдаг байна.

2. **Хоёрдугаар номын хүрдэн** хоосон чанарыг номлоход чиглэсэн байдаг. Энэ сургаалууд Ражагриха дахь Тас цогцолсон оргил уулсад олон гэлэн Бодьсадва нарт номлосон *Билиг бараамидын судруудтай* нягт холбоотой байдаг. Энэ сургаалуудад юмс үзэгдлийн өөрөөсөө хэзээ ч үүсээгүй угийн хоосон чанартайг харуулж мунхаг сэтгэл юмс үзэгдлийн үнэн чанартай ямар холбоотойг хийгээд хэрхэн зовлонгийн үндэс болдгийг тодорхой үзүүлсэн билээ. Тиймээс хоосон чанарыг бясалгаснаар төөрөгдлийг арилгаж болох юм гэдгийг тэр номложээ.

3. **Гуравдугаар номын хүрдэн** туйлын үнэний хамгийн гүнзгий сэдэв болох бидний *Бурханлаг-Чанарыг* сургасан эдгээр сургаалууд Бурхан Багшийн амьдралын туршид өөр өөр газруудад номлогдсон байдаг. Хүн болгонд үзэгдэж болох гэгээрсэн сэтгэлийн тоолж барамгүй дээдийн чанаруудыг машид ихээр детальчлан үзүүлсэн байдаг бөгөөд түр зуурын түйтгэрүүдээсээ салж чадах юм бол амьтан болгон төгс гэгээрсэн Бурхан болох чадвартайг харуулсан ажгуу. Энэ шатанд хүрээд цаашид арилгах түйтгэр гэж үгүй буй заа.

БУДДЫН ХӨЛГӨНҮҮДИЙН АНГИЛАЛ

Хөлөг гэдэг нэг газраас нөгөөд хүргэх тээврийн хэрэгслийг хэлдэг. Дугуй, машин, онгоц цөм тээврийн хэрэгслүүд юм. Тэдгээрийн үндсэн зарчим адилхан хэрнээ нэг ижил үр дүнд өөр өөр замаар биднийг хүргэдэг.

Хөрш хот руугаа аялахыг та хүсчээ гэж бодогтун. Дугуйгаар явж болох боловч үүнд их цаг орно. Машинаар явбал хурдан очино. Нутгийн нөгөө хязгаарт байгаа хот руу бол машин хүртэл удаж хүрэх болохоор онгоц хөлөглөвөл хоногийн дотор хүрч чадах ашигтай.

Сүсэг бишрэлийн замдаа хир хурдтай ахих болон хир хол явж чадах нь бидний ямар хөлгөн сонгосноос хамаарна. Бидэнд ямар хөлгөн зохимжтой вэ гэдэг нь бидний сүсэг бишрэлийнхээ замд хир өсөж боловсорсон хийгээд хувийн сэдэл зорилго ямар байгаагаас шалтгаална. Хот дотор бол хүн болгон л дугуйг сонгох нь мэдээж. Машин барина гэвэл жолооны ард суухаас өмнө танд тодорхой хэмжээний мэдлэг чадвар хэрэгтэй. Үүний нэгэн адилаар онгоц жолоодоно гэвэл та аяллаа хурдасгаж болох хэдий ч тохирох бэлтгэлийг хийгээгүй байвал маш амархан сүйрч шатаж болох билээ.

Бид Бурхан Багшийн сургаалын уудам өргөнийг бодсон ч бясалгагч нарын өөр өөр байдлаас шалтгаалаад төрөл бүрийн хөлгөн байж болохыг гадарлаж байх нь магадтай юм. Тэр биднийг цөм энэ амьдралд өөр өөрсдийн үйлийн үрээс хамааралтайгаар ирснийг мэдэж байгаа болохоор зарим нь дугуй унахад тохирно, зарим нь онгоц жолоодоходхэдийнэ бэлэн болсон байхыг ойлгосон байна.

Яг одоогоор ямар түвшинд байна гэдэг нь байнга түүндээ үлдэнэ гэсэн үг биш ээ. Цаг хугацааны туршид өөр хөлгөнүүдтэй танил дотно болон солиход хүрэх ч бий. Ийм учраас хөлгөн гэдэг бидэнд сүсэг бишрэлийнхээ аянд аль нэг тодорхой шатанд анхаарах дэвшилтэт замыг төлөөлж байдаг.

Дараагийн хэсэгт ямар үед юуг хөгжүүлбэл зохихыг ялган ангилахад туслах зорилгоор сургаалуудыг өөр өөр хэсгүүдэд хэрхэн хуваадгийг дүрслэн үзүүлэх болно. Тэдгээр шалгууруудыг хөлгөнүүдийн хооронд дамжих шат хэмээн бүү бодоорой түүний оронд нэг бялууны л өөр нэг зүсэм гэж бодвол зохино. Аль зүсмийг та сонгох нь аль нь илүү хорхой хүргэм харагдаж байгаагаас шалтгаална.

Хөлгөнүүдийг тархсан байдлаар нь ангилах

Бурхан Багш гурван номын хүрдэнгээ тавь орчим жилийн туршид айлдсан билээ. Түүний айлдсан сургаал болгон тэр даруй нийтэд нэвтрүүлэгдэж байсан нь үгүй юм. Нийт олон түмний хувьд илүүтэй гүнзгий сургаалыг шүүрэн авна гэхэд өсөж боловсрох цаг хугацаа шаардагдаж байлаа. Үүнд үндэслээд түүний сургаалуудыг хоёр үндсэн хөлгөнд хуваажболно:

1. **Бага Хөлгөн \Хинаяана\:** Эхний хүрдний сургаалууд Бурхан Багшийн үеэс эхлээд хүн болгонд олдоцтой нийтэд номлогдог байсаар иржээ. Эдгээр сургаалууд Буддын дадлагын үндсийг хэлбэржүүлж хуврагийн ёсны \виная\ дүрэм журмыг тодотгон харуулснаараа сансрын хүрднээс чөлөөлөгдөх нэгэн биеийн чөлөөнд хүрэх ашигтай аргуудтай танилцуулдаг билээ.

2. **Их Хөлгөн \Махаяана\:** Хоёр ба Гуравдугаар Хүрдний номлолууд дэвшилтэт шатанд хүрсэн цөөхөн хэдэн шавь нарт номлогдож байжээ. Энэ нь Бурхан Багшаас хойш олон зууны туршид номлогдоогүй үлдсэн гэсэн үг юм. Тэдгээр сургаалууд хамаг амьтны тусын тулд гэгээрэлд хүрэх бусдын төлөө амь бие үл хайрлах нийгмийн үйл хэрэгт онцлох хандлагатай байснаараа энгийн хүмүүсийн дунд машид алдартай болсон байна. Ийм маягаар буддын шашин энэтхэгийн бүх давхаргуудад хүчтэй дэлгэрч ирсэн ажээ.

Хинаяана гэдэг үгийг үгчлэн орчуулбал "жижгэвтэр" хөлгөн харин Махаяана нь "аугаа" хөлгөн гэсэн утгатайгаар хөлгөнүүдийн цар хүрээг тодруулсан үгс ажээ. Хинаяана сургаал нэгэн биеийн чөлөөнд анхаардаг бол Махаяана сургаал амьтны төлөө гэгээрэлд хүрэх илүү өргөн цар хүрээг хамардаг байна. Гэхдээ энэ нь нэг хөлгөний сургаал нөгөөгөө бодвол илүү дээгүүр гэсэн үг биш харин арай давчуухан л хардаг гэсэн үг юм.

Урсгал	Эргүүлсэн Номын хүрд	Гол Тодортгол
Хинаяана	Нэгдүгээр номын хүрд	Шалтгаан ба Үр Дүн
Махаяана	Хоёрдугаар Номын хүрд	Хоосон чанар
	Гуравдугаар номын Хүрд	Бурханлаг-чанар

Хүснэгт 11-1: Тархалтанд үндэслэсэн Хөлгөнүүд

Хөлгөнүүдийг дөхөх аргуудаар нь Ангилах

Өөрийн хамгийн боловсорсон шавь нартаа зориулж Бурхан багш, Бурханлаг-Чанарыг хэрхэн чадварлагаар ашиглан сүсэг бишрэлийн замдаа ахиц гаргаж болохыг дүрсэлсэн өвөрмөц тусгай сургаалуудаа янз бүрийн ариун хэлбэрт биеэ хувирган үзэгдэх байдлаар айлдсан ажээ. Эдгээр ер бусын хүчирхэг аргууд багшаас шавьд нууцхан дамжих замаар олон үеийг элээн иржээ.

Цуглуулгаар нь эдгээр сургаалуудыг *Буддын дандарын ёс* гэж нэрлэн харин нийтэд түгсэн өвөрмөц сургаалуудыг *Буддын судрын ёс* гэж нэрлэсэн байна. Энэ хоёр бүлэг сургаалууд бясалгагчдыг гэгээрэлд хүргэх чадвараараа адилхан. Эцэстээ Бурханы хутагт хүргэдэг эдгээр замуудын үр ашиг нь гэвч өөр билээ. Хэрвээ бид сургаалуудыг судрын ёс ба тарнийн ёсонд хувааж авч үзвэл доорх хөлгөнүүд гарч ирэх юм:

1. **Учир шалтгааны хөлгөнүүд \Сутраяана\:** Эдгээр хөлгөнүүд судрын ёсонд голлон тулгуурладаг. Тэд хамаг амьтны эрх ашгийн үүднээс хандсан дадлагад голлодог бөгөөд ийм замаар ойртох нь хамаг амьтныг ариун-бус шинжтэй, түйтгэрлэгдсэн сэтгэлтэйгээр авч үздэг байна. Ийм ариун биш амьтан хэрэв гэгээрэлд хүрье гэвэл эхлээд сэтгэл дэх бүхий л сөрөг талуудаа орхихын сацуу эерэг чануудыг хөгжүүлэх хэрэгтэй. Тэгэхээр хамаг амьтан сэтгэлээ аажуухнаар хөгжүүлсээр нэг өдөр Бурханы хутагт хүрнэ гэсэн үг. Энэ үйл явц ерөнхийдөө тоолшгүй гурван галаваас илүү хугацааг шаарддаг байна.

2. **Үр дагаврын хөлгөнүүд \Тантраяана\:** Эдгээр хөлгөн тарнийн ёсонд голлон суурилдаг. Тэд бидний суурь язгуур болох Бурханлаг чанарын зарчим дээр явагддаг бөгөөд энэ чанар бол язгуураасаа ариун болохоор үнэндээ хийх юм байхгүй гэсэн үг. Харин өөрийн сайн талуудаа дэмжин хөгжүүлж өөрсдийн язгуур үнэнийг олж харахаас халхлан хаацайлаад байгаа сэтгэлийн түйтгэрүүдийг арилгахад анхаардаг байна. Иймд өөрсдийн

унаган чанараа ойлгосон бясалгагч хүн тэр л чанараа чадварлагаар ашиглан дадуулж чадах болно. Яагаад гэвэл тэд хүрэх үр дагавартайгаа \ бурханлаг чанар\ шууд тулж ажиллаж байгаа болохоор тэр. Тиймээс үр дагаварын хөлгөн гэж нэрлэсэн байдаг бөгөөд эдгээр аргыг хэрэглэснээр бясалгагч хүн нэгэн насандаа гэгээрэлд хүрэх боломжтой ажээ.

Юунд онцлон анхаарсан байна гэдгээс хамаараад эдгээр хөлгөнүүдийн гурван хүрдний сургаалуудтай хэрхэн холбогддогийг доорх байдлаар үзүүлж болно:

Төрөл	Эргүүлсэн Номын Хүрд	Гол онцлог
Шалтгааны	Нэгдүгээр Номын Хүрд	Шалтгаан ба Үр Дагавар
	Хоёрдугаар Номын Хүрд	Хоосон чанар
Үр Дагавар	Гуравдугаар Номын Хүрд	Бурханлаг- Чанар

Хүснэгт 11-2: Ойртох Аргуудаар Үзүүлсэн Хөлгөнүүд

Онцлогт тулгуурласан хөлгөнүүд

Өмнөх шалгуурт үндэслээд бид Хинаяана хөлгөн судрын ёсонд тэр чигээрээ тулгуурладаг бол Махаяана хөлгөнд харин судрын ба тарнийн ёсны аль аль талууд багтдаг болохыг харлаа. Энэ нь дадлагын ялгаатай гурван хэлбэрийг хөгжихөд хүргэдэг бөгөөд тэр болгон өөр өөр цаг үе орон газраар нэвтрүүлэгдэж иржээ:

1. **Бага Хөлгөн \Хинаяана\:** Хинаяана сургаалууд бол Бурхан Багшийн хамгийн анхны айлдсан сургаалууд бөгөөд өнөөдрийн Тайланд, Шри Ланка, Камбож, Бурма, Лаос зэрэг орнуудад ихэд дэлгэрсэн Буддын дадлагын хэлбэр юм. Эдгээр дадлага бясалгалыг нийтэд нь *Теравада буддизм* гэж нэрлэсэн нь энэ урсгалыг баримтлан үлдсэн цорын ганц сургуулийн нэр ажээ. Тэд Нэгдүгээр номын хүрдний хамгийн эртний бичигдэж үлдсэн цуглуулга болох Пали хэл дээр бичигдсэн сургаалыг дагадаг байна.

2. **Их Хөлгөн \Махаяана\:** Махаяанагийн гол сургаал бол Төвөд, Хятад, Солонгос, Япон ба Вьетнам улсуудын дагаж мөрддөг хэлбэртэй ерөнхийдөө илүүтэй таардаг сургаалууд юм. Тэд Төв Төвөдийн Наландагийн Хийдийн дадлага сургаалд үндэслэгдсэн боловсролын систем болох Санскрит эх бичгийг үндэслэн дагадаг байна. Ихэнхдээ *Наландагийн Урсгал* гэж нэрлэгддэг энэ системийг Төвөдийн Буддын сургуулиуд нягт уялдаатай дагаж мөрддөг билээ. Хятад Япон мэтийн зарим орны урсгалууд \ Чан буюу Зэн Буддизм\ бага суралцаж их дадлагажин сэтгэшгүй ахуйг хөгжүүлэхэд анхаардаг аргыг ихэд хэрэглэдэг байна.

3. **Очирт Хөлгөн \Важраяана\:** Очирт Хөлгөний сургаалууд Махаяана Буддизмын хамгийн өвөрмөц сургаалууд хэмээн үзэгдэж зөвхөн Төвөдөд

байдаг гэж хэлэхэд бараг болно. Үүнийг мөн гэгээрэлд хүргэх хамгийн хурдан зам гэдгээр нь *Цахилах хөлгөн* гэж ч нэрлэх нь бий. Очирт хөлгөн үүсгэн дүрслэх, тарни тоолох, биеийн дотоод хийг гүйлгэх хүрдний техникүүд зэрэг тоогүй олон чадварлаг аргуудаар бясалгагч хүнийг бурханлаг чанартайгаа холбогдоход тусалдаг байна. Гэгээрэлд хүрэхэд саад болж буй түйтгэрүүдийг арилгахын тулд асуудалтай талууд болон хязгааруудаа олж харах, таних хийгээд зайлуулах аргууд дээр тарнийн ёсон төвлөрдөг бол судрын ёсон сайн чанаруудыг хөгжүүлэхэд анхаардаг ажээ. Очирт хөлгөн амаргүй зам гэдэг утгаараа Буддын шавь болгонд зориулагдсан зам биш билээ.

Их хөлгөн ба Очирт хөлгөн хоёулаа Хоёр ба Гуравдугаар номын хүрдэнд онцгой тохирдог хэрнээ Нэгдүгээр номын хүрдний Теравада Буддизмын сургаалтай огтхон ч харшилддаггүй ажээ. Теравада сургаал Буддын шашны үндэс суурь болохоор Их хөлгөний ёсыг амжилттай хөгжүүлэхэд гарцаагүй шаардлагатай суурь болж өгдөг байна. Төвөдийн Буддын урсгалд лам хувраг хүмүүсийн баримтлах ёс суртахууны дүрмийг үзүүлэхийн тулд Теравада урсгал Виная ёсны сургаалуудыг ашигладаг билээ. Үнтэй адилаар Очирт хөлгөний сургаалууд Их хөлгөнд илүүтээ түшиглэдэг. Их хөлгөний сэдэл хийгээд үзэлгүйгээр Очирт Хөлгөний замаар замнаж гэгээрэлд хүрнэ гэвэл боломжгүй зүйл тэр билээ.

Сургаал	Урсгал	Онцлог	Дадуулагч орнууд
Судрын ёс	Бага хөлгөн	Нэгдүгээр Хүрд	Шри Ланка, Бурма, Тайланд, Камбож, Лаос
	Их Хөлгөн	Хоёрдугаар Хүрд	Хятад, Солонгос, Япон, Вьетнам
Тарнийн ёс	Очирт хөлгөн	Гуравдугаар Хүрд	Төвөд, Монгол, Гималайн аймаг

Хүснэгт 11-3: Онцлогт тулгуурласан Хөлгөнүүд

Суурь, мөр ба үр дүн

Өөр өөр хөлгөнүүдийг шинжилж байх явцдаа энгийн хүрээ татах маягаар үндсэн харьцуулалтыг хийж болох билээ. Бүх хөлгөнүүдийг гурван талтай холбож ойлгодог нь:

1. **Суурь:** Аль ч хөлгөний суурь нь үнэнийг дүрслэх тэдний үзэл байдаг. Энэ үзлээр бясалгагч хүн үнэний аль талууд сэтгэлийн ханамжгүй байдлыг авчирдаг болох хийгээд хүссэн үр дүндээ хүрэхийн тулд хэрхэн ажилладаг зэргийг таньж авдаг байна. Бүхий л дадлагууд энэ ойлголтон дээр тулгуурлаж босдог болохоор *суурь* хэмээн нэрлэж байгаа бөгөөд замынхаа туршид бид энэ үнэнтэйгээ хамтдаа явах болно.

2. **Мөр:** Асуудал хаана байгааг таньсан хүн байдлыг өөрчлөх стратеги боловсруулж эхэлнэ. Бясалгагч хүний суурь мэдрэмжийг хувиргах зорилгоор бүхий л хөлгөнүүдийн олгодог арга техникүүдийг *зам мөр* төлөөлдөг. Замууд байгалиасаа дээш өгсөх шат хэлбэртэйгээр бүтсэн байдаг бөгөөд гишгүүр болгон таныг туйлын үнэнтэй улмаар ойртуулж өгч байдаг. Бясалгал ба ёс зүйн дадлагын хоёр гол зам мөр бий.

3. **Үр дүн:** Зам мөрөөр орсоор хэд хэдэн төрлийн *үр дүнд* хүрч очих боломжтой. Хөлгөн бүр таныг аль нэг цэгт аваачихаар бүтээгдсэн байна. Хөлгөний танд олгон буй замын төгсгөлд хүрмэгц хөлгөө солин цааш явах хэрэгтэй. Ийм учраас зарим хөлгөнийг бусдаас "дээд түвшний" гэж нэрлэдэг нь тэдний үнэнийг танд илүү гүнзгий мэдрүүлдэгтэй холбоотой билээ. Эдгээр хөлгөнүүдийг дамжин явсны эцсийн үр дүн гэгээрэл байх болно.

Энэ бүх зарчмуудыг зураглан харуулах үүднээс Буддын сургаалын бүхий л хэлбэрүүдэд нийтлэг гэж үзэгддэг суурь, мөр, үр дүнгийн талаар тодруулан судлах болно. Эдгээр сэдвүүд танд Буддын сургаалын хамгийн үндсэн ойлголтыг хэлбэржүүлж өгөөд зогсохгүй дараа дараагийн бүлгүүдэд дэлгэрүүлэн үзүүлэх болно.

Суурь – Эвдэршгүй дөрвөн тамга

Буддын үзлийн гол шим нь Дөрвөн тамганы ухаан билээ. Нэг ч амьтан тэдгээрийг ойлголгүйгээр гэгээрэлд хүрч байгаагүй, ирээдүйд хүрэх ч үгүй бөгөөд үнэхээр ойлгосон цагт Буддын замд алдаа гаргана гэж үгүй билээ. Тамга дарагдсан бичиг жинхэнэ хэмээн итгэл төрүүлэхүйц хүчин төгөлдөр болоод явчихдаг учраас аль нэг үзэл үнэхээр Буддын сургаал гэж үзэгдэнэ гэвэл тамгатай байх ёстой. Тэдгээрийг бид зөв ойлгож ухаарч чадах юм бол Бурханы Ном юугаараа ховор болохыг ойлгож бусад итгэл бишрэлийн бүхий л системүүд, гүн ухааны үзлүүдээс ямар ялгаатай болохыг таньж чадах болно.

Эдгээр эвдэршгүй дөрвөн тамгыг нэг бүрчлэн судлах явцад өмнөх бүлгүүдэд судалсан зарим зүйлүүдийг мөн дахин олж үзэх магадтай. Бурханы Номыг судалж байхад энэ нь нийтлэг тохиолддог явдал юм. Юмс үзэгдлийн мөн чанарыг бүрэн ухаарахын тулд нэг дүр зургийг олон өөр өнцгөөс харж үзэх нь элбэг байдаг. Энэ бол зүгээр нэг давтаж байгаа хэрэг биш юм. Энэ бол замналдаа ахиц олох чадварлаг санаа билээ. Нэг сэдвийг бид хэчнээн их тусгана бидний үзэл тэр хэрээр батжина. Таны үзэл өөрчлөгдөх үед туйлын үнэнийг ойлгох шинэ хэтийн төлөвтэй учирна. Энэ нь таныг бүр илүү тунгаан шинжилэхэд хүргэж билиг оюуны аугаа чадвартайг тань мэдрүүлэх болно.

1. Нэгдмэл бүтэцтэй үзэгдлүүд мөнх-бус

Сэтгэлээр танигдах хийгээд оршин буй бүх юмс үзэгдэл нэгдмэл бүтэцтэй. Харахад нэг бүтэн цул зүйл мэт байвч, дан ганц өөрөөсөө бүтээгүй, олон жижиг хэсгүүдийн нэгдлүүдээс шалтгаан нөхцөлөөр нөхцөлдөн бүтсэн байдаг. Ийм нэгдмэл бүтэцтэй бүхий л юмс үзэгдэл хувирч өөрчлөгдөх чанартай бөгөөд мөнх-бус юм.

Жишээ нь, модон ширээ хэдэн хэсэг моднуудаас, тэдгээр нь банз модноос хамааралтай. Ургаа мод болгон суулгасан үр, хөрс, ус, нар зэргээс хамааралтай ургана. Эдгээр нөхцөлүүдийн аль нэг үгүйгээр мод ургахгүй. Эдгээр моднуудыг тайрч банз болгон зүсээд модны үйлдвэрт ачиж хүргэсэн гээд гинжин хэлхээ мэт олон үйл явдлууд түүний дээр үйлдвэр дээрх мөн туслах олон нөхцөлүүд харилцан хамааралтай байгааг харж болно. Эсвэл тэнд ажилж буй хүмүүсийн нөхцөл шалтгаануудыг ч бодож болно. Ширээ үйлдвэрлэх нь энэ олон шалтгаан нөхцөлүүдээр бүтэж байгаа ба тэд байгаагүй бол ширээ гарахгүй байсан.

Оршин буй юм болгон үүсэх шалтгаантай, яагаад гэвэл тэдгээр шалтгаан нөхцөлүүд мөнх биш. Оршсон болгон устана, аяараа өмхрөн элэгдэж алга болох нь мөнх биш гэдгийг харуулж байна. Ширээг маш илэрхий жишээ гэж бодвол сэтгэлийн хөдөлгөөн, бодол, ааш араншин гээд илүү нарийн түвшний жишээг мөн олж харж бас болно.

Арван жилийн дараа хаана байхыгаа та мэдэж чадах уу? Та нэг байсан газартаа өмсдөг байсан хувцастайгаа байна гэж үү? Бодоод үзэгтүн. Арван жилийн өмнө одоог бодвол өөр санаа бодолтой байсан нь гарцаагүй. Та залуу омголон байсан байх, тэгвэл одоо хөгшрөөд намба сууж эхлэн нүүрэндээ үрчлээ тодруулах болжээ. Урьд хорин настай байсан бол одоо гуч, магадгүй дөч. Биед гарсан өөрчлөлтүүдийг сана даа. Энэ бүхэн бол хүн болгоны ажиглаж чадах бүдүүн түвшний мөнх-бус байдал билээ.

Нарийн түвшиндээ нэгдмэл бүтэцтэй үзэгдлүүд зогсолтгүй хөдөлгөөнд оршин өөрчлөлт бүр маш богино хугацаанд явагдаж байдаг. Хуруугаа ганц инчдэхийн төдийд 160 хором өнгөрсөн байдаг гэж Бурхан багшийн сургаалд өгүүлдэг. Энэ нь бүх зүйл секундын дотор өч төчнөөн дахин өөрчлөгдчихсөн байдаг гэсэн үг юм. Тэгэхээр тэд маш богино хугацаанд ингэж өөрчлөгддөггүй байсан бол минут, цаг, жилд хэрхэн өөрчлөгдөж чадах билээ? Байнгын өөрчлөлт хувиралд оршдог учраас бүх юмс хөгширч өмхөрч үхдэг ажгуу.

Энгийндээ бид зарим юмыг жишээ нь алганы толиог гэхэд өчигдөр харснаас өнөөдөр харах нь нэг их өөрчлөгдөж шалиагүй мэт харагддаг. Яагаад гэвэл одоогоор бид зөвхөн бүдүүн түвшний өөрчлөлтийг л олж харах чадвартай. Хэрвээ бид гол дээр очоод харвал ус урсдагаараа л урсаж байхаар өнгөрсөн жилийн гол л хэвээр урсаж байна гэж боддог. Бид өөрсдөө хэвээрээ, эцэг эх ч хэвээрээ, "бүх зүйл" хэвээрээ байна гэж бодох боловч үнэн хэрэгтээ бүгд байнгын хувирал дор оршдог байна. Шинжлэх ухааны эрдэмтэд технологийг машид сайжруулан хөгжүүлээд маш жижиг хэмжээний өөрчлөлтийг харж ажиглан ойролцоо дүгнэлт хийхэд хүрээд байгаа билээ. Ухамсарлахуйн гүнзгий зэрэгт хүрсэн бодгалиуд бясалгалын дадлагаар сэтгэлээ хөгжүүлэн юмс үзэгдлийн хором хоромдоо гарах өөрчлөлтийг ажиглаж чадахаар хүлээн авахуйтай болдог *ажээ*.

Дасгал 11.1 – Шалтгаан ба нөхцөлийн тогтворгүй байдал

- *Тохиромжтой байрлал эзлээд амьсгалдаа төвлөрөх бясалгалаар сэтгэлээ тайван байдалд оруулна.*

- *Задлан шинжлэхийн тулд нэг зүйлийг сонгож авагтун. Тэгээд түүнийг хэсэг зуур ажиглан хар. Нэгд нэгэнгүй ажиглахыг бод.*

- *Одоо уг зүйлийг танд харагдаж мэдрэгдэхээр ийм болоход хүргэсэн шалтгаан нөхцөлүүдийг танигтун. Эхлээд гол шалтгааныг дараа нь хувирч өөрчлөгдөн хөгжихөд хүргэсэн бусад туслах шалтгаануудыг сана.*

- *Тэдгээр шалтгаан нөхцөлүүд өөр байсан бол энэ үзэгдэл ямар өөр байх байсан бол? Тэгсэн бол яг энүүн шиг байх байсан болов уу төстэй байх байсан болов уу, эсвэл бүр огт байх ч үгүй байх байсан болов уу? Хэдэн нөхцөлүүдийг тэндээс сонгож авaad тэдгээртэй холбоотой бүх боломжийг бодож үзэгтүн.*

- *Одоо таны ажиглаж байгаа үзэгдлийг ийм байдалтай болоход нөлөөлсөн нөхцөлүүдийг бодож үз. Цаг хугацаа өнгөрөхөд муудахад хүргэдэг нөлөөллийн өөрчлөлтүүдийг сана. Үзэгдэл удаан үргэлжлэх болов уу? Эсвэл санаснаас хурдан уусаж алга болох юм болов уу?*

- *Одоо түүний анхны байдлыг удаанаар хадгалуулахын тулд та ямар нөхцөлүүдийг бий болгож болохыг ол. Жишээ нь дулаан газарт хадгалбал яахыг бод. Сэрүүн газарт бол яах бол? Удах болов уу?*

- *Олон төрлийн өөр үзэгдлүүдийг шинжлэхийн тулд энэ үйл явцыг дахин дахин давт. Нэгдмэл бүтэцтэй юмс үзэгдлийн мөнх-бус байдалд гарцаагүй итгэх сэтгэл төрвөл түүндээ сааатаад амар.*

2. Нөхцөлдсөн үзэгдлүүд цөм сэтгэл үл-ханах шинжтэй

Түйтгэрлэгдсэн сэтгэлийн төөрөгдлийн бохир шилний цаанаас харсан бүх үзэгдлүүд байгалиасаа сэтгэл хангалуун-бус байдлыг авчрах шинж чанартай байдаг буюу өөрөөр хэлбэл зовлонгийн шинжтэй байдаг. Бүхий л юмс үзэгдэл мөнх-бус, тогтворгүй шинжтэй гэсэн үнэн байдлын цаад утгатай энэ үнэн нягт холбогдон оршдог байна. Аливаа зүйл тогтворгүй байна гэдэг бидний сэтгэлд эргэлзээ төрүүлнэ. Үүнээс болоод яах ч аргагүй бачимдах, сэтгэл тааламжгүй болох зэрэг өөр өөр зэрэглэлийн зовлонг үзэж эхэлдэг. Яагаад гэвэл тухайн үзэгдлийн урган гарахад нөлөөлсөн бүхий л нөхцөл шалтгааныг ойлгоно гэдэг бидний хэрээс хэтэрсэн асуудал учраас ийнхүү үзэгдэл болгон маш их хэмжээний үл ойлгогдох байдлын төлөөлөл болдог ажээ. Энэхүү бүхнийг хамарсан эргэлзээт байдал маань бидний сэтгэлд үргэлж зовлон ургахын шалтгаан нөхцөл болон үйлчилдэг гэдгийг харуулж байгаа юм. Үүнийг хуран үйлдэхийн зовлон гэж нэрлэх нь бий.

Жишээ нь, та үнэтэй гоёмсог машин эзэмшээд түүнийгээ байнга л тийм хэвээр байх болно гэж бодно. Машин угаасаа ойлгох аргагүй мөн чанартай \ сэтгэл ханамжгүй\ гэдгийг та үл хэрэгсэнэ. Гэвч гарцаа байхгүй таны машинд сэв сууна, төмөр юм хойно хонхойно, мотор нь хуучирна. Таныг хэчнээн хичээлээ ч үргэлж шинээрээ байх чадвар машинд байгалиасаа заяагаагүй байдаг. Сэтгэл гонсойх энэ мэдрэмжийг урвахын зовлон гэж нэрлэдэг.

Үүнтэй адилаар, бид хэн нэгэн рүү харж инээмсэглээд байнга өөдөөс мөн инээмсэглэнэ гэж боддог. Гэвч тэд хэрэв инээмсэглэхгүй бол танд дургүйцэл ямар нэг хэмжээгээр төрөхийг мэдэрнэ. Хэр зэрэг дургүйцэл төрөх нь тэр хүнийг инээмсэглэнэ дээ гэж бидний хэр их хүлээсний хэмжээнээс хамаарна. Тэгэхээр ерөнхийдөө бид ямар их хүсэж байгаагаас шалтгаалаад төдий чинээ зовлон, хангалуун-бус байдлыг амсахад хүрдэг гэж үзэж болно. Үүнийг зовлонгийн зовлон хэмээн нэрлэдэг байна.

Зовлон гэдэг үгээр бид заавал өвчин, гутрал, шаналгаа зэргийг хэлэх шаардлагагүй болохыг дээрх жишээнүүдээс харлаа. Энэ бол тодорхой хэмжээний "сэтгэл үл-ханах" явдлыг илэрхийлэх буюу амьдралын өөрийнх нь унаган шинжийг л илэрхийлж байгаа билээ. Үүний оронд зүгээр "амьдрал гэдэг чинь сэтгэл үл ханах шинжтэй шүү дээ" гэх нь "амьдрал гэдэг зовлон шүү дээ" гэж хэлэхээс хамаагүй дээр байж болох бөгөөд энэ нь "зовлон" гэдэг үгийг буруу ойлгосноороо Буддын шашныг ихээхэн гутармаар үзэлтэй гэж бодоход хүмүүсийг хүргэдэгтэй адилхан билээ.

Энэ үзэл алдаатай хэдий ч Буддын шашин өөдрөг ч биш гутармаар ч биш үнэнийг яг тэр чигээр нь л харуулахыг зорьдог, бидний мэдрэмжийн харилцан хамаарлыг үзүүлдгээрээ "амьдралд ойр" гэж үзвэл зохилтой санагдана. Түүний ачаар бид өөрсдийн одоо цагаа өнгөрсөн цагийн үр дүн, ирээдүй маань одоо цагийн үр дүн гэдгийг харж чадаж байна. Үнэн байдлыг сайтар тунгаан бодох нь бидниЙг хүчтэй гуниглуулж болох боловч орчлон хорвоогийн олон зүйлсийн зөвхөн нэг нь л зовлон бөгөөд энэ нь мөн амьдралаас амсаж болох олон гайхамшгийн төлөө талархах сэтгэлд биднийг хөтөлдгийн дотор одоогийн байгаа байдлаа сайжруулах, бусдад туслах нандин боломж ч мөн багтдагийг санахад илүүдэхгүй. Ийм утгаараа амьдрал бололцоогоор дүүрэн байдагт нь Буддистууд түүнийг шударга бус гэж хаяглах бодолгүй байдаг билээ.

"Амьдрал бол сэтгэл хангалуун биш" гэдэг санаанд хүмүүс тийм гэж үү гэсэн байртай хандах нь байж болох зүйл. Амьдралын хатуу хөтүүг үзэж туулсан хүмүүсийн хувьд энэ нь итгэхэд амар зүйл байж болох ч гайгүй боломжийн амьдралтай хүмүүст илэрхий бус байх нь мэдээж. Тэдгээр хүмүүст жаргалыг эдэлж байгаагийнхаа хэрээр түүний таашгүй, түр зуурын гэдгийг болон сэтгэл татам бүхэн санагдаж байгаа шигээ тийм биш гэдгийг ойлгох хүртлээ илүү гүнзгий шинжин харах хэрэгтэй болдог.

Амьдралыг шинжлэх шилдэг арга бол өдөр тутмынхаа үйлдэлд ажиглалттай хандаж аз жаргалын эрэлд хэрхэн уйгагүй хөөцөлдөн яваагаа тунгаах явдал юм. Өөрийн үйлдлийг ямар санаагаар үйлдэж байгаагаа бодох хэрэгтэй. Яагаад байнга нэг үйлдлээс нөгөө рүү шилжээд байгаагаа бод. Яагаад юу ч хийхгүй байж чадахгүй байна? Хором болгоны сэтгэл үл-ханах байдлыг энэ илтгэхгүй байна гэж үү? Ямар нэгэн зүйл болохгүй байгааг харуулж байгаа юм биш үү? . Жаргалыг л олох гээд хөдөлгөөнөө өөрчлөн зогсоо чөлөөгүй янз бүр болоод байгаагаар бид юу ч хийсэн ялгаагүй эцэстээ сэтгэл үл-ханасан байдалтайгаа л үлдэх юм гэдгийг харуулж байна. Цуцахаа үл мэдэх энэ элдэв үйл хөдлөл маань л өөрөө сэтгэл хангалуун-бус байдлыг итгэж байгаа ажээ.

Бид юу ч хийсэн байлаа гэсэн, амьдралд хэчнээн ойр байна уу хол байна уу хамаагүй, бидний сэдэл хэчнээн ухаалаг юмуу тэнэг байхаас үл хамааран туйлын зорилго маань жаргалд хүрэх явдал билээ. Харамсалтай нь бидний жаргалыг олохоор хөөцөлдөн яваа ихэнх зам өөрийн биеэс гадуур, гадаад ертөнцөөс хамааралтай байдагт асуудлыг гол оршиж байгаа юм. Гадаад тогтворгүй үзэгдлээс хамаарсан жаргал хэзээ ч урт удаан үргэлжлэх юмуу тогтвортой, сэтгэл хангахаар байж чадахгүй.

Азаар Бурхан Багш зовлонг зөвхөн таниад зогссонгүй билээ. Тэрбээр бидэнд зовлонг арилган, хүлээснээс хамтдаа чөлөөлөгдөх аргууд бүхий замыг зааж өгсөн юм. Бүх зүйл байгалиасаа сэтгэл үл-ханах шинжтэй бөгөөд тэд бүгд өөрчлөгдөн хувирах шинжтэй, зовлон ч мөн мөнх-бус юм бол ямар нэгэн зүйл хийх үнэнхүү боломж бидэнд тэгэхээр байгаа гэсэн үг.

Дасгал 11.2 – Сэтгэл хэзээ ч үл ханах мэдрэмж

- *Тохиромжтой байрлал эзлээд амьсгалдаа төвлөрөх бясалгалаар сэтгэлээ тайван байдалд оруулна.*

- *Саяхны нэг өдрийг санаандаа сонго. Тэр өдөр хэрхэн эхэлснээс эхлээд аажуухнаар урагшил. Хэд хэдэн гол үйл хөдлөлийг цохон тэмдэглэ.*

- *Одоо өдөр бүр хийдэг үйлүүдээ яах гэж хийдгээ бод. Түүнийг үйлдсэнээр юунд хүрнэ гэж? Тийм үр дүнд яагаад хүрэхийг анх хүссэнээ бод. Яг одоогийн байгаа байдалд тань ямар нэгэн зүйл дутагдсанаас өөрчлөлт хийхэд хүргээд байна уу?*

- *Жишээ нь, хоол хийж байгаа бол өлсөхийн зовлон үзэнийх. Та өлсөхийг хүсэхгүй байгаа болохоор тэр зовлонг багасгахын тулд хоол хийж байна.*

- *Өдөртөө хийдэг өөр бусад бүх зүйлийг бодож үз. Тухайн нэгэн үйлийг яагаад хийх болсноо бод. Үйл хөдлөл өөрөө сэтгэл ханамж авчрахгүй гэдгийг юугаар мэдэж болох вэ? Юу таныг анхаарлаа өөр тийш чиглүүлэхэд хүргэв?*

- *Өөрийн амьдралын өөр өөр мэдрэмжүүдийг үргэлжлүүлэн шинжлэхийг хичээ. Амьдрал амар байх боломж олгодоггүй шинжийг агуулсныг ойлговол тэр ухамсартаа сааттаад амар.*

3. Бүх юмс үзэгдэл үнэнээсээ оршдоггүй

Үүний өмнөх хоёр тамганы ухаанд нөхцөлдсөн бүх юмс үзэгдэл мөнх-бус мөн чанартай бөгөөд баталгаагүй болохыг бид мэдэж авсан. Баталгаагүй байдлаас сэтгэл үл ханах байдал үүсч жинхэнэ жаргалын эрэлд гарах болно. Одоо бид яагаад тэд цөм угийн мөнх-бус чанартай байдаг болон яагаад мөнх-бус гэдгээс болоод бид зовлон амсаад байгаа талаар илүү гүнзгийрүүлж судлах хэрэгтэй.

Асуултын хариулт бидний энэхүү мөнх-бус байдлаасаа мөнх юм шиг зуураад байгаа сэтгэлтэй холбоотой билээ. Бид юмс үзэгдлийг үнэнээсээ оршдог гэж үзэхдээ жинхэнэ аз жаргалын эх ундрага гэж бодоод байгаа юм. Энэ хоёр буруу ойлголт буюу төөрөгдөл хоёулаа биднийг биелэгдэхийн аргагүй хуурамч хийгээд маш өргөн хүрээний хүлээлт цөхрөлийг эдлэхэд хүргэж байдаг ажээ.

Бидний үнэн хэмээн төөрөгдөж хүлээн авч буй бүхий л үзэгдэл дундаас хамгийн төөрөгдсөн үзэл бол юмсыг ганц ганцаар нь, нэгэн цул, өөрөөсөө бий болсон зүйл үнэхээр оршин байна гэж бодох явдал мөн. Юмс үзэгдлийг өөрөөсөө бүтсэн оршихуй гэж үзэх үзлээр бусад бүх мэдрэмжээ хүлээж авч байгаа учраас бидний тусгасан болгон буруу ойлголт болон хувирахад хүрч байгаа юм.

Буруу ойлголтын эхний тал нь юмсыг нэг гэж бодох явдал юм. Ширээн дээр буй эд зүйлсийг бид харахдаа ном, үзэгний сав, ваартай цэцэг зэргийг цөм ганц ганцаараа тус тусдаа бие даасан юмс оршиж байна гэж боддог. Үүнтэй адилаар өөрийгөө харахаар би биеэ даасан нэг хүн гэж бодно. Өөрийгөө бусдаас ялгаатай тусдаа нэг зүйл энд байна, бусад хүмүүс тэнд байна гэж үздэг.

Энэ хандлагыг шинжлээд үзэх юм бол буруу болохыг илрүүлэх болно. Бид өөрсдийгөө нэг бүхэл зүйл гэж бодонгуут бид маш олон хэсгээс бүтэж байгаагаа анзаарна. Өмнөх бүлэгт гарсныг санаж байгаа бол бидэнд бие бий, бидэнд сэтгэл бас бий. Бие махбодыг гэхэд л цээж, бөгс, толгой, мөчүүд гээд салгаж болно. Сэтгэлийг тэгвэл ухамсрын найман хэлбэр, оюуны тавин-нэгэн үзүүлэлт гээд хувааж болно. Тэдгээрийг мөн цаашаа таван бүрдэл цогц, мэдрэмж, ухамсрын хэлбэржилт, ухамсарлахуй гээд хувааж болно. Яаж хуваагдаж байгаа нь хамаагүй нэг бүхэл зүйл угаасаа биш гэдэг нь харагдаж байгаа нь чухал билээ. Энэхүү юмс үзэгдлийн цуглуулгыг л бид "би" хэмээн нэрлээд байгаа юм.

Дараагийн зүйл бол бид өөрсдийгөө нэг л хүн цаг хугацаа өнгөрсөн ч тэр чигээрээ байгаад байна гэж боддог буруу ойлголт. Өглөө сэрэхдээ бид урд шөнийн унтахад байсан тэр хүн гэж өөрийгөө боддог. Энэхүү үргэлжлүүлэн мэдрэх явдал л бидний бүх туршлага мэдрэмжүүдийг хооронд нь баглаж хүлээд байгаа юм.

Энэ итгэлийг мөн дахин задлан шинжлээд үзэх юм бол хором бүхэн ургадаг бас уусан оддог, дараагийн урган буй хором түрүүчихтэй төстэй л болохоос өөр хором байдаг. Тэгэхээр бид "саатах" гэдэг үзэгдлээр нэг нэгээс нь салгаж ялгах боломжгүй ойролцоо бүлэг хормуудын цуглуулгыг хэлж байгаа билээ. Тийм учраас өчигдрийн хүн өнөөдрийхтэй төстэй байдаг бөгөөд бүр нарийн түвшиндээ бол бид яг адилхан хоёр зүйлийг хэзээ ч хаанаас ч эрээд олохгүй юм.

Эцэст нь, бидний мэдрэмжинд өртөж байгаа үзэгдлүүдийг өөрөөсөө бүтсэн нэг тусдаа зүйл гэж итгэх явдал. Энэ санаа хүлээн авалтанд өртөж буй юмс үзэгдлийн баттай цул чанарыг дэмжиж түүнийг үнэхээр бүтсэн зүйл оршин байна гэж бодоход хүргэнэ. Тиймээс бид аяга харахаараа цаанаасаа гарал үүслээрээ "аяга" гэдэг нэг зүйл байна гэж бодно, цэцэг хараад угаасаа л цэцэг, заан хараад угаасаа л заан, хүн хараад өөрөөсөө бүтсэн хүн гэдэг нэг зүйл байна гэж боддог байна.

Яг бүтээсэн зүйлийг нь хайхаар бид олдоггүй. Жишээ нь, ширээг авч үзье. Бид л үүнийг ширээ гэж хүлээж авч байгаа бөгөөд "энэ бол үнэхээр ширээ" гэж бодно. Гэвч яг энэ ширээ гэж аль байнаа? Түүнд олон хэсгүүд байна, тавцан хөлнүүд гээд. Тэдгээр хэсгүүдийн аль нь ч ширээ биш. Хөлийг нь хараад ширээ биш болохыг ойлгоно, тавцанг харахад тэнд ширээ алга, хэсгүүд харагдахаас яг ширээ гэж хэлэх юм олдохгүй. Хэсгүүд ширээ биш болохоор ширээ гэж нэг тусдаа зүйл алгаа.

Үүнийг шалгаж үзье гэвэл тэдгээр хэсгүүдийг салгаад орхихоор ширээ гэж танигдах юм байхгүй болчихно. Нэг хөлийг нь авчихъя. Гурван хөлтэй ширээ тогтвортой биш хэрнээ мөн л ширээ гэж тооцно. Дахиад нэг хөлийг салгачихъя. Одоо тал нь доош унжаад эвдэрхий ширээ адил харагдана. Яагаад гэвэл ийм байх ёсгүй ба ширээнийхээ үүргийг гүйцэтгэж чадахгүй учраас тэр. Одоо тавцанг авчихвал ширээ байсан байж магадгүй гэх таамаг л үлдэнэ. Сүүлчийн хоёр хөлийг авахад тэр огтоос үгүй болох болно. Энэ үйл явц бидэнд ширээ гээд үнэхээр өөрөөсөө бүтсэн юм үгүй харин олон жижиг хэсгүүдийн цуглуулга л сэтгэлд ширээ болон ургаж байгаа юм гэдгийг баталж байна. Бидний эрээд байгаа ширээ гэдэг объект болон оршдоггүй, энэ бол зөвхөн бидний сэтгэлд шалтгаан нөхцөлөөс хамааран оршдог ажээ. Энэ өөрөөсөө бүтээгүй оршихуйг нь бид юмс үзэгдлийн "хоосон чанар" гэж нэрлэж байгаа юм. Бүх юмс үзэгдэл ийм чанартай болохоор бид тэдгээрийг хоосон чанартай гэж хэлж болох билээ.

Гаднаас харахад энэ санаа нэлээд утга төгөлдөр учраас та тэдгээрийн дүрслэлийн ямар аугаа гүнзгий болохыг мэдэрч чадахгүй байж болох талтай. Биднийг энэ хоосон чанарыг үнэхээр мэдрэхийн цагт таны хорвоог хүлээн авах байдал маш ихээр өөрчлөгдөх болно. Үнэн байдал тэр чигээрээ уусан алга болж бүх зүйл зүүдэнд үзэгдэх мэт болж хувирна. Саадтай буруу ойлголтууд устаж арилахын цагт бидний нандин үнэн – бурханлаг чанар даруй гарч үзэгдэн, эцэс төгсгөлгүй тусгалын урсгалуудад үл хямрах нь далайн ёроол давалгаанд үл долгилохын адил билээ. Хоосон чанарыг үнэхүү онож чадвал бид түйтгэрт сэтгэлийнхээ эрхэнд байхаа больж үйлийн үрийг цаашид үүсгэхээс чөлөөлөгдөнө. Үйлийг үрийг зогсоож чадвал сансрын эргэлтийг бүхий л зовлон хийгээд түүний шалтгаануудын хамтаар зогсоож чадахсан билээ.

Дасгал 11.3 – Өөрийгөө хайж олох

- *Тохиромжтой байрлал эзлээд амьгалдаа төвлөрөх бясалгалаар сэтгэлээ тайван байдалд оруулна.*

- *Үнэнийг хэрхэн хүлээж авдаг аргуудаа бий болгохоос эхэл. Энд суугаад бясалгаж байгаа хүнийг нэг гэж бодож байна уу олон гэж бодож байна уу? Олон хүн байна гэж мэдэрч байна уу? Эсвэл таны эргэн тойрноос салангид ганц хүн байгаагаар мэдэрч байна уу?*

- *Одоо тэр хүнийг цаг хугацаатай харьцуулаад бод. Тэр өнгөрсөн шөнийхтэй адилхан байна уу? Долоо хоногийн өмнө байсан хүн хэвээрээ байна уу? Шинжлэх гэж санаа тавих хэрэггүй ямар мэдрэмж төрж байгаагаа л анзаар.*

- *Одоо өөрийн чанаруудыг бодоод үз. Таныг юу бүтээж байна? Бусдаас өвөрмөц содон тал танд байна уу? Тэр содон тал тань таныг тусдаа хүн болгон мэдрүүлж байна уу? Тэдгээр чанаруудыг санаандаа тусган өөрийгөө олохыг хичээ.*

- *Өөрийгөө гэх сэтгэлийг хүчтэй төрүүлснийхээ дараагаар бид одоо таныг хайж олно. Би гэж хэлэхдээ өөрийн юуг төсөөлөн боддог вэ? Өөрт байгаа бүхнийг бод. Жишээ нь, танд бие байна сэтгэл байна. Бидний эрж байгаа би гэдэг хоёр янзаар л байх боломжтой: эсвэл бие сэтгэлийн нэг хэсэг эсвэл түүнээс тусдаа эд. Өөр арга байхгүй.*

- *Бие махбоддоо өөрийгөө эрж ологтун. "Энэ хэсэг би гэж үү?" гэсэн асуултыг өөртөө тавь. Тийм гэсэн хариулт гарвал түүнийгээ цааш нь өөр жижиг хэсгүүдээс бүрдсэн эсэхийн сурвалжил. Бүрдсэн байвал тэдгээр хэсгүүдийг тус тусад нь авч судал. Ийнхүү үргэлжлүүлсээр би энэ гэж хэлэх хэсэг олтлоо явагтун.*

- *Өөрийгөө байх боломжтой газруудыг тооцооноос гаргасаар сүүлдээ би гэж ер нь бий гэж үү гэж эргэлзэж эхэлнэ. Судлах тусам энэ мэдрэмж илүү хүчтэй болж ирнэ. Тэгвэл түүндээ аль болох удаан саатахыг хичээ.*

- *Одоо би гэдгийг энэ бүх жижиг хэсгүүдээс салангид зүйл байж магад гэж хай. Бие махбодоо жижиг хэсгүүд болгон хуваагаад тэдгээрийн дотроос өөрийгөө олж авахыг бод. Бүх хэсгүүдийг нэг нэгээр нь зайлуулж дуусаад "Би, би хэвээрээ байна уу?" гэж асуу. Өөрийгөө таньж болно гэсэн мэдрэмжээ үгүй болох хүртэл хэр удахнуу хар. Бие махбодоо хэдэн хэсэг болгон хуваож дууссан бол одоо сэтгэлийнхээ өөр өөр хэсгүүд рүү орж салангид зүйл байна уу эрж ол.*

- *Энэ үйл явцын хаа нэгтээ хүрээд таны би гэдэг үзэл уусаж алга болохыг та мэдэрнэ. Энэ гээд барьж авах юм юу ч алгаа. Айж сандрах хэрэггүй. Энэ бол энгийн үзэгдэл. Ухамсартаа сааатаад зүгээр амар.*

4. Нирваан бол бүхий л хязгаараас ангид төгс амгалан мөн

Бид юмс үзэгдлийг энгийнээр хэрхэн хүлээж авдгаа судлаад үзэхэд бид оршихуйн нэг л түвшинг тусгаж, түүнийгээ үнэн байдал хэмээн үзэж, тэр чигт нь хөдөлгөөнгүй гацааж орхидог нь харагдаж байна. Энэ үзлийг бид *мөнхжүүлэх үзэл* гэнэ. Бидний хорвоог бүтээсэн Эзэн гэж бий гэх юмуу хэзээ ч өөрчлөгдөшгүй сүнс бий гэдэг үзэл эндээс үндэслэж гарсан байдаг.

Гэвч өөрдсийн мэдрэмж рүүгээ ойроос шинжээд харах юм бол бид буруу тусгаж авч байгаагаа мэдэх болно. Бидний хийсэн дүгнэлтийн ихэнх нь буруу ташаа байдаг нь илт болж задлан шижлэлийн дунд уусаж алга болно. Бүх зүйл анх санагдаж байсан шигээ цул хатуу биш зүүд адил шинж чанартай гэдэг нь тод болох болно. Харамсалтай нь бидний ертөнцийн суурь үгүй болохын хэрээр бид тэр зүг рүү улам илүү хэлбийж эхлэн бүх юм юу ч үгүй хоосны хоосон гэж итгэхэд хүрдэг байна. Энэ үзлийг *үгүйсгэх үзэл* гэнэ. Өөрөөсөө бүтсэн байна, бүтээгүй бай аль аль нь үгүй гэж энэ үзэл үздэг.

Бурхан багш үнэнийг жинхэнээр мэдрэх цорын ганц зам бол энэ хоёр туйлаас аль болох холдох тэнцвэрт төв үзлийг хөгжүүлэх явдал гэдгийг сургасан билээ. Та мөнхжүүлэх үзлийг орхивол зууралтын бүхий л суурийг үгүй хийж, боломжтой бүгдэд сэтгэлээ нээж онгойлгох болно. Үгүйсгэлийн үзлийг орхиснооороо та юмс үзэгдлийн бүхий л төрлөөр урган үзэгдэх чадвартайг ойлгон хэмжээ хязгааргүйг мэдрүүлэх боломжтойг ухаарч чадна.

Хоёр хязгаараас ангид тэнцвэрт байдалдаа саатан үлдэх нь *Нирваан* – дээд амгалангийн туйлын төлвийг хэлдэг ажгуу. Энэ бол таны бүтээх боломжтой нэгэн зүйл бус энэ бол хиймэл хуурамч болгоныг арилгаад танд үлдэж хоцрох таны хуурмаггүй унаган үнэн төрх билээ. Түүнд хүрэхийн тулд бид өөрсдийн хоосон чанартайг шууд ухаарах замаар сэтгэлийн бусад түйтгэрт төлвүүдийг тэжээдэг мунхагийн харанхуйг арилгах ёстой билээ.

Дасгал 11.4 – Дундын замыг олох

- *Тохиромжтой байрлал эзлээд амьсгалдаа төвлөрөх бясалгалаар сэтгэлээ тайван байдалд оруулна.*

- *Мөнхрүүлэх үзлийн жишээг амьдралаасаа эрж ол. Өдөр болгон тулгардаг үзэгдлүүдийн төрлийг танихыг хичээ. Саяхан болсон явдлыг нэгбүрчлэн санахыг оролд. Өөрт тохиолдсон хувийн явдлаа бод. Аль болох олон деталь оруулах тусам тэр явдал илүү үнэмшилтэй цул болж эхэлнэ. Энэ үнэхээр ийм явдал болсон гэж итгэлтэй мэдрэмж төрж тэд үнэхээр* байгаад ийм явдал болсон гэж бодогдоно. Энэ бол мөнхжүүлэх үзлээс зуурч байгаа байдал.

- Одоо өөрийн шинжлэлд саяын аргыг хэрэглэгтүн \11.3-р дасгалыг давт\. Амьдралдаа буй үзэгдлүүдээс өөрийгөө эрж олох. Найз юмуу гэр бүлийн нэг гишүүнээ сонго, эсвэл эд юмс ч байсан болно. Таны яг байна гэдэгт итгэлтэй байгаа тийм нэгэн зүйл.

- Задлан шинжилж үзээд таны итгэл хэрхэн гуйвахыг ажигла. Өөрөөсөө үүсэлтэй юм нэгээхэн ч үгүй гэдгийг мэдсэний дараа ямар мэдрэмж төрж байна? Тэр зүйл үнэндээ оршидоггүй юм гэдэг үзлийг амжилттай бий болгоод тэрхүү итгэлтэй байдалдаа саатан амар. Энэ бол үгүйсгэх үзлээр зуурч байгаа байдал.

- Биднийг шинжилж байх зуурт яг юу алга болсон бэ? Жишээ нь, аяган дээр тогтон шинжилж байх зуурт аяга алга болоод өгсөн гэж үү? Эсвэл аяганы аяга гэсэн бидний бодол алга болсон уу? Бид шинжлэлийн эцэст гар хоосон үлдэв үү эсвэл ямар нэг зүйл байсаар байна уу?

- Нэр өгөхгүйгээр судалж болох тийм зүйл байгаа эсэхийг судал. Нэр тийм чухал юмуу? Үзэгдлийг тодруулахгүйгээр мэдэрч болохгүй гэж үү? Ямар нэгэн зүйлд нэр өгөхөөрөө тэр объект таны өгсөн нэртэйгээр байна гэдэгт итгэх хэрэгтэй гэж үү?

- Задлан шинжлэл хийснээр та буруу ойлголтоо арилгах болно. Тэгвэл өөр нэгэн сонгодог цэгээс шинэ үзэгдэл ургахыг ажих болно. Тэр шинэ үзэгдэл зүүд мэт шинж чанартайг таньж болно. Энэ мэдрэмжид ухамсраа саатуулаад амар.

Мөр - Дээд шатны гурван дадлага

Дөрвөн тамганы ухаанаар суурьа хийснээр дадлага бясалгалын ухаан салаалан гарч ирнэ. Бид энэ хорвоог мунхаг сэтгэлээр тольдсоор байх юм бол бүх зүйл мөнх-бус хийгээд таахын аргагүй, тогтворгүй, эргэлзээ дүүрэн болж улмаар олон төрлийн зовлонг эдлэхэд хөтөлдгийг харлаа. Ийм оршихуйн үндэс нь юмс үзэгдлийг үнэнээсээ бүтсэн байна гэж итгэсэн мунхаглал юм. Тиймээс энэ мунхаглалыг арилгаснаар зовлонгүй төлөвт орон саатаж чадна. Энэ бүлэгтээ зам мөр гэдгээр мунхагийн үндсийг таслах арга замыг хэлж байгаа билээ.

Үнэний мөн чанарыг бодол санааныхаа хүрээнд ойлгох явдал бол зөв чиглэл рүүгээ хийсэн анхны алхам гэж хэлж болно. Яагаад гэвэл бодол мөн л бүдүүн хэлбэрийн ухамсраас урган гардаг билээ. Сарнишгүй мөнхөд үргэлжлэх үр дүнд хүрэхийн тулд бид энэхүү бодлын түвшнээ хувирган хоосон чанарыг дадлагаар шууд ухамсарлан мэдрэх хэрэгтэй. Буддын бясалгалд үүнийг *Дээд шатны гурван дадлага* гэдэг. Үүнд:

1. **Ёс Суртахуун \шила\:** Бидний харж байгаагаар түйтгэрлэгдсэн сэтгэл, сэтгэлийг төөрөгдүүлж амгалангүй болгодог билээ. Шунал, уур хилэн, мунхаг гэсэн гурван хорын эрхэнд байсан цагт бид сэтгэлийнхээ нарийн түвшин рүү амжилттай нэвтрэх арга байхгүй билээ. Тийммээс Бурхан Багш бидэнд төрөл бүрийн түвшний сахил тангаргыг авахуулах хэлбэрээр ёс суртахууны уудам цар хүрээт сахилгыг сургасан байдаг. Бясалгагч хүн эхлээд өөрийн бие хийгээд үг хэлний зөрчлөө хориглосноор сэтгэлдээ анхаарах бололцоотой болно. Дараа нь сэтгэлдээ төвлөрөх замаар зовлонгийн үүсвэр болсон түйтгэрүүдийн нөлөөг багасган илүү ашигтайгаар шинжлэх бясалгалыг хийх нөхцөлүүдийг бий болгох боломжтой билээ.

2. **Төвлөрөл \самади\:** Хоосон чанар бол нуугдмал үзэгдэл билээ. Энэ бол нэлээд нарийн түвшний үзэгдэл тул түүнийг шууд мэдрэхийн тулд бүдүүн түвшний сэтгэлийг төгс амирлуулан анхаарлаа маш нарийн замаар төвлөрүүлэх хэрэгтэй. Ийм учраас буддын ухаанд дадлага бясалгал маш их чухалд тооцогддог. Бясалгал төвлөрлийн аргаар л сэтгэлээ юмс үзэгдлийн хоосон чанартайг таних хэмжээнд хүргэж болох ажээ.

3. **Билгүүн \пражна\:** Хоосон чанарыг ажиглах бүхий л нөхцөл шалтгааныг бүрдүүлсний дараагаар бясалгагч хүн тэдгээр үзэгдэлтэй өөрийгөө дасгах ёстой. Бидний мунхаглал бүх талыг хамарсан байх ба урт удаан хугацааны туршид хүндээр хэвшсэн чанартай байх тул бидэнд үзэгдэх юм болгоноос зууран байсаар байх болно. Хэдийгээр бид түрхэн зуур ч болов хоосон чанарыг илт оносон байлаа гэхэд хуруу инчдэхийн төдийд хуучнаас зуурах байдалдаа эргээд ирж болох билээ. Ийм учраас бид хоосон чанарт төвлөрөн сэтгэлээ саатуулан барихыг хичээх хэрэгтэй. Ингэх бүрд бид сансар орчлонгийн хүчийг бууруулан нирваанд саатан орших чадварыг өсгөсөөр байх болно. Эцэстээ нэгэнт зуурах сэтгэлийн хөнөөлтэй хэв маяг бүрэн арилахад сэтгэлийн түйтгэр дахин үзэгдэхээ болино. Түйтгэрүүдгүйгээр бид зовлонгоос ангид өөрийн унаган төрхөндөө саатан орших боломжтой.

Эхний хоёр дадлагыг арга чадвар гэж үздэг. Тэд бясалгагч хүнд өөрийн нандин үнэнээ илрүүлэхэд шаардлагатай бүхий л нөхцөлийг бий болгох аргуудыг санал болгодог. Тэд түр зуурын чанартай учраас хэзээ нэгэн цагт төгсөх учиртай. Тэдгээрийг дадуулан үйлдэхийн гол зорилго нь билиг оюуныг хөгжүүлэх буюу гуравдугаар дадлагад орох явдал бөгөөд бид арга барил, билиг оюун хоёрыг шувууны хоёр далавчтай зүйрлэн үзэж болно.

Хоёр далавч үгүй бол шувуу нисэж чадахгүйн адил бясалгагч хүн арга техник, билиг оюуны аль нэгэн үгүйгээр замнаж буй замдаа амжилт олохгүй юм. Зөвхөн арга техник эзэмших юм бол түр зуурын амжилт гаргах боловч гүнзгий ёзоорт нь хүргэсэн хувиргалтанд хүрч чадахгүй. Үүнтэй адилаар билиг оюуныг л зөвхөн хөгжүүлээд байхын бол одоогийн бүх саад бэрхшээлүүдийнхээ өнгөц гадаргууд л нэвтрэх боломжтой учраас тийм билиг оюун гүехэн шинж чанартай байх болно. Ийм учраас энэ хоёрыг аль болох тэнцүү хослуулахыг хичээвэл зохино. Хэрвээ ёсоор үйлдэж чадвал арга чадвар оюунд тусалж, билиг оюун арганд дэмжлэг өгч хамтдаа гүнзгийрэн гүнзгийрсээр эцсийн зорилгодоо хүрэх боломжтой.

Үр дүн - хоёр ыуулган

Сансар гэдгийг зүгээр мунхаглалд үндэслэсэн үнэний оршихуй гэж ойлгоход болно. Зам мөр бидэнд мунхгийг устгаж түйтгэрт сэтгэлийг ариусгаснаар билиг оюуныг хөгжүүлэх бололцоог олгодог. Энэ үйл явцын туршид бясалгагч хүн янз бүрийн үр дүнд хүргэх боломжтой олон төрлийн зан үйлд оролцоход хүрнэ. Эндээс ургах олон үр дүнгийн дундаас хоёр гол төрлийг онцлон авч үзье:

1. **Буян:** Хоосон чанарыг та шууд мэдэрч эхлэх хүртэл таны сэтгэл зуурах сэтгэл, мунхаг сэтгэл хоёртой холилдсон байдаг. Тиймээс таны үйлдсэн үйл хөдлөл үр үүсгэн таны оршихуйг нөхцөлдүүлсээр байх болно. Гэвч эдгээр үйл хөдлөлүүд хэрвээ буянтай сэдлээр өдөөгдсөн байвал зовлонгоос илүү жаргалын шалтгааныг бий болгоно. Буян хураах нь тэгэхээр аян замд тань хэрэгтэй \эрдэнэт хүний лагшинг олох гэх мэт\ нөхцөлүүдийг бий болгоход амин чухал хэрэгцээтэй.

2. **Саруул билгүүн:** Буян хишгээ нэмэгдүүлснээр бид өөртөө итгэх итгэл, тайван хандлага, агуу ухамсарлахуй зэрэг сэтгэлийн олон эерэг талуудыг бий болгон илүү гүнзгий шинжлэхүйн тусад ашиглаж болохоор болно. Анх удаагаа бид хоосон чанарыг ухаарахад нандин үнэнийхээ хамгийн гүнд орох болно. Энэ хэтийн төлвөөс гүйцэтгэгдэж байгаа аль нэгэн үйл хөдлөл дадал зуршлыг тасдан арилгахын шалтгаан болсон саруул билгүүний үр дүн байх болно. Энэ өөрчлөлт үйлийн үрийн бүх төрлийн нөхцөл шалтгаанаас ангид урт удаан үргэлжлэх тогтвортой аз жаргалыг авчрах нь гарцаагүй.

Дээрх хоёр зүйлийн чинадад нь хүргэн төгөлдөржүүлснээр гарах эцсийн үр дүн аль хөлгөний замыг дагаж яваагаас тань шалтгаална. Бага хөлгөний бясалгагч нарын хувьд зовлонгоос ангижран хувийн эрх чөлөөнд хүрнэ. Их хөлгөний бясалгагч нарын хувьд буян хишиг саруул, оюуныг арвижуулан төгс гэгээрлийн хутагт хүрэх бэлэг дэмбэрэл тохионо. Эдгээр үр дүнгүүдийн талаар бид цагаа болохоор тодорхой судлах болно.

ГОЛ ХЭСГҮҮДИЙГ ЭРГЭН СӨХВӨЛ

- Будда-Дарма буюу Бурханы Ном гэдэг хэллэг бидний мэддэг Буддизмыг төлөөлөх илүү зохистой хэллэг болно. Үүгээр Бурхан Багшийн сургаалуудын цогцыг төлөөлүүлдэг.

- Түүхэн Будда бол хунтайж Сиддхарта болон төрж өссөн билээ. Тэр хаан удмын амьдралаа огоороон Шагжаамүни хэмээх тэнүүлчин хатуу сахилтны ёсоор амьдрах болжээ. Бясалгал дадлагынхаа хүчээр үзэхүйн мөрд хүрч туйлын үнэнийг мэдрэн өөрийгөө зовлон хийгээд түүний шалтгаанаас ангижруулж сэрж чадсан нэгэн.

- Амьдралынхаа туршид Бурхан Багш олон сургаал айлдсаныг дэвшилтэт шатлалаар нь гурван бүлэг болгодог. Нэгдүгээр номын хүрдэнд үйлийн үрийн шалтгаан ба үр дагаврын хуулийг сургасан. Хоёрдугаар номын хүрдэнд хоосон чанарыг номлосон. Гуравдугаар номын хүрдэнд Бурханлаг-чанарын талаар номлосон байна.

- Эдгээр сургаалыг бясалгагч хүний сүсэг бишрэлийн хөгжил дээр тулгуурлаад тусгай хэлбэрийн хувиргалд оруулдаг хэд хэдэн хөлгөнд хуваах үздэг.

- Сургаалын суртал нэвтрүүлэг дээр үндэслээд Бага Хөлгөн \Хинаяана\ ба Их Хөлгөн \Махаяана\ гэж ангилдаг.

- Ойртох аргаар нь: Шалтгаанд үндэслэсэн Хөлгөн \сутра\ гэх Бурхан багшийн нийтэд номлосон сургаалуудыг, Үр дүнд үндэслэсэн Хөлгөн \тантра\ гэх тусгай шавь нартаа номлосон өвөрмөц сургаалуудыг хэлдэг байна.

- Эргүүлсэн хүрдэнгийн сэдвийн онцлогоор нь: Хинаяана гэж эхний хүрдэн, Махаяана гэж хоёрдугаар хүрдэн, Важраяана гэж гуравдугаар хүрдэний судрын ёсыг голлосон бөгөөд тарнийн ёсны төрөл бүрийн сургаалуудыг мөн агуулсан гурван хөлгөнд хуваах үздэг.

- Хөлгөнүүдийг задлан шинжлээд үзвэл хэлбэр хүрээгээр нь суурь,мөр, үр дүн гэж хувааж үздэг. Суурь гэдгээр үнэний хэрхэн оршдогийг тайлбарладаг бол зам мөр гэдгээр суурийг хувиргахад хэрэглэх аргуудыг, үр дүн гэдгээр замын төгсгөлд хүрэх цэгийг илэрхийлдэг.

- Буддын дадлагын гол суурь бол Дөрвөн тамганы ухаан: бүх нэгдмэл юмс үзэгдэл мөнх-бус, бүх нөхцөлдсөн юмс үзэгдэл мөнх-бус, бүх юмс үзэгдэл өөрөөсөө бүтээгүй, Нирваан бол төгс амгалан мөн.

- Буддын бясалгагчийн үндсэн зам мөр Дээд шатны гурван дадлагад үндэслэнэ: ёс суртахуун, төвлөрөл, билиг оюун.

- Замнаж буй хөлгөний төгсгөлд гарах үр дүн буян хишиг, саруул билгүүн гэсэн Хоёр чуулганыг хураах хүрэх явдал юм. Энэ хоёрыг хураан хуримтлуулснаар аль хөлгөний замаар яваагаасаа шалтгаалаад өөр өөр үр дүнд хүрэх болно.

Бага Хөлгөн

Бурхан Багш гэгээрэлд хүрснийхээ дараа айлдсан хамгийн эхний сургаал бол Дөрвөн үнэний сургаал байсан юм. Тэр энэ сургаалаа Бугын Цэцэрлэгт урьд түүний нөхөд байсан хатуу сахилтай таван бясалгагчид анх айлдсан билээ. Сургаалыг сонссон даруйдаа тэд цөм Архадын \хүндлэл хүлээхүйц нэгэн\ хутагт хүрцгээн сансрын хүлээснээс төгс чөлөөлөгдөж байсан гэдэг. Насан өөд болох хүртлээ Бурхан Багш энэхүү шимт сургаалдаа танилцуулсан сэдвүүдийг өргөжүүлэн дэлгэрүүлж тоолшгүй олон сургаал ном заасан билээ.

Бурхан Багшийг нирваан дүрийг үзүүлснээс хойш лам хуврагийн нийгэмлэгийн хуучуул цөм цуглараад түүний айлдсан бүх сургаалуудыг нэгтгэн цуглуулах хэргийг гүйцээсэн ба хүн болгон өөрөөс нь сонсож дуулсан өөр олон судруудыг бусдаараа өгүүлэн эмхэтгэсэн байна. Энэ үед урсгал дамжуулга амаар хийгддэг байсан тул жил бүр тэндээ цуглаж сургаалын бүрэн цогцыг дахин уншиж анхны уламжлалаа хадгалан яваагаа баталдаг байсан ажээ.

Эдгээр сургаалуудад үндэслээд Буддын шашны нэлээд хэдэн урсгал салаалж гарсан байдаг. Хувраг хүний сахих ёс \виная\-ыг хэрхэн тайлбарлах тал дээр үндэслэж энэ хуваагдал гарсан байна. Хуврагуудын нийгэмлэг ямар байвал зохистой байх талаар Бурхан багш олон төрлийн үйлийг заан үзүүлсэн байдаг. Насан өөд болохынхоо өмнө тэрбээр Ананд хэмээх шавьдаа сахил тангарагануудын зарим нь заавал баримтлах ёстой бол зарим нь туслах журмаар зохиогдсон учраас нийгмийн байдал өөрчлөгдөх болоход халж өөрчилж болно гэж захисан гэдэг. Харамсалтай нь аль алийг гэдгийг тусгайлан хэлж өгөөгүй учраас өөр өөр үзлээр танилцуулагдан уламжлагдахад хүрснээр будлиан үүсч энэ нь буддын өөр өөр сургуулиуд төрөн гарахад хөтөлсөн байна.

Хэдэн зууны дараагаар Энэтхэгийн Аугаа Ашока Хааны шамдал зүтгэлээр Буддын ном сургаал *Гурван аймаг сав* гэж нэрлэддэг бүлгүүдэд хуваагдах болсон нь:

1. **Хуврагийн сахилга бат буюу номхотголын Аймаг \винай\:** Энэ аймагт Бурханы шашны лам хувраг хүмүүсийн \сангха\ баримталбал зохих журмыг үзүүлсэн байна. Бурхан Багшийн анхны гол шавь нар орон даяар

нүүдэлчилэн амь зуух болсноос винайн ёс идэвхгүй байдалд орж тогтсон нэг сүм хийдийн хэмжээнээс яваандаа хэтрэхгүй хэмжээнд хүрсэн гэж болно. Тийм учраас энэ бүлгийн сургаалууд нийгмийн араншингийн өөр өөр талуудыг харуулсан дэлгэрэнгүй тайлбаруудыг болон илүү зохицолтой амгалан амьдралыг зөвхөн лам хуврагийн хүрээнд төдий биш энгийн иргэдийн дотор ч үүсгэхэд зориулагдсан байлаа.

2. **Бурхан Багшийн аман сургаалууд буюу судрын аймаг \сутра\:** Энэ цуглуулганд Бурхан Багшийн амьдралынхаа туршид айлдсан 10,000 гаруй сургаал номлол болон түүнийг насан өөд болсны дараа ойрын шавь нарынх нь амаар номлогдсон олон тооны бусад сургаалууд багтана. Энэ бүх судар бичгийг утга санаа болон урт богиных нь хэмжээгээр ангилдаг байна. Тэдгээр сургаалууд зовлонг арилгахын тулд сэтгэлтэй тулж ажиллахад чиглэсэн өргөн сэдвийг хамардаг ажээ.

3. **Дээдийн Ном буюу Илтийн аймаг \абидарма\:** Бурхан Багшийн олон гол шавь нарын хийсэн тайлбаруудаас бүтдэг энэ цуглуулга Бурханы айлдсан сэтгэл шинжлэлийн ухааны үндсийг хэлбэржүүлдэг билээ. Үүнд сэтгэл болоод бие махбодын үйл явц хэрхэн явагддаг талаар дүрсэлсэн өргөн сонголт бүхий нэвтэрхий толинуудыг танилцуулсан байдаг. Тийм учраас энэ цуглуулга Бурханы айлдсан сургаалын гүн ухааны голлох суурь нь болдог билээ.

Эдгээр цуглуулга номлолууд анх Энэтхэгээс урд зүгт орших Шри Ланкын арал дээр Пали хэл дээр бичигдсэн байдаг. Тэр үед уг сургаалыг даган мөрддөг байсан сургуулын нэр Теравада байв. Тиймээс энэ урсгал Бурма, Тайланд, Камбож, Лаос улсуудад таран дэлгэрсэн байна.

Теравада урсгал амьдралд ойрхон энгийн аргуудаар дөхөх хэв маягийг барьдгаараа онцлог. Тэд ёс суртахууны тал дээр түлхүү анхаардаг болохоор лам хуврагууд нь хэтэрхий ариун журамтай гэгддэг. Хорвоог огоорох сэтгэлийг тэд баримтлахыг голлодог тул бясалгагч нар нь уртын бясалгал болон бусад дадлага бясалгалд бүхнээ зориулах зориг төгөлдөр байдаг ажээ.

Tibet – **ТӨВӨД**   China-**ХЯТАД**   India – **ЭНЭТХЭГ**   Burma – **БИРМ**
Sri lanka – **ШРИ ЛАНК**   tailand – **ТАЙЛАНД**   laos -- **ЛАОС**   Cambodia --**КАМБОЖ**
Nalanda – **НАЛАНДА**   bodhigaya – **БОДИГАЯА**   somapura – **СОМАПУРА**
Amaravati – **АМАРВАТИ**   Kanchipuram – **КАНЧИПУРАМ**
Nagappattinam – **НАГАПАТИНАМ**   MihinTale – **МИХИНТАЛЭ**
anuradapura – **АНУРАДАПУРА**   sigiriya – **СИГИРИЯА**
mahagama – **МАХАГАМА**   bagan – **БАГАН**   shri ksetra – **ШРИ КСЕТРА**
Luang Prabang – **ЛУАН ПРАБАН**   Ayutthaya – **АЮУТТАЯА**
Angkor thom – **АНКОР ТОМ**

Зураг 12-1: Теравада Буддизмын тархалт

БАГА ХӨЛГӨНИЙХӨН

Хинаяана дотроо мөн хоёр төрлийн хөлгөнд хуваагддаг нь: *Сонсогчдын Хөлгөн* ба *Нэгэн биеийн Чөлөөнд Хүрэгсдийн Хөлгөн* билээ. Теравада урсгал бол эхний дурдсан хөлгөний жишээ юм. Энэ хоёр хөлгөн хоёулаа бясалгагч хүнд сансраас чөлөөлөгдөх боломцоог олгодог байна. Өөрөө үгүйн ухамсрыг баримтлан, шамата ба випашяана хоёрыг нэгтгэж чадсанаар үүнд хүрдэг ажээ. Тэдгээрийг тус бүрд нь дүгнэн үзүүлбэл:

Сонсогч нарын Хөлгөн \шравакаяана\

Шарвага нарын хөлгөнийг Сонсогч нарын хөлгөн гэж мөн нэрлэдэг. Тэд сансрын хүлээснээс чөлөөлөгдөх тухай Бурхан Багшийн үндсэн сургаалыг сонссоны дунд хорвоогийн зовлонгоос ангижрах чадвартай болдог байна. Зовлонг ялж гарч болно хэмээн сургасан Бурханы заасан замыг дадлага болгон чин үнэн магад гарахын сэтгэлээр Хорвоогийн найман явдлыг үзүүлэгч орчлонгийн жаргалыг хөөцөлдөн төөрөгдөхөө болих замыг тэд сонгодог. Энгийн даруу лам юмуу гэлэнмаагийн амьдралыг шүтэн Бурханы сахил хүртсэн хув*рагийн* замаар тэд замнадаг байна.

Тэд Винай ёсны сахилыг баримтлан *Хутагтын найман зам* гэдэг дадлагыг авшиг болгон дадуулдаг. Шравакаяана хөлгөнийхөн амьдралын маш хатуу дэглэм сахиж *Дөрвөн үнэний сургаал* болон *Дөрвөн дурдал ойр агуулахуйн арга* зэрэг сургаалуудад төгс анхаарснаараа нэгэн үзүүрт төвлөрөлд хүрэх сайхан нөхцөл болж \шамата\ мөн зовлонгийн үндэс болсон түйтгэрүүдийг зайлуулах саруул оюуныг олдог байна. Хувь хүнийхээ хувьд өөрийн биеийн хоосон чанартайг ухаарч сэтгэл хөдлөлийн түйтгэрүүдээ арилгаснаар *Шарвага архадын хутгийг* олдог. Хамгийн хичээнгүй бясалгагч хүн гурван төрөлдөө Шарвага архадын хутагт хүрч болдог гээд бодохоор Бурхан Багшийн Архад болсон шавь нарыг өмнөх төрлүүддээ энэ сургаалтай холбогдож явсан байж гэж үзэх боломжтой ажээ.

Теравадагийн хөлгөн сансрын хүлээснээс аль болохоор хурдан чөлөөлөгдье гэсэн үнэнхүү чин хүсэлтэй бясалгагч нарт тохиромжтой ажээ. Тийм хүмүүст Бурхан багш орчлонгийн үүсэл зэргийн сэтгэл санааг сатааруулах асуудлуудыг ойлгуулахаас татгалзсан нь зовлонгийн үндсийг таслах замаас хөндийрүүлэх аюулд хүргэхгүй гэсэн санаа байв. Жишээ нь, нүдэндээ сум зоолгуулсан хүн энэ яагаад ингэв, хэн ингэв гэх мэтийн олон асуулт асуухын оронд сумаа аль болох хурдан сугалж авсан нь өлзийтэй болохтой адил ажгуу. Элдвийн бодолд умбан будлихын оронд өөрийн туршлагадаа үндэслэн туйлын мөн чанартаа хүрэх аргыг шавь нартаа тэр сургажээ.

Нэгэн биеийн чөлөөнд рүрэгсэд \пратекабуддаяана\

Нэгэн биеийн чөлөөнд хүрэгсдийн хөлгөн гэдэг энэ хөлгөн цэвэр урьд төрлүүддээ дадуулсан үйлийн холбоосондоо түшиглэдэг бясалгагч нарын замнадаг хөлгөн билээ. Энэ тэдэнд цэвэр зөнгөөрөө ухамсарлахуйд хүрэх боломжоо хөгжүүлэхэд тусалдаг бөгөөд энэ насандаа сургаалыг дахин сонсох шаардлага тэдэнд байдаггүй байна. Ийм бясалгагчид Бурханы сургаал номлогдоогүй тийм эринд төрдөг ажээ. Брадигабуд нарын хөлгөнөөр замнагсад хорвоогийн амьдралыг шинжилж судлан, зовлонгийн үндсийг ухаарснаар замналаа эхэлдэг байна. Шинжлэлийн явцад тэдний саруул оюун хөгжиж өмнөх төрлүүддээ өсгөсөн хүсэл тэмүүллийнхээ буянаа дэлгэрүүлэн нэмэгдүүлэхээр адислагдсан байна. Тэд оршуулгын газарт очин үхэл мөнх-бусыг бясалгах, ганц бие хүний амьдралыг сонгон огоорлын сэтгэлийг хүчтэй баримтална. Тэгсээр орчлонд хэрхэн орж эргэлддэг *Арван-Хоёр Шүтэн Барилдлагын Хуулийг* нээн илрүүлснээр мунхагаас үхэх хүртэл холбоос, эргээд үхлээс мунхаг хүртэлх холбооснуудыг таньж хэрхэн давтагддагийг олж мэдсэнээр зовлонг буцааж хөөн үндсийг нь би хэмээх сэтгэлд төөрөгдсөн гэдэг үнэнийг олдог байна. Дээд зэргийн дадлага бясалгалын дунд тэд нэгэн цагт *Брадигабуд Архадын хутагт* хүрч нэгэн биеийн чөлөөнд хүрдэг ба энэ нь ерөнхийдөө нэгэн-зуун галвыг шаарддаг, нэг галав нь ертөнц хэлбэржихээс галав юүлэхийг хүртэл амьдралын үргэлжлэх хугацааг хэлдэг байна.

Шарвага, брадигабуд нар хоёулаа нирваанд хүрч байгаа нь Теравада урсгалыг дагасны эцсийн үр дүн билээ. Сэтгэлийн түйтгэрүүдийг арилгах мэтийн хорвоогийн түр зуурын амжилтанд шамата бясалгалын дунд хүрч болдог. Шамата бясалгалаар тэд дүрст болон дүрсгүй уусгалын \жана\ төлөвт төгс орж чадах боловч түйтгэрүүд мөн л идэвхгүй боловч байсаар байх болно. Тэгвэл шарвага, брадигабуд нар үүнээс цааш гарч би үгүйн хоосныг төгс ухаарснаар түйтгэрүүдийн ёзоорыг тасалж, ашдын амгалан нирваанад хүрдэг ажгуу. Брадигабуд Архадууд өчнөөн олон төрлийн туршдаа асар их буяныг хураасан байдаг тул өөрийн би-үгүйг ухаараад зогсохгүй юмс үзэгдлийн би-үгүйг мөн талд нь хүртэл ухамсарладаг байна.

Одоо бид Теравада хөлгөнд баримталдаг Нэгдүгээр номын хүрдэн Бурхан Багшийн хамгийн үндсэн сургаалыг тодорхой дэлгэрүүлэн судлах болно.

СУУРЬ – ХУТАГТЫН ДӨРВӨН ҮНЭН

Дөрвөн үнэний сургаал хэмээх үндсэн сургаал \санс.катваряаряасатаяани\-ыг мөн *Аръяа Бодгалийн Дөрвөн Үнэн* гэж нэрлэх нь бий. Аръяа гэдэг нь "хутагт", "ариун", "ердийн-бус" хэмээх утгыг илэрхийлдэг санскрит үг. Буддын ухаанд *"Аръяа Бодгаль"* гэдэг хэллэгийг аймшиггүй, чин зоригт дайчин бөгөөд Хутагтын дөрвөн Үнэнийг шууд хүлээн авах чадвартай тийм бодгалиудыг төлөөлүүлэн хэрэглэдэг.

Бүх бясалгагч нарт үндэс тавьж өгдгөөрөө Хутагтын Дөрвөн Үнэний сургаалыг зааны хөлийн мөртэй зүйрлэж болно. Яагаад гэвэл Буддын бүх сургаалууд түүнд багтсан байдаг. Нэгдүгээр Номын Хүрдийг эргүүлсэний дагуу авч үзвэл Бурхан Багш сургахдаа:

Зовлон үнэн хэмээх Хутагтын үнэн

Зовлонгийн шалтгаан үнэн хэмээх Хутагтын үнэн

Зовлонг таслах үнэн хэмээх Хутагтын үнэн

Зовлонг таслахад хөтлөх замын үнэн хэмээх Хутагтын үнэн гэжээ.

Дээрх үнэн тус бүр тусгайлан тодруулж шинжлэх сэдэв болон судлагдах нийт арван-зургаан ялгамжааг бидэнд гаргаж өгч байгаа юм. Шарвага бясалгагчид эдгээр арван-зургаан сэдвийг дараалуулан бясалгаж илт мэдэлд хүрэх замаар үзлээ бий болгодог билээ.

Зовлон үнэн

Дөрвөн үнэний сургаалын нэгдүгээрх дукха – буюу Пали хэлээр "сэтгэлийн үл-ханамж", "сэтгэл ханах чадваргүй", "шаналгаа" гэсэн утгатай үгийг тайлбарладаг. Зовлон бол сансар орчлонгийн гол гэм мөн бөгөөд хүрдэнд эргэлдэн орших бидний мэдрэмжээр тодорхойлогддог зүйл. Тэр бидний ертөнцийг тэр чигээр нь энэ тэр гэж ялгах юмгүй эзлэн оршдог бөгөөд дараах дөрвөн ялгамжаат талуудыг судалснаар бид түүнийг таньж чадах юм:

Мөнх-бус байдал

Бид бүхний эгэл хүлээн авахуйтай харшилдан, нэгдмэл бүхий л юмс үзэгдэл мөнх-бус билээ. Үүгээр бид хөгшрөх үхэх зэргийн илэрхий мөнх-бусыг зөвхөн хэлээгүй юм. Нэгдмэл үзэгдлүүд болох таван махбод зэрэг бие сэтгэлийн бүрдлүүд аяндаа мөнх-бусыг үзүүлж байдаг. Туслах нөхцөлүүд бүрдэх шаардлаггүйгээр тэд байнгын өөрчлөлт дунд оршдог ажээ. Энэхүү нарийн түвшний мөнх-бус байдал өөрөө Аръяа бодгалиудын шууд хүлээн авч чадах зовлонгийн нэг тал \ урвахын зовлон\ байдаг ажгуу. Бид оюун санаандаа мөнх-бусыг ойлгож авaад гүнзгийрүүлэн тунгааж түүнийг шууд мэдэрдэг болох хүртлээ хөгжүүлэх хэрэгтэй.

Зовлон

Зовлонг хүсэх хүн нэг ч үгүй хэрнээ мунхаг сэтгэлдээ эзлүүлсэн бид түүнээс хэрхэн салахаа мэдэхгүй орчлонгийн хүлээсэнд эргэлдсээр байгаа билээ. Аръяа бодгалиуд ариун-бус таван бүрдэл цогцыг зовлонгийн зовлон хийгээд урвахын зовлонгийн үндэс болдог түгээмэл хуран үйлдэхийн зовлонг мэдрүүлэх үзэгдлүүд гэдэг. Нэгдмэл бүхий л үзэгдлүүд шалтгаан ба нөхцөлүүдээс бүтдэг тул түүний үндсэн шинж чанар нь мөнх-бус, тиймээс найдах аргагүй. Тийм учраас ямар харагдахаасаа үл хамаараад энэ бол зовлонгийн шинж мөн билээ.

Таван бүрдэл ариун-бус хэвээр, түйтгэр бэрхшээлээр дүүрэн байсан цагт таахын аргагүй зовлон гачлангаас аврагдах найдлага үгүй юм. Аръяа бодгалиуд зовлонгийн шинж чанарыг тэдгээрийн шалтгаануудын хамтаар илтэд үзэх учраас зовлонгоос хагацаж чаддаг байна. Туйлын үнэнд анхаарлаа хандуулан амьдрал ёзоороосоо зовлонгийн шинжтэйг өөрсөддөө сануулснаар бид аажмаар юмс үзэгдлээс зуурах зууралтаа тавиулан сансрын хүлээснээс чөлөөлөгдөх боломжтой.

Хоосон Чанар

Сансар орчлонгийн хамаг амьтан юмс үзэгдлийг оршиж байна гэж бодож хүлээн авдаг. Үнэндээ юу ч оршин буй биш атал бид байгаа хэмээсэн төөрөгдлөө объект болгон хувиргаж бодлоор үүсгэн, тэднийг үнэн гэж итгэж байдаг. Жинхэнэ буй объект нь нэр хаяг үгүй, бүрдэл цогц үгүй огт өөр зүйл байж болох билээ.Тиймээс бүх юмс үзэгдэл харилцан хамаарлын дүнд л орших тул тэдгээрийг үнэхээр оршин байна гэх нь төөрөгдөл юм. Сансар орчлонгийн амьтад тэдгээрийг биеэ даан оршдог үнэхээр бодитой гэж үзэх нь зовлонгийн шалтгаан болдог ажээ. Үнэндээ гэвч бүх юм бодитой орших чанар огт үгүй хоосон байх агаад энэ нь Буддын ухааны хоосон чанарын үзэл юм. Энэ нь юмс үзэгдлийг огт үгүйсгэсэн хэрэг биш, бидний хүлээн авч байгаагаар оршдоггүй л гэсэн үг. Зовлонгийн энэ тал зөвхөн Аръяа бодгалиудад илэрхий байдаг.

Өөрийн Би-Үгүй

Сансар орчлонгийн амьтан болгон таван бүрдэл цогцыг эзэмшдэг. Үнэн хэрэгтээ гэвч гадаад юмс үзэгдэлд өөрөөсөө бүтсэн оршихуй үгүй, эзэмшигч буюу эзэн гэж байхгүй. Юмс үнэхээр оршин байхын тулд таван бүрдэл цогц болох: дүрс, мэдрэмж, хүлээн авахуй, оюуны хэлбэржилт ба ухамсар зэргээс үл хамааралтайгаар орших буюу тэдгээрийг өөртөө агуулсан байх учиртай. Шалгаад үзэхээр тийм зүйл огт байдаггүй. Таван бүрдэл цогцоос салангид "би" юмуу "өөрөө" гэх зүйл, аль нэг бүрдэл цогцоос нь ч эрээд олддоггүй, бүгд нэгдэж байж л олддог болох нь илэрхий ажээ. Аръяа бодгалиуд би хэмээх үзлээ арилган, би-үгүйн хоосныг шууд мэдэрсэн байх тул өөрийгөө салангид биеэ даасан юм байна гэж хүлээн авахаа больсон байдаг. Гэвч тэдэнд төрөл тэргүүлшгүй цагаас авахуулан хэвшүүлчихсэн дотоодын би-д барихуй үзэл байсаар байж, буруу ойлголт юмуу учир шалтгаанаас нь үл хамааран оршсоор байна.

Бүхэн Гарахын үнэн

Хутагтын Дөрвөн Үнэний хоёрдугаар хэсэг үйлийг үрийн талаар болон дукхахаанаас гаралтай, ямар шалтгаанаар бид зовох болсныг үзүүлэхэд чиглэдэг. Буддын ухаанд бидний зовлонгийн үндэс бол гурван хор \шунал, уур хилэн, мунхаг\ бөгөөд тэдгээрээс сэтгэлийн бусад бүх түйтгэрүүд салаалан гардаг гэж үздэг байна. Бидний орхивол зохих сэтгэлийн төлвүүд бол эдгээр билээ. Энэ үнэний дөрвөн ялгамжааг үзүүлбэл:

Гарал

Сэтгэлийн түйтгэр байсаар байсан цагт сансар ургасаар л байх болно. Энэ нь санамсаргүй болж буй явдал огт биш, энэ бол гарцаагүй явдал юм. Бүх түйтгэрүүдийн ёзоор нь мунхаг сэтгэл, тэднийг үнэхээр байна гэсэн буруу бодол юм. Тиймээс би хэмээх мэдрэмжийг хүчтэйгээр үүсгэн үйлийн үрийн хандлагуудын үндсийг хэлбэржүүлдэг. Шунан зуурах сэтгэл бидний сэтгэлд ул мөрөө үлдээснээр ухамсрын үргэлжлэлд хадгалагдсан үйлийн барилдлагуудаар дамжуулан сансарт дахин төрөл авах тусгал болдог. Тиймээс амьтан болгон хүсэлт ертөнц, дүрст ертөнц, дүрсгүй ертөнцийн аль нэгэнд төрөл авах болдог билээ. Энэхүү зовлонгийн хаанаас гарал үүсэлтэйг Аръяа Бодгалиуд л шууд ухамсарлах боломжтой . Зовлонгийн гарал үүсэлд анхааран төвлөрөх нь орчлонгоос гэтлэн гарах сэтгэлийг бидэнд төрүүлдэг билээ.

Аръяа бодгалиудын дараагийн төрөл эдгээр түйтгэрүүдийн тусгалаас үл хамаарна. Тэдэнд үйлийн зуршилт хандлага байна уу байхгүй юу хамаагүй тэдний сэтгэл нэгэнт шунан зуурах түйтгэрээс ангижирсан болохоор сансар орчлонд дахин төрөл авахаар нөхцөлдөх учиргүй байдаг нь тэр болой.

Шалтгаан

Сансар хорвоогийн үндэс бол мунхаг сэтгэл, уур хилэн, шунал гурав бөгөөд энэ гурвын аль нэгний оролцоогүйгээр нэг ч зүйл ургах боломжгүй билээ. Сансрын оршихуй буянтай хийгээд нүгэлтэй үйл нисваанисын дунд ургах бөгөөд буянтай үйлүүд нь хүртэл тэдгээр ёзоорын гурван хороор бохирдсон байдаг. Аръяа бодгалиудын буянт үйлдэл тэгвэл тийм хороор хордогдоогүй байдаг, яагаад гэвэл тэд өөрөөсөө бүтсэн би хэмээх нь үгүй гэж үзэх учраас тэр болой. Энэ ухамсар нь тэднийг ирээдүйд түйтгэр ургахаас хязгаарлаж байдаг ажгуу.

Нөхцөл

Шунан зуурах сэтгэл зөвхөн сансар орчлонд төрөл аван төрөхийн шалтгаан болоод зогсохгүй мөн бидний мэдэрч байгаа болгонд хоёрдогч нөхцөл болон үйлчилдэг. Юу гэсэн үг гэвэл түйтгэрүүд бидний сэтгэлийн урсгалд үр суулгах буюу хандлага үүсгээд зогсохгүй мөн тэдгээр үрийг боловсроход нөхцөл болон үйлчилдэг. Жишээ нь, хүн хулгай хийж гэж бодвол хулгай өөрөө шоронд орох гол шалтгаан болох төдийгүй, түүнийг хоригдож байх хооронд зовлон үзэх гэр орныхонд нь хоёрдогч нөхцөл болдог байна. Үүнтэй адилаар буянтай болон нүгэлтэй алин боловч үйлийг үйлдэх нь тодорхой нэгэн үр дүнд хүргэх гол нөхцөл байнга болж байх албагүй, ургамал ургахад хэрэгтэй бордоо ч юмуу бороо болон үйлчилж болох ажээ. Номыг дадуулан үйлдсэнээр аль үр боловсрохыг өөрчилж болох бололцоо бидэнд бий гэдгийг санаж явах нь чухал.

Аръяа бодгалиуд би хэмээх нь нэгээхэн ч үгүй гэдгийг ухаараад шунан зуурах сэтгэлээсээ салж чадсаны учир түйтгэрүүд өөрийн эрхгүй орчлонд төрөл аван төрөх нөхцөл болон үйлчилж чадахгүйн адилаар хоёрдогч нөхцөл ч мөн нөлөөлж чадахгүй болой. Нөхцөлүүдийн үүрэг ролийг сайтар ойлгох нь амьдралыг тойрон хүрээлж буй бусад нөхцөлүүдийг хэрхэн хянах вэ гэдгийг бидэнд үзүүлээд зогсохгүй үйлийн зуршилт хандлагуудыг боловсрохгүй байхад ч мөн нөлөөтэй ажгуу.

Үр бүтээл

Түйтгэрлэгдсэн сэтгэлээс ангижраагүй цагт буянтай болоод нүгэлтэй үйлүүд зөвхөн ганц л үр дагавар гаргана гэж бодож болохгүй. Нэг хүчтэй үйлийн үр зургаан зүйл амьтан дотор төрлөөс төрөл дамжуулан олон үр дүнг авахуулах чадалтай байж болох бөгөөд энэ нь өөрийн эрх хяналтгүй явагддаг билээ.Бас бидний урьд судалсан ёсоор үйлийн үр өсөж үржих мөн чанартай.

Нэг жижигхэн юмуу ганц үйл жижигхэн ганц үр дүн гаргана гэж бас байхгүй. Маш том үр дагаварт ч хүргэж болох талтай. Жишээ нь, эцэг эхээ алсан юмуу, тарнийн тангаргаа үндсэн уналд оруулсан бол тамын төрлийг олон галвын туршид эдлэх тавилантай. Туйлын чанартай юм бүхэн аяараа цаг хугацаа, нөхцөл байдлаас болж өсөж нэмэгдэх шинжийг агуулдаг. Нэг үр суулгахад олон мөчиртэй том мод болон ургадгийн адил сансар орчлонгийн шалтгаанаар үүссэн үр ч үржиж олшрох болно. Үр дагавар хэрхэн бий болдог дээр анхааран цаг хугацааны туршид юмс хөгжин нэмэгддэг болон тэд цөм олон төрлийн шалтгаан нөхцөлүүдээс хамаарч оршдогийг санаж явах нь зүйтэй юм.

Зовлонгийн шалтгааны эдгээр дөрвөн талууд эго-ноос үүдэлтэй аливаа нэгэн үйл хөдөлөл ариун бус бөгөөд шууд ба шууд бусаар зовлон амсуулах тавилантай болохыг харуулж байна. Энэ ухааралдаа үндэслээд хүн зовлонгийн ёзоор бол оюуны түйтгэр гэдгийг ойлгон тэд ч мөн мөнх-бусын тул арилгах боломжтой гэдгийг таньж болно.

Зовлонг таслах нь үнэн

Дукха хэмээх зовлонг арилгахын үнэн болохыг заасан Хутагтын Гуравдугаар үнэнд мунхаг сэтгэл, сэтгэлийн түйтгэрүүдийг арилгаснаар зовлонгоос ангижирч болохыг заажээ. Яавал зохихыг одоо бид үзүүлэх болно. Зовлонгийн ёзоорыг таслахын мөн чанарыг ойлгохын тулд доорх ялгамжаануудыг тунгаан бодвол зохино:

Тасдахуй

Тасдах үйл явц үгүйгээр урт удаан үргэлжлэх амжилтанд хүрэхгүй билээ. Тэгэхээр үнэхээр оршсон би хэмээх байна гэсэн буруу санаанаас мунхаглан зуурах сэтгэлийг үгүй хийснээр зовлонгийн ёзоорыг тасдах болно. Гэм болгоныг арилгаж дуусмагцаа бид зовлонг үүгээр тасдах бөгөөд үүнд нисваанисын түйтгэрүүд, шунал, хилэн мөн үүнд хамрагдан дахин ургаж гарахаа больсноор Арьяа бодгалиудын амгалан нирваан төлөвт орох болно. Зовлонгийн үндсийг тасдах явдал бидний бодлын төөрөгдлийг илт багасган сэтгэл доторх ариун бус болгоныг арилгаж төгс гэгээрэлд хүрэх итгэлийг бидэнд олгодог.

Амгалан

Зовлонгийн ёзоорыг тасдах нь зүйрлэхийн аргагүй амар амгалангийн төлөвт орохыг хэлдэг. Энэ бол нирваан хутгийн үнэн эрх чөлөө билээ. Мунхаг сэтгэл, би-д барих үзэл бүрэн арилж одсон болохоор бид өөрт буй хэрнээ одоо болтол учрах бололцоо олоогүй байсан өөрсдийн язгуурын мөн чанартаа орон саатаж эцэстээ чадах болно. Аръяа бодгалиуд сэтгэлийн энэ төлвийг нээн илрүүлээд зогсохгүй түүнийг бодит байдлаа болтол нь дадуулж чана. Дотоодын хүүрнэл бодол хийгээд шунал, уур хилэн, мунхагийн гурван хороос салахад анхаарснаар бид зовлонгоос эгнэгт чөлөөлөгдөн төгс амгаланд хүрнэ.

Дээдэд Оршихуй

Зовлонгийн ёзоорыг тасалсан маань сөрөг сэтгэлийн хөдөлгөөнөөс эгнэгт салган биднийг дээдийн амгаланд хүргэдгээрээ үнэхээр юутай ч зүйрлэшгүй гайхамшиг юм. Үнэн эрх чөлөөнөөс өөр хүрч болох дээдийн хүсэл тэмүүлэл гэж үгүй. Дээд оршихуйд төвлөрөх нь бидний сэтгэл дэх түйтгэрүүд хийгээд зовлонгоос салах хүслийг бадрааж өгнө. Энэ нь мөн ганц шаматад хүрснээр нирваанд хүрч болно гэдэг үзлийг төрүүлэх магадтай. Шаматад хүрэх нь үнэхээр гайхам амжилт мөн боловч түүнийг ямар нэгэн үр дүн мэтээр бодох биш харин хүссэн үр дүндээ хүрч өөрийн би-үгүйг ухамсарлан, туйлын үнэнийг илрүүлэх үйлсдээ хэрэглэх зэвсэг гэж бодох хэрэгтэйг анхаараарай.

Чөлөөлөгдөхүй

Нирваанд хүрнэ гэдэг биднийг хорвоог бүрэн огоорч мунхагийн зууралтыг эцэслэн тавиулаад зовлон хийгээд зовлонгийн шалтгаанаас эгнэгт хагацахын нэр билээ. Сансар орчлонтой холбоотой бүх бодлыг орхиж, түүний сөрөг хийгээд эерэг талуудыг хамтад нь огоорсноор өөрийн хяналтгүй төрөл аван сансарт эргэлдэхийг зогсоон хөгшрөх хийгээд үхэхээс үүрд ангижрана.

Магтаал, олз, эрх мэдэл, сэтгэлийн таашаал бидэнд жаргалыг авчирна гэдэг бодлын ашиггүйг ухаарах үед магад гарахын сэтгэл аяндаа төрөх болно. Бурханы заасан замыг хэрхэн дадуулах нь хорвоогийн аливаа эд зүйлсийн эх сурвалж дээр тулгуурладаггүй гэдгийг бид ойлгох ёстой. Сансар орчлонгоос "гарах"-хийгээд зовлонгийн ёзоорыг тасдан амгалан нирваанд хүрэхийн гол түлхүүр бол уйсал огоорлын сэтгэл билээ.

Зовлонгоос гарах замын үнэн

Хутагтын Дөрөв дэх үнэн бидэнд хөгжүүлбэл зохих зам бий бөгөөд тэр замаар замнаснаар дукхаг үндсээр нь тасдан хаях ёстой, тэр замыг бид дадуулан үйлдэх хэрэгтэйг сургажээ. Эрдэнэт хүний биеийг олох, үхэл мөнх-бусыг бясалгах, чөлөөлөлтөнд хүрэхийн үнэ цэнэ зэрэг сэдвүүд бол энэхүү замаар замнах явцад дадуулах ёстой дадлагуудын жишээ билээ. Буддын ухааны аливаа дадлага эргээд Хутагтын Дөрвөн үнэнтэй холбогддог ба зарим нь үндсэн түвшинд байдаг бол зарим нь арай илүү ээдрээтэй түвшинд байдаг ажээ. Ямар хэлбэртэй байхаас үл хамааран нэгэн хүрээнд багтаж байгаагийн тул хоорондоо зөрчилдөх явдал огт үгүй нь ойлгомжтой. Дараахь дөрвөн ялгамжааг үзүүлбэл:

Зам Мөр

Ариун Ном бол нирваанд хүрэх цорын ганц үнэн зам билээ. Ном гэдэг нь Бурхан багшийн заасан энгийн нөхцөлдсөн оршихуйгаас эгнэгт чөлөөлөгдөх замд орох сургаалын дагуу сэтгэлээ хөгжүүлэх явдал юм. Энэ бол төгс гэгээрлийг олох цорын ганц зам мөн.

Аръяа бодгалиуд би-үгүйн ухамсарт төвлөрөх уламжлалт замаар замнан явж энэхүү үнэнийг илрүүлэн цааш урагшлах тусам нирваан болоод чөлөөлөгдөх бүр гүнзгий ухамсарлахуйд хүрдэг байна.

Тэдний хүрсэн ухаарал хэд хэдэн буруу ойлголтуудыг засаж өгдөг нь:

1. Дагах зам үгүй.

2. Би буюу өөрөө гэсэн бодит зүйл оршдог.

3. Хэн нэгэн хүн биднийг чөлөөлнө гэсэн үзлүүд юм.

Учир шалтгаан

Сэтгэлээ хөгжүүлэн, нирваанд хүрэх зөв сэдлийг үүсгэх нь учир шалтгааныг тунгаах зохимжтой арга болдог. Ялгамжаат ухамсар болон зовлон хийгээд түүний шалтгаан үнэн гэдэг маргашгүй логик шинжлэлээр үүнд хүрэх өөр арга юмуу зам байхгүй гэдэг нь ойлгогдож байна. Энэ зам биднээс ёс суртахууны хүмүүжил, бясалган төвлөрөхүй, билиг оюун ба энэрэнгүй сэтгэлийн нэгдлийг шаардах болно. Ийм маягаар бид зовлон хийгээд зовлонгийн шалтгаануудыг түр зуур ч эсвэл бүрмөсөн ч арилгаж болох ажээ. Энэ учир шалтгаан дээр анхааран төвлөрснөөр нирваанд хүрэх зам гарцаагүй юм гэсэн итгэл зориг шулуудна.

Амжилт

Хамгийн утга төгөлдөр амжилт бол жинхэнэ үнэн Бурханы Номыг анхааран авшиг болгох боломжийг олж авах явдал мөн. Энэ бол бидэнд сэтгэлээ номхруулах бололцоо олгох цорын ганц зам бөгөөд үүгээр замнаснаар чөлөөлөлтөнд хүрэх гарцаагүй баталгаа бий. Энэхүү замын хамгийн гайхамшигтай тал бол, ертөнцийг бүтээгч эзэн бий гэх мөнхжүүлэх үзэл юмуу юм бүхэн ямар ч утга үгүй гэх үгүйсгэх үзэл зэргийн буруу үзэл, түйтгэрт бэрхшээлүүдийг орхих хэрэгтэйг ойлгож авдагт байдаг. Барцад хилэнцээс ангид бөгөөд хоёр хязгаарын аль алинаас чөлөөтэй сэтгэшгүй ахуйн ухамсарлахуй дээр саатах нь бидэнд зөв алдаагүй замаар яваа гэдгээ ухаарахад тусалдаг. Энэ нь чөлөөлөлтөнд хүргэх өөр бусад зам бий гэсэн буруу үзэлд хариулт болж өгдөг.

Бүрэн эрх чөлөө

Буддын дадлага бясалгалын гол зорилго бол сансрын хүлээснээс төгс ангижрах явдал. Үүний тулд бид язгуурын мунхаг сэтгэл, түүний зуршилт хандлагуудыг арилган, нисваанисын түйтгэрүүдийг дахин босож ирэхээс сэргийлэх нь чухал. Энэ нь бүрэн эрх чөлөөнд хүрнэ гэсэн үг юм. Тиймээс хоёрдмол үзэл \бодит ба хийсвэр\ байсаар байсан ч бид эрх чөлөөнд хүрч болно гэдэг үзэлтэй энэ нь зөрчилдөх болно. Аръяа бодгалиуд л үнэний энэ талыг шууд мэдэрч чаддаг ажээ.

Хутагтын дөрвөн үнэний дараалал

Бидний харж байгаагаар Бага Хөлгөнийхөн амьдралд нэлээд ойрхон аргаар дөхдөг байна. Бурхан Багш чадварлаг мэс засалч хорт хавдрын эд эсүүдийг тойруулан хяргаж хаях мэт асуудлын голыг тасдах аргыг зааж өгснийг бид харлаа. Бурханы эдгээр дөрвөн үнэнийг сургасан дараалал мөн үнэхээр гайхамшигтай билээ.

Бид энэ дөрвийг нэг бүтэн цогцолбор болгоод харах юм бол тэдгээрийн хоёр нь шалтгаан нөхцөлөөр холбоотой нь харагдана. Зовлонгийн гарал үүсэл зовлон эдлэхийн шалтгаан болж байна. Тэгвэл зовлонг тасдах үр дүнд хүрэхийн шалтгаан болдог зам бий. Эхний хоёр нь сансар орчлонг дүрсэлж сүүлчийн хоёр нь нирваан төлөв дээр анхаарч байгаа нь харагдана. Тэгвэл Будда яагаад энэ логикт үндэслэсэн дараалаар айлдаагүй юм бол?

Хариулт нь Будда багш дадлага дээр голлон анхаарснаас тэр. Хэрэв бидний зорилго эдгээр үнэнийг зүгээр оюун ухаандаа мэдэж авах явдал байсан бол шалтгаан ба үр дүн гэсэн дараалаар явах байсан байх л даа, гэвч бид зүгээр нэг мэдээлэл авч байгаа хэрэг огт биш шүү. Будда үүнийг ойлгож, шавийн хэрэгцээ ямар байгааг таньж түүнд тохируулан сургасан билээ.

Тиймээс тэр Зовлонгийн үнэнийг эхлээд сургасан нь бидний амьдран буй орчлон бидний шууд мэдэрч байгаа зүйл байсан болохоор тэр. Хэрвээ бид өөрсдийн оршин буй газрынхаа сэтгэл үл ханах чанартайг ойлгохгүй юм бол түүнийг өөрчлөх бодол хэзээ ч төрөхгүй байх сан. Тиймээс зовлонгийн хаанаас Гаралтайн Үнэнийг араас нь сургасан, яагаад гэвэл бид өвчнийхөө мөн чанарыг танихгүйн бол түүнийг эмчэх чадвар зааснаа ухаарахгүй байх сан. Түүний араас тэр Тасдахын Үнэнийг сургасан нь бид зовлонгоос ангид ертөнцийг төсөөлж ч чадахгүй байгаа учраас тэр. Нирваан гэж юу байдагтай биднийг танилцуулсныхаа дараагаар жинхэнэ жаргал олдох боломжтой хэмээн утга төгөлдөр зорилгыг бидний өмнө тавьж өгсөн. Эцэст нь, Замын Үнэнийг сургасан нь түүнд хүрэх арга байлаа. Ийм замаар Бурхан Багш чадварлагаар бясалгагч хүнийг сансраас холдуулан нирваанд ойртуулахад хөтөлсөн билээ.

Оршихуй	Хутагтын Үнэн	Холбоо	Шинжүүд
Сансар	Зовлон	Үр Дүн	Мөнх-бус
			Зовлон
			Хоосон чанар
			Би-үгүй
	Гарал	Шалтгаан	Гарал
			Шалтгаан
			Нөхцөл
			Үр бүтээл
Нирваан	Тасдах	Үр Дүн	Таслахуй
			Амгалан
			Дээдэд оршихуй
			Чөлөөлөгдөхүй
	Зам	Шалтгаан	Зам мөр
			Учир шалтгаан
			Амжилт
			Бүрэн эрх чөлөө

Хүснэгт 12-1: Хутагтын Дөрвөн Үнэн

ЗАМ – ХУТАГТЫН НАЙМАН ЗАМ

Хутагтын дөрвөн үнэнээр сууриа хийгээд Теравада урсгалын бясалгагч нар сэтгэлээ дадуулах гол аргаа болгон Хутагтын найман замыг шүтэн баримталдаг. Энэ зам Гурван дээд дадлагын ёс суртахуун, төвлөрөл, билиг оюун гэсэн чанаруудыг амьдруулсан найман өвөрмөц талуудыг санал болгон нэгэн биеийн чөлөөлөлтөнд хүргэх туйлын зорилготой ажээ.

Энэ нь сэтгэлийг бодож байгаа зүйлдээ болон хийж буй үйлдэлдээ илүү ухамсартай хандуулж сурган, билиг оюун, энэрэл нигүүслийг хөгжүүлэх бодит арга техникүүдтэй байдгаараа онцлог юм. Бие, хэл, сэтгэл гурвынхаа үйлдлийг нэгтгэх замаар л бид шунал болоод төөрөгдлөөс өөрсдийгөө чөлөөлж чадна.

Дээд дадлага	Найман зүйлт зам
Билиг оюун	1. Зөв үзэл
	2. Зөв сэдэл
Ёс суртахуун	3. Зөв яриа
	4. Зөв үйл
	5. Зөв амжиргаа
Төвлөрөл	6. Зөв Зүтгэл
	7. Зөв Бясалгал
	8. Зөв Төвлөрөл

Хүснэгт 12-2: Дээд гурван дадлагатай холбогдох Хутагтын найман зам

Уламжлал ёсоор бол Хутагтын найман замыг дадлага тус бүрийн өөр өөр холбоо уялдааг тодотгосон дарааллаарүзүүлдэг. Гэвч, эдгээр дадлагууд шүтэн барилдсан мөн чанартайг харгалзан дараалал дээр тэгтлээ хадагдах хэрэгцээгүй юм. Тийм учраас, сэтгэлийн машид гүнзгий нарийн төлөвт хүргэхэд хангалттай тусламж болгох үүднээс цөмийг нь нэгэн зэрэг дадуулах хэрэгтэй. Эдгээр найман зүйлийг, таныг дээш нь татан гаргах нэгэн олсны найман салаа нийлэн мушгиралдсан байгаагаар төсөөлж бодвол ашигтай байх болов уу гэж найдна. Найман замыг доор үзүүлбэл:

1. Зөв үзэл

Зөв үзлийг мөн зөв "хэтийн төлөв", "зөв зорилго" гэж нэрлэж болно. Энэ нь бусад бүх талууд руу хөтлөх чигийг зааж өгдөг гэж үздэг бөгөөд эхлэлийн цэг хийгээд эцсийн очих газрыг аль алийг ойлгох боломжийг бидэнд олгодог. Юмс үзэгдлийг Хутагтын дөрвөн үнэний сургаалд заасан ёсоор яг үнэн байдлаар нь харахын тулд зөв үзэлтэй байх шаардлагатай бөгөөд түүнийг дотор нь хоёр шалгуурт хувааж үзнэ:

1. Бодлоор олсон зөв үзэл: Бодол оюундаа юмыг зөвөөр тусган дүрслэх буюу үйлийн үрийн шалтгаан нөхцөлийн хууль, үхэл мөнх-бус мэтийн сэдвүүдийг зөв тунгаан ойлгохыг хэлэх ба энэ нь туршлагын зөв үзэл урган гарах суурь болдог.

2. Туршлагаас гарсан Зөв үзэл: Шууд ухамсарлахуйн хүчээр бий болдог үзлийг хэлнэ.

Бидний үзэл, түүнийгээ гарган илэрхийлсэн үү үгүй юу гэдгээс үл хамааран амьдралд бидний хэрхэн хандах ерөнхий хүрээг татаж сэдэл сэтгэл, сонголт хийгээд зорилгыг маань захиран байдаг. Буруу үзэл биднийг зовлонд хүргэх буруу үйлдэл хийхэд хөтөлдөг бол харин зөв үзэл зовлонгоос чөлөөлөгдөх үр дүнд хүргэдэг үйлсэд залуурддаг ажээ.

2. Зөв сэдэл

Энэ бол мөн "зөв бодол", "зөв тэмүүлэл" гэж нэрлэгдэж болох бидний үйл хөдлөлийг хянаж байдаг оюун санааны энергийг хэлдэг. Зөв үзэл ба зөв яриа хоёрын дунд орших Хутагтын найман замын хоёрдугаар зүйл болох бидний сэдэл бол мэдэгдэхүүний хэтийн төлөв ба амьдралын идэвхтэй үйл хөдлөл хоёрын хооронд чухал холбоо үүсгэж байдаг. Зөв үзлийг үнэн зөвөөр ойлгох нь сайн сэдэл, муу сэдэл хоёрын ялгааг олж харахад туслах боловч "сайн сэдэл" байнга танд таашаал авчирч байх мөн албагүй билээ. Энэ бол бидний бодлоос гаралтай зорилго санаа болон бидний үйл хөдлөлийн өмнө гарч явах ёстой зүйл бөгөөд дараагийн сэдэв болох зөв ярианд биднийг хөтлөн хүргэх болно.

3. Зөв яриа

Үг гэдэг хүчтэй эд. Түүгээр нөхөр олж болно, түүгээр дайсантай болж болно, түүгээр дайныг өдөөж болно, түүгээр энхийг тогтоож мөн болно. Зөв үг яриа бол зөв явдалтай болох анхны үзүүлэлт бөгөөд хэдэн бүрэлдэхүүн хэсгээс тогтдог болохыг Бурхан Багш тодруулан заахдаа:

1. Худал үг хэлэх, санаатайгаар худлаа ярихаас зайлсхийх
2. Зальхай, хорон үг хэлэхээс зайлсхийх
3. Ширүүн, ууртай үг хэлэхээс зайлсхийх
4. Хов үг, чалчаа үг ярихаас зайлсхийх хэмээжээ.

Мөн бидний үйл хөдлөл болгондоо санаж байх ёстой гурван тал байдагт:

1. **Сэдэл**: Ингээд Зөв сэдэлтэй буцаад холбогдож байна. Бид хэлж буй үгнийхээ нөлөөг бодож байх хэрэгтэй. Бусадтай бидний ярих болсон зорилго юу юм бэ? Тэр маань ашигтай байх уу хортой байх уу?

2. **Чадвар**: Ярих чадвартай байхын хажуугаар бид бас сонсох буюу дуугүй байх чадвартай байх хэрэгтэй. Аль хэлбэрийг барих болон тухайн нөхцөл байдалд тохирч байгаа эсэхийг мэдэж байх нь Зөв үзлийн ухааныг үзүүлж буй хэрэг билээ.

3. **Хариулт \Үр дүн**: Гурав дахь тал нь ямар үр дүн гарах вэ гэдгийг бодох явдал мөн. Энэ нь богино хугацааны үр дүн юмуу, урт хугацааны үр дүн гэж ялгагдана. Бидэнд үйл хөдлөлийнхөө авчрах үр дагаврыг бодож байх нь хэрэгтэй бөгөөд тэгснээр өөрт хийгээд бусад зөвхөн ашигтай байж л чадах үйлд оролцох юм.

Хэрвээ бид саруул оюуны нөлөөллөөр дээрх гурван зүйл хийгдэж байгаад итгэлтэй байж чадах юм бол зөв яриатай болсондоо баттай байж болно.

4. Зөв үйлдэл

Дөрөв дэх зүйл бол замд тохиолдох бусад талуудтай зохицолдсон бидний бие махбодын зөв үйлдлийг зааж байна. Зөв үйлдэлд ёс зүйн зөв үйлдэл ба буянтай үйлдэл орно. Үйл хөдлөл биеийн илэрхий хөдөлгөөн мэт гадаад юмуу сүсэг бишрэлийн хувирал мэт дотоод сэтгэлийн чанартай байж болдог. Зөв үйлийг хийх талаар сургасан нь:

1. Амьтныг алах юмуу хохироохоос зайлсхийх
2. Өгөөгүйг авахаас зайлсхийх
3. Буруу хурьцал хийхээс зайлсхийх гэсэн байдаг.

Иймэрхүү нүгэлтэй үйлүүд сэтгэлийн төлвийг буруу тийш чиглүүлж чөлөөлөлтөнд хүрэх замаас хөндийрүүлэн зовлонд учруулах болно.

5. Зөв амжиргаа

Зөв амжиргаа гэдэг хууль ёсонд нийцсэн тайван амжиргааг хэлнэ. Энэ төрлийн дадлага биднийг амгалан номхон сэтгэлтэй болоход хэрэгтэй нөхцөлүүдийг бий болгох зохицол тэнцвэртэй байдлыг хөгжүүлэхэд тусгайлан зориулагдсан байдаг. Зөв үйлдлийн үргэлжлэл болгон зөв амжиргааг залгуулахад бусад хорлолтой дараах дөрвөн үйлийг \шууд ба шууд бусаар хор болдог\ үйлдэхээс зайлсхийх хэрэгтэй:

1. Зэвсгийн наймаа хийх
2. Амьд зүйлсийн наймаа хийх \биеүнэлэлт, боолын наймаа гэх мэт\
3. Амьтны амь таслуулахаар наймаалах
4. Хортой бодис наймаалах \архи, хар тамхи гэх мэт\

Мөн үүнд Зөв үйл, Зөв ярианы журмыг зөрчих явдлуудаас зайлсхийх багтана.

6. Зөв зүтгэл

Үүний өмнөх гурван зүйл амьдралын гадаад журамтай холбоотой байсан бол дараагийн гурав нь дотоод сэтгэлийг хүмүүжүүлэн номхотгох тал дээр анхаардаг. Энэ үйл явц бусад дадлагуудын урьдчилсан бэлтгэл болох Зөв зүтгэлээс эхэлнэ. Хичээл зүтгэл үгүйгээр бид юунд ч хүрэх аргагүй. Сайн ба муу үйлийг аль алийг оюуны энерги удирддаг болохоор бид *Дөрвөн аугаа хүчин яармайлт* гэдэгт хүрэхийг хичээх нь чухал. Үүнд:

1. Нүгэлтэй бодол ургахаас сэргийлэх
2. Нүгэлтэй бодол төрсөн бол зогсоох

3. Буянтай бодол төрүүлэх

4. Буянтай бодол төрсөн бол дэмжин тордох

Эдгээр дөрвөн төрлийн үйлийг бид хөгжүүлэн тэдгээрийн ашиг тустайд итгэн, амжилттай үйлдсэнийхээ дараа ач тусыг нь бишрэн, даган баясах хэрэгтэй.

7. Зөв ухамсар

Энгийнээр хэлбэл Зөв ухамсар гэдэг юмс үзэгдлийн яг жинхэнээрээ ямар болохыг тодорхой харж чадах оюуны чадавхийг хэлдэг. Хүн өөрийн сэтгэл санааг тольдон хаашаа чиглэсэн байна, юу хийж байна, буруу юманд татагдаад талийж одоогүй байгаа гэдгээ ухамсарлаж байхыг хэлдэг байна. Энгийн үед бидний сэтгэл мэдрэхүйн таашаалын араас хөөцөлдөн явдаг бол Зөв ухамсарлахуйгаар өөрсдийн сэтгэл санаа хаашаа явж байгааг хянах ба идэвхтэйгээр ажиглах замаар ариунаар үзэхүйд хүрэх увдисыг эзэмших юм. Бид мэдрэмжийн дөрвөн талбарт сэтгэлээ дадуулснаар дараах ухамсарлахуйн төлөвт хүрч болно:

1. Биеэ ухамсарлах

2. Мэдрэмжээ ухамсарлах

3. Сэтгэлийн төлвөө ухамсарлах

4. Юмс үзэгдлийг ухамсарлах

8. Зөв төвлөрөл

Хутагтын найман замын эцсийнх болох Зөв төвлөрөлөөр буянт нэгдэл буюу нэгэн үзүүрт сэтгэлийг илэрхийлнэ. Төвлөрлийг хөгжүүлэх буддын ухааны арга бол бясалгал бөгөөд сэтгэлээ нэг зүйл дээр сатааралгүй төвлөрүүлэх явдал билээ. Энэ дадлага бидний өдөр тутмын амьдралд аяндаа дадал болж болдог. Яваандаа бидний сэтгэл тогтворжин төвлөрч, дотоод шинжлэлийг билиг оюун болгон хувиргах хүчирхэг зэвсэг болох боломжтой. Зөв ухамсар, Зөв төвлөрөл хоёрыг хослуулснаар Хутагтын дөрвөн үнэний арван-зургаан талуудыг шууд мэдрэх үр дүнд гарцаагүй хүрнэ шүү.

ҮР ДҮН – НЭГЭН БИЕИЙН ЧӨЛӨӨЛӨЛТ

Теравада урсгалын бясалгагч нар Найман замыг дадуулан явах зууртаа мөн хэдэн гол шатуудыг дамжин дүүргэдэг. Нийтдээ хамаг амьтны сансраас Нирваанд хүрэх өсөлтийг тэмдэглэсэн таван шат байдаг. Тэдгээр шатуудыг бид *Таван мөрд үрэхүй* гэж нэрлэдэг:

1. **Чуулганы Мөр:** Теравада бясалгагчид маш зожигдуу гэмээр энгийн амьдралаар амьдран хорвоогийн элдэв үйлээс зайлсхийх журмыг хатуу баримтална. Тэд эд хогшил хөрөнгө мөнгө үл тоон маш бага зүйлээр

өөрийг ханган амьдарна. Тэд Гурван аймаг савны сургаалын дагуу маш хатуу журам баримтлан хувийн сахилгыг хатуу сахин, хэлж хийж буй бие болон сэтгэлийн бүхий л үйлэндээ асар их хяналттай байж явах суух, идэх унтахдаа хүртэл ямагт ухамсраа хадгалж байхыг эрхэмлэдэг байна.

Теравада лам явж байхдаа алхам бүрдээ бясалгаж явдаг ба маш аажуухан хөдөлж алхам болгондоо хором хормын мэдрэмжийг авч явна. Хөл аажмаар өргөгдөн газарт буухад нөгөө хөл өргөгдөнө гэх мэт бүрэн ухамсартайгаар хөдөлгөөн бүр хийгдэнэ. Теравада бясалгагч нар хийж буй үйл хөдөлгөөн болгондоо тийм ухамсар агуулан явж насыг бардаг байна. Энэ дадлага бол маш үндсэн хэлбэрийн дадлага боловч бидний ихэнх маань байнга ийм өндөр зэрэглэлийн анхааралтай байж чаддаггүй билээ. Аяга цай бэлтгэхэд хүртэл шүү дээ.

Тэд ийнхүү өө сэвгүй журам баримтлан явж Номыг хичээнгүйлэн дадуулсныхаа үр дүнд замнаж буй замдаа ахиц гаргах шалтгааныг бүтээхэд шаардагдах тэр их хэмжээний буян ба билгүүнийг хурааж байдаг учраас *Чуулганы Мөр* хэмээн нэрлэдэг ажгуу.

2. **Найруулгын мөр:** Ёс суртахууныг өө сэвгүй баримталдаг, байнгын ухамсарт байдлаараа Теравада урсгалын бясалгагч нар нэгэн үзүүрт төвлөрлийг бясалгалын дадлагаар хөгжүүлж чаддаг байна. Энэ төвлөрөл нь амжилтын олон шат ахих суурь болж өгөх тул *Шамата* болон *Жанагийн дөрвөн хэлбэрт* хүрэх боломжийг өгдөг. Ухамсарлахуйн дөрвөн дурдал \ бие, хэл, сэтгэл, үзэгдэл\ дээр төвлөрөх замаар тэд дотоод шинжлэл буюу билиг оюуныг улмаар хөгжүүлж эхлэхэд хүрдэг ажээ. Энэ хэсэгт, юмс үзэгдлийг ухамсарлах дурдал гэдэгт таван бүрдэл цогц, мэдрэхүйн зургаан эрхтэн, таван барцад \мэдрэхүйн шунал хүсэл, муу санаа, залхуурал, амралтгүй байх болон эргэлзээ\, арван-хоёр шүтэн барилдлага, хамгийн чухал нь болох Дөрвөн үнэний сургаал дээр төвлөрөн бясалгах явдлыг хамруулдаг байна.

Эдгээр дадлага бясалгагчийн сэтгэл санааг өөрийн би үгүйг шууд ухамсарлахад бэлтгэж өгч байгаа учраас *Найруулгын Мөр* гэж нэрлэжээ. Үүний дүнд шамата випашяана хоёрын нэгдэлд хүрэх болно.

3. **Үзэхүйн мөр:** Хутагтын дөрвөн үнэний арван-зургаан ялгамжааг задлан шинжилж шууд ухамсарлахуйд хүрсэн болон би үгүйн хоосны илт мэдэлтэй болсон бясалгагч хүн Аръяа бодгаль болон хувирна. Үүгээр түүнийг *Үзэхүйн мөрд* орсныг тэмдэглэнэ.

4. **Бясалгалын Мөр:** Одоо би-д барих сэтгэл огт үгүй Хутагтын найман Замыг дадуулах болсноор бие, хэл, сэтгэл түйтгэрлэгдэхээ болино. Найруулгын мөрд хүрсэн ухамсарлахуй болон үлэмж үзэхүй зэрэг нь

би үгүйн ухаарлаар төгс ариуссан байна. Энэ үйл явц бясалгагч хүнийг тэрхүү ухааралд сайтар дадуулан зуршуулдгаас *Бясалгалын иөрд* орно гэж нэрлэдэг байна.

5. **Үл суралцахуйн мөр:** Замаа гүйцээсний хойно тэнд хүрээд цааш ахих юу ч үгүй болох тул үүнийг *Үл суралцахуйн мөр* хэмээн нэрлэдэг ажгуу.

Аръяа Бодгалийн дөрвөн түвшин

Бага Хөлгөний сургаалд Аръяа бодгалиудын дөрвөн түвшин яригддаг бөгөөд түвшин болгоныг тодорхой түйтгэрүүдийг амжилттай орхих болдгоор нь ангилдаг байна. Түвшин болгонд Эхлэл ба Боловсролт гэсэн хоёр хэсэг байх тул нийт найман шат болно. Эдгээр найм цаашдаа улам илүү ахих хорин шалгуурт хуваагдах болно.

Уламжлал ёсоор бол Хорин хувраг гишүүний сургаал гэдэг сургаалыг Наян хувраг гишүүн \хорин хүнтэй дөрвөн бүлэг\ судлах ёстой байдаг. Энэ судар маш будилмаар ойлгоход амаргүй хэлбэрээр бичигдсэн тул судалж дуустал их урт хугацааг зарцуулдаг учраас энд тэр талаар тодруулж ярихгүй. Энгийн ойлгоамжтой тайлбар өгөх үүднээс Теравада урсгалын бясалгагч нарын давах ёстой таван зам мөрийн найман шатыг бид даган явах болно:

1. **Урсгалд-орогчийн эхлэл:** Энэ бол бясалгагч хүний хүсэлт ертөнц, дүрст ертөнц, дүрсгүй ертөнцтэй холбоотой бодолд-тулгуурласан түйтгэрүүдийг арилгах болон чөлөөлөгдөх замыг ойлгон ухаарсны дүнд Чуулганы мөрд орох үе шатыг хэлнэ. Энэ шат Найруулгын мөрийн төгсгөл хүртэл үргэлжилдэг.

2. **Урсгалд-орогчийн Боловсролт:** Бодолд-үндэслэсэн бүхий л түйтгэрүүдийг арилгаж дуусаад би-үгүйн сэтгэлийг анх удаагаа шууд мэдэрснээр Үзэхүйн мөрд шилжинэ. Пали хэл дээрх эх сурвалжийн дагуу авч үзвэл тэд арван тээглүүрийн гурвыг зайлуулсан нь энэ ажээ. *Тээглүүр* гэдгээр энд амьтныг сансарт хүлж байдаг оюуны уяснуудыг хэлж байгаа билээ. Энэ шатанд арилгадаг гурван тээглүүр нь: таван бүрдэл цогцтой холбоотой юмуу адил төстэй \танигдах үзэл гэдэг\ үнэхээр оршсон би-д барих үзэл, Гурван Эрдэнэд эргэлзэх, Бурхан багшийн заасан зам үнэн эсэхийг хүчин төгөлдөр биш гэж үзэх түйтгэр болон гаднаас зан үйлийг ажиглах замаар юмуу хатуу сахилтнуудын замаар замнаснаар чөлөөлөгдөж болно гэсэн үзэл эдгээр ажээ. Ерөнхийдөө тэд хүн ба тэнгэрийн төрлийг дээд тал нь долоо авах хэрэгтэй болдог байна.

3. **Нэгэнтээ-буцагчийн эхлэл:** Энэ бол бясалгагч хүн Бясалгахуйн мөрд орох үе шатыг хэлнэ. Тэд хүсэлт ертөнцтэй холбоотой дотоодын есөн түйтгэрийн эхний зургааг арилгахыг зорьдог байна.

4. **Нэгэнтээ-буцагчийн боловсролт:** Төвөд хэл дээрх эх бичигт заасныаар Нэгэнтээ-буцагчийн боловсрох шатанд бясалгагч хүсэлт ертөнцийн есөн төрлийн сэтгэлийн төлвийн зургаар арилгадаг байна. Тэд ганцхан төрлийн дараагаар Архадын хутгыг олох боломжтой ба тиймээс тэднийг "нэгэнтээ буцагч" хэмээн нэрлэж байгаа ажээ. Теравадагийн сургаалаар бол шунал, хилэн ба мунхаг сэтгэл сулрах боловч шинэ тээглүүр арилгагдах нь энэ шатанд үгүй байдаг байна.

5. **Үл-буцагчийп Эхлэл:** Мэдрэхүйн эрхтний шуналыг өдөөгч аяараа ургах есөн төрлийн сөрөг сэтгэлийн хөдөлгөөний сүүлчийн гурвыг арилгах зорилгыг бясалгагч тавина.

6. **Үл-буцагчийн боловсролт:** Бясалгагч нар хүсэлт ертөнцтэй уяж буй дотоод сэтгэлийн есөн түйтгэрийн сүүлчийн гурвыг арилгаж дөнгөнө. Тиймээс тэд "үл-буцагч" хэмээн нэрлэгдэх нь энэ насандаа Архад болж дахин сансарт төрөл авахаар буцахгүй болж байгаа учраас тэр ажээ. Тээглүүрүүдийн хувьд хүсэл шунал ба муу санаа энэ шатанд арилдаг байна.

7. **Архадын эхлэл:** Бясалгагч хүн энэ шатанд сансар орчлонгийн дээд хоёр төрөл болох дүрст болон дүрсгүй ертөнцтэй тус бүр холбоотой дотоодын есөн түйтгэрийг арилгахыг зорино.

8. **Архадын боловсролт:** Дүрст болон дүрсгүй тэнгэрийн оронтой холбоотой дотоодын есөн түйтгэрийг арилгаж чадна. Өөрийн биеэс зуурах бүхий л түйтгэрт сэтгэлүүдийг арилгаснаар тэд Шарвага юмуу Брадигабуд Архад болох хэмжээнд хүрч очино. Үүнийг мөн Үл суралцахуйн мөр ч гэж нэрлэдэг. Энэ шатанд тэд таван дээд тээглүүрийг арилгадагт: дүрст болон дүрсгүй тэнгэрт орших хүсэл, бардам зан, амралтгүй байдал, мунхаг сэтгэл эдгээр багтана.

Буддын зарим бясалгагч нар шаматад хүрэх юмуу дээд төвлөрөлт жанад хүрэх замыг сонгодог ба тодорхой нэгэн түйтгэрийг дарахаар төвлөрдөг бөгөөд үүнийг хорвоогийн зам гэж нэрлэнэ. Зорилгодоо хүрсний дараагаар тэд үл хямрах амирлангуй сэтгэлтэй болдог байна. Дараагаар нь, Хутагтын дөрвөн үнэнд сэтгэлээ чиглүүлэн бясалгаж мунхагийн эцсийн үлдэгдлийг арилгаснаар Аръяа бодгалийн хутагт хүрнэ.

Хорвоогийн замыг буддын-бус шүтлэгтнүүд мөн авч хэрэглэдэг бөгөөд тэд шаматад хүрээд зогсохгүй дүрст, дүрсгүй ертөнцөд мөн шингэн орж чадах болдог байна. Гэвч энэ нь тэднийг Архадын хутагт хүргэж чадахгүй юм. Хорвоогийн замыг баримтлагчид хүсэлт ертөнцийн олон бэрхшээлүүдийг арилган түйтгэрүүдийн ихэнхийг намжааж чадах хэдий боловч мунхагийн нарийн түвшний ул мөрүүдээс салж чадахгүй билээ. Хүсэлт ертөнцийн энгийн хүмүүсийн сэтгэлтэй харьцуулах юм бол тэд дээд ертөнцийн маш амгалантай төлөвт орших ба хүсэлт ертөнцөд оршихыг таашаахаа болиод илүү дээгүүр сэтгэлийн түвшинг зорих болдог. Энэ нь тэдний түйтгэрүүдийг сэтгэлд хямрал цаашид үүсгэж чадахгүйд хүртэл нь багасгаж өгдөг байна. Хувиргагч зам Дөрвөн үнэний сургаалтай хамт явдгаараа түүнээс эрс ялгаатай билээ.

Дараагийн хүснэгтэнд Теравада урсгалын дөрвөн гол замыг хялбарчилсан байдлаар дүрслэн үзүүлсэн ба төрөл бүрийн үе шатуудад арилгадаг түйтгэрүүд болон тээглүүрүүдийг хамтад нь харуулсан болно. Эхний дөрвөн боловсролтын шатуудыг хүснэгтэнд үзэхүйн мөрийн түвшинд үзүүлсэн байгааг цохон хэлэх хэрэгтэй. Ийм учраас хураахуйн мөр ба найруулгын мөр энгийн нэгнээс Аръяа бодгаль болох хувиргалтанд дамжин өнгөрөх шат болдог байна.

Мөр	Шат	Тээглүүр	Үлдсэн Төрөл
1. Чуулганы	Урсгалд-Орогчийн	байхгүй	Сансарт хяналтгүй төрөл авсаар байна
2. Найруулгын	Эхлэл		
3. Үзэхүй	1. Урсгалд-Орогчийн Боловсролт	1. Таних үзэл	хүн ба тэнгэрт дээд тал нь 7 төрөл авна
		2. Эргэлзээ	
		3. Буруу үзэл ба ажиглалтад итгэх	
		Бусад бүх түйтгэрүүд	
4. Бясалгалын	2. Нэгэнтээ-Буцагч	Шунал, үзэн ядалт, нэг удаа төрнө	Хүсэлт ертөнцөд төөрөгдөл суларна
		Хүсэлт ертөнцийн есөн тээглүүрийн зургааг	
	3. Үл-Буцагч	4. Шунал хүсэл	Дүрст тэнгэрт аяараа төрнө
		5. Муу санаа	
		Эцсийн гурван тээглүүр	
5. Үл Суралцахуй	4. Архад	6. Дүрст орныг хүсэх	Сансарт дахин төрөхгүй
		7. Дүрсгүй орныг хүсэх	
		8. Бардам зан	
		9. Амралтгүй	

| 10. Мунхаг |
| Дүрст,дүрсгүй орны дотоод есөн түйтгэр арилна |

Хүснэгт 12-3: Теравада Урсгалын Дөрвөн Үе Шатны ахиц

ГОЛ ХЭСГҮҮДИЙГ ЭРГЭН СӨХВӨЛ

- Бурхан Багшийн нийт олонд номлосон сургаалаас Бага хөлгөн хөгжин цэцэглэжээ. Түүний онцлог нь ёс суртахууны сахилга, бясалгалын дадлагын тусламжтайгаар нэгэн биеийн гэгээрэлд хүрэх явдал билээ.

- Теравада урсгалын сургаал Пали эхээр дамжин уламжилж ирсэн. Энэ түүвэр Гурван аймаг сав гэж нэрлэгддэг гурван зүйлд хуваагддаг нь: ёс зүйн аймаг \винай\, судрын аймаг, илтийн аймаг \абидарма\ юм.

- Дадлагын энэ төрөлд хоёр хөлгөн холбоотой байдаг нь: Сонсогчдын Хөлгөн \шравакаяана\, Нэгэн биеийн чөлөөнд хүрэгчдийн Хөлгөн \пратекабуддаяана\ юм.

- Бага Хөлгөний суурь бол Хутагтын дөрвөн үнэн: зовлон үнэн, зовлонгийн шалтгаан үнэн \бөхөн гарахын үнэн\, зовлонг тасдах үнэн\ хорихын үнэн\, зовлонгоос гарах зам үнэн \мөрийн үнэн\.

- Бага Хөлгөнийхний замнадаг зам бол Хутагтын Найман Зам бөгөөд энэ нь хүнийг нэгэн биеийн гэгээрэлд хүргэх найман хэлбэрийн дадлагыг олгодог байна. Тэдгээр нь: Зөв Үзэл, Зөв Сэдэл, Зөв Яриа, Зөв Үйл, Зөв Амжиргаа, Зөв Зүтгэл, Зөв Ухамсар ба Зөв Төвлөрөл билээ.

- Энэ хөлгөний үр дүн Амжилтанд Хүрэх Таван Мөр бөгөөд: чуулганы мөр, найруулгын мөр, үзэхүйн мөр, бясалгахуйн мөр, үл суралцахуйн мөр юм.

- Замын туршид дөрвөн түвшний Аръяа бодгаль танигдаж болно: урсгалд орогч, нэгэнтээ буцагч, үл буцагч, Архад. Хэрвээ тус бүрийг нь хүрэхийг тэмүүлсэн сэтгэлийн төлвөөс шалтгаалан авч үзвэл найман үе шат түүнээс улбаалан гарч ирдэг.

Их Хөлгөний дайчин баатар Бодьсадва Майдар

Их Хөлгөн

Бурхан Багш сургаалаа айлдахдаа тэнд байгсад тус бүр өөр өөрийн хүлээн авч чадах хэмжээгээр ойлгож авахаар тохируулан номлосон байдаг. Тэгэхээр сургаалыг сонсогч хүмүүс хэн байснаас шалтгаалаад олон хувилбартай байж болохоор танилцуулагдсан гэсэн үг. Түрүүчийн бүлэгт бидний судалсан Бага Хөлгөний сургаал мөн тийм хувилбаруудын нэг байсан бөгөөд юу сургасантайгаа холбогдсон өвөрмөц хэтийн төлвийг үзүүлсэн билээ.

Их Хөлгөн \Махаяана\ бол Бурхан Багшийн номлолд оролцсон ухамсарлахуйн өндөр түвшинд хүрсэн хүмүүсийн ойлгож авсан хөрвүүлэг байсан юм. Зүүн хойд Энэтхэг дэх Ражагриха тосгоны гаднахан талд орших Тас цогцолсон Оргил уулнаа Бурхан Багш Хоёрдугаар номын хүрдийг эргүүлэн *Билиг бараамидын судруудаа* айлдсан билээ. Тэр үед түүнийг арван зүгээс цугларсан хэдэн зуун мянган ухамсарлахуйн гүнзгий түвшинд хүрсэн бодгалиуд хүрээлэн байснаас цөм уг сургаалыг өөр өөрийнхөөрөө сонссон нь 300-гаас 100,000 шад бүхий судрын найман өөр хувилбар төрөн гарсан байдаг.

Бурхан багшийг өөр үед Бурханлаг-Чанарын талаар Шравасти, Кушинагар зэрэг газруудад номлох үед нь маш олон тооны хүн-бус бодгалиуд оролцсон гэдэг бөгөөд хамгийн гүнзгий түвшний ухамсарлахуйд хүрсэн хүмүүст сургаал зориулагдсан нь энгийн нэгэнд ойлгоно гэхэд үнэндээ хэтэрхий гүнзгий утгатай байсных ажээ.

Сүүлд олон жилийн дараа Бурхан Багшийг нирваан дүрийг олоход тэдгээр бодгалиуд өмнөд Энэтхэгийн нутагт цуглараад бүгд сонссон дуулснаа нэгтгэн эмхэтгэж авсан байна. Аугаа Бодьсадва \дайчин баатар\ Майдар, Манзушир, Очирваань нараар удирдуулсан тэд *Их Хөлгөний судрын уламжлалыг* бий болгосон нь гэгээрлийн сэтгэлийг \бодь\ хэрхэн хөгжүүлэх талаар болон Бодьсадва хүний сахилга хүмүүжил, хамгийн гол зүйл болох юмс үзэгдлийн хоосон чанартайн талаар өгүүлсэн сургаалуудыг агуулсан байлаа.

Үүнийг дагасан хоёр чуулганыхан дээр үндэслээд хоёр урсгал эндээс тасран гарав. Бодьсадва Манзушир сургаалыг илүү тодорхой болгох, хоосон чанарын үзлийг онцлон үзэх замаар сургаалыг богиносгох талыг баримтлав. Энэ урсгалыг

Гүнзгий үзлийн урсгал хэмээн нэрлэх болсон бөгөөд Энэтхэгийн мастер Нагаржуна дараа нь уламжлан залгах болж түүний араас Чандрагирди, Шантидева нар энэ урсгалыг дэлгэрүүлсэн гэдэг.

Энэ үед Бодьсадва Майдарын чуулган Гуравдугаар номын хүрдний сургаалуудыг онцлон үзэх болж Бурханлаг-Чанар дээр төвлөрөх замыг барив. Энэ урсгалыг Асангагийн баримталан гарч ирсэн *Аугаа үзлийн урсгал* хэмээн нэрлэх болж дараа нь Васубанду, Чандрагомин нараар үргэлжлэн дэлгэрэх болсон ажгуу.

Их Хөлгөний уламжлал дээрх хоёр урсгалд суурилан хойд Энэтхэг даяар ихэд дэлгэрсэн байна. Тэдний сургаалууд санскрит хэл дээр хөлвүүлэгдэж нутаг даяар тархан хойд зүг рүү тэлсээр Кашмир болон зүүн тийшээ тэлэн Торгоны замаар Хятад хүрчээ. Хятадад олон сургууль төрөн гарснаас сургууль болгон Их Хөлгөний урсгалын өөр өөр хэлбэрийг барин хөгжих болов. Тэдгээрээс цаашаа Солонгос, Япон, Вьетнам зэрэг улсад дэлгэрсэн ажээ.

Махаяана сургаал хамаг амьтны тусын тулд гэгээрэлд хүрэхийн төлөө амь бие үл хайрлах сэтгэлийг онцлон үздэгээрээ ялгагддаг. Энэ өвөрмөц сэдлийг бид *бодь сэтгэл* хэмээн нэрлэдэг бөгөөд нэгэн биеийн гэгээрэлд зорьдог Бага Хөлгөнийхнөөс үүгээрээ ялгаатай. Энэхүү илүү өргөн олныг хамарсан үзэл санаан дээр тулгуурлан Их Хөлгөний бясалгагч нар бусдын тусыг бүтээхэд шууд чиглэсэн амьдралын хэв маягийг баримталдаг. Тиймээс энэ чанараараа Их хөлгөн хүмүүсийн сэтгэлийг татан өргөжих болсноор Буддын лам хувраг хүний хорвоог огоорсон сэтгэлээр амьдрах хүсэлтэй энгийн иргэдийн тоо харьцангуй өссөн билээ.

Афганистан Төвөд, Энэтхэг, Солонгос, Японы, Индонез, Хятад, Тайланд Камбож, Вьетнам, Пакистан

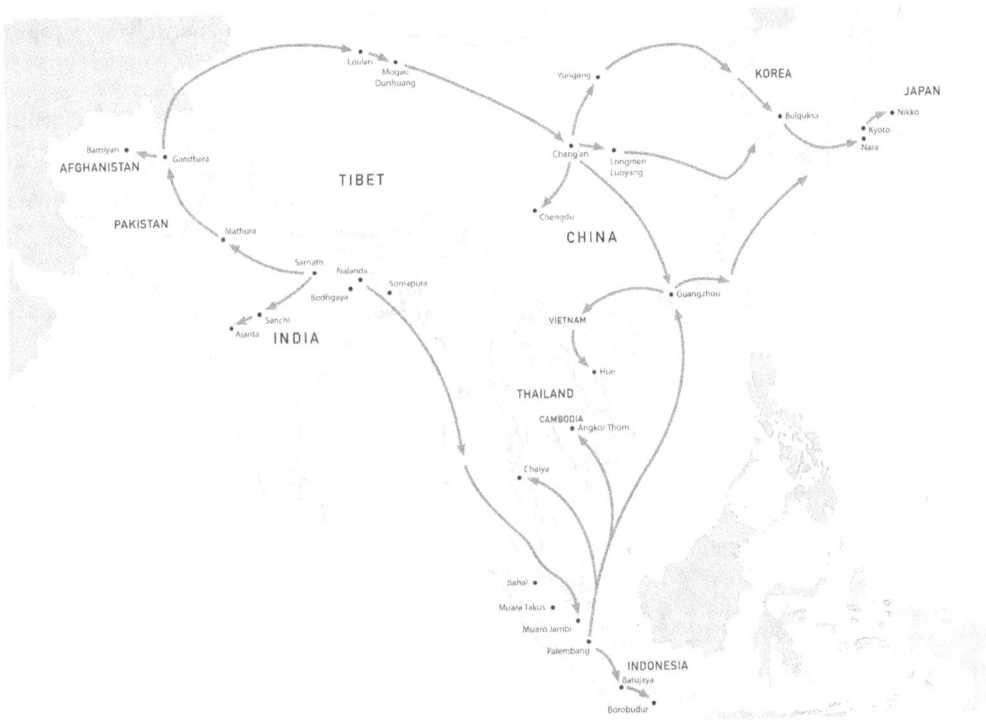

Зураг 13-1: Махаяана Буддизмын тархалт

Бага Хөлгөн ба Их Хөлгөний бас нэгэн том ялгаа бол тэдний гэгээрэл гэж юу болохыг ойлгох ойлголт юм. Теравада бясалгагч нарын хувьд гэгээрэл гэдэг бол сансраас бүрэн чөлөөлөгдөх явдал юм. Бүхий л зууралтыг тавиулснаар Шарвага юмуу Брадигабуд Архадын хутагт хүрч болно гэж тэд үздэг.

Их Хөлгөний бясалгагч хүний хувьд бол ийм төрлийн гэгээрэл бүрэн төгс биш юм. Яагаад гэвэл тэдэнд юмс үзэгдлийг өөрөөсөө үүссэн мэт үзэх маш нарийн сэтгэлийн түйтгэрийг арилгах чадвар хүрдэггүй байна. Мэдэгдэхүүний түйтгэрүүд байсаар байсан цагт бясалгагч хүн бусдад туслах чадваргүй, хязгаарлагдмал хэвээр байх болно. Их хөлгөний бясалгагч нар тэгвэл өргөн цар хүрээтэй чадварлаг аргуудын тусламжтайгаар төгс гэгээрсэн Бурхан болох хэмжээний их буяныг хуримтлуулж чаддаг. Тэд амьтны тусыг бүтээх чин хүсэл тэмүүлэлтэйгээр замнаж яваа учраас амжилтын энэ түвшин бол тэдний зорилгодоо хүрэх ганц зам мөн билээ. Энэ төлөв дөрвөн онцлог талтай. Үүнд:

1. Сансрын зовлонгоос төгс чөлөөлөгдөнө. \нирваан\

2. Бурханы *Үнэн номын лагшин* \дармакая\ болон *Дүрст лагшин* \рупакая\-г

бүтээнэ.

3. Бурханы хязгааргүй чанаруудыг амьдруулна.

4. Хамаг амьтны хэрэгцээнд нийцүүлэн ямар ч дүрээр тоо томшгүй хувилан үзэгдэх чадвартай болно.

Их хөлгөний үзлийн дагуу авч үзвэл Архад хүн үхсэнийхээ дараагаар хоосонд уусаж үл зуурахуйн төгс амгалангийн төлөвт саатах бөгөөд аль ч төрлийн зовлонгоос ангид оршино. Энэ нь хэдийгээр гайхамшигтай амжилт мөн ч гэлээ үргэлжлүүлэн зовсоор буй хамаг амьтны төлөөнөө юу ч хийх чадваргүй гэсэн үг юм. Тийм учраас холын ирээдүйд хэзээ нэгэн цагт төгс чөлөөлөгдсөн байсан Архадууд Бурханы хүчээр уусалтын байдлаасаа дахин ургах хэрэгтэй болж дахин төрөл авах болно. Энэ удаад харин тэд Их хөлгөний замд алхан орох сэдэлтэйгээр төрдөг ажээ. Яагаад гэвэл Архад хүн зуурах сэтгэлээс бүрэн чөлөөтэй, тэд бусад хамаг амьтны адилаар зовлонг үзэхгүй. Тиймээс энэ нь тэдэнд бодь үүсгэхэд шаардлагатай хэмжээний энэрэнгүй сэтгэлийг төрүүлж чадна гэхэд бэрхтэй байдаг учраас Бурхан Багш анхлан чөлөөлөлтөнд хүрэхээсээ өмнө Их хөлгөний замаар замнавал хамгаас сайн хэмээн сургасан байдаг ажгуу.

БОДЬСАДВЫН ХӨЛГӨН \БОДИСАТТВАЯАНА\

Бодьсадва гэж хамаг амьтны тусын тулд гэгээрлийн хутагийг олохоор няцашгүй зориг шулуудан орсон хүнийг хэлнэ. Тийм хүмүүсийг *сүсэг бишрэлийн дайчин баатруд* хэмээн нэрлэх бөгөөд тэд өөрсдийн амьдралыг энэ үйл хэрэгт бүрэн зориулсан байх тул ямар ч бэрхшээл саад тохиолдохоос үл айн аймшиггүй тулахад бэлэн сэтгэлтэй байх ажээ. Бодьсадва хүний хувьд хир удах нь хамаагүй хамаг амьтныг зовлонгоос чөлөөлөгдөх хүртэл үйл хэргээ зогсоох нь үгүй юм.

Урьд дурдсан ёсоор Их хөлгөнийг судрын ба тарнийн аль ч ёсны үүднээс ойлгож болно гэдэг. Энэ бүлэгтээ бид Бодьсадвын Хөлгөнийг судрын ёсны зүгээс авч үзэх бөгөөд энэ замд орохын тулд эхлээд амь үл хайрлах бодийн сэтгэл *бодичиттаг* төрүүлэн хөгжүүлэх хэрэгтэй. Энэ сэтгэл л бүх зүйлийн утга санааг хувирган хэлж, хийж буй үйл хөдөлгөөн болгоноо гэгээрлийн төлөө зориулж байхад тусалдаг билээ.

Энэ сэдэлд үндэслээд Бодьсадва-бясалгагч өөрийн би-үгүйг таниад зогсохгүй юмсын би-үгүйг таних үзлийг хөгжүүлэх ёстой. Түүний тулд *Төгөлдөр зургаа* хэмээн нэрлэгддэг өглөг, ёс суртахуун, тэвчээр, хичээнгүй, бясалгал дияан ба билгүүн гэсэн зургаан бараамидын дадлагыг төгөлдөржүүлдэг байна.

Эдгээр дадлагын явцад Бодьсадва хүн далай их буяныг хураан хуримтлуулж чадах болно. Энэ эерэг энерги өөрийг энхрийлэн барих сэтгэлийг тасдах сувгаар чөлөөтэй урсан гүйх болсноор эцэстээ туйлын үнэний мөн чанарыг ухаарахад тэднийг хүргэдэг байна. Тийм бясалгагч хүн хоосон чанарыг онох билиг оюундаа саатаж сурах бөгөөд түүний зэрэгцээгээр шүтэн барилдаж ургасан төөрөгдлийн ертөнцтэй идэвхийлэн тулж байдаг ажээ. Үүнийг *арга билгийн нэгдэл* буюу арга барил билиг оюуны нэгдэлд хүрлээ хэмээн нэрлэдэг байна. Ийм маягаар тоолшгүй гурван галвын туршид дадуулан үйлдсэнээр Бодьсадва хүн бүдүүн нарийн бүх төрлийн сэтгэлийн түйтгэрүүдээ ялан гарч төгс гэгээрсэн Бурханы хутгийг олдог ажээ.

СУУРЬ – ХОЁР ҮНЭН

Бурхан Багш гүн ухааны онолыг системтэйгээр зааж сургаагүй юм. Түүний оронд харин сургаалыг нь сонсон буй хүмүүст юу илүү тустай байж болох вэ гэсэн зарчмыг баримтлан тайлбарлаж байжээ. Олон жилийн дараа л Буддын бясалгагч нарын дунд мэтгэлцээн эрчимтэйгээр өрнөсөөс болж өөр өөр үзэлтэй гүн ухааны сургуулиуд олноор гарч ирэх болсноор системтэй цэгц байдал бий болсон билээ.

Эдгээр бүх сургуулиуд Бурхан Багшийн үндсэн сургаал болох хоёр үнэний сургаалыг л тойрон эргэлдэж байлаа. Энэ сургаалдаа Будда амьтны үнэнийг харах хоёр давхарга байдгийг сургасан нь: харьцангуй түвшин, үнэмлэхүй түвшин хоёр ажээ. "Үнэн" гэж юуг хэлэх вэ гэдэг дээр таны аль давхаргад байгаагаас хамаарч хариулагдана. Тиймээс, зарим үзэгдэл харьцангуй төлвөөс харахад үнэн байхад нөгөө зарим зүйлс туйлын үнэний төлвөөс үнэн байдаг байна.

1. **Харьцангуй үнэн:** Бидний мэдэрч үзэж байгаа орчлон хорвоогийн бүх мэдрэмж, учирч буй бүхий л үзэгдэл, газар нутаг, хүмүүс, бие сэтгэл цөмөөрөө харьцангуй үнэний жишээнүүд мөн. Объект субъект гэсэн хуваагдлаар дүүрэн ертөнц тэр чигээрээ үүнд багтана. Өөр нөхцөл байдалд өөр хүмүүс янз болгоны аргаар хоорондоо харьцдаг. Энэ үнэний хүрээнд нэг зүйлийг яг адилханаар хардаг хоёр хүн байдаггүй. Хүн болгон өөрсдийгөө ертөнцийн төв гэж үзээд өөр өөрсдийн өвөрмөц цэгээс хорвоог хардаг байна. Бид өөрсдийн мэдэрсэн зүйлээ харьцуулах юм бол хоорондоо яахын аргагүй ойролцоо байх болно. Энэ ойролцоо байдалдаа түшиглээд бид зарим зүйл дээр харилцан зөвшилцөлд хүрч үүндээ үндэслээд харилцаа холбоо тогтоон өөрсдийн зүгээс үнэн гэж үзэх зүйлийг бий болгодог байна.

Харьцангуй үнэн нэг болон бүлэг хүмүүст үнэн байлаа гээд нөгөө хүнд үнэн байх албагүй. Жишээ нь, хоолны амт хүмүүст ямар санагддагийг л бодоод үз л дээ. Нэг хүн тодорхой нэг хоолыг маш амттай гэж үзэхэд нөгөө хүн түүнийг ой гутам гэж үздэг шүү дээ. Энэ хоёр үзэл тухайн үзлийг баримтлагч хүмүүсийнхээ хувьд хоёулаа үнэн байдаг. Өөр амьтад аливаа объектыг юу гэж үздэгийг бод доо. Шоргоолжны хувьд шалбааг гатлах нь хүнээс ямар их өөр байх бол.

Ийм учраас харьцангуй үнэн уг гарлаасаа хамааралтай оршдог ажээ. Тэд хэн нэгний үзлийн үүднээс л хамааран оршин тогтнодог. Хэрвээ тэр хүний үзэл төөрөгдөл ихтэй түйтгэрт сэтгэлийн үүднээс харж байвал тэдний хүлээн авч буй үнэн мөн төөрөгдмөл байх болно. Энэ бол биднийг яагаад ийм их зовлонтой амьдардгийн нэг гол шалтгаан мөн. Бид өөрсдийн харьцангуй үнэнээсээ зууран энэ л хамгийн үнэн гэж бодох тул үүнээс болоод буруу дүгнэлт гаргах, алдаатай санаа төрөх зэрэг явдал үүсэн гарах үндэс болдог байна.

2. **Туйлын үнэн:** Үнэн хэрхэн оршдог талаарх бүх буруу ойлголтоо бид аваад хаячихвал үнэнийг үнэхээр мэдэрч эхлэх болно. Энэ бол туйлын үнэн билээ. Бид энэ хэллэгийг юунд хэрэглэж болох вэ гэвэл: бүхий л бэрхшээл түйтгэрээс ангид мэргэн ухаан, "хоосон" гэж мэдрэгдэх үнэн оршихуй, мөн чанарыг шууд ухамсарлах илт мэдэл, эсвэл гэгээрэлд хүрэх бидний дотоод чадавхи буюу Бурханлаг-Чанар гэх мэтийг тайлбарлах эх үүсвэр болгон ашиглаж болно.

Туйлын үнэнтэй харьцуулахад харьцангуй үнэн түр зуурын, хамаагүй энгийн, зүүд адил үнэн байдаг. Зүүднээс сэрсний дараа үнэн гэж итгэж байсан болгон худлаа байдаг. Түүнтэй адилхан бидний туйлын үнэнд саатан буй сэтгэлээс харахад харьцангуй үнэний бидний үнэн хэмээн зуураад байгаа юм болгон үнэндээ маш хуурамч байдаг.

Ийм маягаар харьцангуй үнэн бол далай, харин туйлын үнэн бол эрэг. Далайгаас аврагдахын тулд бид сэлж сурах шаардлагатай. Хэрэгтэй чадварыг эзэмшмэгцээ бид далайг өөрийг нь \харьцангуй үнэн\ ашиглан эрэгт \туйлын үнэн\ хүрч чадна. Дармаг авшиг болгон дадуулан үйлдсэнээр бид туйлын үнэнийг илрүүлнэ. Дараа нь хоёр үнэнийг Эвдэршгүй дөрвөн тамганы ёстой холбон авч үзвэл эхний хоёр тамга нь мөнх-бус хийгээд зовлонгийн шинжтэйг тодруулдгаараа харьцангуй үнэнийг, сүүлчийн хоёр тамга хоосон чанар хийгээд гэгээрлийн талаар шууд хөнддөгөөрөө туйлын үнэнийг хэлсэн болох нь тодорхой болно.

Бид туйлын үнэнийг шууд мэдрээд эхлэхэд бидэнд одоо үзэгдэн буй хоёр үнэн бол үнэндээ нэгэн зүйлийн хоёр тал гэдгийг даруй ойлгох болно. Энэхүү гүнзгий үнэнийг шууд туршлагаар таних нь хоёр үнэний туйлын нэгдлийг олж буй хэрэг билээ.

Буддын гүн ухааны онолууд

Буддын Хөлгөнүүд хоёр үнэний тал дээр зөвшөөрөлцдөг хэрнээ аль үзэгдэл харьцангуй үнэнд аль үзэгдэл туйлын үнэнд харьяалагдах тал дээр маргаантай байдаг. Туйлын үнэнийг хир нарийн түвшинд ойлгож байгаагаар нь зохион байгуулах юм бол дараахь онолын системүүд гарч ирнэ:

1. **Аугаа тайлбарын онолын сургууль \вайбашика\:** Энэ үзэлд итгэдэг бясалгагч нар сэтгэл гэх мэтийн юмс үзэгдэл, сэтгэлийн төрөл бүрийн үйл ажиллагаа хийгээд олон жижиг хэсгүүдээс бүтсэн материаллаг объектууд, огторгуй мэтийн нөхцөлдөөгүй үзэгдлүүд болон өнгөрсөн ба ирээдүй цагийн түр зуурын мэдрэмжүүд цөм бодитойгоор оршдог гэж үздэг байна. Эдгээр элементүүдтэй холбоотой ургаж байгаа бүдүүн хэлбэрийн бодит эд зүйлс цөм үнэн биш гэж тэд үздэг байна. Жишээ нь, харааны мэдрэх эрхтэн болох нүдэнд объект өртөхөд ухамсарлах мэдрэхүй ургах бөгөөд энэ бүх талууд туйлын үнэнд тооцогдоно. Сэтгэлд ургаж буй зүйлийг "алим" хэмээн таних нь өөрөө харьцангуй үнэн бөгөөд зүгээр л сэтгэлийн төөрөгдөл ажээ.

2. **Судрын ёсыг дэмжигчдын сургууль \саутрантика\:** Энэ сургуулийнхан Вайбашика үзлийг илүү нарийвчлан үзүүлдэг. Тэднийхээр огторгуй мэтийн нөхцөлдөөгүй үзэгдлүүд, оршин буй үргэлжлэлийн \биеэр болон оюунаар\ бодитоор хүлээн авахуй, өнгөрсөн ба ирээдүй цагийг хүлээн авахуй цөм төөрөгдөл бөгөөд тийм учраас харьцангуй үнэн гэж үзэгдэх ёстой. Энэ үзлийг баримтлан дагадаг бясалгагч нарын хувьд үнэхээр оршдог гэж үзэх цорын ганц юм бол хормын бүрдэл хэсгүүд ба хоромхон зуурын ухаарахуй билээ. Өмнөх жишээг дахин ашиглавал тэдний хувьд "мэдрэх эрхтэн", "ухамсар" болон "объект" цөм харьцангуй үнэн бөгөөд сэтгэлд хормын төдийд мэдрэгдэх бодит хэсгүүдийн харилцан хамаарлын тохиргоогоор төөрөгдөн үзэгдэж байгаа гэж үздэг байна.

3. **Сэтгэл-төдийтний сургууль \читтаматра\:** Энэ сургуулийн сургадгаар бол бодолд өртөж байгаа бүхэн өөрөө бодол байдаг нь зүүдэнд үзэгдэхтэй адил. Энэ мэдрэмжийн хүрээнээс гадуур юу ч оршдоггүй тэгэхээр бид бодит ертөнцийг сэтгэлд үзэгдэх байдлаар л тусгадаг болохоор түүнийг бодлоос гадуур өөр зүйл байна гэж хэлэх үндэс алга гэж үздэг байна. Харааны эрхтнээр хүлээн авч буй дүрс болон нүдний ухамсрын хийсвэр мэдрэмж нь хоёулаа төөрөгдөл. Эглийн сэтгэл бодит ба хийсвэр хоёрыг үл салган хамтад нь ухамсарлах хоёрдмол-бус төлөвт саатан оршых боломжтой бөгөөд тэр бол туйлын үнэн мөн хэмээн үздэг байна.

4. **Төв үзлийн сургууль \мадямака\:** Энэ сургууль Буддын сургуулиудын

бүх үзлээс хамгийн нарийн түвшнийг баримталдаг. Энэ сургуулийн хүрээнд Нагаржуна, Асанга нараас уламжилан ирсэн Их хөлгөний хоёр сургаалд үндэслэсэн хоёр гол тайлбар байдаг. Хоёулаа энгийн хүмүүсийн объект ба субъект гэсэн хоёрдмол ухамсар бол буруу бөгөөд ийм ухамсар нарийн хэлбэрийн зууралтнаас хийсвэрээр мөн л зуурсан хэвээр байх тул харьцангуй үнэнийг үүсгэсээр байх болно гэдэгтэй санал нийлдэг. Бүх юмс үзэгдэл сэтгэлд үзэгдэж байгаа нь өөрөөсөө бүтээгүй гэдэгтэй санал нийлдэг. Тэдний санал нийлдоггүй тал юу вэ гэвэл туйлын үнэн. Нэг бүлгийн хувьд өөрөөсөө бүтсэн юм үгүй гэдэг өөрөө туйлын үнэн болж байна. Нөгөө бүлгийн хувьд өөрөөсөө бүтээгүй гэдэг зөвхөн харьцангуй үнэнд тооцогдож туйлын үнэнийг төлөөлж чадахгүй юм. Туйлын үнэн бол харьцангуй бүх юмс үзэгдлийг гэгээрлийн чанаруудаар дүүрэн болгон хувиргаж чадах хоёргүй үзлийн шижир тунгалаг ухамсар юм гэж мадямака үздэг байна. Бид энэ хоёр ялгаатай тайлбарын талаар Боть 2-т дэлгэрэнгүй судлах болно.

Дүгнэн хэлэхэд Буддын бүхий л сургуулиуд нөхцөлдсөн үзэгдлүүд өөрөөсөө бүтээгүй гэдэг дээр санал нэгддэг мөртлөө хоосон гэж байдаггүй гэдэг дээр маргадаг. Бүх юмс үзэгдэл \бид өөрсдөө ороод\ шалтгаан нөхцөлүүдээс шалтгаалан байж шалтгаан ба үр дагаврын хуулийн дагуу явагддаг. Үүнийг санаандаа байнга хадгалж явах маш чухал яагаад гэвэл ямар үзлийг номлон хэлж байгаагаасаа үл хамаараад бид үгүйсгэлийн үзэл рүү хальтран орчих гээд байдгаас тэр.

Эдгээр дөрвөн сургуулиас эхний хоёр нь Бага Хөлгөн, сүүлчийн хоёр нь Их Хөлгөн гэж тооцогддог. Бидний харж байгаагаар сургууль болгон өөрсдийн үзлийг баталмж мэдэгдлийн дагуу нарийвчлан үзүүлдэг. Ийм маягаар бясалгагч хүн үзэл болгоныг бүдүүнээс нарийн руу дэвшүүлэх маягаар судлан дадуулж болно.

Хөлгөн	Сургууль	Харьцангуй Үнэн	Туйлын Үнэн
Хинаяана	Вайбашика	бүдүүн бодит юмс	бодит хэсгүүд, сэтгэл, огторгуй, цаг
	Саутрантика	бүдүүн юмс, цаг,	хэсэггүй хэсгүүд болон огторгуй ухамсарлах хором
Махаяана	Читтаматра	бодит ба хийсвэр	хоёрдмол-бус энгийн үзэгдэл ухамсарлахуй
	Мадямака	бүх бүдүүн, нарийн	1. өөрөөсөө бүтээгүй хоосон үзэгдлүүд
			2. харьцангуй бүхнээр хоосон тунгалаг ухамсар

Хүснэгт 13-1: Хоёр Үнэнийг өөр өөр сургуулиуд хэрхэн үздэг ялгаа

ЗАМ – БОДЬСАДВЫН ЗАМААР ЗАМНАХУЙ

Бодьсадвын Хөлгөн өөрийг энхрийлэн барих сэтгэлийг арилгах зориулалтаар бий болжээ. Бидний энэ төөрөгдөл сэтгэл би-д барих үзлээс хүчтэй зууран түүнийг хамгийн чухал зүйл болгон хувиргаж бусад бүх зүйлийг хоёрдогч болгон үзэхэд биднийг хүргэдэг. Энэ бол хувь хүний сэтгэлийн урсгал дахь салангид анхаарлыг зохицуулан байдаг тэр л сэтгэл тул төгс гэгээрсэн мэргэн Будда болох замд бэрхшээл болон үйлчилдэг байна.

Бодь

Бодь сэтгэл хэмээх ер бусын сэтгэлийг зөнгөөрөө үүсгэснээр Их Хөлгөнд орох эхний алхам хийгдэнэ. Хайр нигүүслээр тэжээгдсэн ерөөхүйн бодь хамаг амьтанд л тустай бол юу ч хийхээс буцахгүй чин үнэн тэмүүллийг хөгжүүлэн, тэднийг зовлонгоос гэтэлгэх цорын ганц зам бол би өөрөө төгс гэгээрэлд хүрэх явдал юм гэдгийг ойлгодог байна. Тиймээс эх болсон зургаан зүйл хамаг амьтны тусын тулд хүн бүхий л амьдралаа \дараа дараагийн хэдэн төрөл ч бай\ Бурханы хутгийг олохын төлөө бүрэн зориулах ёстой.

Эхэндээ бодь сэтгэл зүгээр зориудын байдлаар үүсгэгдэнэ. Энэ бол маш өргөн хүрээтэй тэмүүлэл учраас цаанаасаа аяндаа урган гардаг болтол цаг хугацаа шаардлагатай. Энэ сэтгэлийг хөгжүүлэх олон аргууд байдаг бөгөөд Төвөдөд хамгийн нийтлэг хэрэглэдэг аргууд бол:

1. **Долоон зүйлт шалтгаан ба үр дагаврын арга:** Энэ аргад бясалгагч хүн хамаг амьтныг хайрлан энэрэх барилдлага өөрт буй гэдэг дээр төвлөрөн бясалгадаг. Үүнийг голлон эх ба хүүхдийн харилцан холбооны жишээн дээр авч үзэн хамаг амьтан нэг үе таны эх явсны гарцаагүйг тусгах дээр анхаардаг. Энэ шүтэлцээн дээрээ үндэслээд хамаг амьтны хэчнээн их зовлон амсаж байгааг тунгаан бясалгах үед таныг ямар нэгэн зүйл хийхэд зайлшгүй хүргэдэг маш хүчтэй сэдэл ая зөнгөөрөө төрөн гарч ирдэг байна. Энэхүү өөрийн амь биеийг үл хайхрах сэдлээс үүдэн эх болсон хамаг амьтны тусын тулд гэгээрлийн хутгийг олъё гэсэн чинхүү сэтгэл төрдөг байна.

2. **Цаглашгүй дөрвөн сэтгэлийг хөгжүүлэх:** Бас нэг арга бол нийтлэг дөрвөн чанар болох: хайр, нигүүсэл, баяр, тэгш сэтгэл дөрвийг хөгжүүлэн тордсоноор бодь төрүүлэх нөхцөл урган гарах юм. Эдгээр бүх чанаруд өөрийг энхрийлэх үзлийг уусган бусдыг энэрэх сэтгэлээр солиход чиглэдэг ажээ.

3. **Өөрийг бусдаар тэнцүүлэн солих:** Сүүлчийн аргыг өмнөх хоёр аргаа тэлэн томруулахад зориулж болно. Энэ аргад төрөл бүрийн логик утга

шалтгаан, яагаад өөрийгөө бусдаас дээгүүр тавих буруу байгаа юм гэдгийг үзүүлэн харуулах янз бүрийн аргууд багтана. Энэ талаар гүнзгий тунгаан бодох нь бясалгагч хүнийг өөрийг энхрийлэх нь маш хортой, зайлшгүй орхих хэрэгтэй чанар гэдгийг ойлгоход тусалдаг. Энэ нь хязгааргүй хайр энэрлийн сэтгэлийг төрүүлэхийн хаалгыг нээж өгдөг байна.

Эдгээр дадлагуудын хүчээр ерөөхийн бодь үүсгэсэн хүн зорилго тэмүүлэлдээ сэтгэлээ дадуулан зуршуулж хэмжээг нь нэмэгдүүлсээр үйл хөдлөл болгондоо агуулан байхаар тийм хэмжээнд хүртэл нь өсгөж чадна. Энэ цэгт хүрээд бясалгагч хүн үнэхээр Бодьсадва болон хувирдаг нь Бодьсадвын замд орсныг илэрхийлж байдаг ажгуу.

Зургаан бараамид

Бодьсадва хүнийг бэлтгэх дадлага Төгөлдөр зургаа гэж нэрлэгддэг зургаан хэсэг бүхий замд хуваагдана. Ар араасаа дараалсан эдгээр зүйлүүд танд алхам алхмаар хөгжих боломцоог олгон яваандаа Бурханы хутагт хүрэхэд шаардлагатай чануудыг бий болгож чадах юм. Тэдгээрийг үзүүлбэл:

Өглөгийн бараамид

Эхний бараамид бол шуналт сэтгэлийн эсрэг ерөндөг. Өглөг өгөх дадлагын тусламжтайгаар Бодьсадва хүн амьтны тусыг бүтээхийн тулд юу хэрэгтэй байгаад анхаарч сурдаг. Гурван төрлийн өглөгийн дадлагыг анхааран авшиг болгосноор үүний гүйцэтгэнэ:

1. **Эд материалын Өглөг:** Бодьсадва хүн амьтны хорвоогийн үндсэн хэрэгцээгээ хангахад шаардлагатай зүйлсээ олох гэж зүтгэж, Номыг дадуулан үйлдэх цаг тэдэнд байхгүй байгааг харж ойлгон хоол буюу эд юмсын өглөг өгснөөр хэрэгцээг нь хангаж өгч байгаа билээ.

2. **Айдаггүйн өглөг:** Хүнд жирийн хэрэгцээний зүйлс хангалттай байлаа гэхэд айж сандрах, бачимдах сэтгэлээр дүүрэн байж болно. Энэ нь Номыг дадуулан үйлдэх замд тээглэсэн бас нэгэн бэрхшээл болдог. Тиймээс Бодьсадва хүн тэдэнд хамгаалалт санал болгосноор сэтгэлийн амар байдлыг өгч байдаг байна.

3. **Номын өглөг:** Эцэст нь хүн Номыг дадуулан үйлдэх чадвар бүрэн байгаа мөртлөө яаж дадуулахаа мэдэхгүйгээс сэтгэлийн түйтгэрүүдээ хэрхэн давж гарахаа учраа олохгүй байж болно. Тийм болохоор Бодьсадва хүн хамаг амьтны тусын тулд номыг номлосноор тэднийг үнэн жаргаланд хүргэх болно.

Ёс суртахууны бараамид

Дараагийн бараамид бол ёс суртахуун бөгөөд үүнийг дадуулан үйлдэх замаар сэтгэлээ илүү баттай болгож бэхжүүлэх хэрэгтэй. Энэ бол үйл хөдлөл болгондоо ухамсартай хандах замаар ямар ч нөхцөл байдлыг амьтны тусад хувиргаж чадах явдал билээ. Гурван замаар үүнд хүрч болно:

1. **Нүгэлт үйлээс зайлсхийх:** Буянгүй нүгэлт үйлээс бүрэн татгалзсанаараа Бодьсадва хүн шууд ба шууд бусаар хамаг амьтныг хохироох явдлыг үгүй болгоно.

2. **Буянтай үйлийг үүсгэн тордох:** Буяны үйлийг нэмэгдүүлснээрээ Бодьсадва хүн амьтны тусыг бүтээх чадвараа дээшлүүлнэ.

3. **Бусдад туслах:** Хүмүүст юу хэрэгтэй байгаа дээр анхаарал тавьснаар Бодьсадва хүн өөрийн биеийг энхрийлэн барих үзлийг орхин хийж бүтээж байгаа үйл болгоноо хамаг амьтныг чөлөөлөхийн төлөө зориулах ёстой.

Тэвчээрийн бараамид

Бодьсадвын зам урт бөгөөд хэцүү зам учраас бясалгагч хүн замд тааралдах ямар ч саадыг давахад бэлэн ихээхэн хэмжээний тэвчээрийг хөгжүүлэх хэрэгтэй. Энэ хэтийн зорилгоос гарсан тэвчээр тэгэхээр хатуужил сахилга гэх мэт олон хэлбэрийг агуулсан байж болдог. Юу ч болж байлаа гэсэн Бодьсадва хүн хэзээ ч шантрах ёсгүй. Дараагийн гурван дадлагыг дадуулснаар зорилгодоо хүрэх тэвчээрийг нэмэгдүүлж болно:

1. **Уучлахын тэвчээр:** Уур хилэн мэтийн сөрөг сэтгэлийн хөдөлгөөнүүд урьдын хураасан буяныг барагдаж дуусахад хүргэдэг хөнөөлтэй төлвүүд юм. Тиймээс Бодьсадва хүн бусдыг уучлах дадлагаар ялангуяа өөрт муу зүйл хийсэн нэгэнд уурлаж хорсохын эсрэг ерөндгийг хөгжүүлж болдог.

2. **Номыг зориг хатуужилтай дадуулах тэвчээр:** Бодьсадва хүний зам заавал давж гарвал зохих саад бэрхшээлүүдээр ямагт дүүрэн байдаг. Хүнд хэцүү байдал, өлсөх даарах зэрэгт тэвчээртэй хандаж сурах явдлыг хөгжүүлснээр хорвоогийн тохь тухаас үл зуурах сэтгэлээ хөгжүүлэх болно.

3. **Гүнзгий үнэний өмнө аймшиггүй байх тэвчээр:** Бодьсадва хүн замдаа ахиц гаргахын хэрээр туйлын үнэн улам илүү тод үзэгдэж эхлэх болно. Энэ үнэн эхэндээ хүлээн авахад бэрх байж ч мэднэ. Энэ дадлага өөрийн мөн чанарынхаа гүнзгийг ухамсарлахаас сэргийлүүлж байдаг түйтгэрт эргэлзээг даван гарахад тусгайлан зориулагдсан байдаг билээ.

Хичээнгүйн бараамид

Бодьсадвын зам урт удаан хугацааны турш үргэлжилж эрин галав дамжин сэтгэлээ дадуулсаар явдаг зам учраас энэхүү тасралтгүй үргэлжлэлийн явцад тэд гуйвшгүй хичээл зүтгэлтэйгээр хэчнээн, удах нь хамаагүй буяныг л үйлдэхийг зүтгэж явах ёстой. Хичээл зүтгэлийн бараамидыг дадуулахын тулд гурван төрлийн залхуурлыг даван гарах ёстой:

1. **Хуяг дуулга мэт хичээнгүй:** Энэ бол өөрт үл итгэхийн эсрэг ерөндөг юм. Ийм төрлийн залхуурлтай хүн өөрийгөө сайн үйл хийхэд хангалттай биш гэж үзээд оролдохын ч хэрэггүй юм гэж өөртөө хэлдэг байна.

2. **Зөв үйлийн хичээнгүй:** Энэ бол дараа болъё хэмээн хойш тавихын эсрэг ерөндөг юм. Дадлага бясалгалаа дараа хийхээр хойшлуулна. Үүний эсрэг хичээл зүтгэлийг дадлага болгосноор Бодьсадва хүн буян хийх боломцоо гарсныг танин түүнийг яаран үйлдэхээр шамдан зүтгэдэг болно.

3. **Байнгын урам зориг бүхий хичээнгүй:** Энэ дадлага идэвхгүй суухын эсрэг ерөндөг болдог. Сэтгэлээ цаг үргэлжид гэгээрлийн төлөө зориулан чиглүүлж, эхэлсэн зүйлээ тууштай үргэлжлүүлэн эцэст нь хүргэх хэрэгтэй.

Бясалгалын бараамид

Бодьсадвын зам бол гар бие оролцох зам билээ. Бодьсадва хүн амьдралын бүх талуудад идэвхтэй оролцон тэдгээр үйл явдлуудыг цөмийг нь бусдад ашигтай үйл хийх боломцоо болгон харах ёстой. Тиймээс аливаа нөхцөл байдлаас ямар ашиг гарч болохыг таньж сайтар тунгаах хэрэгтэй. Түүний ингэж чадах эсэх нь сэтгэл төвлөрөх чадвараас шууд хамаарна. Элдэв сатааралгүй уян хатан байж сурах хэрэгтэй бөгөөд гурван төрлийн төвлөрлийг хөгжүүлснээр үүнд хүрч болдог:

1. **Энгийн төвлөрөл:** Энэ бол амгаланд умбах, бодол үгүйгээр тодхон үзэх сэтгэлийг хэлнэ. Тогтоох бясалгалын \шамата\ хүчээр үүнд хүрэх бөгөөд энэ төлөвт хүрэхэд сэтгэлийн түйтгэрүүд дарангуйлагдсан байдалд орох тул үнэн мөн чанарыг судлан бясалгах сайхан суурь болгон ашиглаж болно.

2. **Шинжлэх төвлөрөл:** Энэ бол зууралтаас ангижирсан төвлөрөл бөгөөд Бодьсадва хүнийг тодорхой нэгэн үзэгдлийг ухамсартайгаар задлан шинжилж байгаа хэрнээ тэгш сэтгэлийг баримталсаар байж чадах хэмжээнд хүргэдэг. Шинжлэх бясалгалын \випашяана\ дүнд үүнд хүрэх болно.

3. **Онцгой Төвлөрөл:** Энэ бол бүх төрлийн түйтгэрүүдээс төгс ангижирсан бөгөөд туйлын үнэнтэй харьцах хоёргүй ухамсартаа удаанаар саатан оршиж чадах болсон сэтгэлийг хэлнэ. Шамата випашяана хоёрын

нэгдлийг хөгжүүлснээр үүнд хүрдэг байна.

Билгүүний бараамид

Өмнөх бүх бараамидууд Бодьсадва хүнд хамаагүй нарийн хэлбэрийн билиг оюуныг хөгжүүлэхэд хэрэгтэй нөхцөлүүд болж өгдөг. Энэ нь Бодьсадва хүнийг зөвхөн өөрийгөө зовлонгоос чөлөөлөөд зогсохгүй өргөн хэмжээний бусад үзэгдлүүдийг ойлгон хамаг амьтныг хэрхэн зөвөөр удирдан гэгээрэлд хүргэх вэ гэдгийг ойлгоход хүргэдэг тэр билиг оюун билээ. Гурван төрлийн оюуныг хөгжүүлснээр үүнд хүрч болно:

1. **Сонсгох оюун:** Бурханы сургаалыг сонсох, судлах, суралцах үйл явцын дагуу явж энэ оюунд хүрдэг. Энэ нь санаагаа хэрхэн хуваалцсан, юу хэлсэн зэрэгтээ бүрэн итгэлтэй байх явдлыг бий болгоно.

2. **Тусгах оюун:** Сургалтын явцдаа цуглуулсан мэдээллийг санан тусгах юмуу тэр талаар бодож тунгаах оюуныг хэлнэ. Үүний дүнд өөр өөр санаануудын утгыг тодхон ойлгох, өөр нөхцөлд хэрхэн үйлчлэх байсан талаар ухаарах саруул ухаан хөгжинө.

3. **Бясалгах оюун:** Энэ бол ойлгож мэдсэнээ туршлага болгох ухааныг хэлдэг. Энэ бол мунхагаар түйтгэрлэгдсэн сэтгэлийг шууд ариусган, нисваанисын болон мэдэгдэхүүний түйтгэрүүдийн аль алийг нь арилгаж чадах тэр билиг оюуны хэлбэр билээ.

Эдгээр зургаан бараамидаас эхний тавыг мэргэн арга гэж үздэг бол хамгийн сүүлчийх л жинхэнэ билиг оюун гэж тооцогддог байна. Тэдгээрийг бид Дээд Гурван Дадлагатай харьцуулаад үзэх юм бол эхний гурав нь ёс суртахууны сахилгатай, сүүлчийн хоёр нь оюун ухаантай, харин дөрөвдүгээрх нь гурвууланд адилхан хамааралтай болох нь ойлгогдоно.

Дээд Дадлага	Бараамид	Дадлагууд
Ёс суртахуун	Өглөг	1. Эд зүйлсийн өглөг
		2. Үл айхын өглөг
		3. Номын өглөг
	Ёс Суртахуун	1. Нүглээс зайлсхийх
		2. Буяныг нэмэгдүүлэх
		3. Бусдад туслах
	Тэвчээр	1. Өршөөхийн тэвчээр
		2. Номыг зориг хүчээр дадуулах тэвчээр
		3. Гүнзгий үнэнд аймшиггүй хандах тэвчээр

Гурвуулаа	Хичээнгүй	1. Хуяг-адил хичээнгүй
		2. Зөв Үйлийн хичээнгүй
		3. Байнгын урам зоригийн хичээнгүй
Төвлөрөл	Бясалгал	1. Энгийн төвлөрөл
		2. Шинжлэх төвлөрөл
		3. Онцгой төвлөрөл
Билиг оюун	Билиг оюун	1. Сонсголын оюун
		2. Тусгалын оюун
		3. Бясалгалын оюун

Хүснэгт 13-2: Зургаан Бараамид

ҮР ДАГАВАР – ГЭГЭЭРЭЛ

Их хөлгөн болон Теравада бясалгагч аль аль нь хураахуйн мөр, найруулгын мөр, үзэхүйн мөр, бясалгалын мөр, үл суралцахуйн мөр гэсэн зам мөрүүдийг адилхан дамжина. Гэвч эдгээр дадлагад орох сэдэл нь өөр өөр учраас эдгээр зам мөрүүдийн эцэст хүрэх үр дүн мөн их ялгаатай байдаг. Теравада урсгалаар замнах нь Архадын хутагт хүргэдэг бол Их хөлгөний зам төгс гэгээрсэн Бурханы хутагт хүргэдэг билээ. Одоо бид Бодьсадвын хөлгөний зүгээс тэдгээр таван замыг дахин судална:

1. **Чуулганы Мөр:** Бид бодийн чин сэтгэлийг төрүүлэн Бодьсадва болсноор энэ замд орно. Энэ зам бол бага, дунд, их гэсэн дэвшилтэт гурван дараалаар явагдах ба далай их чуулганыг хуримтлуулдагаар онцлогтой. Бага түвшинд дадуулагч хүмүүс бие махбод, мэдрэмж, сэтгэл, үзэгдлийн тунгаан бодолтыг төгөлдөржүүлэх дадлага хийдэг бол дунд түвшинд бясалгагч нар нүглээс зайлсхийх, үйл хөдлөлдөө бодолтой хандах, нүгэлтэй бодол төрсөн бол орхих, шинээр төрсөн буянтай бодлуудыг тордон нэмэх зэргээр дадуулдаг. Их түвшний бясалгагч нар төвлөрөлд хүрэх тасалдаагүй хүсэл тэмүүлэл, гуйвшгүй хичээл зүтгэлээр төвлөрөн шинжлэх бясалгалыг ч үл тасалдуулах амой.

    Чуулганы Мөрд хуримтлуулсан чуулган Бодьсадва хүнийг тоолшгүй дүрээр хувилах чадалтай Бурхан болохын шалтгаан болдог. Үүнийг дүрст лагшин \рупакая\ гэж нэрлэх ба түүнд нарийн сэтгэлийн төгс жаргалантай лагшин \самбогакая\, хувилгаан лагшин \нирманакая\ хоёр хоёул багтдаг ажээ. Их хөлгөний замын эхэнд жинхэнэ Бодь сэтгэлд хүрч Бодьсадва болон хувирах боловч гэгээрсэн бодийн сэтгэлийг батжуулах далай их буяныг мөн хураан хуримтлуулсаар байх хэрэгтэй байдаг. Тэдний сэтгэл хамаг амьтныг төгс гэгээрлийг олоосой гэсэн хүсэлд бүрэн уусаж энэ хариуцлагыг өөр дээрээ хүлээхэд бэлэн болтлоо зүрх сэтгэл нь хөгждөг.

Бодьсадва хүн Чуулганы мөрд хүрмэгц тэд бясалгалаар дамжуулан бусад ариун орнуудын Бурхад ба бодьсадва нартай учран золгож тэдний номлол сургаалыг сонсох чадвартай болох болно.

2. **Найруулгын мөр:** Найруулгын мөрд орсон Бодьсадва хүн гуравдугаар шат болох Үзэхүйн мөрд орох бэлтгэлээ хийн хоосон чанарыг анх удаагаа шууд мэдрэх явдалд өөрийгөө бэлддэг. Найруулгын мөрийг цаашид дөрвөн хэсэгт хувааж үздэг нь: халаалтын үе, оргил үе, тэвчээр ба хорвоогийн үзэгдлийн дээд үе эдгээр юм.

Эхний үед Бодьсадва хүн туйлын үнэнийг олох олон төрлийн шинж тэмдгүүдийг үзэж эхэлнэ. Үүнийг халаалтын үе гэнэ. Галд ойртохын хэрээр халууныг илүү мэдэрдэгтэй зүйрлэсэн байна. Хоёр дахь буюу оргил үед Бодьсадва хүн буянтай чанаруудыг анх удаагаа үзэж эхэлнэ. Энэ чанаруудыг хорвоогийн буяны оргил буюу таван мэдрэхүйн оргил гэх бөгөөд тэдгээр бол итгэл, хүч, дурдал, төвлөрөл, билиг оюун эдгээр болно.

Гуравдугаар үед ороход Бодьсадва хүн харьцангуй үнэний хоосон чанарыг мэдрэх айдсаа даван гарч өөрт итгэх итгэлтэй болно. Үүнийг тэвчээр гэж нэрлэнэ. Дөрөвдүгээр үед буюу найруулгын мөрний сүүлчийн үе шатанд Бодьсадва хүн дараа шатны харьцангуй үнэний хоосон чанарыг шууд мэдэрдэг. Энэ шатыг хорвоогийн үзэгдлийн дээд гэж нэрлэсний учир бол Аръяа бодгаль болохын өмнө эглийн үзэгдлийг сүүлчийн удаа мэдэрч байгаа учраас тэр ажээ. Энэ шатны үед таван эрхтэн бүрэн хөгжиж таван увдис хүчийг буюу: ер бусын итгэл, хүч, дурдал, төвлөрөл ба саруул оюун гэсэн чадлыг эзэмшинэ. Энэ шатанд орчлон хорвоогийн сэтгэл үүгээр төгсгөл болон хувиргалтын сэтгэл эхэллээ олох болно.

3. **Үзэхүйн мөр:** Үзэхүйн Мөрийн явцад Бодьсадва хүн харьцангуй үнэний хоосон чанарыг илтэд онож буруу үзэл, төөрөгдөлт ойлголтуудаас эгнэгт салан энэ болоод урьдын төрлүүдэд зуршил болон хадагдсан буруу бодолд үндэслэсэн үзэгдлийн үнэн мөн чанарыг ухаарна. Тэд төгс дурдал, ялгамжаат ухамсар, хүч, баяр, амгалан, төвлөрөл, тэгш сэтгэл зэрэгт хүрэх болно. Эдгээр долоо бол гэгээрлийн долоон үзүүлэлт гэгддэг билээ. Энэ үеэс эхлээд Бурханы хутагт хүрэн хүртлээ Аръяа Бодгаль хэмээн нэрлэгдэх болно. Тэд ер бусын чадваруудыг эзэмшиж зуу зуун өөр газруудад хувилан үзэгдэх боломжтой болж зуу зуун дагалдагч нарыг нэгэн зэрэг дагуулах чадварыг эзэмшинэ. Туйлын үнэнийг анх удаагаа олж үзэх нь тэдэнд далайн дотор гарах гарц олж харсантай адил болно. Бясалгахуйн мөрд орсноор тэдний үзэл өргөжин өргөжсөөр их далайг бүхлээр нь хүрээндээ багтаан харж чадахуйц болтлоо цаашид өснө.

4. **Бясалгахуйн мөр:** Үзэхүйн мөрд орж бодол сэтгэхүйн бүх түйтгэрүүдээс салсны дараагаар Аръяа Бодьсадва болсон хүн Бясалгалын мөрд шилжинэ. Тэд өөрсдийгөө хоосон чанартай танил дотно болгон хэвшүүлэхийн зэрэгцээгээр Бурханы хутагт хүрэхэд саадтай дотоодын түйтгэрүүдийг арилгахад анхаарах болно. Энэ үйл явц маш чухал ач холбогдолтой бөгөөд яагаад гэвэл бидний дотоодын түйтгэрүүд төрөл тэргүүлшгүй цагаас авахуулаад хураагдсан тул шалтгаан байсан байгаагүй ялгаагүй төөрөгдөл өөрийн хувиар үйл ажиллагаагаа явуулсаар байдаг. Энэ үйл явцад Аръяа Бодьсадва *Арван Бараамидыг* төгөлдөржүүлэх аугаа үйлсэд бүхнээ зориулах бөгөөд үүнд: өглөг, ёс суртахуун, тэвчээр, хичээнгүй, бясалгал, билиг оюун, мэргэн арга, ерөөл, хүч ба билиг билгүүн эдгээр багтана.

5. **Үл суралцахуйн мөр:** Энэ сүүлчийн шатанд хүрээд очир-мэт самади буюу бясалган тогтворжихуй хэмээн нэрлэгддэг бясалгалын гүнзгий төлөвт шингэн орох бөгөөд Бурханы хутгийг олоход саадтай хамгийн нарийн сэтгэл дэх түйтгэрүүдийн ул мөрийг арилгаж чадна. Тэд энэ төвлөрөлд хүрээд босохдоо бүхнийг мэдэх мэргэн Будда болсон байх болно. Юу гэсэн үг вэ гэвэл өнгөрсөн эдүгээ ирээдүй гурван цагийн үзэгдлийг нэгэн цагт хүч шамдал гаргалгүйгээр шууд мэддэг болох юм. Үүнийг тиймээс Үл суралцахуйн мөр хэмээн нэрлэдэг нь цаашид явах газар үгүй болсныг илэрхийлдэг болой.

Бодьсадвын арван газар

Аръяа Бодьсадва нисваанисын түйтгэрүүд хийгээд мэдэгдэхүүний түйтгэрүүдийг амжилттайгаар арилган ахиулсаар явах замдаа Үзэхүйн мөрнөөс эхэлдэг Бодьсадвын арван буми шат буюу Бурханы хутагт хүрэхийн өмнө дамжих газруудад хүрнэ. Энэ арван газар нэг бүр чөлөөлөлтийн шатанд саадгүй хүрэх хаалга болдог ажээ. Бодьсадва хүн тухайн нэг шатанд нэвтрэх үед элдэв барцад хилэнцээр огт тасалдуулагддаггүй ба тэдгээр нь төрсөн ч аяндаа дороо ариусан замхрах бөгөөд чөлөөлөлтийн үе шатуудад нэгэнт цоожлогдсон хаалга тэдгээр түйтгэрүүдэд дахин онгойно гэж ер үгүй. Өөрөөр хэлбэл тэд үйлийн зуршилт хандлагуудынхаа хамтаар бүрэн арилж алга болно гэсэн үг юм.

Цаашилбал, арван шат бүрд нэг бараамид төгөлдөржин явсаар хүрч болох хамгийн аугаа чанарт хүртлээ хөгжих болно.

Бясалгахуйн мөр дэх есөн газрын эхний гурав нь бага зам дараагийн гурав нь дунд зам, сүүлчийн гурав нь их зам гэж нэрлэгддэг байна. Бясалгахуйн мөр ерөнхийдөө тоолшгүй хоёр галвыг эзлэх тул хүн болгонд хадагдсан тодорхой хугацаа гэж үгүй.

Аръяа Бодьсадва хүний хувьд цаг хугацаа асуудал биш бөгөөд хир удах нь хамаа байхгүй, зөвхөн л амьтанд тус хүргэж байгаадаа үргэлж хязгааргүй баяр хөөрийг мэдрэн явах болно. Цаашилбал, хязгааргүй урт хугацаа гэдэг бусад хүмүүсийн зүгээс авч үзсэн хэрэг бөгөөд Бодьсадва хүний зүгээс авч үзвэл тэдгээр шатууд маш илүү хурдтай ахидаг ажээ.

Бодьсадвын арван газрыг доор нэлээд товчхон дүрсэлсэн байгаа. Хоёрдугаар буми шатнаас эхлээд бясалган уусахуйн илүүтэй гүнзгий түвшинд шингэх замаар тодорхой нэгэн түйтгэрүүд арилах өөр өөр шатуудад шилжин ахиж явах болно. Хамгийн хүнд бэрхшээл хамгийн түрүүнд арилж цааш нарийссаар бага, дунд, их зам болгонд арилгах түйтгэрээсээ шалтгаалан доод, дунд ба дээд гэсэн гурван түвшний ухамсарлахуйд хуваагдана. Түйтгэрүүдийг мөн хүнд, хөнгөвтөр, нарийн гэж ангилах бөгөөд цөм цаашаа нэн ялгаатай гурван түвшингүүдэд хуваагдана. Нэг л газарт ийм олон давхаргыг дамжих нь хэтэрхий нарийвчлан дүрслэх мэт санагдаж болох боловч энэ бол энгийн хүмүүст ойлгоход амаргүй сэтгэлийн маш нарийн төлөв дэх маш ер бусын амжилт авчрах гүнзгий зам гэдгийг бид ямагт санаж байх хэрэгтэй юм.

Нэгдүгээр Газар – Машид Баясахуй

Машид Баясахуй хэмээх эхний шатанд хүрсэн Бодьсадва туйлын үнэнийг анх удаагаа шууд үзсэнээр машид их хөөр баярыг мэдрэх болно. Өөрөөр хэлбэл тэд би хэмээх нь бусдаас хамааралгүйгээр бие даан оршдоггүй бөгөөд бүх зүйлс харилцан шүтэлцээний дүнд оршдогийг шууд ухаарна. Үүнийг ойлгохтойгоо зэрэг тэд таван бүрдэл цогцууд үнэхээр оршсон би-г бүтээж байдаг гэсэн худал ойлголтыг даван гарна. Бодьсадва хүн энэ шатанд супер-хүч хэмээн нэрлэж болох увдис шидийг эзэмшин нэгэн зэрэг зуун өөр газарт зэрэг хувилан үзэгдэх чадалтай болдог. Нэгэн зэрэг зуун хүнийг хөтлөн дагуулах чадалтай болно гэсэн үг юм. Юмс үзэгдэлд шунах үзлээс бүрэн чөлөөлөгдсөн тэд бодитой барьцтай юмгүй болохыг шууд үзэн зовлон эдлүүлэх хийгээд муудах, үхэх мөхөх чанартайг ойлгодог ажээ.

Өглөгийн бараамидыг эхний буми шатанд төгөлдөржүүлснээр Бодьсадва хүн шагнал магтаал үл горилон юугаа ч үл харамлах сэтгэлтэй болох ажээ. Хэн нэгэн хүнд хэрэг болохоор бол бие махбодынхоо аль нэг хэсгийг ч тасдаад өгөхөд харамсах сэтгэл төрдөггүй байна. Бие махбодоор өвдөлт мэдэрсэн ч сэтгэлдээ зовлон амсдаггүй байна. Дээшээ ахих тусам Аръяа Бодьсадва хүнд бодит бие махбодын өвдөлт байхаа болж, сэтгэл нь харьцангуй үнэний хоосон чанар дээр хүчтэй дадан зуршдаг байна. Нэгдүгээр газарт хүрсэн Бодьсадва голлон сүжиг бишрэлээрээ сэдэл хийн явж, сэтгэлийн түйтгэрүүдийг ариусгахын тулд ёс суртахууныг дадуулан хоёрдугаар буми шатны самади-д ороход сэтгэлээ бэлтгэдэг байна. Энэ үед тэд ариун бус явдал ургахын үндсийг төгс арилгасан байх тул дахин төрөх бололцоогүй болдог ажээ.

Хоёрдугаар газар – Хир Үгүй

Бага замын хамгийн доод давхаргыг ухаарахад хамгийн хүнд түйтгэрүүд арилна. Энэ шатанд ёс суртахууны бараамид төгөлдөржин Бодьсадва хүний өөрийн хяналт маш төгс болох тул нүгэлт бодол зүүдэнд хүртэл орж ирэхээ болино. Бие, хэл, сэтгэлийн бүх идэвхтэй үйл хөдөлгөөн хамгийн нарийн бэрхшээлээс ч ариусна. Тэд бие хэл сэтгэлийн төгс буянт үйлдэлд бүрэн хүрэх тул алах, хулгайлах, худал үг ярих, чалчаа үг, хов үг, буруу үзэл, хорон санаа , буруу хурьцал зэргийг үйлдэхгүй байгаагаасаа асар их сэтгэлийн таашаалыг хүртэж байдаг байна.

Энэ түвшинд хүрсэн Бодьсадва мянган дүрд хувилан үзэгдэх увдисыг эзэмшиж мянган шавийг нэгэн агшинд хөтлөх чадалтай болдог байна.

Түүний энэ чадал чадавхи цаашаа ч өсөн нэмэгдсээр байх тул дараагийн газруудад дэвшин ахина. Яагаад гэвэл Бодьсадва хүний сэтгэл ариусан, юунд ч үл хямрах тэгш сэтгэлд сааташ чадах болдог. Тэд мөн хорвоогийн уусалтыг бодвол илүү дээгүүр, илүү гүнзгий, хамаагүй тогтвортой бөгөөд нарийн сэтгэлийн хөгжилд илүү ашиг тустай дүрст тэнгэрийн орны бясалган уусгахуйд хүрнэ.

Эдгээр чануудыг боловсруулан чанаржуулсны дараагаар тэдний ёс суртахууны төгөлдөржилт дээд цэгтээ хүрнэ. Тийм Бодьсадва нар амьд амьтанд тусыг үзүүлэх ертөнцийн хаадууд болон үзэгдэх буюу цог жавхлант дөрвөн тивийн эзэн болоод долоон нандин шүтээнийг эзэмших нь: хүрд эрдэнэ, заан эрдэнэ, морин эрдэнэ, чандмань эрдэнэ, хатан эрдэнэ, түшмэл эрдэнэ ба баатар эрдэнэ эдгээр эд баялаг тэдэнд харьяалагдах болж амьтны тусыг бүтээх үйлсэд нь туслах болно.

Гуравдугаар Газар – Гэрэлтүүлэгч

Хоёрдугаар хүнд хэлбэрийн бэрхшээлүүдийг арилган бага замын дунд давхаргад орсноор энэ газарт хүрнэ. Гэрэлтүүлэгч гэсний учир бол хоёрдмол үзлийн объектыг шатаах саруул билгүүний галыг эзэмших болдгоос тэр ажээ. Энэ гэрэлтүүлэг өөрийн мөн чанараараа бясалгалын явцад бүхий л хоёрдмол сэтгэлийг унтрааж байдаг байна. Энэ шатанд тэвчээрийн бараамид төгөлдөржих нь бидний мэддэг тэвчээрээс хол давуу байх ажээ.

Бодьсадвын тэгш сэтгэл маш гүнзгий давхаргад хүрэн хэн нэгэн түүний арьс махыг аажуухнаар яснаас нь өвчиж байхад хүртэл үл хямрах, үл уурлах сэтгэлтэй болдог байна. Өөрийн тарчилгагчийг тэд үйлийн үрийн шалтгаан ба үр дагаврын хуулийг үл анзаарах мунхаг сэтгэлдээ хөтлөгдөөд сэтгэлийн түйтгэрүүдэд эзэмдүүлснээс зовлонгийн үрийг суулгаж байгаа хөөрхийс хэмээн нигүүлсэж хэмжээлшгүй хайрлан энэрэх сэтгэлийг оронд нь төрүүлж суудаг байна. Гуравдугаар газрын бясалгагч нар уур хилэн, үзэн ядалтын \залхах сэтгэлийн хүртэл\ нисваанисуудаас хэтийдэн гарч, муу үг хэлэх муу үйл хийх бүх хандлагыг үгүй хийсэн байдаг. Харин түүний оронд тэгш сэтгэлээ зүрхний угаас баримтлан хамаг амьтныг хариу үл горилох хайр нигүүслээр харах болдог ажээ.

Энэ газрын Бодьсадва дүрсгүй тэнгэрийн бясалган уусахуйн дөрвөн давхаргад хүрэх нь дүрсгүй төлвийн хамгийн дээд хязгааргүй орон зай, хязгааргүй ухамсар, хоосон огторгуй, хүртэхүйн бүхий л хязгараас даван гарсан чанарыг хөгжүүлж чаддаг байна. Энэ газарт хүрээд цаглашгүй дөрвөн сэтгэл болох хайр, энэрэл, баяр, тэгш сэтгэл төгс хэмжээнд хүрэхийн сацуу таван төрлийн увдис шид: илбийн нүд \нарийн бөгөөд холыг харах\, илбийн чих \нарийн бөгөөд холыг чагнах\, шидийн хүч \сэтгэлийн хүчээр дүрээ хувиргах\, бусдын бодлыг унших, урьд насаа санах зэргийг эзэмших болно.

Дөрөвдүгээр газар – Гэрэл цацруулагч

Гэрэл цацруулагч хэмээх дөрөвдүгээр шатанд бага замын гуравдугаар давхаргын хүнд бэрхшээлүүдийн хамгийн нарийныг арилгаж чадсанаар хүрдэг байна. Энэ газарт хүрсэн Бодьсадва хүн дөрөвдүгээр бараамид болох хичээнгүйг төгөлдөржүүлэн дунд түвшинд шилжин орно. Дөрөвдүгээр газрын Бодьсадва нар саруул оюунаар гэрэлтэн биеэс туяа цацруулан байх тул ийнхүү нэрлэгдэх болсон байна. Тэд нисваанисын болон мэдэгдэхүүний түйтгэрүүдийг билгүүний туяагаар шатаан арилгана.

Маш дэвшилтэт гүнзгий бясалгалд уусахуйяа оюуны хүчирхэг уян хатан байдлыг эзэмшиж, залхуурлын бүхий л төлвийг арилгаад, хэчнээн ч урт хугацаагаар бясалган сууж чадах хэмжээнд хүрдэг. Гүнзгий ёзоорлосон бэрхшээлүүдийг арилган сэрэхүйн гучин-долоон дадлагыг хөгжүүлэн, ухамсарлахуйн дөрвөн хэлбэрийг гүйцэлдүүлж эхлэх болно. Бодьсадва хүн бясалган төвлөрөх самади-ийн аугаа чадварыг эзэмшин саруул билгүүнийг тордон өсгөөд туйлын үнэнийг буруу ойлгоход хүргэдэг бодол сэтгэхүйн түйтгэрүүдийг сулруулж чадах болно.

Тавдугаар газар – Машид судлахад бэрх

Дунд давхаргын хамгийн бүдүүн хэлбэрийн бэрхшээлүүдийг бясалган уусахуйн тусламжтайгаар арилгаад дунд давхаргын анхны түвшинд хүрнэ. Дияаны бараамид энэ шатанд төгөлдөржих бөгөөд "Хөгжүүлэхэд Машид Бэрх" гэж ч нэрлэдэг нь төгс эзэмшихийн тулд ихээхэн махрал гаргах шаардлагатай бэрх дадлагуудтай учирдгаас тэр ажээ. Мөн Машид Судлахад Бэрх гэж нэрлэдэг нь энэ шатны дадлагыг гүйцээсэн Бодьсадва хүн маш гүнзгий оюун ухаан, үлэмж үзэхүйг олсон байх тул түүний энэ чадлыг даван гарна гэдэг амаргүй асуудал болохыг тодорхойлсон байна. Бясалган тогтворжихуйг төгс тордсоноор сатаарлын аливаа хандлагуудыг бүрэн давж бясалган тогтворжихуйн дээд цэгт хүрэх болно.

Зургаадугаар газар – Илтэд болох

Дунд замын хоёрдугаар түвшний ухамсарлахуйн тусламжтайгаар хоёрдугаар давхаргын хөнгөвтөр бэрхшээлүүдийг даван гарснаар зургаадугаар газарт хүрдэг байна. Энэ газарт билиг оюуны бараамидыг төгөлдөржүүлэн хөгжүүлнэ. Зургаадугаар газрыг Илтэд болох хэмээн нэрлэсэн нь Бодьсадва хүн хамаарч ургах оршихуй хийгээд шинж тэмдэггүй байдлыг ухаарснаа дадуулан хэвшүүлж чадах болдогоос тэр ажгуу. Тэмдэг-үгүй гэдгээр юмс үзэгдлийн өөрийн мөн чанарыг үнэхээр эзэмшсэн мэт санагдахыг хэлэх бөгөөд шинжлээд үзэх юм бол тэдгээр бүх чанаруд цөм төөрөгдөл болох хийгээд санагдаж байгаа шигээ үнэний нэг хэсэг биш болох нь ойлгогдоно гэсэн үг.

Бодьсадва хүн энэ газарт бясалгалын оюуныг үзүүлэн сансар нирваан хоёрын аль алинд шунахаас огоорох сэтгэлийг үүсгэнэ. Бүх шуналаасаа салсан Бодьсадва хүн нирваанд хүрэх бололцоотой байгаа хэрнээ амьтны тусыг бүтээхийн төлөө эндээ үлдэхээр шийдэх болно. Тэд саруул билгүүний бараамидыг төгөлдөржүүлэн бүхий л юмс үзэгдлийг өөрөөсөө хэзээ ч бүтээгүй зүүд зэрэглээ юмуу илбийн хүчээр бий болсон объект, дүрсний тусгал адил гэдэг ухамсрыг хөгжүүлэх болно. Бүхий л "би" юмуу "бусад хүмүүс" гэсэн хандлага "орших" ба "эс орших" хэмээх агуулгынхаа хамтаар хувиран өөрчлөгдөх болно. Зургаадугаар газрын Бодьсадва нар худал санаанд үл өдөөгдөх сэтгэлээр хоосон чанарыг тунгаан сааталж чаддаг билээ.

Долдугаар Газар – Өнөд Одсон

Энэ шатанд дунд давхаргын хамгийн нарийн хэлбэрийн бэрхшээлүүд дунд замын хамгийн дээд түвшний ухамсарлахуйгаар арилан мэргэн аргын бараамид төгөлдөржих болно.

Эхний зургаан шатанд нисваанисын болон мэдэгдэхүүний түйтгэрүүдээр хордогдсон хэвээр байсан тул ариун бус давхаргад тооцогддог байсан ажээ. Их хөлгөн ба Очирт хөлгөний сургаалаар бол эдгээр бүх оюун санааны бэрхшээлүүд энэ газарт зайлуулагдан зөвхөн мэргэн болохоос хаацайлан буй маш нарийн сэтгэлийн түйтгэрүүдийг л үлдээн бусад нь цөм арилна. Хэрвээ та саванд сармис хийж удаагаад дараа нь сармисыг арилгаж савыг угаалаа ч гэсэн үнэр нь үнэртсээр байдгийн адил нарийн сэтгэлийн түйтгэрүүд буюу зуршилт хандлагууд бидэнтэй зууралдсаар байх болно.

Энэ газрын Бодьсадва хүн юунд ч үл сатааран бясалгах чадвартай болсон байдаг бөгөөд дэвшилтэт шатны бясалган уусахуйд урт цагаар шингэж чаддаг болсноор Шарвага, Брадигабуд Архадуудаас хол давж гарна. Тиймээс энэ газрыг Өнөд одсон хэмээн нэрлэсэн ажээ. Энд хүрээд бясалгалын дадлагынхаа үеэр мэргэн аргын бараамидыг төгөлдөржүүлж, бясалгалын өмнө ба хойно ч өөрийн номлож буй сургаалаа сонсогч хүмүүсийн хэрэгцээнд нийцүүлэн өөрчлөх ер бусын чадвартай болдог байна. Тэд мөн бусдын бодлыг унших чадвартай болохоос гадна хором бүхнийг төгөлдөржүүлсэн бүхий л зүйлүүдээ дадлага болгоход зориулж чаддаг болно. Тэдний бодол хийгээд үйл хөдлөл болгон аливаа түйтгэрээс ангид учраас тэд ямар ч хүч чармайлт гаргах шаардлагагүйгээр хамаг амьтны тусын тулд ашигтай үйлдлийг цаг ямагт аяараауйлдэнэ.

Наймдугаар Газар – Үл хөдлөх

Үлдсэн гурван газар болох найм дахиас аравдугаар хүртэлхийг гурван ариун газар хэмээн нэрлэдэг, яагаад гэвэл мэргэн болоход үлдсэн маш нарийн хэлбэрийн түйтгэрүүдээс өөр ямар ч түйтгэр үл үлдэн, тэдгээрийг арилгахад бүдүүн хэлбэрийн хүчин чармайлтын ч хэрэгцээ үгүй болно.

Ухамсарлахуйн анхны давхаргаар гэгээрлийн зам дах нарийн түвшний түйтгэрүүдийн хамгийн хүнд нь арилснаар наймдугаар газартхүрнэ. Энэ үед ерөөлийн бараамид бүрэн төгөлдөржинө. Энэ газрыг Үл хөдлөх хэмээн нэрлэсний учир бол Бодьсадва хүн сэтгэшгүй ахуйд орж шинж тэмдэгтэй холбоотой бүхий л түйтгэрүүдийг даван гарах тул бүх зүйлийг нүцгэн үнэнээр илтэд харах болж тэдний сэтгэл цаг үргэлж Номд уссан байдалтай болох тул ийн нэрлэжээ. Одоо тэдэнд энэ замаасаа гуйвах болов уу, шантран буцах болов уу гэсэн эргэлзээ нэгэнт үгүй болсон байх учраас нэгэн биеийн гэгээрлийг хүсэх ямар ч хандлага үгүйгээр Бурханы хутагт хүрэх тавилантай болжээ. Тэдний ерөөлийн бараамидын чинадад хүрнэ гэдэг юу гэсэн үг гэвэл өргөсөн тангараа биелүүлэхийг хэлж байгаа ба ингэснээр улам илүү чуулганыг хураахад хүрдэг байна. Хэдийгээр хамаг амьтныг чөлөөлөхийн тулд ертөнц даяар энэрэл нигүүслийг хувилан тараавч эдгээр Бодьсадва нар үйлийн зуршилт хандлагаа бүрмөсөн хувиргаж чадсаны улмаас чөлөөлөгдөх хамаг амьтан гэж үнэн хэрэгтээ оршдог гэсэн төсөөллөөс эгнэгт ангижирсан байдаг болой.

Наймдугаар газрын Бодьсадва нарын хоосон чанарыг ойлгох ойлголт үнэхээр төгс төгөлдөр болох тул түйтгэрт үзэгдлүүд алга урвуулах мэт өөрчлөгдөн цоо шинэ гэрлээр үнэн байдлыг харна. Тэд яг нойрноос сэрсэн мэт болох бөгөөд тэдний хүлээн авахуй шинэ ухамсрын нөлөөн дор орно. Тэд үзэгдэл эс-ургахтай холбогдуулан хүлцэл хэмээгч бясалгалын төлөвт орсноор цаашид шалтгаантай шалтгаангүй гэсэн хэллэгийн талаар бодох ч хэрэгцээгүй болдог ажээ. Тэд мөн хэн нэгнийг сургахын тулд төрөл бүрийн хэлбэр дүрсээр үзэгдэж чаддаг болох бөгөөд тэдний энэрэхүй сэтгэл, арга самбаа зэрэг чанарууд хяналтгүй хар зөнгөөрөө гарч үйлчлэнэ. Хамаг амьтанд хэрхэн туслах вэ хэмээн тунгаан бодох юмуу төлөвлөн бодох шаардлага үгүй болсон эдгээр Бодьсадва нар нөхцөл байдал болгонд өөрсдийгөө чадварлагаар тохируулж чадна.

Есдүгээр газар – Сайн оюун

Есдүгээр шатанд дунд давхаргын нарийн хэлбэрийн бэрхшээлүүдийг аугаа замын хоёрдугаар түвшний бясалган ухамсарлахуйн тусламжтайгаар даван гарснаар хүрдэг. Энэ газар хүрсэн Бодьсадва хүч чадлын бараамидыг төгөлдөржүүлнэ.

Энэ мөчөөс эхлээд илүү хурдтай сэрэх явцад орон, наймаас аравдугаар газарт хүрэх зуур Бодьсадва хүний ахицанд гүнзгий өөрчлөлт орно. Есдүгээр газарт тэд сонсогч нарын хөлгөн, нэгэн биеийн гэгээрэл, Бодьсадвын гурван хөлгөний сургаалыг сайтар ухаарч номлол айлдах төгс чадвартай болно. Тэднийг Бурханы Номыг бүх талаас нь алдаа үгүй төгс зааж сургаж чадах чадварыг олдгоос Сайн оюун хэмээн нэрлэжээ.

Бодьсадва хүн онол, утга, дүрэм, тайлбар гэсэн дөрвөн шинжлэлийн мэдлэгийг олж авсан байх ажээ. Үүний үр дүнд сургаалыг номлох чадвар уран илтгэхүйг хөгжүүлэн тэдний оюун мэдлэг хүн хийгээд тэнгэрүүдийн оюуныг гүйцээд зогсохгүй үгс ба нэрсийн утга хэллэгүүдийг тодорхой нарийн тайлбарлаж чадах болоод асуултыг ойлгон нэг үгээр хариулахад сонссон амьтад өөрсдийн чадварт тохируулан хүлээн авч чадах тэр чадварыг эзэмшдэг байна. Тэд бясалгалын тусламжтайгаар хүч чадлаа төгөлдөржүүлж шинжлэх мэдлэгийн дөрвөн талыг гарамгай мэдэн гуйвшгүй хичээл зүтгэлээр зургаан бараамидыг дадуулан үйлдэх болно.

Аравдугаар газар – Номын үүл

Аугаа замын бясалган ухамсарлахуйн өндөр түвшинд хүрч, гэгээрэлд хүрэх хамгийн нарийн сэтгэлийн бэрхшээлүүдийг арилгаснаар аравдугаар газарт хүрнэ. Дээд ухамсрын билиг билгүүний бараамид энэ шатанд төгөлдөржинө.

Одоо Бодьсадва нар хамгийн нарийн сэтгэлийн түйтгэрүүдийг арилган мэргэн болоод төгс гэгээрсэн Бурханы хутагт хүрэх болно. Энэ газарт тэд хамгийн хүчирхэг самади-д шингэж орон хязгааргүй чадавхиа нээж амьдруулна. Дээд оюуныг хөгжүүлснээр бусад төгөлдөржсөн бараамидуудыг бататган тэдний оюун билиг нэмэгдэж Бурханы Номыг үзэхийн их баяр хөөрийг үргэлжлүүлэн мэдэрсээр байх болно.

Бодьсадвын аравдугаар газарт сургаалыг арван зүгтээ тараахад амьтан болгон өөрсдийн хэрэгцээгээр шингээн авч сүсэг бишрэлээ хөгжүүлнэ. Бодьсадва нар түйтгэрүүдийн хамгийн нарийнийг хүртэл ул мөр ч үлдээлгүй сэтгэлээс арилгаж төгс бие махбодыг олно. Тэд орон зай цаг хугацааны энгийн хуулинаас үл хамааран хамаг амьтны тусын тулд хязгааргүй дүрээр хувилан үзэгдэх болно. Нэмж хэлэхэд, тэд хорвоо ертөнцийн бүхий л системийг тэр чигээр нь арьсны нэгэн сүвэнд багтааж чадах бөгөөд ингэхдээ сүвний хэмжээг томсгох юмуу багасгах явдалгүйгээр үйлдэх ажгуу. Эдгээр Бодьсадва нар тоолшгүй олон Бурхадаас тоогүй олон авшгийг хүртмүй. Үүнийг гэрлийн аугаа цацраг хэмээн нэрлэх бөгөөд яагаад гэвэл тэдгээр Бодьсадва нар зүг бүхэнд гялалзах учиртай болохоор тэр ажээ. Авшгийн хүчээр тэд үлдсэн барцад түйтгэрүүдийг даван гарч мэргэн болоод зогсохгүй өөртөө итгэх итгэл хүч чадлаа бэхжүүлж чадна.

Эцсийн шатанд хүрсэн Бодьсадва очир-мэт самади-д уусан шингэж Бурханы хутагт хүргэх хамгийн сүүлчийн нарийн сэтгэлийн түйтгэрүүдийг даван гарах болно. Энэхүү төвлөрлөөсөө тэд гарах үедээ төгс гэгээрсэн мэргэн Будда болсон байх болно. Энэ нь өнгөрсөн эдүгээ ирээдүйн хамаг үзэгдлийг нэгэн зэрэг хүч гаргалгүйгээр төгс мэддэг болохыг хэлдэг билээ.

Мөр	Дадлага	Суурь	Ухамсарлахуй-Бэрхшээл
Чуулганы	6 бараамид төгс биш.		
Найруулгын	Тэднийг энэ үед буян гэж нэрлэнэ		
Үзэхүй	1. Өглөг	1. Машид Баясахуй	
Бясалгахуй	2. Ёс суртахуун	2. Хир-үгүй	Бага – Хүнд
	3. Тэвчээр	3. Гэрэлтүүлэгч	Бага- Хөнгөвтөр
	4. Хичээнгүй	4. Гэрэл Цацруулагч	Бага – Нарийн
	5. Дияан	5. Машид Судлахад Бэрх	Дунд – Хүнд
	6. Билиг оюун	6. Илтэд болох	Дунд – хөнгөвтөр
	7. Мэргэн Арга	7. Өнөд Одсон	Дунд – нарийн
	8. Ерөөл	8. Үл Хөдлөх	Аугаа -Хүнд
	9. Хүч	9. Сайн Оюун	Аугаа – хөнгөвтөр
	10. Дээд ухамсар	10. Номын Үүл	Аугаа – нарийн
Үл суралцахуй	үгүй	хамгаас өндөр	

Хүснэгт 13-3: Бодьсадвын Арван Газар

Бурханы Хутаг

Хоосон чанарыг илт оносон ухамсраа, төгөлдөржсөн бүх сайн чануудтай хослуулсан Бодьсадва хүн хоёр чуулганы чинадад хүрч, арга барил билиг оюун хоёрыг нэгтгэснээр төгс гэгээрсэн Бурханы хутагт хүрэх болно. Ийм түвшинд хүрсэн хүн гэгээрлийн хоёр шинжийг үзүүлдэг. Үүнд:

1. **Бурханы Номын Үнэн Лагшин \дармакая\:** Энэ бол гэгээрсэн сэтгэлийг мэдрэх хувь хүний мэдрэмж юм. Билиг билгүүний чинадад хүрснээр бүх төрлийн мунхаг сэтгэлийг бүрэн үгүй хийж өөрийн Бурханлаг-чанарыг хязгааргүй үзэх нь энэ бөгөөд энэ бол зовлонгоос төгс ангижирсан, сэтгэлийн түйтгэрээс бүрэн чөлөөлөгдсөн төлөв ажгуу.

2. **Бурханы Дүрст Лагшин \рупакая\:** Энэ бол хамаг амьтны зүгээс харах гэгээрсэн сэтгэлийн хязгааргүй илэрхийлэл юм. Энэ бол далай их чуулганыг хураасны шууд үр дүн бөгөөд бүхий л сайн чануудууд сэтгэлд төгөлдөржсөнөөр амьтан болгоны хэрэгцээнд нийцүүлэн нэгэн зэрэг үзэгдэж чаддаг ажгуу.

Номын Үнэн лагшин өөрийн тусад бүтдэг байхад Дүрст лагшин бусдын тусад бүтдэг байна. Энэ өвөрмөц чанар төгс гэгээрлийн хутгийг тодруулдаг билээ.

ГОЛ ХЭСГҮҮДИЙГ ЭРГЭН СӨХВӨЛ

-   Их Хөлгөн ухамсрын өндөр түвшинд хүрсэн бодгалиудад номлогдсон байна. Эдгээр сургаал туйлын үнэний мөн чанарыг \хоосон\ ойлгох идэвхтэй хэлбэрийн нийгмийн оролцооны хэлбэр болох гэгээрлийн сэтгэлийг \бодичитта\ хөгжүүлэх зорилготой ажээ.

-   Их хөлгөний судрын ёсонд хоёр гол урсгал гарсан нь: Манзуширийн гүнзгий үзлийн урсгал ба Майдарын аугаа үзлийн урсгал билээ.

-   Их хөлгөний судрын ёсыг Бодьсадвын Хөлгөн гэнэ. Энэ нь тооллшгүй гурван галвын туршид дадуулан үйлдэж байж Бурханы хутагт хүргэдэг аргуудыг санал болгодог. Үүнийг мөн Төгөлдөр Хөлгөн ч гэж нэрлэдэг яагаад гэвэл бурханы хутагт хүрэхийн тулд олон төрлийн чануудыг төгөлдөржүүлэхэд хүрдгээс тэр ажээ.

-   Их хөлгөний суурь нь харьцангуй ба туйлын Хоёр Үнэний алийг нь онцолдгоороо ялгагддаг. Харьцангуй үнэн бүх юмс үзэгдлийн харилцан шүтэлцээнд холбоотой оршдог бол туйлын үнэн тэдний туйлын мөн чанартай холбоотой оршдог байна.

- Цаг хугацааны туршид олон төрлийн сургуулиуд хоёр үнэнийг нарийсган судалж ирсэнд: Вайбашика, Саутрантика, Читтаматра, Мадямака ордог. Эхний хоёр нь Нэгдүгээр Номын Хүрдэнтэй, сүүлчийн хоёр нь Хоёр ба Гуравдугаар Номын Хүрдэнтэй хамааралтай.

- Бодьсадвын Хөлгөн хоёр үндсэн үе шатанд хуваагддаг нь: эхлэн орох бодь сэтгэлийг төрүүлэх болон Зургаан Бараамидыг дадуулах. Зургаан Бараамидад: өглөг, ёс суртахуун, тэвчээр, хичээнгүй, бясалгал, билиг оюун багтана.

- Их Хөлгөний бясалгагч хүн Теравада хөлгөнийхний адил таван үе шатыг дамжин ахина. Гэвч дадлагууд хийгээд тэдгээрийн эцэст хүрэх үр дүн ихэд өөр байдаг нь бодийн өвөрмөц сэтгэлийг сэдэл болгодогтой холбоотой ажээ.

- Хоосон чанарыг илт ономогцоо Бодьсадва хүн Аръяа Бодгаль болон хувирч Бурханы хутагт хүрэн хүртлээ арван газрыг ахиж явах болдог. Үүнийг Бодьсадвын Арван буми шат \газар\ гэнэ. Газар болгонд илүү нарийн түвшний түйтгэрүүдийг арилгасаар ухамсарлахуйн илүү гүнзгий түвшинд хүрсээр явах болно. Эхний долоон газар бэрхшээл түйтгэрүүдээс бүрэн салаагүй байдаг тул ариун бус гэнэ. Сүүлчийн гурав нь түйтгэрт сэтгэлээс бүрэн ангижирсан болохоор ариун газар хэмээн тооцогдож маш нарийн мэдэгдэхүүний түйтгэрүүдийг арилгахад зорьдог байна.

- Бодьсадва хүн Бурханы хутагт хүрээд гэгээрсэн хоёр чанарыг үзүүлдэг нь: үнэн номын лагшин ба дүрст лагшин билээ.

Очирт Хөлгөн

Амьдралынхаа туршид Бурхан Багш хамгийн дээдийн хамгийн гүнзгийг сургасан номлолоо түүний ер бусын нарийн түвшний утгыг ухаарч чадах цөөхөн хэсэг бүлэг шилдгүүдэд зориулан хадгалсан байдаг. Өөрийн сэтгэлийн нарийн уусалтынхаа хүчээр Бурхан Багш *ядам* хэмээн нэрлэгдэх төрөл бүрийн ариун хэлбэрүүдээр үзэгдэж чаддаг байлаа. Зөвхөн ухамсрын маш гүнзгий түвшинд хүрсэн нэгэн л эдгээр ядмын үзэгдэх байдлыг хүлээн авч мэдэрч чадах бөгөөд тэдгээр хүмүүс нь Бурхан багшийн энэхүү Дандарын өвөрмөц нандин сургаалаа айлдах болсон түүний шавь нар байсан юм. Хэтэрхий нарийн түвшинд оршдогоосоо шалтгаалаад эдгээр сургаалууд Бурхан Багшийг өнгөрснөөс хойш маш олон зууны туршид үл мэдэгдэм байдалтай явж ирсэн байв. Түүнийг цэвэр аман дамжуулга болгон залгамжлуулж багшаас шавьд уламжлуулах замаар хамгаалан нууцалж ирснээрээ ховор нандин шинжээ хадгалж үлдсэн байдаг.

Их хөлгөний сургаалууд санскрит хэлнээ хөрвүүлэгдэх болсны ачаар эртний Энэтхэг даяар нийт олонд олдоцтой түгээгдэх болжээ. Улам олон хүмүүс энэ сургаалыг даган замнах болж эдгээр сургаалуудаас уламжлан шашны төрөл бүрийн сургууль хүрээлэнгүүд үүсэн гарч ирсний дотор хамгийн алдартай нь Наландагийн Их ёургууль байв. Энэ сургууль ганцаараа гэхэд тэр цагийн Буддын томоохон эрдэмтэн ухаантнуудыг өөртөө татан нэг дор цуглуулж гүн ухааны мэтгэлцээн хүчээ авснаар Буддын ухааны сургаалуудыг нарийсган эмхлэх үйл явц өрнөхийн шалтгаан болсон ажээ.

Их Хөлгөний эрдэмтэд Бурхан Багшийн айлдсан судрын ёсны утгыг гүнзгийрүүлэн судлах тусмаа ухамсарлахуйн гайхамшигтай түвшинд хүрцгээж байлаа. Энэ явдал тэдний сэтгэлийг машид ихээр бойжуулан боловсруулсан болохоор тарнийн ёсны сургаалуудыг судлан дэлгэрүүлэх тохиромжтой хэрэгслүүд болгон хувиргасан гэж болно. Үүнээс хойш дараа дараагаар Наландагийн шилдэг эрдэмтэн бясалгагч нар нуугдмал орших дандарын егүзэр багш нарыг эрэхээр хийдээсээ гарч, улмаар тэднээр хөтлүүлэн очирт хөлгөний замаар замнах болцгоожээ.

Зарим нь өөрсдөө тэнүүлчин егүзээр хүний замналаар амьдрах болсон бол нөгөө зарим нь сүм хийддээ буцан ирж дадлага бясалгалаа нууцхан үйлдэх болсон байна. Ийм маягаар Наландагийн урсгал гэгээрэл рүү хоёр өөр замаар ойртох болсон билээ. Өдрийн цагаар тэд судрын ёсыг нээлттэйгээр дадуулах боловч шөнийн цагаар тарнийн ёсыг журмын дагуу нууцханаар дадуулах болсон байна.

Наландагаас салаалан олон өөр шашны хүрээлэнгүүд тэр хавьд үүсэн гарсны нэг онцгой нь Викрамашила хэмээх тарнийн ёсны сургууль байсан юм. Викрамашила тарнийн ёсонд агуулагдан байсан өргөн хүрээний арга техникүүдыг эмхлэн системд оруулахад гол найрал хөгжмийг тоглосон гэж хэлж болно. Энэ үеэр өвөрмөц сургаалыг дамжуулж байсан хоёр гол урсгал гарч ирсэн нь :

1. **Номлолын урсгал:** Энэ урсгал мөн чанараараа онолын талыг чинадаар баримтлан тарнийн ёстой холбоотой төрөл бүрийн зан үйлийг ихэд нарийн детальчлан заах болон өөр бусад урсгалын системийн үндэслэлийн олон онолыг зааж сургаж байлаа. Энэ урсгалын системийг шилдэг очирт багш нарыг бэлтгэх, бусдыг удирдан чиглүүлэх чадварыг ойлгоход зориулан ашиглаж байжээ.

2. **Дадлагын Урсгал:** Энэ урсгал дандарын аль нэгэн сургаалыг хэрхэн авлага болгож дадуулан үйлдэх оньсон түлхүүрүүдийг агуулж байлаа. Эртний Энэтхэгт оньс зааварчилгаа маш хатуу хамгаалагдсан байсан учраас цөөхөн тооны шавь нарт гүрү багшийг эргэлт буцалтгүй дээдлэх гуйвшгүй сэтгэлээр тангараг өргөсний дараагаар л зөвхөн хүртээдэг байжээ.

Ийнхүү төрөл бүрийн урсгалаар дамжин Очирт Хөлгөн бий болжээ. Бурханы сургаалуудыг \судар ба тарни\ хамтад нь нэгтгэснээрээ Очирт Хөлгөний ёсон Будда-Дармаг танилцуулах хамгийн бүрэн төгс зам болон хувирав. Эдгээр сургаалын ихэнх нь Хятадын зүүн хэсэг рүү дэлгэрээд цаашаа хойд зүгийн Цаст уулын ард түмэнд хүртэл тархсан билээ.

ТӨВӨДИЙН БУДДИЗМ

Төвөдийн өндөрлөг олон нүүдэлчин омгийхний орогнох гэр болсоор иржээ. Эдгээр омгууд дараа нь тэнгэр гаралтай гэх хаан удмыхны далбаан дор нэгдэн орших болсон юм. Хааны эрх мэдэл өсөхийн хэрээр сүр хүчинд шунах нь улам ихсэн Соронзон Гомбо хэмээн Төвөдийн Хааны удирдлаган дор Төвөдийн хаанд улс хурдан хүчээ авч Төв Азийн нутгийн ихэнхийг эрхшээлдээ оруулах болов.

МОНГОЛ --mongolia АФГАНИСТАН -- afghanistan Төвөд -- tibet ХЯТАД –china ЭНЭТХЭГ –india ИНДОНЕЗ - indonesia ЯПОН - japan ПАКИСТАН - pakistan НЕПАЛ - Nepal БУТАН - butan

Зураг 14-1: Очирт Хөлгөний Буддизмын тархалт

Энэ үеэс Төвөд хөрш зэргэлдээ орнууд дахь эртний иргэншлүүдтэй анх холбоо тогтоох болсон байна. Хааны ордныхонд ихэд нөлөөтэй байсан анхны гол соёл бол Шан Шун \одоо төвөдийн баруун нутагт харьяалагддаг\ хэмээх газар байлаа. Энэ газрыг Соронзон Гомбо хаан эзлэснээр тэдний шашин удалгүй төвөдийн шашны төв болон танигдсан аж. Тэр урсгалыг Юундэн Бон гэдэг байсан ба Тонба Шэнрав хэмээх бас нэгэн гэгээрсэн бодгалийн сургаалаас салаалан гарсан урсгал байжээ.

Дипломат ёсыг сахихын үүднээс хаан зүүн зүгт Хятадын Хааны охин болон өмнө зүгт Непалийн Хааны охинтой гэрлэхийг зөвшөөрсөн байна. Эдгээр хоёр их гүнжийн нөлөөллөөр Төвөд анх Хятад ба Энэтхэгийн Буддизмтай танилцсан ажээ. Үүнээс хойших жилүүдэд Шан Шун, Хятад, Энэтхэг гурвын шашны урсгалууд хааны ордонд өөр өөр зэрэглэлийн нөлөөтэйгөөр орших болсноор Төвөдийн өвөрмөц урсгал хэлбэрээ олжээ.

Хаан Тэрсэн Дицэнгийн хаанчлалын үед Төвөд улс том бүлэг орчуулагч нарыг Энэтхэг рүү илгээн Буддын сургаалыг орчуулах ажлыг зохион байгуулав. Төвөдийн орчуулагч нар Гималайн уулсыг даван урт удаан аюултай аялалыг хийж Наланда мэтийн томоохон сургуулиудад зочлон Энэтхэг гүрү багш нартай мөр зэрэгцэн ажиллаж Санскрит Эх сурвалж бичгийг тэр чигээр нь Төвөд хэлнээ хөрвүүлжээ.

Үүнээс гадна, Хаан нэлээд олон ухамсарлахуйн гүнзгий түвшинд хүрсэн хүнийг Энэтхэгээс урин авчирч ном заалгуулсан байна. Хэсэг хугацаа өнгөрсний дараагаар Бурханы шашны хуврагийн нийгэмлэгийн үндэс тавигдан Бурхан Багшийн сургаалын үрийг тариалав. Бага хөлгөний судрын ёсыг нийт олонд номлож байх зуурт тарнийн ёсны өвөрмөц сургаал зөвхөн Хаан хийгээд ордныхонд л номлогдож байв.

Буддизм Төвөдөд өсөхийн хэрээр Бон \Бонпос\ урсгалыг дагагч нарын хувьд байдал шахалттай болж ирэв. Буддын шашинтай Хааны хаанчлал дор Бон урсгалыг дагагчдад хориг саад тавигдах болсноос нийгмийн тайван байдал алдагдах болж улмаар Хааны амь насыг хороох ажиллагаа явагдав. Төрийн эрх Бонгийхний гарт шилжих үед Буддын шашин хааны дэмжлэгээс хагацан хоцров. Буддын олон сургуулиуд хаагдан бясалгагч нарыг олон арван жилийн турш хязгаар нутгуудаар тархан суурьшихад хүргэсэн учраас Төв Төвөдөд буддын шашин устдаг дээрээ хүрээд байлаа.

Гэвч орчуулагч нарын шинэ давалгаа хүчирхэг сэдэлтэйгээр төрөн гарч Буддын сургаалыг Төвөдөд дахин сэргээх зорилго өвөртлөв. Өөрсөд дээрээ хамаг хариуцлагыг үүрэн тэдгээр орчуулагч нар Энэтхэгийг зорьсон амь өрссөн аянд дахин гарлаа. Тэд Наланда, Викрамашила зэрэг хийдүүдэд аугаа эрдэмтдийн хамтаар суралцахын хажуугаар цагийг эзэлсэн томоохон йоги нартай хамт бясалгал хийж болж тарнийн ёсны эрдэнэсийн санг өөрлөж авсан байна. Дараа нь тэд нутгаа зорин буцаж ирмэгцээ сурсан мэдсэнээ дэлгэрүүлж эхэлжээ.

Ийм маягаар Буддизм Төвөдөд дарааххоёр гол дамжуулгаар орж иржээ:

1. **Эртний Дамжуулга \Нямаа\:** Шан Шунаас дамжин ирсэн сургаал болон Төвөдийн Хааны зүтгэлээр Энэтхэгээс цуглуулж ирсэн сургаалууд багтана.

2. **Хожмын Дамжуулга \Сарма\:** Энэ бол орчуулагч нарын хувиараа Энэтхэг орж суралцаад Төвөддөө эргэн ирж нэвтрүүлсэн сургаалууд билээ. Мөн олон Энэтхэг мастеруудыг урин авчирч Төвөдийн олон хаант улсуудаар номлол заалгуулсан сургаалууд багтана.

Энэ хоёр удаагийн дамжуулгуудын дүнд Төвөдөд Буддын шашны зургаан урсгал төрөн гарав. Урсгал болгон өөрсдийн дадуулдаг тарнийн ёсны өвөрмөц аргууд болон үндэслэгчийнхээ төлөөлдөг гүн ухааны үзлээр ерөнхийдөө хоорондоо ялгагддаг байна. Үүсэн гарсан дараалаар нь үзүүлбэл:

Бон

Бон урсгалыг арагш нь хөөгөөд үзэх юм бол эртний нутаг Шан Шунтай холбогддог бөгөөд гэгээрсэн бодгаль асан Тонба Шэнрабын сургаалуудыг хэлдэг ажээ. Тонба Шэнрабыг олон хүмүүс Шагжаамүни Буддагийн өмнөх дүр хэмээн итгэдэг учраас энэ нь Бон урсгалыг Бурхан Багшаас бүр өмнө Энэтхэгээс гаралтай болгон харуулж байгаа юм.

Бон урсгалын сургаалууд хорвоогийн мэдрэмжийг түр зуур зохицолдуулах замаар эцэстээ төгс гэгээрэлд хүргэх өргөн дэлгэр аргуудыг агуулсан байдаг байна. Энэ урсгал дахь тарнийн ёсны дадлагуудын хувьд *Аугаа Төгөлдөр* \Зогчэн\ үзлийг гол төвөө болгодог бөгөөд сэтгэлээ өөрийнх нь мөн чанар дээр сатуулан барих тунгалаг ухамсарлахуйд суурилдаг байна. Төвөдийн Буддын шашны ихэнх зан үйлүүд Бон урсгалын дадлагаас гаргаж авсан байдаг билээ.

Нямаа

Нямаагийн урсгал Энэтхэгийн аугаа гэгээнтэн Падмасамбавагийн сургаалаас урган гарсан бөгөөд түүнийг Төвөд даяар Гүрү Ринбүчи \эрхэм багш\ гэж нэрлэдэг. Энэтхэгийн бандида Шантаракшита болон түүний гол шав Тэрсэн Дицэн нарын тусламжтайгаар Падмасамбава Важраяана Буддизмыг Төвөдөд амжилттай бий болгосон билээ.

Тэр мөн өөрийн билгийн хань Иш Цожалын хамтаар эрдэнэсийн судрын хэлбэрээр тоогүй олон Бурханы Номыг лацдан увдис шидийн хүчээр далдлан нуусны ачаар хадгалан авч үлдсэн гавьяатан билээ. Тэдний лацдан нууцалсан эрдэнийн сан Төвөдийн газар нутагт бодитоор агуулагдан байснаас гадна Падмасамбавагийн ойрын шав нарын бодит-бус сэтгэлийн урсгалд хүмүүсийг уг сургаалыг хүлээн авахад бэлэн болох хүртэл хадгалагдан үлдсэн гэдэг. Ийм замаар Нямаагийн урсгал цаг хугацааны уртыг даван үргэлжилж иржээ.

Нямаагийн урсгалын сургаал судрын хийгээд тарнийн ёсноос арвин хэрэглэсэн байх ба тэдний оргил болсон сургаал бол мөн *Аугаа Төгөлдөр* ажээ. Бон урсгалынхны адилаар бясалгагч нар төрөл бүрийн шатны дадлага бясалгалыг дадуулан үйлдэж сэтгэлийн өөр өөр түвшний түйтгэрүүдийг ариусгадаг байна. Бясалгагч хүнийг бэлэн болмогц тэднийг бясалгалын замаар сэтгэлийн шижир тунгалаг мөн чанартай нь танилцуулдаг ажээ. Тэгснээр тэд хором бүхнийг гэгээрлийн хэтийн төлвөөс хардаг болж таних хүртлээ хэвшүүлдэг байжээ.

Сажаа

Сажаагийн урсгал *Хожмын Дамжуулгын* үеэр дэлгэрсэн анхны томоохон урсгал байсан юм. Энэ урсгалыг анх ихээхэн хавчлагын үеэр авраглан үлдсэн Нямаагийн урсгалын сургаалын үнэн байдалд ихээхэн итгэл алдарсан байсан аугаа Хон Гончиг Жалпо үүсгэжээ. Тэрбээр шинэ орчуулгыг түгээн дэлгэрүүлж явсан төрөл бүрийн багш нарыг эрэн хайж олохоор шийдсэн бөгөөд Төв Төвөдөд Буддизмыг дахин сэргээх хүчин болсон гэж болно.

Гончиг Жалпогийн байгуулсан хийдийн нэрээр энэ урсгалыг нэрлэсэн ба үгчлэн орчуулбал "саарал газар шороо" гэсэн утгатай, уг хийдийг босгосон газрын өвөрмөц өнгийг бэдэгдсэн нэр ажээ. Тэр цагаас эхлээд Сажаагийн урсгалын удирдлага Хон овгийн цусан төрлүүдээр залгамжлагдан эцгээс хүүд, авгаас ач хүүд дамжин уламжлагдаж иржээ.

Сажаагийн урсгалын онцлог шинж бол тэд *Зам ба түүний Үр Дүн \Ламдэ* гэдэг дадлагын системийн гол уламжлалын хэлхээг атгагч болдог явдал юм. Уг систем Энэтхэгийн алдарт мастер Вирупа багшаас Төвөдөд Тогми Лозавагаар дамжин орж ирсэн *Хэважра Дандарт* тулгуурладаг байна. Номлолын урсгал нь *Чуулганд Зориулсан Ламдэ* гэж нэрлэгдэх болоод Бага хөлгөний ёсыг номлон судрын ёсны дагуу үзлээ хөгжүүлэх болжээ. Харин дадлагын урсгал нь *Шавь нарт Зориулсан Ламдэ* гэдэг нэртэйгээр маш нууцлаг байдлаар дамжин явах болсон байна. Энэ урсгал тарнийн ёсны сургаалыг амьдруулах өвөрмөц дадлагуудыг агуулдаг ажээ.

Гаржуд

Сажаагийн урсгалыг хуврагийн хүрээлэнгээ байгуулах тэр үе орчим багшаас шавьд дамждаг тусгай сургаалуудад үндэслэсэн бас өөр урсгалууд хэлбэрээ олж байсны нэг нь Гаржудын урсгал хэмээн олонд танигдах болсон урсгал юм. Эдгээр ихэнх урсгалууд алдарт орчуулагч Марав Чойги Лодойгоор дамжин ирсэн Дарма байлаа. Марав багш олон шавьтай байсны дотор хамгийн алдартай нь Төвөдийн гэгээнтэн-егүзэр Мял Богд \Миларэпа\ байсан юм.

Гаадамбын урсгалаас \энэтхэгийн бандида Атиша Дипамкарагаас гаралтай урсгал\ суралцсан судрын ёсоо, Мял Богдоос уламжилсан тарнийн ёстой хослуулан хийдээ амжилттай байгуулсан хүн бол Мял Богдын шавь Гамбопа байсан юм. Энэхүү шинэ урсгал Дагбо Гаржуд хэмээн нэрлэгдэх болж найман салбар хийд бүхий дөрвөн том сургууль болтлоо өргөжин тэлэв.

Гаржудын бясалгагч нар *Зам дахь үе шатууд \Ламрим* гэдэг судрын ёсны системийг үндсэн сургаалаа болгодог бөгөөд маш олон төрлийн урьдчилсан бэлтгэлийн зэргийг дадуулан үйлдсэний дараагаар хоёр замын нэгэнд орох ёстой ажээ. *Чөлөөлөлтөнд хүрэх зам* нь судрын ёсонд тулгуурласан Их Мутарлагийн үзлийг хөгжүүлэхэд анхаардаг бол *Мэргэн аргын зам* нь *Наропагийн зургаан сургаал* хэмээх дадлагуудад үндэслэсэн Их Мутарлагийг хөгжүүлэхэд чиглэдэг ажээ. Энэ хоёр замыг голдуу хослуулан хэрэглэдэг ба судрын Махамудраг тарнийн Махамудрын урьдчилсан бэлтгэл болгон дадуулдаг байна.

Жонан

Хожмын Дамжуулгын үеэр ухамсрын өндөр түвшинд хүрсэн гайхамшигт бясалгагч нарынхаа хүчээр Энэтхэгийн Буддизм чанаржин боловсорч байв. Энэ үед тэдний авлага болгон дадуулах болсон нэгэн алдартай систем бол *Цагийн хурдний Дандар* байсан юм. Энэ маш өвөрмөц ойлгомжтой сургаал бараг арван-долоон урсгалын хэлхээ баригч нараар дамжин Төвөдөд орж ирсэн бөгөөд тэдгээрээр Төвөд даяар хурдтай нэвтрэн дэлгэрсэн билээ.

Гүмбэн Түгжэ Цондру хэмээх нэгэн алдарт егүзэр бүх нутгуудаар хэсүүчлэн явж тэдгээр урсгал тус болгоноос авшиг дамжуулгыг хүлээн авaад дараа нь зэлүүд газарт очиж тэдгээрийг дэлгэрэнгүйгээр дадуулан үйлдсэн байна. Тэрбээр Жомонан хөндийд бүр оромж байгуулан суурьшихад хүрсэн нь сүүлд Жонан Хийд хэмээн нэрлэгдэх болсон гэдэг.

Цагийн хүрдний замаар явж гүнзгий ухамсарлахуйд хүрсэн Түгжэ Цондру бүх арван-долоон урсгалын оньс зааварчилгааг нэгтгэн нэгэн систем болгон хувиргав. Энэхүү системээр дадуулсны хүчээр мэргэн Долбуба Шэйрав Жанцан Бурханлаг- чанарынхаа тунгалаг ухамсрын илт үзэхүйд хүрсэн байна. Тэгээд тэр энэ үзлээ бусдад таниулах болсноор *Бусад-үгүйн төв үзлийн ухаан* хэмээн \ Шандон Мадямака\ олонд танигдах болсон үзэл гарчээ. Энэ сургаал тэр үеийн хүмүүсийн дотор ихэд хүлээн зөвшөөрөгдсөн гүн ухааны үзэл болон үзэгдсэн ч зарим хүмүүсийн хувьд хүлээн зөвшөөрөхөд хэцүү байсан ажээ. Ерөнхийдөө, Долбуба олон хүмүүсийн туйлын мөн чанарын талаарх бодлыг өөрчилж тэдгээрийг нандин үнэнээ илрүүлэх замд амжилттай хөтөлсөн гэж болно.

Жонангийн урсгал Цагийн хүрдний Ханьсашгүй Дандарын ёсны уламжлалыг тээн явдгаараа онцлогтой бөгөөд түүний төгсгөлийн зэрэг нь *Очирт Зургаан Йог* хэмээх дадлагууд билээ. Эдгээр хүчирхэг йогийн аргууд сэтгэл зүрхээ бүрэн зориулсан бясалгагч нарыг нэгэн насанд нь гэгээрлийн хутагт хүргэх маш үр дүнтэй замыг санал болгодог.

Гэлүг

Гэлүгийн урсгалыг Жэ. Зонхов Лувсан Дагва үндэслэсэн бөгөөд тэр өөр өөр урсгалын олон багш нараас номд суралцан явсаар ялангуяа аугаа Энэтхэг мастеруудын сургаалуудтай төвөдийн бодлыг нийцүүлэх тал дээр голлон анхаарч байжээ. Нагаржуна, Асанга болон бусад томоохон лам нарын бүтээлүүд дээр ихээхэн судалгаа хийснийхээ дараагаар Зонхов Бурханы Номыг хамгаас илүү зөвөөр ингэж үзүүлэх нь ашигтай гэсэн маш зохион байгуулалттай тодорхой харуулсан урсгалыг үүсгэн байгуулсан байна.

Зонхов сахил хүртсэн лам хувраг хүмүүсийн нийгэмлэгийн чухагийг онцлон үздэг байсан ба гүн ухааны үзлээр мэтгэлцэх явдлыг ухаан санаагаа хурцлах аргаа болгохыг хичээдэг байжээ. Эдгээр зарчмууд дээрээ үндэслээд Гандан, Дэвүн, Сэра гэх мэтийн аугаа хийдүүдийг байгуулан хөгжүүлснээр хэдэн арван мянган лам нар шавилан сууцгааж сурах дадуулахын эрчимтэй ажиллагааг өрнүүлэх болсон билээ.

Гэлүгийн урсгал Энэтхэгийн бандида Атиша Дипамкарагийн сургаалыг даган судрын ёсонд ихээр түшиглэдэг байна. Зонхов өөрийн урсгалыг олон талаараа Хожмын дамжуулгын эхэн үед оршин байсан Гаадамба урсгалтай ихэд төстэй хэмээн үздэг байсан болохоор Гэлүгийн түшиглэдэг гол сургаалууд гэвэл *Зам дахь үе шатууд* \Ламрим\ болон *Сэтгэлээ номхруулахуй* \Ложон\ зэргийг огоорлын сэтгэл, хоосон чанар, бодь сэтгэлийг төрүүлэх үндэс болгон хэрэглэдэг ажээ. Тиймээс бясалгагч нар нь аль илүү холбоотой урсгалынхаа Дандарыг авлага болгодог бөгөөд ихэнх Гэлүгва нар *Гухяамсамажа, Ямандага, Чакрасамбара* зэрэг тарнийн ёсны системийг дадуулдаг байна.

Эдгээр зургаан төрлийн урсгалаас эхний хоёр нь Эртний дамжуулгын үед үлдсэн дөрөв нь Хожмын дамжуулгын үед хамаарч байгаа ажээ. Тэд зургуулаа Буддист гэж нэрлэгддэг ба Бон тэдний дотроос арагш нь хөөгөөд үзвэл өөр үндэслэгчтэй байснаараа онцлог байна. Тэдгээрийн гарал үүсэл хэдий өөр ч гэлээ ойртон судлаад үзэх юм бол тэд цөм адилхан бясалгагч хүнийг гэгээрэлд хүргэх мэргэн аргыг номложээ.

Гарал	Дамжуулга	Урсгал	Гол Үндэслэгч
Шан Шун	Эртний	1. Бон	Тонба Шэнраб
Энэтхэг		2. Нямаа	Падмасамбава
	Хожмын	3. Сажаа	Хон Гончиг Жалпо
		4. Гаржуд	Гомбопа
		5. Жонан	Түгжэд Зундуй
		6. Гэлүг	Жэ. Зонхов

Хүснэгт 14-1: Төвөдийн Шашны Урсгалууд

НЯМААГИЙН УРСГАЛ ДАХЬ ДЭВШЛИЙН ЕСӨН ХӨЛГӨН

Энэтхэгээс гаралтай таван урсгалд төвлөрөх юм бол тэд цөм бясалгагч хүнийг сүсэг бишрэлийн зорилгод нь амжилттай хөтлөх замыг ашигладаг байсан нь харагдана. Хөлгөн бүр бясалгагчид сүсэг бишрэлийнхээ замд ахиц гаргахад туслах зөвхөн түр зуурын хэрэгсэл хэмээн үзэгддэг. Хүн тухайн түвшний ухамсарлахуйд хүрмэгц анхаарлаа дараагийн хөлгөнд чиглүүлнэ. Ийм маягаар бясалгагч хүн Бурханы бүхий л сургаалын дагуу сууринаас эхлээд дээшээ өвөрмөц сургаал хүртэл дэвшин явдаг байна.

Эртний ба Хожмын дамжуулгын хооронд тэдгээр хөлгөнүүд ангиллын өөр өөр системүүд болон хэлбэржиж иржээ. Ихэнх хэсэгт нь, үе үед өөр төрлийн дандарын сургаал орчуулагдаж байсантай холбоотойгоор эдгээр ялгаа гарч ирж байв. Нямаагийн урсгал хамгийн дэлгэрэнгүй үзүүлэлттэйгээр нь түүнээс эхлэн судалж дараа нь Сарма урсгал хир ялгаатай болохыг одоо үзүүлэх болно.

Шалтгааны хөлгөн \Судрын ёс\

Нямаагийн урсгал дотроо тус бүр гурван бүлэгт хуваагддаг Есөн Хөлгөнтэй ажээ. Эхний бүлгийг *Шалтгааны Хөлгөн* гэж нэрлэдгийн учир бол тэд сансраас чөлөөлөгдөн гэгээрэлд хүрэх шалтгааныг үүсгэх тал дээр илүү анхаардаг болохоор тэр юм. Тэднийг мөн *Судрын ёс* гэж нэрлэх бөгөөд судар номд номлогдсон сургаалд шүтэн дагадаг болохоор тэр ажээ. Эдгээр хөлгөнүүдийг өмнөх бүлэгтээ бид дэлгэрэнгүй судалчихсан байгаа тул ерөнхийд нь үзүүлбэл:

1. **Шарвагын хөлгөн:** Энэ хөлгөн Бурханы нийтэд номлосон Гурван аймаг савны сургаалыг өөртөө агуулан *Шарвага Архадын хутагт* буюу нэгэн биеийн чөлөөнд хүргэх зам юм.

2. **Брадигабудын Хөлгөн:** Нэгэн биеийн гэгээрэлд хүрэх энэ зам *Брадигабуд Архад* болох боломжтой замыг өөрсдөө нээн ологсдод зориулагдана. Тэд голдуу Бурхан үзэгдэж Номын Хүрдийг эргүүлээгүй харанхуй эриний үед төрөгсөд байдаг.

3. **Бодьсадвын Хөлгөн:** Энэ хөлгөн Бурханы сургасан хоосон чанар, энэрэхүй сэтгэлийн сургаалд үндэслэн дэвших шатуудыг ахиулан явсаар тоолшгүй гурван галвын дараа *Бурханы хутагт* хүргэнэ.

Энэ гурван хөлгөнөөс эхний хоёр нь *Бага Хөлгөн*, гурав дахь нь *Их Хөлгөн* гэж тооцогдоно.

Үрийн Хөлгөн \Тарнийн ёс\

Үлдсэн зургаан хөлгөнийг *Үр дүнгийн хөлгөнүүд* гэнэ. Яагаад гэвэл тэд хүрэх үр дүнгийн төлөв дэх ухамсрыг одоо цагт авчрахад анхаардаг. Түүнийг мөн *Тарнийн ёс* хэмээн нэрлэдэг нь дандарын сургаалд түшиглэдэг болохоор тэр ажээ.

Эдгээр замууд цөм Бодьсадвын Хөлгөнг суурио болгодог. Юу гэсэн үг болохыг тодруулбал эдгээр хөлгөний бясалгагч нар хэдийнэ гэгээрлийн бодь сэтгэлийг төрүүлчихсэн Их хөлгөнг замнах замаа болгочихсон хүмүүс байх ёстой байна. Үнэндээ дандарын дадлагыг авлага болгоно гэдэг Бурханы хутагт аль болох хурдан хүрнэ гэсэн зорилготой хүмүүс юм. Тэр бумаар тоологдох төрлүүдийг нэгэн зорилгодоо хүрэхэд зориулахын оронд өөр төрлийн дандарын мэргэн аргуудыг хэрэглэн явж яг адилхан үр дүнд нэгэн насандаа хүрэх боломцоо олбол хамаг амьтны тусыг аль болох хурдан бүтээж эхлэх болно.

Хүн болгон хамгийн дэвшилтэт аргуудаар хичээллэх тавилангүй гэсэн яриа байдаг. Тийм болохоор маш олон төрлийн урьдчилсан бэлтгэлийн дадлагуудыг даган дандарын бясалгагч нар ахиулан дэвшиж явсаар зорилгодоо хүрдэг. Эдгээр дадлагуудад орохын өмнө хүн заавал шаардлага хангасан очирт багшаас зохих авшиг дамжуулгыг хүртсэн байх шаардлагатай байдаг. Тэдгээр ван авшиг хүртээх ёслолууд бясалгагч хүний үйлийн барилдлагуудыг бэхжүүлэн боловсрохад нь тусалдаг байна. Нямаагийн урсгалд тэдгээр дандарын ёсыг хоёр бүлэгт хуваан үздэг нь:

Гадаад тарнийн ёс

Энэ хөлгөнд бясалгагч хүн *ядмын бясалгалыг* үйлдэх замаар өөрсдийн гэгээрсэн үнэнтэйгээ холбогдож сурах ажээ. Ядам гэдэг бол юмс үзэгдэл хийгээд хоосон чанар хоёрын дундын нэгдлээс үзэгдэх бэлэг тэмдэг билээ. Одоогоор бясалгагч хүн ядмыг өөрийн биеэс салангид өөр зүйл гэж үзэж байгаа учраас гадаад хэмээн нэрлэж байгаа юм. Энэ хөлгөний дагуу өсөж дэвшээд ирэхийн цагт түүнийг өөрийн мөн чанарын нэгэн ариун тал болохыг таних болно.

Энэ бүлэгт багтах гурван хөлгөн бол:

4. **Үйлийн Дандарын Хөлгөн \крияатантраяана\:** Үйлийн дандарын үед бид бумбын болон титэмний авшиг хүртэн ерөнхийдөө ядмыг өмнөө байгаагаар харж түүнээс авшиг хүртлээ гэж төсөөлнө. Харьцангуй үнэний түвшинд ядам гадаад хүчин зүйл мэт үзэгдэн биднээс дээгүүр байх нь бид ариун хийгээд өөрсдийн ариун-бус байдлын хоорондын ялгааг тод харж байгаа гэсэн үг юм. Үйлийн дандар ядмын адислалыг хүртэхийн тулд ариусгал мэтийн гадаад үйлүүдийг ихээр үйлдэхэд анхаардгаараа онцлог.

5. **Явдлын Дандарын Хөлгөн \чаряатантраяана\:** Явдлын Дандар \Упа-Йогын

дандар гэж мөн нэрлэх нь бий \ Үйлийн Дандартай бараг адилхан бумбын болон титмийн авшиг дээр нэмэгдээд нэрний авшиг хүртээдгээрээ ялгагдана. Ядам мөн л гадаад хүчин хэвээр боловч одоо найз маягаар бидний харагдах байдалтай ариунаараа адил тэнцүү харагдана. Энэ дадлага бидэнд өөрсдийгөө ядам болгон үүсгэхэд туслах боловч бидний хүртэх адислал Үйлийн Дандарынхтай ойролцоо байх болно. Тэгэхээр Үйлийн болон Явдлын Дандарын аль алийг дадуулан үйлдэх нь бидний цаашдын дадлагад тустай байх болон амьдралаа уртасгах чадварыг олгодог бөгөөд харин бусад олон талаараа бол судрын ёсны хөлгөнтэй ойролцоо чанартай байдаг.

6. **Егүзэрийн Дандарын Хөлгөн \иогатантраяана\:** Егүзэрийн Дандарт өмнөх дөрвөн авшиг дээр нэмэгдээд очир, хонх, торгон туузны авшиг хүртэн ам өчиг тавьж очирт багшаас бусад туслах зүйлсийн авшгуудыг хүртэнэ. Энэ дадлагад бид өөрсдийгөө гэгээрсэн ядам болгон үүсгэж бясалгалынхаа үеэр дүрсэлсэн ядамтайгаа холбоо бий болгоод төгсгөлд нь хоосонд уусгана. Ийм маягаар ядмын оюуны тал миний сэтгэлтэй усанд ус юүлэх мэт нэгдэнэ. Егүзэрийн Дандарын дадлага гэгээрлийн таван бэлэг тэмдэг болсон сар, нар, зүрхэн тарни, ядмын хэрэгслүүд болон ядмын лагшин хэлбэр дээр бясалгах замаар явагдана. Судрын замтай харьцуулбал энэ хөлгөн дээр дурдсан таван зүйл мэт маш олон мэргэн аргуудтай, мөн гэгээрлийн хутагт арван-зургаахан төрлийн дараа хүрэх боломжтой бөгөөд яг хэд байх нь хүн хүний чадвараас шалтгаалдаг ажээ.

Үйлийн Дандар цэвэрч ариун чанар дээр онцгойлон анхаардаг бол Явдлын болон Егүзэрийн Дандарт эдгээр ойлголт амин чухал биш байдаг. Бясалгагч хүн дээд шатанд ахихад анхаарал илүү дотогшоо эргэсэн байх тул гадаад хэлбэр дүрс, журманд тэгтлээ гоц анхаарал тавихаа больдог байна.

Дотоод тарнийн ёс

Гадаад Тарнийн Ёсонд бясалгагч хүн хоёр үнэнтэй хоёр зүйл мэт салангид харьцаж байсан. Ядмыг бясалган тарнийг тоолж байхдаа харьцангуй үнэнтэй, харин ядмыг уусгаад хоосон чанарын агаарт төвлөрөн бясалгахдаа туйлын үнэнтэй харьцаж байдаг байна. Бясалгагч хүн *Дотоод тарнийн ёсонд* шилжихэд энэ хоёр бясалгалын горим хоорндоо салшгүй нэгэн зүйл болж хувирдаг.

Эдгээр дандаруд хоёр үндсэн зэргийн үе шатаар дамжин дадуулдага болдогийг бид одоо тодорхой судлах болно. *Үүсгэлийн зэрэгт* бясалгагч хүнийг өөрийн хувийн мэдрэмжийнхээ өөр нэг талыг хүлээн авдаг болгон хувиргахын тулд дүрсэллийн ядмыг үүсгэн бясалгадаг бол *төгсгөлийн зэрэгт* бясалгагч хүн хүчтэй бясалган уусахуйн төлөвт шингэж туйлын үнэнийг мэдрэхэд ашиглана.

Эртний Дамжуулгын үед орчуулагдсан тарнийн ёсонд үндэслээд Нямаагийн урсгалд гурван төрлийн дандар энэ ангилалд багтдаг нь:

7. **Маха-йог**: Маха-йог үүсгэлийн зэрэгт голчлон анхаардаг. Эхлээд хоосон чанарыг бясалгах юмуу туйлын Бодь сэтгэл дээр бясалган бүх юмс үзэгдлийн угийн хоосон чанартайг ухааран эндээс харьцангуй Бодийн ухамсарлахуй ургана. Харьцангуй ба туйлын Бодь сэтгэлийн нэгдэл тарнийн үсэг болон хувирч түүнээс гэрэл цацран сансар орчлонг нилэнхүйд нь гэрэлтүүлэн ариусгана. Зүрхэн тарни дараа нь ядмын ариун дүрд хувилахад: бидний бие ядмын бие болон үзэгдэж, гадаад орчин гэгээрлийн хот мандал дахь ядмын ордон болон, бүх мэдрэмжүүд ядмын үйл хөдлөл, бараа бологчид болон хувирна. Нэмж хэлэхэд, сонсогдох бүх чимээ тарнийн уншлага, бүх бодол санаа язгуурын билиг оюун болон хувирна.

8. **Ану-йог**: Ану-йог төгсгөлийн зэрэгт голлон анхаардаг бөгөөд дотоод хүрд, хий, дусалнуудаа хянах бясалгагч хүний нарийн биеийн дадлагууд үүнд багтдаг. Ядмын дүрслэл хоромхон зуурт үүсэх ба харьцангуй үзэгдлүүд эрэгтэй Язгуурын Бурхан Самандабадра-гийн хот мандал болон үзэгдэж, туйлын чанар эмэгтэй Язгуурын Бурхан Самандабадри-гийн хот мандал болон үзэгдэх болно. Эдгээр хот мандлуудын нэгдэл нь дээдийн амгалангийн хот мандал болох бөгөөд түүнд бүх үзэгдлүүд тэгш саатан орших ажээ.

9. **Ати-йог**: Ати-йог буюу Зогчэн гэж мөн нэрлэгддэг хөлгөн бүхий л юмсын хоосон чанарыг шууд ухамсарлахыг хэлнэ. Сэтгэлийн мөн чанар шавь хүнд танилцуулагдан, дадал болгох үйл явц бясалгалын үеэр хөгжиж дараа нь хором болгоны мэдрэмжинд нэгдэн үзэгдэх болно. Зогчэн Дандарын хөлгөн дотроо Сэтгэл \Сэмдэ\, Огторгуй \Лондэ\ болон оньс түлхүүр \Мэндагдэ\ гэсэн хэсгүүдэд хуваагдана. Энэ гурваас оньс заавар хамгийн дээдэд тооцогдон "голоор нь хугалах" \тэгчо\, "давж харайх" \тойгал\ гэсэн хоёр замаас бүтдэг. Тэгчо гэдэг нь тунгалаг ухамсарлахуйд төвлөрдөг бясалгалын хэлбэр бөгөөд бүхий л юмс үзэгдлийн язгуураасаа ариун чанартайг ухаарахын тулд энэ дадлагыг эхлээд гүйцэтгэх шаардлагатай байдаг. Харин Тойгал гэдэг дадлагаар аяндаа гарч ирж үзэгдэх дугуй, гэрлийн цацраг, ядмууд болон нүдийг зүрхтэй холбосон гол судалнаас урган гарах Бурханы-талбарыг "үзэх" боломжийг бид олгох болно.

Хамтад нь аваад үзвэл эдгээр есөн хөлгөн Буддын бүх бясалгагч нарт ямар түвшинд яваагаас нь үл хамаараад өөрт тохируулан авч хэрэглэж болох өргөн сонголтын бясалгал дадлагыг санал болгодог. Нэг нэгээрээ тэд дадлагын өвөрмөц аргуудыг илэрхийлнэ. Эдгээр аргуудын ялгааг хортой ургамлыг шинжлэх жишээгээр голдуу дүрслэх нь олон. Хортой ургамлаар сэтгэлийн хөдөлгөөний түйтгэрүүдийг төлөөлүүлж байгаа ажгуу.

Эхний бүлэг хүмүүс хортой ургамлыг олоод аюултай болохыг таниад хяргаж хаядаг. Үүнтэй адилаар Бага хөлгөний бясалгагч нар сэтгэл хөдлөлийн түйтгэрүүд бол орхивол зохих зүйл гэдгийг ойлгоод аль болох холхон байхыг хичээдэг. Тиймээс тэдний гол анхаарал уйсал огоорлын сэтгэл байдаг.

Хоёрдугаар бүлэг хүмүүс мөн ургамал хортойг олж ухаарах боловч тайрч хаях хангалтгүй, үндэс нь дахин ургана гэж үздэг байна. Тэд халуун нурам цацах, буцалсан ус асгах зэргээр үндсийг дахин ургахаас сэргийлэх арга хэмжээ авдаг. Үүнийг Их хөлгөнд хоосон чанарыг бүх түйтгэрийн үндэс болсон мунхаг сэтгэлийн эсрэг ерөндөг болгон үздэгтэй зүйрлэж болно.

Эцэст нь гуравдугаар бүлгийн хүмүүс хорт ургамлыг эмчийн нүдээр харсан байна. Тэд хортой ургамлыг эм болгон ашиглаж болно гэж харжээ. Тиймээс устгах хэрэг алга. Саруул билгүүний хүчээр хорт ургамлыг амьтны тусын тулд ашигтайгаар хэрэглэж болох боломжтойг тэд мэдэж авсан байна. Үүнтэй адилаар, тарнийн ёсоор түйтгэрүүдийн хүч чадлыг чадварлагаар эргүүлж ашиглан бэрхшээлүүдийг угаар тасдан ухамсарлахуйн үйл явцыг тэтгэж болох түлш болгон ашигладаг байна.

САРМА УРСГАЛЫН ДАГУУХ ДЭЭД ЕГҮЗЭРИЙН ДАНДАР

Ихэнх хэсэгт, Нямаа урсгалын эхний зургаан хөлгөн Сарма урсгалтай таарч давхацдаг. Хамгийн дээд түвшний дадлагууд дээр тэд харин зөрдөг ажээ. Нямаагийхан тэдгээрийг Дотоод дандар гэж авч үздэг бол Сармагийхан *Дээд Егүзэрийн дандар* гэж нэрлэдэг. Эдгээр ангилалд багтдаг дандаруд тухайн цаг үед цуглуулсан сургаалууд дээрээ үндэслээд өөр өөр байдаг байна.

Дээд Егүзэрийн дандарт явдлын, үйлийн болон Егүзэрийн дандар гэсэн доод гурван дандараар дадуулах нь гэгээрэлд хүргэхэд хангалттай бус гэж үздэг. Эцэстээ бүхий л бясалгагч нар Бурханы Дүрст лагшинг олох бүрэн үүсгэлийг агуулсан Дээд Егүзэрийн Дандарыг авлага болгон дадуулах болдог ажээ.

Энэ түвшний бүх системүүд өөрсдийн гэсэн замтай байх бөгөөд аль нэгэн бясалгагч хүнийг \зөв үйлийн барилдлага бүхий хүн\ нэгэн насандаа гэгээрлийн хутагт хүргэхэд шаардлагатай бүхий л арга барилуудаар хангадаг. Эдгээр системүүдийн ялгаа яг хаана байгаа гэхээр уг системийг дагаж буй бясалгагч хүний хэрэгцээнд тохирсон эсэх дээр илүү онцлон анхаардагт байдаг ажээ. Тийм учраас бид гурван шалгуурыг таньж болдог нь:

1. Эцэг Дандар: Энэ дандарынхан тарни тоолох, дүрслэл үүсгэх зэрэг

үүсгэлийн зэрэгт голлон анхаардаг байна. Гурван төрлийн эцэг дандар байдаг нь сэтгэлийн аль түйтгэр дээр төвлөрч байгаагаас хамаараад: хүсэл шунал, уур хилэн, мунхаг гэсэн төрлүүд байдаг. Эцэг дандарын жишээнүүд бол *Гухяасамажа, Ямандага* билээ.

2. **Эх Дандар:** Эдгээр дандаруд төгсгөлийн зэргийн дээдийн хоосонд төвлөрөх бясалгал дээр голлож анхаардаг. Тэд хүсэл шуналыг голдуу амгалан таашаал дээр төвлөрөл үүсгэх багаж хэрэгсэл болгон ашигладгаараа онцлог юм. Энэ ангиллын дандарын жишээнүүд бол *Чакрасамбара, Важраиогини* болон *Хэважра, Чандамахарошана* билээ.

3. **Хоёргүй |ханьцашгүй| Дандар:** Эдгээр дандаруд үүсгэлийн болон төгсгөлийн зэргүүдийн аль алинийг тэнцүүхэн онцлохыг эрхэмлэн үүсгэлийн зэрэг дэх мэргэн аргуудыг төгсгөлийн зэрэг дэх гүнзгий билгүүнтэй нэгтгэн дээдийн хоосон хийгээд аугаа амгалангийн нэгдэлд хүргэхэд анхаардаг билээ. Энэ ангиллын гол жишээ бол *Калачакра Тантра* буюу *Цагийн хүрдний Ханьсашгүй Дандар* билээ.

Дээд Егүзэрийн Дандар дотроо хүртэл зарим дадлагууд их бага хэмжээгээр гүнзгий ба гүехэн байх магадлалтай. Тухайн урсгалын ариун байдал, урсгалын тээн явдаг оньсон түлхүүрүүд, бясалгагч хүний самбаа зэргээс дадлага хир гүнзгий байх эсэх нь шалтгаална. Төвөдийн Буддын Сарма урсгалд Цагийн хүрдний урсгал Шагжаамүни Бурхан Багшийн сургасан сургаалууд дотроос хамгийн гүнзгийд тооцогддог билээ.

Эх сурвалж	Хөлгөн	Нямаа	Сарма
Судрын ёс	Хинаяана		Шравакаяана
		Пратекабуддаяана	
	Махаяана	Бодисаттваяана	
Тарнийн ёс	Важраяана	Крияа Тантра	
		Чаряа Тантра	
		Йога Тантра	
		Маха-Йога.	Дээд Йога Тантра
		Ану-Йога	
		Ати-Йога	

Хүснэгт 14-2: Төвөдийн Буддизмын Хөлгөнүүдийн ангилал

СУУРЬ – БУРХАНЛАГ ЧАНАР

Бидний саяын үзсэнээр Их Хөлгөн судрын ёс ба тарнийн ёс хэмээх хоёр замаар гэгээрэлд ойртдог болох нь илэрхий байна. Судрын ёсонд хоосон чанар дээр бясалгах аргаар юмс үзэгдлийн өөрөөсөө бүтсэн гэсэн буруу бодлыг арилгах талыг илүү барьдаг байна. Мунхаг сэтгэл биднийг орчлонд хүлээд байгаа болохоор эхлээд өөрсдийн би-үгүй хоосныг мэдэрснээр хүрдний эргэлтээс чөлөөлөгдөнө. Дараа нь юмс үзэгдлийн би-үгүйг мэдэрснээр бид нарийн сэтгэлийн зууралтыг тавиулж биднийг мэргэн будда болохоос хаацайлж буй түйтгэрүүдийг арилгадаг.

Ийм төрлийн хоосонтой гардан ажиллахад бид огт байхгүй зүйлийг үгүйсгэх гэж оролдоод байгаагаараа сөрөг байдлаар ойртож байна гэж хэлж болно. Тарнийн ёсонд бол үнэний харьцангуй мөн чанарыг хэдийнэ бий болгочихоод \үзэгдэл ба хоосон чанарын нэгдэл гэж хэлдэг\ түүнийг туйлын үнэн рүү одоо хувиргах тал дээр анхаардаг байна. Үүнийгээ бид үнэний туйлын мөн чанар буюу Бурханлаг-Чанартайгаа тулж ажиллах хэмээн нэрлэдэг билээ.

Дээд Егүзээрийн дандарын сургаалуудад Бурханлаг-Чанарыг мөн гэгээн гэрлийн сэтгэл ч гэж хэлдэг. Энэ бол бидний мэдрэмж ургадаг хамгийн доод уг суурь мөн. Энэ сэтгэлийг хоёр талын шалгуураар ангилж үзнэ:

1. **Үзэгдэл бүтэх \тунгалаг үзэгдэх\:** Сэтгэл гэдэг огторгуй адил хязгааргүй чадвартай бөгөөд ямар ч саад тотгор хил хязгаар үгүй чөлөөтэй оршдог зүйл. Огторгуйд юу ч ургаж болно. Сэтгэл өөрөөсөө бүтээгүй хоосон учраас харилцан хамааралтай ямар ч үзэгдлүүд ургуулах бүрэн чадвартай ажээ.

2. **Мэдэмсэр \гэгээн гэрэл\:** Сэтгэл ургасан бүхий л үзэгдлийг таних чадвартай. Энэ бол бодлоор мэдэх явц биш, төрсөн болгоныг шууд ухаарах илт мэдэл юм. Наран цацраг бүхнийг гийгүүлэн гэрэлтүүлэхтэй адил мэдрэмжид ургасан болгоныг хурцаар ухамсарлуулна.

Бурханлаг–Чанарын энэ хоёр талуудын харилцаанаас сансар нирваны бүхий л үзэгдлүүд аяараа ургана. Харамсалтай нь мунхаг сэтгэлээсээ болоод бид энэ мөн чанарыг танихгүйгээс өөрийн хяналтгүйгээр зовлонг эдэлж байгаа юм. Бид ганцхан гарцаар хорвоог харах замаар өөрсдийн энэ хязгаарлагдмал талдаа үндэслэн дотоод чадавхаа хазаарлан барьж чөлөөтэй нисэн дүүлэхийн оронд өөрсдийгөө боож хүлж байдаг билээ.

Дандар бол бидэнд одоогийн байгаа энэ байдлаасаа Бурханлаг-Чанарын эдгээр талуудаа таньж олоход тусалдаг аргуудыг санал болгодгоороо үр дүнгийн хөлгөн хэмээн нэрлэгддэг билээ. Бурханлаг-Чанарын хэтийн өнцгөөс харах юм бол бидэнд гэгээрлийг үзэхэд хэрэгтэй бүхэн заяасан байдаг. Бидэнд ямар ч шинэ зүйл олох юмуу нэмэх хэрэгцээ үгүй юм. Яг энэ мөчид хүртэл бид өөрсдийн хамгийн нандин үнэнээ илрүүлэх боломж дүүрэн байгаа шүү.

Үүний тулд эхлээд бидний суурь болох хамаг амьтны туйлын үнэн гэдэг маань төгс гэгээрсэн бурханы туйлын мөн чанартай ижил нэгэн зүйл гэдгийг таних ёстой. Туйлын мөн чанартаа бол ямар ч ялгаагүй ажээ. Энэ мөн чанарт эхлэл хийгээд төгсгөл үгүй. Сэтгэлийг устгах юмуу зогсоох хүчин гэж байхгүй тийм учраас харьцангуй утгаар яривал энэ бол мөнхийн үргэлжлэл мөн. Бурханлаг-Чанарт төгсгөл байхгүй бол сансрын хүлээсэнд төгсгөл бий.

Сансар орчлон бол Бурханлаг-Чанарын үзэгдэх нэг байдал л юм. Бурханлаг-Чанарт юу ч ургаж болдог болохоор мунхаг сэтгэл ч мөн ургаж болдог. Мунхаг сэтгэл ургахад сансар орчлон бий болж зовлон араас нь дагадаг байна. Сэтгэл ийм төлөвт хашигдаад ирэхээр мунхгийг үндсээр нь арилгахаас нааш чөлөөлөгдөж чадахгүйд хүрдэг ажээ.

Ийм замаар Бурханлаг-Чанарыг тэнгэр адил гэж үзвэл мунхагийн түйтгэрт сэтгэл, шунал, уур хилэн, хорсол үзэн ядалт зэрэг нь огторгуйд гарч үзэгддэг үүлс гэж хэлж болно. Үүлс байсаар байхад цэлмэг сайхан тэнгэрийг халхалсаар байх болно. Мөн үүлс ямар ч хэлбэртэй байсан, урт хугацаагаар орших, богино хугацаагаар оршсон ялгаагүй тэнгэр хэзээнийхээрээ өөрчлөгдөшгүй цэлмэг хэвээр л байх болно. Үүний адилаар Бурханлаг-Чанар язгуураасаа ариун бөгөөд аливаа түйтгэрээс ангид билээ. Энэ чанар нь гэгээрлийг боломжтой зүйл гэдгийг бидэнд батлан харуулж байна.

Өөр талаас бодож үзвэл Бурханлаг- Чанарыг газрын гүнд булж мартсан хүслийг гүйцээгч эрдэнэ хэмээн үзэж болно. Энэхүү нандин эрдэнийг үл мэдэгч ядарсан хүн дээр нь овоохойгоо босгоод элдэв төрлийн зовлонг эдлэн амьдарна. Нэг өдөр нэгэн мэргэн шидтэй хүн газарт булаастай эрдэнэ байхыг олж үзжээ. Тэр ядуу эрийг тэр эрдэнийг ухаж гаргаваас ихээхэн амжилт олж болох юм байна гэдгийг таньж түүнд гэрийнхээ буурийг доош малтахыг зөвлөв гэнэ. Ядуу эр эхлээд чулуу шороог малтан ухсаар хүүдийтэй мөнгө олж хувьтайдаа баярлав. Гэвч нөгөө мэргэн хүн түүнд: "Мөнгө мэт харагдах чулуунд сэтгэл ханалгүй цаашаа ух" хэмээн зөвлөв. Ядуу эр үргэлжлүүлэн ухлаа. Одоо тэр хүүдий дүүрэн алт олсонд мэргэн хүн түүнд дахин хэлэв: "Сэтгэл үүгээр ханах хэрэггүй. Наадах чинь алт мэт үзэгдэх чулуу байна" гэв. Эцэст нь ядуу эр эцсийн шавар шороог арилгаж дуусахад цаанаас нь хүслийг гүйцээгч чандмана эрдэнэ нүд гялбуулан гялтганаж үзэгдэх энэ үед ядуу эрийн зовлон дуусгавар болох нь тэр ажээ.

Үүнтэй нэгэн адил Бурханлаг- Чанар бидний сэтгэлийн тээр гүнд бүдүүн нарийн хэлбэрийн түйтгэрүүдээр дараастай оршиж байгаа тул Номыг авлага болгон дадуулснаар тэдгээр давхаргуудыг хуулж бид чадах болно. Замдаа бид олон төрлийн бодол санаануудтай тулгарах нь зайлшгүй юм. Мөнгийг бидний сэтгэлийн түйтгэрүүдэд ерөндөг болон үйлчлэх нэгэн ойлголт гэж үзэж болох ч тэр бол түр зуурын тусламж үзүүлэгч шархны туузтай адил учраас бидэнд урт удаан жаргаланг авчрахгүй билээ. Бид төөрөгдөлт ертөнцийн хоосон чанартайг бидэнд ухааруулах алт шиг санаануудыг олон баярлавч эдгээр санаанууд бидэнд туйлын үнэний зөвхөн ганц л талыг харуулж чадна. Эцэст нь, бид тэр бүх бодол санаануудын цаад талд гарч ухамсраа бүхий л боломж бололцоогоор бүрэн дүүрсэн дээдийн хоосонд сатуулан оршоосноор зөвхөн тэр үед л бүхий л хязгаараас ангид өөрсдийн аугаа чадавх, чандмана эрдэнийг олж үзэх нь гарцаагүй юм.

Туйлын үнэнийг тодхон ялгах нь

Саяын бидний үзсэн энэ үндсэн хүрээн дотроос авч үзэх юм бол бид тарнийн ёсны зам гэгээрэлд хэрхэн үйлчилдэг талаар гол оньс болсон хэдэн санааг эндээс гаргаж болно. Эдгээр санаанууд Гуравдугаар Номын хүрдны судруудад болон Дандарын сургаалуудад тодорхой тусгагдсан байдаг. Ийм учраас Бурхан Багшийн сургасан чинагуух үнэний талаар хамгийн гүнзгий ойлголтуудыг тэд төлөөлдөг ажээ.

Хоёр Төрлийн Үр Дүн

Суурь бол үр дүнтэй адил гэж хэлэхдээ бид туйлын үнэний зүгээс ярьж байгаагаа санах хэрэгтэй. Суурийн оршин байх цаг үеийн Бурханлаг- Чанар үр дүнгийн оршин байх тэр цагийн Бурханлаг-Чанартай үнэндээ адилхан. Энэ талаараа тэд ижил юм. Гэвч энэ нь тэдний үзэгдэх байдлыг хэлсэн хэрэг бас биш билээ. Ерөнхийд нь хэлэхэд бид хоёр төрлийн үр дагаврыг харж болно:

1. **Салангид үр дүнгүүд:** Эдгээр бол сэтгэлийн түйтгэрүүдийг арилгасны дараагаар Бурханлаг- Чанарын аяараа үзэгдэх унаган чанар юм. Тэд туйлаасаа хэдийнэ оршин байх тул бидэнд түүнийг бүтээх гэж хийх юм байхгүй билээ. Салангид үр дагаврын жишээ бол бүхий л үзэгдлийг шууд мэдэх мэргэн сэтгэл юм.

2. **Бүтээгч үр дүнгүүд:** Эдгээр бол бидний Дармаг дадуулан үйлдэх замаар Бурханлаг-Чанарынхаа нөхцөлийг үүсгэх тэдгээр чанаруудыг хэлнэ. Бидний идэвхийлэн хийж байгаа бүхэн маань мунхаг сэтгэл ургахгүй байх нөхцөлүүдийг үүсгэснээр сансар гарч ирж үзэгдэхээс сэргийлэх явдал юм. Жишээ нь өөрөөсөө бүтээгүй хоосон чанартайг таних билиг оюун бол бүтээгч үр дүн билээ.

Хоёр төрлийн угсаа

Хоёр төрлийн үр дагавар байдгаас салаалуулан бодохоор тэдгээр өөр өөр чанаруудыг амьдруулах чадвар бидэнд цөмөөрөнд байдаг гэж үү гэсэн асуулт гарч ирнэ. Өөр өөр хүмүүсийн чадавхыг харвал бид хоёр төрлийн удам угсаанд \ буюу овог\ харьяалагддаг болох нь:

1. **Унаган угсаа:** Энэ ертөнц дээрх төрөлхтөн бүхэн хэлбэр дүрс хэмжээ зэргээсээ үл шалтгаалсан, яг адилхан мөн чанартай Бурханлаг-Чанарыг эзэмшдэгээрээ нэгэн унаган гэр бүлийхэн гэж болно. Сэтгэлд урган буй бүхэн зүгээр л тэр унаган шинжний маань үзэгдэх байдал. Тэгэхээр Бурханлаг-Чанарын талаар бодоход биднийг холбон буй тэр цорын ганц уяа гэж болно. Бид цөмөөрөө нэгэн адилхан чанартай юм бол бид цөм гэгээрэх боломжтой гэсэн үг. Хаана ч төрсөн бай, юу ч хийсэн бай, ямар ч нөхцөлд оршлоо гэсэн бид биес дотроо хамгийн нандин эрдэнийг тээн яваа юм шүү. Энэ бол бидний туйлын үнэн билээ.

2. **Хөгжүүлсэн угсаа:** Бид цөм унаган угсаанд харьяалагддаг юм бол бид мөн хөгжүүлсэн урсгалд харьяалагдаж таарна. Энэ бол бидний сэтгэлээ сүсэг бишрэлийн дадлагад сургах үндсэн чадавх гэж болно. Өөр өөр төрлийн үйлдлүүдийг дадуулснаар бид ариун-бус түйтгэрүүдийг арилган унаган урсгалынхаа ариун чануудыг илчилнэ. Энэ бол бидний харьцангуй үнэн. Энэ үүднээс авч үзвэл гурван шатны бясалгагчдыг таньж болох нь: олдмол түйтгэрүүдэд суурилсан ариун-бус үзэгдлийг мэдрэх хамаг амьтан, ариун хийгээд ариун-бус үзэгдлийг хольж мэдрэх Бодьсадва, зөвхөн ариуныг мэдрэх бурхад эдгээр билээ.

Хоёр төрлийн хоосон чанар

Бид туйлын үнэнийг харьцангуй үнэнээс ялгах ялгааг тодхон харж эхлэхийн зэрэгцээ мэдрэмжийн энэ хоёр горим хоёулаа хоосон чанартай, гэхдээ тэр хоосон нь адилхан биш замаар гэдгийг ойлгож эхэлнэ. Бүхий л юмс үзэгдлийг бүрэн хэмжээгээр урган гарахад хүргэдэг хоёр үнэний чадвар дээрх хоёр төрлийн хоосны ялгаанд үндэслэн бий болдог байна.

1. **Өөрөө үгүй хоосон:** Энэ бол Хоёрдугаар Номын хүрдэнд машид ихээр тулгуурладаг хоосны хэлбэр юм. Бусдаас хамааралтай ургасан үзэгдэл бүхэн харьцангуй үнэн бөгөөд тийм учраас өөрөө ч үгүй хоосон юм гэж үздэг. Ийм үзэгдлүүдийг шинжлээд үзэх юм бол энэ байна гэх юм олдохгүй, бүх зүйл уусан арилж сэтгэл огторгуй-адил ухамсартайгаар зүгээр хоосонд үлдэнэ гэж үздэг.

2. **Бусад-үгүй Хоосон:** Өөрийн би-үгүйг хэвшүүлсэн бясалгагч хүн бүхий л бүдүүн хийгээд нарийн давхаргын бодлуудыг тасдаж чадна. Эцэст нь хамгийн нарийн сэтгэл дэх хоосон байдлын бодит үнэн болоод тэр хоосныг ухаарах хийсвэр үнэний тухай хоёрдмол бодол цөм уусан арилна. Энэ цэгт хүрээд өөрийн Бурханлаг- Чанарыг хоёргүй ухамсар, бодолгүйн

ухамсраар мэдэрч чадна. Гэхдээ энэ бол зүгээр хов хоосон биш үнэн хэрэгтээ ариун үзэгдлүүдээр пиг дүүрэн, сэтгэлийн дотоодын гэгээн гэрлээс ургасан бүхий л боломжуудаар дүүрэн тийм хоосон билээ. Энэхүү үнэний хэтэрхий гүн давхрага "энэ" ба "тэр" гэх хорвоогийн бүхий л хязгаараас хэтийдсэн байх учир бидэнд хоосон билээ. Тиймээс үүнийг бусад үгүйн хоосон \өөрөөс өөр бусад\, буюу *Бүхий л бололцоогоор дүүрэн дээдийн хоосон* гэж нэрлэдэг байна. Үүнийг юу гэж нэрлэх нь хамаагүй энэ бол төгс бүтсэн Бурханлаг-Чанарын төлвөөс өөр юу ч биш ажгуу.

Хоёр төрлийн ариун чанар

Дээрх шинжлэлээс харахад Бурханлаг-Чанарын туйлын суурь нь хоёр талаар ариун чанартай болохыг таньж болно:

1. **Унаган язгуурын ариун чанар:** Сэтгэлд ургаж буй болгон Бурханлаг-Чанараас ургаж байгаа болохоор тэр бүх үзэгдлүүд язгураасаа ариун чанартай билээ. Тодруулах юм бол бидний хамаг амьтны ёсоор мэдэрч буй ариун-бус үзэгдэл бүхэнд тохирсон гэгээрсэн бодгаль л мэдэрч чадах тийм ариун чанар байдаг. Жишээ нь, гадаад ертөнцөд бидний мэдэрдэг таван махбод бол таван эмэгтэй бурхад шиг ариунаар төсөөлөгдөж болно. Бидний бие ба сэтгэлийг бүрдүүлж буй таван бүрдэл цогц ариунаараа таван эрэгтэй бурхад байх жишээтэй. Ариун-бус үнэний тал болгоныг тэгэхээр язгуурын ариун чанартайг нь таньснаар урвуулан өөрчлөх боломжтой байдаг байна.

2. **Олдмол ариун чанар:** Үзэгдэл ариун байна уу ариун-бус байна уу хэрхэн мэдрэгдэх нь мунхаг болон түйтгэрт сэтгэл бидэнд байгаа эсэхээс бүрэн хамаарна. Тиймээс, юмс үзэгдлийн унаган ариун чанарыг мэдрэхийн тулд бид түйтгэрүүдээ эхлээд арилгавал зохино. Ийм төрлийн ариун чанар сүсэг бишрэлийн дадлагын явцад үүсдэг. Гэхдээ аяндаа үүсэх нь үгүй болохоор хувь хүнээс нэн их хичээл зүтгэл шаардах болно.

Дүгнэн хэлэхэд, хоёр Үнэн хоорондоо машид ялгаатай нь илэрхий байна. Тэд нэг зооосны хоёр тал биш юм. Харьцангуй үнэн өөрөөсөө үүсээгүй тул бусдаас хамааралтайгаар урган байхад харин туйлын үнэн бүхий л уламжлалаас чөлөөтэй хоёрдмол-бус байдлаас урган гардаг байна. Харьцангуй үнэний хоосон чанарыг туйлын үнэн гэж андуурах хэрэггүй бөгөөд ингэснээрээ та туйлын үнэнийг үгүйсгэсэн хэрэг болох ба яагаад гэвэл би-үгүй хоосон нь өөрөө уламжлалт үнэн учраас энэ бол өөрөө үгүй болох билээ. Туйлын үнэнгүйгээр та зөвхөн харьцангуй хэтийн төлөвтэй л үлдэж хоцрох болно.

СЭТГЭЛИЙН МӨН ЧАНАРАА НЭЭХҮЙ

ЗАМ – ХОЁР МӨРИЙН ЗЭРЭГ

Энэ буруу үзлээс хэрхэн зайлсхийх вэ? Туйлын чанартаа бид бүхий л бодол мэдрэмжийг хувирган энэ үнэнийг илтэд онох ёстой билээ. Үүний тулд Очирт Хөлгөн оюуны онолын мэдлэг, мэтгэлцээн зэргээс илүүтэй тунгаан бясалгах дадлагуудад илүү анхаарах хэрэгтэй болдог. Сэтгэл бүхий л бодлоос ангижирсан хойно л үнэнийг яг байгаагаар нь мэдэж чадна. Тэгэж байж л бидний мэдрэмжийн дотоод ариун ертөнц хязгааргүй бүрэн чөлөөтэй гарч ирж үзэгдэх боломжтой болно.

Авшиг

Очирт Хөлгөний замд орох эхний алхам бол "авшиг" гэж нэрлэгддэг үйлийн барилдлагуудыг боловсруулах үйл явц билээ. Очирт Мастер хувь хүнд шаардлагатай нөхцөл байдлыг үүсгэж өгснөөр бясалгагч хүн өөрийн туйлын үнэнтэй ямар нэгэн хэмжээгээр шууд харьцах боломцоог олж авах үед авшиг хүртлээ гэж яригдана. Үүнийг голдуу авшиг хүртээх тусгай ёслолын дагуу албан ёсоор хүртээдэг ба гүрү шавь хоёрын дунд албан-бус байдлаар явагдаж мөн болдог.

Авшгийг хоёр гол зорилготойгоор хүртээнэ. Эхлээд, шавь хүнд зохих шаардлага хангасан очирт багштай харьцаа тогтоох боломж олгох явдал. Энэ харьцаа тарнийн ёсоор замнах хүсэлтэй шавийн хувьд гарцаагүй хэрэгтэй зүйл мөн. Ийм барилдлага тогтоох үндэс болгон төрөл бүрийн сахил тангарагийг тавьдаг.

Хоёрт, шавь хүнд авшгаар туршлага болгох суурийн суулгаж өгдөг. Авшгийн зан үйлийн үеэр шавь өөрийн бурханлаг-чанарын зарим талуудыг мэдэрч болно. Энэ нь сарны эргэлтийн эхэнд анх удаа сарны мөнгөн туяаг харахтай адил болно. Тэгээд цаг хугацаа өнгөрөх тусам бясалгагч хүн дадлагаа үргэлжлүүлсээр сарны туяаг илүү олноор илрүүлэн харах болсоор нэг өдөр бүрэн бүтнээр нь гийгүүлэхийг үзэх болно.

Ерөнхийдөө, Дээд Егүзэрийн Дандарт шавийг боловсруулахын тулд дөрвөн төрлийн авшгийг хэрэглэдэг нь: бумбын, нууцын, оюуны ба үгний авшиг. Авшиг болгонд Бурханлаг-Чанарын илүү гүнзгий давхаргыг илрүүлснээр шавь хүн яваандаа өөр шатны дадлагад орох суурьтай болдог байна.

Үүсгэлийн зэрэг

Авшгийн үйл явцад бясалгагч хүн *хот мандал* хэмээх гэгээрсэн ертөнцийг төлөөлүүлсэн загвартай танилцах болно. Энэ хот мандал бол бүхий л үзэгдлийн дотоод ариун чанарыг харуулсан бэлэг тэмдэг мөн. Хот мандлын тал болгон бясалгагч хүнийг аль нэгэн ариун чанар дээр анхаарлаа чиглүүлэхэд туслахаар бүтээгдсэн байдаг. Энэ шатны гол зорилго бол ариун-бус хүлээн авахуйг ариун мэдрэмжээр солих явдал юм. Эдгээр мэдрэмж угаасаа бодлын гаралтай ба туйлын үнэний дагуу орших тул биднийг тэрхүү үнэнтэй холбож өгөх гүүр болон үйлчлэх ажээ. Үүсгэлийн зэргийн гол дадлага бол *Ядмын Егүзэр* бөгөөд гурван тал нийлж бүтдэг. Үүнд:

1. **Тунгалаг үзэх:** Энэ бол сэтгэлдээ ядмыг тод тогтвортой байдлаар дүрслэхийг хэлнэ. Бясалгагч хүн түүний хоосон чанартайг ухаарсан билгүүнийхээ хүчээр ядмыг үүсгэж чадах бөгөөд энэхүү үзэгдэлдээ үндэслээд шаматагийн нэгэн үзүүрт төвлөрөлд хүрэх болно.

2. **Ариуныг сэргээх:** Ядмын бүх шинжүүд баян тансаг утга агуулгатай байна. Тэр утга нэг бүрийг сайтар зуршил болгон хэвшүүлснээр бясалгагч тэдгээр чанаруудыг нэгэн зэрэг сэргээн дүрсэлж чадахуйц хэмжээнд хүрч үүнийхээ дүнд ихээхэн буян хураах болно.

3. **Бурханлаг омог:** Энэ бол өөрийн үнэн мөн чанарыг ядам болгон таних хүчтэй мэдрэмжийг хөгжүүлэхийг хэлнэ. Үүсгэлийн зэрэгт энд дурдсан гурван зүйлээс хамгийн чухал тал нь энэ билээ. Бурханлаг омгийн тусламжтайгаар бясалгагч хүн энгийн үзэгдлийг таних сэтгэлээ ариун үзэгдлийг таних сэтгэлээр сольж чаддаг ажээ.

Төгсгөлийн зэрэг

Бясалгагч хүн ариунаар үзэхүйгээ баттай сайжруулж авсны дараагаар төгсгөлийн зэргийн дадлагууд руу орох боломжтой. Эдгээр хүчирхэг йогийн дадлагууд маш олон замаар бясалгагч хүнд нарийн биеийн энергитэйгээ тулж ажиллан, маш нарийн төвлөрөл бүхий бясалгалд шингэн уусаж чадах боломж олгодог. Маш нарийн сэтгэлийг бясалгагч хүн өөрийн Бурханлаг-Чанартай танил дотно болоход ашиглаж тэгснээрээ нисваанисын болон мэдэгдэхүүний түйтгэрүүдийг арилган мунхагийн харанхуйг тасдах боломжтой ажээ. Урьд төрлүүддээ буяныг ихээр хураасан хурц мэдрэхүйтэй хүмүүст тэдгээр аргууд өөр ямар нэгэн арга замд түшиглэх гэлгүйгээр нэгэн насандаа төгс гэгээрсэн Бурханы хутагт хүрэхэд нь тусалдаг байна. Төгсгөлийн зэрэг дэх өвөрмөц аргууд нарийн биеийн гурван талыг ашиглахад чиглэдэг ба үүнд:

1. **Судлууд ба хүрднүүд:** Биеийн дагуу энерги гүйж байх орон зай агуулагддаг. Бүдүүн түвшинд ярихад мэдрэлийн систем цахилгаан хүчдэл үүсгэн хөдөлгөөн хийхэд тусалдаг. Нарийн түвшинд яривал гурван гол *судлууд* болох Төв судал \авадути\, зүүн судал \лалана\, баруун судал \ разана\, эдгээр гурван судал салаалан биеийн хийг тодорхой *хүрднүүд* гэж нэрлэдэг төвүүдэд хуваарилан гүйлгэж байдаг. Хүрднүүд болон судлууд

хамтдаа нарийн биеийн энерги эргэлдэн гүйх гол зам болон үйлчилж, хүнийг бодлын хийгээд бодлын-бус сэтгэлийн төлвүүдэд ороход нь тусалж байдаг байна.

2. **Хий:** Өдөр бүр бид яг 21,600 амьсгал авдаг. Энэ амьсгал болгон өөр өөр тодорхой энергийг тээн явж бие махбодын юмуу сэтгэл санааны үйл ажиллагаанд тусалж байдаг. Энгийн үедээ бидний нарийн биеийн хий баруун зүүн судлуудаар урсан хоёрдмол бодлыг үүсгэж байдаг ба хэрвээ тэдгээр хийг голынхоо судланд нэгтгэж чадах юм бол хоёрдмол сэтгэл үүсэхээ болих юм.

3. **Дусал:** Бүдүүн түвшинд биен дэх хийн хөдөлгөөн биеийн дотоод шингэнүүдийг эргэлтэнд орох явдалд хүргэж байдаг байна. Хий хэрхэн гүйж байгааг хянаж чадсанаар та шингэний эргэлтийг хянаж чадах ба тэгснээр нарийн биеийн энерги хаа цуглархыг чиглүүлж чадна. Нарийн биеийн энергүүд маш амгалантай, ер бусын төвлөрөлтэй ухамсрыг бий болгох ба түүнийг ашиглан мунхагийн үндсийг тасалж сансраас чөлөөлөгдөж болдог.

ҮР ДҮН – НЭГЭН НАСАНДАА БУРХАНЫ ХУТАГИЙГ ОЛОХУЙ

Очирт Хөлгөний замыг мөн "Цахилгаан зам" гэж нэрлэдэг нь маш өргөн хүрээтэй аргуудыг хэрэглэн байж хүнийг маш богинохон хугацаанд өөрийнх нь гэгээрсэн чанартай танилцуулж чаддагаас тэр ажээ. Тарнийн ёсны бясалгагч нар судрын ёсны бясалгагч нарын адил таван зам, арван газруудыг дамжихдаа хамаагүй хурдтай шат ахидаг. Үе шат болгонд ямар амжилтанд хүрэх нь аль системийн тарнийн ёсыг сонгосоноос шалтгаална. Ерөнхийдөө бид Сарма урсгалын дагадаг шатуудыг авч үзэх болно:

1. **Чуулганы мөр:** Энэ зам дотроо гурван түвшинтэй. Эхний түвшинд бие, мэдрэмж, сэтгэл, үзэгдлийн гэсэн дөрвөн тал дээр анхааран бясалгах бөгөөд үүнийг дөрвөн дурдал ойр агуулахуй гэнэ. Судрын ёсонд өөрийг энхрийлэх үзлийг даран, би-үгүйн ухамсрыг төрүүлэх үүднээс бие махбодыг бохир заваан ой гутам эд гэж үзэх огоорлын сэтгэлийн номлодог. Тарнийн ёсонд биеийг ой гутам гэхийн оронд бие махбод хийгээд орчин тойрноо цөмийг нь ариун гэж үзнэ. Тиймээс биеийн дурдал гэдгээр өөрсдийгөө гэгээрсэн ядам болгон үзэхийг хэлдэг бөгөөд ариун зүйл хэмээн үзэж бүх дуу чимээг тарнийн уншлага, бүх бодлыг гэгээрсэн сэтгэлийн үзэгдэх байдал гэж үздэг байна.

   Чуулганы мөрийн хоёрдугаар түвшинд бид буяныг өсгөж нүглийг тэвчих дөрвөн зүйлийн тэвчээрийг дадуулан үйлдэх бөгөөд тарнийн ёсны үүднээс үйлдсэн бүхий л үйлдэл таван билгүүний илэрхийлэл буюу Бурхадын таван аймгийн үйл хөдлөл гэж үзнэ.Бид бясалгалын үе, бясалгалын дараа үе, унтаж байх үеийг тэнцүүхэн авч үзнэ. Үүнийг Чуулганы Мөрийн дэвшилтэт шат гэнэ. Судрын ёсонд сайн муу хоёрын хооронд эрс ялгаатай гэж үздэг бол тарнийн ёсонд бид "ариун ерөтнцөд" амьдарч байна үзэж дадах ёстой байдаг.

Чуулганы мөрийн дээд түвшинд гүнзгий бясалгалд орсноор хурдтай ахиц гаргах бөгөөд ерөөл, сэтгэл, зүтгэл ба шинжлэл гэсэн шид бүтэх дөрвөн суурь гэж нэрлэгддэг дөрвөн чанарт түшиглэн бид улам нэн их нарийн төвлөрөлд хүрнэ. Энэ түвшинд амгалан хийгээд тунгалаг үзэхүйн мэдрэмж өндөржиж янз бүрийн увдис шидийг олж илрүүлж ч магадгүй. Бид үзэхүйн мөрд хараахан ороогүй байгаа ч гэлээ тарнийн ёсонд туйлын үнэнийг дүрслэх замаар хоосон чанарыг бясалгадгаараа харьцангуй үнэнийг бодол сэтгэхүйн дүгнэлтээр ойлгох гэдэг судрын замаас ялгаатай билээ. Энэ нь бидэнд аль нэгэн ядмын чануудыг таньж мэдээд хэрвээ би тэр ядам бол ямар үйлдэл хийх бол тэр маягаар үйлдэх бололцоог олгодог.

2. **Найруулгын Мөр:** Найруулгын мөрний эхний хоёр түвшинд бид итгэл, зүтгэл, бясалгал, төвлөрөл, билиг оюун гэсэн таван талаа ашиглан үүсгэлийн ба төгсгөлийн зэргийг дадуулан үйлдсэнээр амгалан таашаалыг мэдэрч сурдаг. Тэгээд цааш үргэлжлүүлэн дадуулсаар бодит бие хийгээд нарийн биеийн сэтгэлийг бүрэн хянаж чадах хэмжээнд хүртэл төгөлдөржүүлнэ. Энэ шатанд бид жинхэнэ гэгээрсэн дүрийг амилуулахгүй боловч өөрсдийгөө дадуулсан ядмынхаа дагуу нарийн биеийн дүрст лагшинтай адилхан болгон үзүүлж чадах болно. Ийм биетэйгээр бид хорин-дөрвөн Охин тэнгэрийн Орон гэх мэт орныг үзэх бололцоотой сэтгэлийн төлөвт хүрэх өвөрмөц увдисыг олно. Хийнүүд гол судалд орж уусаад зулай, хоолой, зүрхний хүрдийг дүүргэх үед амсдаг дөрвөн цэнгэлийн гурвыг олохын төлөөнөө хүн ба хүн-бусын бодгальтай хамтран дадлага хийх чадвартай болно. Энэ шатанд хүрээд шунал, мунхаг, уур хорсол зэрэг сэтгэлийн төлвүүдтэй холбоотой аяараа ургадаг наян түйтгэр, хэдийгээр зуршилт хандлагууд нь үлдэх боловч арилна.

Гуравдугаар түвшинд бясалгалын болон бясалгалын дараа үед хоосон хийгээд илбийн ханьтайгаа \дүрсэллийн болон бодит\ нэгдэн амгалан таашаалт сэтгэлийг дадуулж болно. Энэ бясалгалыг үргэлжлүүлэн үйлдсэнээр бид мэдрэхүйн таван эрхтэнд үндэслэсэн, тухайлбал, алсад байгаа зүйлийг маш тодооор харах гэх мэт таван увдисыг эзэмших магадтай. Мөн цагаан үзэгдэл, улаан өсөлт, хар ололт гэдэг уусгалын гурван түвшний хоёрыг нь үзэх болно. Эдгээр нь нөгчих үеийн эцсийн уусалтын үе шатуудтай тохирох ба уур, шунал тачаал, мунхаг гуравтай холбоотой сэтгэлийн төлвүүд энд хүрээд арилан устана.

Хэрвээ та хорвоогийн увдист зорих юм бол таван шид, найман увдисыг эзэмшиж болох бөгөөд үүнд: эм ба хараа сайжруулах тос хийх, газар доогуур аялах, шидэт илд, хөнгөний тамир, үл үзэгдэх, өвчин анагаах ба үхлээс сэргийлэх эдгээр багтдаг. Та таван махбодыг хянах болж мөн бусад шидэт тамируудыг үзүүлэх болно. Гэвч хорвоогийн ийм зорилгод их анхаарах нь хэдийгээр үүнийхээ хүчээр та насаа уртасгаж болох боловч нэгэн насандаа төгс гэгээрэлд хүрэх зорилгыг тань сааруулах болно гэдгийг бодох хэрэгтэй.

3. **Үзэхүйн мөр:** Найруулгын мөр дэх сүүлчийн түвшинг дадуулж байхдаа аяараа ургах наян түйтгэрийг арилган гурван уусалтын хоёрыг гүйцээсэн нь цагаан үзэгдэл, улаан өсөлт билээ. Хорвоогийн зорилгын сүүлчийнхийг гүйцээмэгцээ бид үзэхүйн мөрд даруй орж гуравдугаар уусахуй хар ололтонд хүрнэ. Ингэснээр язгуурын гэгээн гэрлийн сэтгэлийг шууд үзэх болно. Энэхүү бясалгалын уусалдаа бид дадлагын хоёр түвшинг гүйцээн өөрсдийн нандин үнэнээ анх удаагаа илтэд үзнэ. Зөнгөөрөө ургах наян түйтгэрийн зуршилт хандлагуудыг ч мөн арилгаж чадах бөгөөд Бурхадын олон хувилгаадаас авшиг адислалыг хүртэнэ. Энэ мөчөөс эхлээд бид хоёргүй ухамсарт билгүүн бүхий гэгээрлийн долоон үзүүлэлт хэмээх чадваруудыг хөгжүүлдэг нь: гэгээрсэн дурдал, шинжлэл, зүтгэл, баясал, сэрэмж, тунгаахуй ба тэгш агуулахуй билээ.

4. **Бясалгахуйн мөр:** Аяараа ургах наян түйтгэрийг арилгаад үүсгэлийн ба төгсгөлийн зэргүүдийг хослуулан дадуулна. Бид үргэлж зөв замналаар зөв үйлийг үйлдэж дайралдсан болгондоо тусыг хүргэнэ. Энэ зам есөн түвшинд хуваагдах бөгөөд бид гурав гурваар нь бүлэг болгон үзэгдлийн, өсөлтийн ба ололтын уусалт хэмээн нэрлэнэ. Эдгээр замууд Бодьсадвын дамждаг газруудтай ойролцоо гэхдээ тарнийн ёс учраас бясалгалын үе ба бясалгалын дараа үеийн хооронд ялгаа багатай мөн хэвшмэл түйтгэрүүдийг арилгах аргууд үл ялиг зөрөөтэй байдаг байна.

5. **Үл суралцахуйн мөр:** Хэвшмэл түйтгэрүүдийг тэдгээрийн зуршилт хандлагуудын хамтаар дээр дурдсан ёсоор арилгаж дуусаад бид Очирдарийн хутгийг олно. Үүнийг үл суралцахуйн мөр гэх бөгөөд төгс гэгээрсэн Бурхан болохтой адил билээ. Цаашид ахиулан сурах зүйл үгүй ажгуу.

Очирдарын дөрвөн лагшин

Шалтгааныг голлогч Бодьсадвын Хөлгөн, Үр дүнг голлогч Очирт Хөлгөн хоёулаа Их Хөлгөний замууд бөгөөд аль аль нь Бурханы хутагт хүнийг хүргэх чадвартай билээ. Ялгаа нь гэвэл тэдний хэрэглэдэг сэтгэлийн төлвийн нарийсалтын хэмжээ болон тэдгээрийн нэрс юм.

Тарнийн ёсны үүднээс үзвэл бурханы туйлын чанар нь Очирдарь юм. Тиймээс энэ системд та бурханыг байнга Очирдарь хэмээн нэрлэхтэй таарах болно. Энэ төлөв бол өөрийн шууд мэдэрсэн Бурханлаг-Чанартайгаа салшгүй хамт саатах ухамсраас өөр юу ч биш юм.

Энэ төлөв өөр өөр талуудыг нь харуулсан өөр өөр дүрслэлүүдтэй байж болно. Жишээ нь, бид Бурханлаг-Чанарын харьцангуй болон туйлын талуудыг харахаар хоёр лагшинг дүрсэлж болдог нь: номын ба дүрст лагшин юм. Тэгвэл бид төрөл бүрийн хэлбэрийн дүрст лагшинг авч үзэхээрээ гурав, тав юмуу зуун өөр талуудыг ярих хэрэгтэй болдог . Санах ёстой гол зүйл бол тэд цөм буцаад язгуурын суурь Бурханлаг-Чанарт хураагддаг гэдэг баримт юм шүү.

Бурханы сэтгэлийн харьцангуйгаар үзэгдэх тоо хязгааргүй олон хэдий ч тэдгээрийн аль нь ч туйлын үнэнээс ялгаатай өөр зүйл биш билээ.

Цагийн хүрдний системд дөрвөн талыг байнга онцлон авч үзүүлдэгт:

1. **Шимийн Лагшин \суабавикакая\:** Бурханы шим болсон чанар нь Бурханлаг- Чанарын хоёр ариун чанар билээ. Энэ бол үндсэн огторгуйн унаган ариун чанар ба түйтгэрээс ангид олдмол ариун чанарыг хэлнэ. Бусад лагшингуудын тал бүрд байнга үзэгддэг охь шим нь чухам энэ билээ.

2. **Билгүүний үнэн лагшин \дармакая\:** Гэгээрсэн сэтгэлийн энэ тал үнэнийг \буюу шимийн лагшинг\ мэдрэх мөнхийн ухамсарлахуйд саатан оршино. Номын Үнэн лагшин бүхий л бэрхшээлээс ангид, бөгөөд мэргэн будда болохоос халхалж буй оюуны түйтгэрт сэтгэлийн бүхий л үзэгдлүүдээс ангид билээ. Тийм учраас бүхий л юмс үзэгдлийг сатаарал үгүйгээр шууд мэдэх чадвартай байдаг.

3. **Төгс жаргалантай лагшин \самбогакая\:** Бурханы сэтгэл үнэний хоёргүй ухамсартаа саатан орших үедээ амьтны үйлийн хандлагуудад тохирсон янзаар үзэгдэнэ. Ухамсарлахуйн өндөр түвшинд хүрсэн Бодьсадва хүмүүст Бурхан төгс жаргалант лагшингаар үзэгддэг байна. Энэхүү маш нарийн хэлбэр хоёрдмол үзлийн зууралтаас ангид учраас хязгааргүй тоогоор үзэгдэх боломжтой ажээ.

4. **Хувилгаан Лагшин \нирманакая\:** Бусад бүх амьтанд Бурхан хувилгаан лагшингаараа үзэгдэх ажээ. Энэ бол хязгааргүй олон усан санд тусах сарны

тусгал адил бөгөөд тэдгээр тусгалын хэлбэр дүрс хүлээн авч буй сэтгэл ямраас шалтгаалаад мөн хязгааргүй олон байна. Шагжаамүни Будда бол *Дээдийн хувилгаан лагшингийн жишээ* мөн бөгөөд ялангуяа 2500 гаруй жилийн өмнө эртний Энэтхэгийн бүлэг шавь нартаа үзэгдсэн тэр онцгой ариун дүр билээ. Очирт Хөлгөний Ёсонд гүрү багшаа дээдлэн эрхэмлэвэл зохих хувилгаан лагшинт хэмээн үзэж бурханы хамаг амьтантай харьцах гол гүүр болсон нэгэн хэмээн тооцох ёстой билээ.

ГОЛ ХЭСГҮҮДИЙГ ЭРГЭН СӨХВӨЛ

- Судрын хийгээд тарнийн ёсны аль алинд үзүүлсэн Бурхан Багшийн сургаалын хамгийн оргил бол Очирт Хөлгөн билээ. Эдгээр өвөрмөц сургаалууд Энэтхэгт өргөнөөр нэвтрэх хүртлээ олон зууныг элээжээ. Ихэнх хэсэгт нь тэд нууцаар багшаас шавьд дамжих замаар нууц тарнийн ёс хэмээн уламжлагдаж иржээ.

- Эдгээр сургаалуудын системчлэл анх буддын томоохон шашны хүрээлэнгүүд болох Наланда, Викрамашила зэрэг хийдүүдэд хийгдсэн байна. Тэд бол Буддын шашныг сүүлд Төвөдөд дэлгэрэхэд нөлөөлсөн гол эх сурвалжууд байлаа.

- Төвөд дэх Буддын шашин улс орны хүн амын дотор Буддын сургаал хэрхэн тархсантай холбогдуулан хоёр гол үед хуваагддаг. Эхэн үеийн дамжуулга \Нямаа\ ба Хожмын дамжуулга \Сарма\ юм.

- Дээрх хоёр үед дэлгэрсэн сургаалуудад үндэслээд шашны зургаан урсгал Төвөдөд дэлгэрэх болсон нь: Бон, Нямаа, Сажаа, Гаржуд, Жонан ба Гэлүгийн урсгал ажээ.

- Эдгээр урсгалууд цөм Бага Хөлгөний сургаалаас аажуухнаар дэвшин явсаар Их Хөлгөнд нэгдэн орох гэсэн замналтай. Нямаагийн урсгалаар авч үзвэл шалтгаанд үндэслэсэн гурван хөлгөн \шравакаяана, пратекаяана, бодисаттваяана\ болон үр дүнд үндэслэсэн хөлгөнүүдтэй. Үр дүнд үндэслэсэн хөлгөнүүдэд гадаад гурван дандар \крияатантра, чаряатантра, йогатантра\ ба дотоод гурван дандар \махайога, ануйога, атийога\ багтдаг байна.

- Сармагийн урсгал Нямаагийн урсгалын дотоод гурван тарнийн ёсны оронд Дээд Дандарын ёсонд шүтдэг байна. Эдгээр тарнийн ёснуудыг дотор нь эцэг дандар, эх дандар, ханьсашгүй дандар гэж хуваадаг.

- Тарнийн ёсны суурь нь бүхий л үзэгдлийн туйлын язгуур Бурханлаг-Чанар хэмээх ойлголтыг хөгжүүлэхэд үндэслэдэг. Энэ хэллэг сэтгэлийн үзэгдэл үзэх хийгээд тэдгээр үзэгдлийг ухамсарлах чадварыг хэлнэ.

- Бурханлаг-Чанартай холбоотойгоор хоёр үр дүн танигдаж болно: салангид үр дүн ба бүтсэн үр дүн. Салангид үр дүнгүүд бол сэтгэлийн унаган чанарууд байдаг харин бүтсэн үр дүнгүүд дадлага бясалгалын хүчээр сэтгэлийг нөхцөлдүүлж байж бий болдог чанарууд юм.

- Хамаг амьтан цөм хоёр угсаанд харьяалагдана: унаган угсаа гэж бид цөм Бурханлаг-Чанарыг эзэмшсэн байдгаас гэгээрэх боломжтойг, хөгжүүлсэн угсаа гэж дадлага хийсний үрээр түйтгэрүүдийг арилгаж чадах бидний эзэмшсэн хамтын чадваруудыг хэлдэг.

- Хоёр төрлийн үнэнд тохирсон хоёр төрлийн хоосон чанар байдаг: харьцангүй бүх үнэн өөрөөсөө бүтээгүй учраас хоосон \өөрөө үгүй\, харин бүх туйлын үнэн энгийн уламжлалт бүхнээс ангид \бусад үгүй\ хоосон ажээ.

- Туйлын үнэн хоёр замаар ариун байдаг: унаган язгуурын ариун чанар буюу олдмол түйтгэрүүдээр хэзээ ч бохирдоогүй Бурханлаг-Чанар ба олдмол түйтгэрүүдийг дадлага бясалгалын дүнд арилгасны дүнд бий болгодог ариун чанар билээ.

- Очирт Хөлгөний замд алхан орох хаалга бол шаардлага хангасан гүрү багшаас авшиг хүртэх явдал юм.

- Авшиг хүртсэний дараагаар тарнийн бясалгагч хүн эхлээд үүсгэлийн зэрэг, дараа нь төгсгөлийн зэргийг дадуулан үйлдэх ёстой.

- Үүсгэлийн зэрэг ядмын егүзэр гэдэг бүхнийг ариунаар үзэх чанарыг бий болгох дадлага дээр анхаарлаа чиглүүлдэг бөгөөд ийм дадлагын гурван шинж нь: тунгалаг үзэх, ариуныг сэргээх болон бурханлаг омог байдаг байна.

- Төгсгөлийн зэргийн дадлагууд Бурханлаг-Чанартаа саатан оршихын тулд ашигладаг сэтгэшгүй ахуй болон хоёргүй ухамсрыг бий болгох нарийн биеийн энергитэй харьцдаг. Нарийн биеийг хүрд, судал, хий, дусал зэрэг бүрдүүлнэ.

- Бясалгагч хүн үл суралцахуйн мөрд хүрмэгцээ Очирдарийн хутагийг амьдруулна. Энэ төлөв Бурханлаг-Чанарын дөрвөн талыг илэрхийлсэн дөрвөн лагшингаар тодорхойлогдоно: шимийн лагшин \суабавикакая\, номын лагшин \дармакая\, төгс жаргалантай лагшин \самбогакая\, хувилгаан лагшин \нирманакая\ эдгээр болно.

Хавсралт

Оюуны тавин-нэгэн үзүүлэлт

Оюуны тавин-нэгэн үзүүлэлтийн ангиллыг Асангагийн *Абидармасамуккаяа* судраас татаж авсан байдаг. Энэ судар бол Их хөлгөний Илтийн аймгийн утга зохиолын нэг гол эх сурвалж бөгөөд Буддын замнал хийгээд ялангуяа сэтгэл зүйн талаар ерөнхий хүрээ болдог.

Доорх ангилал бол оюуны мэдлэг олгоход зориулагдсан биш харин танд өдөр тутмын амьдралдаа өөрийн сэтгэлийн төлвийг таньж сурахад хангалттай мэдлэг олгох зориулалттай билээ. Сэтгэлийн тэдгээр төлвүүдийн талаарх ухамсрыг сайтар хөгжүүлснээр өөрийн сэтгэл дэх хөнөөлтэй төлвүүдийг багасган бүтээлтэй талуудыг нь хөгжүүлэх боломжийг олж авах ёстой билээ.

Тийм учраас сэтгэлийн төлөв болгоноо танихын тулд доорх дасгалыг эхлээд хийхийг санал болгож байна:

Дасгал – Сэтгэлээ таних

- *Тохиромжтой байрлал эзлээд амьсгалдаа төвлөрөх дасгалаар сэтгэлээ тайван байдалд оруулна.*

- *Сэтгэлийн нэгэн үзүүлэлтийг шинжлэхээр сонгогтун. Эхлээд тухайн сэтгэлийн төлвийн талаарх дүрслэлийг уншиж тархиндаа сэргээ. Одоогийн сэтгэлийн төлөвтөө саяын дүрсэлсэн төлөв байгаа эсэхийг ажигла. Сэтгэлийн үзүүлэлт байхгүй байлаа ч гэсэн албаар түүнийг төрж байгаагаар төсөөл.*

- *Тэр сэтгэлийн төлөв ямар болохыг ерөнхийд нь мэдэрснээр дурсамж дотроо тиймэрхүү төлөв ургах тохиолдол болсон нэг явдлыг эрж ол. Энэхүү өвөрмөц сэтгэлийн төлвийг мэдрүүлсэн олон үйл явдлыг ургуулан бод.*

- *Одоо оюуны тэр үзүүлэлтийн эрчмийг бодож үз. Тэр хүчтэй хөдлөхөөрөө ямар байдаг вэ? Сулхан хөдлөхөөрөө ямар байдаг вэ? Мэдрэмжээ тэр чигээр нь бүхлээр нь мэдрэх хэдэн жишээг танъж ол.*

- *Одоо энэ сэтгэлийн төлөв байсны үр дагаврыг бодож үз. Энэ төлвийг хөгжин дэмжих хэрэгтэй байна уу эсвэл үүнгүй байсан нь дээр гэж санагдаж байна уу? Энэ төлөвтэйгөө харьцах хэдэн замыг сонгож ав.*

- *Ямар ухамсар ургана түүндээ саатаад амар.*

ОЮУНЫ НИЙТЛЭГ ТАВАН ҮЗҮҮЛЭЛТ

1. **Сэрэл \цор-ба\:** Сэтгэл аливаа объектыг зургаан мэдрэхүйгээр мэдрэхэд \оюуны мэдрэхүй мөн багтана\ зайлшгүй шаардлагатай байдаг үндсэн суурийг сэрэл бидэнд олгодог. Сэрлийн мэдрэхүй объектыг хүлээн авахад сэрэл үүснэ. Энэ бол хүн болгоны таньдаг бүдүүн хэлбэрийн сэрэл төдий биш хүлээн авахуйн бүх эрхтэнг хамарсан нарийн хэлбэрийн сэрэл мөн үүсдэг байна. Ийм чанарын сэрэл оюуны төлөв болгонд уг язгуураасаа заяасан байдаг ба тухайн зүйлтэй холбоотой таатай, таагүй ба дундын гэсэн сэрлийг тэр даруй нано секундэд үүсгэх чадвартай. Аль нэг төрлийн ухамсар ургахад мэдрэмжийн хором болгонд сэрлийн элемент мөн ургаж байдаг гэдгийг ойлгох нь чухал юм. Амьд амьтан болгон энгийн нэгэн байна уу Аръяа бодгаль байна уу ялгаагүй ийм төрлийн сэрлийг эзэмшсэн байдаг.

2. **Ялгах чадвар \ду-шэс\:** Энэ бол бидний сэрэлд нийтлэг бус шалгуур бүхий юмуу ямар нэг ер бусын объект өртөх үед уламжлалт томъёолол оноохыг хэлдэг. Энэ нь нэр хаяг өгөх биш харин нэг юмыг нөгөөгөөс ялгах явдал юм. Жишээ нь, гэрлийг харанхуйгаас ялгах, ширээг хананаас ялгах зэрэгт үгний хэрэг байдаггүй билээ. Энэ бүх ялгах үйл явц хоромхон зуурт явагддаг бөгөөд бидний мэдэрч буй болгонтой ялгаварлах үйл явц хар аяндаа хийгдэнэ. Ялгах чадвар үгүйгээр сэтгэл объекттой холбогдон цаашдын оюуны үйл явцаа өрнүүлэх боломжгүй юм.

3. **Сэдэл \сэм-ба\:** Энэ бол сэтгэлийг объекттой харьцаж мэдрэх шалтгаан болдог хар аяндаа төрдөг ухамсар буюу үйл хөдлөлд зам заагч зоригдол гэж хэлж болно. Сэдэлгүйгээр сэтгэл объект руу анхаарлаа хандуулж чадахгүй болно. Энд бид секундыг хэдэн зуу хуваасны дайтай хурдан явагдах, үйлийн үр үүсгэж ч болох үүсгэхгүй ч байж болох бүх төрлийн сэдлүүдийг багтааж байна. Үүнд мөн гол зарчим болсон буянтай хийгээд нүгэлтэй үйлийн үрүүдийг үүсгэдэг голлох сэдлүүд ч мөн адилхан багтдаг.

4. **Харьцаа \рэг-па\:** Бидний объекттой хэрхэн харьцахыг хэлнэ. Энэ нь ухамсарлаж буй хором \аль ч ухамсар байж болно\, объект, ухамсартай холбогдсон мэдрэх эрхтэн гэсэн гурван үзүүлэлтийн уулзалтаар явагдана. Харьцаа байхгүй бол сэтгэл объекттой учирч чадахгүй бөгөөд ямар нэгэн холбоо юмуу мэдрэмж төрүүлж чадахгүй билээ. Ухамсарт өртсөн объект таатай, таагүй ба дундын болохыг ялган харуулж түүнээс үүдсэн жаргал, зовлон юмуу ялгаагүй байдал зэргийн аль нэгийг мэдрэхийн суурь болдог байна.

5. **Оюуны оролцоо \еид ла бид-па\:** Оюуны оролцоо бол ухамсар объект руу тодорхой түвшний анхааралтайгаар нэвтрэн орохыг хэлнэ. Ухамсрын хэлбэр бүхэн хэчнээн түрхэн зуур төрсөн байлаа ч үргэлж объекттой холбоонд ороход хүрдэг. Анхаарал хамаг амьтны хувьд маш хурдан хугацаанд явагдах ба түүнгүйгээр сэтгэл зургаан мэдрэхүйд өртсөн аливаа объект дээр тогтвортой орших боломжгүй билээ.

ОБЪЕКТОД ХАНДСАН ТАВАН ҮЗҮҮЛЭЛТ

1. **Тэмүүлэл \дун-па\:** Хүсэл тэмүүлэл гэдэг ямар нэгэн зүйлийг хүсэн ерөөх ба сэдэл сэтгэл бөгөөд зарим нь хэрэгтэй зарим нь хэрэггүй бай магадлалтай. Тэмүүлэл гэдэг хичээл зүтгэл гарган үр дүнд хүрэхийн үндэс болдог.

2. **Итгэл \мой-па\:** Аливаа объект юмуу субъектны талаар тодорхой нэг тогтсон үзэлтэй байж тэр биш энэ гэсэн илт баттай үзэлтэй байхыг итгэл гэнэ. Хүний итгэсэн зүйл үнэн болох нь батлагдсан байж ч болно, эсвэл тийм байх магадтай гэсэн баримт олон байж болно, эсвэл шууд туршлагаараа нотлосон байх ч боломжтой. Мөн учир шалтгааныг тунгаах замаар юмуу бичигдсэн эх сурвалжид үндэслэн итгэсэн итгэл байж болдог. Хүн заримдаа тийм байх хэмээн таах юмуу "сохроор" итгэсэн тохиолдол бас байдаг ба тэр бүхэнд итгэл гэдэг объект юмуу субъекттай шууд холбогдсоноос урган гардаг байна.

3. **Дурдал \дран-па\:** Дурдал бол объект дээр анхааралаа тогтоон барих "оюуны цавуу" гэж хэлж болох бөгөөд сэтгэлдээ уг зүйлийг тодорхой харж байхыг хэлнэ. Энэ нь урт хугацаагаар ч байж болно, богино хугацаагаар ч байж болно, мөн одоо цагт ч байж болно. Бодол, хөдөлгөөн, сэдэл гуравтаа төвлөрөх байдлыг хөгжүүлснээр үүнд хүрдэг.

4. **Төвлөрөл \тин гэ-жин\:** Хүн шинжлэх судлах аливаа нэгэн зүйл дээр нэгэн үзүүрт сэтгэлээр анхааралаа сатааралгүй хандуулахыг төвлөрөл гэнэ. Энэ бол сатаарал үгүй анхаарлын төлөв бөгөөд зүүний сүвэгчинд утас сүвлэхийг оролдох мэт ажээ.

5. **Билиг оюун \шэй-раб\:** Билиг оюун бол эргэлзээний эсрэг ерөндөг юм. Энэ бол ухамсрын объектыг ялгаварлан шийдвэрлэх түвшинг өсгөдөг ялгамжаат ухамсар юм. Объект юу байх нь хамаагүйгээр түүний мөн чанарыг ухаарах явдал мөн. Уламжлал болсон бүхий л оршихуй мөнх-бус гэдгийг ухаарах нь нарийн давхаргын билиг оюун билээ. Жинхэнэ саруул оюун ямагт амгалан энхийн зохицол байдалд хүргэх бөгөөд энэ нь бүх зүйл харилцан хамаарлын дүнд оршдог гэдэгт биднийг сурган, өөрт хийгээд бусдад юу хэрэгтэй байгааг ухаарах ухаарлыг аяндаа төрүүлнэ. Энэ бол маш өөр төрлийн мэдлэг байдаг бөгөөд мөн зовлонд хөтөлсөн хортой мэдлэг ч түүн дотор байх боломжтойн нэг жишээ бол зэвсгийн үйлдвэрлэлт билээ. Мэдлэг өөрөө хортой биш боловч жинхэнэ үнэн билиг оюунд түшиглээгүй байгаагаас тэр ажээ.

СЭТГЭЛ ДЭХ ЁЗООРЫН ЗУРГААН ТҮЙТГЭР

1. **Шунал \дод-чаг\:** Шунал гэдэг бол юу байх нь хамаагүй аливаа нэгэн зүйлийг учиргүй хэт үнэлэн зуурах, түүний хүсэл татсан чанарыг хэтрүүлэн хүлээн авах, түүнээс сална гэхэд маш хэцүү гэж санах сэтгэлийг хэлнэ. Хувцсан дээр дуссан тос арилгахад хэцүү байдгаараа мөн шуналд тооцогдож болно.

2. **Уур хорсол \хон-хро\:** Хилэн бол аливаа нэгэн зүйлийг сайхан байна уу муухай байна уу хамаагүй үл таашаах, сэтгэл үл татах талыг нь хэтрүүлэн үзэх сэтгэлийг хэлнэ. Амьтны уур хилэн аливаа нэгэн объектод эс дурлах явдлаар илэрч байдаг.

3. **Үнэнийг үл мэдэх мунхаг \ма-риг-па\:** Шалтгаан ба үр дагаврын хууль, харилцан хамаарлын ёсыг үл мэдэгч, үл ойлгогч сэтгэлийг мунхаг сэтгэл гэнэ. Уг чанартаа энэ нь гэгээрлийн мөн чанарыг ухаарахгүй байгаа гэсэн үг. Алттай газар дээр оромжоо бариад зовон суугаа ядуу хүнийг үүнтэй зүйрлэж болно.

4. **Бардам зан \ниа-ржал\:** Бардам зан гэдэг нь өөрөөсөө бүтсэн би гэдэг байгаа гэдэг үзэлд үндэслэн өөрийг бусадтай харьцуулан ялгаж үзэх буюу өөрийгөө үл хүндэтгэх эсвэл өөртөө хэт итгэлтэй байхыг хэлнэ. Бардам зан өөрийгөө бусдаас илүүд юмуу дорд үзэхэд хүнийг хүргэдэг.

5. **Буруу үзэл \лта-ба\:** Шинжилж судлагдсан зүйл дээр буруу юмуу туйлширсан үзлээс зууран хандахыг буруу үзэл гэнэ. Мөнхрүүлэх үзэл болон үгүйсгэх үзлийн туйлширлууд мөн үүнд багтана. Мөнхрүүлэх үзэл гэдэг нь мөнх орших Ертөнцийн Эзэн ч юмуу хэн нэгэн байна гэдэг үзэл, түүний бүхнийг бүтээгч эх сурвалж гэж үзэх үзэл юм. Үгүйсгэх үзэл гэдэг нь бүтээгч эзнийг ч, нирваныг ч аль алийг нь оршдоггүй гэж үхлээс

цаашаа юу байж болох санааг судлахаас татгалзах, үл судлах бүхнийг үгүйсгэдэг үзлийг хэлнэ. Үүнд мөн шалтгаан ба үр дагаврыг тодорхой ойлгоогүй явдал адилхан багтана. Буддын сургаалын үүднээс үзвэл энэ хоёр туйлшрал хоёулаа логик утгыг бүрэн шинжилж судлаагүй байдаг учраас шалтгааны нарийвчилсан оновчтой судалгааны явцад няцаагдах чанартай байдаг.

6. **Түйтгэрт эргэлзээ \тэй-цом\:** Түйтгэрт эргэлзээ бол маш сөрөг төлөвт тооцогддог. Хүмүүс эргэлзэх сэтгэлийг голдуу тийм сүртэй асуудал биш гэж үздэг боловч сэтгэлдээ эргэлзээтэй байсан цагт бид хэзээ ч гэгээрэлд хүрч чадахгүй билээ. Энгийн амьдралдаа хүртэл алив нэгэн зүйлд хүрэхийг хүсвэл бид түүндээ итгэлтэй байх хэрэгтэй байдаг. Хэрвээ бид тээнэгэлзсэн сэтгэлээр аливааг үйлдэх юм бол бидний хийсэн зүйл хэврэг байх юмуу яваандаа болихоор шийдэх хүртэл нөлөөлдөг. Хамгийн жижиг зүйлийг хүртэл эргэлзэн байж хийхэд тогтворгүй сулхан болно. Бидний энд ярьж байгаа эргэлзээ бол биднийг саруул оюунд хүрэхээс хаацайлан барьж ашиггүй үргэлжилсэн үл итгэх байдалд барьсаар байдаг. Энэ бол бидний саруул оюуны замд хөтөлдөг мэдлэг оюуны эргэлзэх сэтгэлгээнээс огт өөр зүйл билээ.

ОЙРЫН ХОРИН САЛБАР ТҮЙТГЭР

Уур хилэнгээс салбарладаг

1. **Хилэгнэл \хро-ба\:** Энэ бол жирийн уур хилэнгээс ялгаатай, яагаад гэвэл энэ нь бусдыг тэр мөчдөө хохирооход хүргэдэг дүрсхийсэн боловч тогтворгүй сэтгэл билээ.

2. **Үзэн ядалт \хон ду жин-па\:** Өс санах, хэн нэгнийг хохироох гэсэн сэдэл бүхий бодлоо үл тавин зуурах, үл өршөөх, уучлахыг үл хүсэх сэтгэлийг хэлнэ.

3. **Харгис сэтгэл \циг-па\:** Хилэгнэл ба хилэнгээс хөгжсөөр хорслын сэтгэлд хүрнэ. Энэ бол бусдад хор хүргэх хүслийг хэлнэ.

4. **Хорлонтой зан \рнам-пар цэ-па\:** Энэрэл хайр дутагдсан, өөрт хийгээд бусдад халуун дулаан бус сэтгэлээр хандах. Өөрт болон бусдад ямар нэгэн муу зүйл хийх хүсэл бөгөөд өөрт таашаал авчирч байгаа зүйл бусдад зовлонтой байлаа ч хамаагүй. Энэрэнгүй хайрын сэтгэлийн яг эсрэг байх сэтгэл мөн.

Шуналаас Салбарладаг

5. **Харамч зан \сэр-сна\:** Өөрийн эд юмнаас хэтэрхий зууран бусадтай хуваалцахаас татгалзах сэтгэл.

6. **Баясалд ташуурах \ргод-па\:** Хүсэл татсан зүйлийн зүгт сэтгэл хэт татагдах. Энэ нь бидний сэтгэл объектоос салан одох сатаарлаас ялгаатай урьд мэдрэх боломж олдож байсан сайхан таашаалтай зүйлсийн талаар бодлоо дахин сэргээхийг хэлнэ.

7. **Өөрийг дөвийлгөх \ржа-па\:** Өөрийн эзэмшсэн зүйл юмуу өөрт байгаа юмаараа бахархан хөөрөх зан, эд хөрөнгө, залуу нас, үр хүүхэд зэргээрээ бахдан дөвийлгөх зан юм. Энэ бол хөөр баяртай шинжийг агуулдгаараа бардам, дээрэлхүү зангаас ялгагддаг.

Уур хилэн ба шунал хоёроос салбарладаг

8. **Атаархал \храг-дог\:** Бусдын аз жаргал, хувь тохиол зэргийг харж тэсдэггүй, яагаад гэвэл өөрөө тийм нэр төр олз олохыг хүсэж байгаа занг хэлнэ.

Мунхагаас салбарладаг

9. **Нуун дарагдуулах \чаб-па\:** Өөрийн хийгээд бусдын буянгүй, ёс журамгүй явдлыг илчлэн гэмшихийн оронд нуун дарагдуулах.

10. **Залхуурал \лэ-ло\:** Үр бүтээлтэй юманд сэтгэлээ оролцуулахгүй байх, буяны үйлээс таашаал үл хүртэн, түр зуурын таашаал юмуу унтах мэтийн идэвхгүй үйлдэлд татагдах, хичээл зүтгэлийн эсрэг занг хэлнэ.

11. **Сульдаа \рмуг-па\:** Бие ба сэтгэл хүндэрч, бүүдгэр, тодорхой бус сэтгэлтэй байх.

12. **Бишрэлгүй \ма дад-па\:** Өөрт итгэх итгэлгүй юмуу нарийн түвшний үзэгдэлд үл итгэх, юу үнэн юу буянтай гэдгийг үл сонирхох, бусдын сайн чанарыг үл тоох, залхуурлын нэг хэсэг мөн.

13. **Мартамхай \бржэд ниа-па\:** Анхаарлын объектоо алдахад биднийг хүргэдэг, буян гэж юуг хэлдгийг тод санахгүй байх занг хэлнэ. Хүний ухамсар сөрөг сэтгэлийн хөдөлгөөнөөр булингартаж сатааралд нэрмээс болсноор үүсдэг бөгөөд энэ нь "зүгээр мартачихсан" байхаас илүү ноцтой билээ.

14. **Хайхрамжгүй \баг-мэд\:** Болгоомжгүй, үл тоомсорлох, чөлөөтэй дураар юу хүссэнээ хийх, хориг саад үгүй авирлах, буяныг үл арвижуулах занг хэлнэ. Зориуд санаатайгаар оюунаа сатааруулах, мөрөөдөлд умбах явдал

үүнд багтах ба ухамсартай хандлагын яг эсрэг байхыг хэлнэ.

Шунал ба мунхаг хоёроос салбарладаг

15. **Хуурамч заль \жиу\:** Буянтай мэт аашлан бусдыг хуурах занг хэлэх бөгөөд нэр төр олз олохын төлөө худлаа загнан мэхлэх.

16. **Хоёр нүүр гаргах:** Нэр төр, ашиг олохын төлөө хууран мэхэлсэн зан гаргах, алдаатай талаа нуун дарагдуулж сайн мэт харагдахыг хичээх. Аль нэг зүйлийг нуух сонирхолтойгоороо нуун дарагдуулах түйтгэртэй төстэй мэт боловч энэ бол нуугаад зогсохгүй хуурах арга зам эрж олохыг хэлдэг.

Уур хилэн, уунал ба мунхаг гурваас салбарладаг

17. **Ухамсаргүй байх \хрэл мэд-па\:** Бусдад хортой гэдгийг нь мэдсээр байж сөрөг үйлээ зогсоодоггүй байх. Бусдыг үл бодох сэтгэл.

18. **Ичгүүргүй байх \нио-ца мэд-па\:** Буруу үйлээс үл зайлсхийх, бусдад ямар хортой болохыг үл тунгаах, бусдыг үл хүндэтгэх.

19. **Мэдэмсэргүй \шэз-бжин ма-ин\:** Бие хэл сэтгэлийнхээ үйлдэлд ухамсартай бус хандах, буруу зүйл хийчих вий гэсэн сэрэмж үгүй, авал орхилыг мэдэхгүй.

20. **Сатаарал \рнам-па Еэн-ба\:** Объектод хандах сэтгэлийн тэнүүчлэл, буянтай үйлд тогтон анхаарах боломжгүй байх. Заавал сэтгэл татам зүйлд сатаарах биш ямар ч зүйлд сатаарч болдгоороо баясалд ташуурахаас ялгаатай.

БУЯНТАЙ АРВАН-НЭГЭН ҮЗҮҮЛЭЛТ

1. **Итгэл \дад-па\:** Итгэх, шүтэх буюу үнэн буянтай зүйлд бишрэх сэтгэлийг хэлнэ. Нуугдмал үзэгдэл зэргийг сонирхох хийгээд бахдах юмуу бусдын буянтай үйлдэлд бахдах. Зөвхөн сонссон зүйлдээ бишрэх нь найдвартай биш бөгөөд билиг оюунаар шинжлэн шалгасан буюу өөрийн туршлага дээр үндэслэсэн бишрэл гуйвшгүй болоод арилшгүй байдаг.

2. **Ёс суртахууны ичгүүр \нио-ца\:** Өөрийг үнэлж хүндэтгэх сэтгэл буянтай хэрэгт тооцогддог ба журамгүй юм хийсэн бол түүндээ гэмшик оюуны ичгүүр мөн буянтай сэтгэлд тооцогдоно. Шившиг ичгүүрийг мэдрэх нь сөрөг үйлийг үйлдэхээс сэргийлэн барихаас гадна өөрсдийн зан араншид хяналт тавьж байхад тусалдаг.

3. **Нүглээс эмээх \хрэл-ёод-па\:** Ёс суртахууны ичгүүртэй ойролцоо муу сөрөг үйлээс зайлсхийхэд тусалдаг, гэхдээ шившигтэй ичгүүрийг мэдээд зогсохгүй зан араншиндаа тусган бидний үйл хөдлөл бусад хүмүүст

ялангуяа шүтээн, ариун тахил зэрэгт болон буянтай бясалгагч хүнд хэрхэн нөлөөлдгийг тусгадаг занг хэлнэ.

4. **Шуналгүй \ма чаг-па\:** Хорвоод төрөх, амьдрах хийгээд хорвоогийн юманд үл шунах, одоо өөрт байгаагаар сэтгэл ханан илүү ихэд үл шунах сэтгэлийг хэлнэ. Энэ нь сөрөг үйлд оролцохоос мөн сэргийлдэг.

5. **Үл үзэн ядах \жэ-дан мэд-па\:** Бусдыг хорлох, хохироох санаа хүсэл байхгүй байх, эд зүйлс болон амьд амьтанд өвдөлт шаналгаа гэмтэл учруулах санааг эс өвөртлөх. Энэ нь сөрөг үйлийг хийхээс сэргийлүүлнэ.

6. **Мунхаг-Бус \ти-муг мэд-па\:** Төөрөгдөл болон эргэлзээний түйтгэрүүдэд автахын оронд үнэнийг ухаарах ба ойлгох сэтгэлийг хэлнэ. Энэ нь Бурханы Номыг унших ба сонсох замаар ялгамжаатай ухамсрыг төрүүлэн шинжлэн тунгаах ба бясалгах замаар утгыг нь ойлгохыг хэлнэ.

7. **Чамбай \брцон-гру\:** Баяр хөөр хичээл зүтгэлээр буянтай үйлд оролцох ба гүйцэтгэхийг хэлнэ. Хичээнгүй байх нь залхуурлын эсрэг ерөндөг мөн.

8. **Уян хатан \шин-ту биан-па\:** Бие хийгээд сэтгэлийн уян хатан байдлаар буянт үйлд хүссэний хэрээр оролцон бие сэтгэлийн хортой төлвүүдээр саатуулагдалгүй, үймрэх сатаарах явдалгүй буян үйлдэх сэтгэлийг хэлнэ.

9. **Ухамсартай \баг ёод\:** Ухамсрын үнэн хандлага ба авах гээхийн ухаантай холбоотой хүний оюуны ухамсарт үйлийг хэлнэ. Энэ нь хүнд оюун санааны тааламжгүй байдлаа зохицуулахад тусална.

10. **Тэгш сэтгэл \тан-ниом\:** Сэтгэл цэвэр байх бөгөөд сөрөг сэтгэл хөдлөл болон сатаарлаас ангид оршихыг хэлнэ. Сэтгэлийн ямар нэгэн хөдөлгөөнгүй, догшрол хийгээд живэлт үгүй тайван байдалтай оршихыг хэлнэ.

11. **Үл хорлох сэтгэл \нам-пар-ми-цэ-ба\:** Бусдын төлөө гэсэн санаа тавих энэрэх хандлага. Амьтны зовлонг ойлгож тэднийг зовлон хийгээд түүний шалтгаанаас эгнэгт ангижраасай хэмээн хүсэх, бусдад хор хүргэхээс зайлсхийх сэтгэлийг хэлнэ.

БУСДАД ХУВИРАХ ДӨРВӨН ҮЗҮҮЛЭЛТ

1. **Унтах \гнид\:** Унтах явцад таван мэдрэхүй дотогшоо хандлагатай болдог. Унтахын өмнөх сэтгэл буянт үйлд чиглэсэн байвал унтлага тань буян болж хувирна, харин нүгэлт бодлуудаар дүүрсэн байвал нүгэл болж хувирдаг байна. Тийм учраас өөрчлөгдөж болох үзүүлэлт гэжээ. Бурханы Номыг дадуулан үйлдэгч хүний хувьд унтах болон зүүдний үе дадлага хийх маш чухал ач холбогдолтой болохыг бид 24-р бүлэгт тодорхой судлах болно.

2. **Гэмших \жиод\:** Энэ бол өмнөх үйлдсэн зүйлийн тусгалаар үүсгэгдсэн

сэтгэлийн тааламжгүй байдлыг хэлдэг. Энэ нь таны сэтгэлийн төлвийг болон ирээдүйд боловсрох үйлийн үрийг өөрчлөх чадвартай. Урьд өмнө юмуу өнгөрсөн төрөлдөө ямар нэгэн муу буруг үйлдсэн бол энэ сөрөг үйлийн үр сэтгэлийн тань урсгалд сийлэгдэн үлддэг, гэвч үнэн гэмшил харуслын сэтгэлээр сэтгэлийн урсгалаа ариусган хожим гарах муу үр дагаврыг зайлуулж болно.

3. **Бүдүүн шинжлэл \ртог-па\:** Энэ бол аливаа объектын талаар нарийн оновчтой санаа гаргахын тулд ерөнхийд нь шинжлэхийг хэлдэг. Шинжлэлийн дүн ямар гарахаас шалтгаалаад хүний санаа бодол өөрчлөгдөж болох бөгөөд шинжлэл өөрөө хүртэл буянтай үйл юмуу нүгэлтэй үйл болон хувирах бололцоотой байдаг болохоор Номыг дадуулан үйлдсэнээр зөв үзлийг эхлээд бий болгох нь маш чухал билээ.

4. **Нарийн шинжлэл \пиод-па\:** Энэ бол объектод хийх илүү нарийн хэлбэрийн шинжлэлийг хэлнэ. Түүний деталиудын ялгаа, утга санаа зэргийг шинжлэн ялгахыг хэлнэ. Жишээ нь, ном хянах боллоо гэхэд бүдүүн хэлбэрийн шинжлэлээр хуудаснууд бүрэн байгаа эсэхийг шалгадаг бол нарийн шинжлэлээр үг үсгийн алдааг шинжилнэ. Илүү нарийн шинжлэх тусам өөрийн хүлээн авахуйг өөрчилж чадах боломжтой болж зөв сэдэл зөв үйлдэлд хөтлөхөд хүргэдэг байна.

Монгол хэлнээ Дарьганга овгийн Самдангийн Отгонтөгс орчуулав.

2019 оны 4 сар, АНУ

Зохиогчийн Тухай Хэдэн Үг

Ханбрүл Ринбүчи бол Төвөдийн Буддын шашны Секторын-бус үзэлт Мастер билээ. Тэрбээр Төвөдийн гол гол урсгалуудын хорин-тав гаруй багш мастеруудаас олон ном сургаалыг суралцан дадуулах үйлсэд бүхий л амьдралаа зориулсан бөгөөд аливаа урсгалын системд чин хүндлэл бишрэлээр хандахын зэрэгцээ өөрийн даган явж ирсэн гол урсгал болох Жонан-Шамбалын урсгалын Цагийн хүрдний тарнийн ёсондоо хамгаас итгэлтэй явдаг нэгэн билээ.

Ринбүчи бүхий л зүйлд сониуч хийгээд шийдмэг сэтгэлээр хандана. Түүний сургаал үргэлж ойлгомжтой шулуун дардан замаар байндаа тусч утга төгөлдөр байдаг нь онцгой ажиглагддаг. Олон жилийн турш тэрбээр шавь нартаа зориулан Цагийн хүрдний сургаалын дамжин явах үе шатуудыг үзүүлсэн ном товхимол олныг бүтээж мөн орчуулах тал дээр асар их зүтгэл гаргасныг хэлэхгүй өнгөрч болохгүй юм.

Бид байгал дэлхийгээ хайрлах, хүн хүнээ гэх сэтгэлээр амгалан энхийн зохицлыг энэ ертөнцөд жинхэнэ утгаар нь хөгжүүлж чадна гэдэгт Ринбүчи хэзээ ч эргэлзэж байгаагүй бөгөөд Цагийн хүрдний системт сургалтаар Шамбалын *Алтан эринийг* ойртуулах ч боломжтой хэмээн итгэсний үндсэн дээр дэлхийн улсуудаар хэдэнтээ тойрон явж ялгавар үгүй римэ үзэл бүхий өвөрмөц урсгалынхаа нандин ухааныг дэлгэрүүлэн номлож яваа нэгэн билээ.

РИНБҮЧИГИЙН ҮЗЭЛ БОДОЛ

Зогдэн бол манай дэлхий дээр амгалан энхийн нийгмийг байгуулах Ханбрүл Ринбүчигийн үзэлд туслах зорилгоор тусгайлан байгуулагдсан ашгийн бус байгууллага бөгөөд өдөр өдрөөр хөгжиж дэвшихийн хэрээр улам олон хүнийг хамрах болоод байгаа юм. Ринбүчигийн үзэл бодлын цар хүрээний талаар ойлголт өгөх үүднээс холын ба ойрын найман зорилго тавьсныг нь доор үзүүллээ.

Нэн даруй хийвэл зохих ойрын зорилго

Үнэн чанартаа хувь хүн бүр өөртөө гүнзгий өөрчлөлт хийж байж л жинхэнэ аз жаргалд хүрч болно. Одоо бид саруул оюуныг улам хөгжүүлж өөрсдийн хязгааргүй боломжийг нээх л юу юунаас илүү чухал болоод байна. Тиймээс Ринбүчи Жонангийн Цагийн хүрдний урсгалыг хадгалах энэ хүнд үүргийг өөртөө аваад дөрвөн замаар энэ зорилгодоо хүрэхээр найдаж байгаа юм. Юу гэвэл:

1. **Төвөдийн алслагдсан нутагт байгаа Цагийн хүрдний урсгалыхантай холбоо тогтоон, энэ хэрэгт бүх амьдралаа зориулсан чин сүсэгт бясалгагч нартай хамтарч ажиллах боломцоог хүмүүст олгох.** Бидний зорилго бол Цагийн хүрдний ёсыг мянга мянган жилийн өмнөх тэр уламжлалт байдлаар нь хадгалан буй мастеруудын сургаал зааврын дагуу заншил ёсоор нь суралцахад хүмүүст бүх талаар туслах явдал юм. Үүний тулд бид Бурхадын зураг, баримал, судар ном зэргийг дэлхийн улсуудаар түгээх, өндөр ухамсарлахуйн түвшинд хүрсэн бясалгагч нарын туршлага дээр тулгуурласан зургийг уламжлалт материалаар бүтээх чанарын тал дээр онцгой анхаарах болно.

2. **Цагийн хүрдний ёсыг судалж анхааран авлага болгоход зориулсан олон улсын бясалгалын төвүүдийг байгуулах.** Сурсан мэдсэнээ эрчимтэй дадлага болгон хувиргах боломцоо тэр бүр олдоод байдаггүй тул манай бүлгийн гишүүдэд урт богино хугацаагаар бясалгалд суухад нь туслах газруудыг зохион байгуулах тал дээр бид ажиллаж байна. Үүнд тохиромжтой нутагт газар худалдаж аван ганцаар буюу бүлгээрээ бясалгал хийх байгууламж барих явдал гоолож байна. Цаашид дэлхий

даяар сүлжээ үүсгэн бясалгагчдад туслах өргөн хүрээний дэмжлэгт ажлыг бид өрнүүлэх болно.

3. **3. Цагийн хүрдний мастеруудын ховор судар бүтээлийг орчуулж хэвлэх.** Төвөдийн түүхийн урт хугацаанд Цагийн хүрдний сургаал тоолшгүй олон судар бүтээлийн сэдэв болсоор иржээ. Үүний зөвхөн өчүүхэн хэлтэрхий л баруунд орчуулагдаад байна. Онолын ном хэчнээн чухал ч гэлээ бид энэхүү гүнзгий сургаалын гүнд орон нэвтрэхийн тулд гарамгай мастеруудын оньс зааварчилгаануудыг нийтийн хүртээл болгох тал дээр онцгой анхаарвал машид зохилтой гэж үзэж байна.

4. **4. Зохион байгуулалттай сургалтын программ хэрэгслийг хөгжүүлэх.** Дэлхий нийтээр орчин үеийн технологийг сургалтанд нэвтрүүлсэн өнөө үед цахим сургалтыг хөгжүүлэн олон улсын хүмүүст ойр харьцаатай, зохион байгуулалттай бөгөөд чанартай сургалтын хөтөлбөрт хамрагдах боломцоог олгоно.

Холын Зорилго

Бид бүхэн дотоод сэтгэлийн амгалан зохицолт байдалд тэмүүлэх зууртаа маш олон ургалч үзлээр дүүрэн агуу ертөнцөд амьдарч байгаагаа мартаж болохгүй. Хувь хүн янз бүрийн итгэл үнэмшилтэй болж түүнээсээ шалтгаалан бусадтай харилцаанд ордог. Энэхүү шүтэн барилдлагааны ертөнцөд илүүтэй хүндлэл, тэсвэр тэвчээр авчрах аргыг олох амаргүй. Тийм ч учраас Ринбүчи дөрвөн тодорхой үйлдлийг голлон санал болгож байгаа нь:

1. **Римэ ухааныг бусад урсгалуудтай зөвшилцөн хөгжүүлэх.** Олон ургалч үзэл бүхий нийгмийн бүтээлч нэгэн гишүүний ёсоор бусад урсгалуудтай ялгаагаа зөвшөөрөлцөн найрамдах хэрэгтэй. Ингэснээр бие биесээ хүндэтгэж, шинэ санаа бодолд нээлттэй хандаж, мунхаг сэтгэлийг ялан гарах хүслийг өдөөх ашигтай чануудыг хөгжүүлэхэд зорьж чадах болно.

2. **Чин зүтгэлтэй бясалгагч нарт санхүүгийн дэмжлэг үзүүлэн ухамсарлахуйн гүнзгий түвшинд хүрсэн үлгэр жишээ болох хүмүүсийг бэлтгэх.** Бидний урсгал үнэн гэдгийг батлан харуулах үүднээс хүмүүсийг үнэхээр далд ухамсарлахуйн гүнзгий түвшинд хүргэх чухал ач холбогдолтой байна. Тиймээс чин сүсэгт тууштай бясалгагч нарт ямар системийн бясалгал хийж байгаагаас нь үл хамааран санхүүгийн тэтгэлэгт хөтөлбөр үүсгэхэд бид зорьж байна. Тэдэнд сурснаа дадлага болгон амжилт гаргахад нь тусласнаар тэд орчин тойрондоо жинхэнэ амьд жишээ болон үлгэрлэж дараагийн шинэ үеийн сүсэг нэгт нөхдийнхөө бишрэл хүндлэлийг хүлээн араасаа дагуулах болно.

3. **Тусгай дадлагын хөтөлбөрөөр ирээдүйтэй эмэгтэй бясалгагч**

нарыг бэлтгэх. Төвөдийн соёлд ирээдүйтэй гэж танигдсан нэгнийг эрчимтэйгээр сурган ухамсарлахуйн гүнзгий түвшинд хүргэсэн түүх олон бий ч харамсалтай нь голдуу эрэгтэй хүмүүс байдаг. Манай дэлхий дээр тэнцвэртэй байдлыг авчирч чадах далд ухамсарлахуйн гүнзгий түвшинд хүрсэн хүчирхэг үлгэр жишээ эмэгтэй хүн бэлтгэх нь маш чухал гэдэгт Ринбүчи итгэлтэй байгаа юм. Тиймээс бид тэдэнд зориулсан өвөрмөц дадлагын хөтөлбөр боловсруулахад анхааран ажиллаж байна. Бидний зорилго тэдний сүсэг бишрэлийн боловсрол дахь бүх талуудад дэм болох санхүүгийн дэд бүтэц хийгээд мөн тусгай сургалтын хөтөлбөр бий болгох явдал билээ.

4. **Чөлөөтэй уян хатан сэтгэж өнөөгийн сургалтын хөтөлбөрийн дагуу үнэнийг илүү уужим байдлаар харах ба ойлгох тал дээр дэмжих.** Бүх зүйл асар хурдацтай хөгжин буй өнөө цагт үр хүүхдүүдээ сурган хүмүүжүүлэх чадвараа хэр байгааг дахин нэг бодож үзэх хэрэгтэй юм. Өнгөрсөн үеийн нийгмийн систем голдуу сурагч оюутнуудыг амьдралдаа тулгарсан сорилтуудыг хэрхэн давж гарахад бэлтгэхэд чиглэсэн буруу арга баримталдаг байсан бол бид тэднийг нөхцөл байдалдаа дадах илүү уян хатан болгох сургалтын программд илүүтэй анхаарч байгаа юм. Энэ сургалтын давуу тал нь тэдний өдөр тутмын амьдралд сэтгэл хэрхэн нөлөөлж байдгийг илүүтэй ухамсарлуулж сургах явдал билээ. Мөн өнөөгийн нийгэмтэй илүү зохицох талаас нь харж шашны боловсролд өөрчлөлт хийх зорилготой байгаа юм.

ТА ХЭРХЭН ТУСАЛЖ ЧАДАХ ВЭ?

Таны тус дэмжлэггүйгээр эдгээрийн аль нь ч боломжгүй зүйл юм. Бидний энэ зорилго сүсэгтэн олон та бүхний олон жилийн турш өргөсөн өглөг, хураасан буяны асар их нөлөөгөөр биеллээ олох болно. Хэрэв та туслахыг хүсвэл эргэлзэх хэрэггүй бидэнтэй холбогдоорой.

Зогдэн

Dzokden

3436 Divisadero Street
San Francisco, CA 94123
United States of America

publications@dzokden.org

office@dzokden.org

www.ingramcontent.com/pod-product-compliance
Lightning Source LLC
Chambersburg PA
CBHW081323120626
46546CB00011B/3198